JN288268

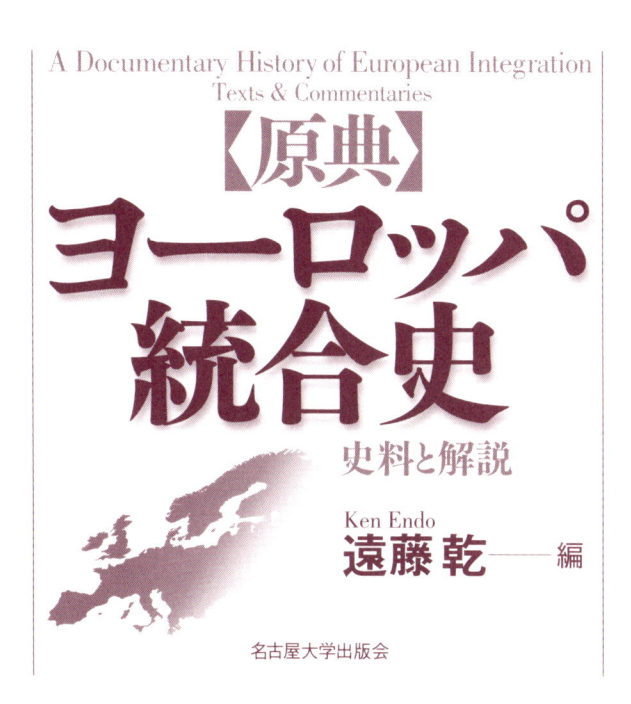

A Documentary History of European Integration
Texts & Commentaries

【原典】
ヨーロッパ
統合史

史料と解説

Ken Endo
遠藤 乾 ── 編

名古屋大学出版会

原典 ヨーロッパ統合史
目　次

凡　例　xiv
　略語表　xvii

序　章　原典 ヨーロッパ統合史 ……………………………… 1

第1章　ヨーロッパ統合の前史 ……………………………… 8

　　1-1　デュボア『聖地回復について』(1305-07)　16
　　1-2　アルトジウス『政治学』(1603)　17
　　1-3　シュリー伯『大構想』(17世紀前半)　19
　　1-4　ペン「現在と将来におけるヨーロッパの平和のための試論」(1693)　22
　　1-5　サン・ピエール『ヨーロッパ永久平和論』(1713-17)　24
　　1-6　ルソーのサン・ピエール批判　28
　　　A．『エミール』(1762)　29
　　　B．「永久平和論批判」(c.1759, 1782)　30
　　1-7　カント『永遠平和のために』(1795)　31
　　1-8　サン・シモンの機能主義的なヨーロッパ構想　32
　　　A．「人間科学に関する覚書」(1813)　33
　　　B．「ヨーロッパ社会の再組織について」(1814)　34
　　1-9　マッツィーニ：ナショナリズムとヨーロッパ理念の調和　37
　　　A．「『青年ヨーロッパ』の友愛証書」(1834)　38
　　　B．『人間の義務』(1860)　39
　　1-10　コブデンの自由貿易主義　40
　　　A．「自由貿易についての演説」(1846)　40
　　　B．『ロシア』(1836)　41
　　　C．『次は何が──そして次は？』(1856)　41
　　1-11　リストの関税同盟論　41
　　　A．『政治経済学の国民的体系』(1841)　43
　　　B．同上　44
　　　C．「ドイツ人の政治的・経済的国民統一」(1845-46)　44
　　　D．「オーストリアとドイツ関税同盟」(1843)　44
　　　E．「農地制度、零細経営、移住」(1842)　45
　　1-12　ユゴーのヨーロッパ合衆国演説　45
　　　A．「開会の辞」(1849. 8. 21)　46

B．「平和の宣言」(1867)　49
　1-13　スペンサーのヨーロッパ「統合」観：『第一原理』(1862)　49
　1-14　プルードンの連邦主義　50
　　　A．『所有とは何か？』(1840)　51
　　　B．『所有の理論』(1865)　52
　　　C．『労働者階級の政治能力について』(1865)　52
　　　D．『連邦の原理』(1863)　52
　　　E．同上　52
　1-15　政治学会議におけるルロワ＝ボリューのヨーロッパ合衆国報告 (1900)　53

第 2 章　ヨーロッパ統合の胎動 ……………………………… 56
　　　　　　―戦間期広域秩序論から戦後構想へ―

　2-1　エンジェル『大いなる幻想』(1910)　67
　2-2　「古き良き時代」のヨーロッパと第一次世界大戦の衝撃　69
　　　A．ベネディクト 15 世「ウビ・プリムム」(1914)　70
　　　B．ツヴァイク『昨日の世界』(1944)　71
　2-3　社会主義のヨーロッパ　72
　　　A．レーニン「ヨーロッパ戦争における革命的社会民主主義派の任務」(1914)　73
　　　B．レーニン「ヨーロッパ合衆国のスローガンについて」(1915. 8. 23)　73
　　　C．トロツキー「コミンテルンの綱領草案――基礎の批判」(1928. 6)　74
　2-4　ナウマン『中欧論』(1915)　75
　2-5　ウィルソンの 14 カ条 (1918)　79
　2-6　国際連盟批判と代替案としてのヨーロッパ合衆国・ヨーロッパ連邦構想　83
　　　A．エイナウディ「国際連盟は実現可能な理想なのか？」(1918)　84
　　　B．アニェッリ，カビアーティ「ヨーロッパ連邦か国際連盟か」(1918)　86
　2-7　「ヨーロッパ」の没落という危機感　87
　　　A．シュペングラー『西洋の没落』(1918)　87
　　　B．オルテガ・イ・ガセット『大衆の反逆』(1930)　88
　2-8　クーデンホーフ・カレルギー「パン・ヨーロッパ――一つの提案」(1922)　90
　2-9　ロカルノ条約 (1925)　100
　2-10　ルシュールのヨーロッパアンタント（カルテル）論 (1927)　102
　2-11　ブリアンの国際連盟総会における「ヨーロッパ連邦的な秩序樹立」演説 (1929)　104
　2-12　フランス外務省「ヨーロッパ連邦連合体制の組織に関する覚書」(1930)　108

2-13	ピウス11世『クアドラジェシモ・アノ』(1931)	113
2-14	オタワ協定 (1932)	115
2-15	ペルソナリズムの誕生：ブルグマンス『ヨーロッパの理念』(1930年代)	117
2-16	ミトラニーの機能主義論	119
A．	『国際統治の進展』(1933)	120
B．	『作動する平和システム』(1943)	120
2-17	ハイエク「国家間連邦の経済的諸条件」(1939)	125
2-18	教会のヨーロッパ構想：ピウス12世「諸国家が前提とする主権なるものについて」(1939)	127
2-19	ファシズムのヨーロッパ：マントヴァーニ「ヨーロッパ構想について――第一の敵」(1940)	129
2-20	ナチス・ドイツのヨーロッパ像	134
A．	ローゼンベルク「ヨーロッパの変革――ヨーロッパ協同体」(1940)	135
B．	ダイツ「人種および領土に基づくヨーロッパの再編」(1940)	136
C．	リッベントロップ「ヨーロッパ国家連合」(1943)	137
2-21	英仏連合案 (1940)	140
2-22	自由で統合されたヨーロッパのために：宣言案（ヴェントテーネ宣言）(1941)	142
2-23	大西洋憲章 (1941)	150
2-24	E・H・カーのヨーロッパ統合観	151
A．	「欧州計画機構」(1942)	152
B．	『ナショナリズムの発展』(1945)	154
2-25	オットー・フォン・ハプスブルク「ドナウ合衆国――リベラルな一構想」(1942)	154
2-26	モネのアルジェでのヨーロッパ構想 (1943)	157
2-27	クーデンホーフ・カレルギー「ヨーロッパ合衆国憲法草案」（パン・ヨーロッパ会議法務委員会およびニューヨーク大学）(1944)	159
2-28	ベネルクス関税協定 (1944.9.5)	164
2-29	LECEの経済統合構想：ファン・ゼーラント「経済的アプローチ」(1945)	164
2-30	フランスの対独政策――ドイツ弱体化政策の再検討 (1946)	170
2-31	チャーチルの「ヨーロッパ合衆国」演説 (1946)	172
2-32	UEFのモントルー会議：「総合政策動議」(1947)	174

第3章 ヨーロッパ統合の生成　1947-50年 …………………… 178
　　　　―冷戦・分断・統合―

3-1　マーシャル米国務長官のハーヴァード演説（1947. 6. 5）　185

3-2　ドイツの経済復興をめぐる米仏対立：マーシャル・プラン（1947）　187

3-3　仏伊関税同盟（1947）　189

3-4　ド・ルージュモン「ヨーロッパという選択」（1947-48）　190

3-5　ベヴィン英外相の「西欧同盟」演説（1948）　192

3-6　ブリュッセル条約（1948. 3. 17）　194

3-7　ハーグ・ヨーロッパ会議――政治決議（1948. 5. 10）　196

3-8　ビドー仏外相のヨーロッパ議会および経済関税同盟に関する宣言（1948. 7. 19）　198

3-9　ロンドンにおけるルール国際機関設置に関する6カ国のコミュニケ（1948）　200

3-10　北大西洋条約（1949. 4. 4 調印）　201

3-11　欧州審議会の設立　204

　A．欧州審議会規約（1949. 5. 5）　205

　B．欧州政治機関設置への期待（第1回諮問議会で採択された決議，1949. 9. 5）　206

3-12　イギリスのヨーロッパ政策の転換　206

　A．ストラング委員会（1949）　207

　B．イギリス閣議文書（1949）　208

3-13　西ドイツの成立――国際環境との関係：アデナウアー首相の連邦議会における初演説（1949. 9. 20）　208

3-14　ホフマン ECA 長官の批判（1949. 10. 31）　211

3-15　NEI のヨーロッパ構想（1950）　212

第4章 シューマン・プランからローマ条約へ　1950-58年
　　　　―EC-NATO-CE 体制の成立― …………………………………… 214

4-1　モネ・メモランダム（1950）　225

4-2　シューマン宣言（1950. 5. 9）　230

4-3　西ドイツ外交における「二重の統合」路線――西方統合とヨーロッパ統合　233

　A．アデナウアー西独首相書簡――西方統合（1945. 10. 31）　234

　B．アデナウアーのシューマン・プラン評価（1950. 6. 27）　235

4-4　イギリスのシューマン・プラン参加拒否の決定（1950）　235

4-5　欧州決済同盟の設置（1950）　238

4-6　ザール問題とその解決　239
　A．ザール問題をめぐるアデナウアーとシューマンとの会談（1950. 1. 15）　241
　B．ルクセンブルク条約（ザール問題の解決に関する条約）（1956. 10. 27）　242
4-7　プール・ヴェール交渉——1950年代における農業統合の模索　243
　A．マンスホルト構想（1950. 11）　245
　B．フリムラン構想（1951. 4）　249
4-8　欧州人権条約（1950. 11. 4 採択，1953. 9. 3 発効）　252
4-9　プレヴァン・プラン（1950）　253
4-10　EDCと西ドイツ　256
　A．欧州防衛への西ドイツの貢献と主権回復：アデナウアー西独首相—フランソワ＝ポンセ高等弁務官会談（1950. 12. 21）　256
　B．プレヴァン・プランに対するアデナウアーの評価：アデナウアー—ホイス西独大統領会談　257
4-11　スポフォード妥協案とNATOの成立　258
　A．NATO軍事委員会における西ドイツ再軍備の合意（1950）　259
　B．北大西洋理事会での合意へのイギリス政府の評価（1950）　259
　C．北大西洋条約の軍事機構化についてのイギリス政府メモランダム（1951）　260
4-12　欧州石炭鉄鋼共同体設立条約（1951. 4. 18 調印，1952. 7. 23 発効）　260
4-13　EDCをめぐる英米仏ワシントン決議（1951）　266
4-14　欧州政治共同体の提唱　268
　A．6カ国外相会議（1951. 12. 11）の記録　268
　B．EDC条約第38条　270
4-15　イーデン・プラン（1952）　270
4-16　ECSC高等機関発足式典におけるモネ演説（1952. 8. 10）　272
4-17　EPCをめぐるルクセンブルク決議（1952）　275
4-18　ベイエン・プラン　278
　A．オランダ政府覚書（ハーグ，1952. 12. 11）　278
　B．ベネルクス覚書（メッシーナ交渉準備におけるベイエン蘭外相の第二プラン，1955. 5. 18）　281
4-19　フランス国民議会におけるEDC条約批准拒否（1954. 8）　284
4-20　イーデン英外相のWEU構想　288
　A．イーデンのドイツ再軍備構想（1954）　289
　B．ロンドン9カ国会議最終議定書（1954. 9. 28-10. 3）　290
4-21　メッシーナ決議（1955. 6. 3）　290
4-22　ジュネーヴ首脳会談でのイーデン英首相の声明（1955）　294

4-23　メッシーナ会議とローマ条約締結をめぐるベルギー外相スパークの回想　295

4-24　イギリスの「共同市場」不参加の決定（1955）　297

4-25　アメリカ政府のスパーク委員会支持表明（1955）　298

4-26　EURATOM へ向けてのヨーロッパ合衆国行動委員会の決議と共同声明（1956）　300

4-27　アデナウアー西独首相のヨーロッパ政策指針（1956. 1. 19）　301

4-28　スパーク報告（1956. 4）　304

4-29　ユーラフリック構想：ドゥフェール仏海外領土相のモレ宛の書簡（1956. 5. 17）　311

4-30　ローマ条約交渉　314

　Ａ．フランスのローマ条約受容条件：共同市場に関する仏代表覚書（1956. 9. 18）　315

　Ｂ．ローマ条約交渉における独仏間の衝突：1956年10月のパリ会談に関するカルステンス局長の報告書　317

4-31　アデナウアー＝モレ首脳会談（1956. 11）　318

4-32　マクミラン英蔵相の「G 計画」と EFTA 構想　323

　Ａ．「G 計画」（1956）　324

　Ｂ．「ヨーロッパ自由貿易地域に関する欧州経済協力機構へのイギリスのメモランダム」（1957. 2. 7）　324

　Ｃ．1957年5月2日のイギリス閣議録　325

4-33　欧州経済共同体設立条約（1957. 3. 25 調印, 1958. 1. 1 発効）　326

第 5 章　大西洋同盟の動揺と EEC の定着　1958-69 年 ………… 337

5-1　OEEC から OECD へ：「発展に向かって自由世界資源を動員し, 通商関係を強化するための合衆国イニシアティブの提案」（1958）　346

5-2　FTA 交渉の帰結　348

　Ａ．ドゴール仏首相のローマ条約受け入れ：外務省宛書簡（1958）　348

　Ｂ．EFTA 協約（1959）　349

5-3　欧州審議会　欧州地方自治体会議憲章（1961. 9. 13）　351

5-4　欧州審議会　欧州社会憲章（1961. 10. 18）　352

5-5　共通農業政策の成立：「第二期移行ならびに共通農業政策に関する理事会決定」（1962. 1. 14）　353

5-6　政治連合構想　356

　Ａ．ボン宣言（1961. 7）　358

　Ｂ．第一次フーシェ・プラン（1961）　358

　Ｃ．5 カ国共同対案（1962）　361

5-7　ディロン・ラウンド（1960-62）　363

5-8　ドゴール仏大統領のヨーロッパ　365
　A．フランスのグローバル政策：1958年メモランダム　366
　B．ドゴールの冷戦構造認識：息子フィリップへの1960年5月の手紙　367
　C．ドゴールのヨーロッパ認識：1960年9月5日の記者会見　367
5-9　マクミラン英首相の「大構想」――EEC加盟の政治経済的意義：「首相覚書」（1961）　369
5-10　ケネディ米大統領の大西洋共同体構想　372
　A．独立記念日演説（1962. 7. 4）　372
　B．大西洋共同体に関する記者会見（1962. 7. 5）　374
5-11　MLF構想　375
　A．MLF構想における独仏の位置：「駐仏大使から国務省宛電報」・「国務省報告書」（1962）　376
　B．ナッソー協定（1962. 12. 21）　377
5-12　エリゼ条約　379
　A．西ドイツ外務省報告書（1963. 1. 20）　380
　B．独仏協力に関するフランス共和国とドイツ連邦共和国との間の条約（エリゼ条約）（1963. 1. 22）　381
　C．エリゼ条約前文（1963. 5. 15）　383
5-13　ヤウンデ協定の成立（1963. 7. 20）　384
5-14　法統合の幕開け　387
　A．ファンヘント・エン・ロース判決（1963）　388
　B．コスタ対エネル判決（1963）　389
5-15　1965年3月の委員会提案　390
　A．CAPとEEC財政に対する委員会提案（1965. 3. 31）　391
　B．委員会提案に対する仏外務省経済財政局覚書（1965. 5. 25）　392
5-16　空席危機におけるフランス　393
　A．ドゴール仏大統領の記者会見（1965. 9. 9）　394
　B．フランスの共同体参加条件（1965. 7. 5）　395
5-17　ルクセンブルクの妥協　397
　A．「デカローグ」（フランス政府覚書）（1966. 1. 17-18）　398
　B．ルクセンブルクの妥協（1966. 1. 29）　400
5-18　NATOの動揺　401
　A．ブラント新東方政策の精神：バールのトゥッツィンガー演説（1963）　403
　B．ドゴールのNATO批判とデタント政策（1966）　404
　C．同盟の将来的責務：アルメル報告（1967. 12. 13-14）　406
5-19　第二次イギリス加盟交渉（1967. 4）　407

5-20	エアバス開発合意（1967. 9. 26） 409
5-21	関税同盟の達成とその後のヨーロッパ統合路線 410
Ａ．	関税同盟達成の際の委員会コミュニケ（1968. 7. 1） 411
Ｂ．	西ドイツの同盟後の統合戦略：西ドイツ外務省覚書（1968. 9. 19/25） 414
5-22	マンスホルト・プラン（1968. 12） 414
5-23	バール・プラン（1969. 2） 416
5-24	ハーグ首脳会議コミュニケ（1969. 12. 2） 420

第6章　デタントのなかのEC　1969-79年 ……………………… 423
　　　　　——ハーグから新冷戦へ——

6-1	西ドイツの「新東方政策」：ブラント首相の施政方針演説（1969. 10. 28） 431
6-2	ウェルナー報告（1970. 10. 8） 433
6-3	ルクセンブルク報告（ダヴィニョン報告）（1970. 10. 27） 435
6-4	EC加盟条約調印に際してのヒース英首相の演説（1972. 1. 22） 436
6-5	パリ首脳会議の声明（1972. 10. 19-21） 438
6-6	「ヨーロッパの年」演説（1973. 4. 23） 439
6-7	「ヨーロッパ・アイデンティティ」宣言（1973. 12. 14） 441
6-8	パリ首脳会議のコミュニケ（1974. 12. 10） 443
6-9	第一次ロメ協定に関するオルトリEC委員会委員長の声明（1975. 2） 445
6-10	欧州宇宙機関憲章（1975. 5. 30） 446
6-11	ヨーロッパ・デタントの成立 449
Ａ．	CSCEに関する欧州理事会の声明（1975. 7. 17） 450
Ｂ．	ヘルシンキ宣言についてのモロ伊首相・欧州理事会議長の声明（1975. 7. 30） 450
6-12	ティンデマンス報告（1975. 12. 29） 451
6-13	EC法の絶対的優位性の確立：シンメンタール（II）判決（1978. 3. 9） 453
6-14	EMS設立決議（1978. 12. 5） 455
6-15	相互承認の原則：カシス・ド・ディジョン判決（1979. 2. 20） 458
6-16	NATOの「二重決定」（1979. 12. 12） 459
6-17	アフガニスタン侵攻に対するECの宣言（1980. 1. 15） 460

第7章　ヨーロッパ統合の再活性化　1979-91年 ………………… 462

7-1	1980年代前半の欧州悲観主義 470
Ａ．	デッケル欧州産業人円卓会議会長「ヨーロッパ1990年」（1984, 1989） 471
Ｂ．	「テクノロジー・ショック」：アルベール『ヨーロッパの賭』（1983） 471

    C．新冷戦とヨーロッパ：サッチャー英首相『ヨーロッパ——その将来』(1985) 471

    D．欧州社会モデルの危機：ドロール EC 委員長回顧（1989） 472

7-2 クロコダイル・イニシアティブ（1980-84） 472

7-3 ゲンシャー・コロンボ・イニシアティブ（1981） 475

7-4 エスプリ（ESPRIT）計画（1984. 2. 28） 478

7-5 フォンテーヌブロー欧州理事会議長総括（1984. 6） 480

7-6 域内市場白書と単一欧州議定書への道 483

    A．域内市場白書（1985. 6） 484

    B．ミラノ欧州理事会議長総括（1985. 6. 28-29） 486

7-7 欧州地方自治憲章（1985. 6） 489

7-8 ユーレカ（EUREKA）（1985. 7. 17） 492

7-9 単一欧州議定書（1986. 2） 495

7-10 ドロール・パッケージⅠ：ブリュッセル欧州理事会議長総括（1988. 2） 498

7-11 通貨統合の胎動：ハノーファー欧州理事会議長総括（1988. 6） 502

7-12 経済通貨同盟に関するドロール報告をめぐって 504

    A．パウエル英首相外交顧問回顧 505

    B．ペール西独連銀総裁回顧 505

    C．ローソン英蔵相回顧 505

    D．ペール西独連銀総裁回顧 505

    E．スキオッパ委員回顧 506

    F．ローソン英蔵相回顧 506

    G．ドロール EC 委員長回顧 506

    H．マドリッド欧州理事会議長総括（1989. 6. 26-27） 506

7-13 EC 将来像の衝突——ドロール vs サッチャー 507

    A．ドロール EC 委員長の欧州議会発言（1988. 7） 508

    B．サッチャー英首相のブルージュ演説（1988. 9） 508

    C．ドロール EC 委員長のブルージュ演説（1989. 10） 509

    D．サッチャー英首相のイギリス庶民院演説（1990. 10） 510

7-14 G7 アルシュ・サミット政治宣言（1989. 7） 510

7-15 EC 社会憲章（労働者の基本的社会権に関する共同体憲章）（1989. 12） 512

7-16 コール西独首相十項目計画（1989. 11. 28） 515

7-17 ドイツ統一過程における「2＋4」方式の確立：オタワ外相会議コミュニケ，オープンスカイ交渉（1990. 2. 12-13） 520

7-18 独仏政治統合イニシアティブ（1990. 4. 19） 521

- 7-19　ロンドンNATO首脳会議（1990. 7. 5-6）　523
- 7-20　統一ドイツのNATO帰属の実質的な承認：コール西独首相記者会見発言，ゴルバチョフ・ソ連大統領とのスタブロポリ会談後（1990. 7. 16）　527
- 7-21　欧州安保協力会議パリ憲章（1990. 11. 19-21）　528
- 7-22　ドイツ統一をめぐるヨーロッパ国際政治　532
  - A．パウエル英首相外交顧問回顧　533
  - B．ドロールEC委員長演説（1989. 10. 17）　533
  - C．テルチク西独首相外交顧問回顧　533
- 7-23　EC対外関係の変化　534
  - A．EC-US大西洋共同宣言（1990. 11）　534
  - B．日ECハーグ共同宣言（1991. 7）　537
- 7-24　ラルミエール欧州審議会事務総長記者会見発言（1991. 11）　540
- 7-25　マーストリヒト条約（1992. 2）　541

第8章　冷戦後のヨーロッパ統合　1992-98年　552

- 8-1　1992＝最悪の年（Annus Horribilis）　559
  - A．デンマーク・ショックとバーミンガム欧州理事会：バーミンガム宣言（1992. 10）　560
  - B．ポンド通貨危機：メイジャー英首相とラモント英蔵相の発言（1992. 9）　561
  - C．ユーゴ危機の深化とECの無力：ポース外相理事会議長の発言（1991. 6）　562
- 8-2　「民主主義の赤字」論　562
  - A．ドロール欧州委員長（1994）　562
  - B．哲学者ハーバーマス（1992）　563
- 8-3　GATTウルグアイ・ラウンド交渉とマクシャーリー農業改革（1991. 2）　563
- 8-4　WEUペータースベルク宣言（1992. 6. 19）　564
- 8-5　ドロール・パッケージII：エディンバラ欧州理事会議長総括（1992. 12）　568
- 8-6　東方拡大過程の開始：コペンハーゲン欧州理事会議長総括（1993. 6. 21-22）　569
- 8-7　ドイツ憲法裁判所によるマーストリヒト判決（1993. 10. 12）　571
- 8-8　成長・競争力・雇用に関する白書（「ドロール白書」）（1993. 12）　578
- 8-9　地域委員会の発足：ブラン地域委員会委員長の演説（1994. 3. 10）　580
- 8-10　欧州地中海パートナーシップの成立：バルセロナ宣言（1995. 11）　582
- 8-11　通貨統合と財政規律：安定成長協定に関する欧州理事会決議（1997. 6）　584
- 8-12　アムステルダム条約本文（1997）　587
- 8-13　シェンゲン・アキの統合：アムステルダム条約付属第2議定書（1997. 10）

591

8-14　補完性原理の実施：アムステルダム条約付属第7議定書（1997. 10）　593
8-15　東方拡大プロセスの本格化とEU予算問題　596
　A．アジェンダ2000（1997）　597
　B．ベルリン合意（1999）　601
8-16　経済通貨同盟第三段階（単一通貨の導入）移行国の決定（1998. 5. 2）　601
8-17　英仏サンマロ宣言（1998. 12. 3-4）　603

第9章　21世紀のヨーロッパ統合 ……………………… 606
―EU-NATO-CE体制の終焉？―

9-1　欧米諸国によるコソボ紛争への介入調停（1999. 2. 23）　612
9-2　欧州議会によるサンテール委員会罷免決議（1999. 3. 23）　613
9-3　ベルリン・プラス（1999. 4. 24）　614
9-4　制度改革に向けての賢人提言（デハーネ・レポート）（1999. 10. 18）　617
9-5　ソクラテスII（教育）（2000）　622
9-6　Culture 2000（2000）　623
9-7　リスボン戦略（2000. 3. 23-24）　625
9-8　フィッシャー演説（2000. 5. 12）　628
9-9　コトヌー協定（2000. 6. 23）　635
9-10　オーストリアの人権状況に関する三賢人報告（2000. 9. 8）　639
9-11　ニース条約（2000. 12. 11）　641
9-12　基本権憲章（2000. 12. 7）　650
9-13　北大西洋条約第5条発動（2001. 12. 6）　652
9-14　欧州憲法条約起草　654
　A．欧州憲法条約起草コンヴェンション設立決議（2001. 12. 15）　654
　B．欧州憲法条約草案の提出（2003. 6. 20）　659
9-15　ジスカール・デスタン元仏大統領のトルコEU加盟否定論（2002. 11. 9）　660
9-16　新規加盟国との加盟交渉終了（2002. 12. 13）　661
9-17　イラク戦争とヨーロッパ　663
　A．ケーガン『ネオコンの論理』（2003. 1. 28）　665
　B．ラムズフェルド米国防長官「旧いヨーロッパ」発言（2003. 1. 22）　665
　C．イラクへの武力攻撃をめぐる8カ国声明（2003. 1. 30）　666
　D．ドヴィルパン仏外相演説（2003. 2. 5）　668
9-18　仏独の安定成長協定違反　670
　A．仏独の安定成長協定違反に関する理事会決定（2003. 11. 25）　671

B．安定成長協定に関する理事会決定に対する欧州司法裁判所差し戻し判決
　　　　（2004. 7. 13）　672
9-19　ソラナ・ペーパー（2003. 12. 12）　672
9-20　サービス自由化指令（ボルケシュタイン指令）（2004）　674
9-21　EU拡大に対する委員会の見解　677
　　A．新規加盟国の総合評価（2003. 11. 5）　677
　　B．EU拡大に対する委員長の祝辞（2004. 5. 4）　680
9-22　欧州近隣諸国政策戦略ペーパー（2004）　681
9-23　欧州防衛庁の創設　683
　　A．ヘルシンキ・ヘッドライン・ゴール（1999. 12. 11）　683
　　B．欧州防衛庁設立（2004. 7. 12）　684
9-24　欧州憲法条約（2004. 10. 29）　686
9-25　欧州議会議員による欧州憲法条約反対運動（2005. 1. 11）　698
9-26　安定成長協定の基準緩和（2005. 3. 23）　700
9-27　国民投票による欧州憲法条約否決と批准手続き延期　703
　　A．フランスでの国民投票による条約批准否決（2005. 5. 29）　703
　　B．条約批准手続き延期（2005. 6. 17）　705
9-28　シュレーダー元独首相演説（2005）　706
9-29　ベルリン宣言（2007）　707
9-30　リスボン条約：ブリュッセル欧州理事会議長総括（2007. 6. 23）　709

ヨーロッパ統合史年表　713
参考文献　737
あとがき　757
索　引　761

凡　例

1. 史料の項目について
1) 本書は，時代順に編纂されている。
2) 四角で囲まれている部分には，以下のように，①史料番号，②史料テーマ，③年代，④史料タイトル（必要に応じて A，B，C などに分け，その場合には③年代は④史料タイトルの後に掲げる），⑤出典・参照文献情報などの基本データ，が記載されている。

> ①史料番号　　②史料テーマ（③年代）
> ④史料タイトル
> ⑤出典・参照文献情報

3) その下に続く文章は，史料の解説・位置づけであり，末尾の（　）内に解説者の名が記されている。史料の訳者も，特に断りがなければ，同一である。なお，文中に表示されている【○−△】といった形式の参照番号は，上記①の史料番号を指している。
4) さらに続くのが，史料である。既存の邦訳に拠った場合は，上記⑤の出典・参照文献情報に示しているが，ほとんどの場合は，原文に照らして修正を加えている。
　　原文を省略した場合には……と記すが，前略は特に表記せず，後略については原則として，第1章，第1条などの項目がある時のみに……と表示した。
　　史料中の「　」は，原文における" "，フランス語の« »，ドイツ語の„ "を置き換えたものである。また，史料中の（　）は，史料原文で使われているものか，あるいは史料原文の原語に注意を促すものとして使用される。さらに，史料の中の［　］は，訳者・解説者による補足・注記である。さらに詳細に補足する場合は，＊を振って，各史料末に記した。
　　最後に，史料中の傍点は，原文において斜体もしくは下線，あるいは何らかの形で強調されている箇所に付した。ただし，見出しにおける下線，および議事録における野次（多くが斜体で記載）については，この限りでない。

> **例**
>
> 4-6　ザール問題とその解決
> A．ザール問題をめぐるアデナウアーとシューマンとの会談（1950.1.15）
> B．ルクセンブルク条約（ザール問題の解決に関する条約）（1956.10.27）
> A．"Unterredung zwischen Bundeskanzler Adenauer und Minister für Auswärtige Angelegenheiten Schuman vom 15.1.1950," Aufzeichnung. StBKAH, Nachlaß Adenauer, 12.09, in Ulrich Lappenküper (Hg.), *Die Bundesrepublik Deutschland und Frankreich : Dokumente 1949-1963, Band I. Außenpolitik und Diplomatie*, Sauer, 1997, pp. 287-8.
> B．"Vertrag zwischen der Bundesrepublik Deutschland und der Französischen Republik zur Regelung der Saarfrage, 27.10.1956," in *ibid.*, pp. 658-61.
>
> 　　第二次大戦後，ドイツを占領する4大国の一角に入り込んだフランスの当初のドイツ政策は，明白なドイツ弱体化であり，ドイツをかつての神聖ローマ帝国時代に逆戻りさせるようなドイツ諸邦への分割化を志向するものだった【2-30】。このようなフランスの対独占領政策の

凡　例　xv

> うち，独仏間における深刻な問題の一つがザール問題であった。〔略〕　　　　　　（川嶋）
>
> A．ザール問題をめぐるアデナウアーとシューマンとの会談
> 　1950年1月15日にエアニッヒ〔フランス大使館〕にて，シューマン外相と私〔アデナウアー〕との間で一対一の会談をもった。この会談は実に率直なものだった。私はシューマンに対して，ドイツで起こっていることを，……詳しく語った。〔略〕
>
> B．ルクセンブルク条約
> フランス共和国とドイツ連邦共和国間のザール問題法規に関する条約（於ルクセンブルク，1956年10月27日）
>
> フランス共和国大統領ならびにドイツ連邦共和国大統領は，
> ザール問題が将来にわたって両国間の不和の原因とならないことに合意し，
> 〔略〕

2．訳語・略語について
1) 訳語に関しては，基本的に通例に従った。ただし，定訳のないもの，定訳が割れたものもある。以下にその主要な例をあげ，本書における和訳を掲げる。
   ① Union：全般にまたがる結合を指すときに「連合」の訳を当てる。例として，「政治連合 Political Union」（European Union については下記参照）。他方，経済・通貨や安全保障などの政策セクター別のものと括られるケースでは，「同盟」と訳す。例：「関税同盟」「経済通貨同盟」「西欧同盟」。なお，政治団体や政党名についても，定訳に従い「同盟」としたケースが多い。例：「キリスト教民主同盟」「欧州連邦主義同盟」。
   ② Europe/European：文脈により自由に「欧州」「ヨーロッパ」を使い分けているところもあるが，基本的には，組織や機関名の際には「欧州」（例：「欧州経済共同体」）を当て，一般的には「ヨーロッパ」を用いる。
   ③ European Union：1990年代に《制度》枠として現出する段階から「欧州連合」とし，多くの場合「EU」と略す。ブリアンの演説などに見られるように戦間期から，ゲンシャー・コロンボ・イニシアティブを含めた1980年代までの《構想》に関しては，「ヨーロッパ連合」とし，「EU」とは略さない。
   ④ Council：通常「評議会」であるが，下記のように「理事会」「審議会」と訳し分ける場合がある。
   17世紀のシュリー伯から両大戦間期のブリアンに至る一般的な Conseil（Council）《構想》は，「評議会」（ないし「ヨーロッパ評議会」）とする。1949年に成立した《組織》としての Council of Europe（Conseil de l'Europe）は「欧州審議会」とし，1975年以降《組織》化された首脳会議である European Council は「欧州理事会」という定訳に従う。
   ⑤ Haute Autorité（High Authority）：この欧州石炭鉄鋼共同体（ECSC）の執政部には，「高等機関」の訳を当てる。
2) 欧州石炭鉄鋼共同体（ECSC），欧州経済共同体（EEC），欧州原子力共同体（EURATOM），欧州共同体（EC），そして欧州連合（EU）については，それぞれの時代に各々固有の機構名を指すときには，できうる限り厳密に個々の組織名を明記する。ただし，それらを一まとめに指したいときには，一括して EU と呼ぶこともありうる。

3. その他
1) 本書はそれ自体独立した史料解説集であるが，通史的な理解を深めるには，姉妹篇である『ヨーロッパ統合史』（名古屋大学出版会，2008年）を並行して読まれることをお薦めしたい。
2) この姉妹篇において散見される【○−△】のような参照番号も，本書における史料番号を指している。
3) 本書に付録された年表および参考文献リストは，姉妹篇『ヨーロッパ統合史』に掲載されたものよりも包括的で体系的なものである。

略語表

AAPD	*Akten zur Auswärtigen Politik der Bundesrepublik Deutschland*, herausgegeben im Auftrag des Auswärtigen Amts vom Institute für Zeitgeschichte (Hauptherausgeber, Hans-Peter Schwarz), R. Oldenbourg.
ABC	atomic, biological and chemical（核・生物・化学［兵器］）
ACP	African, Caribbean, and Pacific Countries（アフリカ・カリブ海・太平洋諸国）
ADG	Archivio Alcide De Gasperi, Roma（アルチーデ・デ・ガスペリ文書館, ローマ）
AN	Archives Nationales, Paris（国立文書館, フランス）
ASEAN	Association of South-East Asian Nations（東南アジア諸国連合）
ASEM	Asia-Europe Meeting（アジア欧州会合）
BTO	Brussels Treaty Organization（ブリュッセル条約機構）
Bull. EC	*Bulletin of the European Communities*.
Bull. EU	*Bulletin of the European Union*.
CAB	Cabinet Memoranda and Papers（イギリス閣議録および閣議メモランダム）
CAC	Centre des archives contemporaines, Fontainebleau（現代公文書センター, フランス国立公文書館）
CAP	Common Agricultural Policy（共通農業政策）
CDU/CSU	Christlich-Demokratische Union/Christlich-Soziale Union（キリスト教民主同盟・社会同盟［ドイツの政党］）
CE	Council of Europe（欧州審議会）
CEE	Communauté économique européenne（→ EEC）
CEEA	Communauté Européenne de l'énergie Atomique（→ Euratom）
CEEC	Committee of European Economic Co-operation（欧州経済協力委員会）
CFE	Conventional Armed Forces in Europe（欧州通常戦力）
CFSP	Common Foreign and Security Policy（共通外交安全保障政策）
Cmd.	*Command Paper*（イギリス政府白書）
COMECON	Council for Mutual Economic Assistance（経済相互援助会議：コメコン）
CSCE	Conference on Security and Co-operation in Europe（欧州安全保障協力会議）
CU	Customs Union（関税同盟）
DBPO	*Documents on British Policy Overseas*.
DDF	Commission de publication des Documents diplomatiques français (sous la dir.), *Documents diplomatiques français*, Imprimerie nationale/Peter Lang (2002-).
DDR	Deutsche Demokratische Republik（ドイツ民主共和国［東ドイツ］）
DECE	Direction économique, Coopération économique (MAE)（経済財政局対外経済協力課文書, フランス外務省文書館）
DHEI	*Documents on the History of European Integration*, 4 vols., W. de Gruyter (Vols. 1-2, ed. by Walter Lipgens ; Vols. 3-4, ed. by W. Lipgens and Wilfried

Loth).
DTIB	Defence Technological and Industrial Base（防衛産業技術基盤）
EA	Europe Agreement（欧州協定）
EAGGF	European Agricultural Guidance and Guarantee Fund（欧州農業指導保証基金）（→ FEOGA）
EC	European Community（欧州共同体）
ECA	Economic Cooperation Administration（経済協力局［マーシャル・プランにおけるアメリカ側の監督機関］）
ECB	European Central Bank（欧州中央銀行）
ECJ	European Court of Justice（欧州司法裁判所）
ECOFIN	Economic and Financial Affairs Council（財務相理事会）
ECR	European Court Report（欧州裁判所判例集）
ECSC	European Coal and Steel Community（欧州石炭鉄鋼共同体）
ECU	European Currency Unit（欧州通貨単位：エキュー）
EDA	European Defense Agency（欧州防衛庁）
EDC	European Defense Community（欧州防衛共同体）
EEA	European Economic Area（欧州経済領域）
EEC	European Economic Community（欧州経済共同体）
EFTA	European Free Trade Association（欧州自由貿易連合）
EIB	European Investment Bank（欧州投資銀行）
ELDO	European Launcher Development Organization（欧州ロケット開発機関）
EMI	European Monetary Institute（欧州通貨機構）
EMS	European Monetary System（欧州通貨制度）
EMU	Economic and Monetary Union（経済通貨同盟）
ENEA	European Nuclear Energy Agency（欧州原子力機関）
ENP	European Neighbourhood Policy（欧州近隣諸国政策）
EPA	European Political Authority（欧州政治機構）
EPC	European Political Community（欧州政治共同体） European Political Cooperation（欧州政治協力）
EPU	European Payments Union（欧州決済同盟）
ERDF	European Regional Development Fund（欧州地域開発基金）
ERM	Exchange Rate Mechanism（為替相場メカニズム）
ERT	European Round Table of Industrialists（欧州産業人円卓会議）
ESA	European Space Agency（欧州宇宙機関）
ESCB	European System of Central Banks（欧州中央銀行制度）
ESDI	European Security and Defense Identity（欧州安全保障防衛アイデンティティ）
ESDP	European Security and Defence Policy（欧州安全保障防衛政策）
ESF	European Social Fund（欧州社会基金）
ESPRIT	European Strategic Programme for Research and Development in Information Technology（欧州情報技術研究開発戦略：エスプリ）
ESRO	European Space Research Organization（欧州宇宙研究機関）
EU	European Union（欧州連合）
EUA	European Unit of Account（欧州計算単位）
EUI	European University Institute（欧州大学院大学）
EUMC	EU Military Committee（EU軍事委員会）

EURATOM	European Atomic Energy Community（欧州原子力共同体：ユーラトム）	
FDP	Freie Demokratische Partei（自由民主党［ドイツの政党］）	
FEOGA	Fonds européen d'orientation et de garantie agricole（欧州農業指導保証基金）	
FO	Foreign Office Files (TNA)（イギリス外務省文書）	
FPÖ	Freiheitliche Partei Österreichs（オーストリア自由党）	
FRUS	Department of State, *Foreign Relations of the United States*, U. S. G. P. O.	
FRY	Federal Republic of Yugoslavia（ユーゴスラヴィア連邦共和国）	
FTA	Free Trade Area（自由貿易地域）	
	Free Trade Agreement（自由貿易協定）	
GATT	General Agreement on Tariffs and Trade（関税と貿易に関する一般協定）	
GDP	Gross Domestic Product（国内総生産）	
GDR	German Democratic Republik（ドイツ民主共和国［東ドイツ］）（→ DDR）	
GNP	Gross National Product（国民総生産）	
GPU	General Postal Union（一般郵便連合）	
HAEU	Historical Archives of the European Union（欧州連合歴史文書館，フィレンツェ）	
HR	High Representative（上級代表）	
IAR	International Authority for the Ruhr（ルール国際機関）	
IBRD	International Bank for Reconstruction and Development（国際復興開発銀行：世界銀行）	
IGC	Intergovernmental Conference（政府間会議）	
ILO	International Labor Organization（国際労働機関）	
IMF	International Monetary Fund（国際通貨基金）	
INF	Intermediate-Range Nuclear Forces（中距離核戦力）	
ITU	International Telecommunication Union（国際電気通信連合）	
JHA	Justice and Home Affairs（司法内務協力）	
KLA	Kosovo Liberation Army（コソボ人民解放軍）	
LECE	Ligue Européenne de Coopération Economique（欧州経済協力リーグ）	
LoI	Letter of Intent（［軍備協力］趣意書）	
MAE	Archives du Ministère des Affaires Étrangères, Paris（フランス外務省文書館）	
MBFR	Mutual and Balanced Force Reduction（相互均衡兵力削減）	
MERCOSUR	Mercado Común del Cono Sur（南米共同市場：メルコスル）	
MEUSE	Mouvement pour les Etats-Unis socialistes d'Europe（欧州社会主義合衆国運動）	
MFE	Movimento Federalista Europeo（欧州連邦主義運動［イタリア］）	
MLF	Multilateral Nuclear Force（多角的核戦力）	
MNF	Multinational Nuclear Force（多国籍核戦力）	
MRFA	Mutual Reduction of Forces and Armaments（相互兵力削減）	
MRP	Mouvement Républicain Populaire（人民共和運動［フランスの政党］）	
NAD	National Armament Director（各国軍備担当者）	
NATO	North Atlantic Treaty Organization（北大西洋条約機構）	
NEI	Nouvelles Equipes Internationales（新国際エキップ［キリスト教民主主義の国際的なヨーロッパ統合推進組織］）	
NSC	National Security Council（アメリカ国家安全保障会議）	

OCCAR	Organisation Conjointe de Coopération en matière d'Armement（軍備問題協力組織）
ODA	Official Development Assistance（政府開発援助）
OECD	Organization for Economic Cooperation and Development（経済協力開発機構）
OEEC	Organization for European Economic Cooperation（欧州経済協力機構）
OJ	*Official Journal of the European Communities*（EC官報）
OMC	Open Method of Co-ordination（開かれた調整方式）
OSCE	Organization for Security and Cooperation in Europe（欧州安全保障協力機構）
PAAA	Politische Archiv des auswärtiges Amts, Berlin（ドイツ外務省政治文書館）
PCA	Partnership and Co-operation Agreements（提携・協力協定）
PfP	Partnership for Peace（平和のためのパートナーシップ）
PHARE	Poland Hungary Assistance for Reconstructuring Economy（ポーランド・ハンガリー経済再建支援）
PREM	Prime Minister Papers（イギリス首相関係文書）
PSC	Political and Security Committee（政治・安全保障委員会）
PUSC	Permanent Under-Secretary's Committee（事務次官委員会）
RMA	Revolution in Military Affairs（軍事上の革命）
SAA	Stabilization and Association Agreements（安定化・連合協定）
SACEUR	Supreme Allied Commander, Europe（[NATOの]欧州連合軍最高司令官：サキュール）
SALT	Strategic Arms Limitation Talks（戦略兵器制限交渉）
SDI	Strategic Defense Initiative（戦略防衛構想）
SEA	Single European Act（単一欧州議定書）
SED	Sozialistische Einheitspartei Deutschlands（ドイツ社会主義統一党）
SG	Secretary General（事務局長）
SGCICEE	Secrétariat général du Comité interministériel pour les questions de coopération économique européenne（ヨーロッパ経済協調省間会議事務局）
SHAPE	Supreme Headquarters Allied Powers Europe（欧州連合軍最高司令部）
SPD	Sozialdemokratische Partei Deutschlands（ドイツ社会民主党）
StBKAH	Stiftung Bundeskanzler-Adenauer-Haus, Bad-Honnef.（連邦首相アデナウアー・ハウス財団）
STCE	Serié des Traités du Conseil de l'Europe
TEU	Treaty on European Union（欧州連合条約）
TNA	The National Archives, United Kingdom（国立公文書館，イギリス）
TOM	Territoire d'outre-mer（海外領土）
UC	unités de compte（計算単位）
UEF	Union européenne des fédéralistes（欧州連邦主義同盟）
UKIP	UK Independence Party（イギリス独立党）
UN	United Nations（国際連合）
UPU	Universal Postal Union（万国郵便連合）
WEAG	Western European Armament Group（西欧軍備グループ）
WEAO	Western European Armament Organization（西欧軍備機関）
WEU	Western European Union（西欧同盟）
WHO	World Health Organization（世界保健機構）

WTO　　　　　World Trade Organization（世界貿易機関）

序章

原典 ヨーロッパ統合史

遠藤 乾

1) はじめに

　本書では，ヨーロッパ統合の歴史を史料に語らせ，解説を試みる。その際，可能な限り原典に基づき，その歴史の全体像に迫ることで，ヨーロッパ統合研究の新たなスタイルを確立したい。
　主題の中心には，現在の欧州連合（EU）に連なる系譜がある。それを軸に，アメリカという権力や軍事安全保障の枠組み，また人権や欧州社会イメージの分野を含めた複合的な国際体制に焦点を当て，その成立と変容を跡づける。時代的には，前史として数世紀を遡り，戦間期をもって本格的な検討を始め，主たる焦点は第二次大戦後，とりわけ冷戦期とポスト冷戦期におく。

2) 本書の視座

　ただし，ヨーロッパ統合の系譜を中心に据えるとはいえ，これほど長期にわたる時代の全てについて史料を集めれば，膨大なものになり，意味も薄れよう。となると，何らかの視座が必要となる。そこで，本書のアプローチを以下で簡単に整理しておく（詳しくは，姉妹篇の『ヨーロッパ統合史』（名古屋大学出版会，2008年）を参照されたい）。
　ここで導入されるのは，「EU-NATO-CE 体制」とでも呼ぶべき視座である。これは，北大西洋条約機構（NATO）に代表されるような軍事安全保障の分野に加えて，欧州石炭鉄鋼共同体（ECSC）・欧州経済共同体（EEC）・欧州共同体（EC）から EU にいたる経済（やがて政治）を中心とした分野，さらに欧州審議会（CE：Council of Europe）のつかさどる社会や文化の三つの分野にまたがって，戦後のヨーロッパに複合的な国際体制が成立し，それが変容してきたのでは

ないかと考えるものである。そうすることで，これらの三組織が代表する政策領域をカバーし，調和的な分業体制を形成してきた論理に光を当てることになろう。

　このことは，とりもなおさず，EUを単体として観察し，その「超国家的(supra-national)」な制度発展を「善」と前提し追跡する類の，ミクロなEU研究と異なり，ヨーロッパ統合がそのなかで発展してきた環境を包括的に検討することを意味する。EUは，アメリカを中心とする大西洋共同体を母体として，NATOと密接に関連しながら，発展してきた。換言すると，戦後の米ソ冷戦の枠のなかで制度形成を見，それに枠づけられてきたのである。その大枠へと射程を拡げて検討することなしに，戦後のヨーロッパ統合の全体像には到底迫れない。

　第一に，その大枠への着目は，戦後の「ヨーロッパ」統合が，なにゆえに西欧に限定されて進行したのか説明してくれる。つまり，冷戦体制の下，「鉄のカーテン」で仕切られた東側の諸国は，統合する対象として除外されていた。第二に，ECSCからEUにいたるヨーロッパ統合が，なぜ経済の領域において進展したのか教えてくれる。これは，軍事安全保障の領域において，基本的にアメリカやNATOといった別のアクターや組織に依拠していたことの裏返しであった。そして，統合による経済的な厚生の向上が，国内社会的な安定，ひいては西側の政治的安定に寄与するものと想定されたという意味で，この二つは融合さえしていた。この意味において，戦後のヨーロッパ国際政治体制はすぐれて「EU-NATO体制」であったのである。第三に，この体制は，社会により近い領域で「ヨーロッパらしさ」を確保しようとしてきた欧州審議会によって下支えされていた。この組織は，やはり冷戦体制に相当規定されながらも，人権の保護を主任務とし，社会権や地方自治などのあり方において西ヨーロッパの独自性を打ち出してきたのである。

　この三つの組織に代表させた複合的国際体制に焦点をおきつつ，むろん，それで全てが語られると考えているのではない。とくに1940年代末に影響力のあった欧州経済協力機構（OEEC）は，50年代になってもさまざまな構想の貯水池のようであったし，また大西洋主義の経済面を粛々と担ってもいた。あるいは欧州安保協力会議（CSCE）なども，冷戦終結当時プレゼンスが高かった。これらの組織は順次史料面でも取り上げていこう。けれども，ヨーロッパ国際政治の中核にあって，EU/NATO/CEは，それぞれが代表する政治経済，軍事安全保障，

社会や規範の三面にわたって調和的な分業を可能にし，お互いに支えあっていた大文字の体制をなしていたと言えよう。

　後から振り返ってみて，1950年はこの複合的な国際体制の基点とみなしうるかもしれない。その年，シューマン・プランが打ち上げられ，EUの母体となるECSCの成立につながった。また，北大西洋条約は前年の49年に締結されているが，軍事機構化に合意した（NATOとなった）のは，50年である。同様に，欧州審議会も前年の49年に創設されているが，その最も強力で息の長い機構である欧州人権裁判所の設立は，やはり50年に合意された。その後，1950年代を通じて，政治経済，軍事安全保障，社会や規範の三面にわたって調和的な分業体制が醸成されていく。なかでも54年の欧州防衛共同体（EDC）の挫折，翌年にNATOや西欧同盟（WEU）の枠内でなされたドイツ再軍備，さらに58年初頭の欧州経済共同体の成立といった出来事は，安全保障と経済統合の住み分けを刻印するものであった。

　さて，この体制は冷戦と深くリンクしていたがゆえに，1989年の「ベルリンの壁」の崩壊を端緒とし91年末のソ連の崩壊で一段落したその終結により，根底から揺さぶられることになる。ヨーロッパ統合は，戦後長らく，地理的に東側から，機能的に安全保障から解放され，西欧の経済統合に専念してきたわけだが，それがもはや保てなくなった。同時に，冷戦はドイツの分割を意味していたから，冷戦後には統一ドイツという存在に新たに直面することにもなった。ここに，50年代以来続いてきた「EU-NATO-CE体制」の終焉が胚胎する。

　われわれは，おそらくまだ終結していない過程のなかにいる。2001年9月11日のアメリカ同時多発テロ事件や03年3月以降のイラク戦争が，冷戦後のいくつかの変化をさらに促し，新たな変化を導入している。その過程をここで網羅することはできないが，その変化は，たとえば安全保障の面で真っ先に現れた。赤軍という圧倒的な脅威（感覚）が消失し，アメリカのヨーロッパへの関与は質量ともに激変し，NATOは機能変容を迫られた。逆にEUは，ソフトな安全保障の分野に乗り出し，ここに調和的な分業体制が崩れた。また同様に不可避なことだが，地理的にも大きく変容を余儀なくされる。最初にCE，次にNATO，そして最後にEUと，全ての組織がメンバーシップを東側に拡大した。それと関連して，CEの機能をEUが包摂し始め，普遍的な人権原理を掲げる分，EUの地理的臨界線がぼやけてもいる。これらは，EU-NATO-CEの調和的分業体制を可能にしていた論理が消えた結果である。その行く先を見極めるためにも，長期的

な視点，つまり1950年代から少なくとも冷戦終結まで続いた体制を相対化する作業が必要となろう。

この作業は，冷戦に規定されていない「ヨーロッパ」探しが始まったことを意味している。ウクライナやトルコは「ヨーロッパ」だろうか。アメリカやロシアなどと異なる「欧州社会モデル」はあるのだろうか。冷戦後，9・11後，東方拡大後の統合は，何を基軸として，その求心力を確保するのか。それはキリスト教（反イスラム）なのか，アメリカへの対抗なのか。それらと関連して，グローバル化の下で求められる統治機能の，何をどこまでEUとして共同で担うのか。市場や移民，テロや平和構築，その他多くの課題を目の前にして，ヨーロッパ（統合）は国民国家の主権とさらにどのように折り合いをつけるのか。

3）史料の選定

こうして，地理的にも精神的にも，はたまた機能的にも，「ヨーロッパ」の模索が続いている。そこで，少なくとも以下の5点に留意して史料の編纂を進めた。

一つは，上述したように，冷戦や安全保障との関連に留意しながら，戦後のヨーロッパ統合の特色をあぶりだすような史料を重視する点である。これが一方で，「超国家的」制度形成のみを追跡する「正史」と距離をおくことを意味する点にはすでに触れた。他方，複合的な国際体制の下で成立した戦後ヨーロッパ統合がいかなる内実をもつのかについて把握すべく，本書は，現在のEUが行う主要政策や，戦後体制を支える諸機関・制度の起源や変遷を示す史料を，手厚く取り入れた（ただし，すでに条約集などで邦訳されている諸条約については，紙幅の都合もあり，限定的に掲載した）。

第二に，戦後の統合に限定されない歴史的検討をすることの帰結であるが，中世に遡り，19世紀や戦間期に力を入れ，1940年代後半まで，統一ヨーロッパの構想をたどった。この作業を通じて多様な理念を提示することで，冷戦や9・11以降のヨーロッパ統合構想へのヒントを探ることができよう。

第三は，部分的にはCEにも関連する話だが，ヨーロッパの社会イメージを広く捜し求め，関連史料の収録を試みる点にある。ヨーロッパ統合は，冷戦に彩られて出発する以前から，そして出発した後にも，自己社会イメージにこだわり続けている。その中核に来るものは，キリスト教であったり，人権，とりわけ社会権であったり，（地方）自治イメージであったりする。これらを指し示す史料を

取り上げることにより，ここでも今後を占う長期的な視点の獲得を試みるのである。

さらに第四の点として，ヨーロッパ統合は「平和」的プロジェクトとしてのみ喧伝される嫌いがあるが，本書では，その底流にある「危うさ」に敏感であるよう心がけた。いわゆるヨーロッパ統合の「暗い遺産（Dark Legacies）」の問題である。それは，戦後の EU-NATO-CE 体制におけるヨーロッパ建設が，基本的に西側の自由主義陣営のなかの出来事であったために，死角に入っているような歴史的ルーツである。遡れば，シュリー伯爵からクーデンホーフ・カレルギー伯爵にいたるヨーロッパ統合構想の系譜には帝国支配の契機が流れているし，戦間期や第二次大戦中には，ファシズムやナチズムによるヨーロッパ統一構想が見られた。とりわけ取り扱いが難しいのが，ファシズムとコーポラティズムの中間に位置する勢力のヨーロッパ構想である。家族，ギルド（職能団体）や地域共同体に根を張り，ジャコバン的な近代（国家）に背を向けるようなヨーロッパ統合主義は，カトリック的な保守主義からプルードン的な左翼にまで幅広く存在し，なかにはファシズムに接近するものも現れた。こうした勢力の社会像には，反ソ反米の傾向とともに，ヨーロッパ統一への願望を併せもつものが含まれていたのである。本書は，ヨーロッパ統合に平和への契機があることを強調するが，同時にこうした「暗い遺産」の系譜にも目を開くように努める。

最後に，ヨーロッパ統合を広く捉え ECSC-EEC-EC-EU のみに還元しない本書は，安全保障体制や社会面だけでなく，EU 統合にいたらず，それに飲み込まれないような，ヨーロッパ協力の外延的な形態についても，注意を払うだろう。戦後に限っても，OEEC はヨーロッパ建設の重要な機能を担っていたし，その枠内で成立した欧州決済同盟（EPU）もそうであった。CE や欧州人権裁判所・人権委員会などを重視するのも同様の理由からである。多くの場合，それらはエリート間交流の場であることを超えて，次世代の統合のアイディアを醸成したり，実際に法体系の変容をもたらすことで，ヨーロッパ建設の実質的な一翼を担ってきたのである。同様に，1950 年代以降の WEU，60 年代の欧州標準化委員会，70 年代に本格化したエアバスなどの産業協力や欧州通貨制度（EMS）などの通貨協力枠組み，80 年代の欧州先端技術共同体構想（EUREKA）や独仏合同軍の創設，90 年代にいたっても出入国管理に関するシェンゲン条約など，多くのイニシアティブが，多かれ少なかれ，ECSC-EEC-EC-EU の枠外ないし境界線上で，ヨーロッパ建設を推進してきた。このいわば「やわらかい統合」を，

本書は紙幅の許す限り射程に収めた。

4）本書の射程

　こうした性格をもつ本書へは，ただちに反論も可能となろう。「体制」史などという古めかしい手法に対し，民衆や社会の視点が希薄だとする意見もあろう。また，国内政治を捨象し，外交や国際関係に偏ったものだとする異論も提起されよう。さらに，分析が西ヨーロッパに偏っているとしたり，経済史，軍事史，ヨーロッパ法などの個別分野における豊かな成果を不十分にしか反映していないとする向きもあるかもしれない。あるいは，史料の公開が進み二次文献も利用可能な1960年代までと同じように70年代以降を扱えないのではないかという批判も当然あろう。最後に，編纂メンバーの学問的な出自やトレーニングゆえの死角ももちろんあるに違いない。

　しかしながら，ヨーロッパ統合のような長期にわたる巨大な政治変動がこれまで十分に包括的に解明されてこなかったことが，本書の出発点であることを今一度想起すべきである。ヨーロッパ統合と西側の戦後国際政治の長期スパンの歴史を，事実と史料に忠実に，安全保障から社会イメージまで包括体系的に検討すること，そしてそのインフラ構築を一歩でも二歩でも前に進めていくこと，それがここでの眼目である。

5）史料と解説の構成

　以下では，いくつかの時代区分に分け，年代順に史料を紹介していく。第1章の前史では，第一次大戦以前の思想家・政治家によるヨーロッパ・イメージや秩序構想を振り返る。第2章では，戦間期から第二次大戦直後までのヨーロッパ構想を検討しよう。これらの二つの章はともに，上述のような長期的視点を確保するためのものである。第3章では，1947年から50年までを扱い，それまでのヨーロッパ構想が，冷戦という外部要因と交錯して百家争鳴の様相を呈し，さまざまな統合の可能性が試みられた時期を取り上げる。第4章では，「EU-NATO-CE体制」の成立にとって決定的な50年から57年のローマ条約締結までの時期を考察する。これは，多くのイニシアティブが成就し，また同時に多くの構想倒れを繰り返した時代でもあった。第5章では，58年のドゴールの再登場から69年のハーグ首脳会議までの，波乱に満ちた，けれども着実に共同体建設が根づいた時期を分析する。第6章は，世界経済が停滞するなか，比較的静か

な，しかしながらのちの統合につながる水面下の動きが見られた70年代を主題とする。次に第7章は，80年代を取り上げ，欧州悲観主義の停滞期から単一欧州議定書やマーストリヒト条約などに代表されるダイナミズムが生まれる過程を，第8章は，同条約の批准過程から通貨統合の成立やサンマロ宣言にいたる時期を検討する。最後の第9章は，98年以降，欧州憲法条約やリスボン条約をめぐる政治過程までを扱い，「動く標的」を追跡する。

　本書は，姉妹篇『ヨーロッパ統合史』を史料的に補強し，その歴史をさらに掘り下げて原典から検討しなおそうとする読者に対して，最適の出発点を提供するはずである。

第 1 章

ヨーロッパ統合の前史

遠藤　乾・板橋拓己

【史料リスト】

1-1　デュボア『聖地回復について』（1305-07）
1-2　アルトジウス『政治学』（1603）
1-3　シュリー伯『大構想』（17世紀前半）
1-4　ペン「現在と将来におけるヨーロッパの平和のための試論」（1693）
1-5　サン・ピエール『ヨーロッパ永久平和論』（1713-17）
1-6　ルソーのサン・ピエール批判
　A．『エミール』（1762）
　B．「永久平和論批判」（c.1759, 1782）
1-7　カント『永遠平和のために』（1795）
1-8　サン・シモンの機能主義的なヨーロッパ構想
　A．「人間科学に関する覚書」（1813）
　B．「ヨーロッパ社会の再組織について」（1814）
1-9　マッツィーニ：ナショナリズムとヨーロッパ理念の調和
　A．「『青年ヨーロッパ』の友愛証書」（1834）
　B．『人間の義務』（1860）
1-10　コブデンの自由貿易主義
　A．「自由貿易についての演説」（1846）
　B．『ロシア』（1836）
　C．『次は何が——そして次は？』（1856）
1-11　リストの関税同盟論
　A．『政治経済学の国民的体系』（1841）
　B．同上
　C．「ドイツ人の政治的・経済的国民統一」（1845-46）
　D．「オーストリアとドイツ関税同盟」（1843）

  E．『農地制度，零細経営，移住』（1842）
1-12 ユゴーのヨーロッパ合衆国演説
  A．「開会の辞」（1849.8.21）
  B．「平和の宣言」（1867）
1-13 スペンサーのヨーロッパ「統合」観：『第一原理』（1862）
1-14 プルードンの連邦主義
  A．『所有とは何か？』（1840）
  B．『所有の理論』（1865）
  C．『労働者階級の政治能力について』（1865）
  D．『連邦の原理』（1863）
  E．同上
1-15 政治学会議におけるルロワ＝ボリューのヨーロッパ合衆国報告（1900）

ヨーロッパ統合の前史？

　ヨーロッパ統合の歴史はどの時点から記述すべきなのであろうか。ローマ帝国か，シャルルマーニュか。あるいはずっと時代を下ってブリアンの欧州連邦案やチャーチルのヨーロッパ合衆国演説だろうか。はたまた人によっては，1950年のシューマン・プランと続く欧州石炭鉄鋼共同体（ECSC）の設立を，まるで創世記かのように描くだろう。

　おそらく，一つの（たとえばヨーロッパ合衆国などの）理念だけをもって「起源」とするのは正しくない。地理的な問題一つとっても，「ヨーロッパ」は常にその境界が揺れ動く存在であった。シャルルマーニュ帝国の版図が石炭鉄鋼共同体の原6加盟国の領域と似通っていることは単なる偶然だろう。「ヨーロッパ」の名の下でイメージされた領域は，イギリス，地中海諸国，ロシア，トルコなどを包摂するかどうかで多種多様であり続けた。20世紀後半に統合された「ヨーロッパ」は，冷戦の下で西側に限定された極めて時代拘束的なものであったし，当然のことながら，冷戦後の「ヨーロッパ」はそれと同じイメージで語るわけにはいかない。

　これと関連するが，どのような旗印の下で統一ヨーロッパをイメージするのかについても，時代や論者によって大きく異なる。しばしばヨーロッパはキリスト教的な共同体であると言われ，確かにその要素抜きにヨーロッパを語ることは不可能に近い。けれども，宗教とヨーロッパ・イメージとの連関も一筋縄ではいかない。イスラムという異教や，同じキリスト教でもロシア正教へのスタンスは，論者によって相当に開きがあるからである。同様に，キリスト教を統合理念とするかどうかは，ライシテ（政教分離）の伝統の濃淡によっても異なり，議論は続いている。

　また，統合の手法を考えてみても，代表間の合意によって平和裡に実現しようとするものもあれば，統合という「合理的な」解をテクノクラティックに（専門家集団主導で）押しつける類の計画もある。あるいは，ナチスのように，暴力的に「ヨーロッパ新秩序」を形成しようとする試みも現に存在した（し，その反面，レジスタンス集団の一部は，ナチスの暴力的なヨーロッパを平和的な連邦に転換することを夢見てもいた）。ナチスほど暴力的なものでなくとも，特定の帝国・覇権国・指導国の力を前提としないヨーロッパ統一構想は，ほとんどないと言ってもよい。ときに覇権に拠らないものとして性格づけられるシューマン・プラン以降のヨーロッパ統合も，長らくアメリカという帝国の傘の下，フランスという指導国

と西ドイツの追従を，ある程度前提としていた。

　このように地理・理念・手法において多様なものとしてヨーロッパ統一・統合プロジェクトを捉えると，少なくとも以下の六つのタイプに分別可能だろう。もちろん，実際に提案され実施されたときには，これらは重複していることが多々ある。とはいえ，以下の理念型による分別は，実際にそれぞれの構想を眺めるとき，《だれ/どの国》が主導し，また《だれ/どの国》を排除するよう企図されているのか，それと関連するが《どのような理念》の下で，《どのような手法で》統一・統合するのか，考察する一助となろう。そして，そうすることは，目の前にある現在進行形のヨーロッパ統合を，歴史巨視的な視座から相対化し，その性格を把握することにもつながるだろう。

市場のヨーロッパ

　市場を基盤とするヨーロッパ統一の試みは，歴史を通じて散見しうる。以下の二つの潮流に大別できよう。

　1) 市場自由主義的

　一つは，関税や非関税障壁の撤廃などを通じて自由貿易を実現し，スケールメリットを活かして経済的な効率化を図ろうとするものである。自由貿易を謳い，国家による介入を最小限に抑えようとした代表的論者になぞらえて，アダム・スミス的とも表現しうる。一般に政治や行政による市場操作や介入を嫌う傾向があり，世界市場への指向性（したがって域外の排除や差別に反対する傾向）を併せもつ。しかし他方で，市場合理性を重んじ，エリート主導の自由市場の実現を図るうえで，次に述べる型（サン・シモン的なヨーロッパ）と重複する場合もある。また，多くの場合，経済合理性の追求により，政治的紛争の緩和やバイパスを狙い，そのことで平和をもたらそうとするので，後述のカント的なヨーロッパとも整合しうる【1-10】。

　2) 保護主義的

　なお，域内で貿易障壁の撤廃を図りながら，域外に対しては関税などを設定し，域内産業の保護に重点をおくものもある。ヨーロッパ構想そのものではないが，リストがネイション次元で主唱した関税同盟などはその典型例である。そこから，リスト的と呼ぶことができよう。ヨーロッパ統合との関連で言えば，1950年代末以降のEEC関税同盟や80年代半ばからの市場統合の完成も，一方で上記のような市場自由主義を動力源としつつ，他方で第三国貿易からの貿易転換を

伴い，ヨーロッパの要塞化への警戒を呼び起こしたことから，リスト的な要素も含まれていたと言えよう【1-11】。

機能主義・テクノクラシーのヨーロッパ

　科学的合理性を根本規範とし，その担い手たる専門家集団の意見に従ってテクノクラティックに社会を再組織しようとするもの。産業人と科学者を中心として，新たなヨーロッパ社会組織を立ち上げようとしたサン・シモンになぞらえて，サン・シモン的と呼ぶこともでき，機能主義的な色彩が濃い【1-8】。一部の専門家が合理的な解を課そうとする点で，必ずしも自由民主主義的であるとは限らないが，類似の志向をもった組織や運動は民主国にも存在する。フランスの一般計画委員会はその典型例である。ECSC（の高等機関，欧州委員会の前身）は，この一般計画委員会の制度や慣行を部分的に引き継いでいた。亜種として，合理的な資源配分や市場調整を求めたカルテル形成も，特に戦間期に民間レベルでしばしば見受けられた。また一般に，アメリカにおけるニューディールやソ連における計画経済の進展以降，ヨーロッパ諸国でも計画経済への志向が強まっていた。モネ（Jean Monnet, 1888-1979）に主導されたECSCの設立は，一面ではこうした流れの延長上にあった（そうした起源をもち，「合理的な」規制という手法を多用する欧州連合や欧州委員会が，1990年代に「民主主義の赤字」の議論のなかで批判されたのは偶然ではないのである）。

平和・共和主義のヨーロッパ

　絶対王政を脱し共和主義化した民主国が集まり，連合を組んで戦争を防ぎ，域内平和を達成するプロジェクト。カントの永久平和論に代表され，カント的と言いうるが，ルソーも同様の問題群に取り組んでいた【1-6, 1-7】。また遡れば，国際紛争を法的・組織的に放逐しようとしたサン・ピエールが彼らの発想の原点にあったと言えよう【1-5】。あるいはもっと時代を上ると，議会によるヨーロッパの平和的統一を説いたW・ペンもこのなかに位置づけられるかもしれない【1-4】。

　概して平和的なプロジェクトであり，過度に宗教色の濃い理念を振りかざさない分，域外に対して開放的でありうる。しかし他方で，人権や民主主義などを要件として連合への加入を認める点で，新規加盟国や加盟希望国への条件（conditionality）の押しつけという，帝国的な要素と接点をもちうる。

連邦主義のヨーロッパ

連邦主義は，ヨーロッパ建設の支配的な教義である。大きく括って2種に分類できる。

1) 機構論的・立憲主義的連邦主義

一つは，領域的な単位（連邦，国家，地方など）の役割分担に配慮した機構論的・立憲主義的なものである。アメリカ合衆国をモデルとし，連邦へ集権しながら域内平和を達成し，民主主義を重層的に組織する志向が強い。そこで参照されるのは，フィラデルフィアの憲法制定会議と各州の批准を経て合衆国憲法を成立させ，独立した13州の連合を一つの「連邦国家」にまとめ上げたアメリカの経験であり，ハミルトン（Alexander Hamilton, 1757-1804）らによる『ザ・フェデラリスト』の議論である。代表的論者としては，レジスタンス時代から1980年代までのヨーロッパ統合の一角を担ったスピネッリ（Altiero Spinelli, 1907-86）や，初代EEC委員長のハルシュタイン（Walter Hallstein, 1901-82）が挙げられよう。

2) 人格主義的連邦主義

いま一つは，プルードンを思想的な源流とする「全面的連邦主義（fédéralisme intégral）」である【1-14】。「全面的」という形容詞には，垂直的な権力分立といった制度的な側面のみに解消されるような連邦主義ではなく，連邦主義の人格主義的な側面――つまり分権化され有機的に連関した世界のなかで個人が共同体へ寄与することにより人格を全うするという面――をも併せもつ包括的な教義という意味が込められている。そして，このような人格主義的側面は，過度の自由主義や全体主義と対置され，右から左まで幅広く支持され，ヨーロッパ独自の（米ソやイスラムと一線を画する）ものとして意識されることが多い。ムーニエ（Emmanuel Mounier, 1905-50），ド・ルージュモン（Denis de Rougemont, 1906-85），マルク（Alexandre Marc, 1904-2000）などの人格主義的な思想家や連邦主義者のみならず【2-15, 2-32, 3-4】，ティンデマンス（Leo Tindemans, 1922-）元ベルギー首相やドロール（Jacques Delors, 1925-）元欧州委員長といった，ヨーロッパ統合に直接かかわった多くのカトリック政治家は，この潮流に位置づけられる【7-13】。

上記の1）と違って，領域的な単位に限らず，家族や職能団体（とその連合体）などを基礎的な社会集団と考え，コーポラティズムと親和的でありえる。そのコーポラティズムが社会的なものであるときには反ジャコバン主義と結びつくことが多いが，他方，国家主導のコーポラティズムを介して，ファシズム勢力と接

点をもつこともあった。

帝国主義のヨーロッパ

　人権や民主主義といった側面よりも，むしろヨーロッパの文明の維持や覇権の拡大を目指した潮流も存在する。時にキリスト教の側面を強調したり，特定国の王権伸張をアジェンダに忍び込ませているケースも見受けられる。古く遡れば，デュボア【1-1】やシュリー伯【1-3】などが例として挙げられようが，より時代を下れば，クーデンホーフ・カレルギー伯が代表的と言えよう。貴族の出で日本人を母にもつ彼は，古い貴族主義を引きずりながら，世界分割の文脈のなかで，ロシアや英米に対抗するパン・ヨーロッパ論を掲げた（ただし彼の場合，独仏和解の構想なども見られ，平和主義の契機も含まれている）【2-8，2-27】。また，その影響を受けたチャーチル（Winston Churchill, 1874-1965）のヨーロッパ合衆国構想にも，反共の砦としてヨーロッパ文明を守るという意識があった【2-31】。

　留意すべきなのは，域内平和の強調が域外における帝国主義を前提としている場合である。サン・シモンなどに典型的であるが，論者によっては，植民地獲得によって得られる利益や，域外への関心の集中が，ヨーロッパ諸国間の紛争緩和に役立つとされる。

暴力のヨーロッパ

　より暴力的な手法でヨーロッパを統合する試みもある。言うまでもなく，ナチスによるヨーロッパ新秩序建設の企てがその代表例である。ナチスの場合，人種主義を中核的なイデオロギーとし，それを貫徹させようとした点で極端な例とも言えるが，同時に，他のファシズム政権同様に，計画的な生産カルテルやテクノクラシーを重視する面もあり，また特定国（ドイツ）の覇権伸長とも重なっていたので，上に挙げたいくつかの側面と完全に隔絶していたわけでもない。

　上記の多くの理念型にも言えることであるが，とりわけファシズムやナチズムによる非平和的な広域秩序構想と実践は，ヨーロッパ統合を「善」として前提しえない危うい歴史を示している。このいわば「暗い遺産」は，注視すると統合史のいろいろな局面に顔を出しており，現代だと，ド・ブノワ（Alain de Benoist, 1943-）などのフランス右翼思想家が，キリスト教に寄りかからない反米・反イスラムの統合論を展開している。また，戦前の日本において紹介されたヨーロッパ統合論は，東アジアにおける広域秩序構想の推進と何らかの形で結びついてい

るケースが多い点にも留意が必要であろう。

1-1　デュボア『聖地回復について』(1305-07)

Pierre Dubois, *De Recuperatione Terrae Sanctae*, Traité de politique générale par Pierre Dubois, publié d'après le manuscrit du Vatican par Ch.-V. Langlois, Picard (Collection de textes pour servir à l'étude et à l'enseignement de l'histoire, 9), 1891, p. 54, 11-2. 以下における仏語訳や解説も参照した。Christian L. Lange, *Histoire de l'internationalisme. Tome I : Jusqu'à la paix de Westphalie (1648)*, H. Aschehoug, 1919, pp. 98-103.

　デュボア（Pierre Dubois, c.1250-c.1321）は，パリ大学で学んだ法曹家・著述家で，神学者トマス・アクィナス（Thomas Aquinas, c.1225-74）や，（ダンテ同様）哲学者シジェ・ド・ブラバント（Siger de Brabant, c.1240-c.1280）に師事した。教権至上主義のボニファティウス 8 世（在位 1294-1303）と対立し，のちに傀儡の教皇をアヴィニョンにて捕囚し教皇庁を従えた仏王フィリップ 4 世（端麗王，在位 1285-1314）の助言者で，十字軍に熱心だった英王エドワード 1 世（在位 1272-1307）にも仕えた。

　時代は絶対王政の幕開けを告げており，教皇や皇帝の権威が弱体化し，国家間関係の制御が問題として浮上してきた。そうしたなかでデュボアは，平和を最高善と考える一方，十字軍の組織に際して，キリスト教主権者間の内紛を抑える必要も感じ，1300 年には「戦争とその過程の短縮に関する論考」を，1305-07 年の間に主著『聖地回復について』を著している。

　エドワード 1 世に捧げられたこの主著のなかで，デュボアは，聖職者 3 名と紛争当事者 3 名ずつからなる国際的な仲裁裁判制度を構想し，教皇による最終裁定を予定した。問題を起こすキリスト者は流刑を言い渡され，それは布教にも資するとされた。また，戦争の緩和により増える「平和の配当」を国際的な学校設立に当て，異教徒の文化や言語を含め国際的な理解を推進するよう説いた。これらを指導する国家として，勢力を増強したフランスが予定されていた点は，付言しておくべきだろう。　　　　　　　　　　　　　　　　（遠藤）

（§63）……このところの何世紀かの経験からすると，単一の王が現世の全世界を統治し，全ての人を指導し，全ての人が優越者として従うということが可能であると，分別のある人が考えうるとは思えない。というのも，そのような方向に進展すると，終わりのない戦争，動乱，不和が起こるだろうからである。誰であろうと，それを終わらせるのは不可能である。多くのネイション，領土の広さと多様性，相争う人間の気質のためである。……

（§12）もしこれらの多くの都市や君主がそれぞれの法や慣習に従いつつそれ

らに正義を行使する上位者を認めずに，紛争を開始することを望むなら，いったい誰の前で弁論しなければならないのだろうか？　このように対応できようか。評議会（concilium）は，教会やそれ以外から，慎重で，事情に精通していて，忠実な人たちを調停者に指名するよう裁定すべきだ，と。その人たちは，宣誓したのち，高位聖職者から3人，各当事者ごとに3名の判事を，裕福で，愛情，憎しみ，恐れ，欲望その他に左右されないような人々のなかから選出する。彼らは適切な場所に集まり，厳密な方法で宣誓し，会議の前に各々の当事者の簡単で明確な口頭弁論を受けたあとで，まず余分で不適格なものはみなふるい落としながら，丹念に調査された証拠や証書を受領する。……もし，当事者の一人が判決に不服あれば，裁判官は自ら全ての訴訟を判決とともに司教座に移送しなければならない。主権者教皇が，それが正義であるならば，判決を修正し，変更するためである。もしそうでないのなら，判決は確定され，教会の公文書館に永久保管されなければならない。

1-2　アルトジウス『政治学』（1603）

Johannes Althusius, *Politica : An Abridged Translation of Politics Methodically Set Forth, and Illustrated with Sacred and Profane Examples*, ed., trans., and intro. by Frederic S. Carney, Liberty Fund, 1995, pp. 17-8, 66-73.

　　　アルトジウス（Johannes Althusius, 1557-1638）が生きた時代は，ネーデルラント独立戦争をはじめ，のちに三十年戦争（1618-48）が戦われるような宗教動乱の時代であった。そのような時代において，彼は，1604年に北ドイツにおけるカルヴァン派の拠点都市エムデンの法律顧問（Syndicus）に就任し，その後30数年その地位にとどまった。主著である『方法的に分類されかつ聖俗の諸例によって説明された政治学』は，地方行政長官に就いたのと同年に出版され，長官時代の1610年および14年に大幅に改訂された。
　　　エムデンにおけるアルトジウスは，カトリックの皇帝やルター派の領邦君主に対して，カルヴァン派都市の宗教的・政治的自立を保全する必要に直面していた。同時に都市エムデンは，当時もっとも栄えた貿易港・都市の一つであった。つまり，普遍帝国の下における経済的相互依存を保持しつつ，エムデンの自治を確保するという二重の必要性ゆえに，彼が説いたのが，諸政治体の間の重層補完的な共存であり，独特の主権論だったのである。

彼にとっての主権は，都市，領邦，地域などが普遍帝国内で，ひとかたまりのものとして連帯して保持され，構成員（人民）全体に属するとされている。この単一不可分の主権は，共有可能なものであり，絶対的なものではなかった（すなわち限定的であった）。それは，主権体を構成する部分的な社会の間で共有すべきものであり，神法や自然法，ひいては相互依存の論理によっても拘束される。神聖ローマ帝国の秩序イメージを引きずる一方で，人民主権の萌芽も読み取れ，明示的にボダン（Jean Bodin, 1530-96）の絶対主権論を主敵としていた。

アルトジウスの政治理論は，その後長らく忘れ去られていたが，後世の異なる政治的文脈のなかで復活を見る。ドイツの法学者ギールケ（Otto Friedrich von Gierke, 1841-1921）や，メイトランド（Frederic William Maitland, 1850-1906）をはじめ，フィッギス（John Neville Figgis, 1866-1919），バーカー（Ernest Barker, 1874-1960），初期のラスキ（Harold Joseph Laski, 1893-1950），コール（G. D. H. Cole, 1889-1959）などの20世紀初頭のイギリス多元主義者たちはみな，主権国家による過剰な介入（可能性）に対して，社会的な組織・団体の自律性を確保しようとした。

なお，アルトジウスの体系でも，普遍帝国の領域外には，対外関係を取りもつ外国が存在した。域内で多元化され共有された限定主権は，対外的には一つの主権体である。このイメージを，現在の欧州連合に当てはめようとする論者も散見される。

（遠藤）

第1章 政治の一般的要素（§1-4）

政治とは，社会的な生活を打ち立て，育み，保つために，人々を結びつける（consociandi）術である。そこから政治は共生（symbiotics）と呼ばれる。政治（学）の主題は，それゆえ，結合体（consociatio）であり，このなかで共生者は互いに，明示的ないし暗黙の協定にしたがって，社会的生活をうまく運用するために役に立ち必要なあらゆるものを共に分かち合うことを誓うのである。

こうして政治的共生人の目的は，神聖で，正しく，心地よく，幸せな共生であり，必要で有益なものは何一つ欠けていない生活である。現世を生きるものは，真に何人たりとも自己充足的でなく，自ずから十分には恵まれていない。……ひとは，成人してからも，快適で神聖な生を送るのに必要な品物をひとりで得られるわけではないし，自分自身の力で生きてゆくのに必要なあらゆるものを調達（subsidia）できるわけでない。

……

第9章　政治的主権と教会のコミュニケーション（§4-5, 16, 18, 20-21, 23）
　普遍帝国の所有権は人民に属し，管理は国王に属する。……
　この普遍的な共生結合体の構成員は，数多くの都市であり，領邦であり，また地域である。これらは，相互に連合しコミュニケートすることによって，自ら単一の政治体を同意により打ち立てるのである。
　人民，すなわち普遍帝国の枠のなかで結びつけられた構成員は，主権的権利を確立する力をもち合わせており，その権利に自ら拘束される。……
　この主権の権利は，個々の構成員に属するわけでなく，お互いに結びついた構成員全てに，そしてその領域で結びついた結合体全体に属する。
　ボダンは，主権は，法によっても時間によっても制限されない最高で永遠の権力だと述べた。私は，ボダンの意図した意味におけるこれらのどの主権の属性も，真だとは認識しない。主権というのは，最高の権力ではなく，永遠でも法の上にあるものでもない。……ありていに言えば，全ての法の上にある絶対最高の権力とは，暴政と呼ばれるものである。
　支配者は，法律から解放された最高にして永続的な権力を保持しているのではないこと，そこからして，その管理・行使が共同体によって委託されうるとしても，主権（ius maiestatis）は彼の財産ではないという結論になる。
　……

1-3　シュリー伯『大構想』（17 世紀前半）
Carl J. Burckhardt, "Sullys Plan einer Europaordnung," in idem, *Vier historische Betrachtungen*, Manesse Verlag, 1953, pp. 26-9. Cf. Denis de Rougemont, *Vingt-huit siècles d'Europe : La conscience européenne à travers les texts d'Héside à nos jours*, Payot, 1961, p. 95.

　仏王アンリ 4 世（在位 1589-1610）に重用された側近であったシュリー公爵（Duc du Sully, Maximilien de Béthune, 1559-1641）は，王の暗殺後の引退生活のなかで，『王室財政回顧録』（1638 年-）を著した。「大構想（Le grand dessein）」は，その後半の第 3・4 巻（初出 1662 年，彼の死後に出版）で主に議論されているが，複数版にわたる原著は数千頁にも及び，要点も分散しているため，引用史料は，ド・ルージュモンにならい，手際よくまとめられた C・J・ブルクハルトの要約に拠っている。

その特徴は、キリスト教の3宗派（カトリック，ルター派，カルヴァン派）の調和を求め、ハプスブルクをスペインへ縮小・封印し、15ほどの主権体の間で勢力均衡を図った上で、ヨーロッパを国家連合的な組織へと再編するところにあった。制度的には、ヨーロッパ評議会が大陸中心部の一都市に常設され、全ヨーロッパのキリスト教国から選ばれた代表（任期3年，定員66名）が集う。その中心的役割は、紛争時の仲裁裁判にあり、そこでの決定は最終的なものとみなされる。

彼の構想は、宗教戦争の時代にあって、紛争を緩和し、軍事費を削減し、自由貿易を奨励するものであった一方、時にフランスの覇権拡張の一形態とみなされ、また対外帝国主義の是認を含む。ちなみに、イギリスは大構想に入ることになっており、逆に異教徒トルコや異端のロシアは外敵とみなされた。

シュリー伯の構想は、のちの論者に多大な影響を与えた。ペン、サン・ピエール、カント、クーデンホーフ・カレルギーはその例である。また、チャーチルも第二次大戦中に彼を引用し、ロシア（ソ連）抜きのヨーロッパ合衆国構想を公表した。さらに、マクミラン（Harold Macmillan, 1894-1986），ケネディ（John F. Kennedy, 1917-63）らのヨーロッパ政策を、この「大構想」にひきつける論者も見られる。

（解説遠藤，翻訳板橋）

さて、シュリーの構想はどのようなものだろうか？
——ヨーロッパは以下のものから構成される：

　五つの選挙君主国：ドイツ・ネイションの神聖ローマ帝国，教皇領，ポーランド，ハンガリー，ボヘミア

　六つの世襲君主国：フランス，スペイン，イングランド，デンマーク，スウェーデン，ロンバルディア（その後背地としてのサヴォアとミラノ）

　四つの主権的共和国：ヴェネツィア，イタリア，スイス，ベルギー

これら諸国を構成するであろう全ての地が詳細に列挙される。ある領土の帰属をめぐって不和が生じた場合、その領土はヨーロッパ中央官庁の直接の管轄下に置かれる。つまり、委任統治領となるのである。

その面積と豊かさについて、これら諸国は互いにほぼ同等であるべきであり、それによって、カトリック・ルター派・カルヴァン派の三つの宗教間と同様、それら諸国の間にも可能な限り均衡が存在すべきである。

六つの地方評議会（provinziale Räte; Conseils provinciaux）と一つの一般評議会（ein allgemeiner Rat; Conseil Général）から成る、一つのヨーロッパ評議会（ein Europarat; Conseil de l'Europe）が、この国家連合を監視すべきである。

地方評議会の所在地は以下の場所である：北東の諸王国にはダンツィヒ；ドイツにはニュルンベルク；東欧にはウィーン；イタリア諸国にはボローニャ；スイス，ロンバルディアなどにはコンスタンツ；フランス，スペイン，イングランド，ベルギーには西方の一都市。

一般評議会の所在地はヨーロッパの中心部（Mitteleuropa）の一都市であり，それは以下の諸都市のなかから毎年選出される：メス，ルクセンブルク，ナンシー，ケルン，マインツ，トリーア，フランクフルト，ヴュルツブルク，ハイデルベルク，シュパイアー，ヴォルムス，シュトラスブルク，バーゼル，ブザンソン。ライン川はこの新しい構造の主要な動脈と考えられる。

評議会は，キリスト教共和国のそれぞれの政府の代表から成り，40人の十分な知識をもった人々から構成される。その際，大国からはそれぞれ4人，小国からはそれぞれ2人が代表として派遣される。

これらの評議会は，主権者と人民間，および国家間の全ての争いを仲裁する権力を付与される。あらゆる共通の問題を解決し，共和国全体にかかわる全ての計画を扱うことが，その課題である。

ヨーロッパ評議会は，上院（Senat）の権能と義務をもち，その構成員は3年で再び選出される。

全ての諸国は，評議会の決議を，権威ある最終的なものとしてみなさねばならない。この官庁に対しては，諸国の主権は限定されたものとなるだろう。

ヨーロッパ共和国の基盤として，シュリーは，通商の自由と，関税障壁の撤廃さえも要求する。

ヨーロッパのキリスト教共和国を構成する15の主権のなかで，辺境国は外敵に対して強化されねばならない。ハンガリー王国がトルコに対する防壁となる。下オーストリア，シュタイアーマルク，ケルンテン，クロアチア，ボスニア，スロヴェニア，トランシルヴァニアはハンガリーに帰属する。トルコに対する防衛というハンガリーの特殊な課題のために，ハンガリー王の選出は，教皇と皇帝，そしてフランス，スペイン，イングランド，デンマーク，スウェーデン，ロンバルディアの諸王に委ねられる。これら主権者のそれぞれは，ハンガリー王に対して，ハンガリーが攻撃された場合の十全な同盟義務を負っている。

同様にポーランドは，モスクワ人やタタール人に対するドイツの外塁を務めねばならない。ポーランド王も，ハンガリー王と同様の方法で選出される。ここでも諸侯は十全な同盟義務を引き受ける。

同じ8人の主権者がボヘミアの王も決定する。ボヘミアは独立した王国となるが，前述の両者［ハンガリーとポーランド］のように，ある程度は委任の下にある。同じことはヴェネツィア共和国とシチリア王国にも当てはまる。

ヴェネツィアとその隣国とのあらゆる衝突は，スペイン王とスイス諸州の仲裁判断に服する。

スペインの主権はピレネー半島に限定される。フランス，グレートブリテン，デンマーク，スウェーデンの諸王国については現状を維持する。

ロンバルディア王国は，サヴォア，ピエモンテ，モンフェラ，ミラノから形成される。

ヘルヴェチア共和国は領土的に強化される。つまり，自由伯領，アルザス，チロルを与えられる。

ベルギー共和国は今日のベルギーとオランダから構成される。

最後にイタリア共和国は，教皇にもサヴォアにもヴェネツィア共和国にも属さない諸国全てから成る。残部から成るこの共和国は，教皇の高権に従属する。

ロシアは——シュリーが述べるには——キリスト教的な統一に加えられてはならない。

1-4 ペン「現在と将来におけるヨーロッパの平和のための試論」(1693)

William Penn, "An Essay Towards the Present and Future Peace of Europe, by the Establishment of an European Dyet, Parliament, or Estates" (1693), reproduced in *The Peace of Europe, the Fruits of Solitude, and Other Writings*, Everyman's Library, 1993, pp. 5-22.

英海軍提督を父にもつ裕福な家庭の出で，23歳のとき自らクウェーカー教徒となったペン（William Penn, 1644-1718）は，生涯寛容を説き，抑圧や貧困と戦った知識人である。ジェームズ2世（在位1685-88）の腹心で，外交の現場に知悉し，自らの名前にちなんだペンシルヴェニアの創設，特に憲法起草を主導した実務家でもあった。

彼の時代は，太陽王ルイ14世（在位1643-1715）による戦争の時代でもあった。とくに九年戦争（ファルツ継承戦争：1688-97）による殺戮，難民，飢餓を目の当たりにし，またルイによるイギリス侵略計画なども明らかになるなか，ペンは匿名でヨーロッパ平和論を展開する。

その特徴は，ヨーロッパ議会による平和の確立にあった。国富に比例して議席配分された議会では，代表が毎年ないし 2-3 年に 1 度円卓を囲み，その決定は強制可能なものと想定された。トルコとロシアについても，「適切で正義にかなうように思える」として加入可能とした。これらにより創設される同盟ないし国家連合は，イングランドの指導の下で可能になるとペンは考えていた。

　出版後長い間忘れられたペンの短文は，第一次大戦後復刊され，広く読まれることになった。
　　　　　　　　　　　　　　　　　　　　　　　　　　　　　　（遠藤）

IV．全体の平和あるいはヨーロッパの平和ならびにその方法について

　最初の節では，平和への切なる希求を示した。そこで次節では，そのための最も真なる方法を提示した。すなわち，戦争ではなく正義である。そして，最終節では，この正義も政府の産物であることを示した。それは，政府というものが社会の産物であるのと同様であり，その社会は平和の精神をもつ人間に宿る理性的な構想から最初に発生するのである。そして今，もしそうした社会を代表する（ないしは社会の義務以前に存在している独立国家を代表している）ヨーロッパの主権的な君主たちが，人間を最初に社会に関与させたのと同じ理由（すなわち平和と秩序への愛）により，一般的な国会，三部会，あるいは議会で委任代理による会合をもつよう同意し，そこで主権者たる君主たちがお互いに遵守すべき正義の規則を打ち立てればどうなるだろう。かくして，毎年あるいはどんなに延ばしても 2 年か 3 年ごとに会合をもち，あるいは彼らが大義を認めるにつれ，主権的ないし帝国的な性格をもつヨーロッパ国会，ヨーロッパ議会，あるいはヨーロッパ国家といった体制を整えることに同意するだろう。その主権的な集会には，会期開始前に私的使節団が解決できない主権者間のあらゆる争議がもち込まれるべきである。そして，誰であれ，これらの帝国を構成するいかなる主権者が自己の主張を提出することや，彼らへの要求を拒むのであれば，あるいはそうした主張に関する判決の遵守や履行を拒否し，武力による救済方法を模索したり，決議で事前設定された期間を超過して遵守を遅延しようとする場合には，全ての他の主権者たちは一致団結して，判決への服従や履行を，被害を被った当事者側に対する損害賠償ならびに服従を余儀なくされた主権者たちへの課徴金とともに，強要するだろう。そうして確かに，ヨーロッパは被害を被ってきた人々がそれ程までに渇望し必要としている平和を，静かに手中に入れるだろう。ヨーロッパのいかなる主権体も結論を争う力をもたず，それゆえ，そうする意思を見せることができ

ないのだ。そして，結果的に，ヨーロッパで平和が達成され存続していくのである。

……

VII．これらの諸帝国の構成について

……私が思うに，ドイツ帝国は［議会へ］12人送る。フランス10人，スペイン10人，フランスに来るイタリア（Italy, which comes to France）は8人，イングランド6人，ポルトガル3人，スウェーデン4人，デンマーク3人，ポーランド4人，ヴェネツィア3人，オランダ共和国7邦は4人，スイス13州と近隣の小国家は2人，ホルシュタインとクールラント公国は1人，そしてもしトルコおよびモスクワ大公国を計算に入れるなら，それは適切で公正であるように思えるが，それぞれ10人分が加算される。合計で90人である。

……

VIII．会期中の諸帝国に関する規定

席次をめぐる争いを避けるために，部屋は円形でもよい……。

……

この帝国議会においては全体の4分の3の，あるいは少なくとも7票の差をもっての賛成なくしてはいかなる案も可決されるべきではないように私には思える。私は，それが背信行為防止に役立つと確信している。なぜなら，このような場において金が誘惑でありえても，そのような票差を縮める（weigh down the wrong scale）には多額の金がかかるだろうからである。

……

1-5　サン・ピエール『ヨーロッパ永久平和論』（1713-17）

Abbé de St-Pierre, *Projet pour rendre la paix perpétuelle en Europe*, Fayard, 1986 [Utrecht, 1713-17], pp. 11-5, 161-94. 以下における紹介と縮約も参照した。Denis de Rougemont, *Vingt-huit siècles d'Europe*, Payot, 1961, pp. 107-9.

サン・ピエール（Charles-Irénée Castel de Saint-Pierre, 1658-1743）は，フランスにおける啓蒙主義の聖職者・著作家である。1695年に仏アカデミー会員に選出されるが，1716年にはルイ14世の回顧録を批判し追放された。12年には，スペイン継承戦争を終結させるためのユトレヒト会議に出席している。

同年（1712 年），サン・ピエールは，ケルンにて匿名で，『ヨーロッパ永久平和覚書（*Mémoire pour rendre la paix perpétuelle en Europe*）』を発表し，翌 13 年，ユトレヒトにて，同じく匿名で，『ヨーロッパ永久平和論（*Projet pour rendre la paix perpétuelle en Europe*）』（全 2 巻）を出版した。17 年には第 3 巻を公表し，29 年に縮約版，38 年にその改訂版を出している。

　これにより彼は，のちにルソーやカントに引き継がれた，ヨーロッパにおける国家間戦争を放逐し永久平和を確立するという問題群に取り組み，そのための構想を正面から提示した。具体的には，諸国民の最高法廷としての永久会議または平和評議会によって，永久連合を形成し，国際紛争の法的解決にあたり，共通財政などをつかさどるとした。それは，加盟国代表 1，代理 2，担当者 2 からなり，議長は毎週輪番で当たり，1 国 1 票の持ち分で過半数により暫定表決し，4 分の 3 の票により 5 年後に最終表決となる構想であった。紛争時における複数の調査委員の急派も構想内にあった。一方で，連合内の履行確保のための軍事力行使を認めつつ，手続きの最終決定などを先送りすることで対話の永続化を説き，人類から戦争の害悪を除こうと企図した。

　以下の訳出は，1713-17 年の版に基づいている。最後に，サン・ピエールの言う「ヨーロッパ」の範囲について付言すると，13 年の版では，ロシアが弱小国として扱われているが，38 年の縮約版ではピョートル大帝下のロシアをより重要視している。他方，バルカン半島などに広大な領土ももつトルコについては，13 年の段階で，イスラム諸国との同盟通商条約の締結やその準加盟国化を認めていたが，17 年の第 3 巻では，明確に「ヨーロッパ」から除外した。

（遠藤）

序

……

　……私は，［第一論文の主題をなす］これらの省察すべてを，2 カ条あるいは 2 提案にまとめた。それをここに示してみよう。

1. ヨーロッパの現体制は，ほぼ継続的な戦争以外のものを生み出すすべを知らない。というのも，それは，条約の執行を十分確実なものにすることができないためである。
2. フランス王家とオーストリア王家との間の勢力均衡は，対外戦争に対しても，内戦に対しても，十分な安全をもたらしえない。その結果，諸国家の保全であろうと，交易の保全であろうと，十分確実にもたらしはしない。

……

……大まかに言うと，第二論文の主題はこうなる。
1. かつてドイツにおける全主権体から永久連盟を形成するのに十分であったのと同じ動機と手段は，今日の主権者のすぐ目の前に，そして権限内にあり，ヨーロッパの全てのキリスト教主権体の間に永久連盟を形成するのに十分でありうる。
2. アンリ大王の提案によるヨーロッパ連盟構想にヨーロッパの主権者の大部分が与えた是認からすると，類似の構想が彼らの継承者によって承認されることを期待できよう。

……

……したがって［第四論文で述べられる］全計画は，以下のような単純な議論に還元される。

もし提案されているヨーロッパ連盟（Société Européenne）がキリスト教君主全員にその国家の内外を問わず永久平和により十分な安全をもたらすことができるのなら，彼らにとって，この連盟設立条約に署名する利点は，しない利点をはるかに上回ることにしかならない。

ところで，提案されているヨーロッパ連盟は，キリスト教君主全員にその国家の内外を問わず永久平和により十分な安全をもたらすことができるだろう。

したがって，彼らにとって，この連盟設立条約に署名する利点は，しない利点をはるかに上回ることにしかならないだろう。

……

第四論文（抜粋）

「提案されるようなヨーロッパ連盟がキリスト教主権者全員にその国家の内外を問わず永久平和による十分な安全をもたらすであろうことを示すための提案」

……

根本条項

第1条　下記に署名する代理の出席により主権者たちは，以下の条項に合意する。今日この日から将来にわたって，連盟，すなわち，署名した主権者の間に永遠恒久の連合（Union）が存在する。そしてそれは，もしキリスト教主権者の間で本構想によりヨーロッパ内の平和を変更不能にすることができるなら，である。またその観点から，連合は，可能ならば，隣人であるイスラム教の主権者たちとの間に，攻撃的および防衛的な同盟条約を結ぶだろう。それにより，おのおのを自国領域内において平和に保つであろ

う．自らの側に，また相手方にも，安全を可能な限り相互に保証しながら．

　　主権者たちは，自由市に設置される恒久的な会議ないし評議院において，自らの代理により永続的に代表されることになる．

第 2 条　ヨーロッパ連盟は，各国家の統治にほとんど介入しない．その根本的な形態を保全したり，暴動や叛乱に対して，王国君主や共和国執政官に迅速で十分な救援を差しのべるため以外には．……

……

第 4 条　各主権者は，自身およびその継承者どちらであれ，現在保有している，ないし本条約で保持することになる領土に満足するであろう．……

　　主権者たちは，自分たちの間でいかなる領土交換もなしえないし，そのような条約を締結することもできない．ただし，合意に基づき，また 24 票の内の 4 分の 3 をもって連合が保証する場合を除く．そして連合は，双務的な約束の執行の保証人としてとどまることになろう．

……

第 7 条　［主権者］代理は常に，一般的に商業に関する全ての条項，また特定国間の商業上の紛争に関する条項について整備するよう努力する．……　出席した代理の過半により成立するこれらの条項は，より多くのメンバーが連合に署名した暁には 4 分の 3 の票をもって改正されるまでは，暫定的に形式内容双方に従い執行される．

第 8 条　どの主権者も，ヨーロッパ連盟が敵と宣言したもの以外には，武器を取ってはならないし，いかなる敵対行為もなしてはならない．しかしながら，もしある主権者が，他のメンバーについて不平を言うような種があり，あるいはそのメンバーに何かするよう要望がある際には，当該主権者は代理を通じて平和市における評議院に対し覚書を提出し，評議院は仲裁委員を通じて紛争の和解に細心の努力をする．仲裁できない場合，評議院は調停裁判により判決を下す．その際，仮判決には多数票，また最終判決には 4 分の 3 を要する．……

　　連合による戦争宣言の前に武器を取った主権者，あるいは連盟規則や評議員判決の執行を拒む主権者は，連盟によって敵と宣言され，戦争することになる．それは，武装解除か，判決や規則の執行まで続く．当該主権者は，戦争にかかる費用を支払うであろう．……

第9条　ヨーロッパ評議院には，ちょうど24人の評議員ないし主権者代理が集うことになろう。それは，フランス，スペイン，イギリス，オランダ，サヴォア，ポルトガル，バイエルン（協定国），ヴェネツィア，ジェノア（協定国），フィレンツェ（協定国），スイス（協定国），ロレーヌ（協定国），スウェーデン，デンマーク，ポーランド，教皇領，モスクワ，オーストリア，クールラント（協定国），プロイセン，ザクセン，ファルツ（協定国），ハノーファー（協定国），選帝聖職者侯（協定国）である。それぞれ1票しかもたない。

第10条　連合加盟メンバーおよび協定者は，それぞれの歳入と国民の富に比例して，連盟の費用や安全のため助援金を納める。それぞれの分担金は，暫定的にまず多数決で規定され，その後，連合の委員が各国でこれについて必要な教示と説明をした上，4分の3の票によって，最終決定される。
……

第12条　以上の11ヵ条については，全会一致の合意があったときを除いて，決して変更してはならない。しかし，他の条項については，連盟は，4分の3の票をもって，自ら共通して有用だと判断した点につき，加除することができる。
……

1-6　ルソーのサン・ピエール批判
A．『エミール』（1762）
B．「永久平和論批判」（c.1759, 1782）

A．Jean-Jacques Rousseau, *Émile : éducation-morale-botanique*, Gallimard, 1969 (*Œuvres complètes*, 4, édition publiée sous la direction de Bernard Gagnebin et Marcel Raymond), p. 848. 邦訳に際しては樋口謹一訳『エミール』『ルソー全集』第7巻，白水社，1982年，333-4頁を一部改訳した。

B．Rousseau, "Jugement sur le projet de paix perpétuelle," in idem, *Du contrat social : écrits politiques*, Gallimard, 1964 (*Œuvres complètes*, 3), p. 591 et suiv. 邦訳に際しては宮部弘之訳「永久平和論批判」『ルソー全集』第4巻，白水社，1978年，531頁以下を一部改訳した。

サン・ピエールを批判的に受け継いだルソー（Jean-Jacques Rousseau, 1712-78）は，国家を超えた領域秩序のあり方に目を向けた。というよりも，向けざるをえなかった。というのも，彼の社会契約説のモデルは，古代ギリシャの都市国家（および当時のジュネーヴ共和国）にあり，そこでは，軍役に象徴される共同体への献身と，それゆえ勝ち取られる真の市民権と自由（積極的自由）が高らかに謳われるのに対し，その理想郷を超えた国家間秩序は，放置されがちだったからである。つまり，〈国内における市民的生活〉と〈国際における自然状態〉の間に横たわる矛盾とその帰結にルソーは気づいていた。

　ルソーは，連邦や国家連合について考察することで，この問題に取り組んだようである。計16章にわたる文章を書いたとされるが，フランス革命時にそれは失われた。彼の構想は，他の著作に残っている断片から推察するほかない。

　もっとも，ルソーの重点は，サン・ピエールの議論がもつ君主制の前提を批判し，国内の共和制樹立を説くことにあったと言える。上記の矛盾に気づいてはいたものの，一般意志への服従を自由とみなし，それを強制しても良いとするモデルからは，主権国民国家の弁証の方が導きやすいという，根本的な問題もあった。また，小さな政体を志向するルソーは，ヨーロッパ大の政体がもたらしうる害悪についても自覚的であった。

　国内の共和制と国際的な国家連合を体系的に展開するのは，カントを待たねばならない。
　　　　　　　　　　　　　　　　　　　　　　　　　　　　　　　　（遠藤）

A．『エミール』

　われわれは以下を検討するだろう。われわれは社会的制度化において，過剰もしくは不足のいずれかではないのか。一方で個々人が［国家の］法と人々の権威の下に服従しながら，他方で同時に［国家］社会相互間ではお互いに自然状態の独立を維持していることで，その同じ個人が，どちらの利点も享受しないまま双方の害悪にさらされはしないかどうか。そして，この世に複数の市民社会をつくるよりも全く市民社会をもたないほうがよかったのではないか，と。この混合状態は，双方の状態の性質をもち，そのいずれをも保証せず，［セネカの言うように］「戦時の軍備も，平時の安全も，その余地をあたえない」のではないか。この部分的で不完全な結合（association）こそが，暴政や戦争の最たる原因であり，その暴政や戦争こそ人類にとって最大の災いではなかろうか。

　さらにわれわれは，連盟（ligues）や国家連合（confédérations）においてこれらの不都合に対して探し求めてきた一種の治療法を検討しよう。この連盟や国家

連合によって，個々の国家はその内部においては主人でありながら，外部からのあらゆる不当な攻撃者に対して武装することができよう。探求されるべきは，いかにして立派な連邦的結合体（association fédérative）を確立できるか，それを永続的にしうるものは何か，どの程度まで，主権体の権利を損なうことなく，国家連合の権利を拡張できるのか，ということである。

B. 「永久平和論批判」

　王たちの，あるいは王からその職務の委託を受けている人々の念願は，ひたすらただ二つの目的につながっている。つまり，王の支配を，国外に対しては拡大し，国内に向かってはさらに絶対的なものにすることだ。……

　この二つの基本的格率に基づいて判断していただきたいのだが，一方の格率と真向から衝突し，もう一方の格率にとってもおよそそれほど有利とは言えない提案を，統治者たちがどうして受け入れることができようか。……この世界のなかで，自分の最も大切な計画においてもこのように永久に制限を受けたうえ，たんに外国人に対してばかりでなく，本人自身の臣民に対してさえも公正になることを強いられていると考えるだけで，憤慨もせずに我慢していられるような主権者がただの一人でもいるかどうかと。

　……

　したがって，［永久平和の］計画はきわめて聡明ではあったが，その実施の手段には著者［サン・ピエール］の単純さの名残が認められた。著者は正直にも，会議を召集して，そこに自分の条文を提出しさえすればよいのだと，そうすれば一同はそれにすぐ署名してくれて，万事終了するはずだと思い込んでいたのだ。ただし認めておきたいのは，この誠実な人間は，その全ての計画のなかで，事態が確立された場合のその効果は相当にわかってはいたが，事態を確立する手段はまるで子供のように判断していたということだ。

　……

　……だがこの［永久平和の］企画が実施されずにいるのは善いことだと考えよう。というのは，この計画は人類に対する狂暴で恐ろしいさまざまな手段によってはじめて行われうるからだ。さまざまな革命による以外に連邦的連盟（Ligues fédératives）が設立されることは全くありえないのだ。そこでこうした原則に立ったとき，われわれのうちの誰が，このヨーロッパ連盟（Ligue Européenne）は切望すべきものか，それとも危惧を抱かせるものかをあえて断言できるだろう

か。この連盟はおそらく，以後数世紀にわたって防止するに違いない害悪以上の害悪を，一挙にもたらすはずだからである。

1-7　カント『永遠平和のために』(1795)

Immanuel Kant, *Zum ewigen Frieden. Ein philosophischer Entwurf* (1795), hg. von Rudolf Malter, Philipp Reclam jun., 2002. 邦訳に際しては宇都宮芳明訳『永遠平和のために』岩波文庫，1985年より抜粋，一部改訳した。

　　国内と国際の双方の構想の間に横たわる矛盾についてのルソーの問題設定を引き継いだカント(Immanuel Kant, 1724-1804)は，国内における共和制の確立と，国際的な国家連合の設立や人権規範の広がりとを組み合わせることによって，恒久平和を体系的に説いた。以下は，そのための六つの予備条項と三つの確定条項である。

　　このカントの議論は，もとよりヨーロッパに限られたものではない。ただし，欧州審議会であれ，EUであれ，加盟国内の民主主義を前提とし，それを支援するような国際体制を取っている点，またそのことにより，平和の恒久化に寄与しているという点で，カントの見通した構想に十分親和的なのもまた確かである。

（遠藤，板橋）

永遠平和のための予備条項
1. 将来の戦争の種をひそかに保留して締結された平和条約は，決して平和条約とみなされてはならない。
2. 独立して存在しているいかなる国家（小国であろうと，大国であろうと，この場合問題ではない）も，継承，交換，買収または贈与によって，ほかの国家に取得されるようなことがあってはならない。
3. 常備軍は，時とともに全廃されなければならない。
4. 国家の対外紛争に関して，いかなる国債も発行されてはならない。
5. いかなる国家も，ほかの国家の体制や統治に，暴力をもって干渉してはならない。
6. いかなる国家も，他国との戦争において，将来の平和時における相互間の信頼を不可能にしてしまうような行為をしてはならない。たとえば，暗殺者や毒殺者を雇ったり，降伏条約を破ったり，敵国内での裏切りをそそのかしたりす

ることが，これに当たる。

永遠平和のための確定条項
1. いかなる国家の市民的体制も，共和的でなければならない。
2. 国際法は，自由な諸国家の連合（Föderalism）に基礎を置かねばならない。
3. 世界市民法は，普遍的な歓待の諸条件に制限されなければならない。

1-8　サン・シモンの機能主義的なヨーロッパ構想
A．「人間科学に関する覚書」（1813）
B．「ヨーロッパ社会の再組織について」（1814）
A．「人間科学に関する覚書・第一分冊」森博編訳『サン-シモン著作集』第2巻，恒星社厚生閣，1987年，25頁。
B．「ヨーロッパ社会の再組織について」同上，167-260頁。
Cf. Œuvres de Saint-Simon & d'Enfantin, 2e éd., O. Zeller, 1963-64.

　サン・シモン伯爵（Claude-Henri de Rouvroy, Comte de Saint-Simon, 1760-1825）は，名門貴族の出で，フランス革命と産業革命による動乱期において，私的には投獄や破産など波乱に満ちた人生を送りながら，科学的政治社会分析の必要を説き，産業技術社会の到来（および古い意味での政治外交の没落と行政の勃興）を見すえた知識人である。

　彼のまとまったヨーロッパ統一構想は，以下の広く読まれた小冊子に見出せる。1814年10月，のちに著名な歴史家となるティエリ（Jacques Nicolas Augustin Thierry, 1795-1856）の助力を得，ウィーン会議に集結した指導者に向けて著した『ヨーロッパ社会の再組織について，またはヨーロッパの諸国民をして，それぞれの国民的独立を保持させつつ，単一の政治体に結集させる必要と方法について（De la réorganisation de la société européenne : ou de la nécessité et des moyens de rassembler les peuples de l'Europe en un seul corps politique en conservant à chacun son indépendance nationale)』である。

　それは非常に独創的なものであった。その概要としては，①西部ヨーロッパにおいて英仏を中心とし（てドイツを取り込み），②議会制という共通の最善政体をもつ国々が，③共通利益により結びついて連合し，④ヨーロッパ王（その詳細な規定を避けたが）やヨーロッパ議会・政府といった制度を共有，⑤その際，教育科学，商業産業，法曹，行政などの生産的テクノクラートによるヨーロッパ上下院が最重要視され，⑥領土変更，大陸横断運河，対外活動，公教

育，道徳基準規定などの政策領域をつかさどり，⑦これらにより，平和の漸進的確立と各国内の民主的安定が達成されるとした．

特に異色であったのは，まず，君主間の同盟という構図から切断され，実質的な英仏民主連合を志向した点，そしてその結果生じる国内／国際の相互作用に目を向けた点である．また，科学技術や規模を重視し，産業人や科学者によるテクノクラティックなヨーロッパ建設を指し示した点も特徴的である．あるいは，サン・シモンの解釈するイギリス議会政治モデルに依拠し，イギリスの指導性にフランス人でありながら期待した点も独特である．付言すれば，科学教皇の選出や科学十字軍の組織，ヨーロッパ人の優越性に基づく対外的植民活動，その結果生じるヨーロッパ内の安寧といった構図もまた彼のなかにあった．

彼の理論や構想の影響力は，その死後に顕著であった．ヨーロッパ統合の文脈に限っても，増大する行政セクターの国際化・ヨーロッパ化，共通利益と専門知識に基づくテクノクラティックな支配の登場など，20世紀後半の統合のあり方を示唆していたとも言えよう．と同時に，彼の構想が，民主的な議会制に基づくものであった点にも再度留意が必要と言える．　　　　　　　　　　（遠藤）

A．「人間科学に関する覚書」

……すでに私の血は煮えたぎり，怒りは心頭に発している．XやZの城壁のうしろに隠れている，かの哀れな計算家どもに私は説教してやる．彼らに襲撃をかけてやる．

物体学者，微積分学者，代数学者，算術家たちよ，［現在］科学的前衛の地位を占めるいかなる権利が諸君にあるのか．人類はその存在を始めて以来こうむった最も激烈な危機の一つに陥っている．この危機を終らせるために諸君はいかなる努力をしているか．人類社会に秩序を再建するどんな手段を諸君はもっているか．全ヨーロッパが殺し合いをしている．この殺戮をやめさせるため諸君は何をしているか．——何もしていない．——いや，それどころか，破壊の諸手段を改善しているのは諸君なのだ．それら破壊手段の用法を指導しているのは諸君なのだ．いずれの軍隊においても，砲兵隊の先頭に諸君が立っているのが見られる．要塞攻撃の作業を指揮しているのは諸君だ．もう一度言うが，平和を回復するために諸君は何をしているか．——何もしていない！　——諸君は何ができるか．——何もできない．——人間についての知識こそ諸国民の諸利害を調停する諸手段の発見に導きうる唯一のものであるのに，諸君らはこの科学をぜんぜん研究していない．諸君がそこから得たものといえばただ一つ，権力者たちに媚びへつら

えば彼らの愛顧が得られ，彼らの施し物にありつける，という考察だけである。科学の仕事場の指揮をやめよ。諸君らの統轄下で凍らされてしまった科学的仕事場の心臓をわれわれの手で暖めさせよ。社会を再組織することによって全面的平和をとりもどしうる作業に，科学的仕事場の全注意を向けさせることをわれわれにさせよ。統轄者の地位を去れ。われわれが諸君に代わってその地位につこう。

B.「ヨーロッパ社会の再組織について」

第1篇　最良の統治形態，議会制形態が最良であるということの論証
　……激しい動乱の後，ヨーロッパは新たな災難を恐れ，永続性のある平安を求めている。ヨーロッパのすべての国々の主権者たちがヨーロッパを平和にさせるために一堂に会している。……しかし望む目的を達しないであろう。ヨーロッパの災禍を防ぐために試みられたすべての政治的努力がまったく効果がなかったのはどうしてなのかと私は自問し，ヨーロッパにとっては全面的な再組織以外には救いがないということを私は悟った。私は再組織の計画を練った。この計画を説明することが本書の目的である。
　……

第2篇　ヨーロッパのすべての国民は議会によって統治されるべきであり，利益を決定する一般的議会の設立に協力すべきである，ということについて
　……かくして，私がこれまでに述べてきたことを要約すれば，次のようになる。もしヨーロッパのすべての国民がそれぞれ議会によって統治され，かつすべての国民的政府の上におかれて，これら政府間の紛争を裁定する権限を付与された一般的議会の最高権が承認されるならば，ヨーロッパは可能な最良の組織をもつであろう。
　……

第2章　ヨーロッパ議会の下院について
　……この［愛国心という］集団意志こそ政府の魂であり，すべての作用を政府に結集させ，すべての運動を一致させ，すべての歩みを同じ目的に向けさせ，すべてのものを同じ原動力に呼応させるものである。
　ヨーロッパ政府についても事情は国民的政府と同じであって，全成員に共通の意志がなければヨーロッパ政府は活動できない。
　ところが，国民政府の場合に国民の愛国心から生じるこの集団意志は，ヨー

ロッパ政府の場合にはより広大な一般性をもった視野，ヨーロッパ愛国心と呼びうるより広い感情からしか生まれえない。

　人間をつくるのは制度である，とモンテスキューは言う。そうだとすれば，愛国心をして祖国という限界を脱せしめるこの傾向，国民的利益に代えてヨーロッパの利益を考慮するこの習慣は，ヨーロッパ議会をつくるべき人たちにとっては，この議会を樹立することから必然的にもたらされることになろう。それは確かにその通りである。しかしまた，制度をつくるのは人間であり，あらかじめ人間がその制度に向くように形成されていなければ，あるいは少なくともそのように準備されていなければ，制度は確立できない。

　それゆえ，ヨーロッパ議会の下院，つまりヨーロッパ政体の二つの能動的権力のうちの一つには，次のような人たちだけを入れる必要がある。すなわち，より広範な交際によって国民的諸習慣の枠内に閉じ込められることより少ない習慣をもった人々，一国民だけに役立つのではなくすべての国民に恩恵をほどこす有益な仕事をしていて，集団精神となるべき一般的見地とヨーロッパ議会の集団的利益となるべき一般的利益とにすぐに達することが容易にできる人々がそれである。

　商人，学者，司法官，行政官だけが大議会の下院を構成するように定められるべきである。……

　……下院は［読み書きのできる］240人の議員から構成される。……任期は10年とする。各議員は土地財産から少なくとも2万5000フランの年収がなければならない。……新しい選挙ごとに，無産者の学者，商人，司法官，行政官の最もすぐれた者のうちから選ばれた20人をヨーロッパ議会の下院に入れさせ，2万5000フランの年収があがる土地財産を与えるべきであろう。

第3章　上院について

　……ヨーロッパ議会の上院議員も全ヨーロッパにおいて注目されるほどの大きな富［少なくとも50万フラン］をもっていなければならない。……

　上院議員は国王によって任命され，その人数には制限がない。

　上院議員は世襲とする。

　上院には，科学，産業，司法，行政の分野でヨーロッパ社会に最も有益だと判断される仕事をした人たちまたはその子孫たちのうちから選ばれた20人のものを入れる。……

第4章　王について
　ヨーロッパ社会の最高の首長の選択は非常に重大であり，きわめて慎重に選ぶ必要があるので，私はこの点についての議論を，間もなく出版されるはずの，本書の補足である第二の著作に譲ることにした。……

第5章　大議会の対内活動と対外活動
　ヨーロッパ社会の一般的利益に関するすべての問題は，この大議会に提出され，ここで検討され，決定される。この大議会は諸政府間に生じうる紛争の唯一の裁定者である。
　いかなる政府に服属しているのであれ，ヨーロッパの住民のある部分が分離して別に一国をつくろうと欲する場合，あるいは他の政府の管轄下に入ろうと欲する場合，これを決定するのはヨーロッパ議会である。ヨーロッパ議会はこれを関係諸政府の利害という見地からではなく人民の利害という見地から，またヨーロッパ連盟の可能な最良の組織化を常にめざしながら決定するであろう。
　ヨーロッパ議会は財産および独占的直轄地として一都市とその領地とをもつべきであろう。
　議会は必要と認める一切の税金を連盟に課す権限をもつ。
　ヨーロッパ社会にとって一般的有用性のあるすべての事業は，大議会がその指揮をとる。それゆえ，たとえば，大議会は，運河によってダニューヴ河とライン河を，ライン河とバルチック海とを結ぶ等々のことをするであろう。
　対外的活動なしには，いかなる内部的安寧もありえない。連盟内に平和を維持する最も確実な方法は，絶えず外部に向って出ていき，かつ休みなく内部の大事業に従事することである。あらゆる人種のうちで最も優秀なヨーロッパ人種をもって地球を満たし，地球をヨーロッパ同様に旅行しやすく住みよくさせること，これこそヨーロッパ議会がヨーロッパの活動を持続的に投入し，気をそらさず不断にせっせとおこなうべき事業である。
　全ヨーロッパの公教育は，大議会の指導と監督のもとにおこなわれるであろう。
　全ヨーロッパにおいて教えられるために，国民的および個人的道徳典と同様に，一般的道徳典が大議会の肝煎りで編集されるであろう。この道徳典のなかで，ヨーロッパ連盟が立脚する原理は最も良く，最も堅固で，人間性からしても知識の状態からしても社会をありうる限り幸福にさせる唯一のものである，ということが論証されよう。

……

　私はすでに述べたことを繰り返して言う。

　ヨーロッパ議会の設立は，ヨーロッパの全国民が議会体制のもとに生活するようになれば，ただちに難なくおこなわれるであろう。……

　ところで，ヨーロッパの現状は，まさにこのような状態にある。すなわち，イギリス人とフランス人とはヨーロッパの爾余の国民よりも勢力において明らかに凌駕しており，イギリスとフランスは議会制的統治形態をとっている。

　それゆえ，今からヨーロッパの再組織にとりかかることが可能である。

　イギリス人とフランス人とが同盟して自分たちの間に共通の議会を設立すれば，そしてこの同盟が他の諸国民を引き入れて協力を強大にすることを主要目的とするならば，したがって英仏政府がすべての国において代議制政体の支持者たちを援助すれば，また絶対君主制に服しているすべての国民のうちに議会を設立するためにイギリスとフランスの政府がそれらの国民を全力で支援すれば，さらに，すべての国民をして代議制の統治形態を採用したらただちに同盟に加わらせ，彼らのうちから選ばれたメンバーを共通議会に代表として送るようにするならば，ヨーロッパの組織化は，戦争も大災禍も政治的革命もなしに，知らず知らずのうちに達成されるであろう。

……

　ヨーロッパのすべての国の人々が国民的利益に先立って共通的利益の問題を解決しなければならないと感じる時が必ずやってくるであろう。その時，もろもろの災禍は滅少し，紛争はおさまり，戦争はなくなり始めるであろう。これこそ，われわれが絶えずめざしているものであり，人間精神の潮流がわれわれを運んでいくところなのだ。そこのところに這っていくのと走っていくのとどちらが人間の賢明さにふさわしいであろうか。……

……

1-9　マッツィーニ：ナショナリズムとヨーロッパ理念の調和
A．「『青年ヨーロッパ』の友愛証書」（1834）
B．『人間の義務』（1860）
A．Giuseppe Mazzini, "Le mouvement Jeune Europe (15 avril 1834)," in Philippe Mioche, *De l'idée européenne à l'Europe XIXe-XXe siècle*, Hachette, 1997, pp. 10–

> 2. Cf. "Atto di fratellanza della Giovine Europa," in *Scritti Politici di Giuseppe Mazzini*, a cura di Trenzio Grandi e Augusto Comba, Crassici UTET, 1972, pp. 373-5.
> B．Joseph Mazzini, *The Duties of Man, and Other Essays*, with an introduction by Thomas Jone, Dent, 1907, p. 52.

　マッツィーニ（Giuseppe Mazzini, 1805-72）は，周知のとおりイタリア統一運動の主役の一人であるが，同時に彼は，君主連合に牛耳られたヨーロッパに反対し，被抑圧民族の連帯による人民のヨーロッパの建設を説いた人物でもある。1831年に「青年イタリア」を結成した彼は，翌年に「ヨーロッパは世界の梃子であり，ヨーロッパは自由の地である。世界の運命と，人間性の法則である進歩の使命がヨーロッパに与えられている」と述べている。彼の理想は，ヨーロッパ諸民族がそれぞれ独立した民主的共和制を実現し，人間性（umanità）の達成という共通の目的に向かって連帯することであった。彼の思想に見られるのは，フランス革命の産物である共和主義的ナショナリズムと，ヨーロッパ統一理念との調和である。

　史料A「『青年ヨーロッパ』の友愛証書」は，「青年イタリア」の組織が崩壊した後，マッツィーニが亡命先のスイスのベルンで1834年4月15日に結成した「青年ヨーロッパ」の決議文である。史料Bは，マッツィーニの代表作『人間の義務』（1860年）の第5章「祖国に対する義務」からの引用である。いずれも，上述の彼の思想を端的に示した文章と言えよう。なお，訳出に際して，史料Aについては，Miocheの史料集に収録されたフランス語版に依拠し，適宜イタリア語版も参照した。Bについては，大類伸訳『人間義務論　他二編』（岩波文庫，1952年）も参照した。　　　　　　　　　　（板橋）

A．「『青年ヨーロッパ』の友愛証書」

　……一般的利益を目標に集結し，1834年4月15日に……われわれは以下の事を決定した：
1. 人間性を包括する同一の目的を目指し，自由，平等，進歩という同じ信念に衝き動かされた共和主義的結社である，青年ドイツ，青年ポーランド，青年イタリアは，一般的目標にかかわるもの全てのために，今日，そして永続的に有効な友愛の証書に署名する。
2. 人間社会に適用された普遍的な道徳の法を構成する原則的な宣言が，これら三つの民族的結社によって，調和的に準備され，調印されるだろう。……それは，三つの社会の信仰，目標，方向性を定めるだろう。……

3. 一般的利害と原則的宣言の領域から生じるもののため，それぞれの結社は自由かつ独立的である。
4. 互いに認め合う諸人民の連帯的な攻撃と防御の方針は，三つの結社によって作成される。三者全員が，団結して自らの解放へと努めるだろう。……
5. 民族評議会 (Congreghe Nazionali)，もしくはその各代表の会議が，青年ヨーロッパ評議会 (la Congrega della Giovine Europa) を構成する。
6. 三つの結社を構成する諸個人は兄弟である。各人が互いに友愛の必要性を実現する。
7. 青年ヨーロッパ評議会は，三つの結社の全構成員に共通の一つのシンボルを決定する。全構成員はこのシンボルによって特徴づけられる。……
8. この証書によって連邦した三つの人民の間に確立された，友愛の権利と義務をともにしようとする全ての人民は，同じ証書に自己の民族の評議会を介して署名し，それに厳密に同意することとする。

B.『人間の義務』

　……労働者の能力に応じてさまざまな仕事を配分する賢明な労働監督者のように，彼［神］はこの地球上で人類［人間性］を別々の集団に分け，諸国民 (nations) の種子を蒔いた。悪しき政府はその神の企てを妨害した……。彼らは，征服や強欲や，他者の正当なる主権に対する嫉妬によって，それを妨害した。その妨害によって，こんにち，この［神の］企てに対応した境界をもっている国民は，おそらくイギリスとフランス以外には存在しない。……しかし，この神聖なる企ては，誤ることなく実現されるであろう。諸人民の自然な分割と生来の自生的な傾向が，悪しき政府によって正当化された恣意的な分割に取って代わるだろう。ヨーロッパの地図は作り直されるのである。王と特権階級の諸国の廃墟の上に，自由の声によって定められた人民の諸国が生じるだろう。これらの諸国の間には，調和と兄弟愛が生じるであろう。そして，全般的改善や，本来の生活法則の発見と適用を目指した人間性の作業は，ローカルな能力にしたがって配分され，協力して実行され，平和的で進歩的な発展によって完遂されるのである。そうすれば，各人は，同じ言語を話し，同じ傾向をもち，同じ歴史的伝統によって教育された数百万の人々の献身と助力によって，人間性全体に貢献することを望めるだろう。

1-10 コブデンの自由貿易主義
A．「自由貿易についての演説」(1846)
B．『ロシア』(1836)
C．『次は何が——そして次は？』(1856)

A．Richard Cobden, "Speeches on Free Trade. XX. Manchester, January 15, 1846," in idem, *Speeches on Questions of Public Policy*, Vol. 1, Routledge/Thoemmes Press, 1995, pp. 362-3.
B．Cobden, *Russia* (1836), in idem, *Political Writings*, Vol. 1, Routledge/Thoemmes Press, 1995, pp. 282-3 (Ch. 3: The Balance of Power).
C．Cobden, *What Next — and Next?* (1856), in idem, *Political Writings*, Vol. 2, Routledge/Thoemmes Press, 1995, p. 205.

　イギリスの政治家コブデン（Richard Cobden, 1804-65）は，マンチェスター派自由貿易主義の象徴的存在である。1839 年にブライト（John Bright, 1881-89）らと反穀物法同盟を組織し，46 年には穀物法廃止に成功した。また，60 年にはフランスと通商条約を締結し，ヨーロッパにおける自由貿易の最盛期を築いた。彼は，内政・外交における国家権力の干渉の排除を要求し，自由貿易に基づいた国際協力・国際平和を唱えた。それゆえ，クリミア戦争に反対するなど，自国の勢力均衡政策を批判している。また彼は，49 年に国際仲裁裁判所設置案を，51 年には国際軍縮会議開催案を提唱している。彼の議論は，決してヨーロッパに限られたものではないが，自由貿易による戦争廃絶・国際平和を高らかに提唱した点で，「市場のヨーロッパ」および「平和主義のヨーロッパ」の思想的基盤を提供していると言える。
　史料 A は，コブデンの平和主義的，コスモポリタン的な自由貿易主義を端的に示す演説の引用である。さらに史料 B・C でコブデンは，従来の勢力均衡政策を批判し，政府の介入を減少させ，諸国民間の結びつきを増大させることによって，国際平和とヨーロッパの平和的な組織化を達成することを提唱している。
　　　　　　　　　　　　　　　　　　　　　　　　　　　　　　（板橋）

A．「自由貿易についての演説」

　……私は，自由貿易原理が，森羅万象における重力の原理のように，道徳世界に影響を及ぼすだろうと理解している——人々を接近させ，人種・信条・言語の対立を押しのけ，われわれを永遠平和という絆で統一するのである。……私は，その［自由貿易原理の勝利の］影響が，世界の様相を変え，現在支配的であるものとは全く異なる統治のシステムを導入するだろうと信じている。私は，広大で

強力な帝国や大規模な陸海軍への願望と誘因が……消え去るだろうと信じている。人類が一つの家族になり，自分の労働の成果を，その兄弟と自由に交換するとき，そのようなもの［帝国や軍隊］は必要ではなくなり，用いられなくなるだろうと，私は信じているのである。……

B．『ロシア』

　……2度の防衛戦争を除いて，50年間の平和を維持したアメリカは，次の原理からなる政策の有益な効果を示している——政府間［強調原文，以下同］の交渉を可能な限り少なくすれば，世界の，諸国民間の結びつきが可能な限り増す。そして，イングランドが……人民の利害を顧慮して統治されるならば……われわれは，われわれの政策のために同様のモットーを採用するだろう。そして，その時われわれはもはや，コストがかかるキメラである勢力均衡に対する言及を聞くことはなくなるだろう。

C．『次は何が——そして次は？』

　……われわれは，「勢力均衡」や「国際法」というフレーズを，確立した権威による布告が執行されているかのように，頻繁に繰り返し耳にする。ここ1世紀半の間，時折の中断はあったにせよ，われわれは勢力均衡のために戦ってきたが，それがヨーロッパ全体の組織化を望む平和的外交のテーマとされたということは，私の記憶にはない。そこで，「勢力均衡」もしくは「国際法」といったフレーズによって含意されるような，ヨーロッパ諸国の連邦化（federation）のための協定がいつか立案されるべきだとするならば，それは平和の作業でなければならず，戦争のそれであってはならない。……

1-11　リストの関税同盟論
　A．『政治経済学の国民的体系』（1841）
　B．同上
　C．「ドイツ人の政治的・経済的国民統一」（1845-46）
　D．「オーストリアとドイツ関税同盟」（1843）
　E．『農地制度，零細経営，移住』（1842）
　A．Friedrich List, *Das nationale System der politischen Ökonomie* (1841), in idem,

      Schriften, Reden, Briefe, Bd. 6, hg. von Artur Sommer, Durchgesehener Neudruck der Ausgabe Berlin 1930, Scientia Verlag, 1971, pp. 167-8.
B．*Ibid.*, p. 409.
C．List, "Die politisch-ökonomische Nationaleinheit der Deutschen (1845-46)," in idem, *Schriften, Reden, Briefe*, Bd. 7 (Aufsätze aus dem Zollvereinsblatt und andere Schriften der Spätzeit), hg. von Friedrich Lenz u. Erwin Wiskemann, Durchgesehener Neudruck der Ausgabe Berlin 1931, Scientia Verlag, 1971, p. 444.
D．List, "Österreich und der Zollverein (1843)," in *ibid.*, pp. 186-7.
E．List, *Die Ackerverfassung, die Zwergwirtschaft und die Auswanderung* (1842), in idem, *Schriften, Reden, Briefe*, Bd. 5 (Aufsätze und Abhandlungen aus den Jahren 1831-1844), gesammelt u. hg. von Edgar Salin, Artur Sommer u. Otto Stühler, Durchgesehener Neudruck der Ausgabe Berlin 1928, Scientia Verlag, 1971, pp. 499-500, 502.

　域内における関税障壁の撤廃，および域外に対する保護関税の設定を旨とする関税同盟構想は，常にヨーロッパ統合思想の重要な要素の一つであった。この点で，著名なドイツの国民経済学者リスト（Friedrich List, 1789-1846）は，厳密な意味でのヨーロッパ統合主義者ではないが，重要な人物である。南ドイツに生まれたリストは，青年期に急進的活動に従事し，亡命を余儀なくされ，1825年にはアメリカに追放される。この滞米経験から，彼は対外的保護主義と対内的自由貿易を提唱するようになる（1832年に帰国）。主著『政治経済学の国民的体系』（1841年）は，いわゆる「生産諸力の理論」を唱えて，イギリスに対抗しうるドイツの国民経済創出の制度的条件を提示したものであった。具体的には，ドイツ諸国間の関税同盟を通して，ドイツ国民国家の基盤を提供しようとしたのである。晩年のリストは，自己の関税同盟構想を中欧全体にまで拡大するとともに，南東欧・ドナウ流域へのドイツ人の入植を提唱する。さらに1846年には，世界を数個の大経済圏に分割し，アメリカ・ロシアに対するヨーロッパの経済的団結を説いている。そこでは，独英同盟（＝反仏）に支えられた，中欧・近東の広域経済圏が考えられていた。具体的な計画はさまざまに変遷する（親ハプスブルクから親プロイセンへ，反英から親英へ）ものの，リストの議論の基調は，後発資本主義国の保護制度の擁護と，関税障壁が錯綜するドイツ・中欧の域内貿易自由化であった。また，彼が多くの鉄道建設に尽力した人物であることも重要であろう。
　リストの議論は，直接的にはドイツ関税同盟に理論的基盤を提供するものであったが，それにとどまらず，以後のヨーロッパ関税同盟・「中欧（Mitteleuropa）」関税同盟論者たちにも影響を与え続けることになる。さらに，ドイツ人の南東欧への植民論に典型的に表れているように，彼の思想は，「市場のヨーロッパ」だけでなく，「帝国主義のヨーロッパ」にもつながるものを含ん

でいたと言える。

　史料A・Bは，主著『政治経済学の国民的体系』からの引用である。Aは，自由貿易主義や普遍的共和国構想（彼の言う「世界主義経済学」）のイデオロギー性を指摘し，保護制度の擁護，および国民経済学の重要性を述べた箇所。Bは，大陸の中心に位置するドイツが強力な商業的・政治的統一体を形成すれば，ヨーロッパの平和・統一を保証することができると説いた部分である。翻訳に際しては，小林昇訳『経済学の国民的体系』（岩波書店，1970年）も参照した。史料Cはリストの「遺書」と言われる「ドイツ人の政治的・経済的国民統一」（1845-46年）からの引用であり，関税同盟によるドイツ国民の統一という彼の願望を端的に示したもの。史料Dはドイツ関税同盟とオーストリアとの結合について述べた論説（1843年）からの引用である。史料Eは，『農地制度，零細経営，移住』（1842年）からの引用で，ドイツ人の南東欧への移住を奨励し，ドイツ中欧帝国への構想を述べた部分である。翻訳に際しては，小林昇訳『農地制度論』（岩波文庫，1974年）も参照した。　　　　　　　（板橋）

A．『政治経済学の国民的体系』

　……現在の世界状況では，全般的な自由貿易から生じるものは，普遍的共和国（Universalrepublik）ではなく，支配的な手工業・貿易・海軍国の優位の下での後進諸国民の普遍的従属（Universaluntertänigkeit）であろうということについては，きわめて強い，そしてわれわれの見解では，覆すことのできない根拠がある。

　アンリ4世やサン・ピエール的な普遍的共和国，つまり，地上の諸国民が，互いに法的状態を承認し合い，自力救済を放棄するような結合（Verein）は，多くの国民体（Nationalitäten）が，工業や文明，政治的教養や権力について，できるだけ同じ段階に向上した場合にのみ，実現されうるのである。この同盟（Union）が徐々に形成される場合のみ，自由貿易は発展しうるのであり，この同盟の結果としてのみ，自由貿易は全ての諸国民に大きな利益を与えることができるのである……。保護システムは，それが文明の点ではるかに進んだ諸国を……他の国民に対して単に時間的に先行しているだけの支配的な国民と対等の立場に置く唯一の手段である限り……諸民族の最終的な同盟の，したがって真の自由貿易の，最も重要な促進手段であると思われる。そして，この観点で国民経済学は，諸国民の現在の利害と個別の状態を承認することによって，どうすれば個々の国民が，他の同等に育成された諸国民との統一，つまり自由貿易を可能かつ有益となるような発達の段階にまで高められるか，ということを教える学問で

あるように思われる。

B. 同上

　しかし，目下のところヨーロッパ大陸の密接な統一を妨げている最大のものは，大陸の中心部が，その性質上ふさわしい地位を今なお占めていないということである。この中心点は，その地理的状況，隣国民に征服の恐れを全く抱かせないその連邦制度，その宗教的寛容とコスモポリタン的傾向，その文化的・権力的要素によって……ヨーロッパ大陸の東と西の仲介者たる使命を与えられている。しかし，この中心点は目下のところ東西が相争う不和の種となっている。というのは，国民的統一性を欠くがゆえに弱体化し，常に曖昧に揺れ動くこの中心権力を，双方が自分の味方につけようと望むからである。それに対して，もしドイツが，それに属する沿岸地方や，オランダ，ベルギー，スイスとともに，強力な商業的・政治的統一体として構成されるならば，またこの強力な国民的政体(Nationalkörper)が，既存の君主・王朝・貴族の諸利害と代議制の諸制度とを協調的に融合するならば，ドイツは長きにわたってヨーロッパ大陸に平和を保証し，同時に永続的な大陸同盟の中心点を形成することができるだろう。

C.「ドイツ人の政治的・経済的国民統一」

　……関税同盟（Zollverein）は，ドイツ人を経済的・物質的に結合させて，一つの国民を創出するはずである。そしてそれは，対外的に国民全体を強力に代表し，その対外的な利益全体の確保，および対内的な生産諸力全体の保護によって，国民の物質的な力を強化するだろう。それはまた，個々の地域的諸利害を一つの国民的利害に融合させることによって，国民感情を呼び覚ますだろう。それは単に国民の現在だけでなく，未来をも念頭に置かねばならないのである。……

D.「オーストリアとドイツ関税同盟」

　……もしドイツ関税同盟が中途半端なものにとどまるべきではないとすれば，北ドイツ諸国・諸都市との結合（Anschluß）だけでなく，オーストリアとの結合が実現されねばならない，という意見がドイツ中に広まっている。南ドイツの大部分はドナウ流域に存在するが，そこは，ヨーロッパ大陸の中心と黒海およびレバントとを直接結びつける唯一の水路である。すでに現在，オーストリアがこの水路の大部分を所有している。したがって，オーストリアを通してのみ，ドイツ

は将来的にドナウ川の河口を所有することができるのであり，それによって，この大陸の水路はようやくその真の価値を与えられるのである。トルコ帝国の崩壊によって……その輝かしい土地全体［ドナウ流域］にも文明が始まるだろう。そこでは農耕と交通が繁栄し，……ドイツは，その土地への移住を主導することによって，その繁栄にいっそう貢献し，鉄道・運河・汽船の航行によってその土地とより密接に結びつき，この飛躍から多大な利益を引き出すことができるだろう。通商統一の帰結として，ウィーンからトリエステまでの鉄道は，それまでほとんどオーストリア的な意義しかもっていなかったこの港［トリエステ］に，ドイツ国民的な（deutschnational）意義を与えるだろう。一つの産業的・商業的共同体になるということは，双方にとって何と明白な要求であることか！……

E.『農地制度，零細経営，移住』

　しかし，根本的にこの［北米への］移住の方向は南ドイツにとって全く不自然なものである。……プレスブルクから河口までのドナウ川の両岸の地，トルコの北部諸地方，そして黒海の西岸，これらがドイツの移住者に，未開墾ではあるが，広大な肥沃な領地を提供しているのではないだろうか……［もしドナウ流域に移住すれば］一方では黒海に接し，他方ではアドリア海に接し，ドイツ精神とハンガリー精神に満ちた，強力なゲルマン＝マジャール東方帝国が建設されるだろう。……

　　……

　……われわれは，北米のように成長することができるし，しかも海洋と艦隊と植民地がなくとも，急速に成長することができる。われわれはアメリカ人と同様に良い後背地をもっている――ドナウ下流域と黒海に面した土地――トルコ全体――ハンガリーの向こう側の南東全体，これがわれわれの後背地なのである。

1-12　ユゴーのヨーロッパ合衆国演説
A．「開会の辞」（1849. 8. 21）
B．「平和の宣言」（1867）

A．"Discours d'ouverture, 21 août 1849," in *Actes et paroles. Œuvres complètes de Victor Hugo, Tome I : Avant l'exil, 1841–1851*, Édition Hetzel-Quantin, 1882, pp. 475-86.

B．"Déclaration de Paix," in *ibid*., Tome IV, pp. 349-51, 365.

　1848年のフランス二月革命を経て，憲法制定会議の議員となった文豪ユゴー（Victor Hugo, 1802-85）は，1849年6月頃から，それまで支持してきたルイ＝ナポレオン（Charles Louis Napoléon Bonaparte, 1808-73）とその保守政権が，国内で抑圧，国外で戦争をもたらす反自由主義的な傾向を示すのを感じ始めていた。のちに対立は決定的となり，第二帝政の間，彼は長い亡命生活を余儀なくされる。
　ルイ＝ナポレオンとの対立が始まるなか，1849年8月21-25日にパリにて万国平和会議が開催され，その議長にユゴーは選ばれる（副議長にコブデン。【1-10】参照）。その冒頭，彼は，のちに有名になるヨーロッパ合衆国演説を行い，拍手喝采を受けた。彼の進歩史観の下では，ナショナリズムは普遍的な人類愛に取って代わられ，《文明＝平和＝ヨーロッパ統一》が《野蛮＝戦争＝各国分断》と対比される。また，諸州（States）をまとめ上げ規模（の経済）を確保したアメリカ合衆国への関心が高まるなか，そのアナロジーでヨーロッパ合衆国を語り，両パワーの平和共存を説くのも，ユゴーのもう一つの特徴である。
　　　　　　　　　　　　　　　　　　　　　　　　　　　　　　　（遠藤）

A．「開会の辞」

　……皆さん，神聖な理念，すなわち普遍的な平和，共通の絆によってつながった全ての国々，至上の法のための福音，戦争に取って代わる調停，……私は単にそれが実行可能な目標だと言っているのではありません。それは避けられない目標なのです。そして，われわれはその到来を遅らせることも，早めることもできる，これが全てです。
　世界の法は神の法と異なるものではなく，また，異なるものであるはずがないのです。しかるにこの神の法とは戦争のことではありません，それは平和のことなのです。(喝采)
　……
　皆さん，もし誰かが，4世紀前，町，都市，地方の間で戦争が繰り広げられていた時代に，ロレーヌ，ピカルディ，ノルマンディー，ブルターニュ，オーヴェルニュ，プロヴァンス，ドフィネ，ブルゴーニュに向かってこう言っていたなら。あなた方がもはや自ら戦争を起こすことのない，互いに軍隊を向け合うことのない……そんな日がやってくるだろう，と。……あなた方はこれからもなお，調整すべき対立，論議すべき利害，解決すべき紛争を抱えることでしょう，しか

しあなた方は軍隊の代わりに何を置くのかご存知でしょうか？ ……あなた方は投票箱と呼ばれる一つの小さなモミの木の箱を置くのです。その箱から生み出されるもの，それは一体何でしょうか？　議会です！　あなた方がそこで生きていると感じられる議会です。あなた方全てにとって魂が宿るような主権的かつ民衆の評議会です。それは決定を下し，裁きを下し，法に基づいて全てを解決し，全ての手から剣を降ろさせ，全ての心に正義を灯し，そして誰もにこう言うでしょう。そこで君の権利は終わり，ここに君の義務が始まる。武器を捨てなさい！平和の内に暮らすのです！　と。(喝采)　そしてその日から，あなた方は共通の考え，共通の利益，共通の運命を感じ，同じ血や種の子どもたちを抱擁し，認めるでしょう。その日から，あなた方はもう敵対する小部族ではありません。あなた方は一つの国民となるのです。もうブルゴーニュ，ノルマンディー，ブルターニュ，プロヴァンスではなく，あなた方はフランスとなるのです。あなた方はもう戦争に訴えようとはしません。文明を求めるのです。
……

　さて，今日，私はあなた方と，皆さんと，ここにいるわれわれとともに声を上げる者のひとりであります。われわれはフランス，ドイツ，プロイセン，オーストリア，スペイン，イタリア，ロシアに向けてこう述べます：

　あなた方の手から武器を降ろし，またそれがあなた方に向けられることもなくなる日がやってくるのです！　パリとロンドン間，サンクトペテルブルクとベルリン間，ウィーンとトリノ間での戦争がばかげて見え，不可能になる日がやってくるでしょう。それは，今日，ルーアンとアミアン間，ボストンとフィラデルフィア間の戦争が不可能であり，愚かに見えるであろうのと同様にです。あなた方，フランス，ロシア，イタリア，イギリス，ドイツ，その全てが，大陸の国々が，固有の美点と名誉ある個性を失うことなく，より高次の統一体のなかで密接に自らを基礎づけあい，そしてヨーロッパの友愛を形づくる日がやってくるでしょう。……もうこれ以上新たな戦場は存在せず，むしろ通商に開かれた市場と理想に開かれた精神とが生まれる日がやって来るでしょう。砲弾や爆弾が投票に，諸国民の普通選挙に，また主権的な上院 (sénat) による尊ぶべき調停に取って代わられる日がやって来るでしょう。この議会は，ヨーロッパにおいて，イギリスの議会 (parlement)，ドイツの国会 (diète)，フランスの立法議会 (l'assemblée législative) に当たるものになるのです！　(喝采)　今日，人々がこんなものが存在しえたのかと驚きながら，博物館に拷問の道具を展示しているのと同じよ

うに，そこに大砲を展示する日がやって来るのです！（笑いと歓呼）　われわれは，いつの日か，この二つの巨大な集団，アメリカ合衆国とヨーロッパ合衆国とが出現するのを見て取るでしょう。（喝采）　それは，相対して，海を越えて手を差し伸べ合い，製品や，商業，産業，芸術，才能を交換し合い，世界を開拓し，砂漠を植民地化し，創造主の見ている下で創作物を改良し，そして，全てのものの幸福を引き上げるために，ともに無限の力，人類の友愛と神の御力を結びつけるようになるのです！（長い喝采）

　そして，その日が到来するまで400年も待つ必要はないのです。なぜならわれわれは急速に進む時代を生きているからです。……

　そして，フランス人，イギリス人，ベルギー人，ドイツ人，ロシア人，スラヴ人，ヨーロッパ人，アメリカ人，われわれがその偉大な日が一刻も早く到来するためにすべきことは何でしょうか？　愛するのです。（巨大な喝采）

　……

　……皆さん，平和が32年間続いて来ました。そしてこの32年間に，1280億［フラン］という途方もない金額が，平和である間に戦争［準備］のために費やされたのです！　……戦争［準備］に費やしたこの1280億を，平和のために使うのです！（喝采）　……何がもたらされていたかお分かりでしょうか？　世界の様相は変わっていることでしょう！　……豊かさが，全ての人々の労働の下で，世界中の全ての血管のあらゆる場所から湧き出て，貧困は消え去っていることでしょう！　そして，その悲惨さと一緒に消え去ったであろうものが何かお分かりでしょうか？　革命です！（長い歓呼の声）　そうです，世界の様相は変わっていることでしょう！　……文明に野蛮さをもたらす代わりに，野蛮さに文明をもたらしていることでしょう！（新たに喝采）

　……

　そうです，こう締めくくりましょう。革命の時代は終わりを迎え，進歩の時代が始まるのです。

　……

　われわれの住む旧いヨーロッパにおいて，イギリスは最初の一歩を踏み出しました，そして，その1世紀を経た実例によって，諸国民にこう述べたのです。あなた方は自由だと。フランスが次なる一歩を踏み出しました，そしてこう述べたのです。あなた方は主権を有しているのだと。そして今，三歩目を踏み出しましょう，そして，フランス，イギリス，ベルギー，ドイツ，イタリア，ヨーロッ

第1章　ヨーロッパ統合の前史　　49

パ，アメリカ，皆が声を揃えてこう言いましょう。あなた方は兄弟であるのだと！（巨大な喝采。──演説者は喝采のなかで座り直す。）

B.「平和の宣言」

　おお，フランスよ，さらば。そなたは，祖国にだけなるには偉大すぎる。……そなたは，もはやフランスではない。人類になるのだ。……さらば国民（Peuple）！　ようこそ人間！　……わが祖国。アテネがギリシャになり，ローマがキリスト教世界になったのと同様に，フランスよ，そなたは世界になるのだ。

1-13　スペンサーのヨーロッパ「統合」観：『第一原理』(1862)

Herbert Spencer, *First Principles*, 6th and final ed., rev. by the author, with an introduction to this re-issue by T. W. Hill, Watts, 1937, §111, p. 282 (1st ed., Williams & Norgate, 1862). Cf. Herbert Spencer, *First Principles*, reprint of the 2nd ed. (1867), with a new introduction by Michael Taylor, Routledge, 1996, pp. 316-7.

　イギリスの体系的哲学者スペンサー（Herbert Spencer, 1820-1903）も，コブデン同様，政府の介入を排した自由放任を唱えたが，いわゆる社会進化論に基づく彼の自由放任という考え方は，経済政策にとどまらず，社会全般にまで拡大されたものである。

　特筆すべきは，現代史家ヘルプスト（Ludolf Herbst）が指摘するように，スペンサーこそが，「統合（integration）」という概念の近代的な使用法に対して決定的な影響を与えた人物だということである。彼の発展理論のなかで「統合」（および「分裂」「分化」）は中心的役割を果たし，彼はその概念を歴史の発展にも適用する。そして彼は，19世紀を統合の世紀と捉えていた（歴史の発展それ自体を統合の過程と捉えていたわけではない）。その際，念頭に置かれていたのは，ヨーロッパにおける国民国家の形成だけではない。むしろスペンサーは，ヨーロッパ諸国民が政治的・経済的・法的・技術的な統合を包括する一つのヨーロッパへの道を進んでいると認識していたのである。スペンサーは，この統合過程を，①同盟と国際関係のレベル，②会議外交と国際法のレベル，③通商と世界経済のレベル，④交通・通信制度のレベル，の四つのレベルで進行する漸進的な平和的浸透過程と捉えている。

　史料は，主著『総合哲学体系（*A System of Synthetic Philosophy*）』（1862-96年）の第1巻『第一原理』第14章「進化の法則（The Law of Evolution）」の一

節であるが，ここで彼は，社会進化論的な観点から，ヨーロッパの統一へいたる道を説明している。翻訳に際しては，第6版に基づき，適宜それ以前の版も参照した。 (板橋)

社会有機体において，統合的な変化 (integrative changes) は豊富に例証される。未開の社会はそれを示している。ブッシュマンのように遊動する一族は，大きな規模の部族に加わる。さらなる進歩として，弱い部族が強い部族に服従する。そして，それぞれの族長は，征服者である族長に従属する。原住民の人種 (aboriginal races) の間では頻繁に形成・解体されるようなこの結合も，優秀な人種 (superior races) の間では，相対的に永続的なものとなる。もしわれわれ自身の社会，もしくは近接した社会が通過した段階の跡をたどるならば，この統一がしばしばより大きな規模で繰り返され，安定性を増していることが分かるだろう。封臣の集団形成がそれぞれの領主に結びつき，次に下位貴族の集団が公爵や伯爵に従属し，さらに時代を下ると王権の成長が公爵や伯爵を凌ぐ。合同 (consolidation) の増加には豊富な例がある。この過程は，もともとの境界線を破壊することによって，ゆっくりと完成される。そして，ヨーロッパの諸国民については以下のことがさらに注目される。同盟 (alliances) を形成する傾向のなかに，諸政府が互いに行使する影響力が抑制されるなかに，会議による国際的な調停のシステムのなかに，そして通商障壁の撤廃とコミュニケーション手段の増大のなかに，われわれはヨーロッパの連邦化の始まりを目の当たりにしているのである*——かつて確立されたことがないほど大規模な統合 (integration) を。

＊第5版までの We may trace the beginnings of a European federation という表現が，1900年の第6版では We see the beginnings of a European federation に変更されている。

1-14 プルードンの連邦主義
A．『所有とは何か？』(1840)
B．『所有の理論』(1865)
C．『労働者階級の政治能力について』(1865)
D．『連邦の原理』(1863)
E．同上

A. Pierre Joseph Proudhon, *Qu'est-ce que la propriété?* (1840), in *Œuvres complètes*,

IV, nouvelle éd., Slatkine, 1982, p. 148.
B．Proudhon, *Théorie de la propriété*, 2ᵉ éd., Librairie Internationale, 1866, p. 217.
C．Proudhon, *De la capacité politique des classes ouvrières* (1865), in *Œuvres complètes*, III, nouvelle éd., Slatkine, 1982, pp. 197-8.
D．Proudhon, *Du principe fédératif* (1863), in *Œuvres complètes*, XV, nouvelle éd., Slatkine, 1982, p. 318.
E．*Ibid*., p. 335.

　通常「社会主義者」とされるプルードン (Pierre-Joseph Proudhon, 1809-65) は，農村的なカトリック主義の色彩をも帯びており，「自然的な」共同体への自発的貢献を強調し，有機体的な社会観をもち合わせていた。反都市，反国家，反ブルジョワ階級，反エスタブリッシュメント，反リベラルという側面をもち，ときに人種主義的な主張も含んでいたことから，彼の主張は，左翼から極右を含む非常に広い範囲の政治勢力から支持者を得ていた。
　AからDで拾ったように，プルードンにとって，単一不可分な主権は，地域や自治区（あるいは家族）などの具体的な単位のあいだの連邦・連合協定によって，解体されるべきものであった。国家は，そのような協定の一締結者として残り死滅するわけではないが，その独占的な特徴である主権を奪われることとなる。そして，主権が解体された連邦制においては，協定締結者は，その協定を将来にわたって何度でも討議・決定しなおすのである。家族や地域から積み上げられた連邦制は，ヨーロッパ次元にもおよび，国家はヨーロッパ連邦のなかで再定位される。そして，このような連邦制において，個人の人格のための自律的な空間と，自発的な貢献の対象としての具体的な社会の双方を守り，初めて個人は真の「自由」を取り戻せると考えたのである。
　ただし，Eにあるように，ヨーロッパは連邦には大きすぎる。構成国家がそれぞれにおいて連邦的になって初めて，その連合体としてならばヨーロッパは可能だと考えていたようである。このヨーロッパ連邦への留保にもかかわらず，その主権への懐疑と体系的な連邦理論ゆえに，プルードンは，人格主義的・包括的連邦主義の始祖として後々まで長く影響を保つ。ドロール元欧州委員長やティンデマンス元ベルギー首相などのカトリック政治家は，プルードンの影響を受けた代表例であろう。
　　　　　　　　　　　　　　　　　　　　　　　　　　　　　　　（遠藤）

A．『所有とは何か？』
　長らく自己中心的な君主制の犠牲者であった人民は，彼らのみが主権者だと宣言することによって永遠に解放されると信じた。しかし，君主制とはなんだったか？　それは一人の主権であった。民主制とは？　それは人民の，あるいはむし

ろ国民の多数派の主権である。……紛れもなく……そこには進歩がある。というのも，主権者の数を増やすことで，意志に対し理性をもって代える機会を増進させたからだ。けれども，結局のところ，統治における革命があったわけではない。なぜなら，［主権という］原則は同じだからだ。

B. 『所有の理論』

　主権の償いがたい濫用に直面するがゆえに，私は，かつてないほどに，主権の解体を望んでいる。

C. 『労働者階級の政治能力について』

　……あらたな［連邦ないし連合］協定に従って，政治的主権，市民的権威，諸団体の影響力は，地域，地方，自治区その他の単位の間で分けられ整序・調整され，そのことによって，まさに自由と等しくなる。

　単一・不可分性の古びた法は廃棄される。国家のさまざまな当事者が連合協定に合意した（ものとみなされる）結果として，いたるところが政治的中心となり，周辺はどこにも存在しない。

D. 『連邦の原理』

　社会契約は法学者の作ったフィクションである。……連邦制においては，社会契約はフィクション以上のものである。それは，現に制定され効力をもつ協定であり，実際に提案され，討議され，採択され，そして定期的に［家族の長，自治区，州，地方あるいは国家といった］締結者の意思によって修正されるものである。

E. 同上

　ヨーロッパは，単一の国家連合にはなおあまりに大きすぎる。それは，できるとすると，国家連合の連合体（confédération de confédérations）にしかならないだろう。

第 1 章　ヨーロッパ統合の前史　53

> **1-15　政治学会議におけるルロワ＝ボリューのヨーロッパ合衆国報告（1900）**
> Congrès des Sciences Politiques, *Les Etats-Unis d'Europe*, Rapport Général par M. Anatole Leroy-Beaulieu (5 juin 1900), Société française d'implimerie et de librarie, 1901, pp. 5-24.

　ヨーロッパ統一に関する議論は，時代がナショナリズムや帝国主義の色彩を濃厚にしていった19世紀末にも続いた。そのなかでも比較的知られているのが，ここで紹介する政治学会議（Congrès des Sciences Politiques）である。
　パリ政治学院の前身であるパリ政治学自由学院が1900年に組織した政治学会議は，仏外務省の著名な法律家であるルノー（Louis Renault, 1843-1918）が選んだテーマである「ヨーロッパ合衆国」を主題とし，多くの著名な参加者を得て議論し，のちに学院長となるルロワ＝ボリュー（Anatole Leroy-Beaulieu, 1842-1912）が総括報告書を作成した。それは，ヨーロッパ合衆国の目的，構想，領域という三つの問いを中心に構成された。前2問に関して言えば，域内平和の護持に加えて，アメリカやアジアからの競争にさらされたヨーロッパ諸国家が，それぞれのアイデンティティを維持しつつ力を保全するため，アメリカ合衆国のような連邦でなく，国家連合の形態で統一すべきだと答申している。最後の領域に関しては，ルロワ＝ボリューは英露を排除し，トルコを同列のメンバーとしては受け入れない大陸ヨーロッパの統一を説いたが，第四報告書を執筆したイザンベール（Gaston Isambert）は，反対に英露を包摂しトルコを排除する案を提示した。
　1世紀前にここで交わされた体系的な議論は，東西冷戦と分断から解放され，グローバル化が進行する最現代のヨーロッパにとっても，多くの示唆的な要素を含んでいる。　　　　　　　　　　　　　　　　　　　　　　　（遠藤）

　ヨーロッパ諸国家の連合ないし連邦の理念は，新しいものではない。それはすでに遠い過去に見られ，われわれの大陸におけるキリスト教諸国民がムスリムの侵攻を前にしてヨーロッパの連帯に目覚めたときにまで遡る。
　19世紀は，この理念に一つの新しい形，新しい力を与えるにいたった。蒸気船や電気によって近隣諸国民の間にもたらされる物質的な接近。労働者階級がもつ民主的精神や社会的願望への国際的傾向（それは，平和の強化によって自らの幸福の発展を確かなものにしようと望むものである）。地球の別の場所の活用である植民地化によってヨーロッパ政治の範囲自体が拡大したこと。これらにより，相異

なる諸国家において，多くの現代人が自問することになった。つまり，ヨーロッパの文明やその政治経済的利益ゆえに，われわれの大陸の歴史的分裂を修正し，多様なヨーロッパの諸国民を一つの連合体へと統一するという義務があるのではないか，と。そしてその連合体は，それぞれの国民に独立を認めながら，ヨーロッパの平和とともに，東洋や西洋の異国の競争相手に向かう際に連合による利益を与えるのである。

……

ヨーロッパの多様な国々が連合することで一致するならば（これはいまだわれわれからは遠いのだが），その連合は現在のアメリカ合衆国にならって連邦国家を形成するのではなく，せいぜい諸国家から成る一つの国家連合を形成するに留まるだろう。……

歴史のなかに，同じような連合になりうるものの見本ではないにしろ，実例を探すのならば，私はそのような連合はアメリカ合衆国よりもずっと，1848年以前のかつてのスイス国家連合か，あるいはより一層1866年以前の旧ドイツ国家連合に似ていると考える。

……

大陸ヨーロッパにとって，西・中央ヨーロッパにとって，少なくとも旧いヨーロッパを成すものにとって，歴史的に正真正銘のヨーロッパは，われわれの感覚では疑いなく，ラテン＝ゲルマンヨーロッパである。このヨーロッパは全てその連合に属するべきである。そのような連合が最も役に立つのは，ラテン＝ゲルマンヨーロッパにとってである。そして，ネオラテンあるいはゲルマン諸国は，当然に，ヨーロッパ域外にあるそれらの属領と植民地を連合に加えるだろう。その際には，連合に加わった国家はそれぞれ植民地の所有と管理を保持する。

……

もし比較的近い時代にヨーロッパ連合が形成されたり，実現し始めるのなら，それは大国間の同盟または協調によって始まり，そこに小国が加わるような形になると思われる。ヨーロッパ会議（conférences）や会合（congrès）は，当然，協調の最初の試みがなされる枠組みとなり，そこでは外交が主要な役割を果たすだろう。厳密な意味での連邦は，間違いなく，ヨーロッパの主要国が共同で行動できるようになった後で，それに遅れてという形でしか実現できないだろう。

……

新たな絆をもつ諸国家の間を結びつけるものが，理想の連邦の礎を築くことに

さらに貢献できるということは明らかである。その点については，経済的領域と同じように政治的領域において，ヨーロッパ諸国家と諸国民とを接近させる傾向をもつ全てを祝福しなければならない。それはたとえば，会議，会合，衛生協定，通貨同盟，通商条約，調停条約である。

第 2 章

ヨーロッパ統合の胎動
戦間期広域秩序論から戦後構想へ

戸澤英典（I・II）・上原良子（II）

【史料リスト】

2-1　エンジェル『大いなる幻想』(1910)
2-2　「古き良き時代」のヨーロッパと第一次世界大戦の衝撃
　A．ベネディクト15世「ウビ・プリムム」(1914)
　B．ツヴァイク『昨日の世界』(1944)
2-3　社会主義のヨーロッパ
　A．レーニン「ヨーロッパ戦争における革命的社会民主主義派の任務」(1914)
　B．レーニン「ヨーロッパ合衆国のスローガンについて」(1915. 8. 23)
　C．トロツキー「コミンテルンの綱領草案――基礎の批判」(1928. 6)
2-4　ナウマン『中欧論』(1915)
2-5　ウィルソンの14カ条 (1918)
2-6　国際連盟批判と代替案としてのヨーロッパ合衆国・ヨーロッパ連邦構想
　A．エイナウディ「国際連盟は実現可能な理想なのか？」(1918)
　B．アニェッリ，カビアーティ「ヨーロッパ連邦か国際連盟か」(1918)
2-7　「ヨーロッパ」の没落という危機感
　A．シュペングラー『西洋の没落』(1918)
　B．オルテガ・イ・ガセット『大衆の反逆』(1930)
2-8　クーデンホーフ・カレルギー「パン・ヨーロッパ――一つの提案」(1922)
2-9　ロカルノ条約 (1925)
2-10　ルシュールのヨーロッパアンタント（カルテル）論 (1927)
2-11　ブリアンの国際連盟総会における「ヨーロッパ連邦的な秩序樹立」演説 (1929)
2-12　フランス外務省「ヨーロッパ連邦連合体制の組織に関する覚書」(1930)
2-13　ピウス11世『クアドラジェシモ・アノ』(1931)
2-14　オタワ協定 (1932)

2-15　ペルソナリスムの誕生：ブルグマンス『ヨーロッパの理念』（1930年代）
2-16　ミトラニーの機能主義論
　　A.　『国際統治の進展』（1933）
　　B.　『作動する平和システム』（1943）
2-17　ハイエク「国家間連邦の経済的諸条件」（1939）
2-18　教会のヨーロッパ構想：ピウス12世「諸国家が前提とする主権なるものについて」（1939）
2-19　ファシズムのヨーロッパ：マントヴァーニ「ヨーロッパ構想について──第一の敵」（1940）
2-20　ナチス・ドイツのヨーロッパ像
　　A.　ローゼンベルク「ヨーロッパの変革──ヨーロッパ協同体」（1940）
　　B.　ダイツ「人種および領土に基づくヨーロッパの再編」（1940）
　　C.　リッベントロップ「ヨーロッパ国家連合」（1943）
2-21　英仏連合案（1940）
2-22　自由で統合されたヨーロッパのために：宣言案（ヴェントテーネ宣言）（1941）
2-23　大西洋憲章（1941）
2-24　E・H・カーのヨーロッパ統合観
　　A.　「欧州計画機構」（1942）
　　B.　『ナショナリズムの発展』（1945）
2-25　オットー・フォン・ハプスブルク「ドナウ合衆国──リベラルな一構想」（1942）
2-26　モネのアルジェでのヨーロッパ構想（1943）
2-27　クーデンホーフ・カレルギー「ヨーロッパ合衆国憲法草案」（パン・ヨーロッパ会議法務委員会およびニューヨーク大学）（1944）
2-28　ベネルクス関税協定（1944.9.5）
2-29　LECEの経済統合構想：ファン・ゼーラント「経済的アプローチ」（1945）
2-30　フランスの対独政策──ドイツ弱体化政策の再検討（1946）
2-31　チャーチルの「ヨーロッパ合衆国」演説（1946）
2-32　UEFのモントルー会議：「総合政策動議」（1947）

I　戦間期におけるヨーロッパ広域秩序再編構想

「相互依存」の進展とヨーロッパ域内行政協力

　19世紀後半以降，ヨーロッパ域内での国境を越えた経済活動が次第に増加し，交通・通信・衛生・農業といった分野での国際的な行政協力の枠組みが生まれてきた。

　19世紀末から20世紀にかけては，一方で，ドイツやイタリアといった後れて国家統一を成し遂げた国家を含めて列強間の植民地獲得競争が激化したが，他方で，国境を越えた経済活動の増加（実体としての相互依存）によって，ヨーロッパ全域で「相互依存」の認識も現れはじめた。

　そうした「相互依存」の認識は，エンジェル（Norman Angell, 1874-1967）が1910年に著した『大いなる幻想』【2-1】に端的に見て取れる。エンジェルは，国益（国富）というものは他国との商業活動の増大によってもたらされるもので，強大な軍事力や戦争による領土拡張によって国力を増進できるというのは今や「幻想」にすぎず，貿易を阻害するという点でむしろマイナスであると説いた。

　その後の第一次大戦の勃発，さらには戦間期の平和への努力にもかかわらず第二次大戦を防ぎえなかったことを知っている現在のわれわれには，エンジェルを主要な論敵の一人としたE・H・カー（Edward Hallet Carr, 1892-1982）【2-24】の『危機の二十年』の方が説得的なものと映る。しかし，第一次大戦の直前までは，むしろエンジェルのような国際協調的な考え方が多数派であり，そうした調和的な未来の到来が信じられていたからこそ，第一次大戦の惨禍は衝撃だったとも言える。

　『大いなる幻想』は同時代的には説得力を失ったものの，エンジェル流の相互依存論は戦間期以降にも受け継がれ，その自由貿易圏を求める方向性は，第二次大戦後にEFTA（欧州自由貿易連合）という形で実現を見た。さらにイギリスばかりでなく，ロンドン大学政治経済校（LSE）の経済学者ロビンズ（Lionel Robbins, 1898-1984）やエイナウディ（Luigi Einaudi, 1874-1961）を経由してイタリアのロッシ（Ernest Rossi, 1897-1967）やスピネッリ（Altiero Spinelli, 1907-86）に影響を与え，これがレジスタンス運動の統合思想を代表するヴェントテーネ宣言【2-22】にも影響を及ぼすこととなった。

　また，戦間期には国際連盟の下で国際的な行政協力の枠組みが整備されていっ

た。さらに，現実と呼応するように，ソルター（Arthur Salter, 1881-1975）やミトラニー（David Mitrany, 1888-1975）【2-16】といった人々による重要な理論的展開も見られた。こうした国際行政の枠組みは，その後のヨーロッパ統合に対しても実務的な基盤を提供している。

第一次世界大戦の衝撃

　第一次大戦を「ヨーロッパの自殺」と最初に評したのは，ベネディクト15世（在位1914-22）が1916年3月に行った説話中であった。

　当初，短期の局地戦で終わるだろう，と誰もが思っていた戦いは，レマルク（Erich Maria Remarque, 1898-1970）の小説『西部戦線異状なし』に描かれているようないつ果てるとも知れない悲惨な塹壕戦に陥った。機関銃や毒ガス，装甲車などの新たなテクノロジーは戦争の性格を一変させ，「古き良き時代」の騎士道精神は次第に過去の遺物と化していった。

　この大戦によりドイツ，オーストリア＝ハンガリー，ロシア，オスマン（・トルコ）という四つの帝国が滅びた。さらに，ロシア革命によるソ連邦の成立とヨーロッパ各国での社会主義勢力の伸張，その後のコミンテルンの結成によって，共産主義革命の脅威が一層強まった。また，アメリカの参戦によって決着がついたことは，ヨーロッパが世界の中心であった時代の終焉を雄弁に物語っていた。

　こうして第一次大戦は，ヨーロッパ人の精神にフランス革命以来の大きな衝撃を与えた。ツヴァイク（Stefan Zweig, 1881-1942）が自殺の直前に記した『昨日の世界——あるヨーロッパ人の回想』【2-2】は，「古き良き時代」への郷愁を物語った名作である。また，同時代的には，文明論の形態をとったシュペングラー（Oswald Spengler, 1880-1936）の『西洋の没落』やオルテガ・イ・ガセット（José Ortega y Gasset, 1883-1955）の『大衆の反逆』【2-7】が貪るように読まれた。「失われた世代」は反戦を訴え，大戦による惨禍の生々しい記憶は厭戦気分を充満させるに十分であった。

　しかし，第一次大戦後の戦後処理は多くの禍根を残すものであった。ウィルソン（Woodrow Wilson, 1856-1924）米大統領の14カ条【2-5】，とりわけ「民族自決」の原則と国境線の引き直しは，大陸ヨーロッパの現実に即しているとは到底言い難いものであった。それまでの有機的な社会・経済上のつながりを政治的に分断する形でハプスブルク帝国を解体し新興国を独立させた結果，その多くが政

治・経済的に不安定な状況に陥った。敗戦国に対して懲罰的な内容をもつヴェルサイユ条約による賠償の負担もあり，ドイツやオーストリアでは特に国内政治の緊張が高まった。

　そのため，後の時代から振り返るとこの時代には危機を回避する可能性が乏しかったように見えてしまいがちである。とはいえ，戦間期の最初の 10 年間である 1920 年代は厭戦気分に満ち，特にロカルノ条約【2-9】によってドイツ問題に一定の解決が与えられた 25 年以降は国際連盟の下での世界平和が実現可能であろうという楽観論がむしろ強かった。そうしたなかで，三重の危機——ヨーロッパが世界の中心であった時代の終焉，ヨーロッパ域内の国家間体系の動揺，各国の国内体制の危機——を克服する処方箋として，戦間期のヨーロッパ広域秩序再編構想が現れる。

大陸ヨーロッパ経済の再編——ナウマンの『中欧論』，ルシュール，マイリシュ
　第一次大戦の与えた甚大な影響は，精神史的な断絶だけではなく，ヨーロッパの経済構造にも及んだ。大戦時にイギリスが採った海上封鎖の影響で通商が途絶したことにより，従前の国際経済体制が瓦解し，協商/同盟の両陣営の内部で経済関係が強まった。それに伴い，戦時経済の要請にも呼応しながら各国の経済構造が変容した。

　こうした新たな国際経済体制への移行を背景に，これ以後のドイツの外交論議に多大な影響を与えた書物である『中欧論』【2-4】が，ナウマン（Friedrich Naumann, 1860-1919）によって大戦初期の 1915 年に公刊された。

　ナウマンの構想は，ドイツとオーストリア＝ハンガリー二重君主国が共同体を形成し，この独墺の核に両者の中間に位置する小国を引きつけて広域経済圏に再編しようという構想である。ただし，その目的（重点）や手段についての論究には首尾一貫しないところも多く，戦時体制の強化（さらには将来の戦争準備）としての側面と，文化的な一体性に基づく平和的な志向の広域秩序再編の側面が混淆としている。しかし，大戦中に一気に進んだ独墺の相互依存関係を数字を挙げて説きながら，西の英仏と東のロシアに対抗するための共同体づくりの必然性を説くナウマンの主張は力強く，ドイツ語圏でベストセラーになったばかりでなく，中欧圏の国でもドイツ語版・翻訳版ともに広く読まれた。

　『中欧論』は，歴史的・文化的概念であった「中欧」に，ドイツ主導の経済圏を核とする共同体という新しい意味づけを行った。その際に「中欧」というドイ

ツ主導の共同体構想には，経済重視/協調的なものから覇権的・膨張的なものまで，さまざまな動機と構想が共存していた。そのため「中欧」は，あたかも「大東亜共栄圏」と似た郷愁と悔恨の綯い交ぜになった感情を呼び覚ます概念となった。

その後のドイツ外交論議に与えた影響も大きく，これをナチス・ヨーロッパの先駆とみなす見解がむしろ「通説」的ですらある。もっとも，ナウマンの構想では中東欧地域の「相互依存」を可能にした有力な要因としてユダヤ人の役割が高く評価され，この点でナチス・ドイツとは決定的に異なっている。

また，ナウマンとは全く異なる形で，広域経済圏の再編を構想した者として，フランスの経済政策家ルシュール（Louis Loucheur, 1872-1931）や，ルクセンブルクの産業家マイリシュ（Emile Mayrisch, 1862-1928）も注目に値する。ルシュールのヨーロッパ論【2-10】の特徴は，国際カルテルによりヨーロッパの産業間を横断的に組織化し，ヨーロッパという枠組みを通じて，アメリカに対抗することにあった。特に，アルザス＝ロレーヌ地域を中心として，石炭・鉄鋼生産における国際カルテル設立の試みをその方策として推進した。

クーデンホーフ・カレルギーの『パン・ヨーロッパ』とブリアン提案

「民族自決」によって寸断された中東欧地域の社会・経済関係の「再統合」を図り，それによって域内の平和とヨーロッパの世界的地位の維持を模索する方向性をナウマンと共有しながら，異なった処方箋を提示したのがクーデンホーフ・カレルギー（Richard Nikolaus Coudenhove-Kalergi, 1894-1972）伯爵（以下，ク伯）である。

ク伯は，1922年に独墺の新聞紙上でパン・ヨーロッパ構想【2-8】を発表し，これを敷衍する形で翌23年に『パン・ヨーロッパ』という単行本を出版した。この『パン・ヨーロッパ』はドイツ語圏ですぐさまベストセラーになり，さらに28年までに9カ国語に翻訳された。

ク伯のパン・ヨーロッパはイギリスとロシアを排除する形で定義される点が独特であり，その一体性の強化により他のブロック（世界は5大ブロックに分かれる）との競争ないしは世界規模の統合を目指すものである。ク伯の構想の動機には，没落した貴族主義的なヨーロッパへの郷愁やテクノロジーの進展に対応した新秩序の必要性という意識も存在するが，同時にその実現のために「不俱戴天の敵」である仏独和解の必要性を説き，またそれ以上にドナウ川を中心とした諸国

家・地域の「再統合」という平和主義的な動機も含まれる複合的なものであった（その点が多くの読者を惹きつけた理由でもあろう）。

　ク伯は『パン・ヨーロッパ』により一躍ヨーロッパ文壇の寵児となり，その名声を追い風にパン・ヨーロッパ運動を組織し，オーストリア政府の支援をも受けて，1926年には第1回パン・ヨーロッパ会議の開催にこぎ着けた。

　このパン・ヨーロッパ運動は1927年には仏外相であったブリアン（Aristide Briand, 1862-1932）を名誉総裁に推戴し，ヨーロッパ各地の支部における活動も盛んになった。

　ブリアンの支持を受けたパン・ヨーロッパ構想は現実の外交の場に上った。1929年9月に仏首相となっていたブリアンは国際連盟総会の場で，「ヨーロッパ連邦的な秩序（une sorte de lien fédéral）」樹立の提案を行った【2-11】。独外相シュトレーゼマン（Gustav Stresemann, 1878-1929）もこの提案に支持を与えた。仏外務省はヨーロッパの26カ国の代表から委託を受け，30年5月にブリアン提案を具体化した覚書を出した。

　しかし，レジェ（Alexis Leger, 1887-1975）によって起草されたこの覚書【2-12】は，「連邦秩序を構成する国家主権のいかなる部分に対しても影響を与えないという原則」に固執し，国際連盟の諸条約（特にロカルノ条約）の遵守とヴェルサイユ体制を固定化しようという内容をもつものであった。1929年10月に独外相シュトレーゼマンが死去した後にはドイツ外交においてすでに修正主義が台頭しており，またニューヨーク株式恐慌に端を発する大恐慌の影響がじわじわと出てくるにつれて，各国の保護主義が強まった。結局，このブリアン提案は「小協商」というフランスの同盟国（チェコスロヴァキア，ルーマニア，ユーゴスラヴィア）以外には支持を得られず，棚上げとなったまま灰燼に帰した。

　その後，1930年代のク伯は悪戦苦闘を続けることとなった。全ヨーロッパ大の統合運動をひとまず棚上げし，ドイツとの合邦（アンシュルス）に代替するオーストリアの外交オプションとして「ドナウ連合」を構想したク伯は，オーストリア独特の権威主義体制を樹立したドルフス（Engelbert Dollfuss, 1892-1934）首相，さらにはムッソリーニ（Benito Mussolini, 1883-1945）に接近した。だが，目立った成功を得ることはできず，40年にはアメリカへの亡命を余儀なくされ，彼の地でヨーロッパ統合運動を続けた。

「暗い遺産」のヨーロッパ

中東欧地域の「相互依存」を可能にした有力な要因であるユダヤ人の絶滅を目指したナチス政権は，ユダヤ人の果たした機能をアーリア化する形で「生存圏（Lebensraum）」の構築を目指した。こうしたナチスの構想を，ヨーロッパ統合と同一の俎上で論ずることは不適切との誇りを受けるかもしれないが，ナチスの「新秩序」には，ヨーロッパ政治・経済の再編という動機が底流として確かに存在した。

ヒトラー（Adolf Hitler, 1889-1945）自身は，ク伯を「皆の鼻つまみ者」と罵倒し，ヨーロッパ統合の諸団体を禁止したように，「ヨーロッパ統一」については常に否定的であった。だが，「ゲルマン民族」という言葉で言えば，ヒトラー自身は当初から中東欧に広がるドイツ系民族の「再統合」を目指しており，1938年9月のミュンヘン会談で英仏がナチス・ドイツに認めた解決策は，「宥和主義者のヨーロッパ（Appeaser's Europe）」とも言えるものかもしれない。

さらに，ナチスのなかには「広域経済圏（Grossraumwirtschaft）」を説いたナチスの代表的エコノミストであるダイツ（Werner Daitz, 1884-1945），「ヨーロッパ国家連合」を説いたリッベントロップ（Joachim von Ribbentrop, 1893-1946）外相【2-20】，「ヨーロッパ経済共同体（Europäische Wirtschaftsgemeinshaft）」を説いたフンク（Walter Funk, 1890-1960）蔵相などの「ヨーロッパ」論者が存在しており，そうした「ヨーロッパ」論は特に西欧や北欧の占領地域でのプロパガンダに用いられるようになったこともあり，一定の影響力は及ぼしたと見るのが適切だろう。

ナチズムのヨーロッパ構想以外にも，現代のEU中心の「公定史観」からは「暗い遺産」と位置づけられたり忘却されたりした諸構想も存在する。ここでは，そうした史料からもいくつかを取り上げている。

II　戦後構想とヨーロッパ運動

第二次世界大戦中の戦後秩序の模索

第二次大戦後のグローバルな世界秩序の青写真は，1941年に発表された連合国の戦争目的でもある「大西洋憲章」【2-23】において表明された。戦後ヨーロッパの国際秩序も，基本的にはアメリカの提示する戦後世界秩序，すなわち自由・無差別・多角的な国際経済体制と，国際連合による集団安全保障体制を基本

的枠組みとした。このグローバルな秩序の内部で，ヨーロッパはいかなる位置を占め，またヨーロッパ域内において，どのような秩序を形成すべきか，さまざまな議論が繰り広げられた。

　フランスの戦後復興計画を指揮するモネ（Jean Monnet, 1888-1979）は，すでにドイツ軍のフランス侵攻の危機感のなかで「英仏連合」【2-21】を提案し，1943年にはアルジェに置かれた自由フランスにおいて，フランスの戦後構想の一部としてヨーロッパ構想【2-26】に言及した。モネの構想を支える考えは，自国の国力の基盤として，経済力の強化こそフランスの繁栄を保障し，強力な安全保障となりうる，というものであった。そのためにヨーロッパの統一を実現し，大市場の創出を求めたのである。「ヨーロッパの父」として有名なモネであるが，その後のキャリアにおいて第二次大戦後のフランスの戦後復興・近代化計画であるモネ・プランの立案者となることを考えると，すでに戦争中より国益と「ヨーロッパ」という枠組みを結合させて思考していたことが興味深い。

　ナチス・ドイツと戦うヨーロッパ各国のレジスタンス運動もヨーロッパ構想を掲げた。なかでも「ヴェントテーネ宣言」【2-22】はヨーロッパ統合運動のバイブル的存在であり，起草者のスピネッリとロッシはヨーロッパ連邦運動の中心的リーダーとなる。

　またナチスの占領支配により国外へ脱出した各国の亡命政権も，「ドナウ合衆国」【2-25】など，さまざまな地域統合構想を議論していたが，これらは戦間期の「中欧論」【2-4】に大きな影響を受けている。しかしながら，戦時大同盟に亀裂が入り，冷戦が激化すると，ヨーロッパは東西への分裂を余儀なくされ，「中欧」という枠組みは現実性を失っていく。

　こうした地域統合の試みのなかで，唯一ベネルクス関税同盟は国家を超えた地域統合を実現させた画期的な試みであり，しばしばヨーロッパの経済統合のモデルとしても論じられることとなる【2-28】。

「解放」後──戦後秩序の黎明期

　ヨーロッパ国際秩序に安定をもたらすためには「ドイツ問題」の解決が不可欠であった。まずドイツが二度と侵略戦争を企てないよう，平和な国家となる必要があった。国家制度に限らず国民そのものが平和的で民主的な存在へと変わることがヨーロッパの平和のためには不可欠であった。

　占領の記憶が生々しい終戦直後において，ドイツに対する世論の声は厳しく，

政権担当者もこれを無視することはできなかった。とりわけフランスではポアンカレ（Raymond Poincaré, 1860-1934）的な懲罰的・復讐的な対独政策が当初構想されていた。しかし，第一次大戦後のヴェルサイユ体制による過酷な平和が，ドイツにナチズムを生み出させたという苦い認識もあった。第二次大戦後は，ヴェルサイユの失敗を避けるためにも，むしろブリアン的な国際協調を基礎とした新たな解決方法を探求する必要がある，という意識は多くの政策担当者が共有していた。その焦点としてルール地方の管理をめぐってさまざまな解決策が議論されており【2-30】，ヨーロッパ・レベルでの国際管理という方式がのちの欧州石炭鉄鋼共同体（ECSC）へと結実することになる。

　各国の政治家の関心が戦後復興にとらわれていた終戦直後の時期にヨーロッパ統合の意義を多くの人々に改めて知らしめたのはチャーチル（Winston Churchill, 1874-1965）の功績であった【2-31】。第二次大戦を戦勝へと導いたチャーチルが「ヨーロッパ」の意義を語ったことが，世論にその意義を知らしめ，ヨーロッパ統合運動を盛り上げ，現実の政治・外交におけるヨーロッパ統合の進展に大きな影響を与えた。

　「ヨーロッパ」を唯一の共通項としたこの統合運動には，さまざまな思想潮流・構想が並存していた。当初人気を博していたのは「世界連邦」運動であり，ヨーロッパ統合運動もこの思想に大きな影響を受けた。またヨーロッパ統合の範囲としても，戦時大同盟による国際協調の可能性がまだ信じられていたこの時代，全ヨーロッパが含まれることが多かった。

　さらにその思想的背景も多様である。国民国家の解体とヨーロッパ連邦の構築を求めるヨーロッパ連邦運動【2-32】には，元来国内の連邦主義構想を基点としたものも存在した。また経済的自由主義を源流にもつ「欧州経済協力リーグ（LECE）」【2-29】は，超国家機関が介入主義的な権力を備えたヨーロッパではなく，ヨーロッパ・レベルでの広域市場における自由貿易の実現を重視する点が特徴であり，今日のEUの政策や，グローバリゼーションの時代におけるヨーロッパ独自のネオ・リベラリズムの源流の一つでもある。

　しかしながら，ヨーロッパ統合をめぐる議論が外交レベルで本格化するのはマーシャル・プラン以後である。戦争中には，戦後，ヨーロッパ統合が一挙に実現する可能性も夢ではないように思われたが，経済復興は各国個別に進められた。しかし1947年にいたってもヨーロッパの復興は遅々として進まず停滞するなかで，一国単位の限界が明らかとなってくる。こうした状況下，ソ連への対立

姿勢を強めたアメリカは，東西冷戦における西側陣営の結束強化を図った一連の政策を実施していく。マーシャル・プランによってヨーロッパ経済復興のための大規模な援助を打ち出したアメリカは，資源の有効利用と，とりわけドイツの経済的再生を求めるようになる。他方，フランスをはじめ，欧州諸国の間にはまだまだドイツに対する警戒心は強かった。ドイツの復興とそれに対する警戒心が交錯するなかで，「ドイツ問題」の解決に新たなアプローチが模索され，これがヨーロッパ統合に結実していくのである。

2-1　エンジェル『大いなる幻想』(1910)

Norman Angell, *The Great Illusion : a study of the relation of military power in nations to their economic and social advantage*, William Heinemann, 1910. 邦訳は安部磯雄訳『現代戦争論——兵力と国利の関係』博文館，1912 年を一部改訳した。

　コブデン，ブライト【1-10】に代表される 19 世紀のマンチェスター学派以来の思想的流れをもつイギリス流の相互依存論。エンジェルのこの著作は 25 カ国語に翻訳されて 200 万部以上を売り上げる大ベストセラーとなり，ヨーロッパ各地にエンジェルの信奉者を生んだと言われる。第一次大戦の直前までのヨーロッパでは，パックス・ブリタニカの下で自由貿易による相互依存が着実に進展しており，経済的利益の観点からすでに戦争が無意味なものとなったという考え方がむしろ主流であったことを顕著に物語る。

　第一次大戦がヨーロッパに与えた衝撃は，戦争を「大いなる幻想」とするエンジェル流の楽観的な相互依存論の後退をもたらしたが，自由貿易ヨーロッパの実現による非戦化という考え方は，ソルターや経済学者のロビンズ，イタリアのエイナウディによって脈々と受け継がれ，第二次大戦後のヨーロッパ統合にも影響を与えた。

（戸澤）

　［今日の］国際的な軍備競争，特に英独の競争をもたらしている真の動機は何であろうか。各国民は，自分たちの軍備は純粋に［専守］防衛のためと弁護するのだが，しかし，この論法だと必然的に，他の国民が攻撃に何らかの利益を有していることを含意する。［各国が隣国を攻撃する動機を生み出す］この［実際の］利益，もしくは想定されている利益とは何だろうか。

　この想定されている利益は，次のような普遍的に受け入れられている以下のような論議にその根源をもっている。すなわち，軍事的・政治的パワーは商業的・社会的優位をもたらし，防衛力をもたない国民の富と繁栄は，より強力な国民の思うがままとなる。強力な国民［国家］は隣国の防衛力が不十分であれば先制攻撃の誘惑にかられるものであり，そのため各国民は隣国からの侵略の可能性に対して自らを防御することを余儀なくされるのである。

　筆者はそうした論議に挑戦するものである。そうした論議は目先の幻想に基づいているものにすぎない。すなわち，軍事的・政治的パワーは何らの商業的優位ももたらさないのであり，また，一国民が他国民の富を略奪したり破壊したりすることや，他国民の犠牲の上に自らを富ますことは経済的に不可能であることが

［本書では］立証されるだろう。

　筆者は，この一見逆説とも思える持論を，経済的に発展した世界においては富は信用制度と商業活動によって生み出されるという事実を示すことによって確立する。もし，征服者が財産没収によって信用制度や商業活動に不正に干渉するならば，信用制度に基礎をもつ富というものは征服者に何物ももたらさないのみならず，その信用制度の崩壊は征服者にも［負の］影響を及ぼすだろう。したがって，征服者は自らを害さないためには，敵の財産を尊重する他はなく，征服は経済的には無意味となるのである。

　こうして，実質上防御されていない小国の信用が，大国の信用を上回ることとなる。ベルギーの3分利付き公債は96の相場を有するのに対してドイツの3分利付き公債は82の相場にしかすぎず，ノルウェーの3分5厘利付き公債が102の相場であるのに対して，ロシアの3分5厘利付き公債は81の相場にすぎないのである。

　これに類似した理由から，領土の拡張は国民の富を拡大するという考え方も同様に目先の幻想にすぎない。なぜなら，征服された領土の富は依然としてその領土の人民の手に残るからである。

　現代の国民が領土拡張によってその人民の富を増すことができないのは，あたかもロンドン市がハートフォード郡を併合したとしてもロンドン市民の富が増えない，というのと同一である。そうしたことは行政［区画］の変更にすぎず，善悪は場合による。しかし，現代の経済条件では進貢を負わせることは不可能となっており（すなわち，ある領土から徴収された税は直接・間接にその領土のために使われなければならないということ），征服によってもその領土の人民の財政状況は普遍のままなのである。

　ドイツがアルザスを併合した時，［表見的にはともかく実質的には］ドイツ人の誰一人として，アルザスの財産から1マルクの価値すら戦利品を得た者はいなかった。現代における征服は，Xを乗じ，その後にXで除することにより元の結果を得るという過程にすぎないのである。

　筆者はまた，国際金融が相互依存的なものとなり商工業と密接に結びついているため，敵の財産に手を触れることができないということ［論理］が，敵の商業に対してもまた然りであるということを示す。その結果，政治的・軍事的パワーは，現実には商業に対して何事をなすこともできない。小国の商工業者はそうしたパワーを行使することなく大国の商工業者と競争して成功を収めているのであ

る。スイスとベルギーの商業家はカナダ市場よりイギリスの商業家を駆逐し，ノルウェーの人口比で見た場合，イギリスよりもずっと多くの商船隊を有している。

　筆者は，上記のほとんど認識されていない事実——主として純粋に現代的な条件（コミュニケーションの迅速化が信用制度の複雑さと繊細さを高めていること）が生み出したもの——が，現代の国際政治の諸問題を，かつてのものとは深くかつ本質的に異なるものとしてしまったことにも注意を促す。それでいながら，我々の思想は今なお古い時代の原則，法則，用語法によって支配されているのである。

　本書の第2部「この事例における人間の性質」では，人間が自然にもつ闘争性こそが，国際的な取り決め［による平和の実現］の前に永遠に立ちふさがる，という主張の根拠や科学的正当化が問われる。そうした主張は，人間の性質が不変であるという考え方に根拠をもっている。好戦的な国民が受け継いだ地球上では，好戦的な性質のみが生存競争に勝利するために必要な雄々しいエネルギーをもたらしうるのだという。

　筆者は，人間の性質は不変のものではないことを示す。好戦的な国民が地球を受け継いだのではない。戦争が適者生存もしくは強者生存をもたらすわけではない。諸国民間の争いは人類の進歩のための進化法則の部分をなすわけではなく，そうした考え方は生物学的法則の重大な誤読によるものである。物理的な暴力は，人間の営みのなかで不断にその意味を失っている要素であり，それに伴って心理的な側面に深い変化が生じている。現代の国家はその一体性［同質性］を失いつつある。こうした複合的な要素の全てが国家間の競争というものを急速に消滅させているのである。筆者は，第1部で扱われている近年顕著に見られる経済的な事象［新たな経済状況］と同様，上記の傾向が，軍備に関する難問に取り組む上でいかに利用することができるのかにつき，現在まだ試されていない手法で解答を見いだすものである。

2-2　「古き良き時代」のヨーロッパと第一次世界大戦の衝撃
A．ベネディクト15世「ウビ・プリムム」(1914)
B．ツヴァイク『昨日の世界』(1944)

A. Benedict XV, "Ubi primum," 8 September 1914. (Online available : http://www.vatican.va/holy_father/benedictxv/)
B. Stefan Zweig, *Die Welt von Gestern. Erinnerungen eines Europäers*, Bermann-Fischer Verlag, 1944. 邦訳は原田義人訳『昨日の世界Ⅰ・Ⅱ』みすず書房, 1999年, 191-3頁に依拠した。

　当初, 短期決戦で決着がつくと思われていた第一次大戦は4年余の長期戦となり, ヨーロッパ人の精神に未曽有の衝撃を与えた。
　第一次大戦の開戦直後, ピウス10世 (在位1903-14) の逝去に伴い1914年8月末から行われたコンクラーヴェは, 大戦に揺れるヨーロッパ情勢を睨み, 外交経験に長けたデラキエーザ (Giacomo Della Chiesa, 1854-1922) 枢機卿を法王に選出した。デラキエーザはベネディクト15世を名乗り, 平和実現のためにさまざまな努力を為す。以下に訳出した最初の回状で, ベネディクト15世は早くも戦争の惨状に言及して和平を呼びかけている。その後, 第一次大戦はいつ果てるとも知れない悲惨な塹壕戦に陥り, 14年冬に西部戦線の兵士間で自発的に広がったクリスマス休戦 (Christmas Truce) のような「古き良き時代」のヨーロッパ精神は消え失せることになった。そうしたヨーロッパ人の精神に大戦が及ぼした状況をベネディクト15世は「ヨーロッパの自殺 (suicidio dell'Europa civile)」と呼び, この表現が人口に膾炙することになった。
　大戦によるヨーロッパ精神史の断絶は, ヨーロッパ人の世界観を一変させ, 戦間期の統合構想・運動の直接の契機ともなるが, ここでは一例としてツヴァイクの名作から一節を紹介する。　　　　　　　　　　　　　　　　　(戸澤)

A. ベネディクト15世「ウビ・プリムム」

　……人々の運命を握っている人々に対して, 人類社会の利益を第一に考えて, 彼らの間にある不和を取り除くよう, 祈りかつ心より嘆願する。この戦争に付随して起こっている貧困と服喪はすでに沢山に過ぎ, これ以上の貧困や服喪を生む必要はないと思えるほどである。すでに十分すぎる廃墟が生み出され, 十分すぎるほどの血が流された。今こそ和平への決定をなし, お互いに手を差し伸べ合おうではないか。そうした和平の決定をなした者とその国民のために, 神ははっきりと報酬を賜ってくださることだろう。もし, 人類の文明的な共存を気高くなすならば, 使徒としての職務の初めからこの戦争の惨禍に悩まされているわれわれに対しても, 最高に恩寵に満ち毅然とした行いをなすこととなるだろう。

B. ツヴァイク『昨日の世界』

　私はよく知っているのだ，今日苦しんでいるのはパリだけでないのだ。ほかのヨーロッパもまた幾十年かのうちに，もはや第一次大戦前にあったものではなくなってしまった。それ以来或る種の陰鬱さが，かつてはあんなにも明るかったヨーロッパの地平線上に，もはや完全には消え失せることがなかった。国の国にたいする，また人の人にたいする辛辣さと不信とが，むしばむ毒のように，ずたずたに切られたヨーロッパの身体のなかにとどまっているのである。大戦と大戦との間のこの4分の1世紀は，あんなにも多くの，社会的なもの，技術的なものにおける進歩をもたらしたのに，それにもかかわらず個々においては，そのかつての生の欲求と天真爛漫さとのはかり知れぬくらい多くのものを失わなかったような国民は，われわれの小さなヨーロッパの世界にないのである。以前にはその最もつらい貧しさのなかでさえイタリー人がいかに親しげで，いかに子供じみて朗らかであったか。いかに彼らは料理屋（トラットリア）で笑い，かつ歌い，悪い「行政官庁（ゴヴェルノ）」を冗談まじりで嘲笑したかを物語るには，いく日もかかることだろう。それなのに彼らは今や顎を突き出し，不機嫌な心で，陰鬱に行進しなければならないのである。その善意であんなにも放縦放漫であったところの，そして皇帝と自分たちの生活をきわめて快適にしてくだすった神とに信頼しながら，あんなにも敬虔で信じやすかったところのオーストリアというものを，まだ考えることができるだろうか。ドイツ人，ロシア人，スペイン人，彼らみなが，みながもはや，「国家」という心なく貪婪な化物が，どんなに多くの自由と悦びとを，彼らの魂の最も深い髄から吸いあげてしまったかを，知らないのである。あらゆる国民はただ，異様な影が彼らの生活の上に広く，重く垂れかかっている，ということだけを感じている。しかし，まだ個人の自由を知っていたわれわれは，われわれこそは，ヨーロッパはかつて憂いも知らずにその万華鏡のような色彩の戯れを楽しんでいた，ということを知ってもいるし，それを証言できるのである。そしてわれわれは，その自滅的な怒りのおかげでいかにわれわれの世界が，暗雲に被われ，暗黒にされ，奴隷化され，牢獄につながれているかを，見て取っているのである。

> 2-3　社会主義のヨーロッパ
> A．レーニン「ヨーロッパ戦争における革命的社会民主主義派の任務」（1914）
> B．レーニン「ヨーロッパ合衆国のスローガンについて」(1915.8.23)
> C．トロツキー「コミンテルンの綱領草案——基礎の批判」(1928.6)
> A．マルクス＝レーニン主義研究所訳『レーニン全集』第21巻，大月書店，1957年，6頁。
> B．同上，350-3頁。
> C．Leon Trotsky, *The Third International after Lenin*, translated by John G. Wright, Pioneer Pub., 1936, pp. 7-8, 14-7. 邦訳に際しては対馬忠行訳『レーニン死後の第3インターナショナル』（トロツキー選集第4巻），現代思潮社，1961年，6-7，15-7頁に依拠し，一部改訳した。

　マルクス＝レーニン主義から見たヨーロッパ統合は，資本家と帝国主義の反動カルテルとして定式化された。正確に言うと，資本主義の下にある限り，資本主義＝帝国主義国同士の争いから統合はそもそも不可能であるか，仮に「ヨーロッパ合衆国」が成立したとしても，それは一時的かつ反動的な帝国カルテルでしかないとされた。

　ただし，レーニン（Vladimir Il'ich Lenin, 1870-1924）のヨーロッパ合衆国評価は第一次大戦を背景に変遷している。大戦の勃発によって第二インターナショナルに属していたヨーロッパ各国社会主義政党の指導者の多くがナショナリズムを優先させていくなか，この「日和見主義」に対するアンチテーゼとして，レーニンは，遅くとも1914年の8月末から9月の間に執筆された史料Aのなかで，各国の政治体制の改革と並行して「共和制的ヨーロッパ合衆国」を打ち立てる必要を論じている。しかし，このスローガンは具体性を欠き，約1年後の史料Bでは，「ヨーロッパ合衆国」を否定するにいたっている。ここでは，先進植民地帝国のヨーロッパが，興隆する日米を抑えるために，反動的なヨーロッパ合衆国を形成する可能性が描かれている。ともあれ，内部闘争の紆余曲折を経つつも，この論文がマルクス＝レーニン主義の正統的な見解となっていく。

　他方，1927年に共産党およびコミンテルン（第三インターナショナル）から追放されたトロツキー（Lev Davydovich Trotskii, 1879-1940）は，「ヨーロッパ・ソヴィエト合衆国」というスローガンにこだわった。史料Cは，28年夏のコミンテルン第6回大会前にブハーリン（Nikolai Ivanovich Bukharin, 1888-1938）とスターリン（Iosif Stalin, 1879-1953）が起草した「コミンテルン綱領草案」に対するトロツキーの批判からの抜粋である。この論考でトロツキーは，

当時のソ連指導部の「一国社会主義」路線を厳しく論難するとともに，第一次大戦以降のヨーロッパにおける革命勢力の後退と社会民主主義勢力の復活にはアメリカの経済的・イデオロギー的支援が影響していると論じた。そこで，ヨーロッパ諸国の有機的連関を見据えていたトロツキーは，アメリカ帝国主義のヨーロッパへの介入に抵抗するために，また，「一国社会主義」に反対し，「世界社会主義共和国連邦」への足がかりを確保するために，「ヨーロッパ・ソヴィエト合衆国」というスローガンが必要だと考えたのである。（遠藤・板橋）

A．レーニン「ヨーロッパ戦争における革命的社会民主主義派の任務」
　現在，社会民主党のスローガンは，つぎのことでなければならない。
　……
　第二に，ヨーロッパの個々のすべての国家を共和制的ヨーロッパ合衆国へ転化させることとならべて，ドイツ，ポーランド，ロシア等々の共和制を，当面のスローガンの一つとして宣伝すること。

B．レーニン「ヨーロッパ合衆国のスローガンについて」
　……共和制的ヨーロッパ合衆国のスローガンが，ロシアの君主制を先頭とするヨーロッパの三つのもっとも反動的な君主制の革命的打倒に結びつけて提起されるばあい，それは政治的スローガンとしてはまったく非難の余地のないものであっても，なお，このスローガンの経済的内容と意義という，きわめて重要な問題がのこっている。帝国主義の経済的諸条件，すなわち，「先進的」，「文明的」な植民地領有国による資本の輸出と世界の分割という見地からみれば，ヨーロッパ合衆国は，資本主義のもとでは，不可能であるか，あるいは反動的である。
　……
　もちろん，資本家のあいだや，列強のあいだの一時的［強調原文，以下同］な協定は可能である。この意味では，ヨーロッパの資本家の協定としてのヨーロッパ合衆国も，可能である。……なにについての協定か？　どのようにして共同でヨーロッパの社会主義をおさえつけ，かきあつめた植民地をどのようにして日本とアメリカにたいして共同でまもるかということについての協定にすぎない。日本とアメリカは，こんにちの植民地の分割状態のもとでは非常な不利をこうむっており，しかも老年のためにくさりはじめた，おくれた，君主制的ヨーロッパよりも，この半世紀のあいだにはかりしれないほど急速に強くなった。アメリカ合

衆国にくらべると，ヨーロッパは全体として，経済的停滞を意味している。現代の経済的基礎のうえでは，すなわち資本主義のもとでは，ヨーロッパ合衆国は，アメリカのいっそう急速な発展をおさえるための反動の組織を意味するであろう。民主主義の大業と社会主義の大業とがヨーロッパとだけ結びついていた時代は，またとかえらない過去となった。

……

　ロシア社会民主労働党在外支部会議の席上と，その会議後とに何回もこの問題を審議した結果，中央機関紙編集局は，まさに右のような考慮にもとづいて，ヨーロッパ合衆国のスローガンは正しくないという結論に達した。

『ソツィアル—デモクラート』第44号，1915年8月23日

C. トロツキー「コミンテルンの綱領草案——基礎の批判」

　[コミンテルン綱領草案は]ドイツ共産党の屈服と1923年のドイツ・プロレタリアートの敗北以来のヨーロッパにおけるアメリカの新しい役割について何の評価もしていない。ヨーロッパの「安定」「正常化」および「平和化」と社会民主主義の「復活」の時期は，ヨーロッパの諸事件へのアメリカの最初の介入と物質的・イデオロギー的に直接関連しながら進行していったということを説明しようという試みは何らなされなかった。

……

　この草案は……ヨーロッパ・ソヴィエト合衆国によってヨーロッパの混乱を解決することこそ，プロレタリア革命の最初の任務の一つであるということを説明していない。プロレタリア革命は（まさしく障壁の存在ゆえに）アメリカにおけるよりもヨーロッパにおいてはるかに近いであろうし，それゆえ，おそらく北アメリカのブルジョワジーから自己を防衛しなければならないだろう。

……

　……地理的・歴史的な諸条件によって，ヨーロッパ諸国の密接な有機的結合はあらかじめ決定づけられている……。ヨーロッパの現代ブルジョア諸政府は一つの車に鎖でつながれた殺人犯のようなものである。……まさにこの歴史的に発展してきた関係から，ヨーロッパ・ソヴィエト連邦というスローガンの政治的生命力が生じるのである。……この連邦は，ソ連を大きな架け橋としてアジアにまで広がり，かくして世界社会主義共和国連合をもたらすだろう……。……

……

……ヨーロッパ・ソヴィエト合衆国のスローガンはプロレタリア革命の力学に合致している。この革命は，全ての国々で同時的に勃発するものではなく，国から国へと移っていくもので，最も強力な外敵に対する防衛と，経済建設の二つの目的のために，特にヨーロッパの舞台において各国が最も緊密に結合することを必要とするものである。

2-4 ナウマン『中欧論』(1915)

Friedrich Naumann, *Mitteleuropa*, G. Reimer, 1915, pp. 1-3, 58-60.

ドイツ流「中欧」論の嚆矢。ナウマンは，第二帝国期に自由主義政党の帝国議会議員として活躍した政治家で，外に対する帝国主義的権力政策と内における進歩的社会政策とを呼応させる「自由帝国主義者」の代表的人物であった。

ナウマンの『中欧論』は，ドイツとオーストリア＝ハンガリー二重君主国が共同体を形成し，その独墺の核に中間に位置する小国を引きつけて広域経済圏に再編しようという構想である。ただし，戦時中の熱気のなかで書かれたナウマンの論究には，その目的（重点）や手段について首尾一貫しないところも多く，戦時体制の強化（さらには将来の戦争準備）としての側面と，文化的な一体性に基づく平和的な広域秩序再編の側面が混淆としている内容であった。しかし，大戦中に一気に進んだ独墺の相互依存関係を具体的な数字を挙げて説きながら，西の英仏と東のロシアに対抗するための共同体作りの必然性を説くナウマンの主張は力強く，1915年10月に出版されるやドイツ語圏でベストセラーになったばかりでなく，16年にハンガリー語，フランス語，英語（ロンドン），17年にはスウェーデン語，英語（ニューヨーク），18年にはイタリア語に翻訳され出版された。中欧圏の国々でもドイツ語版・翻訳版ともに広く読まれた。

このナウマンの『中欧論』の意義は，歴史的・文化的概念であった「中欧」に，ドイツ主導の経済圏を核とする共同体という新しい意味づけを行ったところにある。のちのドイツ外交論議にも多大な影響を与えることとなった。

（戸澤）

この本を書いている間，東側と西側で戦いは続くであろう。私はこの本を意図的に戦争の最中に書いている。なぜなら人は戦争の最中にのみ一大変革をもたらす思想を受け入れることができるからである。戦争が終われば即座に日常の精神

がその隠匿から復活するであろうし，而して日常の精神をもってしては中欧は創り出されえないのである。ビスマルクがドイツ帝国を創り上げたのは1870年戦争［普仏戦争］の最中であり戦後ではなかったように，戦争によって血が流れ国民の犠牲が続くなかでこそ，われわれの国家指導者たちによって新体制の基礎が築かれなければならない。戦後では遅すぎるかもしれず，実際遅すぎるだろう。

　私がこの本で論じようと思うことは，英仏の世界連合にもロシア帝国にも属さない諸国家による統合であり，特にドイツ帝国とオーストリア＝ハンガリー二重君主国の統合［の必要性］である。中欧諸国の統合に関する他の全ての構想は，その中心となる独墺2カ国がまず統合できるか否かにその成否がかかっているからである。

　戦争が始まった時，私も含めドイツ人の多くが，フランスとの和解はなお可能だろうと考えていた。その後，ドイツでも，オーストリア＝ハンガリーでも，フランスに対する敵意が生じた。フランス人がそう望むならば，すぐにでもわれわれは彼らに手をさしのべることができる。だが，戦争の歳月を重ねるにつれ，双方の歩み寄りは難しくなった。フランスは彼らの運命をイギリスの側に託すことを選択し，［それにより］今後はイギリスに利用され，近い将来には彼らの自立的平和を自らの力で作り出すことを望みながら，可哀想なことに，近い将来にはイギリスの側でのポルトガルを多少大きくましにしたような存在にすぎなくなってしまうだろう。それゆえ，遠い将来においては中欧の一員に数えることができるようになることを望みながらも，本書の以後の論述ではフランスを考慮の外に置く。

　イタリア［の中欧への参加］についても，慎重かつ注意深く取り扱うべきであろう。というのもイタリアは，過去の国際条約（Vertragsgemeinschaft）の解釈の誤りから敵陣営に属することにはなったが，それによって彼らの経済政策上の（政治経済的な）位置を恒常的に確定させたわけではないからである。国民感情と経済的な利益は，イタリアでは一致しないこともしばしばである。イタリアは経済的には中欧に属するのであろうが，ラテン民族という共通性とアドリア・アルペン地域の国境問題が彼らを敵陣営に向かわせたことも事実である。今われわれはむしろイソンツォの戦闘（第一次大戦時の伊墺間の激戦地）を語るのであり，それゆえ［まずは］イタリアなき中欧を考えるのである。

　北欧諸国，ルーマニア，ブルガリア，セルビア，ギリシャ，さらにはオランダとスイスといった国々については，この著作の以後の考察において言及こそあ

れ，それほど多いものではない。なぜなら，中欧の多くの小国を初めからわれわれの広域構想に含めるのは誤りと思われるからである。小国はその帰属の決定までになお歴史的な待ち時間を必要とするだろう。彼らは，ドイツ帝国とオーストリア＝ハンガリーによって中欧の核が形成されるか否かを見定めることを望むであろうし，そうしなければならない。

　われわれドイツ人とオーストリア＝ハンガリー人は，この戦争にトルコと同盟して当たっている。その際，彼ら自身の問題として，かつての強国の残滓をめぐる激しい生存競争と，イスラム教の教義と存在（Dasein）の政治的なあり方をめぐって最近の議論は戦わされている。われわれとトルコ人が同じ側で戦っているのは，彼らの敵がわれわれの敵となったためのダイナミックな歴史の偶然ともいうべき事情による。トルコ人にとって，ドイツとの同盟，さらにその同盟から派生してオーストリア＝ハンガリーとの同盟を維持する他に可能性はなかったのである。われわれはトルコを歓迎し，［将来的には］共通する歴史を経験することを望みつつも，まずはトルコを中欧の核の組織に含めることはしない。なぜなら，トルコは地理的にわれわれと直接接しているわけではないし，また民族的・経済的に非常に異質な領域──南国的，オリエンタル的，古代的，人間軽視的──だからである。この方向についても，結晶核がまずは必要であり，それから併合条件を成功裏に扱うことができるのである。

　したがって，われわれの目は，まずは中欧の国に向けられる。すなわち，北海とバルト海からアルプス，アドリア海，ドナウ川南岸にいたる領域である。地図を手にとって見るならば，［東西は］ヴァイクセル（ビスワ川）からドゲーゼンまでの間，［南北は］ガリツィアとボーデン湖の間にある地域である！　この地表は，一つのまとまった領域であり，多くの成員から成る兄弟国の領域であり，単一の防衛同盟，単一の経済領域と考えるべきものである！　ここに，世界戦争の迫力のなかで統一志向が目指されるにつれ，全ての歴史上の個別主義は消え去ったのである。それは今この時点での要請であり，現在の課題である。歴史は，大砲の轟音のなかで，進むべき道［中欧］を訴えかけてきている。その声を聞くかどうかは，われわれにかかっている。

　……

　中欧はこの瞬間には地理的表現であり，現在にいたるまで政治的・憲法的な性格をもったことはない。しかし，オーストリアもかつては地理的表現にすぎなかったのであり，プロイセンにいたっては，一君主国の東端に位置する部分的な

土地の名前にしかすぎなかったのである。ここで［私は］，ドイツが地理的な概念にしかすぎないというようなことを言おうとしているのではない。この間，ドイツという言葉がいかに［多くの］内容を得たことか！　今なお歴史的には用いられていない「中欧」という言葉は，宗派的にも民族的にも無色なものであり，感情的な抵抗を呼び覚まさないという一大利点がある。われわれはそうした感情的な抵抗とすでに十分なほど，あまりにも十分なほど向き合ってきたし，そしてなお向き合わざるをえないであろう。人間が居住する地球上の領域をとった場合，どの領域にも，情動的な緊張と摩擦が過剰に内包されるものであり，それは中欧の国家の場合にもあてはまる。

　新興の植民地国家，特にアメリカ合衆国を例に考えれば，彼の地においても奇妙かつ圧倒されるほどの心情と人種の混淆を克服しなければならないことは確かである。しかし，そうした植民地国家の住民は，歴史的な頑固さから相対的に解き放たれている。なぜなら，彼らと出身地である［旧大陸の］国との間には大洋が横たわり，その長い航海の間に，自分たちがこれから新しい［社会］関係を築くのだということを受け入れるからである。この「航海」がわれわれ古いヨーロッパには欠けている！　この［ヨーロッパの］地では，世界でもっとも近代的な国家である/なろうとすることに誇りが感じられることはなく，むしろ古い諸権利，古い慣習，古い国境が，その正邪を問わず熱烈に保護されるのである。その意味で，もっともラディカルな政党ですら［旧大陸では］全く保守的な志向をもっている。もしも，「中欧」への移行によって祝福に満ちた感動的な「航海」の気分を味わい，［それによって］非人間的な流血の戦いの後においてなお過去ではなく未来を信じることができるような気丈な晴朗さをもつことができるなら，何と壮麗かつ素晴らしいことであろう。ぶつぶつと不平を言いながら祖先崇拝をしているだけでは目的に近づくことはない。北から南まで，全ての前進志向の諸国［民］に歓迎の手を差し出すのである。

　無論，その際に，［諸国の］不平や特別な望みの全てに耳を傾けなければならない。「中欧」は，［そこに属する］全ての流派や集団の利害について数百万回の話し合いを行うことを通してのみ生み出すことができる。他の諸国と合意する必要性を理論的には認めながら，他の宗派もしくは諸国民が抱える諸問題に故意に耳をふさぐことは，何の助けにもならない。仮に［ロマン主義者が批判するような論理をひとまず受け入れて］「啓蒙」されることによって，その者の「自然色」が失われることになったとしても，その者が愚鈍であろうとしない限りは，その者

の先天的・後天的な個性の強さは失われることなく自然と立ち現れてくるものであろう．ある者にとって教会が何の意味もない存在であっても，教会は現実に存在する．ある者が祖国なき鉄道員にすぎないとしても，［中欧の地の］北西と南東の間に横たわるものは——小都市・大都市の住民，ワイン畑を耕作する農民，鉱山労働者——，その全てが見逃すことのできない独特の個性をもっている．わが「中欧」では，信じられないほど多様な個性が存在しているのであり，それが日常的な政治的・社会的問題を形づくっているの［が現実なの］である．

2-5 ウィルソンの14カ条（1918）

"President Woodrow Wilson's 'Fourteen Points' Speech delivered in Joint Session, 8 January 1918." (Online available: http://www.lib.byu.edu/~rdh/wwi/) 邦訳に際しては中屋健弌訳，アメリカ学会訳編『原典アメリカ史 第5巻 現代アメリカの形成（下）』岩波書店，1957年，347-52頁に依拠した．

　第28代アメリカ大統領ウィルソンが1918年1月8日にアメリカ議会において行った演説で，アメリカの目指す平和の構想を端的に表現した文書であり，「14カ条」として名高い．ウィルソンの国際主義は，第一次大戦後の国際秩序に根本的な変容をもたらしたが，のちのアメリカ外交や各地のナショナリズムへの多大な影響によって，その意義は今日の国際政治にまで及んでいる．
　ウィルソンは政治学者であり，その政治思想は「新しい自由（New Freedom）」として知られる進歩的自由主義に基づいている．その2期にわたる大統領在職時（1913-21）には，内政上でも連邦準備制度（Federal Reserve Board）の創設や反トラスト法など多くの成果を上げた．
　第一次大戦勃発後には，孤立主義を棄てて国際協調主義の立場を取り，中立国であった時から交戦国の間に立って講和の斡旋を試みていた．1915年5月のルシタニア号事件によりアメリカの世論は反ドイツ的になっていたが，17年1月にドイツが無差別潜水艦作戦を再開したことから再び世論は沸騰し，同年4月にウィルソンはドイツへの宣戦布告に踏み切った．
　この演説の直前，1917年末にロシアの革命政府が帝政ロシアと連合国の秘密協定を暴露したこともあり，ウィルソンは自らの戦争目的の宣言とその宣伝を行う必要に迫られていた．14カ条の内容のうち，「秘密外交の排撃」はこの点に向けられたものである．また，「公海の自由」は英国の海上封鎖に対する明らかな挑戦であり，植民地の公正な処理やドイツに対する寛大な態度は，連

合国の帝国主義的野心に対する牽制を含んでいる。

とりわけ,「民族自決」というスローガンが与えた影響は甚大であった。もっともウィルソンの考える民族自決とは,エスニックな意味での民族を単位に国家を形成するというよりは,市民を専制支配から解放すべきだという主張であり,いわばアメリカ独立の経験を世界に適用する試みであった。さらにウィルソンの言う市民(民族)が白人に限定されていたという人種主義的な限界も指摘されている。だが,この民族自決という観念が世界に拡大するや,その観念は独自のダイナミズムを有することとなった。

ウィルソンに対する評価には,国内的には独占資本の横暴に対抗し,国際的には帝国主義的列強の野心を牽制しつつ帝国主義時代/独占資本主義時代以前の自由競争の時代に戻ろうとする復古的性格を指摘するものもある。だが,ウィルソンの思想に基づいて,史上初めて国際問題を力によってではなく討議によって合理的に解決しようという国際機構である国際連盟が成立し,また「民族自決」という新たなスローガンが他地域や植民地での動きに与えた甚大な影響を見るとき,そこには(ウィルソン自身の意図を超えた)新しさが存在していたと評価するのが妥当だろう。 (戸澤)

……われわれがこの戦争に参戦したのは,権利の侵害が生じ,それがわれわれに痛切に響き,もしそれを是正し,又世界でその再発の惧が確実に防止され,保障されない限り,わが国民の生存を堪え難きものとしたからである。それゆえ,この戦争でわれわれが要求していることは,なにもわれわれにのみに関係することばかりではない。それは,世界が生存するために適し且安全なるものになるということである。そして,特に,わが国民の如く,自らの生活を営み,自らその政治制度を決定し,暴力と利己的な侵略に対して,世界の他の人民によって正義と公正な取扱いを確保しようと欲しているすべての平和愛好国民にとって,世界が安全なるものになることなのである。世界のすべての人民は,この事に関しては実質的に利益を同じうする盟友であり,そして,われわれとしては,他の国民に対して正義が行われない限りわれわれに対しても正義はなされないであろうことを,われわれははっきり知っている。それゆえに,世界平和の計画は,われわれの計画でもある。そしてその計画,すなわち唯一の実現可能なる計画と,われわれが考えているものは次の如きものである。

第1条〔秘密外交の排撃〕 平和条約は,秘密裡に作製されてはならず,公開されなければならない。規約がつくられた後は,いかなる種類の国際的秘密協定もなさるべきでなく,且,外交は常にかくし立てすることなく公衆の

面前で行われなければならない。

第2条〔公海自由の原則〕 平時戦時をとわず，領海外の公海においては，絶対的な航行の自由が確立されねばならない。ただし，国際協約の実施のために行われる国際的処置として海上の全域あるいは局部の封鎖はこの限りではない。

第3条〔通商障壁の撤廃〕 すべての経済的障壁は，出来得る限り除去されねばならない。又，平和に協力し平和の維持に相提携しようとするすべての国家内においては平等なる通商の条件が確立されねばならない。

第4条〔軍備縮小〕 国家の軍備は，国家の安全に必要とされる最小限度まで縮小されるという適当な保障が相互に行われなければならない。

第5条〔植民地要求の調整〕 すべての植民地に対する要求を，自由に，虚心坦懐に且絶対的公平に処理するには，すべてのかかる植民地の主権問題を決定するに際して，当該植民地住民の利益が，将来その主権を決定さるべき政府の公正なる要求と平等の比重を持つべきであるという原則が厳重に遵守されることが，その基礎とならなければならない。

第6条〔ロシアの回復〕 すべての国の軍隊は，全ロシア地域から撤退しなければならない。又，ロシアに関するすべての問題の解決は，ロシア自身の政治的発展とその国策をかれら自身に自由に決定せしめるために，自由にして何らの妨害なき機会を，ロシアに得さしめるため，ロシア以外の世界の国々が最善にして最も自由なる協力を与えることを保障し，ロシア自身の選択する政治制度の下に自由なる国家社会に参加することを心から歓迎することをロシアに保証し，且，歓迎のみならず，ロシアが必要とし，又欲するあらゆる種類の援助をも保証することが必要である。来るべき数か月中にロシアの友好諸国がロシアに与える待遇は，諸国自身の利益とは別に，ロシアの要求をいかに理解し，又諸国がいかに聡明な且非利己的な同情を持っているか，の善意に対する試金石となるであろう。

第7条〔ベルギーの回復〕 全世界がこれに同意するであろうが，ベルギーからも撤兵し且原状回復が行われなければならない。又，他のすべての自由なる国家と同様，その享有する主権を制限しようとすることなしに，その領土は回復されねばならない。自由なる諸国が自ら他国の政府との関係について相互に決定した法の下において，諸国間の信頼を回復するためには，この一つの行為以外に他にいかなるものも存在しないであろう。この和解

的な行動がとられなければ，国際法の全機構と効力は永遠にそこなわれるであろう。

第8条〔仏領の回復〕　全フランス領土は解放され，侵略を蒙った地は回復されねばならない。且，アルサス・ローレン問題で1871年プロシアがフランスになした不当行為は，約50年間世界の平和を脅威して来たものであるから，世界の利益のために平和をもう一度確立するために，矯正されなければならない。

第9条〔伊国境の調整〕　イタリア国境の再調整は，明かに民族を識別し得るような線に沿って定められねばならない。

第10条〔墺洪国の自治〕　われわれは，オーストリア＝ハンガリーの人民の国際的地位が保障され確立されることを希望するから，かれらに自治の発展に最も自由なる機会を与えなければならない。

第11条〔バルカン諸国の回復〕　ルーマニア，セルビア及びモンテネグロからも撤兵しなければならない。外国軍隊によって占領された地域は回復され，セルビアは自由にして確実なる海への出口が保障され，バルカン諸国の相互関係は歴史的に確立された従属関係と国民性の線に沿うて友好的なる協議により決定されねばならない。バルカン諸国に対しては，それぞれの政治的経済的独立及び領土保全の国際的保障が取極められなければならない。

第12条〔トルコ少数民族の保護〕　現在のオットマン（オスマン）帝国中のトルコ人居住地域は安全なる主権が保障されねばならない。しかし，現在トルコ人の支配下にある他民族は，明白な生命の保障と，絶対的に自由なる自治発展の機会を与えられねばならず，又，ダーダネルス海峡は国際的保障の下にすべての国の船舶の自由通過及び通商のために永久に開放されねばならぬ。

第13条〔波蘭の独立〕　ポーランド人のためには独立国家が建設されねばならない。その国家には，明かにポーランド人の居住する地域が含まれねばならず，又，自由にして確実なる海への出口が保障されねばならない。且その国家の政治的経済的独立及び領土保全は国際的協約によって保障されねばならない。

第14条〔国際連盟の結成〕　大国たると小国たるとを問わず同様に，政治的独立と領土保全の相互的保障を行う目的のために，広く諸国家の連合組織が，

特別の規約の下に形成されなければならない。

　これらの根本的な悪の修正，善の主張に関して，われわれは帝国主義者に対して協同して当ったすべての政府及び人民の親しい盟友であることを感ずる。われわれは利害において離れてはならないし，目的において分れてはならない。われわれは最後まで団結しているのである。

　かくの如き協約や協定を得るために，われわれは喜んで，それが達成されるまで，戦い，また戦いつづけるであろう。

　……

　われわれはドイツの政治制度のいかなる変化，修正をも示唆しようとは考えていない。しかし，率直にいわねばならぬが，われわれは，次のことはわれわれとしてドイツといかなる賢明な交渉を行うに当っても先ず必要であると思う。すなわち，ドイツのスポークスメンがわれわれにものを言うとき，かれらは誰の意見を語っているのかを，われわれは知らねばならぬ。ドイツ帝国議会の多数意見か，軍部あるいは帝国主義的支配を信条とする人々の意見であるか，を知らねばならぬ。

　われわれはすでに具体的に充分に述べたので，これ以上の疑惑も疑問もないことであろう。私が概観したこの全計画によって一貫する一つの明かな原則がある。それはすべての人民及び民族に対する正義の原則であり，強者も弱者もお互いに自由と安全との平等の条件の下に生存する権利でもある。この原則がその基礎となっていない限り，いかなる国際的正義の機構の一部たりとも存立し得ない。合衆国人民が他の原則の下に行動することはあってはならない。そしてわれわれ合衆国人民は，この原則を擁護するために，生命，名誉，その他かれらの持つすべてのものを捧げる用意がある。最高にして最後の人類の自由のための戦いの道義的最高潮はやって来た。そしてわれわれは，われわれの持つ力，われわれの最高の目的，われわれ自身の誠意と献身とを，この試煉のために投出す用意がある。

2-6　国際連盟批判と代替案としてのヨーロッパ合衆国・ヨーロッパ連邦構想

A．エイナウディ「国際連盟は実現可能な理想なのか？」(1918)

> B．アニェッリ，カビアーティ「ヨーロッパ連邦か国際連盟か」(1918)
> A．Luigi Einaudi, "La società delle nazioni è un ideale possibile ?," *Corriere della sera*, 5 gennaio 1918, in idem, *La guerrra e l'unità europea*, Le Monnier, 1984, pp. 1-8.
> B．Giovanni Agnelli e Attilio Cabiati, *Federazione europa o lega di nazioni?*, Studio Tesi, 1986, pp. 23-5.

　トリノ大学の財政学教授で自由主義者のエイナウディは第一次大戦終了前の1918年1月に「ユニウス」というペンネームでミラノの主要紙『コッリエーレ・デッラ・セーラ』に寄稿し，当時広く支持されていた国際連盟構想を批判し，戦後秩序としてのヨーロッパ合衆国，ヨーロッパ連邦の有用性を説く論陣を張った。彼はここに掲げた初回の論考の後も，経済的な相互依存が主権の制限や調整を必要とすることを同紙上で引き続き論じている。

　エイナウディの論文に触発されて，トリノ・ポリテクニコの経済学教授カビアーティ (Attilio Cabiati, 1872-1950) とフィアット自動車の創業者アニェッリ (Giovanni Agnelli, 1866-1945) は，同年に共同でヨーロッパ連邦の基礎理念をまとめた小冊子を発行した。二人は国家主権学説の批判から，あるべきヨーロッパ連邦の姿まで論じているが，経済人らしく，経済統合が全ヨーロッパの社会改革につながることを期待している。この本はゴベッティ (Piero Gobetti, 1901-26) やグラムシ (Antonio Gramsci, 1891-1937) など当時のイタリアを代表する思想家たちの目にも留まり，仏訳もされ議論が広まったが，1922年に始まるファシズム体制の下で，カビアーティは反ユダヤ人種法により公職から追放され，フィアット自動車も軍事経済のなかに組み込まれてしまう。しかし，戦後の共和国憲法制定過程ではエイナウディらの活躍によりヨーロッパ主義はイタリア外交の基本線となり，予算相として経済復興にも貢献したエイナウディは48年，共和国大統領に選出された。　　　　　　　　　　　　　　(八十田)

A．エイナウディ「国際連盟は実現可能な理想なのか？」

　[「国際連盟」という] 試みも，[過去の] 実例から明らかなように，国際連盟という言葉が何を言おうとしているのか定義することも，どれだけ難しいことであろうか。構成員のなかに人命と財産を犠牲に差し出す者もあれば，財産だけを差し出す者も，人命だけを差し出す者もいて，一方でただ傍観する者もいれば，その間に軍需品の在庫を売って勝者側につくだけで少なからず稼ぎを上げる者もいるという「連盟」とは一体何だろうか。……

　あらゆる人々が，同盟や国家連合の構成国は完全に主権を維持し独立した国家であり続けなければならない，多様な国々の市民に直接影響を及ぼす主権をも

ち，独自の税制を備え，超国家的な軍を維持し，各国の行政と異なる独自の行政組織を備えた超国家などは建設しなくてもよい，と暗黙裡に認めている。……

歴史の経験は，今日理想と考えられているものが実は可能ではなく，長続きもせず，致命的なものにすらなりうること，そしてむしろ今日大多数の人々から不愉快だと思われているものこそが可能で，永続し，利益の多いものであることを証明している。……

第一の憲法［1777年採択の連合規約］の下でこの新しい連合［＝アメリカ］は分裂の危機に瀕していた。第二の憲法［1788年発効の合衆国憲法］の下で，合衆国は巨大になった。第一の憲法は，今日言うところの「国際連盟」と同様に，13州による「国家連合と団結」を謳ったものでしかなく，各州は「その主権と自由と独立，連邦政府に明確に委ねられていない全ての権力，司法，法を維持する」と宣言していた。しかし，第二の憲法はもはや「主権国家間の連合」とは言わず，単なる独立政府間の協定ではなく，古い諸国家とは別の，それに勝る新しい一つの国家を作り上げようという全国民の意志表明に基づいていたのである。……

主権国家のままの諸国家の社会を作ろうとした努力は，何も生み出さず，不合理を生み出し，不和と戦争の原因を増やし，悪化させてきただけなのである。血なまぐさい闘争の既存の諸理由に，共同予算の分配への不満や，［分担金を］滞納したり［拠出を］拒んだりする国々への苛立ちが加わることになるのである。

1787年9月17日，いまだ各州による承認を必要としていた憲法制定会議の起草案に署名しながら，ワシントンが「もし諸州がこの素晴らしい憲法を拒否するならば，二度と平和裡に憲法を制定することはできないだろう。新たな憲法は流血の下で作られるであろう」と言明したエピソードがある。……

ワシントンの予言は将来のヨーロッパ合衆国の憲法の実現に宛てられたものであったのだろうか。……今次の大戦は，一つの野心的な帝国の武力によるヨーロッパ統一を否定するものであった。しかし，それはまた，より高次の秩序による政体を産みださんとする血まみれの努力でもあったのである。この政体を，不可能に思えることこそがむしろ成功すると信じる人々の努力の果実としなくてはならない。しかし，その努力は，真実を虚偽で覆い隠すことなく，具体的で，堅固で，歴史的に可能な理念に基づくものでなければならない。

B. アニェッリ，カビアーティ「ヨーロッパ連邦か国際連盟か」

　結論として，この各国が主権を維持したままの諸国家の連盟［＝国際連盟］という概念は，何であろうか。それは，「バランス・オブ・パワー」，すなわちヨーロッパ政治の安定的なバランスを作ろうとする仕組みの拡張概念にほかならない。しかし，歴史はまさにこの概念の虚構性とそれがもたらした危険を実証している。現に生きている諸勢力の間に均衡をとることなどできないのだ。……

　このような条件下では，国際連盟は，新たなヨーロッパ大戦を取り除くどころか，むしろ加速するような，疑惑と策謀に満ちた雰囲気の場となってしまう。それは果たされない協定に終わり，新たな，より危険な対立要因を作ってしまうのだ。……

　軍事費の削減は物理的な利益をもたらすものでしかない。……しかし，物理的な利益よりもはるかに大きいのは精神的な利益である。小規模な連邦軍は，各国軍の伝統と誇りを備えながら，軍国主義という悪しき植物の根を絶ってくれるだろう。……

　その他の利益の一つとして，連邦化されたヨーロッパの建設のみが達成を可能にしてくれるものにも少し気を留めていただきたい。それは，全ヨーロッパ大陸に及ぶ生産物の単一市場の建設である。……

　連邦的なヨーロッパのみが，全ての関税障壁の撤廃によって，最も経済的に分業を実現してくれるのである。……熟慮の下で今日の各国の特色ある経済に徐々に適応しながら，やがてそれに代わるようになるヨーロッパ経済は，完全な分業の下で，生産者に最大限の利益をもたらし，物価を引き下げ，消費者がその肉体的，精神的な力を消耗させずに，［共同防衛のための］軍事費の税負担に耐えられるようにするのである。……

　そして当然のことながら，各国の利益にも適うことであるが，各国の最も貧しい後発地域はより急速に最も豊かな地域に追いつくことになるだろう。なぜならそうでなければ社会全体が弱体化してしまうからである。そのため，ヨーロッパの最も豊かな諸地域には，不利な諸地域をより高いレベルに熱心に押し上げる必要が生じる。鉄道や道路を建設し，教育を行き渡らせ，経済を向上させ，銀行を保護し，労使関係を賢明な進展によって改善していかねばならないのである。

2-7 「ヨーロッパ」の没落という危機感
A．シュペングラー『西洋の没落』(1918)
B．オルテガ・イ・ガセット『大衆の反逆』(1930)

A．Oswald Spengler, *Der Untergang des Abendlandes*, 1918 [英訳 1922]．邦訳は村松正俊訳『西洋の没落』全2巻，完訳新装版，五月書房，1989年，1巻35, 40, 47頁に依拠した．
B．José Ortega y Gasset, *La rebelión de las masas*, Revista de Occidente, 1930. 邦訳は桑名一博訳『大衆の反逆』白水社，1985年，183, 191, 201-2, 208-9, 236, 240-1頁に依拠した．

　第一次大戦によるヨーロッパの疲弊と，大戦を通じて一層顕著となったアメリカやソ連，日本の勃興は，ヨーロッパ人の間に先鋭な危機感を生んだ．とりわけ，シュペングラーの『西洋の没落』は「文明論」の形態ではあったが，そうした世界の中心の地位を脅かされたヨーロッパ人の危機感とよくマッチして，戦間期のヨーロッパ文壇にセンセーショナルな反響を生み出した（より包括的なトインビー（Arnold Joseph Toynbee, 1889-1975）の文明論も，そうした時代思潮が流行の契機になっている）．
　現代スペインを代表する哲学者オルテガ・イ・ガセットは，そうしたシュペングラーの受容に批判を加えつつも，ヨーロッパ人の危機感を吐露し，ヨーロッパを「大国民国家」に再編するという解決策の必要性を訴えた．この著作も各国語に翻訳されてベストセラーとなり，その後のヨーロッパ統合論議に影響を及ぼした．
　　　　　　　　　　　　　　　　　　　　　　　　　　　　　（戸澤）

A．シュペングラー『西洋の没落』
　……ギリシャ・ローマ文化をそれ自身纏まった現象として，ギリシャ・ローマ精神の体軀の表現として，エジプト，インド，バビュロン，中国，西洋の諸文化と並列させて見たまえ．そうしてこれらの大きな個体の移り変わる運命のうちに類型的なものを捜し，しまりのない偶然事の豊富さのうちに必然を捜したまえ．そうするとついに世界史の像——この像こそわれわれ西洋の人間にとって，ただわれわれにとってだけ自然なのである——の発展してゆくのが見られるのであろう．
　　……
　今まで漠然と倫理的区別を表示するに止まっていたこの「文化」と「文明」という二語が，周期的な意味において，厳密な，必然的な有機的継次の表現として

用いられるのは本書がはじめてである。文明とは，一つの文化の不可避的な運命である。ここで歴史的形態学という，最後の，そうして最も重大な問題を解くことができる頂点が究められた。文明とは高度の人間種が可能とするところの，最も外的な，また最も人工的な状態である。文明とは終結である。

……

西洋の未来はわれわれの現在の理想の方向に，しかも空想的な時間経過でもって無限に上昇し，前進するものではなく，形式と永続とに関して厳密に限定され，不可避的に確定された，若干の世紀にわたる歴史の一現象である。この現象は目の前にある実例から概観され得，また本質的な特徴において算定されることができるのである。

B. オルテガ・イ・ガセット『大衆の反逆』

近年，ヨーロッパの没落についておおいに論じられてきた。ヨーロッパもしくは西欧の没落に言及するという理由だけですぐにシュペングラーを思い出すといった無邪気な誤りは，これからは犯さないようせつにお願いしたい。彼の著書が公にされる以前から，多くの人は西欧の没落について論じていたのであり，彼の著作が成功を収めたのは，周知のように，感じ方や理由は各人各様であっても，万人の頭のなかにそうした危惧や心配が前もって存在していたからである。

……

今や支配しようとする者がいない，だから歴史的世界は再び混沌の状態に帰るだろうという悲観的な結果を避けたい人は，出発点まで戻って次のような問いをまじめに自問してみる必要がある。すなわち，一般に言われているように，ヨーロッパは没落しつつあり，支配権を放棄し，退位するというのは確かなのだろうか？　この表面的な没落は，ヨーロッパが文字どおりヨーロッパになるのを可能にする幸いなる危機ではないのだろうか？　ヨーロッパ諸民族の歴然たる没落は，もしいつの日か，ヨーロッパ合衆国が可能となり，ヨーロッパの複数性がその正式な統一にとって代わられる日がくれば，どうしても必要なのではないだろうか？

……

今日言われている議会の威信失墜は議会の持つ明白な欠点とはなんら関係ない。それは，政治的道具としての議会が有する欠点とはまったく関係のない別の理由からきている。つまり，ヨーロッパ人がその道具を何に使うべきかを知らな

いこと，彼らが伝統的な社会生活の目標を尊重していないこと，要するに，彼らが登録されて閉じこめられている国民国家に対して夢を託していないことに由来しているのである。有名な議会の威信失墜をもう少し注意深く吟味すると，大部分の国では，市民が自分の国に尊敬の念を抱いていないのが分かる。したがって，国家の制度の細部を取りかえても無駄だろう。というのは，尊重されていないのは制度ではなく国家そのものだからである。国家はあまりにも小さくなってしまったのだ。

　ヨーロッパ人は，自分たちの経済的，政治的，知的計画が国境という障壁に突き当たったときに初めて，そうした計画——つまり，生のさまざまな可能性や生の様式——が，自分が閉じこめられている集団の大きさに比べて測り知れないほど大きいのに気づいた。そしてそのときになって，イギリス人，ドイツ人，フランス人であるということは，地方人であるということにすぎないのを発見したのである。つまり，自分たちが以前に比べて「より小さくなった」ことに気づいたのだ。というのは，以前はイギリス人，フランス人，ドイツ人のそれぞれが，自分たちこそ世界なのだと信じていたからである。私には，この事実こそが，ヨーロッパ人を苦しめているあの没落感の真の原因だと思われるのだ。

……

　国家の創造は，いくつかの民族の知性が，共存の一形式である伝統的な共同形態を捨てさるだけでなく，いまだかつて存在しなかった新しい共存形態を想像することができなければ達成しえない。したがってそれは，真の意味での創造行為である。国家はまず，完全に想像力の産物として存在を始めるのである。想像力とは，人間がそなえている人間解放のための能力である。一民族の国家形成力は，その民族の持つ想像力に比例する。したがって，あらゆる民族の国家的発展には限界があったが，その限界とは，ほかでもなく自然がその民族の想像力に課した限界なのである。

……

　今や「ヨーロッパ人」にとって，ヨーロッパが国民国家的観念になりうる時期が到来している。しかも今日それを確信することは，11世紀にスペインやフランスの統一を予言するよりもはるかに現実的なのである。西欧の国民国家は，自己の真の本質に忠実であればあるほど，ますますまっしぐらに巨大な大陸国家へと発展して行くだろう。

……

ヨーロッパ人は，自分が一つの大きな統一的事業のなかに投げこまれているときでないと，どう生きていいのか分からない。そうした事業がない場合は卑俗化し，無気力となり，魂が抜けてしまう。今日，われわれの目前に見られるのは，まさにこの状態なのだ。今まで諸国民と呼ばれてきたサークルは，1世紀ほど前に増大の限度に達してしまった。もはやその区画を乗り越えるほかない。それらはもはや，ヨーロッパ人の周囲や背後に積み重ねられてゆく過去以外の何ものでもなく，ヨーロッパ人の自由を拘束し，その重荷になっているのである。われわれはかつてないほど，生の自由を持ちながら，それぞれの国家内では息苦しさを感じているのだ。というのも，それが密室内の空気だからである。以前は風通しのよい広びろとした大きな空間であった一国民国家が，今では州となり，「奥の間」と化してしまったのである。私が頭に描いているヨーロッパ超国民国家においても，今日の複数性はそのまま存続するだろうし，存続させなければならない。古代国家が諸民族の相違を抹殺するか，それを無力化するか，せいぜいのところミイラ化して保存したのに対し，よりいっそうダイナミックな概念である国民国家的概念は，つねに西欧の生そのものであった複数性の効果的な存続を要求するのである。

2-8　クーデンホーフ・カレルギー「パン・ヨーロッパ──一つの提案」(1922)

Richard Coudenhove-Kalergi, "Paneuropa — Ein Vorschlag," *Neue Freie Presse*, 17. 11. 1922, Nr. 20903, pp. 2-3 ; Michael Gehler, *Der lange Weg nach Europa. Dokumente*, Studienverlag, 2002, pp. 22-7.

　1920年代にパン・ヨーロッパ運動を組織し，国際連盟総会でのブリアン提案をもたらしたクーデンホーフ・カレルギー伯（以下ク伯）がその構想を最初に独墺の新聞紙上に公表した文書。これを敷衍する形で翌23年に出版された単行本である『パン・ヨーロッパ』はベストセラーとなり，当時ヨーロッパの「三大女優」の一人とも評された18歳年上の妻イダ・ローラン（Ida Roland, 1881-1951）との相乗効果もあって，ク伯は一躍ヨーロッパ文壇の寵児となった。
　哲学的な著作を発表していた若き文筆家のク伯が政治的な著作の執筆に大きく踏み出していった理由は，第一次大戦の衝撃であった。のちに「世界に火が

ついて燃えているときには，消火作業に参加しうる人ならば，何人といえども静観する権利はないのである」と述べたク伯は，英国とロシアを排除する形で定義されるパン・ヨーロッパを構想した。この文書にも見られるように，ク伯の動機には没落した貴族主義的なヨーロッパへの郷愁やテクノロジーの進展に対応した新秩序の必要性という意識も存在するが，同時にその実現のために「不倶戴天の敵」である仏独和解の必要性を説き，またそれ以上に戦間期に対抗関係を強めたドナウ川を中心とした諸国家・地域の「再統合」という平和主義的な動機も含まれる。

ク伯は，文筆家としての活動にとどまらず，自らパン・ヨーロッパ運動を組織してその実現を目指した。パン・ヨーロッパ運動はオーストリア政府の支援を受け，1926年には全ヨーロッパから政治家や産業家，知識人を集めた第1回パン・ヨーロッパ会議がウィーンで開催された。翌27年には仏外相であったブリアンを名誉総裁に推戴し，これが29年に首相となったブリアンの国際連盟総会における「ヨーロッパ連邦的な秩序樹立」演説に影響を与えた。

ク伯のパン・ヨーロッパ運動に対しては，その貴族主義的な香りや，1930年代の「オーストロ・ファシズム」とも評価されるドルフス/シュシュニク（Kurt von Schuschnigg, 1897–1977）政権との親密さゆえに，特に第二次大戦後には批判的な見方が強まった。だが，戦間期のヨーロッパ統合構想では最も影響力の強いものであり，その大規模な政治運動化に成功した人物としてヨーロッパ統合史上での功績は大きい。 （戸澤）

1．新しい世界情勢

この大戦争［第一次大戦］は世界の状況を一変させた。列強による旧体制は，世界強国による新体制に変容せざるをえなかった。

新たな状況となった世界の中心は，ロンドン，ニューヨーク，モスクワ，東京である。四つの帝国が世界経済を分割支配している。大英帝国，アメリカ，ロシア，そして日本の四つである。

かつての旧世界［旧大陸］は政治的・地理的に四つの勢力圏に分かれ，北方にはロシア，南方にはインド—イギリス，東方には中国—日本，西方にはヨーロッパが存在している。これと並んで，アメリカ［新大陸］は別個の勢力圏を形成している。

アメリカ［大陸］では，時が移ろうにつれ，合衆国の指導下に全ての国家がパン・アメリカを形成するようになるであろう。他方，アジアでは日本の指導下に二つのモンゴロイドの国家［日本と中国］がおそらく統一するものと思われる。

将来の世界は，パン・アメリカ，パン・ブリタニア，パン・ロシア，パン・モンゴリア，という政治的なまとまりに分かれるだろう。5番目の世界帝国たるパン・ヨーロッパを統一するという見識が諸国の指導者や国民に欠如するならば，ただヨーロッパ地域のみが分裂したままとなろう。

2．統一か崩壊か

ポルトガルからポーランドにまたがるヨーロッパ大陸は，超国家にまとまるか，さもなければ今世紀の間，政治的・経済的・文化的に没落の途をたどることになるだろう。

ほんの数十年前であれば，ヨーロッパが統一されたならば，地球はその［統一ヨーロッパの］支配下に入ったであろう。そうした機会は永遠に失われた。だが，3億人の文明化された住民と，ヨーロッパ大陸およびトリポリ―コンゴ―モロッコにまたがるアフリカ大陸の半分という植民地の資源を擁するヨーロッパは，他地域と同等な権利をもつ第5の世界強国としてまとまることで，自らの自由を守り，世界競争に参加する可能性をなお有している。［そうできずに］ヨーロッパ諸国がバラバラに行動したのでは，世界政治上では，他地域の帝国に比して無力な存在にすぎないのである。

ヨーロッパ統一に失敗すれば，他の世界が統合的で建設的な政治を進めるのに対して，ヨーロッパでは分割的で破壊的な政治が進む。そうなれば分裂した未来のヨーロッパは，過去に分裂したドイツが被ったのと同様の運命を被ることになる。

三十年戦争の最中とそれ以後の内部分裂によってドイツは貧しく無力で荒れ果ててしまった。その間，隣国は強力となり繁栄して豊かな国民国家に統合したのである。ドイツの小国家群は国際政治のなかで翻弄されるビリヤードの玉となり，その後2世紀の間ドイツはヨーロッパの主戦場となった。

ヨーロッパが世界に占める地位は，ドイツがヨーロッパに占める地位と比較できる。世界大戦後のヨーロッパは，三十年戦争後のドイツと同様の状況にある。当時，ドイツの諸侯が，同朋の敵と戦うために外国勢力を国内に入れたように，現在のヨーロッパ諸民族は「アジア人」［この文脈ではロシア］を同朋に向けようとしている。今，ヨーロッパが自覚的に取り組まなければ，ヨーロッパ諸民族はロンドンとモスクワの権力者の掌中で踊る無力なチェスの駒となり，この「アジア的敵対」［両者の対抗］のなかで，ライン川を挟んでフランスとドイツの兵隊

が戦わされることになるだろう。

3．ヨーロッパとロシア

　偉大なる古代ギリシャ［ヘラス］も，その精神生活および軍事上の優位にもかかわらず，パン・ヘレニズムに訴えたのがあまりにも遅かったために没落せざるを得なかった［ことを想起せよ］。

　ヨーロッパのマケドニアはロシアである。過去10年間，ロシアは2回ヨーロッパを征服しようと試みた。1度は世界大戦によって，次は世界革命によって。ツァーリが勝利したならヨーロッパの覇権を握ったであろう。世界革命が成功すればレーニンによるヨーロッパ独裁となったであろう。

　この双方の征服の試みが最終的に失敗したと断じることはナイーヴにすぎるであろう。ジェノヴァ［会議］は，一体となったロシアに対して，不統一なヨーロッパの弱さを世界中にさらけ出した。したがって，将来の紛争が，ヨーロッパが統一する前かつロシアが回復した時に勃発することは想像に難くない。

　遠い未来にはロシアがヨーロッパを支配する蓋然性は高い。それ［ロシアの支配］が幸運なことか不幸なことかは，ロシアがその時点までに達している文化水準によるだろう。野蛮なロシアによる前時代的な覇権であれば，ヨーロッパにとっては，さながら民族大移動のような文化的な破局を意味する。

　分断したヨーロッパの軍事的な状況は，政治的な状況と同じく絶望的なものである。ヨーロッパ列強間の新たな戦争は，世界のこの地域を直接に回復不能な廃墟と化すであろう。

　小協商の極小国家群や非軍事化されたドイツ，孤立化したフランスのどれも，再強化されたロシアの攻撃に対して抵抗することはできないだろう。ただ，東側境界に連帯的な防衛体制をもつパン・ヨーロッパだけがヨーロッパの平和と安全保障を防御できるのである。

　政治的・軍事的な分裂と同様に，経済的な断片化もヨーロッパを崩壊に導くに違いない。関税によって分断されたヨーロッパが，より広域で自立的（アウタルキー）な世界の他の4帝国の経済と世界市場において競争するのは，小企業がトラスト相手に競争するようなものである。ここでもヨーロッパが直面している選択は二者択一である——すなわち，統一か崩壊か！

4．ヨーロッパの境界

　統一した自由ヨーロッパは，ユーラシア大陸に属する他の世界強国であるイギ

リスとロシアを除外することによってのみ形成しうる。

　大英帝国はインド洋を取り囲む帝国である。その司令部はロンドンにあるが，その重心はデリーにある。イギリスの海外自治領がインドの共同支配の周りに成り立っているように，シベリアという共同植民地の周りにロシアの諸部族が集っている。インドの喪失とイギリスの衰退は同義であり，シベリアの喪失とロシアの衰退は同義である。それゆえロシアの重点は不断に東側に向かっている。

　この両方の世界帝国の二つの母国を地理的にヨーロッパに数えることと，政治的に統一した領域を形成することを混同してはならない。

　文化的にはイギリスはヨーロッパに属するが，そのアラブ・インドの植民地はアジアに属し，その海外自治領はアメリカに属する。したがって，大英帝国は自らの文化的な骨相をもたない。全体としてはヨーロッパにもアジアにもアメリカにも属さないのである。

　ロシアは，文化的にはヨーロッパの外部に属する。ピョートル大帝の欧化政策が放棄されるとともに首都は［サンクト・］ペテルスブルクからモスクワに戻り，今ではヨーロッパの理論とアジアの実践を融合した新たな文化形態を模索している。この発展過程の第一章はボルシェヴィズムと呼ばれ，その帰結はまだ誰にもわからない。確かなことは，将来のロシアが再び広大で強力な存在となるということである。しかしロシアの文化はヨーロッパ的でもアジア的でもアメリカ的でもなく，独自のロシア流のものである。

　ドイツ同盟は，実用性のない存在であった。なぜなら，その構成メンバーにはドイツの血が半分入ったイギリス，オランダ，デンマーク，ハンガリーの諸国王が数えられていたからである。そうした異質な要素を取り除かなかったならばドイツ帝国を形成することは決してできなかったであろう。ビスマルクは，オーストリアを除外することが強力な統一ドイツを実現するための前提であることを認識していた。なぜなら，今日のロシアと大英帝国がうわべだけのヨーロッパ国家であるように，当時のオーストリアは，その中核にドイツ的な領域があるとしても，うわべだけのドイツ国家だったからである。オーストリアの重点がドイツの外部にある以上，ビスマルクが小ドイツという解決策を採ったのは当然であった。［現在の］ヨーロッパはビスマルクに倣って，可能性の高い小ヨーロッパ的な解決策を，可能性の低い大ヨーロッパ的な解決策に優先させるべきであろう。

　インドの皇帝が同時にヨーロッパの国家連合に参加することはできない。なぜなら，彼はヨーロッパ域外にある自分の帝国のために，ヨーロッパの利益を犠牲

にしかねないからである。したがって，イギリスはヨーロッパ［連邦］に加わることはできず，［もしイギリスが加われば］むしろヨーロッパが大英帝国の部分——半分は自治領，半分は植民地——ということになるだろう。

同様に，ロシアが加わることは，ヨーロッパの自立の終焉を意味するであろう。民主的ヨーロッパとソヴィエト的なロシアの間にはいかなる統合も不可能であるということからすると，ロシアはどう転んでも，ヨーロッパ［連邦］を形成する他の個別国家に対してその圧倒的パワーによって自らの意志を押しつける立場に立つことになろう。

ロシアとヨーロッパの間には自然の境界線が存在しないことから，何らかの境界線を［人為的に］引く必要がある。ポーランドとフィンランドはヨーロッパに属したが，バルト諸国は再びロシアと統一せざるをえなかった。もしバルト諸国がヨーロッパに属すれば，その海岸線を必要とするロシアと永続的な戦争状態に陥る危険があったからである。

5．ドイツとフランス

ヨーロッパのモンロー・ドクトリンは以下のスローガンとなる——ヨーロッパをヨーロッパ人の手に！

来るべきヨーロッパは，自らをドイツ人とのみ，もしくはフランス人とのみ，あるいはイタリア人とのみ規定する人間によって支配されるべきではない。パン・ヨーロッパの構想を信奉しているチェコスロヴァキア共和国のマサリクとベネシュのように，ヨーロッパの真の文化と道義を体現しているヨーロッパ人が支配するべきものなのである。

自らを特別な国民の一員と感じる人間は，統治のためには狭量にすぎる。そうした人間による政治は必然的に，紛争へ，戦争へ，そして混沌へ導くに違いない。ただパン・ヨーロッパ人だけが，パン・ヨーロッパ建設のための能力があり，［そのために］招集されるのである。ヨーロッパの共同体的な感覚はコスモポリタニズムへの必須のステップでもある。パン・ヨーロッパは世界連邦につながるものだからである。

パン・ヨーロッパの構築にとって最大の障害は，独仏の敵対関係である。この双方の国民が覇権追求を放棄し，より大きな共通の祖国のために尽くすようになって初めてパン・ヨーロッパは可能である。

そうした協力のための政治的前提は，半世紀前にドイツがフランスを崩壊させ

たように，今やフランスがドイツ帝国を崩壊させたことである。これによって，史上初めて両者が共和国として向き合うようになった。

両国でようやく同じ国家体制が成立した反面で，両国を隔てている相互の国民に対する憎悪感情には，これまでになく激しいものがある。このヨーロッパにダモクレスの剣のようにぶら下がっている［独仏間の］憎悪感情を取り除くために，パン・ヨーロッパを支持する者は誰もが努力しなければならない。

将来のヨーロッパ全体がロキートノ湿原（ポーランド東部，現ウクライナ）まで広がるか，ライン川とアルプス山脈までなのかは，独仏関係の展開にかかっている。フランスの政策がドイツをロシアの手に追いやるならば，残った西ヨーロッパもイギリスの臣下となり，そうしてヨーロッパは永遠に地理上の概念のままにとどまることになろう。

フランスがその制裁政策とライン占領を続け，ドイツがロシア向きの政策を採る限り，パン・ヨーロッパは幽霊のままである。ヨーロッパ統一を導くためには，国民的なねたみよりもヨーロッパへの連帯感情が勝る諸国によって平和連合を結成し，「ヨーロッパ」を妨害する諸国に対して，そうした諸国がパン・ヨーロッパ支持に転じるまで，道徳的・経済的圧力をかけ続けなければならない。

6．君主国か共和国か

ヨーロッパの国家体制の問題は，統合の問題と密接に結びついている。

共和制と君主制のどちらが優れた国家体制か，一般的に決めることはできない。各々の体制の長所・短所は相対的なものであり，その国民の文化・国民性・政治的状況によって変わってくるものだからである。

たとえば，日本人で政治的な識見の高い者は，日本国民の偉大さ・統一・自由は天皇にかかっている［と感じる］ために，君主制論者である。

ヨーロッパの場合には事情は異なる。ヨーロッパでは，その部分をなす君主国は平和と領土の一体性を脅かす。諸君主が［ヨーロッパ大の共和制の下で］一人の大統領に服するとすれば，それは彼らの意志に反した場合のみであろう。彼らは，パン・ヨーロッパを崩壊させることにより主権を取り戻そうとするか，臣下の助けを借りて，カール大帝やナポレオンのようにヨーロッパの皇帝の冠を獲得しようとするかもしれない。

統一ヨーロッパは，理論的には共通の君主制をもつか，全くもたないかということになろう。フランスの覇権下にパン・ヨーロッパ君主国を暴力的に樹立しよ

うとしたナポレオンの試みは，彼がヨーロッパの境界を正しく認識せずロシアを併合しようとしたことで失敗に終わった。今日では，どのヨーロッパ国民も他の全てを持続的に支配するほど強力ではない。だがヨーロッパの君主というものは，ある国民を代表し，彼［というシンボル］を通して主導的立場を達成しようとする試みを体現する存在であるだろう。

　連邦ヨーロッパの憲法は，アメリカ合衆国やスイスのように，共和制でなければならない。対内的には自由であり，対外的には統一され，連帯と平等に基づく共和制である。

　大陸ヨーロッパ内部の各々の共和制化は，パン・ヨーロッパの連邦共和国への一歩として歓迎されるべきものである。君主側からの反動は，パン・ヨーロッパの立場からは戦うべき相手である。したがって，各人の感情とは別に，立場の一貫したパン・ヨーロッパ人は共和制論者とならなければならない。

7．国境紛争の克服

　ヨーロッパ域内の国境問題は，パン・ヨーロッパの創設によってのみ解決することができる。なぜなら，国境に関する新たな取り決めを締結するならば，必然的に，古い不公平の代わりに新たな不公平が生まれざるをえないからである。民族的・経済的・地理的・歴史的・戦略的な境界のもたらす緊張や，民族が混住している地域や飛び地の存在は，ヨーロッパにおける公正な国境画定というものを不可能にしているのである。

　国境と関税障壁の撤廃とその行政的な境界への変容によってのみ，ヨーロッパの国境問題というゴルディオスの結び目を断ち切ることができる。ドイツ帝国の創設の後には，マグデブルクの住民にとってはプロイセンに属しようがザクセンに属しようが大した意味をもたなくなったのと同じように，パン・ヨーロッパが実現すれば，ライヘンベルクの住民にとってチェコスロヴァキアに属しようが，ドイツに属しようがかまわなくなるだろう。

　こうして，パン・ヨーロッパは，オーストリア問題やボヘミア・ドイツ人問題に対する根本的な解決ともなる。共通の祖国（Übervaterland）であるヨーロッパの下に，隣人に脅威を与えることなく，オーストリアのドイツ人，チェコスロヴァキアのドイツ人，ドイツのドイツ人は，平和にかつ妨害されることなく一緒になることができる。オーストリアにとってヨーロッパへ合邦（アンシュルス）することは，ドイツへの合邦とドナウ連合への合邦の利点を組み合わせることを

意味し，多くの観点からパン・ヨーロッパの首都となることを運命づけられているように思われるウィーンは，新たな繁栄を謳歌することとなるだろう。

　ボヘミア・ドイツ人問題やオーストリア問題と同様に，南チロル，上シュレジア，西プロイセン，アルザス＝ロレーヌ，西ハンガリー，ダルマチア，マケドニアといった［地域］問題も，パン・ヨーロッパの下で，全ての関係者の利益になるような最終的な解決を見ることができよう。ヨーロッパ諸民族の文化的・国民的・経済的発展は，国境によって妨害されることがなくなり，民族間の憎悪は消滅し，偏狭なナショナリズムと愛国主義に代わって，共通の巨大な祖国とその文化に対する愛がその座を占めることになるだろう。

8．パン・ヨーロッパと国際連盟
　パン・ヨーロッパは，その魅力を訴えようとするならば，ロシアの世界革命思想に対抗して，それと同様に広大なスケールをもつ世界機構の思想を対置しなければならない。
　ある政治機構を樹立しようという場合には二つの可能性があるだけである——すなわち，支配か平等か，である。ドイツ［統一の際］のように，ある国家が他の全ての諸国を合わせたよりも強力でそれらの諸国を支配する方策もある。そうでなければ，アメリカやスイスのように構成国家間の権力関係に均衡をもたせることが必要である。それによって，個々の国家は他の諸国の連合体に対して無力になる。支配にも均衡にも基づかない諸国家の集合というものは，弱小国家の指揮に従っている強国の善意に依存するものである。だが，弱者の下風に立とうという者はいない。強者に従うか，協働によって比較優位に立った共同体に従うものである。世界の列強は，小国の多数決に従うものではない。そのために，ウィルソンの国際連盟は失敗せざるをえなかったのである。二つの世界強国［アメリカ，ソ連］が国際連盟には欠けていた。他の二つの列強［イギリス，日本］は，国際連盟を超えて行動し，脱退し，崩壊させる力をもち，場合によってはこの力を行使することもあるだろう。
　今日の世界では，アングロサクソン，ロシア，日本という列強のどれも，他の二つを支配するだけの十分な力がない以上，覇権を唱えることは不可能である。
　したがって，国際的な［力の］均衡が世界機構への唯一の可能性であり，ヨーロッパ内の［力の］均衡がヨーロッパ機構の唯一の可能性である。
　今日では，四つの世界強国が世界を分割支配している。ヨーロッパ諸国はそれ

を改変することはできない。唯一ヨーロッパにできることは，この世界支配に参加するべく，単一の世界強国に統合し，第五の柱として世界秩序に参与することである。この四もしくは五つの帝国を包含する世界連合は，その下で支配領域を分割し，合意に基づいて支配するものとなる。この世界強国間での相互保障条約が，長い目で見た場合，平和的な世界文化と世界経済のための唯一の現実的な基盤となるだろう。

ヨーロッパ諸民族は，「家庭不和」を続けることによって来るべき世界分割に乗り遅れるか，それともパン・ヨーロッパの創設によって世界強国になるか，という二つの選択肢の前に立っている。

9. パン・ヨーロッパ連合

パン・ヨーロッパ綱領は次のことを要求する。［ヴェルサイユ］平和条約の過酷な条項の見直し，全ての小ヨーロッパ諸国の間での永久的な平和協定の締結と義務的な仲裁裁判，ヨーロッパ域内の全ての関税障壁および交通制限の撤廃とヨーロッパ通貨単位の創設，共通の国境と沿岸を防衛するためのヨーロッパの陸軍と海軍の統合，ヨーロッパ域内の全要塞の撤去とその撤去資材によってヨーロッパの東方境界の「辺境防壁」を構築すること，真の少数民族保護ならびに報道と学校［教育］の場における民族憎悪のいかなるプロパガンダもヨーロッパに対する反逆として罰すること，学校の「ヨーロッパ間協力」によるヨーロッパの連帯意識の強化，ヨーロッパ憲法の起草，である。

この綱領の宣伝と実現のために，各々の属する国籍や社会秩序から自由な，ヨーロッパ［統合］思想の全ての友と支持者から成る，パン・ヨーロッパ同盟が創設されるべきである。アメリカにおけるパン・アメリカ同盟や，アジアにおけるパン・アジア同盟という類例に倣って。

なぜなら，ヨーロッパの世論においてナショナリズムが支配的な限り，民主的な諸国の政府からはパン・ヨーロッパ創設のイニシアティブは出て来ようがないからである。

パン・ヨーロッパへの大衆運動によってのみ，ここに述べた諸問題の解決へと各国政府を向かわせることができよう。パン・ヨーロッパは，世界地図に記されるまで，ヨーロッパ諸民族の頭と胸のなかに生き続けなければならない。ヨーロッパ諸民族の国民的な理想がパン・ヨーロッパの理想によって補完されて初めて，この大陸的な統一運動が不可逆のものとなるのである。かつてドイツ，イタ

リア，ポーランド，ルーマニア，ユーゴスラヴィアの統一国家樹立の運動がそうであったように。

この運動を起こし参加することは，ヨーロッパの全ての精神的・政治的な指導者の最優先の義務である。彼らだけがパン・ヨーロッパを創造することができ，その義務を負っている。彼らの手のなかにヨーロッパ文化の将来がある。

2-9　ロカルノ条約 (1925)

"Final Protocol of the Locarno Conference (October 5-16, 1925)." Signed at Locarno, October 6, 1925; deposited with the Secretariat of the League of Nations, December 14, 1925; registered with the Secretariat, League of Nations, September 14, 1926. (Online available: http://www.lib.byu.edu/~rdh/wwi/1918p/locarno.html)

　ロカルノ条約（Locarno Treaties）とは，1925年10月にスイスのロカルノで行われた協議を受けて，同年12月1日にロンドンで正式調印された七つの諸条約の総称である。

　諸条約の中核をなすのは，イギリス・フランス・ドイツ・イタリア・ベルギーの5カ国における地域的集団安全保障条約である。これのみを指して「ロカルノ条約」と呼称することもある。この条約は10カ条からなり，ラインラントの非武装化を含めてドイツ西部国境の現状維持を保障し，フランス・ドイツ・ベルギーの間では相互不可侵と紛争の平和的解決を約し，これらに対するイギリス，イタリアの保障を規定するもので，ドイツの国際連盟への加盟（1926年9月に実現）を条約発効の条件とした。

　ドイツとフランス，ベルギー，チェコスロヴァキア，およびポーランドとの間には四つの仲裁裁判条約が締結された。これらはいずれも同一の内容であり，紛争を仲裁裁判所ないしは国際司法裁判所へ付託すること，それでも解決しない場合は国際連盟理事会が仲裁を行うことを規定した。

　ところが，ドイツの東部国境については，上記の仲裁裁判条約以外には現状維持の手段について何らの取り決めもなく，ドイツによる国境改正の余地が残った。そのため，フランスは，ポーランド，チェコスロヴァキアの各々と別個に相互援助条約を締結し，ドイツが締約国のいずれかに対し武力行使をした場合，もう一方の締約国は攻撃された国を支援することを約したが，イギリスの支持が得られなかったため，その効果は限定的なものにとどまった。

　こうして，国際協調外交を推進するドイツ外相シュトレーゼマンの提議に端を発するロカルノ条約の締結により，仏独関係の緩和とドイツの国際社会への

復帰が実現し，ヨーロッパ全土も相対的安定期を迎えることになった。ロカルノ条約は当時，「ヨーロッパの和解」，「新しい時代の始まり」と称揚され，英仏独3国の外相（チェンバレン（Austen Chamberlain, 1863-1937），ブリアン，シュトレーゼマン）には1925, 26年の両年にわたりノーベル平和賞が贈られた。

　ただし，この「ロカルノ体制」と呼ばれる集団安全保障システムは，前述のように東部ヨーロッパに不安を残す内容であった。またソ連はこれを西側列強による対ソ包囲網形成の企てであるとして，同条約に強硬に反対した。結局，ロカルノ条約は1936年3月のヒトラーのラインラント進駐によって破棄されることとなった。
　　　　　　　　　　　　　　　　　　　　　　　　　　　　　　　（戸澤）

ドイツ，ベルギー，フランス，イギリスおよびイタリア間の相互保証に関する条約

第1条

　条約締結国は集団的ならびに締約国の複数国間で，以下の条文で規定される方法に従って，次の点を保証する。すなわち，ドイツ・ベルギー間ならびにドイツ・フランス間の国境地域の領土に関する現状維持，1919年6月28日にヴェルサイユにて調印された平和条約の施行に従って画定された上記国境の不可侵，および非武装化地帯に関する上記条約の第42条ならびに第48条の規定の遵守である。

第2条

　ドイツならびにベルギー，また，ドイツならびにフランスは，いかなる場合においても，相手へ攻撃，または侵入し，あるいは相互に戦争に訴えないことを互いに約束する。

　ただし，この規定は次の場合には適用しない。
1. 正当防衛の権利の行使，すなわち前項の約束に対する侵犯，あるいは，前記のヴェルサイユ条約の第42条または第43条の明白な違反であって，その違反が挑発されざる侵略行為を構成し，かつ，非武装地域における武力の結集のゆえに迅速な行動を必要たらしめるもの，に対する抵抗。
2. 国際連盟規約第16条に基づく行動。
3. 国際連盟の総会または理事会の決議の結果として，あるいは連盟規約第15条7項に基づいてとる行動。ただし，後段の場合は最初に攻撃をした国に対する行動に限る。

第3条

　本条約の第2条に挿入された取り決めに照らし，ドイツ・ベルギーならびにドイツ・フランスは，両国間に生じうる，かつ通常の外交手段によっては解決ができないいかなる種類の問題をも，平和的手段ならびに本条約で規定されている手段を用いて解決することにつき同意する。

　紛争当事者となっている国家は，自国の権利に関するいかなる問題についても，その裁決を司法手続きに委ねなければならず，また当事者国はその決定を遵守することに同意する。

　その他の全ての問題は，調停委員会に委ねられなければならない。もし，調停委員会の提案が両当事者国によって受け入れられなかった場合には，当該問題は国際連盟理事会に移送され，理事会は，国際連盟規約第15条に則って当該問題を処理する。

　このような平和的解決法を有効たらしめるための詳細な取り決めは，本日調印される特別協定により行う。
　……

2-10　ルシュールのヨーロッパアンタント（カルテル）論（1927）

Louis Loucheur, "Les ententes européenne contre la concurrence américaine," in idem, *Carnets secrets, 1908-1932*, Brepols, 1962, pp. 160-1, cited in Philippe Mioche, *De l'idée européenne à l'Europe XIXe-XXe siècle,* Hachette, 1997, pp. 21-3.

　1920年代後半までの国際連盟は，成果に乏しかった安全保障問題とは対照的に，ILO関連の労働者保護法制，貿易自由化など，経済および社会政策において一定の成果を上げた。とりわけ，27年に開催された国際経済会議は20年代後半の国際協調の気運を象徴し，カルテル論，経済合理化論で盛り上がった会議である。

　この会議の開催を国際連盟に提言し，副議長を務めたのがフランスのルシュールである。ルシュールは，理工科学校（ポリテクニック）卒業後，第一次大戦期の軍需大臣を皮切りに1930年まで経済関係の数々の閣僚を経験し，社会保障や公的住宅政策の推進に努めた政治家である。また20年代よりクー

デンホフ・カレルギーの「パン・ヨーロッパ」運動に参加し，ブリアンの「ヨーロッパ合衆国」論を支援した。

　ルシュールはヨーロッパの繁栄のために，アメリカとは異なる形態でのヨーロッパ経済の組織化が必要である，と説く。その手段としてアンタント（カルテル）によりヨーロッパの産業を横断的に組織化することを重視しているのがルシュールの特徴でもあり，こうした構想は，1926年の国際鉄鋼カルテルの結成に結実した。このように市場を調整する役割としてカルテルをポジティブに把握する点が，アングロサクソンと異なる大陸的なカルテル論の特徴である。また元来，19世紀よりリベラルな市場を支持してきた経営者たちが，公的・私的にかかわらず，こうした団体・組織による市場への介入および組織化を受け入れる方向へと転じたのは新しい傾向でもある。とはいえ，ヨーロッパ統合論の中ではこの公-私の差は大きい。史料中「国家のなかの国家」とも評されるその強力さゆえに，モネはこれら鉄鋼王たちの「私的カルテル」に批判的となる。のちの欧州石炭鉄鋼共同体が目指したのは，これら民間カルテルを解体し，テクノクラートによる公益性と自由競争をより重視する「公的カルテル」を構築することであった（【4-2, 4-16】と比較せよ）。　　　　　（上原）

　……［大戦後，ヨーロッパでは］生産力が上昇したにもかかわらず，消費力・購買力は，増加するどころか減少してしまった。……

　こうした状況を是正するにはいかなる措置を採るべきであろうか。国外市場の再制覇だろうか。確かにこのために合理化および原価の圧縮といった努力を遅延なく行うことは不可欠である。しかし広大な国内市場を擁してこれらを実現している国と競うためには，工業の合理化をある国に限定するのではなく，ヨーロッパ全体に拡大すべきなのである。これが一定の産業に対する国際アンタントを創設する第一の理由である。

　……

　しかしすでに述べたように，何よりも必要とされているのは，合衆国と同様とは言わないまでも類似した計画をもとに再建を試み，古いヨーロッパの住民の購買力を上昇させることである，ということはお分かりであろう。

　……とはいえアメリカで実行されたことを，ここで単純に移植することは全くばかげている。……

　ヨーロッパ産業のいわゆる水平的，つまり産業ごとの組織化以外の方法は存在しないように思われる。これによってのみ，必要とされる根本的な変革が可能となるわけであるが，ここで再びアンタントやカルテルの概念に立ち戻ることにな

る。……それにより，関税障壁問題は部分的に解決され，とりわけ賃金は並行的かつ同時に上昇し，戦後ヨーロッパに戦前ヨーロッパ並みの消費力が復活するということをここでは単に示唆しておこう。

ただし，これらの利点に早々に惑わされるべきではない。その欠点にもしっかり目を向けてみよう。

アンタントは，組合，もしくはカルテル，トラストといった形態をとるが，これには有益かつ必要な行動が含まれている。とはいえ，これらの設置が話題となる際には生産者にとっての利益が必ず強調される。また，アンタントの一部の指導者がもちうる権力についても強調しなければならない。これはたちまち国家のなかの国家となるかもしれないのだ。

2-11 ブリアンの国際連盟総会における「ヨーロッパ連邦的な秩序樹立」演説（1929）

Discours d'Aristide Briand devant la Xe session de l'Assemblée de la Société des Nations, Genève, Salle de la Réformation, le 5 septembre 1929. pp. 3-5 ; Achille Elisha, *Aristide Briand : Le paix mondiale et l'union européenne*, 2. éd. refondue, Academia-Bruylant, 2000, pp. 259-68.

ブリアンはフランス社会党の創設メンバーであり，調停的能力に優れ，歴任した大臣ポストは25，首相就任回数は11を数えた。ブリアンの真価は，第一次大戦後の平和外交において発揮され，「ブリアン外交」の一時代を画した。その主な業績としては，ルール地方占領軍の撤退（1925年8月），ロカルノ条約の正式調印（同年10月），不戦条約（ケロッグ-ブリアン条約）の締結（28年8月）などが挙げられる。1925年にはロカルノ条約の功績により，シュトレーゼマン独外相と共にノーベル平和賞を授与されている。

クーデンホーフ・カレルギーのパン・ヨーロッパ運動に深い理解を寄せていたブリアンは，1926年に同運動の名誉総裁に就任し，1929年9月5日の国際連盟総会の場で「ヨーロッパ連邦的な秩序」の樹立を呼びかける演説を行った。この仏首相ブリアンの提案を具体化する作業は仏外務省に委ねられ，翌年5月にレジェ起草の覚書が出される。

このブリアン演説は「ヨーロッパ連邦」の提案を行った理想的なものと要約されることが多いが，その内容は具体的なものではなく，その真意やパン・ヨーロッパ運動の直接の影響について疑義を呈する歴史家も存在することに留

意が必要であろう。　　　　　　　　　　　　　　　　　　　　　　　　（戸澤）

　私は，国際連盟の精神が，皆さんの賛同する平和への意思表明を可能にしたのだと述べました。つい最近ハーグにおいて，平和のための一つの新たな貢献［ライン地方からの占領軍引き上げの決定］が麗々しく達成されました。人々はこの会議を話題にしています。私はその場におりましたが，その会期中，完全な幸福感のうちに毎日を過ごしたなどと言うことはできません。私とそこにお座りになっている友人のヘンダーソン氏とは，共に不安に包まれた時を過ごしたのです。われわれは時折，破綻が待ち受けているような気分にすらなったのです。われわれは自らの責務を精一杯果たしてきました。なぜでしょうか？　それはわれわれが，平和という理想に支えられており，そうした状況下に何らの成果を生まず解散してしまうならば，国際連盟によって追求されてきた平和の成果に対してすさまじい損害を与えるであろうことを理解していたからです。まさにその瞬間，私はこの総会の会合を思い起こし，自らに問いかけました。もし1年前にジュネーヴにおいて決定した計画についての合意を実現できていなかったなら，ハーグでの会議に出席した諸政府の代表が再び同僚たちの間に姿を見せるような日がやってくるのだろうかと。そうした［合意が実現できないという］破綻が生じたならば，この会議の雰囲気はどのようなものになっていただろうかと。そうした可能性を想像しただけで，［ハーグでの会議に］精神力と勇気を取り戻すためには十分だったのです。私は自らに言い聞かせました。「われわれが取り組んでいる議論において，一つのほのかな光すら姿を見せないということはありえない。われわれの利害は激しく議論されるだろうが，それは了解済みで，個々の利益を超えたところに，政治的和解によって実現できる大いなる成果がある。そして，その成果をわれわれが妥協して得るのは，数百万の人々に影響を与える議論のため［というだけ］ではない」と。いずれにせよ，フランス政府の代表として，もし私が何らの犠牲を払うことなく，思わしくない結果を甘受して祖国に帰ることがあれば，あまり歓迎されないであろうことをはっきりと感じました。

　われわれはハーグにおいて障害に打ち勝ったのです。近い将来，イギリスとフランスとの間に依然として存続している障害は取り払われることでしょう。より緊密な協力が可能になるのです。かなりの数の論争が終わりを迎え，平和という最も素晴らしい福利が結果としてもたらされます。私が強調したいのは，国際連盟なしには，それが人類に創り出した歩み寄りなしには，そして個別的な利害が

絡むいくつもの問題に立ち向かい，そうした問題を解決するために連盟が人類に与えた力なしには，そうしたことは不可能だったでしょう。

［同時に］国際連盟がなお多くの課題を残していることも事実であります。この総会の場では，国際連盟規約第8条に明記された義務である軍縮を実現する必要性が取り上げられてきました。そのテーマは全ての演説において常に繰り返される問題の一つであり，私の演説もその例外ではありません。すでに私がこの場で述べたことですが，ここに繰り返すことを厭いません。軍縮は［連名］規約の署名によって負った神聖なる責務であり，何人も逃れることの許されないものだと。しかし，軍縮はまた困難な課題でもあります。皆がそれを理解しています。その根底には一つの問題があり——その言葉は誤解をもたらし，またあまりに頻繁に平和への障害として現れてきたので，もはやわれわれは忍耐強く耳を傾けることができません。そのため，私はその言葉を口にするのにためらいを感じるのですが，それでもなおその言葉を用いなければならない，そういう言葉であります——その根底にある問題というのは，安全保障の問題なのです。

安全保障というのは評価の難しいものです。人は自分自身の安全保障について考えるとき，安全保障を［最も］重視する議論に魅力を覚え，［自分たちの安全保障について］雄弁に語ることによって，当然に起こるある種の不安へと他の国民を追いやるような愚を犯してしまいます。人は他者の安全保障について話すときには，ずっと高次の判断力をもって検討することができるものなのです。

それでもなお，ある種の，共通の基準を確立することが必要であり，われわれがこの問題の解決にいたるには，互いに理解し合おうと試みる善意からの共通の努力が必要なのです。しかし，そうした解決のために，われわれはさらに多くの年月を費やすように運命づけられているのでしょうか？　私はそうは思いません。総会の前回会期の際にはもつれた障害から抜け出せないように思われた軍縮準備委員会が，すでに問題の解決に実際的な進歩をもたらすにいたっていると私は信じています。

私の同僚であり友人でもある［英首相］マクドナルド（James Ramsay MacDonald, 1866-1937）氏がその雄弁をもってある協定について皆さんに演説し，彼のもつ希望を今やわれわれは共有しています。その協定，すなわちイギリスとアメリカ合衆国，その他の利害関係を有する国々の間で交わされた航海に関する協定が実現されるであろうことを想起するとき，かなり近い将来，軍縮準備委員会がその仕事を完了し，それに基づき理事会が国際連盟規約第8条の約束を実現す

るための会議（la Conférence）の日程を確定することを，私は確信しています。

　私が，イギリスの同僚に向かって，敢えてこの上ない関心をもってその話を熱心に聞いていた，と言う必要はありますまい。偶然の経緯から，私は伝統——慣習という言葉を使おうかと思いましたがそれでは不十分でしょう——を誇り，管理規則を好む外務省の大臣たる立場に置かれることになりました。私に対しては，あまりに会談を好むという批判が度々寄せられました。実際には，外交文書を起草し，あるいは受け取った外交文書を読むようになって間もなく，私はそうしたやり方が現代の諸国民に取りついている迅速さという欲求にはそぐわないと感じました。私が思うに，直接向き合っての（tête à tête）対話において，人は多くの困難を乗り越えられるようになるのではないでしょうか。人々は理解し合い，あるいは少なくとも理解し合おうと努力し，成功しようと懸命にもなるし，そうして最後には行き止まりのように見えた状況から脱する方法を見つけるものです。したがって私は，これまで同僚や友人との対話に耳を傾けて来たのであり，また今後もそうし続けるのです。それが良い結果をもたらすことを願いながら。

　したがって私は，利害関係を有する諸国の間ですぐにも合意が形成され，軍縮準備委員会が，われわれの望みを実現するであろう会議の召集を目標として，その仕事を再開できるようになることを信じています。

　私の同僚であり友人でもある［ベルギー外相］ハイマンス（Paul Hymans, 1865-1941）氏は，その非常に優れた演説のなかで，国際連盟が検討して大変興味深く優れた資料を作成した別の難題に言及しました。それは経済的な武装解除という問題です。［真の平和のためには］諸国民のうちに単に政治的な観点からの平和をもたらすばかりでなく，経済的な平和をもたらすことも必要とされているからです。

　ハイマンス氏はいくつかの解決案を提示し，私は共感をもってそれを検討しようと思います。しかし，こういう言い方をお許しいただけるならば，この分野において国際連盟が自ら確固たる一歩を踏み出す決心をしなければならないのです。こうした問題に対しては，臆病な態度で臨んではいけません。臆病さは，任務を遂行しようとする際に様々な困難を引き起こしてしまうからです。

　私は，そのような問題の解決——真の解決，すなわち本質的に経済的な平和を保証することができるような解決法という意味で——が単に技術的な方法によって実現されるとは信じていません。確かに，技術評議会（Conseil technique）

に諮問し，彼らの答申を尊重しなければならないでしょう。また，信用の置ける確固たる資料に基づいて作業を進めるということも必要です。しかし，もしわれわれがこの問題を解決しようとして再び技術者だけの空間に問題を委ねるならば，われわれは毎年総会のたびに，非常に素晴らしい演説を行い，そして辛い思いとともに相当な数の失望を味わうことを我慢しなければいけなくなるでしょう。

　政府がその解決にいたるためには，政府自身が問題を取り上げて，政治的観点からその問題を検討するという条件が満たされる必要があります。もし，それが技術的な構想に留まるのであれば，全ての利害がもち出され，結びつき，そして対立する様子を目の当たりにすることになるでしょう。そして全般的な解決法が生まれることはないでしょう。

　ヨーロッパの諸国民のように地理的に集合を形成している諸国民の間では，ある種の連邦的な結びつき（une sorte de lien fédéral）が必要であります。今まさにこの瞬間に，各国間で取り決めを結ぶことにより，各々の利益を議論し，共通の解決策を見出し，万が一重大な事態が生じたならば必要に応じてそれに対処することを可能とするような諸国民間の連帯的結びつきの確立を目指さなければなりません。まさに，この秩序を樹立しようと私は望んでいるのです。

　そうした連合体（l'association）が，特に経済的な領域で推進されることは明白であります。経済分野は，最も連合を推進する領域なのです。そして，この分野では成功を収めることができるでしょう。政治的・社会的な観点から見た場合，この連合に属するであろういかなる国民の主権にも抵触することなく，この連邦的な秩序を確立することが可能であると確信しております。今会期中に，この場に各国民を代表して来ている同僚の皆さんに，私の提案を公式に認めていただき，おそらくは次回の国際連盟総会までに，私の提案が実現可能かについて各政府の検討に委ねることを提案いたします。

2-12　フランス外務省「ヨーロッパ連邦連合体制の組織に関する覚書」（1930）

Ministere d'Affaires Etrangere de France, "Mémorandum sur l'organisation d'un régime d'Union fédérale européenne," Paris, le 1er mai 1930, Archives de la Société des Nations (Genève), R 3589 (50/19816/19816). Distribué le 17 mai aux délégués des gouvernements présents à Genève ; Antoine Fleury (ed.), *Le Plan Briand d'union fédérale européenne : perspectives nationales et transnationales, avec documents*, Peter Lang, 1998, pp. 569-82.

　1929年9月のブリアン提案は，翌30年の国際連盟総会の会期において審議の対象とするべく，フランス外務省にその具体化の作業が委ねられた。
　フランス外務省で作業の中心となったのは，政治・通商局長兼官房長であったレジェである。レジェは，サン＝ジョン・ペルス（Saint-John Perse）の名前で詩人としてもよく知られ，ヨーロッパ外交界では名高い人物であった。その後，レジェは1930年代に仏外務省事務総長の地位に上り詰めたが，40年にヴィシー政府によってフランスを追われる形でアメリカに亡命し，第二次大戦後にはアメリカで文学者として活動を続け60年にはノーベル文学賞を受賞している。
　レジェによるブリアン提案の具体化の作業には各国の期待も高かったが，実際に起草された覚書は，「連邦秩序を構成する国家主権のいかなる部分に対しても影響を与えないという原則」に固執し，国際連盟の諸条約（特にロカルノ条約）の遵守とヴェルサイユ体制を固定化しようという内容のものであった。1929年10月には独外相シュトレーゼマンが死去しドイツ外交においてすでに修正主義が台頭し，またニューヨーク株式恐慌に端を発する大恐慌の影響がじわじわと現れるにつれ，各国の保護主義が強まった。結局，ブリアン提案は「小協商」というフランスの同盟国以外には支持を得られず，棚上げとなったまま灰燼に帰した。
　　　　　　　　　　　　　　　　　　　　　　　　　　　　　　（戸澤）

　［自らに］委託されていた使命を果たした今この瞬間，フランス共和国政府は，昨年9月9日にジュネーヴに集まった各国代表全ての考えを引きつけてやまなかった一般的な関心事と［それに伴う］必須の留保を思い起こすよう強く願う。
　……
　ヨーロッパ協力（coopération européenne）の方式を探究するにあたっては，国際連盟と連携することが必要である。国際連盟の見解に忠実であれば，連盟の権威を弱めることなく，［むしろ］その権威を高めるようなものでなくてはならず，そうした構想だけが可能なものである。
　……
　ヨーロッパ連合体（Association européenne）は，係争の決着のための新たな審判の場となるのではなく，そうした問題において諮問の役割のみに徹し，連盟規約もしくは諸条約により解決を委任された特定の問題について，国際連盟の特別

手続きもしくは明示的に定義された他の手続きに従って，根本的な交渉を行う資格はもたないだろう。もっとも，同様の係争において，国際連盟に本質的に留保されている問題に該当するような場合でも，ヨーロッパ諸国の連邦秩序 (lien fédéral) は，連盟による平和的解決にとって好ましい雰囲気を用意する，あるいはその決定の執行実務の際に，非常に有用な役割を果たすことだろう。

　フランス代表［ブリアン首相］が最初のヨーロッパ会議のイニシアティブをとったとき，当初からあらゆる曖昧な表現を避けようと気を配りながら，その会議が国際連盟の加盟国の代表だけを含め，そしてジュネーヴでの第10回総会の際に，すなわち，国際連盟という環境と枠組みのなかで，開催されるべきであると考えていた。

　計画されているヨーロッパ機関は，国際連盟に対し反対しないのと同様に，他の大陸もしくはヨーロッパ大陸自体の，国際連盟の外にいる，いかなる「国々」や「諸国の集合」にも反対しないようなものとなる。

　ヨーロッパ協力の活動は，自らの目的追求のために，かなり差し迫った，また相当に重要な必要性に対応している。その作業は非常にポジティブなものであり，人を攻撃したり，攻撃されたりすることなく，非常に建設的な作業の内に行われる。それどころか，この活動は，全ての国々あるいは諸国の集合と友好的な信頼に包まれ，しばしば協力もしながら，追求されるべきものである。そうした国々あるいは諸国の集合は，平和を全世界大に確立することに高い関心をもち，より大きなヨーロッパの同一性に利益を見出し，さらには，現代の国際経済の法則を理解した上で，単純化された一体のヨーロッパという最善の状況を追求し，それによって紛争の不断の脅威を取り除きながら，適切な経済的交流の発展に不可欠な安定した状況を作り出そうとするのである。

　ヨーロッパ連合 (union européenne) の政策は，今日，ヨーロッパ諸政府の間に初めての連帯の絆を追求しようとするものでなければならない。このような政策は，かつてのヨーロッパで見られた，域内関税の廃止を行いながら，その境界線に一層厳格な［関税］障壁，すなわち域外の諸国に対抗する装置としての関税同盟を築いた考え方とは対照的であるだろう。

　そうした考え方は，たとえそれが不完全にしか実現していないとしても，その目的・目標が普遍性の観念に密接に結びついている国際連盟の諸原則とは相容れないものであろう。

最後に，ここに提案された覚書は非常に明白に以下の一般原則に従っている点を注記する。すなわち，ヨーロッパ諸政府によって追求される連邦秩序の形成にあたっては，いかなる場合にも，またいかなる程度にも，連邦秩序を構成する国家の主権に属する権限のいかなる部分に対しても影響を与えないという原則である。

　絶対的な主権と，完全な政治的独立という考え方に則って，ヨーロッパ諸国間での協調は実現されるべきである。国家主権と諸国の平等が二つの基本原則となっている国際連盟の監督下に意図的に置かれた機構のなかで，わずかでも政治的支配の契機を思い描くということも不可能であろう。各民族の伝統や固有の文化の尊重と両立するような連邦連合体制（régime d'union fédérale）下において，共同の任務のために協力をする際に，主権に属する諸権利とともに，より意識的に自らの存在を確立しようというのは国家の特性そのものではなかろうか。

　以上のような留保に基づきながら，またこの覚書の冒頭で再掲された一般的な関心を思い起こしながら，フランス共和国政府は，1929年9月9日の最初のヨーロッパ会議で決まった手続きに則って，今日ここに関心を示す各国政府の精査に供すべく，さまざまな論点に関する一覧を記して，それぞれの論点につき各国政府の意見を求める名誉に浴するものである。

I．ヨーロッパの道徳的連合（union morale européenne）という原則を確立し，ヨーロッパ諸国間において創設される連帯の事業を荘厳に行うための，それがいかに基本的なものであったとしても，一般秩序に関する協定の必要性について

　可能な限り自由主義的な方式により，しかし，ヨーロッパの平和機構による共同事業に仕えるべく，この連合体（association）の本質的な目的を明確に示しながら，締約国政府は定期的に接触すること。何よりもまず，ヨーロッパ諸国民の共同体の関心を呼ぶ全ての問題を共同で検討するために，通常もしくは臨時の会議において，定期的に連絡を取り合う。
　……

II．ヨーロッパ連合（Union européenne）に任務を全うするために不可欠の諸機関を保障するための適切なメカニズムの必要性について

A．「ヨーロッパ会議」という通常機関の形をとった代表・責任機関の必要性
　　——国際連盟に加盟する全てのヨーロッパ政府の代表によって構成され，国

際連盟と連携しながら，ヨーロッパ連合を指導する中心的機関であるもの。この機関の権限，議長職および通常・臨時の会期の構成は，ヨーロッパ諸国による次回の会議で決定されるであろう。その会議では調査報告の結果について審議することになる。そして，政府の承認あるいは必要な議会の批准という留保条件の下で，ヨーロッパの組織化というプロジェクトに焦点を合わせなければならない。

......

C. 事務局の必要性──当初の規模は小さくとも，ヨーロッパ会議あるいはヨーロッパ委員会 (Comité européen)［「ヨーロッパ連合」の執行機関として提案された組織］の議長の指示を行政的に執行し，ヨーロッパ協定の締約国政府間の連絡を保障し，ヨーロッパ会議やヨーロッパ委員会の召集・議論の準備・決議の記録や通知，など［の業務］を保障するため。

......

III. ヨーロッパ委員会の一般的見解を決定し，またヨーロッパの組織化計画を練り上げるための調査業務において，委員会の指針となる枢要な指示を事前に定めておくことの必要性について

（この第三点は次回のヨーロッパ大の会議の判断に委ねることができる。）

......

IV. 次回のヨーロッパ会議，あるいは将来のヨーロッパ委員会において，実施にあたってのあらゆる問題を検討することを留保するものとして以下の各項

......

上記の四つの点に基づいて，ヨーロッパ26カ国の政府の見解を求め，それらの国から調査の委任を受けたフランス共和国政府はここに全般的な見解を取りまとめた。その際，純粋に実務的な理由から，基本的な概念についてもできる限りこれに触れなければならないと判断した。それは，ヨーロッパ連邦機構の将来の発展の可能性を制限しようとするからではない。ヨーロッパ世界の現状においては，最初の具体的提案に対して全会一致の同意を得る可能性を高めるためには，問題となっている特定の利益や状況のあらゆるものを調整できるような，非常に明快な見方を最初の資料に示すことが大事だからである。より単純な事柄からより複雑な事柄へと進めていくのは優れた方法であり，不断の進化とある種の連続

した創造によって，ヨーロッパ連合が自らもちうる天然資源を十分に開花させることを確かにするような準備の時間をもたせることである。

そうした方針からフランス代表は，ジュネーヴに召集された第1回ヨーロッパ会議の場において，各国の協力を確かなものとするため，国際連盟に加盟するヨーロッパ諸政府の間に設立すべき単純な連邦的結びつきについて即座に検討することのみを提案したのである。

実際には，ヨーロッパ連邦のメカニズムの壮大な草案のあらゆる論理的な要求に抽象的に応え，理想的な構造物を完璧に築くことが重要なのではない。そうした精神とは反対に，ヨーロッパにおける平和の確立にかかわる全ての問題を共同で解決し，かつヨーロッパ諸国の軍事力の合理的調整を図るために，ヨーロッパ諸政府間での第一級の連絡体制と揺るぎない連帯を効果的に実現することに専心すべきである。

……

ヨーロッパにおける建設的な事業の落成のために，現在ほど好都合でその必要を感じさせる時はなかった。前の戦争の結果として生じた物質的・精神的な主要問題はまもなく解決され，新たなヨーロッパは，経済的にも心理的にも最大級の負担から解放される。今後ヨーロッパでは，前向きの努力が可能であり，新たな秩序に対応することができる。今は，ヨーロッパが思慮深く行動すれば，自分自身の運命を主体的に決定できる好機なのである。

生きるために，そして繁栄するために，統一する──それがヨーロッパの諸国民の前に立ち現れている厳粛な必要である。すでに，この問題に関する諸国民の感情は明確に表明されているように思われる。ヨーロッパ共同体（communauté européenne）の利益のために，そして人類の利益のために，共同コントロールを管理する役割を可能とする物質的・道徳的な諸勢力の結集を妨害するような特殊な利害や企てを敢えて放棄することが，今日の諸国の政府の責任となっているのである。

2-13　ピウス11世『クアドラジェシモ・アノ』（1931）

以下で紹介する部分の邦訳は，澤田昭夫「補完性原則──分権主義原理か集権主義原理

か」『日本 EC 学会年報』第 12 号（1992 年），37-9，57-9 頁に依拠した（当該部分の羅英仏独文も併せて参照）。本回勅全文の英語版はたとえば，"Quadragesimo Anno: On Reconstruction of the Social Order (Pius XI, 15 May 1931)" (Online available: http://www.newadvent.org/library/docs_pi11qa.htm) を参照されたい。

『クアドラジェシモ・アノ（40周年）』というタイトルが物語るように，この回勅は，そもそも社会的な領域における国家介入を肯定し促したローマ教皇レオ 13 世（在位 1878-1903）の画期的な回勅『レルム・ノヴァルム（新領域）』（1891 年）の 40 周年を期して出されたものであった。

元来，社会的な領域における独占的な権能を主張していたローマ教会は，とりわけ 19 世紀の半ば，産業革命がもたらした貧困・搾取などの社会問題に対して後ろ向きな対応に終始していた。けれども，19 世紀後半のドイツにおける代表的なカトリック思想家ケッテラー（Wilhelm Emmanuel von Ketteler, 1811-77）などの影響の下，教会は徐々に国家による社会問題への介入に積極的になっていく。『レルム・ノヴァルム』は，ヴァチカンが，初めて公式に，国家がそうした「新領域」，つまり社会問題に取り組むのを認知し奨励した文書だった。しかしながら，国家機関を介したライシテ（政教分離）の政策や運動により，19 世紀じゅう大打撃を受けてきた教会にとって，それは，いかに国家の介入を認めつつ，それを制限するかという問題群の導入をも意味していた。すでに，国家介入に肯定的になったレオの回勅においても，その介入が補助的なものにとどまるべきである旨が強調されているのは，そのためである。40 年後のピウス 11 世（在位 1922-39）は，ファシズムという新たな国家介入の行き過ぎに対し，こうした教会内教義の変遷の延長上に，補完性原理を前面に押し出した。その結果，国家介入の制限という消極的な側面に傾きつつ，介入の全面否定をせず，むしろ促すという積極的な補完性の余地を残すことになったわけである。

同時に，『クアドラジェシモ・アノ』は，やはり当時のカトリック教会にとって最も深刻な問題であったファシズム政権に対して向けられたものであった。すなわち，ファシズム国家が，カトリックの青年運動をも取り込み，教会の自律的な領域が浸食されていくのを目の当たりにしたとき，ピウス 11 世は，消極的な側面を強調して，引用部のように論じた。「補完義務の原理」（ドイツ語訳では「補完性原理（das Prinzip der Subsidiarität）」）は，ここにおいて定式化された。

これによりカトリックの「色」がついた補完性原理は，反教権派やカトリック以外の宗派にとって親しみやすいものではなかったが，ヨーロッパ統合の文脈においては，のちに 1970 年代半ばごろからスピネッリのような（反教権派の）ヨーロッパ連邦主義者などが，キリスト教民主主義勢力の取り込みをも念

頭において推進し始め、また地方自治の文脈でも頻繁に使用されるようになり、徐々に浸透していった。80年代末以降は、EC/EU が加盟国に対して「補完的」にのみ介入できるとして、統合に対して制限的な立場を取る集団も同原理に好意的となり、幅広く支持された。これが、92年締結のマーストリヒト条約【7-25】の3b条（現EU条約5条）における補完性原理の採用につながったのである（あわせて【8-14】も参照）。　　　　　　　　（遠藤）

　……常に確固不動で、変更も牽強付会も不可能なのは、社会哲学のあの、きわめて重要な原理である。すなわち、個々の人間が自らの努力と創意によって成し遂げられることを彼らから奪い取って共同体に委託することが許されないのと同様に、より小さく、より下位の諸共同体が実施、遂行できることを、より大きい、より高次の社会に委譲するのは不正であると同時に、正しい社会に対する重大損害かつ混乱行為である。けだし、社会のあらゆる活動は、その権能と本性ゆえに、社会体の成員たちに補助を提供せねばならず、彼らを破壊し吸収するようなことは決してあってはならないのである。
　したがって国家の最高権力は、もし自ら関わっていると本来の任務への精力集中を著しく妨げるような副次的業務、問題の処理を、より下位の諸グループに任せるべきであり、そうすれば、最高権力のみに遂行可能であるがゆえに最高権力のみに属する全ての業務を、状況が勧め必要が迫る指導、監督、奨励、抑制を通じて、より自由、より強力、より効率的に執行できるようになろう。それゆえ為政者たちに確信してもらいたいのは、この補完義務の原理を守ることによって、多様な諸集団のあいだの段階的秩序がよりいっそう強化されれば、社会組織の権威と効率はいっそう秀で、国家政体はいっそう幸福かつ豊かになる、ということである。

2-14　オタワ協定（1932）

外務省調査部編『「オタワ」英帝国経済会議ノ考察』1935年、232頁以下を一部改訳した。

　1932年7月21日から1カ月間、カナダのオタワに、イギリスとカナダ、オーストラリア、ニュージーランド、南アフリカ、アイルランドの各自治領、

およびインド，南ローデシア植民地の代表が集まり大英帝国経済会議（オタワ会議）が開かれた。この会議の背景にはイギリスが31年に自由貿易を放棄したことがあり，世界恐慌にあえぐ大英帝国の経済再建のため，帝国の経済的紐帯をより強固にすることが会議の目的であった。

オタワ会議の議題は，一般通商問題から通貨・金融問題，特恵関税協定問題などにわたり，合意された一連の帝国特恵関税協定（オタワ協定）は，帝国外の国々に帝国内より高い関税率を設定し，一種のブロック経済圏を実現した点で重要である。同協定により，帝国内貿易はその後相対的に順調な進展を示したが，他方で日本やアメリカ合衆国など帝国特恵外の諸国との間に通商上の争いが発生した。このような大英帝国の方針は，他の列強国の保護主義を助長し，世界経済のブロック化を促進し，第二次大戦の遠因ともなった。

第二次大戦後の国際経済秩序は，そうしたブロック経済化の反省の上に構築された。1948年のGATT（関税と貿易に関する一般協定）発足により，オタワ協定もその役割を徐々に減じていったが，その最終的な消滅は73年のイギリスのEC加盟時である。　　　　　　　　　　　　　　　　　　　　（戸澤）

イギリスが自治領諸国に与えた特恵

1. 帝国内よりイギリスへの輸入品に対して，1932年の輸入関税法に基づく従価1割の輸入税ならびに同法に基づく付加価値関税を引き続き免除すること。
2. イギリスは外国産の小麦（粒状のもの），バター，チーズ，果物，果物缶詰，卵および銅などに対して一定限度まで現行輸入税を引上げもしくはこれらに対して新たな輸入税を設けること。
3. 外国品に課せられる輸入税を軽減する場合には，その産出品に関係の深い自治領の同意がなければならない。
4. 畜産業の保護育成のため肉類の輸入制限を行い，イギリスへの自治領からの輸入割当を有利にする。

自治領諸国がイギリスに与えたもの

1. イギリスからの輸入品に対する関税上の特恵を少なくとも維持または拡大すること。
2. 輸入イギリス生産品が同種生産品の場合，自治領生産品と合理的競争ができないような高率の保護関税を設定しないこと。

　……

2-15 ペルソナリスムの誕生：ブルグマンス『ヨーロッパの理念』（1930年代）

Henri Brugmans, "Naissance du personallisme fédéraliste," in idem, *L'Idée européenne 1918-1965*, Collège d'Europe, 1965, pp. 60-5.

　以下の史料は，戦後のヨーロッパ連邦運動において大きな役割を果たした，ブルグマンス（Hendrik Brugmans, 1906-97）が，1965年に連邦主義運動を回顧して，連邦主義が思想から政策へと発展する歴史的展開を綴った一文である。自ら活動家であったブルグマンスだけに，連邦主義を単なる国際関係の文脈（超国家機関と国家との関係）のみで捉えてはいない。当時のヨーロッパ統合の当事者たちにとっての連邦主義とは，国際秩序と国内秩序とを重層的に接合する思想であった。また政治的にも党派を超えた幅広い思想潮流をバックボーンとする点に留意する必要がある。

　引用箇所は，戦間期のフランスのインテリを中心に広まっていたペルソナリスム（人格主義）の影響について論じた部分である。ペルソナリストは通常ファシズムとの関係から「30年代の非順応主義者」（ルベ・デル・バイ）の一潮流として論じられてきた。プルードン主義【1-14】，サンディカリスム，コーポラティスム，カトリック左派・社会カトリックといった思想が混在し，複雑なネットワークを形成するこれらの思想は，しばしばその革新的志向がファシズムとの連続線上に位置し，その境界領域の曖昧さゆえに，ファシズムの崩壊とともにあえて過去のものとして切り捨てられてきた。また，戦後の実存主義の隆盛のなかでも共産主義ないしマルクス主義に与することのない思想として無視されてきた。

　しかしながら1930年代の「若者」たちの星雲状の革新運動の余波は，伏流水のようにヨーロッパ統合の政治・思想的基盤に流れ込む。地域統合論は国際政治学のなかではその成立過程や組織の「共通性」を重視し，理論化されることが一般的であった。しかし，幾たびもの失敗にもかかわらずヨーロッパへの粘り強いこだわりを考えるとき，むしろ彼らの価値感や思想，とりわけヨーロッパ統合構想の「特殊性」に着目する必要もあろう。そして統合をリードしてきた政治・経済・文化エリートの思想形成において，その戦前の青春時代の思想状況はきわめて大きな意味をもった。彼らのなかのある者は，戦後，文学者としてヨーロッパ思想の中心的存在となり（ド・ルージュモン【2-32, 3-4】），またある者はECの委員長（ドロール【7-12】）として活躍する。戦前―戦中（レジスタンス）―戦後の思想的連続性に目を配る必要があろう。

　戦間期に「ヨーロッパの没落」を憂い，その「文明」の行く末を案じた【2-2, 2-7】問題意識は，第二次大戦後にも引き継がれることとなる。個人主義で

も共産主義でも，またファシズムでもない革新的な「人格」とはどうあるべきか。中央集権国家のなかで軽視されてきた中間団体の意義と可能性とはどのようなものであるのか【2-32】。フランスにとどまらず，ヨーロッパ各国のインテリとのネットワークを形成したこれらの思想から，戦後のヨーロッパ統合特有の価値・規範を探ろうとするとき，経済・社会評議会，NGO，「地域からなるヨーロッパ」および地域委員会【5-3, 7-7, 8-9】，社会へのこだわり【7-13】といった思想・価値観の源泉を見出すことができるであろう。　　　　（上原）

6．連邦主義的ペルソナリスムの誕生

　われわれは最後にさまざまな思想運動のある言葉について語らねばならない。その重要性は後に大きな影響をおよぼすことになるのである。ヨーロッパの指導者階級の一部が関税同盟，さらにヨーロッパ合衆国の創設について検討した時に，それほど華々しくはないが，おそらくより未来への責任を担った活動がフランス語の一部の知的ミリューのなかで姿を現そうとしていた。これらは『エスプリ（*Esprit*）』や『新秩序（*L'Ordre nouveau*）』といった雑誌を中心に凝集しようとしていた。

　……

　『エスプリ』や『新秩序』といったグループは，多様な活動領域の出自をもつ人々によって推進された。スイス人のプロテスタントで牧師の息子であるドニ・ド・ルージュモン，ユダヤ人で，のちにリベラルなユダヤ教の影響を受けて『永遠への回帰』『私の信じること』を執筆するロベール・アロン，ローマカトリックで，プルードン主義者として極左に属するアレクサンドル・マルク，その一方，逆に伝統的な「ライック［政教分離派］」で急進社会党系のミリュー出身のものも存在する。彼らの師のなかでもジャック・マリタン，ニコラ・ベルディエフと共に，特にカール・バルトが尊敬を集めていた。政治的には，彼らの一部は，それでもやはり既成政党で活動するか，もしくは将来活動することになるのだ。ジョルジュ・イザール，ないしは現在欧州石炭鉄鋼共同体の高等機関の委員であるピエール-オリヴィエ・ラピーのように，一般的に左翼に与していた。とはいえ，彼らは全て共通のドクトリンへと収斂した。

　全員が，個人主義はジャコバンから生まれ，その論理的帰結として社会のアトム化を導き，その次には断片化の対として絶対的国家を出現させる，と考えている。「個の風化とともに，全体主義国家の結びつきがつくられるのである」（ド・

ルージュモン)。

　その反面，全員が人間は最初から「個人 (individu)」として存在するわけではないと考えている。一人の「人格を備えた人間 (personne)」であるということは，思慮深く同時に自由で，自らアンガジェしながらも，自律的な存在であり，それ自身観念的な実体であるものの，その責務により仲間と結びついている存在なのである。

　最後に，全員が，国家が中央集権化し，「中間」団体，領土的単位，職業的もしくは職能的団体といった共同体，さらに社会の基本的構成単位である家族さえ吸収するにつれて，シヴィックな「アンガジュマン」は次第に困難となる，と考えている。したがって，実質的な自由の回復，また真の連帯こそ，まさにこれら二つの雑誌に結集したグループが熱望しているものである。

　……

2-16　ミトラニーの機能主義論

A．『国際統治の進展』(1933)
B．『作動する平和システム』(1943)

A．David Mitrany, *The Progress of International Government*, George Allen & Unwin, 1933.
B．Mitrany, *A Working Peace System : An argument for the functional development of international organisation*, Oxford U. P. for Royal Institute of International Affairs, 1943, pp. 31-54, 54-6 (2nd ed., 1966, pp. 68-73, 96-9).

　ミトラニーは，ルーマニア生まれでイギリスに移住し，ロンドン大学政治経済校 (LSE) 卒業後，英外務省などに勤務し，その後，学界に転じて米プリンストン高等研究所教授などを務めた。

　ミトラニーは，すでに1933年の著作Aで，「機能に応じた統治の再編」という考え方を打ち出していたが，1943年の著作Bではその考察をさらに進め，領域的な統治原理である政治的・憲法的アプローチ (constitutionalism) と政策分野（機能）別の統治原理である機能主義 (functionalism) を対置した。前者のアプローチによって国家連合や連邦を形成する試みは（それ自体も難しいことだが），単に国際政治のユニットの境界線が変更されるにすぎず紛争の根本原因は除去されない，そうではなく機能別の活動をニーズに応じて国際的に組織し，そうした協力関係の強化によって政治的な対立を超克する，というのが

その骨子である。

　このミトラニーの機能主義は，統合理論の文脈では第二次大戦後にハース (Ernst B. Haas, 1924-2003) らの新機能主義 (Neo-functionalism) へ展開し（その後挫折し）た，とまとめられることが多い。ハースは，「波及 (spill-over)」という概念によって個々の政策分野から政治体全体への動学を導入したわけだが，その結果「統合」の最終状態 (end-state) として領域的な統治に復してしまった面がある。ミトラニーの機能主義のユニークさは，国際政治におけるレジーム論や，ヨーロッパ統合でのマルチ・レベル・ガバナンスの理論的な先駆として位置づける方が適切であろう。　　　　　　　　　　　　　（戸澤）

A.『国際統治の進展』

　……階統的（ヒエラルキー）に組織された政府を地理的な領域ごとに割り当てる代わりに，今や新たな目的の達成のためには，任務とその遂行の権威を，機能ごとに割り当てることが必要である。多少の洞察力と大胆さをもち合わせていれば，主権と権力を主体間で分配しようとする古来からの不毛な試みの代わりに，機能と対象の違いによる実際的な要請に応じて，主権行使の対象となる客体を分配することも可能かも知れない。そうした機能に応じた統治の組織という考え方がいったん受容されたならば，［国境を越えた］地域もしくはグローバルな規模で役務を提供すべき領域は自ずから明らかになるだろうし，そのための権力というものも明白なニーズに応じて行使される形態をとることになるだろう。これを政治単位の分裂を理由として拒否することは，被統治者のニーズと政府の本来の意味を故意に踏みにじることなしには不可能だろう。そうした自発的な成長──ここでは簡潔に述べたが──が意味するのは，公務のある種のものは，地方政治のものでも国家政治のものでもなく，むしろ行政的なものであり，その公務が広がる世界の全ての部分に影響する性質をもつということである。すなわち，そうした公務は「領域」ではなく「切片 (segment)」の統治である。そして，そのような性質が認識されない限り，公務の達成とそれにかかわる人々の利益や，さらには世界政治の平和的な進展という利益という観点から見て，効果的にそうした公務を取り扱うことはできないだろう。

B.『作動する平和システム』

　雑駁な言い方をすれば，われわれの世代が抱える問題は，各々の特別のあり方に過度に介入することなく，全体の共通の利益をいかに堅く結びつけるかという

ものである。この問題は国内の社会においても同様であり，国際社会でも国内社会でも，全体主義的なあり方に対するオルターナティブを見つけ出すことがわれわれに突きつけられた課題である。国家の形態や憲法の原則［の相違］にかかわらず，生産と分配の双方について集権化された計画・管理が今や不可避となっている。

　多様な政治的形態の全てを通して，統治の作用は次第に近似的なものとなり，単に程度や細部の違いが見られるにすぎなくなっている。自由民主主義は，行為の公私の領域の再定義を必要としている。だが公私を分かつ境界は新たな社会的なニーズや要求の圧力の下で常に動くものであるから，そうしたニーズや要求に応じて境界は自由に移動するべきであり，憲法による再陳述によって固定してはならないのである。民主的な確証のための唯一可能な原則は，公的行為というものは，共通利益のために共同行動の必要性が明白かつ受け容れられている時・場所においてのみ，またその程度に応じて，遂行されなければならない，ということである。そのようにすることで，管理された民主主義は社会的ニーズを最大かつ最も公正に満たす素晴らしい手段であり続けることができ，個人の自由選択のためにできるだけ広い余地を残すことができるだろう。

　上記は，国際社会においても全く同様に当てはまる。実際，それは国際組織が存在するとして，それを各国の自由と結びつける唯一の方法である。全ての利益が全員に共通とは限らず，共通の利益であっても全ての国々に同程度で共有されるものではない，ということはすでに示唆した。ある領域的な同盟は，［そもそも］集団に共通の関心ではないような利益を結びつけるかもしれないが，その一方で，不可避的に，ある集団の共通の関心に基づく利益と，集団外の者にとっての利益を引き裂いてしまうかもしれない。そうした二重に恣意的な外科手術を避ける唯一の方法は，自然淘汰に任せることであり，共通の利益が存在するところで，かつ利益が共通する程度に応じてのみ，利益を結びつけることである。

　そうした国際関係の機能的な選択と組織化によって，19世紀後半以来強まりつつある国際的な展開は広がり，ある意味では再開することだろう。国際的な公共サービスと公的行動の組織化は，国際連盟の下でさらに一歩進められ，［公衆］衛生および薬品管理の領域，難民政策，少数民族の移住の試み，国際連盟の借款体制の重要な変革，さらには国際労働機関（ILO）の活動全般によって，［実際に］その成果は上がったのである。

　……

国際活動の機能的組織化の大まかなラインはどのようなものになるだろう？ 活動が，その性質や，それが遂行されるべき条件，およびその時々のニーズに応じて，特に選択され，別個に組織されることが必須の原則となる。したがって，ニーズと条件が変化するのに応じて，特定の機能の作用はもちろん，いくつかの機能の組織化のあり方にも実践的な多様性の自由を残しておくべきであろう。

　大戦後の復興の成否がかかるコミュニケーションに属する一群の機能を例にとって考えよう。鉄道［強調原文，以下同］システムの国際的な組織化の適切な基盤はどのようなものだろうか？　明らかに，それはヨーロッパ，より適切には大陸［ヨーロッパ］，北米，等々という規模だろう。というのは，それが調整の行政上の論理的な限界だからである。民主主義と全体主義という各々の同盟に分割したのでは，政治的な分断が必要な調整を妨害するため，実際的な目的を達成できないであろう。他方，イギリスとアメリカが［ヨーロッパ鉄道システムに］加わったとしても，機能に何らプラスに働くことなく，組織化が厄介になるだけであろう。海運について言えば，効率的な組織化としてすぐに思い浮かぶのは，国際的，あるいは大陸間［の組織化］であり，普遍的なもの［地球大］というわけではない。ヨーロッパ規模の連合では，すなわちアメリカおよび他の域外諸国の協力なしには，調整の問題を解決することができないであろう。航空および放送というコミュニケーションの領域の3番目の例を考えれば，これは普遍的な規模でのみ効率的に組織化され，おそらくはローカルな業務のために補完的な地域的協定が必要となるだろう。そうした補完的な地域的協定は，実際には，機能のどこかの部分に有用であることが判明した段階でいつでも挿入することもできるだろう。必要に応じた分権化は，集権化と同様に容易で自然なものである。仮に組織化の基盤が政治的なものであれば，そうした次元の変化は組織上の精巧な再編成を必要とするであろう。同様に，諸機能が互いに関連するような場面——たとえば，ヨーロッパの鉄道と河川交通の間や，ヨーロッパとアメリカの間の民間航空［の調整］——で，二つの活動（機能）を単に調整すべきか，それとも単一の管理の下に置くかについては，実際的な考慮から決定されるに任せるべきであろう。

　……

　ただし，よりネガティブな機能に関しては，ある程度の固定化も排除されないだろう。こうした機能には，特に「法と秩序」に関係するようなものや，より形式的な性質の領域のものが含まれ，そうした機能はかなりの程度静的なものであ

ろう。たとえば，安全保障は，連結する地域的な基盤で組織されるであろうし，司法の機能は，裁判所の階層性，すなわちより広い地域を扱う裁判所が地方裁判所からの控訴を扱う上級審として活動する，という組織化になるだろう。それでもなお，安全保障についても，地域的な取り決めに加えて，少なくとも移行期間について，機能的な組織化に固有の柔軟性が実際的で望ましいということが判明するかもしれない。

……

　それとは対照的に，より・ポ・ジ・テ・ィ・ブ・な機能の分野——経済，社会，文化——では，構造と目的がさまざまで常に変容しているおり，分権［の境界］も，主となる機関と同様に，機能の配列に従わなければならない。大陸ヨーロッパの陸上交通は，将来鉄道が道路輸送に取って代わられることがあるとすれば，異なる組織化および担当機関を必要とするだろう。また，英仏海峡トンネルが実現すれば，イギリスは現在それが属していない大陸ヨーロッパの運輸システムに引き込まれ，この新しい状況に対応した統治機関の変容がもたらされるであろう。

　ここに，われわれは，技術的な自己決定の美徳とも呼ぶべき機能的な方法の基本的な長所を見ることができる。これまで見てきたように，機・能・的・な・次・元・が・自・ら・を・決・定・す・る・のである。同様に，機・能・が・そ・れ・に・適・し・た・組・織・を・決・定・す・る。さらに機能は，実践を通して，所与の条件の下で求められる活動の性質を決定し，そうして活動を担当する当局が必要とする権力を決定する。機能は，適切な活動にふさわしい行政的な道具を決定し，同様の過程を経て，いかなる段階においても必要に応じその道具の改革をもたらす。これにより，諸機能の間もしくは同一の機能でもその次元や組織化において，必要と条件の変化に応じて，最大限の多様性が生み出されるだろう。そこにおいては，権威と権力を，憲法によって固定的にかつ事前の規定で分配する必要はなく，さらには，最も一般的な公式の規則以上の規定は，この［機能に関する］措置の作用をむしろ妨げるだろう。

　もし，われわれが世界を分割する原理によって世界を組織すれば，平和は保障されないであろう。平和構築活動が発展し成功する場合を考えれば，単なる紛争予防は，それ自体も非常に重要ではあろうが，いずれは国際的な活動計画のなかでは従属的な地位を与えられるにすぎないものとなる。そしてわれわれは，共同社会の真の任務である貧困・疾病・無知の克服に力を振り向けるであろう。生活がよりローカルで活動の紐帯がまばらである時代には，［全体の統一のために］政治的な連邦という支柱が必要とされていた。しかし，今や，社会的な相互依存

は，［社会の］隅々まで浸透して包括的なものとなっており，もし［世界が］そのように組織されるならば，政治的な側面もその一部として発展してくることだろう。

　機能的なシステムの諸要素は一般的な政治的権威なしに作用し始めることができるが，対照的に，活発に作用する社会的諸機能が伴わない政治的権威は空虚な寺院のようなものにすぎないだろう。社会は，それを監視下に置くことではなく，そこに住むことによって発展するものである。政治的合意が経済競争の下では長く存続しない一方，経済統一の方は政治的合意の基盤を形成し，場合によってはそうした政治的合意を余分なものとするかもしれない。いかなる場合でも，現実がそうであるように，政治的な方法はあまりにも漠然としている。われわれは理想的な局面から出発することはできないが，進みながら，多くの点から，多くの試みをなす用意がなければならない。本質的なことは，われわれが一緒に同じ方向へ進むということであり，その歩みを今踏み出さなければならないということである。

　終戦時の行動が，今後の長期間にわたる国際関係の基本を決めることになるが，その時点で広がっている諸条件の下では，従来型の和平会議を開けるような可能性はむしろ少ないだろう。国境線が画定されなければならず，いくつかの変更があるだろう。だが，国境線の変更により双方を満足させることがない以上，われわれが望みうるのは，国境を超えた共通行動を組織することにより，国境線のもつ意味が重要性を失って相対的に受け容れやすいものとなるということだけである。こうした事態を可能にするためには，国境の画定は，事前もしくは少なくとも現実の停戦のなかでなされなければならず，そうでなければ紛争が生じるであろう。共通行動の諸計画が事前に準備されていない場合，カオスが——多くの競合し矛盾する地域的な活動のカオスが出現するだろう。チェコ，ギリシャ，ポーランドなどの政府が復帰した際に，各々の国民に対して，どこか遠くで行われているコンクラーヴェ（秘密会議）が復興計画を練り上げるまで辛抱強く待て，などと言うことを想像できるだろうか？

　共通善のための協力が，平和とよりよい生活のための任務である。そのためにはある種の利益や活動は，競争の領域から協働へと移行されなければならない。しかし，領域的な権威に協力［という任務］を与えることは本質的ではなく，実際そうしたやり方は，活動の数が限られその適用範囲が世界大である場合には，意味のないものとなろう。アラスカ・ハイウェー計画に関して，ニューヨーク・

タイムズ紙（[1933年] 2月26日付）は「経済的な領域は政治的な領域と必ずしも一致するとは限らない」と論評したが，そうした越境協力は国境の重要性を減じるだろう。「この原則をヨーロッパのいくつかの地域に適用したならば，その見通しの明るさは眩しいほどである。」戦時中には可能であるが平和な時代に難しいという言い方がされる場合，それは，実際的には可能なことだが平時にはそれをやり遂げる政治的な意志の存在が疑わしい，ということを意味するにすぎない。機能的な方法は，他の全ての方法とは異なり，そうした点でその真価が発揮される。政治的な綱領文書（Promissory Covenants and Charters）は，満たされることのない善意の「墓石」として残るかもしれないが［意味はなく］，他方，機能的な方法は活動そのものであり，新しい国際社会を建設する上でわれわれが現在どこに立ち，どこまで進もうとしているかを知るための不可避のテストとなる。機能的な方法は，危機のなかで行動を約束することではなく，それ自体が危機を回避するような行動なのである。そのように組織された活動は全て平和的な生活の層をなし，そこに十分な厚みが加われば，ますます深く広い層をもつ平和——同盟の冷淡な平和ではなく，共通の努力と成果が肥沃に混じり合って世界を覆うような平和が——創造されることだろう。

　もし，公式の［国家］連合が究極の目標であるならば，ここに展開してきたのはそれに反対する議論というわけではない。ここに述べているのは，活発な国際社会の諸要素を現に作り出すための訴えかけである。

2-17　ハイエク「国家間連邦の経済的諸条件」(1939)

Friedrich von Hayek, "Economic Conditions of Inter-State Federalism," *New Commonwealth Quarterly*, Vol. 5, No. 2, September 1939, pp. 131-48.

　ハイエク（Friedrich von Hayek, 1899-1992）はウィーン生まれの経済学者。オーストリア景気研究所長時代の1929年に発表した貨幣的景気変動論でたちまち世界に令名を馳せた。第二次大戦後には，経済学を核心としながらも，哲学，法学，政治学，人類学等々きわめて広範な分野へとその業績を発展させた20世紀の一大思想家である。1974年にノーベル経済学賞を授与されている。

　この論考を発表した当時のハイエクは，ロンドン大学政治経済校（LSE）の正教授の職にあり，ハイエク・ケインズ論争で名を馳せていた。イギリス流の

相互依存論の思想的系譜を受け継ぐロビンズらリベラリズムの論客と共鳴しつつも，「計画化」を徹底的に忌避する独特の色彩が早くも見られる。

　この史料中で，ハイエクは自由貿易の実現のために国家間の連邦（Inter-State Federation）が必要という一見ロビンズと同様の論議をしながら，経済政策の分野で連邦と各国の権限が抵触するような場合には，その経済的な権限を双方の政府が一切放棄することで解決する方策を打ち出している。1980年代のネオ・リベラル・ヨーロッパの原型とも言える議論である。　（戸澤）

　国家間連邦（Inter-State Federation）の偉大な長所と見なされるものとして，人，商品，資本の国境を越えた移動への障壁を除去することと，さらには，共通の法の支配，統一的な通貨システム，コミュニケーションの共通のコントロールの創設を可能にすることがある。大経済圏を創設することから生じる物質的な恩恵は，いくら評価しても過大評価しすぎることはないであろうし，その際に経済同盟と政治同盟を組み合わせることは当然視されてもいる。

　……

　ここまで読んできた読者は，おそらく次のように結論づけるだろう。連邦が実現すれば加盟国の経済的な権力は制限され，各国がもはや果たすことができなくなった諸機能を連邦政府が受け継ぎ，諸国家が行わなくなった全ての計画と規制を連邦が行わなければならないことになると。しかし，ここで新たな難問が立ち現れるのである。

　……

　連邦においては，共通関税に合意する際に，一国民国家の内部で生じるのとは別の種類の諸問題が惹起されるだろう。連邦においては，強い国民主義的なイデオロギーによる支持にあたるもの，すなわち隣人への同情が欠けている。連合（the Union）が真に強く，ほとんど怖れるものがないほどであれば，軍事防衛上の議論もその説得力のほとんどを失うだろう。連邦においては，特定産業を保護するために関税を利用することについて合意に達することを想像するのは困難である。同様のことは，他の形態の保護についてもあてはまる。多様な諸国の間には諸条件に実にさまざまな違いがあり，これは連邦では不可避のことであるが，時代遅れになった衰退産業が［保護による］援助を求める一方で，同じ領域かつ連邦の内部で，自由な［経済］発展の自由を求める成長産業が同時に存在することだろう。そして，他の地域での生活水準を維持するために，連邦の一地域での

進歩を妨げることは，一国民国家の内部で同じことを行うよりも，格段に難しいことだろう。

……

計画，もしくは経済活動の中央からの指令というものは，共通の理想と，共有の価値の存在を前提とする。計画を遂行できる程度は，共有の価値への合意をどこまで確保し強制できるかの程度によって制限を受ける。

……

連邦を構成する各国の権限はさらに制限されるであろうし，われわれが一国内ですでに慣れてきたような経済生活への介入の多くは連邦組織の下では不可能になるだろう。

……

現在では一般的に国民国家によってふるわれている経済的な権限は，連邦においては連邦［政府］によっても各国によっても行使されえないという結論は，仮に連邦が実際的なものとなるのであれば，統治（government）［の絶対量］が少なくならざるをえないことを含意するだろう。

2-18　教会のヨーロッパ構想：ピウス 12 世「諸国家が前提とする主権なるものについて」(1939)

Pius XII, "On the Supposed Sovereignty of States," 20 October 1939. Encyclical 'Summi Pontificatus', full Latin text in *Acta Apostolicae*, Sedis 31, Città del Vaticano, 1939, pp. 413-53 ; the following excerpt concerning peace (in Italian) in *Actes et Documents du Saint Siège relatif à la Seconde Guerre Mondiale, Vol. 1 : Le Saint Siège et la Guerre en Europe mars 1939–août 1940*, Città del Vaticano, 1965, pp. 317-20 ; English translation issued by the Vatican Polyglot Press, in *The Tablet*, 11 November 1939, pp. 552-60 (excerpts here from pp. 557-8), cited in *DHEI*, Vol. 2, pp. 707-8.

　　ピウス 12 世（1876-1958）は，ピウス 11 世の死去に伴い 1939 年 2 月に即位した（在位 1939-58）。前名はパチェッリ（Eugenio Maria Giuseppe Pacelli）で，特に教会法と外交を専攻し，第一次大戦後には駐独教皇大使，30 年からはヴァチカン市国の国務長官を務めた。

　　第二次大戦が勃発すると，ピウス 12 世の強力な指導力の下，ローマ教会は第一次大戦時と同様に「不偏中立」の態度を取った。彼のナチスに対する態度，特にユダヤ人問題に対して生ぬるい態度を取った点には批判的な見方も存

在する。彼自身がドイツ赴任中に培ったドイツ人への好感、キリスト教会の伝統的な反ユダヤ感情、宗教を否定する共産主義に対する防壁としてのナチスへの期待、ナチスの暴力が無防備なカトリック教会に向けられることへの恐怖などがその背景にあったとされる。もっとも、ナチスの「人種」や「国家」が「宗教」にすら優先する姿勢を強めると、カトリックの教義と両立しないという見解を固め、より強くナチス批判を打ち出すようになった。第二次大戦後には、大戦で荒廃した世界をキリストの愛と正義に基づく新秩序で復興しようと務め「平和の法王」と呼ばれるようになった。

そもそもカトリック教会は、1922年の回勅において「全ての国家を現代の国際的な法規範に結びつけるような人間［世界］の権威は存在しない」と述べていたように、キリスト教的な普遍主義の立場から、世俗国家による世界統一に否定的な姿勢を見せていた。精神的な統一は教会の専権事項という基本姿勢は貫きつつも、この39年の回勅では「国家」の絶対的自律性を問題視し、世俗の国家間関係に「連合」をもたらそうとするニュアンスが読みとれる。

（戸澤）

……国家に無制限の権威を与えるという考え方は、単に、諸国民の内部生活と繁栄、その福祉のさらなる秩序増大に有害な誤謬であるというだけでなく、それと同等に諸国民間の関係を傷つける。なぜなら、その［国家に無制限の権威を与えるという］考え方は、より高次の社会の統一をこわし、諸国民の法［国際法］から、その根拠と活力を奪い、他者の権利の侵害を招き、合意と平和的な交流を妨げるからである。

現実には、神によって課された自然秩序は、組織および内部生活の方向性において相互に独立した社会グループ――国民もしくは国家――に人類を分割している。それにもかかわらず、人類は相互の道徳的・法的な紐帯によって、全ての諸国民の善を目指し、全体の統一を保護し繁栄を促進するよう特別な諸法によって規制される偉大な共同体に結びつけられているのである。

今や、次のことを理解しない者はいないだろう。すなわち、国家の絶対的自律性を要求するということが、こうした人間に内在する自然法に正面から反するもの――否、全否定するもの――であり、それゆえ、国家間関係の安定性は、諸国の支配者の意志に委ねられることになり、全体善に向かう真実の連合（union）と実りある協力の可能性を破壊するものである、ということを。

……

現世の苦難と残酷な対立が終結したならば，国家と国際関係の新しい秩序は，もはや集団と個人の利己的な利害にのみ依拠する変わりやすく短命な諸規準という流砂に基づくものであってはならない。否，新秩序は揺るぎない基盤——自然法と天啓の堅固な礎石に基づくものでなければならない。現世の立法者は，その平衡を達するために，それなしでは権力の合法的な行使と濫用の区別がつかなくなるような鋭敏な道徳上の責任感をもたなくてはならない。それによってのみ，立法者の諸決定には，内的な一貫性と崇高な威厳，宗教的な是認が保たれ，利己性と情動に対する免疫ができることだろう。今日人類が被っている災厄が，経済的な不安定と，生計と繁栄の手段として神が与えた諸物資のより平等な分配をめぐる利害闘争に由来することは確かであろう。だが，そうした災厄の根が，宗教的な信条と道徳的な確信の領域に由来するような深く本質的なものであるということは真実ではない。［宗教的な信条と道徳的な確信の領域は］かつてローマ教会の飽くことなき恩恵的な事業によって推進されてきた教義の統一性，美徳，諸慣習，諸道徳から，諸国民を漸進的に遠ざけることによって邪道に導かれていったのである。仮に，新しい国際秩序が何らかの効力をもつことができるとしたら，人類の精神的・宗教的な再教育が何にも増して必要である。すなわち，新しい国際秩序は，不可欠な基礎としてキリストから発せられねばならない。正義によって発動され，慈愛によって冠せられるものでなければならない。

2-19 ファシズムのヨーロッパ：マントヴァーニ「ヨーロッパ構想について——第一の敵」（1940）

Mario Mantovani, "On the European idea: enemy No. 1," *Giovanissima*, May 1940, pp. 7-9, cited in *DHEI*, Vol. 1, pp. 184-7.

　　ムッソリーニは国内基盤の弱さを補うための外交的勝利を目指した。イタリアを他のヨーロッパ大国と同等の地位にまで高めるための機会を逃さず，また帝国主義の時代には必ずしも成功しなかった地中海・北アフリカへの進出を目標とした。ゆえに，ファシスト政権の対外政策は，ヨーロッパ大陸での勢力均衡の下での植民地獲得競争という帝国主義時代との連続性の強いものである。
　　つまり，ファシズムのヨーロッパ政策は，時宜に応じた機会主義的な性格が強く，そこに（小国を犠牲にした）大国間協調による勢力均衡の維持以上のも

のを見出すことは難しい。ベルリン＝ローマ枢軸を結成した1936年，特に人種理論を導入した38年以降にはナチズムの諸構想の影響下に「新秩序」の構想が展開されたが，その際にもイタリアの立場を有利にするような対抗的な構想が見られる。

　ここに訳出した史料は，ファシスト・イタリアがヨーロッパを語る際の「文明論」的な色彩を際立たせるものである。その際に，ローマ文明の継承者であるイタリアがヨーロッパ文明の中心であることが含意されていることは言うまでもない。

　　　　　　　　　　　　　　　　　　　　　　　　　　　　　　　　（戸澤）

　フランス人ならびにイギリス人の書き手が「ヨーロッパ」について強硬に主張し続け，「ヨーロッパ構想」，ひいては「汎ヨーロッパ主義」が喧伝される事態は，われわれに再びこのテーマについて考えるよう促している。

　このテーマは，実際のところ，少なくともヨーロッパそのものと同じぐらい古い。すなわち，程度の差はあれみなローマ帝国ならびにその属州の後継者たる国家の複合体によって構成されているヨーロッパと同じぐらいに，である。もし，そうしたヨーロッパの，精神的統一性における約5世紀にわたる分断がプロテスタントの反乱によるものと同一視できるものなら，このテーマはその分断と同じぐらい古いものである。

　プロテスタントの反乱という事態が起きるまでは，ヨーロッパの諸国民は共通の理念によって一つに結ばれていた。ドイツ人とイタリア人の間，［あるいは］イングランド人，フランス人およびスペイン人の間の紛争が単一の枠組みのなかで起こったとはいえ，そしてそれがどのようなものであったとしても，彼らは十字軍において「キリスト教徒」として，すなわち不可分なキリスト教共同体の成員として，イスラム勢力に対して正統に立ち向かったのである。キリスト教という絆が15世紀にいたるまでの間，精神的な面においてヨーロッパを一つのものに束ねていたのである。キリスト教の理念は，政治的な利害考慮を超えてわれわれ全員が意見を異にしない唯一のものであり，これこそがヨーロッパ構想にその形態と内容を与えるものである。

　プロテスタントによる宗教改革は，新たな何ものかをもたらした。それは，われわれ考察の対象としている問題への視点からすると，おそらく歴史の坩堝からいまだその姿を完全に現しきってはいない何かである。宗教改革はキリスト教共同体の共通の絆を破壊し，ヨーロッパ構想をじわじわと蝕んできた。

プロテスタントによる宗教改革は代わりに何をもたらしたか。北部の民族，とりわけそれぞれの教えに従うイギリスの清教徒と退廃的なフランス人は一つの答えを差し出す。すなわち，ナショナリズムである。彼らによると，ナショナリズムこそがヨーロッパの残骸なのであり，そして上っ面だけの観察によると，そうであるようにしか見えないのである。しかし，現代ナショナリズムを創った人々が，今日それに対する審判を下し始めているというのは，奇妙なことではなかろうか。

　これらの清教徒たちや，あまねく存在するコスモポリタンな人道主義者たちは，プロテスタンティズムが出現する前から国民・民族 (nation) は存在していたということを忘れている。彼らのように，単純なものと複雑なもの，あるいは普遍的なものと特殊的なものを調和させることができない人種に属し，自らの手で全ヨーロッパ大のキリスト教的構想を破壊した彼らは，その代わりに，自分たちの，そう遠くない混沌とした野蛮な過去にある，あの特殊主義を据え置く他何もできなかったのである。部族集団として始まったものは封建的集団となり，後に国民 (nation) ——自分たちの国民——になり，最終的に権力分立の原則をもつ自由な国民国家 (state) へと変容を遂げた。

　ヨーロッパ構想を台無しにしたのは，ネイションではなくナショナリズムなのである。両者の違いはわずかなものに見えるかもしれない。しかし，実際には紛れもなく別物である。すべての「主義・様式 (isms)」——たとえば，バロック様式，自由主義，共産主義，芸術的完璧主義（すなわち，徹底して技術的な完璧さを求めること），近代主義など——は，純粋な本来のラテン用語——バロック，自由，共同体，芸術，近代など——に比して派生的で野蛮なものを表しているのである。言語は民族 (people) の精神を映し出すものであり，ある人種の正常で健全な概念を不明瞭にするような不純物から抜かりなく保護されなければならないこともまた，真実である。同様に，ナチオ (natio) という本質的にローマ的な概念は，「ナショナリズム」という言葉に貶められてしまったのであり，それゆえ「国民 (nation)」という概念は，ますます曖昧模糊としたものとなり，「人民，民族 (people)」という概念からますます遠く切り離されたものとなった。しかし，古代ローマ人たちが「元老院と市民からなるローマ」と口にしたことを記憶にとどめておこうではないか。そして，ファシズムは国民がその民族に属し，その民族によって構成される国家に組み込まれるよう求めているのである（このことはまた，法の領域において，「法の支配」というような曖昧な概念に注意すべ

きであることと同じである)。

　ネイションがナショナリズムに取って代わられるとともに，北部民族の邪悪で争いを生みがちな精神様式のせいもあって，この世界の全ての他の「主義・様式」の如く，新たな「主義・様式」が全面的に支配的となり，特別の地位を得て，争いの種となった。カトリック教はプロテスタントにより，国家（state）は全体主義により，そして国民性（nationality）はナショナリズムによって取って代わられたのである。教会は礼拝堂となり，威厳あるバシリカ聖堂は秘密礼拝集会所となってしまった。ヨーロッパの諸民族は衰退するか偏狭な地域主義へと追いやられた。地域は国家の基礎であるが，地域主義はそれを破壊し，弱体化させる。同様に，国家はヨーロッパの基盤であるが，それがナショナリズムへと変造されたときに，ヨーロッパの理念とその実質を萎縮させる。

　ヨーロッパ理念は国家的理念と共存できるものであったし，また実際に共存してきた。そしてそれを成長の場に相応しい，いわば肥沃な土壌であると考え，ヨーロッパ文明——すなわち文化，理念，文学，芸術，そして科学——はさまざまな民族の，それぞれの叡智によって発達を遂げたのである。

　16世紀までの間，ヨーロッパ文化——詩から絵画まで，あるいは哲学から現在生まれつつある科学まで——は，単一の完結体を形成していた。ヨーロッパ人は，真にヨーロッパ的なもの，すなわちキリスト教のために，共通の表現方法としてのラテン語を用いて働き，研究してきた。

　こうした形のキリスト教共同体は，16世紀に終わりを迎えた。プロテスタントの宗教改革は私的審判の原理をもたらしたが，それは自由ではなく放埓を意味し，原子論と知的アナーキーへの道を開いた。次のことを覚えておこうではないか。すなわち，聖トマスのローマカトリック哲学においては，個体（individuality）というのは彼の全てではなく，その一側面にすぎないのである。人（person）が国家の一部であるように，個人（individual）はその人の一部なのである。しかし，この原理は宗教改革によって覆され，それは徐々に個体を精神的人格（personality）よりも上位なものへと位置づけていった。人は何か具体を伴うものとして知覚されなくなり，単なる抽象的な存在となってしまっている。そして同様にして，国家もまた抽象的なものとなる。同じものを欲する人々（友愛をもつ人々）は消え，代わりに個人に関連づけられる。そして，知性，意志，行為はみな，小宇宙たる人間（person）において区別され，国家においては権威（auctoritas）を構成するところの意志の統合性は，権力分立によって離散している。全

ての人間は，彼がそのように選択するのであれば，自立した存在でありえ，便益のためだけに社会の成員となる存在なのである。全ての人間は法律と義務そして神の言葉さえも自由に，彼の好きなように解釈できる存在なのである。これは国家の根本，すなわち国民（people）の統一性と権威の秩序を崩壊させ，また個人間の協調や国家間の義務の意識などないかのように，ヨーロッパ社会の構造を破壊してしまう。カトリック教会が，キリストの法の名の下に課すことに成功した，全ての国際的裁判規範は今やまったく無効化している。ヨーロッパはキリストの法という共通の視野を失い，それとともに自己の統一性も失った。国民は精神的人格であることをやめ，個人となっている。個人主義は精神から抜け出し社会的・政治的次元へと到達し，さらには国際関係の次元へといたる。個人はもはやいかなる抑制にも服さず，国民もまたそうである。当然のように，遠心的な精神的人格は原子的で遠心的な個体によって置き換えられた。それは，国民が偏狭で争いを生む地域主義によって置き換えられたのと同じように，である。ナショナリズムは，曖昧なナショナリズムとして出現し，それはナショナリズムの近しい従兄弟ともいうべき合理主義とはわれわれイタリア人にとっては一文字違うだけである。要約すれば，ルターとデカルトがヨーロッパの破壊者ということである。

　このように語っていると，われわれは，ナショナリズムを非難し統合されたヨーロッパを待ち望むイギリスとフランスの責任ある者たちと同じ側に立っているように見えるかもしれない。しかし，類似点は形式上のものにすぎない。ナショナリズムに対して怒りをあらわにしている者たちは，本当は国民（the nation）という別のものに反対しているのである。ヨーロッパの問題に対する答えは，真の国民（the nation）をナショナリズムよりも優先させることである。ちょうど，われわれが愛国主義を一地方の関心事よりも優位なところに位置づけるように，あるいは別の分野で言えば，精神的人格（personality）を個人主義（individualism）の上に置くように，である。

　もしヨーロッパが一つの統合体として創造されようとするなら，それは自身の歴史を形づくってきた偉大な諸国家（the nations）の調和のとれた共存からのみ，生まれうるだろう。それらの国家は，互いの重要な利益を尊重しあわなければならない。そして，条約の重要性にかこつけた偽善的な弁解，すなわち「約束は守られねばならない」という格言を振り回して，「持てる国」つまり所有する者が固持しようとする不正義，時代錯誤，不条理に終止符を打たなければならない。

換言すれば，新たなヨーロッパは，テムズ川やセーヌ川の土手に清教徒の宣教師たちの手によっては生み出されないだろう。彼らのみすぼらしく恥ずべき意図は今や暴かれ，昔も今も，ヨーロッパの詐欺師，裏切り者としか見なされないのである。

2-20　ナチス・ドイツのヨーロッパ像
A．ローゼンベルク「ヨーロッパの変革――ヨーロッパ協同体」(1940)
B．ダイツ「人種および領土に基づくヨーロッパの再編」(1940)
C．リッベントロップ「ヨーロッパ国家連合」(1943)

A. Alfred Rosenberg, *Völkische Beobachter*, 1940. 5. 13. 邦訳は秋澤修二訳『二十世紀の変革』育生社弘道閣，1941 年，34-7 頁に依拠した。
B. Werner Daitz, "The reorganization of Europe on a racial and territorial basis," *Nationalsozialistische Monatshefte*, Jg. 11, 1940, II, pp. 529-34, cited in *DHEI*, Vol. 1, pp. 80-1.
C. Joachim von Ribbentrop, "European confederation" (21 March 1943), ADAP, E, V, doc. 229, pp. 437-41; draft in PA/AA NL. Renthe-Fink, bundle 5/3. Themes, memoranda, press summaries, October 1943 (5542 H/E 384406-535); here E 384433-9, cited in *DHEI*, Vol. 1, pp. 122-7.

　ナチスの「新秩序」には，ヨーロッパ政治・経済の再編という動機が底流として存在した。ヒトラー自身は「ヨーロッパ統一」については常に否定的であったが，「ゲルマン民族」のみを対象とすれば，ヒトラー自身も当初から中東欧に広がるドイツ系民族の「再統合」を目指していた。
　さらに，ナチス・ドイツの政治家のなかには，戦間期の広域ヨーロッパ再編の諸構想の影響も受けた，より明確なヨーロッパ統合構想も存在した。
　ここに訳出した史料は，A がナチス党の理論的指導者として知られるローゼンベルク（Alfred Rosenberg, 1893-1946）の筆になるもので，比較的早い段階で「ヨーロッパ共同体」という言葉を用いていた例である。「ユダヤ的＝イギリス的」な旧秩序を打破して，20 世紀的な新秩序を樹立しようとする独特の世界観が表明されている。B は「広域経済圏（Grossraumwirtschaft）」を説いたナチスの代表的エコノミストであるダイツのものだが，人種に基づくヨーロッパ再編構想が端的に現れている（経済圏再編構想では「ヨーロッパ経済共同体」を説いたフンク蔵相のものもしばしば言及される）。C はリッベントロップ外相による「ヨーロッパ国家連合」構想である。
　こうしたナチスの諸構想を，ヨーロッパ統合の他の構想と同一の俎上で論ず

ることがどの程度可能かについては論争も残るだろうが，ナチスの「新秩序」にはヨーロッパ政治・経済の再編という動機が底流として確かに存在した。またナチスの「ヨーロッパ」論が特に西欧や北欧の占領地域でのプロパガンダに用いられるようになったこともあり，レジスタンス運動や戦後のヨーロッパ統合にも一定の影響力を及ぼしたと見るのが適切であろう。　　　　　（戸澤）

A．ローゼンベルク「ヨーロッパの変革――ヨーロッパ協同体」

　……今日ドイツに宣戦しているのは，ユダヤ的＝イギリス的利潤欲に導かれた経済的資本主義的な19世紀であり，ドイツの味方に立っているのは目覚めたる20世紀であると言わねばならぬ！　そして，この二つの時代の間を隔てる溝は全ヴェルサイユ体制である。
　……
　……多くの政治家はそれをまだ理解しようとはしないが，国民社会主義革命は全ヨーロッパに対して，すべてのヨーロッパ諸国民が今まで彼らを苦しめてきた金融＝海賊制度の魔手から解放されることを意味するのである。
　それは，ヨーロッパの諸民族が，その前衛戦士たるドイツのもとに共同して，ヨーロッパの異分子たるイギリスの営利的支配からの全ヨーロッパ大陸の自由を宣言することを意味する。
　……
　ヨーロッパ諸民族は将来このようにして，普通いわれる享楽は恐らく出来ないとしても，その直接的生存は決して脅かされることのない一つのヨーロッパ的協同体（共同体）をなすに至るであろう。このヨーロッパ協同体は大資本主義的な国際連盟の如きものではない。生活してゆくには，いわゆる生存競争ばかりでなく，またいわゆる共生，すなわち全く異なったいろいろな種およびいろいろな諸民族の相互保全のための一つの共同活動が必要なのである。これは明かに今日一つの大きな運命の下において行われ始めた新しいヨーロッパの転回である。そして，ここにおいては国民社会主義的ドイツ国がこの新しいヨーロッパ的自由およびヨーロッパ的新秩序の先駆者であることを，我々は固く確信している。（ドイツとイタリアとの間の石炭協定はかかるヨーロッパ的連帯の一つの例である。）また，この思想は次第に他の多くの諸国民の思想ともなって行き，それによってこれら諸国民は強健となり，株屋デモクラシーというイギリス病が全快するに至るであろうと，我々は固く確信している。

それゆえ，いまや全世界の眼前において1940年5月10日を期して開始されたこの戦争は一つの最も大きな規模の革命戦争なのだ。ドイツを救った国民社会主義革命はまた全ヨーロッパ大陸の生活権を保証する前衛となっているのである。それは経済的帝国主義時代の腐朽した支柱を打ちくだき，その軍隊の前進とその理想の力によってヨーロッパ諸民族の一つの新しい共同生活のための確固たる基礎を築くのである。

B. ダイツ「人種および領土に基づくヨーロッパの再編」

このヨーロッパ革命は，まずドイツとイタリアにおいて，国家社会主義（ナチズム）およびファシズムという形でその存在を現し始めた。ナチスおよびファシストの革命は，それに続くファランジストやその他の革命と同様，一国的（ナショナル）な解決策なのであり，[同時に]全般的なヨーロッパ革命の一部を成すものである。ゆえに，そうした革命は一国としての目標だけではなく，ヨーロッパとしての諸目標を有している。したがって，この革命の神意たる指導者，アドルフ・ヒトラーとベニート・ムッソリーニは，最も偉大なドイツ人とイタリア人というにとどまらず，最も偉大なヨーロッパ人でもあるのだ。彼らはそれぞれの国家革命の指導者であるだけでなく，ヨーロッパ革命——すなわち人種および領土に基づくヨーロッパ大陸の再編——の指導者でもあるのだ。アドルフ・ヒトラーの統治下，北海ならびにバルト海地域に政治的・領土的基盤をもち，軍人的な生活様式と，外交上の課題としてあらゆる状況において千年もの間阻まれ続けてきた大陸政策の追求を優先順位の第一に置こうとする，第一帝国が再び息を吹き返した。同様に，ファシスト政権のベニート・ムッソリーニの下で，地中海地域の支配者として，かつ生存圏に基づいたヨーロッパ政策の枢軸を形成すべくドイツ帝国と永続的に結ばれたローマ帝国が蘇った。このようにして，ドイツ支配下の北海・バルト海地域とイタリア支配下の地中海地域はヨーロッパに新たな統一と強さをもたらすために結びつくのである。経済分野においても，円，ドル，ルピー圏と並んで，今やライヒスマルク圏が存在しており，それは人種的生存圏の経済的な強固化と，崩壊しかけているイギリス中心の世界経済システムに取って代わるより優れた経済秩序という二つの兆候を示している。両革命は，新たなヨーロッパ道徳を宣言している。ある個人が，彼が生まれついた人種的共同体の高次の法に違反すれば罰を受けるように，ある国民がその民族が人種として属している共同体の高次の法に違反すれば罰を受けるのであり，また一国民は，元来

その共同体に起原をもつ政治的・経済的・文化的な利益・権利・義務を侵害することはできないのである。諸国民のヨーロッパ共同体，すなわち白人種の共通の生存圏は，それぞれの国民から，当該国家が共同体として各々の市民に課すものと同じ規律を要求する。このようにして，ヨーロッパの諸国民は，再びヨーロッパ化されなければならないのであり，それによってヨーロッパ諸国民はヨーロッパ大陸の市民となり，さらには世界の市民とならなければならないのである。ヨーロッパ人のためのヨーロッパを！

C．リッベントロップ「ヨーロッパ国家連合」

　私は，以前の覚書においてすでに総統［ヒトラー］に進言したように，われわれが軍事上重要な成功を収めた後，可及的速やかに非常に明確な形でヨーロッパ国家連合という宣言をなすべきであると考えている。

　設立式典として，私は，当事者国の長全員を彼らの政府とともにザルツブルクやウィーンといった安全な会合場所へと招こうと企図している。そしてそこは，ヨーロッパ国家連合を誕生させる文書への署名が厳かになされるだろう場所である。

　直接の関係当事者国は，ドイツ，イタリア，フランス，デンマーク，ノルウェー，フィンランド，スロヴァキア，ハンガリー，ルーマニア，ブルガリア，クロアチア，セルビア，ギリシャ，そしてスペインになる。もし，総統がヨーロッパの一部にわれわれによって支配される独立国家を創ろうとなさるのであれば，それらの国々もこの一覧に加えられるだろう。

　私の見るところ，明確なこの種の手段を用いないと，われわれが目指している成功は生まれない。

　ヨーロッパ国家連合の設立は以下の政治的利点を有する。

(1) それは，平和が約束され次第，ドイツの地方長官の支配下に置かれるのではという，われわれと同盟関係にある盟友達の危惧を払拭するだろう。
(2) 中立国は，戦争終了時に自分たちがドイツに編入されないということを再確認できる。
(3) イタリアは，強大なドイツがイタリアを窮地に追い込んでやりたいと思っているのではという不安から解放されるだろう。
(4) もし，総統がいくつかの占領地域，そこでは当然われわれが完全な支配権を保持し続けるのだが，そこにおいてある程度独立した形での国家を複数樹立

することを決定なさるなら，ヨーロッパ国家連合は当該地域にとってかなりの安堵となるだろうし，戦争においてわれわれを手助けしようという気を彼らに起こさせるものとなるだろう。

(5) それは，全ヨーロッパはロシア人と対立しているのだという印象を彼らに与え，それにより彼らの戦意を弱めるだろう。

(6) もし，イギリス人およびアメリカ人が，自分たちはヨーロッパを解放しているのではなく，自分たちに断固として抗っているヨーロッパに対して攻撃を加えているのだということに気づいたなら，ヨーロッパ国家連合は彼らの戦意を喪失させるように働くだろう。

(7) それは，イギリスとアメリカの両方を，その国内において弱体化させる効果をもつだろう。アメリカに対しては，それはローズヴェルトへの痛恨の一撃となる。両国，とりわけアメリカにおいて，最も強固な反ドイツプロパガンダ議論をも撃破するだろう。たとえば，反対グループは次のように言うことができる。「われわれはアメリカ自身がなしたことを，ヨーロッパがなすことを禁ずることはできない。つまり，国家連合を形成することを」と。

(8) フランスおよび占領地域においては，ヨーロッパ国家連合は，それらの国々の人的ならびに物的な戦争遂行上の取り組みという点で，全般的に決定的重要性をもつものとなるだろう。

(9) フランスに関しては，私は特に思うところがあり，ヒムラーと話し合ったことがある。私が思うに，戦局に有利な展開をもたらすことができる第一級のSS部隊を一つか二つ，われわれを助けるヨーロッパの明確なスローガンの下に，ゲルマン民族のなかから補充するのが有効かもしれない。詳細についてはすでに十分に検討済みであり，私は数日のうちに再びヒムラーと細部に関して，徹底的に話し合うつもりである。

(10) スウェーデン，トルコ，ポルトガルといったいくつかの中立国については，イギリスおよびアメリカと緊密な関係にならないように抑止されるだろう。後ろに控えているイギリスとともに，バルカン協定を作ろうというトルコの努力は，ヨーロッパ国家連合の成立によって挫かれないだろう［ママ］。

(11) 私は，ヨーロッパ国家連合法の第一草案を総統に提出するつもりである。私は，時宜を得たこの連合の設立は，次のような深遠な効果をもつだろうと思っている。すなわち，すべての意図，目的に対し，われわれの敵が将来のプロパガンダ目的の重要な戦争を遂行できなくさせるという効果である。私

はまた次のようにも思っている。すなわち，すでにイングランド，アメリカ，ロシアの間で露わになっており，いつの日か肥大化するだろう重大な不一致のことを勘案すると，敵国の同盟はこの種の統合されたヨーロッパの出現に直面するだけで崩れ去ってしまうだろうということである。

(12) チュニスにおける戦闘への効果もまた，格別重要である。なぜなら，私は，この連合がペタン元帥を署名者として設立された暁には，ジロー司令官はわれわれに対する戦争にフランス人を動員し続けることが困難だと考えると確信しているからである。

複数の国家間における領土国境問題は，連合法との関連で処理されるべきではなく，明らかに，最終の平和的解決を待たねばならない。

ヨーロッパ国家連合に関連するその他の個別具体的な問題については，ある種の困難，たとえば大統領をめぐる問題などもかかわってくるかもしれないが，総統がこの計画に原則として賛成してくださるようなら，何も問題は起こらないだろう。

私はこの方法が採用されることを，この上なく強調して勧める。もし関連する役職，たとえば，新たな政治的組織における役職などであるが，それらの全ての役職について，真の政治的目的に関して実際のところ妥協しない一方で，柔軟性を示すこともできる毅然とした人間をわれわれが適切に配置するように気をつければ，そのような連合の創造は何をも害することはなく，偉大なるゲルマン帝国を終戦とともに誕生させるのみである。

私は，然るべき戦術を用いれば，ドイツ人の流血を大いに減らすことができるだろうことを，一片の疑いもなく確信している。

私はまた，この連合につき，ザルツブルクにてムッソリーニとの話し合いが行われるべきであると提案する。

添付
欧州国家連合の設立

ドイツ帝国，イタリア，フランス，ベルギー，オランダ，デンマーク，ノルウェー，フィンランド，エストニア，ラトヴィア，リトアニア，スロヴァキア，ハンガリー，ルーマニア，ベルギー，セルビア，ギリシャ，クロアチア，ならびにスペインはヨーロッパ国家連合を設立することを決議した。

この目的のために，国家の長……および政府の長……は，……［月日］に……

［場所］で会合をもった。ヨーロッパ国家連合を設立するための文書は上記のヨーロッパ国家の政府の全権大使によって調印されたが，それはまた以下の規定を含む。

(1) ヨーロッパ民族の共通の運命を明確に述べるため，また上記の国家間で戦争が二度と勃発しないことを確実にするために，ここに集まった国家はヨーロッパ国家連合を設立し永きにわたり保つ。
(2) 連合の成員は，主権国家であり，他国の自由と政治的独立を侵害しないことを保証する。一国内の問題に関する組織は，それぞれの国の主権者が決定すべき問題である。
(3) 連合の構成国は，ヨーロッパの利益を全方位にわたり共同して守り，外敵からヨーロッパ大陸を防衛するだろう。
(4) 連合の国家は，ヨーロッパ防衛のために同盟関係を結び，その計画は順を追って策定される。
(5) ヨーロッパの経済は，連合加盟国により，相互合意の得られた統一的な計画によって編成される。加盟国間の関税障壁については，漸次廃止される。
(6) 各国家の個性を保ちながらも，連合において結ばれた国家は，相互に文化交流の興隆を見るだろう。
(7) 連合の設立国家でないヨーロッパの国家は，連合に加盟するように厳粛に招聘される。
(8) ヨーロッパ国家連合の組織に関する全ての詳細は，連合の当事者である政府がかかわる全ての戦争が終了したのちの協議の題目となる予定の，連合に関する法律によって規定される。

2-21　英仏連合案（1940）

"The Declaration of Union," 16th June 1940. TNA, PREM 3/176 (Online available: http://www.jean-monnet.net/menu06/doc07p.jpg)

　　第二次大戦が始まって3カ月もたたないうちに，モネは第一次大戦のときの教訓から再度英仏共同で戦争遂行に当たるべきと説き，イギリスの閣僚や行政官の猜疑心を英仏首相の支持によって押さえ込んだ上，両首脳が指名する「英仏調整委員会」議長職に納まっていた。自らが起草したその任務は，どちらの

国家政府の観点にも縛られない「連合国の行政官」として位置づけられていた。

しかしフランスの軍事的敗北が色濃くなるにつれ，問題が生じる。「連合国」としてのフランスの消滅である。ヴィシー政府が後にそうするように，対独講和を一方的にしてしまうと，英仏の共同戦線は消滅し，両政府からの授権で成立している「英仏調整委員会」もその議長職も当然なくなる。このぎりぎりの局面でモネが中心となり推進したのが，1940年6月16日の有名な「英仏連合」案である。

この案においては，議会も政府も軍隊も通貨も英仏共同のものとなり，両国は融合する。正当な政府が存立しているうちにこれを実現すれば，対独戦争は続行できる。この案を，モネは，チャーチルの安全保障顧問モートン（Desmond Morton, 1891-1971），英外務省のヴァンシタートル卿（Robert Vansittart, 1881-1957），プレヴァン（René Pleven, 1901-93），そしていまや英仏調整委員会の部下となった副委員長（兼チャーチル内閣副大臣 Junior Minister）ソルターらの助けを借りながら作成した（以下に訳出したのはその草案である）。そして当初モネを相手にしなかった首相チャーチルを説得し，英内閣の承認を得るところまできた。イギリスにすでに入っていたドゴール（Charles de Gaulle, 1890-1970）将軍は，このとき驚きながらも同案に賛成し，ボルドーまで逃げてきていたレイノー（Paul Reynaud, 1878-1966）仏首相を電話で説得した。しかしながら，ペタン（Henri Philippe Pétain, 1856-1951）元帥らの反対にあい，内閣承認を取り付けるところまでいかなかったレイノーは，翌日17日に辞任し，ペタンがあとを襲った結果は，周知のように対独講和であった。

こうして挫折した英仏連合案ではあったが，いわゆる「超国家（supranational）」的な発想を内に含んだ構想が，イギリス政府の閣議を通り，史上初めて政治的なアジェンダとして成立した稀な文書として，歴史的価値がある。

(遠藤)

連合宣言

現代史上もっとも運命的なこの瞬間，連合王国とフランス共和国の両政府は，人類をロボットや奴隷のごとき生活へと貶める体制に隷属することに抗して自由と独立を守るため，永久不変の連合ならびに不屈の決意をこれにより宣言することを希求した。

両国政府は，フランスとイギリスがもはや二つの国ではなく一つであると宣言する。

ここにおいて仏英連合が創設されることとする。

全てのフランス市民はイギリスの市民権をただちに享受し，全てのイギリス臣民はフランス市民となる。

戦争による荒廃はどこで生じようとも，両国の共通責任となり，両国の資源は等しくかつ一体のものとしてその復興にあてられる。

イギリスとフランスの間の全ての関税は廃止される。

二種ではなく単一の通貨のみが存在することとなる。

戦時中は単一の戦争内閣が存在することとなる。それは場所を問わず最適なところから統治する。両国の議会は一体となる。連合憲法は，防衛ならびに経済政策のための合同の機構作りのために明文化される。

イギリスは数百万人からなる新たな兵力をただちに集め，連合はアメリカ合衆国にその工業力を動員しこの新軍の迅速な装備を支援するよう要請する。

イギリスとフランスの全軍は，陸海空を問わず最高指揮権の下に置かれる。

この統一，この連合は，あらゆる力を振り絞って，戦闘がどこで起きようとも，結集した敵の兵力に対決する。

かくして，われわれは勝利を収めるであろう。

───────

上述の宣言書は，本日ドゴール将軍によってレイノー氏にもたらされ，またフランスとこの国［イギリス］の双方において公表されることになる。

2-22　自由で統合されたヨーロッパのために：宣言案（ヴェントテーネ宣言）(1941)

"Per un'Europa libera e unita. Progetto d'un manifesto," in Altiero Spinelli, *Il progetto europeo*, il Mulino, 1985, pp. 17-37.

レジスタンス活動家によるヨーロッパ統合論の代表的文書。イタリアの離島ヴェントテーネ島の反ファシズム政治犯収容所で元共産党員のスピネッリ（のちにEC委員，欧州議会議員）とレジスタンス組織「正義と自由」の活動家ロッシ（のちに急進党を創設）が執筆し，この文書の作成に協力した社会党員のコロルニ（Eugenio Colorni, 1909-44,「正義と自由」にも参加）の妻ヒルシュマン（Ursula Hirschmann, 1913-91, のちにスピネッリと再婚，政治経済学者ハーシュマンの姉）が面会の際にイタリア本土にもち出し，1941年7月頃から本土の活動家の間で回覧された（公刊されたのは1944年）。

宣言の執筆にかかわった3人は，収容所内でスターリンを批判し共産党から除名されたスピネッリをはじめ，いずれも広義の左翼勢力に属するものの，教条的な共産主義には批判的であった。宣言は三部からなり，第1部ではマルクス主義的な階級史観に依拠しながら，国民国家体制を維持したままでは，いかなるイデオロギーを採っても全体主義と戦争の脅威から免れないという徹底した国家主権批判を展開するが，第2部では戦後の課題としてのヨーロッパ連邦創設の提案が党派的主張に優越している。そこで重視されるのは，エンゲルス的なイデオロギー言説ではなく，レーニン的な政治運動の前衛としてのヨーロッパ連邦主義者の自発的活動であった。第3部では，戦後ヨーロッパの理想は社会主義としながら，集産主義を廃した柔軟な手法を唱えている。これには，ロッシが交流のあったエイナウディを通して知った経済学者のロビンズやハイエクの著作の影響も見られる。

　この宣言に共鳴した知識人を中心に，1943年のムッソリーニ失脚の直後にイタリアの運動組織「欧州連邦主義運動」（MFE）が発足し，のちにスピネッリはヨーロッパ各国の運動組織を束ねた「欧州連邦主義同盟」（UEF）の書記長にも就任する。この文書は，戦後の超党派的かつ超国家的な欧州連邦主義の思想を鮮明に表現した文書として長く読み続けられている。　　　　（八十田）

I．近代文明の危機

　近代文明は自由の原理を基礎とし，その原理によれば人間は他者の道具となってはならず，自律的な生の主体でなければならない。この法理を手にして，自由の原理を尊重していなかった社会生活の全ての諸相は大きな歴史的審判を受けることになった。

1）全ての民族に自らを独立国家として組織することが平等な権利として認められている。……民族自決のイデオロギーは進歩の強力な原動力であった。それは狭隘な地方感情を，支配者たる外国勢力の圧制に対抗するより大きな連帯感によって超克することを可能にしたのである。……しかし，民族自決というイデオロギーは資本主義的帝国主義の種をはらんでおり，われわれの世代はそれが全体主義国家へと拡大し，世界大戦を起こすまでになるのを目撃したのである。

　国家はもはや，長い過程を経て慣習や希望のより大きな統一性を実現し，国家が集団生活を組織化する人間社会で最も効率的な組織であると思ってきた人々の共生による歴史的所産と見なすことはできない。むしろ国家は，他のものがいかに損害を被ろうともまったく配慮せず，それ自身の存在と発展のみを考えなければならない神聖な実体となってしまった。

......

　その結果，国家は市民の自由の保護者から，軍事的な効率性を最大限にするために全力で奉仕することを義務づけられた臣民の主人に変わった。

......

2) 国家意志の形成に際して全ての市民には平等な権利が与えられていると言われてきた。国家意志は全ての社会階層が自由に主張するさまざまな経済的およびイデオロギー的要求を総合したものとなるはずであった。

......

　労働者階級を非活動的で従順なものとしておくために，労働組合はかつては構成員の信頼を得た個人に率いられる自由な闘争組織であったのに，支配者集団によって選ばれ，それに対してのみ責任を負う官吏に牛耳られた警察的監視組織となってしまった。このような経済体制になんらかの修正がなされるとしても，それは全体主義国家を台頭させ定着させようとする特権階級の反動的な野心に合致した軍国主義からの要求にのみ従って実施されるのである。

......

3) 権威主義的ドグマティズムに対して，批判的精神の永続的な価値が主張されてきた。主張されるものは全てその正当性を示すか，さもなければ取り下げるかしなければならない。われわれの社会のあらゆる分野の主要な成果は，このような公平無私な立場に基づく規範からもたらされた。しかし，この精神的な自由は全体主義国家を台頭させた危機に対して抵抗できなかった。本心からあるいは偽善的に信じられることとなる新しいドグマは，あらゆる科学の指導者たちと手を結んでいる。

......

　この反動的な全体主義文明は一連の国々で勝利をおさめ，ついにその最終段階に導く力をナチス・ドイツに見出した。ナチス・ドイツは他の諸国の対立関係，エゴイズム，愚かさを大胆かつ良心の呵責なく利用した入念な準備のあとに，まずはイタリアをはじめとするヨーロッパの衛星諸国を従え，次いでアジアで同様の目的を追求している日本と同盟を結び，他国を蹂躙することで台頭した。ドイツの勝利は世界における全体主義の決定的な強化を意味する。全体主義的要素は最大限まで膨張し続け，進歩的勢力は長期にわたって単なる後ろ向きの批判勢力として糾弾され続けるだろう。

......

多くの人々が新しい体制に静かに従っていくことで，人々はやがてこの体制に順応し，体制を強化していくことになる。しかし，このゆっくりとしたプロセスは止まり，反対のプロセスが始まっているのだ。次第に高まってくるこの巨大な波にはあらゆる進歩的勢力が現れる。労働者階級の最も啓発された集団は，恐怖や幻想に心を乱されることなく，よりよい生の様式を求めてやまない。知性が低く評価される趨勢のなかで知識人階級の最も自覚的な人々や，新しいイニシアティブを取ろうとしている経営者たちは，彼らの活動をいちいち妨げる官僚制機構や国家統制から解放されたいと望み，ついには，全ての人々が生来の自尊心に目覚め，隷属状態の屈辱的な桎梏に耐えられなくなるのである。

今日，こうしたすべての勢力にわれわれの文明の救済が委ねられているのである。

II．戦後の課題――ヨーロッパ統合

ドイツの敗北は，しかし，われわれが文明に抱く理想に合ったヨーロッパの再編成を自動的にもたらすものではないだろう。

この短く激しい全般的危機の時期に（この時期は，国家が地に崩れ落ち，人民大衆が新しい言葉を待ちわびて，溶解し，燃えたぎり，容易に新しい鋳型に流し込まれるようなものになっていて，真に国際主義的な人々の指導を受け入れることができる期間でもあるのだが，）古い国家体制の下で最も特権的な地位にあった階級は，国際主義的な意識や熱情の波を策略的かつ暴力的に鎮めて，これ見よがしに古い国家組織を再建しようとするだろう。おそらく，イギリスの指導者層も，アメリカの指導者層の同意を得て，彼らの帝国の現実の直接的な利益にかかわるところで再び勢力均衡政策を取るために，状況をこのような方向に導こうとするだろう。

……

革命的状況：新旧の潮流

全体主義体制の崩壊は，全ての階層の人々に「自由」の到来を感じさせる。全ての規制は消滅し，自動的に言論と結社の自由が広範に行き渡る。それは民主主義思想の勝利である。……

……

このまさに最大限の決断力と大胆さが求められる瞬間に，民主主義者は人民の強固な支持を得ることもなく，ただ不確かな情念の発散を受けて困惑している。……民主的な政治手法は革命的危機に際しては重みがない。

……

　階級闘争が全ての政治的問題の前提条件であるという原則は，特に工場労働者の基本的方針となって，……その政策に一貫性をもたせてきた。しかし，こうした考え方は，社会全体の組織を変革する必要があるときに，むしろプロレタリアートを孤立させてしまう。……

……

　真の革命的運動は，古い政治的主張を批判できるようになった人々から起こらねばならない。その人々は，民主主義勢力とも，共産主義勢力とも，そして全体主義の解体に共闘してくれるどんな人々とも協力でき，しかしこれらのどの勢力の政治的慣行にも引き込まれないようにしなければならない。

……

　最初に解決されねばならず，それが失敗すれば他の進歩はすべて見せかけのものになってしまう問題は，欧州を主権をもつ国民国家に分割することを決定的に廃止することである。大陸諸国の大部分がドイツという圧縮ローラーに潰されたことで，ヨーロッパ諸国民は共通の運命を抱くこととなった。すなわち，すべての人民がともにヒトラーの支配に服従するか，あるいはヒトラー体制の崩壊後に，自分たちはもはや強固な国家構造によって拘束も分割もされていないと感じるような革命的危機に突入するかである。すでに今日，過去に例がないほどヨーロッパの連邦的再編への機運は整っている。この10年間の厳しい経験は，現実を直視したがらない人々の目をも開いて，われわれの理想に好ましい多くの状況を成熟させたのである。

　理性的な人々はみな，もはや軍国主義的なドイツと共存しながら他の国々と平等な条件でヨーロッパの独立国家間のバランスを維持することは不可能だと認識している。また，たとえドイツが敗北しても，ドイツを粉々にしたり，鎖につなげられるとも思っていない。ヨーロッパのどの国も他の国々が戦争を行っているときに傍観していることは不可能であり，中立や非交戦の宣言も無意味であることが明らかになった。国際連盟のような組織が無益であるどころか，危険でさえあるということも明白である。国際連盟は自らの決定を強制できる軍隊をもたないまま，しかも加盟国の絶対的主権を尊重しながら，国際法を保証できると思い込んできた。内政不干渉の原則も不合理なものになっている。というのは，この原則に従えば，どの国民も自分たちがよいと思えば専制的政府を選択する自由をもつこととなり，個々の国家の国内体制がどうなろうと他のヨーロッパ諸国の死

活的利益にかかわるものではないと言わんばかりになるからである。［ヨーロッパ］大陸の国際関係を蝕むさまざまな問題は解決不可能なものとなった。民族が混在しているところに引かれた国境線，少数民族の保護，内陸国の海への出口，バルカン問題，アイルランド問題等々。これらの問題は，ヨーロッパ連邦の下で最も容易な解決策を見出すはずであり，それはちょうど過去に，より大きな統一国家の一部となった小国間の問題が地域間の関係の問題に変化したことで解決したのと同じである。

　……

　もはや，進歩的政党と反動的政党の境界線は，民主主義の程度や，実現を目指す社会主義の程度による形式的な線に沿って引かれるのではない。一国家の政治権力の獲得という古い目的を政争の本質的な目的として，たとえ意図的でなくても，民族感情の煮えたぎる溶岩が古い鋳型に流れ込んでさまざまな古い狂気が再発するのを放置して，反動勢力同士のゲームに興じることになる党派。強固な国際的国家の創設を中心的な責務だと考えて，人民の勢力をこの方向に導き，各国の権力を獲得するにしても，それをもっぱら国際的統合の実現の手段として用いようとする党派。この両者を分かつ，根本的に新しい境界線に沿って引かれるのである。

　プロパガンダや行動などあらゆる方法で，さまざまな国で確かに生まれつつある個々の運動間の合意と連帯を根づかせる努力を続けながら，ヨーロッパにおいてこの数世紀を通じて最も壮大で革新的な創造となる新しい組織の誕生のために，全ての勢力を動員できる運動の基礎を今から築かなければならない。この新しい組織は，各国軍に代わるヨーロッパ軍組織をもち，全体主義体制の根幹をなす統制経済を決定的に粉砕し，連邦を構成する各国において共通の秩序を維持するために発せられる連邦の決定を執行するのに十分な組織と手段をもちながら，同時に各国にさまざまな国民性に合った政治風土の彫琢と発展を委ねる自治を認めるような，強固な連邦国家を形成するものである。

　もし，ヨーロッパの主要各国において十分な数の人々がこのことを理解するならば，彼らが勝利を手にする時は近いだろう。なぜなら，状況や世論は彼らの努力に好意的であろうからだ。彼らは過去20年の悲惨な経験によってその権威が失墜した全ての政党や派閥と相対する。なぜなら，今こそ新しい行動の時なのだ。そして新しい人々の時なのだ。その人々こそ，自由で統合されたヨーロッパのための運動なのである。

III. 戦後の課題——社会改革

　自由で統合されたヨーロッパは，全体主義時代に中断した近代文明の強化に必要な前提である。全体主義時代はまもなく，社会的不平等と特権に対する歴史的審判が完全に再開されることによって終焉を迎えることになるだろう。これを妨げる古い保守的な制度は全て崩れつつあるか，崩されつつあり，こうした制度の危機に際しては，多くの勇気と決断が必要になる。

　ヨーロッパ革命は，われわれの存在に適うためには，労働者階級を解放し，労働者階級により人間的な生活条件を実現する社会主義革命でなければならないだろう。こうした方向に進めるために取るべき措置を示す基準は，物理的生産手段の私有は原則的に全て廃止されなければならない，あるいはやむをえない場合だけ一時的に許容されるといった純粋に教理的な原則である必要はない。経済の全面的な国有化というのは，労働者階級が資本主義の束縛からの解放を表現したユートピア的な原初形態だった。しかし，国有化が完全に実現されると，労働者が夢見たようにはならず，むしろロシアで起こったように，経済を管理する狭量な官僚階級に全ての人々が隷属する体制を構築することになる。

　……

　私有は廃止され，限定され，修正され，拡張されなければならないが，それは原則に縛られて教条主義的に行われるべきものではなく，場合ごとに異なった対応が必要である。この行動指針は，軍国主義や国家官僚制の悪夢から解放されたヨーロッパ経済社会を形成していく過程で採用されなくてはならない。労働者階級も不合理な解決策を合理的な解決策に取り替えていくように意識しなければならない。われわれは，この指針の内容をより詳細に示したいと思い，いかなる計画の論点の適合性や形式も，もはや不可欠なものとなったヨーロッパの統合という前提条件との関係で評価されなければならないと信じるがゆえに，下記の諸点を明確にしたい。

a)　必然的に独占的な事業活動を行い，消費者大衆に広く関わる立場にある（たとえば電力産業のような）企業は私有企業のままにしておけない。……この分野では，既存の権利関係に関係なく，広範な国有化の導入がぜひとも必要である。

b)　過去に制定された私有権や相続権に関する法律は少数の特権階級に蓄財を許すものであった。……そのため，われわれは耕作者に土地を与え，土地所有者を大幅に増やす農業改革や，非国有部門で協同体組織や労働者株主制度などにより

労働者［による生産手段］の所有を増やす工業改革を考えるべきである。

c)　青少年は生存競争の出発点での格差を最小限とするように必要な措置がとられること。

　　……

d)　近代技術による大量生産の無制限ともいえる能力を使って，全ての人々に基本的な物品，つまり食料，住居，衣料など人間の尊厳を保つために必要な最小限のものを比較的少額の価格で提供すること。

　　……

e)　労働者階級の解放は，上記の諸点に示された諸条件が実現されたときにはじめて達成されるものであること。

　　……

　これらは新しい秩序の下に，自らの生存を維持し，社会的連帯感を強くもち，政治の世界に自由の刻印をしっかりと押してくれる広範な市民層を形成するために必要な変化なのである。……

　　……

　このような革命的体制が必然的に新たな専制主義に陥るのではないかと恐れる必要はない。もし新体制が一種の奴隷社会として形成されるならそうなるかもしれない。しかし，もし革命的政党が最初の一歩から着実に，全ての市民が国家の活動に本当に参加できる自由な生活のための諸条件を作っていくなら，それは進歩していける。たとえ，偶発的，二次的な政治危機が訪れても，新しい秩序が次第にあらゆる人々から理解され，受け入れられていき，自由な政治制度がますます機能性を高めておくだろう。

　今や，古い桎梏から自らを解き放ち，このようにおよそ想像していたのとは違う事態が新たに起こってもあわてずに，老人たちから無用のものを取り除き，若者たちのなかに新しいエネルギーを生みだそう。今や，ヨーロッパ文明の現在の危機の原因を理解した人々がともに話し合い，未来の計画を作り始めている。そうした人々は，たどり着くべき目標もそのための手段も分からず，挫折を繰り返しながらも人間性の向上にかかわってきた全ての運動の遺産を受け継ぐのだ。

　進むべき道は易しくなく，確かなものでもない。しかし，この道を歩んでいかねばならないし，そこに道は開かれるだろう。

　　……

2-23　大西洋憲章（1941）

Foreign Office, *British and Foreign State Papers*, Vol. 144, Her Majesty's Stationery Office, 1941, pp. 683-4.

　1941年8月9日から12日まで，カナダのニューファンドランド沖で，チャーチル英首相とローズヴェルト（Franklin D. Roosevelt, 1882-1945）米大統領との間で，大西洋会談が開かれた。両首脳の他，イギリス側からはカドガン外務事務次官や陸海空軍の参謀長たち，そしてアメリカ側からはウェルズ国務次官など，両国政府の首脳が集まる重要な会談であった。8月12日は，両国の共同宣言として，のちに「大西洋憲章」と呼ばれる文書が合意され，14日に公式に世界へ向けて発表された。この大西洋憲章は，第二次大戦が勃発して初めての本格的な戦後構想であると同時に，アメリカをイギリスの側に結びつけようとする試みであった。

　この宣言のなかには，戦後世界を動かすことになるいくつかの重要な原則を見ることができる。たとえば第3項では「民族自決」の理念が記されており，これはウィルソン大統領のかつての「14ヵ条」【2-5】から続く理念であった。これによって，戦後イギリス帝国は，植民地の独立を認めざるをえなくなる。また，第6項で「ナチスの独裁体制の最終的崩壊」を記すことで，アメリカもまたその目的を共有することが明らかとなった。第8項では，のちの国連創設へと結びつく，「一層広範かつ恒久的な一般的安全保障システム」を設立する意図が記された。英米間で最も大きな問題となったのは，第4項の自由貿易についてである。これこそがアメリカ政府が最も強く要求したことであり，イギリス帝国の帝国特恵関税制度を打破することが目指されていた。戦後の国際経済体制は，戦前のようなブロック経済を否定して，自由貿易に基づいた秩序を構築することが目指される。

　これらの理念は，1942年1月1日の「連合国宣言（Declaration by the United Nations）」によって多くの賛同する諸国とともに，連合国の戦後構想として世界に示されることになり，さらには，45年6月に合意された国連憲章においてもその精神が受け継がれることになる。戦後のヨーロッパ統合もまた，このような理念をその重要な基礎として，発展する運命にあった。　　　　　（細谷）

　アメリカ合衆国大統領および連合王国政府代表チャーチル首相は会談を行い，世界のより良い未来に対する両者の願望の基礎として，各自の国の国政上のいくつかの共通原則を公にすることが適切であると考えた。

　第一に，両者の国は，領土的たるとその他たるとを問わず，いかなる拡大も求

めない。

　第二に，両者は，関係する人民の自由に表明する願望に合致しない，いかなる領土の変更も欲しない。

　第三に，両者は，全ての人民が，彼らがその下で生活する政体を選択する権利を尊重する。両者は，主権および自治を強奪された者にそれらが回復されることを希望する。

　第四に，両者は，現存する義務に対して正当な尊重を払いつつ，あらゆる国家が，大国小国を問わず，また勝者敗者にかかわらず，経済的繁栄に必要とされる世界の通商および原料の均等な開放を享受すべく努力する。

　第五に，両者は，労働条件の改善，経済的進歩および社会保障を全ての者に確保するために，経済分野における全ての国家間の完全な協力を実現することを希望する。

　第六に，ナチスの独裁体制の最終的崩壊後，両者は，全ての国民が，彼ら自身の国境内で安全に居住することを可能とし，全ての国の全ての人が恐怖と欠乏から解放されて，その生命を全うすることを保障するような平和が確立されることを希望する。

　第七に，このような平和は，全ての人が，妨害を受けることなく，海洋を航行することを可能とするものでなければならない。

　第八に，両者は，世界の全ての国民が，現実的および精神的な理由のいずれからも，武力行使の放棄に到達しなければならないと信じる。陸海空の軍備が自国の国境以外における侵略の脅威を与え，もしくは与える可能性のある国々によって行使される限り，いかなる将来の平和も維持されえないのであるから，両国は，一層広範かつ恒久的な一般的安全保障システムが確立されるまで，こうした国々の武装解除は不可欠であると信じる。両者は，同様に，平和を愛好する国民のために，軍備の圧倒的負担を軽減する他の全ての実行可能な措置を支援し，かつ促進させるであろう。

2-24　E・H・カーのヨーロッパ統合観
A．「欧州計画機構」（1942）
B．『ナショナリズムの発展』（1945）

A．Edward H. Carr, "A European Planning Authority" (February 1942), in idem, *Conditions of Peace*, Macmillan, 1942, pp. 205-6, 251-6, 270.
B．Carr, *Nationalism and after*, Macmillan, 1945, p. 51. 邦訳は大窪愿二訳『ナショナリズムの発展』みすず書房，2006年（新装版），77-8頁に依拠した。

　「国際政治学の始祖」とも称されるカーは，名著『危機の二十年』における徹底したユートピアニズム批判から，「現実主義者（リアリスト）」のカテゴリーに入れられることが多い。だが，国際政治学のみならず，歴史学，ソ連・ロシア研究，文学評論，時事評論など多彩な知的活動をこなしたカーは，決して単純な「現実主義者」ではなく，その数多い著作からは独特の進歩的知識人たる側面が浮かび上がる。

　以下では，カーのヨーロッパ統合観を物語るものとして，二つの例を取り上げている。

　史料Aは，規範論としてのヨーロッパ統合像であり，そこでは「計画」と「平等（あるいは社会的正義）」がキーワードとなっている。ナチスの「新秩序」と連合国の戦時統制機構の双方に従前の国民経済を超越した新しい政治・経済システムの萌芽を感じ取り，とりわけナチスの「新秩序」に対抗するため諸国民の平等な取り扱いを原則とする必要性を説いている。

　史料Bは，より客観的な分析による第二次大戦後の国際秩序の見通しである。過去の主権国家体系と将来実現するかもしれない単一の世界的権威の折衷的な形態として，各文明圏ごとに何らかの地域統合が進展することを予言している点が興味深い。

（戸澤）

A．「欧州計画機構」

　復興に関する現下の諸問題から生じる長期的な案件を取り扱う他の諸機関の権限を越えた決定をなす必要性に鑑みて，最も野心的な機構ともいうべき欧州計画機構（European Planning Authority）を，早い段階で実体化する必要があるだろう。さらに，この機構が「ヨーロッパ」の経済政策に関する死活的な決定に責任を負う究極の権威へと発展するよう促されるべきである。……

　［その実現の見通しに関して］ある種の条件付きの楽観主義が，現下の戦争を戦っている両当事者の経験によって正当化されるかもしれない。一方の側ではヒトラーが，非道さそのものによって，ある種の中央集権的なヨーロッパ大の権威を樹立し，結束を生み出した。そうした結束のなかには，たとえわれわれがそう望んだとしてももはや破壊することが困難であるようなものも存在するかもしれない。他方，われわれの側では，この戦争は英語圏の国々とその同盟者の手に経

済的権力の著しい集中をもたらし，そうした権力行使を行う機関をいくつか生み出した。欧州計画機構は，実践的にはそうした彼我二つの懸案事項——すなわちヒトラーの新秩序により中央集権化された経済機構と，連合国側の戦時統制機構——の継承者となる。この両機構は，現状のままではさまざまな点で存続が不適切であることが判明するだろう。しかし，1919年の時のように既存の機構に基づいて組織化することの利点を考慮浅くいたずらに放棄することがなければ，実効的な欧州計画機構の大まかな礎石は戦闘終結の前にすでに築かれていることだろう。……

　第一に，欧州計画機構が保持すべきものは，諸国民間の平等な協力の原理であり，民族的もしくは人種的優越性の原理ではない。ヒトラーの新秩序は，ドイツ民族が他の劣った臣民を支配する支配民族（Herrenvolk）となることを前提としている。欧州計画機構が拠って立つ権力の中核部分が英語圏の国々とロシアから発するものであることは疑いない。これらの国々の軍事力・経済力が，少なくとも初期の数年間においては，機構における決定に際して必然的に強力な発言力をもたらすことだろう。だが，しかし，他の国民・民族や人種に対して劣等なものという烙印を押すことはありえないし，そうした人々を機構の理事会から締め出すこともない。国際機構という概念は，単一の国民・民族の永続的かつ先天的な優越性とは両立しえないものである。

　第二に，欧州計画機構は，最大限の権力と資源を所有する国（々）が排他的権益を確保することを目的とするものであってはならない。ヒトラーの新秩序は，最も高度に熟練しそれゆえに最も高収益な形態の生産をドイツに集中させ，相対的に低収益な形態の生産——特に農業——を衛星国の役割とすることを自覚的に企図したものである。新秩序の具体的な計画をいくつか見てみれば，ドイツ国内においてさえ，外国人労働者は，戦後においても末端の非熟練・低賃金労働のために雇用され続けることとなっていることがわかる。近隣諸国との財の交換においてドイツが最大限の利益を確保できるように，通貨操作および価格統制といった手段が今後も採られるだろう。このように，ヒトラー新秩序の主要な経済目的および結果は，その勢力圏に含まれる他の民族よりも恒久的に高い生活水準をドイツ民族に保証することなのである。欧州計画機構の場合には，その創設時より，生活水準の差別化という原理を拒絶しなくてはならない。……欧州計画機構にとっては，その活動の対象となる地域全体の生活水準を地域内における最高水準のものに引き上げることが指針ともいうべき目標とならなければいけない。こ

の点は，いかなる平和構築の過程においても必須の要素の一つである。なぜなら，生活水準に顕著で永続的な格差が存続したならば，いかなる意味でも真の諸国民間の共同体というものとは両立しないからである。生活水準の低い国から高い国への移民の自然な流れがほぼ全ての場所で押し戻される時代にあっては，同程度の生産能力をもつ国家間で際立った格差が存続するとすれば，それは戦争の永続的な脅威と裏腹の事態なのである。

B．『ナショナリズムの発展』

　戦後世界の形態については確信をもってほとんど何らの積極的予想もなしえない。しかし次の二つの消極的予言はある程度の確実性をもつであろう。われわれはヨーロッパが20の，世界が60以上の，これまで承認されてきた意味でいうのだが，「独立主権国家」からなるのを再び見ることはないであろう。また，われわれは，われわれの時代に，政治的にも経済的にも権力の最終管理所としての単一の世界的権威が人類の事件と運命に対して至高の支配権を振うのを見ることもないであろう。前途の見通しは一つの折衷説――それは他の折衷説と同じく結果においては二つの世界を最も良く現わすか最も悪く現わすかであるが――であり，大小多数の国々が形式上の独立と平等の立場で互いに押し合いへしあいする過去の混乱と，将来実現するかもしれずまたしないかもしれぬ，よくまとまった世界的権威との中間のものである。

　もしこれらの予言が実現するならば，世界は少数の大きな多民族集団が現われ，それに主として権力が集中するという事態に順応しなくてはならない。文化的には，これらの集団は文明と呼ぶのがもっとも適当であろう。はっきりとイギリス，アメリカ，ロシアおよび中国の文明は現存し，そのいずれも古い意味での国境内に足ぶみしてはいない。経済的にはドイツの地政学者の発明にかかる「広域圏（grossraum）」なる用語が最も適切と思われる。

2-25　オットー・フォン・ハプスブルク「ドナウ合衆国――リベラルな一構想」(1942)

Otto von Habsburg, "The United States of the Danube. A Liberal Conception" (1942), *The Voice of Austria*, London, October 1942 (excerpt), cited in *DHEI*, Vol. 2, pp. 638–

40.

　ハプスブルク家の正統継承者であるオットー大公（Otto von Habsburg, 1912-）は，両大戦間期のオーストリア第一共和制下では王制主義者（正統王朝派：Legitimist）として反ボルシェヴィズムを中心とした活動を展開し，オーストリア併合後はアメリカに亡命し，オーストリアの代表を自称しつつ，王制再興を目指して活動を継続した。

　ここに採録した文書は，オットー大公がワシントンDCで行った演説の一部であるが，中東欧地域の亡命者による統合運動の一例と位置づけることができる。大戦後の中東欧地域では，(1)小国が独立する時代は終焉し「ドナウ合衆国」のように「再統合」される必要がある，(2)「ドナウ合衆国」においては個人と民族の権利が保障され，（ハプスブルク帝国下で試行されたような）各民族を平等に代表する議会を通して少数民族問題という難問が解決される，(3)ドイツやソ連という隣接する大国に対する集団安全保障を，より強力な国際連盟によって実現する，といった方策が必要になると述べられている。

　アメリカ亡命時（1940-44）のオットー大公は，クーデンホーフ・カレルギー伯を首班とするオーストリア亡命政府樹立を画策したり，連合軍内部に「オーストリア部隊」の創設を図ったりしたが，いずれも失敗に終わった。

　第二次大戦後のオットー大公は，ク伯が再建したパン・ヨーロッパ同盟の第2代議長として復古的なヨーロッパ統合路線を推進した。1979-99年には（西）ドイツのCSU選出の欧州議会議員を務めた。
　　　　　　　　　　　　　　　　　　　　　　　　　　　　　（戸澤）

　……ヒトラーと彼の成功を生み出したかつての状況（status quo）に戻ることができないのは明白である。しかし，1919年の諸原則を単に捨て去るのは賢明ではあるまい。われわれが必要とするのは14年の諸原則と19年の諸原則の的確な綜合である。

　ドナウ川流域にとってその綜合が意味するものは，第一にナチのくびきから全土を無条件に解放することである。

　……

　しかし，このナチからの解放は第一歩にしかすぎないであろう。全ての民族は，自らの選択を腹蔵なく示す機会を与えられるべきである。この分裂（脱統合）の局面を経た後に，再統合の時期が来るだろう。今や小国が独立する時代は終わった，と［この地域の］諸民族が認識することを，私は確信している。これは何も小国［という制度］が好ましくないという意味ではなく，小国はその主権

の一部をより上位の共約数的な機関 (common denominator)，すなわち連邦権力に委ねなければならなくなる，という意味である。ドナウ合衆国の主要な機能は，各個別の国家の利益を伸張させ，共通の安全保障と繁栄に必須である限りにおいて，国民生活のごく一部を制限することとなる。

　この原則から，経済，外交，国土防衛の機能は以下のようなものになる。

　経済領域において一般的に理解されるべきは，ドナウ川流域国家の間から，全ての関税障壁を一気に除去する必要性である。共通の通貨制度が物流を円滑にするための助けとなろう。諸問題は簡単に克服され，より大きな共通の繁栄によってすぐに置き換えられるだろう。もちろん，外国との貿易は連邦の所掌となるであろう。共通外交政策と共通防衛の有利さは，昨今の事態に照らして考えれば，コメントの必要がないほど明白である。

　ドナウ諸国の共通行動は，共通機構によって確保されなければならない。そうした共通機構のなかでも，連邦の問題に執行権をもつような連邦政府が最初のものとなるだろう。さらに，国家間の訴訟問題に主として裁決を行う最高裁判所も必要となるだろう。共通の［連邦］政府は連邦の議会に責任を負う必要があるが，この議会は連邦内部において各国民と［相対的な］小国に絶対的な平等を与えるという観点から，アメリカの上院に倣った制度で選出される。こうした連邦機関の重点は，連邦に参加する諸国の主権［の尊重］に置かれなければならない。

　連邦が，全ての加盟国のための政策一般について，一定の原則を指定する必要が生じるのは自然の成り行きだろう。すなわち，「ドナウ権利章典」とも言うべきものが必要とされ，その「権利章典」では個人の権利を保障するのみではなく，各民族の権利もまた保障されるのである。ここで，少数派（少数民族）という厄介な問題が立ち現れる。［この地域の］政治家のなかには，少数派［という問題］の数を減らすために，住民の大規模な交換を行うのが賢明な政策であると示唆する者も存在してきた。われわれはドナウ地域のリベラルな考え方を代表する者であるから，そうした考え方には正面から反対する。そうした強制移住は，居住地を選ぶ市民の権利に対する犯罪的な侵害だと思うのであり，ヒトラーの犯罪の模倣となる行為であろう。少数派という問題を，個人および民族の神聖な権利を侵害することなく解決することがわれわれの義務であると感じている。

　少数派に対して立法［措置］を行うことは，権利と義務の平等という原則に基づいたものではないことから，決して問題の解決にならないということをわれわ

れは知っている。少数派の問題は，国民生活の内でも，言語，教育や他の民族的な文化活動にまたがるものである。真の民主主義というものは，個人の権利の平等を保障するのみならず，民族グループの権利の平等をも保障するものでなければならない。ドナウ川流域では，言語・教育・文化に関する立法について，独立した議会をもつ必要があるかもしれない。この議会は，各民族グループの大小，強弱を問わず，その平等な代表によって構成されなければならない。そうした行為は，各民族に望みを与えた1907年のモラヴィア協定に見られたように，ドナウ川流域の伝統的な政策に適合するものでもある。

　ただし，ここに記した構想は，ドナウ川流域の統一を，より一般的な外交［の世界］とヨーロッパ再建のなかに位置づけることなくしては不完全なものとなろう。

　……

　［まず，］中欧においては正しくも信じられているように，ドイツは，プロイセンの帝国主義を退けることができるよう，南西ドイツに主導的な地位を与えるような連邦制に基づいていなければならない。そうした［連邦制下の］新しいドイツとドナウ連合は，平和的な関係を享受できるであろうし，それによってヨーロッパの確固たる発展に好結果をもたらすものであろう。

　大戦後の国際関係の第二の問題は，集団安全保障の執行と，十分に能力のある国際機関の創設である。

　中欧の人々が望むのは，将来の国際連盟が（大戦前の国際連盟も中欧では衷心から支持されたものだが），人々が信頼を寄せるような真の国際的な裁判所になることである。中欧の人々が望む将来の連盟は，加盟国に義務を課すことができるような強い連盟であり，加盟することが必須で除名されることが致命的であるような連盟である。

　そうした［新たな］連盟は，平和的な諸国民を潜在的な侵略者よりも強力にするような，建設的な軍縮計画によって支えられる必要もあるだろう。

2-26　モネのアルジェでのヨーロッパ構想（1943）

"Note de Jean Monnet (5 août 1943)." Archives Jean Monnet, AME 33/1/3, cited in Gérard Bossuat, *D'Alger à Rome* (*1943-1957*), Ciaco, 1989, pp. 42-6.

モネは,「ヨーロッパの父」であると同時に,フランスの戦後復興計画(モネ・プラン)の立役者でもある。第二次大戦中は,連合国の資源の調達に従事したことから,アメリカにおいて戦時経済体制を体験し,戦後のアメリカ外交をリードすることになる政界・官界の有力者と強力なネットワークを育んだ。その後,アルジェに渡り,対独レジスタンスの頂上組織として設立されるフランス国民解放委員会の下で戦後のフランス外交の中心となる官僚たちと戦後構想の立案に着手する。そのなかの一つがこの覚書である。

第二次大戦中の多くの戦後構想の発想には,戦間期の失敗がトラウマとなって影響を与えている。1920年代のヴェルサイユ体制の失敗によるドイツの破綻と30年代におけるファシズムの権力掌握,そして大恐慌後のブロック経済の成立こそ,第二次大戦を招いた元凶であると考えられていた。モネは,世界中でコニャックを販売し,また第一次・第二次大戦中に連合国の物資の共同調達を担当し,国際連盟の事務次長を務めた経験も手伝って,ドイツ問題と保護主義的なブロック経済の克服の重要性を強く認識していた。史料にあるように,ナショナリズムと経済的保護主義を平和への脅威とみなし,戦後平和の条件として「民主主義」の確立と併せて「経済的再編」に着目し,アメリカに比肩するヨーロッパ「大市場」形成の重要性を認識していたことは,のちのヨーロッパ統合の進展を考える上で,極めて示唆的である。

本土を占領されたフランスにとって,戦後構想の第一歩とは何より民主主義的権力の確立である。さらに史料でも自ら指摘しているように,こうした国内の政治問題とあわせて戦後フランスの繁栄という経済的問題を論じることが必要であり,ヨーロッパ統一の必要性を訴えている点が特徴的である。しかしこの構想がフランス中心,もしくはフランスのためのヨーロッパ構想である点は,同じくモネの手によるシューマン宣言【4-2】およびECSC設立時のモネの演説【4-16】が対等性や和解,何よりヨーロッパの視点を強調していることと対比すると興味深い。

(上原)

現在の戦況からすると,近々戦争は終了すると予想される。……連合国のうち,フランスのみが[大陸]ヨーロッパであるが,そのヨーロッパ問題こそが問われているのである。他のイギリス,アメリカ,ロシアはそれぞれの世界をもっており,そこに一時的に引きこもることもできる。しかしフランスはヨーロッパに結びつけられており,そこから抜け出すことはできない。フランスの命運はヨーロッパ問題の解決にかかっているのだ。

今こそ,行動の時である。ヨーロッパに民主主義体制を再建もしくは確立し,「一つのヨーロッパ (une entité européenne)」として経済的政治的に組織化するこ

とこそ達成すべき目標である。

　もし国家が，国威高揚政策や経済的保護主義を伴う国家主権を基礎として再建されるのであれば，ヨーロッパに平和が訪れることはないであろう。……

　ヨーロッパの各々の国は狭すぎるため民衆に繁栄を保障することはできない。しかし現代の諸条件を整えれば繁栄は可能であり，したがって必要なのである。より広大な市場を形成すべきなのである。……

　繁栄と社会発展は不可欠であるが，ヨーロッパ諸国が連邦もしくは「一つのヨーロッパ」を形成し，これが共同の経済的統一体を形成しない限り，その実現は不可能である。……

　経済的観点からすると，出発時より経済的主権の再興を妨げることが最重要である。……とりわけヨーロッパは，資源を欠いているため，貿易で入手可能な全ての産品が必要であることは明白でもある……。同様に，こうした措置が採られないとすれば，特定の利益が関税を復活するよう政府に圧力をかけ，「経済交渉」なるもののための武器として関税を要求することもまた明らかである。……その結果，保護主義と「経済的ナショナリズム」とともに，1939年以前のヨーロッパの状況に逆戻りしてしまうのである……。

　こうした暫定的な時期の構想は現実主義的であらねば成功のチャンスはない。各国固有の歴史的経験を考慮すべきであろう。政治的要因と経済的要因を人為的に分けるべきではない。というのもこうした区別は，歴史の教えと，政府のあり方に逆らっているからである。

2-27　クーデンホーフ・カレルギー「ヨーロッパ合衆国憲法草案」（パン・ヨーロッパ会議法務委員会およびニューヨーク大学）（1944）

Draft Constituition of the United States of Europe, issued by the Pan-European Conference and the Research Seminar for European Federation, New York University, April 1944 (21 pages); full text in Arnold Zurcher, *The Struggle to unite Europe 1940-58*, New York, 1958, pp. 211-23; French translation, "Projet d'une constitution fédérale pour l'Europe," preface by Richard Coudenhove-Kalergi, Gstaad, 1 Septembre 1947.

　　1938年3月のナチスによるオーストリア併合によってクーデンホーフ・カレルギー伯は亡命生活を余儀なくされ，ナチス・ドイツの攻勢の強まった40年にはアメリカへ亡命してパン・ヨーロッパ統合運動を続けることとなった。

アメリカ亡命時代のク伯は，カーネギー平和財団の理事長バトラー（Nicholas Murray Butler, 1862-1947, 1931年ノーベル平和賞受賞）の援助を得て，ニューヨーク大学での寄付講座「戦後ヨーロッパ連邦研究セミナー」をザーヒャー教授（Arnold J. Zurcher, 1902-74）と共に運営しながら，講演旅行などを通してパン・ヨーロッパ運動の普及活動を行った。同時に，アチソン（Dean Acheson, 1893-1971）やダレス（John Foster Dulles, 1888-1959）といったアメリカの要人やチャーチル英首相に対して積極的にアプローチし，第二次大戦後のパン・ヨーロッパ実現を働きかけ，1943年3月にはニューヨークで第5回パン・ヨーロッパ会議の開催にこぎ着けた。こうしたク伯の活動は一定の成功を収め，アメリカやイギリスの戦後外交がヨーロッパ統合に支持を与える土壌を育んだ。

この1944年の「ヨーロッパ合衆国憲法草案」は前述の第5回パン・ヨーロッパ会議での決議を受けて，パン・ヨーロッパ会議法務委員会とニューヨーク大学の連名で公表されたものだが，1940年以降のク伯のアメリカ亡命時に，パン・ヨーロッパ運動がそのトーンを変化させていることを示すものである。

この憲法草案は，前文および15部の全95カ条から成る本格的なものであった。その内容を1920年代のパン・ヨーロッパ運動の綱領や1930年の協約草案と比較すると，言語の多様性の尊重や植民地保有を前提としている点など「ヨーロッパ合衆国」に特殊な事情に配慮している点がなお残されているものの，全体としてアメリカの民主主義の影響が顕著となっている点が興味深い。加盟国の内政に対しても一定の水準が要求され，また連邦と加盟国の権限に関しても，この草案の具体化いかんではアメリカ並みの連邦制を実現できる内容となっていた。

（戸澤）

前文
ヨーロッパの諸国家は，共通の文化的遺産を守り，互いに殺し合う戦争の災厄を逃れ，耐え難い軍備負担から逃れ，社会保障と益々向上する生活水準を確実なものとし，全てのヨーロッパ人が個人的・民族的・宗教的自由を享受できることを保障し，より良い世界秩序のために貢献しようと欲して，この連合と同盟の諸条項に同意する。

第1部──諸国家と同盟条約
第1条
以下の諸条項により設立される組織を，「ヨーロッパ合衆国」と名づけ，これ以後「同盟」と呼ぶ。

第2条
　「同盟」は，自らの安全保障・繁栄・自由という利益のために共同の機構を創設・維持する主権国家の連合である。
第3条
　加盟国はその主権にかかる権利を，この諸条項によって制限される場合を除いて，損なわれることなく保持する。
第4条
　「同盟」は，旗と政府所在地をもつ。
　……
第6条
　「同盟」の存在は，「同盟」の諸目的と矛盾しないような目的のための組織を加盟国の一部が結成することを排除しない。そうした部分的な組織を結成する場合には，常に「同盟」の同意を必要とする。
第7条
　「同盟」は，各加盟国の留保された主権的な権利と国境を保障し，その保障を確実なものとする。「同盟」への加盟は自発的な行為である。

第2部——加盟国の憲法体制
　……
第9条
　加盟国の憲法は，少なくとも一院が，男子もしくは男女の成年市民による自由・平等・秘密選挙によって選出されるような議会制を提供するものとする。
　……
第12条
　全ての加盟国の憲法は，議会における反対派の権利を保障するものとする。
第13条
　全ての加盟国の憲法は，一国内において明確に定義される領域内で多数派を形成する少数言語の集団に対して，当該集団が自治を望む場合には，地方もしくは地域的な自治を付与することを保障するものとする。自治の要求は，「同盟」の権威の下に行われる住民投票により決定される。

第3部——国家間関係
　……

第 17 条

　加盟国の市民は，一時的な居住のために，他の加盟国を自由に旅行できる。そうした旅行のためには旅券・査証は必要とされない。犯罪歴のある者および公訴の対象となるであろう者については，加盟国が規定する規則に従う。ある加盟国から他の加盟国への恒久的な移住については，「同盟」の議会が規定する規則に従う。

第 18 条

　加盟国間での全ての紛争は平和的手段によって解決されなければならない。紛争が法的な性格のものである場合，「同盟」の最高裁判所の判断に委ねなければならない。紛争が法的な性格のものでない場合には，「同盟」の理事会は，多数決によって最終的な解決を決定する権限を有する。

第 4 部——個人の権利

第 19 条

　全ての人は法の下に平等である。人種・言語・宗教に基づく個人もしくは集団の差別があってはならない。

　　……

第 5 部——社会権

第 38 条

　「同盟」の加盟国は，永続的な平和が，部分的には，欠乏からの自由を目指す統合的で前進的な政策の成否にかかっていることに合意する。したがって，加盟国は，その各々の立法権の範囲内で，各国の国民所得の規模や分配を勘案した包括的な社会扶助の制度を提供することを約束する。この制度は以下の者を含む。強制加入の疾病，老齢，失業保険。妊婦と幼児に対する医療補助。精神疾患のある者と障害者に対する社会補助。寡婦と孤児に対する年金。

　　……

第 45 条

　第 5 部（第 38-44 条）で定められた社会権は，各加盟国において，居住する他の加盟国の市民も利用できるものとしなければならない。

第 6 部——防衛

　　……

第 47 条

　「同盟」を保護し防衛する目的のために，「同盟」のみの責任の下に，職業的な軍隊が組織，訓練，装備，指揮されるものとする。

　……

第 49 条

　「同盟」軍のいかなる下部組織 (any branch) においても，各国部隊の割合は全体の 10 分の 1 以下とする。

　……

第 53 条

　植民地を所有もしくは管理する加盟国は，当該植民地につき独自軍を置くことについて「同盟」の認可を得ることができる。そうした植民地軍は，「同盟」の同意なくして，ヨーロッパ大陸に移動してはならない。

　……

第 11 部——議会

第 68 条

　「同盟」の審議機関は，下院 (House of Representatives) および上院 (House of States) の二院により構成される議会である。

第 69 条

　下院については，加盟国は以下のように代議員を送る。

a) 　人口 4000 万超の国——10 名
b) 　人口 2000 万から 4000 万の国——8 名
c) 　人口 1000 万から 2000 万の国——6 名
d) 　人口 500 万から 1000 万の国——4 名
e) 　人口 250 万から 500 万の国——2 名
f) 　人口 250 万未満——1 名
g) 　植民地を有する加盟国は上記の代議員に加えて 1 名
h) 　「同盟」の議会への代表については，サンマリノはイタリア，モナコはフランス，リヒテンシュタインはスイスと共にするものとする。

第 70 条

　下院の代議員は，加盟国議会の民選議員の互選により送られるものとする。

第 71 条

上院については，人口 250 万人を超える国は 2 名，それ以下の国は 1 名の代議員を送る。
　……

第 12 部――理事会
第 79 条
　「同盟」の行政機関は，上下両院の合同会議で選出される任期 4 年の 7 名のメンバーで構成される理事会である。1 国から選出されるメンバーは 1 名までとする。
　3 名以上のメンバーは，人口 2000 万以上の加盟国の市民でなければならない。
　……

第 81 条
　理事会は毎年，多数決により，「同盟」の大統領と副大統領を選出する。大統領および副大統領は，それぞれ理事会の議長および副議長を務める。現職の大統領は，その任期の翌年については，大統領に再選もしくは副大統領に選出されえない。

第 13 部――最高裁判所
第 85 条
　「同盟」の主たる司法機関は 15 名の判事より構成される最高裁判所である。最高裁判所判事は，上下両院の合同会議において，その 3 分の 2 以上の票決により選出される。最高裁判所判事は，互選により，最高裁判所長官を選出する。
　……

2-28　ベネルクス関税協定（1944. 9. 5）

"Convention douanière néerlando-belgo-luxenbourgeoise (Londres, 5 septembre 1944)." (Online available : http://www.ena.lu/mce.swf?doc＝6916&lang＝1) 邦訳に際しては小島健『欧州建設とベルギー――統合の社会経済史的研究』日本経済評論社，2007 年，171-2 頁を参照した。

　ここで史料として取り上げたのは 1944 年 9 月にベルギーとオランダ，ルク

センブルクの 3 カ国間で調印され（第二次大戦の終戦前であり，亡命政府の所在となったロンドンで調印された），48 年 1 月 1 日に発効した（47 年に関税率に関する追加協定が結ばれたため，本協定の発効が遅れ，この日付となった），ベネルクス関税協定の抜粋である。協定の発効に伴い 3 カ国は関税同盟，いわゆるベネルクス関税同盟を形成した。ベネルクス関税同盟は，戦間期からの地域的経済協定の試みに端を発する。関税同盟によって経済的結びつきを強め，国家間協調を通じて国力の増大を求める考えは，ヨーロッパ統合における一つの強力なモデルだった。実際に 50 年代中盤に欧州防衛共同体否決の結果生じたヨーロッパ統合の危機は，ヨーロッパ共同体を関税同盟として再出発させることで乗り越えられることとなる。この「ヨーロッパ再出発」において，関税同盟を築いたベネルクスが強いイニシアティブを発揮したことからも，ベネルクス関税同盟は，EU の制度的起源の一つともみなされている。

　そもそも 1940 年代後半にヨーロッパ統合が模索されたとき，諸国家が統一されて一つの連邦国家が形成されるというシナリオのモデルは，19 世紀のドイツ統一だった。諸邦に分立されていたドイツが統一にいたった制度的基盤は，ドイツ関税同盟である。ドイツ関税同盟の設立とそれに続くドイツ統一プロセスこそ，ヨーロッパ統合を可能とする秘められた知見をもたらすものと考えられた。それゆえ，関税同盟の設立は，地域的広域経済の強化という経済的な動機以上に，政治的統一という動機を背後に抱くものと考えられてきたのである。

　しかしベネルクス関税同盟は，政治的統一という最終目標を措定してはいなかった。この点で，ベネルクス関税同盟の試みと EU は，直線的に結びつくとは限らないとも言える。しかしベネルクス関税同盟は，それまで先例のなかった地域統合の歴史において初めて実現した統合モデルだった。理念としてのヨーロッパ統合が現実の政治的機構として成立することに成功したという点は，ヨーロッパ統合の歴史のなかで極めて重要な意味をもっている。またベネルクス関税同盟の成立過程を遡ると，広域自由貿易の設立の試み（1939 年ウーシー協定）とベルギー＝オランダ間の通貨協定の試みに行き着くことができる。関税同盟と通貨協定という組み合わせに基づく広域経済同盟の試みは，まさしく EEC から実質的に開始したヨーロッパの経済統合の方式を先取りしていた。ベネルクスが「ヨーロッパ統合の実験室」と呼ばれるゆえんである。

(川嶋)

第 1 条
　オランダおよびベルギー・ルクセンブルク経済同盟は，商品輸入に対して，本協定の一部である付属の関税表に従って同一の関税を適用する。……

第2条

　ベルギー・ルクセンブルク経済同盟からオランダへの商品の輸入に対して，および同様にオランダからベルギー・ルクセンブルク経済同盟への輸入に対して，いかなる関税も徴収されない。……

第3条

　オランダからの3名の代表，ベルギー・ルクセンブルク経済同盟からの3名の代表によって構成される関税管理評議会が設置される。議長はオランダとベルギー・ルクセンブルク経済同盟の各主席代表が交代で務める。

　関税管理評議会はオランダおよびベルギー・ルクセンブルク経済同盟における輸入税と物品税（droits d'accises）の徴収に関する法律および規則の条項を確実に統一するために適切な手段を提案し，また，本協定付属の関税予備条項とは別に，オランダおよびベルギー・ルクセンブルク経済同盟が本協定の規定を適用するために適切な手段を提案する。

第4条

　関税管理評議会は，オランダ代表2名とベルギー・ルクセンブルク経済同盟代表2名によって構成される関税紛争委員会によって補佐される。……

第5条

　オランダから3名とベルギー・ルクセンブルク経済同盟から3名の代表によって構成される対外通商統制管理評議会が設立される。対外通商統制管理評議会の議長はオランダとベルギー・ルクセンブルク経済同盟の各首席代表が交代で務める。

　対外通商統制管理評議会は，以下の任務を行う。

a． オランダとベルギー・ルクセンブルク経済同盟が統制を目的として計画した全手段について管轄国の当局に勧告（avis）を提出すること。その手段とは付随的関税や税の有無にかかわらず，輸入，輸出そしてトランジット，とくに経済秩序，ライセンス，輸入割当，ライセンス特別税の制限機関によって，または行政税によって統制することを目的として計画される。

b． オランダとベルギー・ルクセンブルク経済同盟において共通制度を可能な限り実現するために，上記の手段を調整すること。

c． オランダとベルギー・ルクセンブルク経済同盟で共通となる輸入，輸出，トランジットの割当の管理を滞りなく行われること。

d. オランダとベルギー・ルクセンブルク経済同盟の当局に対して,契約者が申し込む予定の生産への奨励金あるいは補助金にかかわる全ての手段について勧告を提出すること。

第6条

オランダからの3名の代表とベルギー・ルクセンブルク経済同盟からの3名の代表によって構成される通商協定評議会が設置される。通商協定評議会の議長はオランダ主席代表とベルギー・ルクセンブルク経済同盟首席代表が交代で務める。

通商協定評議会は第三国との条約上の関係に関する条項を可能な限り確実に調整する。

……

(署名) スパーク,ベック,ファン・クレフェンス*
ギュット,ドゥポン,ファン・デン・ブレック**

* それぞれベルギー,ルクセンブルク,オランダの外相。
**それぞれ同経済相(オランダは通商農工相)。

2-29 LECEの経済統合構想:ファン・ゼーラント「経済的アプローチ」(1945)

Paul van Zeeland, "An Economic Approach" (1945), in idem, *Belgique et Occident Européen*, Conférence prononcée le 15 octobre 1945, Paris, 1946, cited in *DHEI*, Vol. 4, pp. 193-4.

「欧州経済協力リーグ(LECE)」は経済的自由主義によるヨーロッパ統一を掲げるヨーロッパ統合運動である。戦間期の「ヨーロッパ経済関税連合」の流れを受け継ぎ,戦後,大蔵省の花形官僚となるリュエフ(Jacques Rueff, 1896-1978)や,政治家ジスカール・デスタン(Edmond Giscard d'Estaing, 1894-1982,ヴァレリー・ジスカール・デスタン元仏大統領の父),この史料の筆者であるベルギー元首相ファン・ゼーラント(Paul Van Zeeland, 1893-1973)らが中心となり,経済的自由主義と機能主義を掲げる団体として小規模ながらも統合運動のなかで強い影響力をもった。企業家,労働運動,官僚,議員が中心メンバーであり,多くは「ヨーロッパ運動」でも活躍した。「ヨーロッパ運動」を通じて,欧州審議会のインフォーマルなアドバイザーとして,「欧州決済同盟」【4-5】

の成立や，ECSC の結成にもすばやく反応し，シンクタンク的役割を果たした。

　LECE が主張する民間カルテルを通じたヨーロッパの組織化は，モネの主張する公的なカルテル（ECSC の高等機関）と対立する構想である。モネの視点からすると，市場の調整は公的なカルテルが担うべきであり，業界の利益を重視しすぎる私的カルテルはむしろ乗り越えられるべき存在であった。

　とはいえ，ECSC 後のヨーロッパ統合は，農業を除き，むしろ LECE のようなリベラルな潮流が主流を占めることになる。ヨーロッパ経済の組織化のあり方に加え，「国家と市場」との関係をあわせて考察すると，リベラル・ヨーロッパをめぐる議論は，今日的論点でもある。　　　　　　　　　　　　（上原）

　私は，特定かつ限定的な視点から問題に取り組むべきであることを提案します。われわれが経済的アプローチを採用すれば，不必要な障害を避けることができるでしょうし，これこそ明確で実践的でかつ具体的な成果に達する最良の方法なのです。さらに，経済問題は政治・社会問題と不可分であることもすぐにわかるでしょう。

1．基本構想

　世界経済の基礎を，二つの基本原理に基づいて定めることに成功した場合にのみ，われわれは戦争の悲惨さを克服することができるでしょう。第一の原理とは，財の生産拡大のために現代的なテクノロジーの総力を用いることにより，あらゆる形態での富の生産を拡大させることです。第二は，貿易を阻害しているあらゆる障壁から貿易を解放することです。私の見解では，これこそ経済生産増大の必要条件であります。……

　もし，より多数の人々のために，より多くの財の創出を目的として，エネルギー源および市場，資源，生産手段が，プール［蓄積・共有］される連合（association）の形成を計画しているのであれば，私はわれわれがまさに進むべき道にいる，と満足できます。

2．方法

　現状では，［各国による］地域グループ化（regional grouping）はあらゆる経済的目的を達成するために，急進的な解決策，すなわち関税同盟および通貨同盟へと突き進むべきである，と信じております。

　　……

広大な領域との自由貿易により利益の増大を可能としてきた地域はどこでも，富の全般的な増大という結果を得てきました。
……
　私が関税同盟の困難さと可能性について語ったこと全ては，必要な変更を加えれば，通貨同盟にも当てはまります。こうした同盟は，資源，資本，方法の均衡が十分にはかられ，緻密に結びつけられた地域のグループであればどこでも可能であり，有益です。……
　加盟国の内外を問わず，こうしたグループは同一の経済発展と貿易自由化政策を実践すべきです。……
　……
　グループ内の加盟国間の経済・財政政策の調整の程度は，ミニマムであるべきです。……労働規制，税政策，経済・社会政策，これら全て，その調和・調整がミニマムであるべき領域なのです。しかし，このミニマム［な調整］は，共同機関 (common authority)，調整委員会の創設なしに，いかにして実現しえるのでしょうか。
　委員会の機能は，もちろん，厳しく限定されるべきでしょう。しかしその職務を遂行するに必要な権限は付与されねばなりません。以下の点を明白にしておきたいと思います。こうした組織体は，その機能が純粋に経済的であるとしても，明らかに政治的性格をもっている，ということです。
　これは壮大な結論です。しかしそれは不可避であるがゆえに受け入れたほうが良いのです。……
　経済的には，［西欧のグループ化は］われわれ全てにとって絶対的に必要となっているのです。
　戦争は世界を根本から変えてしまいました。戦争を戦った大国では，その生産技術は完璧なまでに高まり，国内市場のほとんどが狭小となるにいたったのです。相対的には戦前でさえそうした状況は存在していましたが，それが今や絶対的な意味においても現実となっている，と私は考えます。……
　われわれは時間を無駄にすべきではありません。われわれにチャンスがめぐってきているのです。こうした西欧経済連合の創設は，われわれの実現範囲内にありますが，われわれはただちに，遅れやためらうことなく行動しなければなりません。1, 2年後では，手遅れとなってしまうでしょう。
　……

2-30　フランスの対独政策——ドイツ弱体化政策の再検討（1946）

"Avant-projet concernant les négociations à engager par la France au sujet de l'Allemagne," 15 février 1946. Archives Jean Monnet, AMF 4/9/93, cited in par Gérard Bossuat, *D'Alger à Rome*, Ciaco, 1989, pp. 72-7.

　フランスはその戦後構想のなかで，対独政策を最重視した。ドゴールの掲げた対独政策は，ルール地方の分離・独立，ドイツ国家の連邦化，軍事力の解体，経済の制限など，ドイツの弱体化を狙ったものであった。アメリカの構想も，モーゲンソー・プランの「農業国」化構想など，ドイツの経済力・軍事力の徹底的な解体による平和国家を目指していたため，フランスの要求と親和性があった。しかし，戦後，ドイツの分割占領が開始し，米ソ関係が滞り始めると，戦後ヨーロッパにおけるドイツの位置は大きく変化する。ドイツの経済力の制限は，占領国の占領費の増大を招き，また戦前の経済大国であるドイツ経済が制限されたことにより他のヨーロッパ諸国の復興を停滞させる大きな要因となった。ヨーロッパ内部の貿易は滞り，生活必需品でさえ，アメリカに依存せざるをえなくなった。また，ソ連が新たな脅威として浮上するにつれ，ドイツは脅威の源泉ではなく，西側の「封じこめ」政策の要と目されるようになった。

　以下の史料は，こうした戦後直後のヨーロッパ国際関係の転換期に位置する。史料集の編者であるボシュアによれば，モネ文書館のフランス経済近代化計画関連文書に収められているこの文書の作成者はモネである可能性が高いという。このなかで，経済的にアメリカに依存せざるをえないフランスは，従来の政策に固執することが困難となっていた。フランスは，ドイツの徹底的な弱体化ではなく，フランスの安全保障・資源の獲得上不可欠のルール地方の国際管理重視へと変化し始め，この構想がのちの欧州石炭鉄鋼共同体へと，さまざまな変遷をたどりながら結実するのである。　　　　　　　　　　　（上原）

1. フランスは 1945 年 10 月 1 日以来，ドイツの中央機関の設置に反対してきた。

　アメリカ合衆国は，特にこの反対がドイツおよびヨーロッパの再組織化を遅らせかねないと見ている。とりわけ石炭輸送の停滞は，その是非はともかく，その調整を可能とする中央機関の不在に原因があるとされてきた。

　さらに，政治的な観点から言えば，フランスの反対によりドイツは複数のゾーンに分裂したままであり，そのゾーンの一部は事実上，4 カ国理事会の実際のコ

ントロールを早々に免れている，と合衆国代表は何度も指摘している。

　フランスは，こうした将来的な協定［を4カ国で実現する］よりも，ルールの国際化，およびライン左岸のラインラント地帯に対する特別の地位といったドイツの西部地域の地位に関する提案［が英米により］受け入れ［られること］を優先してきた。

　……

2．フランスは提案にあたって以下に挙げた過去6カ月の管理組織の機能の現実を，ある程度考慮すべきである。

a)　ドイツにおける中央統治機構の欠如……

b)　ドイツの分権化の進展……

c)　ドイツの地域感情の強化……

　アメリカの構想は，ドイツの政体に連邦的な要素を付与しようとしている。……行政権をもつ州と連邦国家の間で，広域の自然地域において，地域的な州と州とを結びつけ，運輸，エネルギー，工業，貿易取引の一部にかかわる共同の組織の発展を可能とする経済の大動脈を貼り付けることは有効的であると明らかになるであろう。

　同様の組織は，特にテネシー川開発公社（TVA），コロンビア川流域公社など，合衆国では過去数年間の間に必要となった。

　これらの組織は，フランスおよび諸外国の混合経済会社［日本の第三セクターに相当］の組織構造に極めて近く，ドイツにおいてはルールおよびラインラント問題の処方箋にもなりえる。……

　かくして，ライン渓谷，ルール川が注ぎ込む流域の他，ドナウ，エルベ，オーデル川流域その他について，地域的性格をもつ国際機関の設置が早急に模索されえよう。

　これらの機関の行政理事会は，近隣諸国から構成されよう。特にラインについてはフランス，ベルギー，オランダ，ルクセンブルク，スイス，そして当然ドイツにより構成されるであろうが，占領期の間は，ドイツのポストは連合国間管理理事会に委ねられるであろう。

　……

　ラインラントの機関は，その権限を拡大し，沿岸諸国の間でのあらゆるコミュニケーション手段，新高速道路，運河，河川の港，さらに水力および火力発電（ケルンの亜炭の利用）の発展にも携わる。さらに，ルールのような工業地帯の生

産物の再分配のコントロールおよび，おそらく連合国が押収する工場の一部の所有権の管理を担う。またライン川航行の管理および発展の責任を負う。最後に，合衆国の TVA のように，新しい機関は，都市の整備，労働者住宅の発展などにかかわる全権限を付与されうるのである。

……

2-31　チャーチルの「ヨーロッパ合衆国」演説（1946）
David Cannadine, *The Speeches of Winston Churchill*, Penguin, 1990, pp. 310-4.

　1946年9月19日，チャーチルはスイスのチューリヒ大学で，「ヨーロッパ合衆国」成立を求める演説を行った。戦争が終わって1年がすぎたこの時点で，フランスとドイツの両国のパートナーシップを中核にしたヨーロッパ統合を求めたことは，多くの人々に驚きと希望を与えた。

　チャーチルは早い時点から，ヨーロッパ大陸の平和を確立させるためにヨーロッパ統合が必要であることを認識していた。1930年のブリアン仏外相の「ヨーロッパ連邦」構想【2-12】に賛意を示した数少ないイギリス人であったといわれる。またチャーチルは，オーストリアのクーデンホーフ・カレルギー伯爵と親交があった。そのようななかで，1942年にチャーチルは，次のようにイーデン（Anthony Eden, 1897-1977）に語っていた。「私は，自らの思考をまず最初にヨーロッパにおいているということを認めねばならない。すなわち，ヨーロッパの栄光の再生である。近代国家と文明の母なる大陸である。もしもロシアの野蛮主義が，古きヨーロッパの国々の独立と独自の文化を脅かすのであれば，それは計り知れない災厄となるであろう。今すぐに言わねばならない。ヨーロッパという一つの家族は，欧州審議会（Council of Europe）の下に共同して行動することができると，私は信じている。」

　チャーチルのヨーロッパ統合構想は，二つの前提から成り立っている。まず第一に，それは文明論的なヨーロッパであり，反共的なヨーロッパであった。それゆえに，冷戦という文脈のなかで，反共主義的なチャーチルはヨーロッパ統合の緊急の必要性を感じたと言えるだろう。第二に，チャーチルの世界秩序構想は，「世界平和の四つの柱」によって成り立っていた。それは，「アメリカ合衆国」，「イギリス帝国と英連邦諸国」，「統一ヨーロッパ」，そして「ソ連」である。このなかで最も弱い柱が「統一ヨーロッパ」であり，最初の三つが「大同盟」を組むことで，チャーチルはソ連の脅威に立ち向かえると考えてい

た。それは同時に，勢力均衡的な発想でもあった。

　そのようなチャーチルの「ヨーロッパ合衆国」構想は，基本的には，イギリス帝国は含まれていない。また，それは文明論的な統合構想である限り，具体的な機構化へ向けての見取り図があったわけではない。それゆえに，1948年以降，ヨーロッパ統合の具体化をめぐり英仏両国などが議論をする際に，チャーチルはそれらにはあまり関心を寄せていなかったのだ。とはいえ，第二次大戦の英雄と見なされていたチャーチルが，戦争が終わってまだ1年ほどしか経ていないこの時点で，仏独協力に基づいたヨーロッパ統合を求めたことの意味は，その見事な修辞力を基礎として，限りなく大きな影響を与えたと言えるだろう。

（細谷）

　今，諸君を驚かせることを述べたいと思う。ヨーロッパの家族を再び創るための最初の一歩は，フランスとドイツの間のパートナーシップでなければならない。この方法によってのみ，フランスはヨーロッパにおける道徳的なリーダーシップを回復することができるのだ。精神的に偉大なフランスと精神的に偉大なドイツなしでは，ヨーロッパの再興などは不可能なのだ。ヨーロッパ合衆国の構造は，もしもうまく実際に成立することができたならば，一国の物質的な強さというものの重要性を減少させてしまうであろう。小国も，大国と同様にみなされて，共通の目的のための彼らの貢献により名誉を手にすることができるだろう。古からの歴史をもつドイツの諸邦と公国は，相互便宜のためにも連邦システムに自由に参画し，ヨーロッパ合衆国のなかで各々の地位を確立するであろう。詳細な計画を作成するつもりはないが，幸福と自由をそして繁栄と安全を願い，また偉大なるローズヴェルト大統領が説いた四つの自由を満喫することを望み，さらに大西洋憲章で具体化された原則と一致する生活を送ることを望む，何億もの人々がいる。もしそれが彼らの望みであるならば，ただ単にそれを述べるだけでよく，方法は確かに見つかり，機構が樹立し，そして完全なる果実を生み出すようその願いを実現すればよいのだ。

　しかし私は諸君に注意を呼びかけたい。時間は限られている。現在はまだ，考える余地がある。大砲は止んでいる。戦いは止まっている。しかし危険は止まることはない。もしわれわれがヨーロッパ合衆国，あるいはいかなる名前であれそのようなものを創ろうとするならば，今始めなければならない。

……

　私は今，諸君の前にある状況を簡潔に申し上げたい。われわれの一貫した目的

は，国連機構の力を構築し強化することでなければならない。そのような世界秩序理念のなかで，われわれはヨーロッパ合衆国として称されるような地域機構のなかにヨーロッパの家族を再び創り出していかねばならない。第一歩は，欧州審議会（Council of Europe）を創ることだ。たとえ最初は全てのヨーロッパ諸国がそのような連合に加わる意志がなかったり，加わることができなかったりしたとしても，われわれはそのような意志があり可能である諸国を結集させ，組み合わせる方向へと進まねばなるまい。あらゆる人種の，あらゆる大陸の一般市民を戦争や隷属から救い出すための救済手段は，確固たる基礎の上に確立せねばならず，圧政に従属するよりはむしろ命をかけるという男性や女性の意志によって守られなければならない。この緊急の任務において，フランスとドイツはともに牽引していかなければならない。イギリス，英連邦諸国，強大なるアメリカ，そして私が信じるにはソヴィエト・ロシアは，それが自らにとっても満足すべき状況であるのだから，新しいヨーロッパの友人となり保証人とならねばならず，それが生存し光り輝く権利を擁護しなければならないのだ。

だから諸君にこう言いたいのだ。「ヨーロッパを立ち上げよう」と。

2-32　UEFのモントルー会議：「総合政策動議」（1947）

UEF, "Motion de politique générale," Montreux, 27-31 août 1947 in Union européenne des fédéralistes, *Rapport du premier congrès annuel de l'U. E. F., 27-31 août 1947, Montreux（Suisse）*, Genève, 1947, pp. 132-6.（Online available：http://www.ena.lu/economic_prospects_european_federalism_montreux_2731_august_1947-020002583.html）

UEF（欧州連邦主義同盟）は，フランスを中心として，プルードンの影響を受け，地域主義者やコーポラティストが集う，中央集権体制への批判と国内の連邦主義的改革を目的とした連邦主義運動の集合体である。レジスタンス系のスピネッリらの連邦主義や，地域主義，社会主義（アンリ・フルネイ派）に加え，「ラ・フェデラシオン（La Fédération）」などのペルソナリズム（人格主義）もしくは非順応主義の系譜を引く全面的連邦主義【3-4】など，さまざまな思想潮流が参加した【2-15】。彼らは戦後，国内の連邦主義に加え，ヨーロッパ・レベルでの連邦主義の実現を新たな運動の目標とし，活動的かつ自律的な中間団体・共同体から成る連邦秩序を構想するようになる。

　この時期UEFをリードしたのは，フランスのラ・フェデラシオンである。

ラ・フェデラシオンの人脈の一部は，ヴィシーやアクションフランセーズにもつながるが，議会外での中間団体への権力の付与や，分権化，欧州審議会の経済社会審議会の設置を主張し，自治体会議の開設の旗振り役となるなど，コーポラティズム的ヨーロッパや「地域からなるヨーロッパ」【5-3, 8-9】の視点を，ヨーロッパに埋め込む役割を果たした。

(上原)

　われわれの時代の不安と切望を解釈すれば，ナショナルな政府では大衆に自由，繁栄，平和を保障することはもはやできない，とUEFの今大会は断言する。

　国家間の相互依存の進展により，国家の管理された境界内に政治・経済・社会の現実を閉じ込めることはもはや不可能となっている。いわゆる主権国家は，自らの問題を解決することができなくなっており，純粋にナショナルな解決法を追求すれば，その結果は国民を貧窮に追いやり，市民は個人の自由の喪失を余儀なくされ，かくして常に悲惨かつおそらく終末的な破局へと導きうる危険な状況を生み出すにすぎない。

　存在する解決法は唯一つしかない。実行力ある連邦権力を中心にして，人々の連合体を形成することである［強調原文］。これはヨーロッパでこそ必要とされている。なぜならヨーロッパは困窮化し，内外の闘争に引き裂かれ，一火花で十分爆発を起こす火薬樽となる恐れがあるからである。

　歴史上初めて全てのヨーロッパ連邦主義運動が一つにまとまり団体を作り，その声を，まさにヨーロッパの声そのものを聞かせようとしているのである。ヨーロッパは危機に瀕しており，世界の他の地域の支援を必要としている。しかしその救済はヨーロッパ自身からしか生まれないのである。……

　ヨーロッパ連邦主義のみがわれわれの民衆に救済への展望を開くことが可能であり，これは，以下の基本原理に基づいている。

1. 連邦主義思想は，人間のあらゆる活動を変革するダイナミックな原理である。これは新しい政治的枠組みのみならず，新しい社会・経済・文化構造をもたらす。連邦主義とは統合 (synthèse) である。そしてそれは分離不能なまでに結びついた二つの要素を総合した解釈である。その二つとは組織的な連帯と自由であり，表現をかえると，日常生活のさまざまな共同体を通じた人格の開花である。このように組織的な連帯と自由を組み合わせることにより，自由が搾取を助長す

ることを止め，連帯が独裁を正当化することを止めるのである。真の民主主義は，下から上までさまざまな連帯が土台から頂上におよび，あらゆる段階で調和的に機能する接合体であるべきである。しかし連邦主義は，自由をこうした組織化のまさしく原理としているが，この原理は，ヨーロッパ的であると同時に，人間にとって普遍的に適用される原理でもある。それは精神の多様性，政治的寛容，個人の安全，個人と集団の自由な取り組み，機能の分権化，そして「自治」を擁護し，促進するのである。

2．連邦主義は，その構成分子の一人が強制する独裁的な「新秩序」の全思想，およびあらゆるシステム的思想の放棄からのみ誕生しうる。……

3．連邦主義とはダイナミズムであり，進歩である。連邦とは，人間と諸集団とのアソシアシオンにより徐々に形成される躍動的な現象なのである。こうした意味で，ヨーロッパ連邦は，すでにゆっくり，小規模ではあるがいたるところで，そしてあらゆる方法で形成されている，と言うことができるであろう。あるところでは，経済的アンタント［カルテル］として，他所では，明らかにアンタントを志向する類似の形態として。またあるところでは，生成中の超国家的な機能体であり，他所では関税同盟を構成する小国の集団として。

　……

ドイツに対し，その潜在的工業能力と天然資源を，ドイツもその一部を構成するヨーロッパ全体のために活用可能とする措置を適用することを支持する。ザールとルールは全ヨーロッパ人の利益となるような経済協力の起点となり，これを漸進的にヨーロッパが利用する資源および生産手段全体に拡大すべきなのである。

　……連邦主義者は，国家の絶対的主権こそ減じられるべきである，と断固として，またゆるぎなく宣言しなければならない。この主権の一部は連邦的政体に移譲されるべきであり，これを支える機能体は経済もしくは文化の，そして連邦としては部分的ないし全面的な任務の達成に有効であり，とりわけ以下の機能を備える機関である。

  (a) 連邦を構成する国家ではなく，個人および諸集団に対して責任を負う政府
  (b) 連邦の加盟国間での紛争の解決能力を備えた最高裁
  (c) この機関の下に置かれ，世界的な安全保障組織とは別に，連邦レベルでの諸決定を遵守する武装警察

　……

現在，そして将来においても，「統一された世界における統一ヨーロッパ」こそわれわれの標語である。
　つまり平和，各国の繁栄，人々の幸福の成否がかかっているこれらの目的を達成するためには，連邦主義こそ唯一われわれが信頼する解決策である。あらゆる場に遍在する連邦主義は，土台から頂上まで，人間社会のあらゆる局面とあらゆる諸段階に，存在するのである！
　多様な存在であり続ける人間が，次第にそして互いに連帯する今日，連邦主義のみが，自由のなかであらゆる組織的かつ現実性ある連帯を実現することにより，人類を引き裂く矛盾を解決する能力をもっていることを示しているのである。
　……

第3章

ヨーロッパ統合の生成　1947-50年
冷戦・分断・統合

上原良子

【史料リスト】

- 3-1　マーシャル米国務長官のハーヴァード演説（1947.6.5）
- 3-2　ドイツの経済復興をめぐる米仏対立：マーシャル・プラン（1947）
- 3-3　仏伊関税同盟（1947）
- 3-4　ド・ルージュモン「ヨーロッパという選択」（1947-48）
- 3-5　ベヴィン英外相の「西欧同盟」演説（1948）
- 3-6　ブリュッセル条約（1948.3.17）
- 3-7　ハーグ・ヨーロッパ会議——政治決議（1948.5.10）
- 3-8　ビドー仏外相のヨーロッパ議会および経済関税同盟に関する宣言（1948.7.19）
- 3-9　ロンドンにおけるルール国際機関設置に関する6カ国のコミュニケ（1948）
- 3-10　北大西洋条約（1949.4.4調印）
- 3-11　欧州審議会の設立
  - A．欧州審議会規約（1949.5.5）
  - B．欧州政治機関設置への期待（第1回諮問議会で採択された決議，1949.9.5）
- 3-12　イギリスのヨーロッパ政策の転換
  - A．ストラング委員会（1949）
  - B．イギリス閣議文書（1949）
- 3-13　西ドイツの成立——国際環境との関係：アデナウアー首相の連邦議会における初演説（1949.9.20）
- 3-14　ホフマンECA長官の批判（1949.10.31）
- 3-15　NEIのヨーロッパ構想（1950）

マーシャル・プラン——冷戦の開始と経済統合

　マーシャル・プランが提案された1947年から欧州石炭鉄鋼共同体（ECSC）が提案される50年までの3年間は，短期間ながらもヨーロッパ統合の展開において大きな意味をもっている。ヨーロッパ統合が政策へと昇華したこの時代は，ヨーロッパが経済復興，冷戦，ドイツ問題という三つの課題に直面し，戦後国際秩序においていかなる地歩を築くべきかが問われた時代であった。とはいえ冷戦の展開に伴い，アメリカ・ソ連という新しい超大国の下で，ヨーロッパの東西分裂に抗し，主体的に国際秩序を選択することは難しかった。しかし限られた行動の範囲のなかで，また与えられたリソースを最大限活用することによって，この三つの難問の解決に取り組み，ヨーロッパ統合というウェストファリア体制ないし近代主権国家体制に対する革新が試みられたのである。

　しかし今日，「対米自律」の拠り所でもあるヨーロッパ統合を実現させるきっかけを与えたのは，実はアメリカであった。ナチスから解放されたものの，1947年になってもヨーロッパでは主食の小麦は不足し，暖を取る石炭さえ欠き，アメリカからの輸入に依存する状況であった。困窮するヨーロッパに共産主義が蔓延するのを恐れたアメリカは，ヨーロッパ復興計画，通称マーシャル・プランの供与を提案した。この大規模援助を供与する条件としてアメリカは，ヨーロッパの「自助」と「ヨーロッパ合衆国」の形成を求めた。確かに，アメリカと比較するとヨーロッパの一国はあまりに狭い。復興とさらなる繁栄を実現するためにはアメリカに比する大市場としての「ヨーロッパ合衆国」の形成が必要であると考えられた。単なる戦災からの復興にとどまらずヨーロッパ各国が相互に資源を活用し，自由な貿易を可能とする経済統合を実現することにより，ヨーロッパのさらなる繁栄の枠組みを提供することこそヨーロッパへの有意義な援助となろう，と考えられたのである【3-1】。

　しかしマーシャル・プランは，経済的インパクトにとどまらず，政治的にも極めて大きな意味をもった。まず第一に冷戦の展開を背景として，ソ連・東欧が不参加となったことによりヨーロッパが東西へと分断される契機となった。第二に，安全保障と制裁という視点からドイツの経済活動は当初著しく制限されていたが，ヨーロッパ経済全体の復活と「自助」のためには，ドイツの経済復興が不可欠と考えられるようになった。さらに冷戦の進展によりドイツよりもソ連こそヨーロッパにおける「脅威」とみなされ，ドイツはむしろ共産主義封じこめの前哨へとその役割が転換した。しかし，石炭・鉄鋼・軍需産業を抱えるヨーロッパ

最大の工業地帯，ルール地方が復活することに対し近隣諸国は危機感をつのらせた。そのため，ドイツの経済復興と対独安全保障とを両立させる枠組みが必要となった【3-2】。

すでに第二次大戦中より，地域統合の必要性を議論していたフランスやベルギー，イタリアは，関税同盟の結成を検討し始めたものの，その他の西欧諸国は援助の獲得には熱心な反面，ヨーロッパ統合の提案には積極的な関心を示さなかった【3-3】。マーシャル・プランのヨーロッパ側の受け皿として設置されたOEEC（欧州経済協力機構）も，超国家的な権限は付与されず単なる政府間主義的な調整機関にとどまった。

「ヨーロッパの春」——ハーグ・ヨーロッパ会議

1948年5月に開催され，ヨーロッパ統合運動の諸組織が一同に会したハーグ・ヨーロッパ会議はマスコミ・世論の注目を集めた【3-7】。

しかし国際関係においては，肝心のOEECにおける経済統合は頓挫し，ドイツの経済復興と西ドイツ政府の成立が決定された。こうした状況において，従来よりドイツ問題のヨーロッパ的解決，つまりヨーロッパ統合を考慮していたフランスの外相ビドー（Georges Bidault, 1899-1983）は行き詰まりを打開すべく，同年7月に「欧州議会」と「経済・関税同盟」の設置を提案した【3-8】。

この現役外相の提案によって，ヨーロッパ統合運動のみならず各国の政治家・官僚もヨーロッパ統合政策に強い関心を示すようになり，秋以降「欧州議会」の設置を目指した外交交渉が開始した。さらにハーグ会議に集った統合運動の諸団体も，超党派的な頂上組織として「ヨーロッパ運動（European Movement）」を結成し「欧州議会」設置に向けて政策の検討，各国政府への働きかけを強めた。この「ヨーロッパ運動」は，市民レベルの運動というよりは，各国の政治家を中心とするエリートの圧力団体であり，その政策立案能力の高さからシンクタンク的役割も果たした。また，党派を越えたネットワーク組織として，統合支持派の政治家のヨーロッパレベルでの交流の場となった。

政党レベルでも，戦後のヨーロッパ統合政策を主導することになる社会主義・社会民主主義とキリスト教民主主義の諸政党も，この頃よりヨーロッパ統合へと転じ，統合へのリーダーシップを発揮することとなる【3-15】。

ドイツ問題の隘路

アメリカの提案を契機として外交交渉がスタートしたヨーロッパ経済統合構想であるが，冷戦の緊張の高まりと共に，西欧諸国の結束の必要性も認識されるようになった。また，米ソの覇権国に対しヨーロッパは米ソへの従属ではなく自立的な「第三勢力」として「東西の架け橋」となるべきである，という声も左翼を中心に高まっていた。こうしたさまざまな考慮から，ヨーロッパの政治指導者の間でもヨーロッパ統合を主体的に推進する傾向が生まれていた【2-31, 3-5】。

1948年2月のプラハの政変は西欧諸国に大きな衝撃を与えた。もはや冷戦は不可避であり，西欧諸国で結集することが不可欠であると考えられるようになった。こうした緊張感のなかであわただしく準備されたブリュッセル条約は，ドイツのみならずソ連をも仮想敵国とした地域的集団安全保障条約であることと併せて，加盟国間の経済統合と社会・文化政策の推進の受け皿となることが期待されていた【3-6】。

米英仏ソの4カ国による分割占領を受けていたドイツであったが，冷戦の進展とともに，西側3占領地域とソ連占領地域との合併は困難となっていた。1948年に西ドイツ政府の成立が決定され，西側3占領地域で通貨改革が実施されたことに対抗し，スターリン（Iosif Stalin, 1879-1953）はベルリン封鎖に踏み切った。第三次世界大戦さえ予感されるなか，西側諸国は大規模な空輸作戦により生活物資を輸送し，一発触発の緊張状態が続いた（ベルリン危機）。

一方1948年には，ドイツの復興に反対してきたフランスの要望が受け入れられ「ルール国際機関」の設置が認められた。しかしこの機関はフランスにとっては単なる生産物の「分配」機関にすぎず，従来からの要求であった「所有」と「管理」の国際化にはいたらなかった。また西ドイツにとっては，自国の資源のみが近隣諸国に分配されるという，相互性を欠いた不平等条約でもあり，フランスにとっても西ドイツにとっても不満の残る組織となった【3-9】。

英仏主導のヨーロッパの模索と挫折

経済統合の実現として鳴り物入りで発足したOEECであったが，超国家的権限は付与されず，また各国の復興政策の調整も激しい対立を招いたのみであった。英仏が共同でリーダーシップを担い，OEECという16カ国の「大ヨーロッパ」を建設するという試みは，その発足時より頓挫していた。その大きな原因は，フランスとイギリスの「統合」イメージのズレ，さらに突き詰めると両国の

経済政策そのものの相違にある。もともと国内の経済運営において介入主義的で国家主導型の経済政策をすすめるフランスは，ヨーロッパ機関に対しても同様の権限を付与することを望んでいたため，国家主権の一部を移譲した超国家機関の設置を構想していた。一方，リベラルな経済政策をとるイギリスは，国際機関が市場に介入する，という発想そのものを全く受け付けなかった。そもそもイギリス外交にとってはヨーロッパ大陸は隣接地域にすぎず，それよりも「特別な関係」にあるアメリカおよびコモンウェルスとの関係の方が重視されていた。結局OEECはマクロな経済政策の調整を断念し，域内での貿易自由化を主な任務とするようになる。政策調整の難しさ，イギリスと大陸諸国との間の政策の乖離は，今日のEUの運営の難しさを考える上で，極めて示唆的である。

　こうしたヨーロッパ側の統合への動きの鈍さに，マーシャル・プランを管理するアメリカ側の機関ECAの長官ホフマン（Paul Hoffman, 1891-1974）はしばしば激怒し，援助の停止の可能性も示唆した【3-14】。

　ところでヨーロッパの経済復興を阻害していた要因の一つは，各国間の2国間決済網からなる決済システムの不備にあった。2国間決済の滞りが貿易を阻害する，という制度上の問題が存在していたのである。そのため，域内での多角的な通貨決済を可能とするシステムとして1950年に「欧州決済同盟（EPU）」が設置される【4-5】。

民主主義的安全保障としての欧州審議会

　1948年7月のビドー提案以後，「欧州議会」交渉が外交レベルで開始された。特にフランス外務省は議会の設置に熱心に取り組んだが，これは翌年に予定されていた西部ドイツの政府成立以前に，ドイツをヨーロッパへ「封じ込める」ことが不可欠であると考えたからであった。そしてこの交渉を通じて，フランスがヨーロッパ建設のリーダーとなることが意識されるようになる。しかしもう一つのリーダー国であるイギリスは，議会ではなく従来型の閣僚理事会による交渉にとどめることを主張した。結局イギリスの参加は不可欠であると考えられたため，英仏双方の構想を折衷した「欧州審議会」が設置されることとなった。この審議会は，閣僚理事会と諮問議会から構成され，その権限は諮問的な役割にとどまる。超国家機関の実現という意味では失敗であったが，これを将来改組して，ヨーロッパの政治統合を実現することが期待された【3-11-B】。

　欧州審議会は諮問機関にすぎなかったが，これに加盟することこそヨーロッパ

統合への参加資格を獲得する,という意味をもつようになる。なぜなら欧州審議会設立にあたって最も重視されたのは,ファシズムと共産主義という「他者」を法のなかで「否定」し,ヨーロッパ統合の基盤を「ヨーロッパ共通の価値」「規範」に求め,自らのアイデンティティを確立することにあったからである。そのため欧州審議会に加盟するためには,「民主主義」「人権」「基本的自由」「法の支配」といった,いわばヨーロッパ民主主義のコンディショナリティをクリアーすることが加盟条件であった(実際,1967年のクーデタ後,ギリシャで軍事独裁政権が成立した際には,代表権が停止された)【3-11】。

なかでも「人権」を擁護することこそが「独裁」を防止する最善の策であると考えられたため,1949年の欧州審議会設置の翌年,早々に欧州人権条約が締結された。以後,欧州人権裁判所,欧州人権委員会,欧州社会憲章とあわせて,欧州審議会の枠組の下で世界でも最も先進的なヨーロッパ人権レジームが形成されることとなる【4-8,5-4】。

実は「ヨーロッパ」という領域そのものは,ナチスの「新秩序」とも共通するがゆえに,終戦後は極めてネガティブな印象を与えていた。しかしヨーロッパという言葉は,統合の実現により,ファシズムを否定し,その思想基盤を民主主義,人権,自由,個人という普遍的価値に転換することにより,新たな意味が与えられた。さらに共産主義と陸続きで対峙するという緊張感のなかで,共産主義の否定と西欧自身のアイデンティティを確立する必要があった。こうした意味でヨーロッパ統合とは,極めて時代の産物であったと言えよう。

特にドイツ問題に関しては,いかに占領改革でドイツが民主化されようとも,経済的・政治的なドイツの復活は,近隣諸国にとって,脅威を与えることは否定できなかった。欧州審議会の成立と欧州人権条約の調印が急がれたのは,西部ドイツ政府が成立する「以前」に欧州審議会という形でヨーロッパ統合を制度化し,これにドイツを参加させることによりヨーロッパに「封じ込める」ためであった。そして欧州審議会を通じて,民主主義,人権,そして自由をドイツ人の価値・規範に埋め込むことにより,内側からナチズムへの回帰を封じた。

こうしたデモクラティック・ピースとも言える役割が備えられた欧州審議会は,冷戦崩壊後の1990年代に再び意味をもつ。中東欧の旧共産主義国が民主化する際,EUに先んじて欧州審議会に加盟することで,西欧的な民主主義の基準へと到達させる「民主主義の学校」として機能するようになる【7-24】。

北大西洋条約とドイツ再軍備問題の浮上

　対ソ安全保障を含むブリュッセル条約が1948年に締結されたとはいえ，これは基本的にはアメリカ不在の西欧諸国のみによる集団安全保障体制にすぎない。ベルリン危機を経て，冷戦の脅威は多くの人々に共有されており，第三勢力構想はもはや非現実的となっていた。経済的にも軍事的にも脆弱な西欧にとって，アメリカとの協調関係以外の選択肢を見出すことは困難であった【3-4，3-12】。

　西欧は，ソ連の圧倒的脅威と東欧の衛星国化を前に無力な存在となっていた。そこで西欧諸国はアメリカの軍事的コミットメントを強く要請するようになる（「招かれた帝国」論）。1949年4月4日，アメリカがヨーロッパ安全保障に関与することを約した北大西洋条約が締結されるが，これがNATOという軍事機構として整備・拡充されるには，50年代以降のさらなる展開が必要となる【3-10】。

　アメリカとの軍事同盟により，西欧諸国は安全保障をアメリカに依存する路線が見え始めた。一方，経済統合の方向性はいまだ明らかではなかった。しかし，第三勢力論のような，自立か従属か，という選択ではなく，安全保障をアメリカに依存しながら，西欧諸国は経済的繁栄に専心する，という冷戦構造内での政策配置，もしくは役割分担がようやく見え始めていた。しかし，ヨーロッパ統合への起爆剤としては，まずドイツ問題の解決が必要であり，そのためには何よりヨーロッパ自身で政治的意思を固め構想のさらなる革新を図る必要があった。

3-1 マーシャル米国務長官のハーヴァード演説 (1947. 6. 5)

George Marshall, "The Marshall Plan Speech," Harvard University, 5 June 1947, in Staff of the Committee and the Department of State (ed.), *A Decade of American Foreign Policy, Basic Documents 1941-1949*, United States Government Printing Office, 1950, pp. 1268-70. (Online available: http://www.oecd.org/document/10/0,3343, en_2649_201185_1876938_1_1_1_1,00.html)

　アメリカの国務長官マーシャル（George C. Marshall, 1880-1959）は1947年6月5日にハーヴァード大学の卒業式での演説において，「欧州復興計画」（通称マーシャル・プラン）を発表した。経済復興の遅れと深刻な食糧・燃料不足に見舞われた「47年の危機」のヨーロッパに対し，アメリカは，各国別の小規模援助ではなく，大規模かつ包括的な戦後復興計画を提案した。この援助は，困窮状態からの救済により共産主義の蔓延を防ぐと同時に，アメリカ国民の税金の無駄遣いを防ぐために，ヨーロッパ側のイニシアティブと「自助」努力を強く期待していた。

　アメリカの計画の主眼は，一国単位で個別に復興を支援するのではなく，西欧各国の資源の多角的な相互活用を促す「共同の計画」にあり，ヨーロッパに合衆国と同規模の大市場を誕生させること，つまり経済統合の実現にあった。単なる構想・理想論の域を出なかったヨーロッパ統合構想が具体化し，ヨーロッパが自律を模索する契機となったのは，皮肉にもアメリカの外交政策であった。

　マーシャル・プランの受け入れを議論した同年7月のパリ会談に，ソ連外相モロトフ（Viacheslav Mikhailovich Molotov, 1890-1986）は多数の随員を引き連れ参加したが，「共同の計画」策定のために資源の相互活用の基本データとして各国の経済状況の開示が必要となることに対し，モロトフは強く反発し，退席するにいたった。さらにソ連の圧力により東欧諸国の参加も見送られた。マーシャル・プランは，西欧の経済統合を促すと同時に，東西ヨーロッパの分断をももたらした点で，戦後ヨーロッパ秩序形成の大きな分岐点であった。

（上原）

　みなさん，世界情勢は極めて深刻な状況にあるということは改めて言うまでもありません。……

　ヨーロッパの再建を考えてみると，生活の物的損傷や都市や工場，鉱山，鉄道といった目に見える破壊については，正確に見積もりが出されていますが，この目に見える破壊よりも，おそらくヨーロッパ経済の全体構造の混乱の方が重大で

あることがここ数カ月のうちに明らかとなってきたのです。……

　戦争中にヨーロッパの商業構造は完全に崩壊してしまいました。敵対の幕が閉じて2年たつにもかかわらず，ドイツおよびオーストリアに対する講和条約が合意されていないために，復興に深刻な遅れが生じているのです。……労働分業は，近代文明の基礎であります。しかし現在それが崩壊の危機に瀕しているのです。……政府は，必需品［特に小麦・石炭］を海外から調達するために，外貨や借款を用いざるをえなくなっています。こうした事情が，復興のために緊急に必要な資金を枯渇させているのです。……

　悪循環を断ち切ること，そして自国とヨーロッパ全体の経済の将来に対するヨーロッパの人々の信頼を回復させることこそがその処方箋なのです。……

　論理的に言って，合衆国は，世界の健全な経済の再生に向けて支援可能なことは何でも行うべきであり，こうした支援なくして政治的な安定も平和の保障もありえないということは必然なのです。われわれの政策は国家やドクトリンではなく，飢餓や貧困，絶望，カオスに対して向けられているのです。その目的は世界中で好調な経済を復活させることにあり，自由な諸制度が存在可能な政治的社会的諸条件を出現させることにあるのです。それは多様な危機を引き起こすような断片的援助によるものであってはならない，と確信しております。われわれの政府が将来供与するいかなる援助も，単なる一時的緩和剤ではなく，根本的治療であるべきなのです。復興という課題に取り組む意志のある政府は，いかなる政府であれ，合衆国政府の完全な協力を得るであろう，と私は確信しております。他国の復興に対し妨害工作を行う政府は，いかなる政府であれわれわれの支援を期待することはできません。さらに，人間に絶えず苦痛を与え続け，そこから政治的ないしはその他の利益を得ようとする政府，政党，もしくはグループに対して，合衆国は立ちはだかり対抗することになるでしょう。

　合衆国政府が状況の緩和に努めヨーロッパ世界が復興へ歩み始めることを支援する以前に，今日の情勢が何を必要としているのかに関して，またアメリカ政府がいかなる行動を取るにせよ，適切な影響を与えるために，各国自身が果たす役割は何かという点に関してヨーロッパ諸国の間で一定の合意が存在すべきである，ということはすでに明らかです。ヨーロッパの経済的自律を図るプログラムを本政府が一方的に策定することは，適切でも有効でもありません。これはヨーロッパ人の務めです。イニシアティブはヨーロッパが発すべきである，と私は考えます。わが国の役割は，ヨーロッパの計画の立案を友好的に支援すること，そ

してこうした支援の実施が実践的である範囲でその後の支援を行うことであるべきです。この計画は，ヨーロッパの全ての国家が同意せずとも，多くのヨーロッパ国家によって支持された合同の計画としてすすめるべきなのです。

3-2　ドイツの経済復興をめぐる米仏対立：マーシャル・プラン（1947）

European Recovery and American Aid, A Report by the President's Committee on Foreign Aid（*Part 3*），Washington D.C., November 1947, pp. 1-3. (Online available : http://www.trumanlibrary.org/whistlestop/study_collections/marshall/large/documents/index.php?documentdate = 1947-11-00&documentid = 33&studycollectionid = mp&pagenumber = 1&forprinter = true)

　この史料は，アメリカでのマーシャル・プラン【3-1】の批准過程において作成された「対外援助大統領委員会」のレポートである。アメリカは1947年夏に開催されたヨーロッパ側の援助受入国側で構成されるCEEC（欧州経済協力委員会）に対し，西欧側の「自助」の欠如と援助への依存傾向を厳しく批判し，西欧内部の資源の有効利用を強く要請した。その第一歩としてドイツの経済復興を求めたわけであるが，フランスはこれに強く反発し，米ソ対立と並行して米仏対立が交渉に深刻な亀裂を生じさせた。
　戦後，連合国の4カ国による占領下にあったドイツでは，懲罰的かつ経済的な安全保障を確保するために，工業水準（鉄鋼業を基準とする）が厳しく制限されていた。しかしアメリカは，ヨーロッパ全体の復興のためには，戦前のヨーロッパ最大の工業国であったドイツの復興が不可欠であり，それなしではヨーロッパ全体の生活水準の上昇もありえないことを強調している。とりわけ，産炭地であり鉄鋼業を中心とするヨーロッパ最大の工業地帯であるルール地方の復興（特に石炭生産の拡大）が不可欠であった。
　フランスがドイツの経済復興に反対したのは，世論の根強い反独感情に加え，軍需産業の復活に対する安全保障上の懸念と同時に，ドイツにかわってフランスがヨーロッパ最大の経済大国となることを目指していたことが背景にある【2-30】。　　　　　　　　　　　　　　　　　　　　　　　　　　（上原）

バイゾーン［英米占領地区］の特別な位置

　　　　　　　A．西部ドイツとヨーロッパの他の地域
　CEEC諸国が要求している経済援助のなかでも，ドイツの工業，農業，運輸

の復興のための援助は，西欧の復興において最重要の位置を占めている。……

しかしバイゾーンと近隣諸国の生産指数の比較は，ドイツの立ち遅れを示している。バイゾーンの指数は1947年中葉では36年の51％，38年の35％にとどまっている。一方，フランス，ベルギー，オランダは，85％から95％，イタリアは65％，スウェーデンは113％におよんでいる。

これはルール抜きで現状以上の近隣諸国の復興をすすめると，その速度が低下せざるをえないポイントを越えているのである。……ルールの石炭，鉄鋼，機械の生産を早急に上昇させることは，他のいかなる要因よりも，参加国の工業の上昇に加え，ヨーロッパ復興計画の総額に有効であろう。
……

C．政策の展開

1945年にポツダムで発表された連合国の主要な目的は，「ドイツが世界平和に対する脅威となることを永久に防止する」ことであったし，現在も同様である。……

しかしドイツに対する政策は各々矛盾し，経済復興政策はあくまで仮説でしかない。……

D．西部ドイツの地位に関する他国の［政策の］修正

1．選択と必要性

ドイツ以外の国々の復興の成否はドイツの早期復興次第であるということは，パリ会談で具体的に明言されている。……

戦前，ドイツは生産財の大規模な輸出により他国の経済生活に貢献した。それは金属，機械，化学製品といった幅広い範囲にわたり，輸出全体の3分の2におよんでいた。戦後，バイゾーンは他国に対し，特に石炭，電力，木材などを輸出することにより貢献はしてきたが，ドイツもまたこれらを決定的に必要としていたのである。

他国が最も必要としている金属，化学製品，機械といった財は，ドイツの未来の潜在的戦争遂行能力という観点からして最重要の問題にかかわるものである。これらはいわゆる制限産業であり，政治的な文脈において最も取り扱いの難しい問題である。……

純粋に経済的成果という観点からすれば，もし鉄鋼製品と機械の輸出が（工業水準計画の制限の範囲内で）消費財輸出を犠牲にしてでも増加されるのであれば，

ドイツの生産は他国にとって速やかに有益となるであろう。
　……

3-3　仏伊関税同盟（1947）

Commission mixte franco-italienne pour l'étude d'une union douanière entre la France et l'Italie (dir.), *Rapport final-Rome, le 22 décembre 1947*, Imprimerie nationale, 1948, pp. 6-7. (Online available : http://www.ena.lu/mce.swf?doc = 13226&lang = 1)

　マーシャル・プランにおいてアメリカは，ヨーロッパ「共同の計画」，つまり経済統合への着手を促したが，ヨーロッパ側のほとんどの国は消極的な反応しか示さなかった。しかし援助の獲得を不可欠と考えるフランス，イタリアは，こうした要望に沿うべく，早々に関税同盟の準備にとりかかった。
　1947年9月13日に，仏伊両国政府は，仏伊2カ国での関税同盟の研究に着手することを宣言し，合同委員会においてその実施計画を検討して，レポートに取りまとめたのがこの史料である（仏伊関税同盟研究のための仏伊合同委員会「最終レポート」47年12月22日，於ローマ）。
　関税同盟そのものは，従来の国民国家の枠組みでも存在していた。しかし，ここでは，単なる関税同盟にとどまらず，超国家主義にもつながる新しい主権を備えた経済同盟の出現を示唆している点が，統合への転換期という意味でも興味深い。また各国の介入主義的な経済政策に批判的で，リベラルな統合構想を暗示している。
　この仏伊関税同盟構想では，ベネルクスとの接合も論じられたが，その後 EPU（欧州決済同盟）の前段階としての，Fritalux/Finebel などの試みはことごとく頓挫する。これらの「小ヨーロッパ」構想は，基本的にドイツに対し敵対的であり，のちの ECSC が対等かつ相互的な性格を備えていたことと比べると，その方向性は大きく異なる。しかし，ヨーロッパ各国の官僚たちが統合の具体的形態について議論を重ね数々の試行錯誤を繰り返したことは，その後の統合プロセスへの予行演習ともなった。　　　　　（上原）

　関税同盟は，何よりもより広大な経済圏の構築を通じて，より高度かつ自然および経済環境の現状に，より適応した労働分業の実現と，ゆえに，より広大な市場へ向けた生産の増大と低価格化の実現を目標としている。
　委員会は，イタリアと，フランス本国およびアルジェリア間の関税同盟の結成

により，この目的が実現可能か否か，[可能であれば]その実現方法を検討した。

　……関税同盟は，今日単なる関税の同盟では不十分であり，真の経済同盟であるべきである。それは合意された段階に応じて，共通の境界内への国家による経済的介入の消滅と，立法の調和をもたらすであろう。さもなければ，こうした行動が残存したり，達成すべき目的とは逆に不均衡の要因を生むであろう。

　したがって，委員会の任務を関税の実態の検討のみに限定せず，真の経済同盟への条件の検討にまで拡大することが必要であるように思われる。こうした同盟では，それまで別々であった二つの経済領域が単一の経済領域となり，二つの国家は協力して，一種の新型の主権を確立しなければならないのである。

3-4　ド・ルージュモン「ヨーロッパという選択」(1947-48)

Denis de Rougemont, "Choisir l'Europe," in Œuvres complètes de Denis de Rougemont, III : Ecrits sur l'Europe, 1, La Différence, 1994, pp. 29-30.

　ヨーロッパ統合の形成は，しばしばヨーロッパ「内」の諸問題から語られることが多い。しかし，米ソ間の冷戦というヨーロッパ「外」との関係が，ヨーロッパそのものの形成に大きく影響したことを見逃すことはできない。
　ド・ルージュモン (Denis de Rougemont, 1906-85) は，戦間期のノンコンフォルミスト/人格主義のリーダーであり【2-15】，戦後は，「ヨーロッパ運動」【3-7】の文化部門を統括する文学者・思想家である。戦後のヨーロッパを担うエリートたちは，ヨーロッパ文明のデカダンス，凋落，危機にいかに対処すべきか，その克服のための構想をめぐって議論が交わされていた戦間期にその青年時代を過ごした。そして戦後は，ヨーロッパの凋落に加え，米ソの覇権と冷戦の間において，ヨーロッパのありようが問われた。こうした時代の要請のなかで，国家ではなくヨーロッパ統合にその可能性を見出したのである。
　ここでは米ソのいずれにも与しない第三勢力論を否定し，西側陣営への参加が不可避と指摘しながらも，アメリカに対する冷めた視線が意識されている点が興味深い。ヨーロッパ統合の深層心理には，ヨーロッパがアメリカから自律すべきことが強く含意されているのである。ヨーロッパとしての独自性，存在意義の追求については，ハーグ会議【3-7】および欧州審議会の成立【3-11】にかかわる史料も参照されたい。1950年代以降ド・ルージュモンは反共主義的な文化運動（「文化の自由のための会議」）にも積極的に参加する。アメリカへ

の依存とヨーロッパの自律という一見相反する外交路線を並存させ，自由主義，反共主義，そしてヨーロッパの独自性にその思想と価値を求める，というド・ルージュモンの立ち位置は，見落とすことのできないヨーロッパ統合の一つの支持基盤である。ヨーロッパ的価値や独自性にこだわるその思想には，ロシアおよびアメリカという他者との差異化が陰に陽に意識されているのである。

(上原)

　あるものは，ソ連かアメリカかを選択することは宿命である，と語り，またあるものは，選択は宿命的に戦争にいたる，と選択そのものを拒否する。前者にとっては，ヨーロッパ単独での自律はもはやありえず，できるだけ早くロシアブロックか，アメリカのドルと結合すべきなのである。一方後者は，ペストかコレラか，という選択をするのではなく，この見せかけの窓を等しく対称的と考え，スターリン主義の拒絶と「アメリカニズム」の拒絶との間で均衡を図るよう訴えている。二つのブロックを選択すべきか否か。これは，数カ月前より続いている対話である。全ての議論は単純な考えに基づいている。つまり，［ソ連もアメリカも］いずれも同じく帝国主義的で，同じくわれわれを植民地化することに飢えており，ゆえに，われわれにとって同じく危険な存在である。二つの巨大帝国の間で，われわれは囚われの身にすぎないのだ。

　……2大国のあらゆる正確かつ客観的な比較を加えて得られるのは同じ結論である。つまりヨーロッパに対するソヴィエトの危険と，いわゆるヤンキーの危険には，共通の対処の手段は存在しないということである。一党独裁の下で全体主義的アウタルキーを目指すロシアは，野次馬を恐れ，敵対者を粛清し，近隣諸国を併合もしくは衛星国に仕立て上げ，ついには鉄のカーテンを引いた。つまりロシアはあらゆる意味において一枚岩のブロックなのである。しかしアメリカは一枚岩ではない。アメリカは自由貿易を目指し，最悪な無礼者にも目をつぶり，コミュニケーション手段を増やし，ついには他のいかなる国よりも世界のあらゆる勢力に心を開き，自らの健全さは，他者が貧困であることではなく健全であることに依存しているということをよく知っているのである。

　それでは，あるものは選択するよう勧め，またあるものは拒否することを堂々と表明しているが，この選択はどうあるべきなのか。実はこの選択は完全に表面的なものにすぎない。というのもロシアは協力を拒み，マーシャル・プランの妨害を試み，ブロック化を進めることにより，われわれの意に反してわれわれと敵

対することをはっきりと選択したのである。もしわれわれが衛星国とならないのであれば、ロシアは、われわれを敵として、さらにはアメリカの奴隷であると宣言し、そう思い込むであろう。いわゆる「アメリカ・ブロック」を批判する共産主義者のあらゆる無駄口は、以下の乱暴な事実の隠蔽というもう一つの目的のためでしかないのだ。ロシアは、強いヨーロッパ、つまり統一し自律的なヨーロッパを望んではいない。ロシアが望んでいるのは、国家主義的な敵対関係と貧窮の危険にさらされたヨーロッパのみなのである。

こうしたロシアの脅威に対し、アメリカの腕のなかにただ身を投じるというように対処することはできない。そうすべきではないというだけでなく、身を投じることさえ実際には不可能なのである。というのも、アメリカは、われわれを贅沢で、恩知らずで、自尊心の強い病人と考えており、多額の費用で養う気はまったく持ち合わせていないのだ。アメリカは、ロシアが仕掛けた粗野な罠にわれわれが落ちることがないよう、われわれを援助しようと努めているにすぎない。つまりこれはよく理解されているように、戦略的な観点同様文化的にも、彼らの利益だからである。しかしまずわれわれが存在しなければ、アメリカは支援することもできないのだ。したがってわれわれに唯一開かれた選択肢とは、ヨーロッパそのものを選択することである。ヨーロッパを守る唯一可能な方法とは、ヨーロッパを誕生させ、連邦を形成することなのである。

3-5 ベヴィン英外相の「西欧同盟」演説（1948）

"Extracts from a speech by Ernest Bevin in the House of Commons, 22 January 1948," *Parliamentary Debates* (*Hansard*) *House of Commons Official Report*, Vol. 446, cols. 389-90, 297-9, 22 January 1948 ; David Gowland and Arthur Turner (eds.), *Britain and European integration 1945-1998 : A Documentary History*, Routledge, 2000, pp. 9-10.

1947年12月のロンドン外相理事会が決裂し、大国間協調による戦後秩序形成が行き詰まると、イギリスのベヴィン（Ernest Bevin, 1881-1951）外相は、西欧諸国間の協力によって、戦後復興と安全保障を確立しようと考えた。その考えを明瞭に示すのが、以下の下院議会でのベヴィン演説である。

ベヴィン外相は、英仏両国が中心となり西欧諸国間の協力を得て、西欧の安全保障と経済発展を目指そうと考えていた。このベヴィンの「西欧同盟（Western Union）」構想は、1944年頃からイギリス外務省内で検討されており、

45年にはベヴィンが外相就任直後に「大構想」として外務省内で自らのそれへの前向きな姿勢を示していた。イギリス外務省内においては「西欧同盟」が重要な選択肢として検討されていたのだが，外交的にソ連政府との友好関係を維持するためには，ヨーロッパ大陸を分断に導くような構想を控える必要があった。しかしソ連との協調の限界に直面した48年1月に，外交的なイニシアティブとして，ベヴィンは「西欧同盟」を提唱した。この構想の骨格を作ったのが，44年に外務省内で「西欧ブロック」構想を検討していたジェブ (Gladwyn Jebb, 1900-96) であった。この「西欧同盟」構想は，当時の世界で，米ソに対抗する「第三勢力 (the Third Force)」成立を目指す試みでもあった。

　この構想は，フランス政府やベネルクス3国政府に伝えられ，迅速な外交交渉の展開によって，2カ月後の1948年3月にはブリュッセル条約として結実する。このブリュッセル条約により，「西欧同盟機構 (BTO：Brussels Treaty Organization)」が成立し，集団防衛や経済・社会発展を目指すことになった。

(細谷)

　ヨーロッパの統一性と，西洋文明の中心としてのヨーロッパを守ろうとする考えは，多くの人々に受け入れられている。その重要性は，戦後の危機によってヨーロッパが没落しつつある帰結として，全てのヨーロッパの諸国にとってのみならず，世界全体にとってもますます明瞭となっている。ヨーロッパの統一性という考えを疑うものは，誰もいない。それは問題ではないのだ。問題は，ヨーロッパの統一性が，単一の大国の支配やコントロールなしでは実現されないか否かである。これこそが，問われるべき問題なのだ。私はこれまで何度にもわたってこの議場において，そして国際会議において，ヨーロッパとの結びつきのなかでイギリスの政策が入念に検討されるよう試みてきた。

　この政策は三つの原則の基礎の上にある。第一に，いかなる一国もヨーロッパを支配するべきではない。第二に，古い時代の勢力均衡の考え方は，可能な限り，目的から外されるべきである。第三に，代替としての4大国協調と全てのヨーロッパ諸国への支援が存在するべきであり，それにより自らの方法によって相互に自由に発展することが可能とすることである。

　……私は，西欧の結集の機は熟していると確信する。

　まずわれわれは，この文脈のなかで，フランスの人々のことを考えている。古くからの友人がいつもそうであるように，われわれの間には時として違いが見られる。だが，かつてわれわれの歴史のなかで，これほどまで両国の人々の間で良

心と敬意が見られたことはなかったであろう。われわれはダンケルク条約という基礎を有する，欧州復興計画のパートナーである。

……

ベネルクス諸国との関係を発展させるための方法を見出すときが来た。私は，フランスの同盟国と緊密な協力の下で，これらの諸国との対話を開始する用意がある。

私はベネルクス諸国という近隣諸国や，フランスとともに条約を調印することを期待しており，それこそが西欧の重要な中核となるのである。

……もしもわれわれが平和とわれわれの安全をともに実現したいのであれば，それは道徳的および物質的な勢力を動員することによってのみ可能となり，西側での自信とエネルギーを創出し，他のあらゆる地域で敬意を奮い起こすであろう。それは，イギリスがもはやヨーロッパの外側に立って，自らの問題がヨーロッパの近隣諸国のそれと大きく異なるとはみなしえないことを意味するのだ。

3-6　ブリュッセル条約（1948. 3. 17）

"Treaty of Economic, Social and Cultural Collaboration and Collective Self-Defense, Brussels, 17 March 1948," in Foreign Office, *British and Foreign State Papers, 1948 Part I, Vol. 150*, Her Majesty's Stationery Office, 1956, pp. 672-7. (Online available：http://www.weu.int/Treaty.htm#4)

ブリュッセル条約は，イギリス，フランス，ベルギー，オランダ，ルクセンブルクを締約国とする条約（フランス語では「5 カ国条約」とも言う）である。

西欧安全保障の展開においては，1947 年のダンケルク条約（英仏相互条約）が対独安全保障を主眼とし国連憲章の旧敵国条約に基づく 2 国間条約であったのに対し，ブリュッセル条約はドイツのみならずソ連をも仮想敵国とし，多国間による集団的自衛権による相互援助義務（第 4 条）を定めている。西欧にとっての脅威が，ドイツからソ連・東欧へと変化する，まさに冷戦への過渡期に位置する条約である。

この条約の特徴は，安全保障にとどまらない点である。条約の正式名称および第 1 条，2 条，3 条において定められているように，軍事的安全保障に加え，経済・社会・文化政策における協力関係を確立することが当初の目的であった。これは，対ソ安全保障を重視するイギリスに対し，フランスは西欧統合の

実現に重きを置き、この条約の交渉時には5カ国を基礎とした「小ヨーロッパ」による統合の実現さえ期待していたからである。このため第1条から3条に経済、社会、文化にかかわる条項が置かれている。とはいえ、こうした統合構想もイギリス側の関心の欠如から早々に頓挫した。

しかし冷戦が決定的となるにつれ、ソ連・東欧と対峙するには西欧の軍事力はあまりに貧弱であり、何よりアメリカの軍事的コミットメントを欠いた集団安全保障の限界が新たな難問となった。そこで、翌1949年にアメリカとカナダが参加する北大西洋条約【3-10】が締結される。

ブリュッセル条約は、欧州防衛共同体（EDC）の破綻後、1954年に5カ国に加えて西ドイツ、イタリアを加え、西欧同盟（WEU）条約【4-20】へと拡大改組され、NATOと共にワルシャワ条約機構に対抗する西側の安全保障体制が構築されることになる。 （上原）

第1条
　締約国は関係諸国の緊密な共同体と、ヨーロッパの経済復興促進のための統一の必要性を確信しており、各国の経済活動の組織化および共働により、経済政策をめぐる対立の除去、生産の調和、貿易の発展を通じて、可能な限り最良の成果を出すことを目指す。……

第2条
　締約国は、直接の協議および専門機関の両方により、人々がより高度の生活水準を実現し、また類似の路線にのっとり各国の社会およびその他関連する諸サービスを進展させるように、共同で努める。

　締約国は、社会問題に関連し専門機関での承認により採択された直接的かつ実践的利益を有する勧告について、できるかぎり速やかな適用が実現することを目的として協議する。

　締約国は、社会保障分野における協定を相互に可能な限り早く締結するよう努力する。

第3条
　締約国は、共通の文明の基礎を成す諸原則に対するよりよい理解を人々に促し、加盟国間の協定もしくはその他の手段を通じて文化交流を促進するよう共に最善を尽くす。

第4条
　締約国がヨーロッパにおいて武力攻撃の対象となった場合には、その他の締約

国は，国連憲章第51条の諸条項に従い，当事国に対し，その力の及ぶ範囲で，あらゆる軍事的およびその他の援助および支援を供与する。
……

第5条
　前条項の結果として取られる全ての措置は，国連安全保障理事会にただちに報告される。これらの措置は，安全保障理事会が国際平和と安全保障の維持・回復に必要な措置をとると直ちに停止される。本条約はいかなる場合でも，国連憲章の諸条項の下での締約国の義務を侵害するものではない。……
　……

第7条
　本条約で取り扱う全ての問題について協議することを目的として，締約国は，諮問理事会を設置する。……
　締約国から要請があった場合には，締約国が以下の諸点を協議できるように，理事会を早々に開催することとする。
・いかなる地域で勃発したのであれ，平和への脅威となる状況について
・ドイツの侵略的政策が復活した場合に，取るべき態度と手続きについて
・経済の安定に危険を及ぼす状況について
　……

3-7　ハーグ・ヨーロッパ会議──政治決議 （1948. 5. 10）
Comité international de coordination des mouvements pour l'unité européenne, *Congrès de l'Europe, La Haye, mai 1948*, London, 1948. (Online available : http://www.europeanmovement.org/history.cfm#The%20Resolutions)

　1948年に開催されたハーグ会議は，さまざまな思想潮流をもつヨーロッパ統合運動が，一同に参集した会議であった。
　そのなかで世論の注目を最も集めたのがこの政治決議である。この会議に参加した団体は同年秋に「ヨーロッパ運動」を結成し，超党派的なネットワークを結成する。
　会議後これらのアピールは各国政府に提出され，秋以降ヨーロッパ議会構想として外交交渉において協議が開始され，翌年欧州審議会の設置に結実する。この設立過程において「ヨーロッパ運動」は圧力団体であると同時にシンクタ

ンク的役割を果たした。というのも,「ヨーロッパ運動」は,各国の首相・閣僚経験者を多数含み,欧州審議会設置後,諮問議会の議員の多数を輩出し,ヨーロッパ派のネットワークの受け皿となり,各国政府に対しヨーロッパ政策の前進を促したからである。

「ヨーロッパ運動」の活動は,ヨーロッパ・アイデンティティの形成や,ヨーロッパ機関,特に欧州審議会の規約やその後の活動の方向性に大きな影響を与える【3-11】。たとえば,ヨーロッパ統合への参加条件として,ヨーロッパの「普遍的価値」や「共通の遺産」,つまり,「自由」「民主主義(法の支配,基本的自由)」「基本的人権」を重視している点は,欧州審議会の基本原則となった。これらの思想の基盤には,ファシズムの克服と同時に,共産主義の否定が強く意識されている。　　　　　　　　　　　　　　　　　　　(上原)

本会議は

安全と社会進歩を保証する経済政治連合(union)を創設することこそ,ヨーロッパ諸国の火急の義務であると認識している。……

　　　　　　　　　　　　　　主権

ヨーロッパ諸国は,統合のための共同の政治的経済的行動,および共通の資源の適切な発展のために,主権の一部を移譲および合併すべき時が来たことを宣言する。

いかなる連合もしくはヨーロッパ連邦であれ,その構成員の安全を守るべく立案され,また外部からの支配から解放されるべきであるが,他国に対しては敵対的であるべきではないと考える。

統一されたヨーロッパは,民主的社会システムの漸進的な確立を当面の課題とする。政治的民主主義がまさしく独裁的な権力の行使に対する保護を目指しているように,民主的社会システムは,あらゆる種類の隷属と経済的不安定から人間を解放することを目的としている。

ドイツを統一もしくは連邦化されたヨーロッパに統合することのみが,ドイツ問題の経済と政治の両側面に対する解決策であることを断言する。

連合もしくは連邦は,これらと連携する海外領土の住民の経済・政治・文化における前進を支援すべきであることを宣言するが,これらの領土とヨーロッパ各国とが今日取り結ぶ特別な紐帯を侵害するものではない。

ヨーロッパ議会

差し迫った緊急事態として，加盟各国の議会により，加盟国その他から選出され，以下を計画しているヨーロッパ議会の召集を要請する。

(a) ヨーロッパ世論の育成および世論へのアピール
(b) ヨーロッパに必要な経済・政治連合の実現のために，漸進的に計画された当面の実践的措置の提言
(c) こうした連合もしくは連邦の創設がもたらす，法的および国家構造的（constitutional）含意とその経済的社会的帰結の検討……
(d) 上記の目的のために必要な計画の準備

人権憲章

以上の結果実現する連合もしくは連邦は，民主的に統治された全てのヨーロッパ諸国に対して開かれるべきであるが，その国々は人権憲章を尊重することを受け入れた国家であるべきと考える。

……

いかなる状況においても，事実であれ法律上であれ，市民に対し思想，集会，表現の自由はもちろん，政治的対抗勢力を形成する権利が保障されない限り，その国家は民主主義と呼ばれる資格はないことを宣言する。……

……

3-8　ビドー仏外相のヨーロッパ議会および経済関税同盟に関する宣言（1948. 7. 19）

"Déclaration du président Georges Bidault sur le problème du fédéralisme européen," La Haye, 19 juillet 1948. MAE, Z-10.

1948年5月に，ヨーロッパ統合運動の「ハーグ・ヨーロッパ会議」で提案された「ヨーロッパ議会」構想【3-7】は，世論の注目を集めた。そして7月19日に，フランスの外相ビドーがブリュッセル条約常任理事会において，経済・関税同盟とヨーロッパ議会の早期設置を提案し，ヨーロッパ熱に拍車をかけることとなった。

ドイツ問題をめぐる外交交渉のなかで，旧来のフランスのドイツ弱体化路線【2-30, 3-2】はことごとく失敗に終わり，西部ドイツに政府が成立することが

決定され，ドイツの復活は誰の目にも明らかとなった。この交渉にあたったビドーは反独感情の強いフランス世論から激しい批判を浴びた。ビドーは，対米外交を重視するアトランティストと評価されることが多いが，実は冷戦の展開とドイツ弱体化政策に固執する国内世論との間で板ばさみの状態にあり，フランス外交の方向性を国際情勢に適合するよう転換すべく努力していた。特にドイツ問題に関しては，そのヨーロッパ的解決，つまりヨーロッパ統合による解決策に早くから着目していた。

　外交レベルでヨーロッパ自らが統合の実現に取り組むことを提案したこの演説は大きな反響を呼んだ。とりわけ，ハーグ・ヨーロッパ会議【3-7】を組織し，秋に「ヨーロッパ運動」を発足させる統合運動はこの機を逃さず，各国政府に対しヨーロッパ議会（欧州審議会として実現する）【3-11】設置へ向けて熱心な働きかけを行った。これは，経済復興【3-1, 3-2】，西ドイツの成立【3-13】といったドイツ問題が，旧来のフランスの対独政策をことごとく否定する方向へと進むなかで，フランスの政策を公式に転換させる契機となった。フランス外務省は，西部ドイツ政府が成立する「前」に，ドイツをヨーロッパ機関へと封じ込めることを画策した。これ以後，フランス外務省はヨーロッパ議会設置への外交交渉をリードすることとなる。この提案は，フランス外交がドイツ問題にヨーロッパ統合という解決策を選択し，フランスがヨーロッパ統合のリーダーとして歩むターニングポイントとなる。　　　　　　　　　　（上原）

　経済面では，西欧は過去数年間アメリカ合衆国による援助の継続に依存してきました。そして合衆国自らわれわれに対し正式かつきわめて誠実に，もしヨーロッパ諸国が大規模な経済的統一体を形成するよう，言葉を換えれば現在の経済状況において活力ある集合体を設置するよう組織化への努力を続けないのであれば，アメリカの支援は打ち切られるであろう，と警告してしております。……

　加えて，最も肝心なドイツ問題は，ヨーロッパという枠組み以外では，平和的かつ持続性ある解決は図れないということを隠す余地はありません。……
　……

　政治面では，世論の広範な運動［ハーグ・ヨーロッパ会議］によって，われらの国々およびヨーロッパ全般において大いなる希望の潮流が生み出されています。ヨーロッパの協力組織を創設することが，あらゆるところで主張されているのです。数多くの闘争，内部分裂，猜疑心，そしてエゴイズムを経験してきた大陸の歴史のなかで今が唯一のチャンスなのです。……［以下，提案］
1）　世論の願望に従い，議会創設により，ヨーロッパの人々が，出会い，見解を

表明できるようにすること。さらにこの議会は，この壮大かつ偉大なプロジェクトへの参加を希望する多様な国家の議会を代表するであろう。……
2) 5カ国，もしくはその一部の国の間で，経済・関税同盟を設置すること（通常，参加を表明するその他ヨーロッパ諸国へ，拡大することとなる）……
……

3-9　ロンドンにおけるルール国際機関設置に関する6カ国のコミュニケ（1948）

"Six-Power Communiqué on the Establishment of the International Authority for the Ruhr, London, December 28, 1948," in Foreign Office, *British and Foreign State Papers, 1949 Part II, Vol. 154*, Her Majesty's Stationery Office, 1957, pp. 483-99. (Online available : http://www.ena.lu/mce.swf?doc = 5775&lang = 2)

　戦後ヨーロッパ国際関係の中心的課題はドイツ問題であったが，ルール問題はドイツ問題のまさに中心に位置していた。

　ルール地方は，鉄鋼業に最適の良質の石炭を産出する炭鉱地帯であり，鉄鋼業の中心であるがゆえに【3-2】，一大軍需産業を擁する地域であった。また，安全保障と経済復興のための資源獲得という点から，フランスはドイツの工業水準の制限を最重視してきたが【2-30】，ドイツの復興が不可避となったのちは，ルールの国際管理を強く主張するようになった。そこで，ドイツの復興と引き換えに，1948年12月にドイツとアメリカ，イギリス，フランス，ベネルクス諸国が参加する「ルール国際機関」の設置が合意され，49年4月28日にロンドンで協定が調印された。

　ルール国際機関の役割は，ルール地方の石炭・鉄鋼の生産と商慣行の管理であった。差別的慣行を禁止し，関税の引き下げを促した。

　ルール国際機関は，「国際化」もしくは「国際管理」という点で新しい取り組みではあった。しかし，ドイツ・ルール地方の石炭・鉄鋼のみが管理され，他の参加国に供給されるのに対し，他の参加国の資源は対象外であったという点で，不平等条約であった。アデナウアー（Konrad Adenauer, 1876-1967）は，ドイツの行動の自由を規制するこの機関の廃止を強く望んでいた。ルール問題の解決をめぐる試みは，シューマン・プラン【4-2】において，相互的かつ対等な「ヨーロッパ的解決策」として従来とは全く異なる解決方法を選択することにより，ヨーロッパ統合へと飛躍する契機となる。　　　　　　　　　　（上原）

8. ルール国際機関［以下，IAR］の主な機能とは，ルールの石炭・コークス・鉄鋼をドイツにおける消費用と輸出用とに分配することであり，その目的は，ドイツにとって不可欠の需要を考慮しつつ，共通の経済的福利に向けて協力する諸国にこれらの産物の供給の適切なアクセスを保障することである。
……
10. IARは，IARが認める保護措置を除き，ドイツの諸機関が人為的もしくは差別的な輸送・価格・貿易慣行，数量割当，関税および同様の政府措置もしくは商制度を設定，実行，許可を行わないようにする権限を有することとなる。これらは国際貿易におけるルールの石炭・コークス・鉄鋼の移動をゆがめる恐れがあるからである。
……
12. IARにルールの石炭・コークス・鉄鋼業の経営・管理に対する監督権を付与する問題には，特別の関心が払われた。……
……
18. 過去においては，ルールの資源が侵略目的に利用されてきた。6カ国政府は，……そうした状況が復活することは阻止されるべきである，と決意した。同様に，ヨーロッパの政治的経済的福祉が必要としているのは，ルールの工業生産の完全かつ効果的な利用と，民主主義的なドイツが国際社会へ参加し，全ての人々がふさわしい繁栄の水準を享受することであると認識している。IARの開設は，国際経済分野における革新である。その設置は，世界市場において，ヨーロッパ企業の自由競争を制限するためではない。ヨーロッパの全般的な経済的福利の促進と，国際的な信頼の再構築を実現するという建設的な役割を負っている。もし賢明に機能させるのであれば，IARはヨーロッパ諸国の間で，より親密な経済的連携に向けてのさらなる一段階とみなされるであろう。

3-10 北大西洋条約（1949.4.4 調印）

邦訳は横田喜三郎・高野雄一編『国際条約集』有斐閣，1991年に依拠した。(Online available：http://www.nato.int/docu/basictxt/treaty.htm)

1949年4月4日，北米とヨーロッパの12カ国によって，北大西洋条約が調印された。原加盟国は，ベルギー，カナダ，デンマーク，フランス，アイスランド，イタリア，ルクセンブルク，オランダ，ノルウェー，ポルトガル，イギリス，アメリカ合衆国であった。北大西洋条約は同年8月に発効し，その後1950年から52年にかけて常設機構化が進み，北大西洋条約機構（NATO）と一般に呼ばれるようになる。

1948年3月のチェコスロヴァキアの共産主義クーデターで，西側諸国に共産主義勢力の膨張主義的傾向に対して危機感が募るなかで，英米加の3カ国で，大西洋同盟成立へ向けての交渉が始まる。ちょうどこの3月には，西欧5カ国が参加するブリュッセル条約が調印されていた。この時点では，西欧諸国の安全保障を確立する地域的枠組みとして，「西欧同盟」と「大西洋同盟」の二つの構想が検討されていた。しかし1949年になるとイギリス政府は次第に，「西欧同盟」としての安全保障枠組みを軽視するようになり，英米関係を中軸とする大西洋同盟の枠組みを自らの安全保障構想の中核に位置づけるようになる。そして，英米両国を中核として，アメリカの軍事力がその主力となるような大西洋同盟が確立する。

北大西洋条約は本質的には，前文や第5条に示されるような「集団的防衛」を目的とする安全保障機構である。しかしながら同時に，第2条に示されるように「自由な諸制度を強化する」ことや，「これらの制度の基礎をなす原則の理解を促進すること」もまた，主眼に置かれている。それはすなわち，自由主義や民主主義という理念を尊重して，開放的な市場経済を取り入れることを促進する意味ももっていた。アメリカは，西欧諸国に安全保障を提供すると同時に，理念や制度として大西洋地域が収斂する方向へ導こうと試みていたのである。すなわち，北大西洋条約は，戦後半世紀を超えて，米欧関係で一定の協調をもたらすための重要な制度となっていたのであり，その制度の上で，西欧諸国は超国家的な統合を進展させていたのである。　　　　　（細谷）

前文

この条約の締約国は，国際連合憲章の目的及び原則に対する信念並びにすべての国民及び政府とともに平和のうちに生きようとする願望を再確認する。

締約国は，民主主義の諸原則，個人の自由及び法の支配の上に築かれたその国民の自由，共同の遺産及び文明を擁護する決意を有する。

締約国は，北大西洋地域における安定及び福祉の助長に努力する。

締約国は，集団的防衛並びに平和及び安全の維持のためにその努力を結集する決意を有する。

よって，締約国は，この北大西洋条約を協定する。

第1条
　締約国は国際連合憲章に定めるところに従い，それぞれが関係することのある国際紛争を平和的手段によって，国際の平和及び安全並びに正義を危うくしないように解決し，並びに，それぞれの国際関係において，武力による威嚇又は武力の行使を，国際連合の目的と両立しないいかなる方法によるものも慎むことを約束する。

第2条
　締約国は，その自由な諸制度を強化することにより，これらの制度の基礎をなす原則の理解を促進することにより，並びに安定及び福祉の条件を助長することによって，平和的かつ友好的な国際関係の一層の発展に貢献する。締約国は，その国際経済政策における食い違いを除くことに努め，また，いずれかの又は全ての締約国の間の経済的協力を促進する。
　……

第5条
　締約国は，ヨーロッパ又は北アメリカにおける1又は2以上の締約国に対する武力攻撃を前締約国に対する攻撃と見なすことに同意する。したがって，締約国は，そのような武力攻撃が行われたときには，各締約国が，国際連合憲章第51条の規定によって認められている個別的又は集団的自衛権を行使して，北大西洋地域の安全を回復し及び維持するためにその必要と認める行動（兵力の使用を含む。）を個別的に及び他の締約国と共同して直ちに執ることにより，その攻撃を受けた締約国を援助することに同意する。
　前記の武力攻撃及びその結果として執ったすべての措置は，直ちに安全保障理事会に報告しなければならない。その措置は，安全保障理事会が国際の平和及び安全を回復し及び維持するために必要な措置を執ったときは，終止しなければならない。
　……

3-11 欧州審議会の設立

A．欧州審議会規約（1949. 5. 5）
B．欧州政治機関設置への期待（第1回諮問議会で採択された決議，1949. 9. 5）

A．"Statut du Conseil de l'Europe," STCE n° 001, London, 5 mai 1949. (Online available：http://conventions.coe.int/Treaty/FR/Treaties/Html/001.htm)
B．Conseil de l'Europe, *Dix années de vie du Conseil de l'Europe*, Berger-Levrault, 1960, p. 4.

　ヨーロッパ統合に参加する条件とは何か。史料Aの欧州審議会規約で明記されているのは，いわばヨーロッパ統合への参加条件である。欧州審議会は民主主義国から構成されることを前提としており，その締約国は，民主主義的規定，つまり議会制民主主義，法の支配，人権，基本的自由などの遵守を求められ，これに違反した場合には，代表権停止という強制力をもつ点が特徴的である。実際，1969年に軍事独裁の下にあったギリシャは，一時脱退を余儀なくされた。

　もちろん，欧州審議会とEC/EUは同じくヨーロッパ統合を志向するとはいえ，別組織であり，冷戦期においては役割分担が存在した。NATOが安保を担ったことにより，ECは経済統合，欧州審議会は民主主義に専心する。そのため，冷戦終焉後，東欧諸国はその民主化過程において，欧州審議会への加盟準備を通じて西欧的な民主主義の洗礼を受け，欧州審議会はEU加盟への前段階としての「民主主義の学校」もしくは「民主主義の安全保障」として機能した。ヨーロッパ統合の第一の参加条件が，反ファシズム・反共産主義と「民主主義」にあることを改めて想起できよう。

　組織の特徴としては，連邦主義にこだわるフランス，国家主権の維持と従来型の政府間交渉にとどめることを主張するイギリスの対立から，妥協策として，「閣僚理事会」と「議会」の併設という形態が取られた。この並列は，良くも悪くも後のEC/EUの機構の先例となった。そしてこの議会も諮問機関にすぎなかったことから，連邦主義の失敗と位置づけられることが多い。しかし1950年代半ばまで，ヨーロッパ統合派の政治家たちにとって，ECSCとともに，ヨーロッパ統合，とりわけ政治統合の出発点として，ヨーロッパ統合への意思，ネットワーク形成，経済統合，農業問題など，政策の議論の場としての役割を果たした（これがEECへと引き継がれる）。特に1950年代初頭までは，史料Bにあるように，政治統合の受け皿となることが期待され，ECSC発足後も，政治家を中心に，活発な議論が続いた。欧州審議会は政治統合への展開には失敗したが，人権問題，経済社会政策の平準化，教育・文化政策など，

ヨーロッパ・レベルでの条約の締結という方法による平準化・促進（法の統合）といった役割を果たすのである。　　　　　　　　　　　　　　　　（上原）

A．欧州審議会規約

ベルギー王国政府，[以下，9締約国名省略] は，

……

正義と国際協調に基づく平和の追求こそ，人類の社会と文明の保全にとって不可欠であることを確信し，

これらは [加盟国の] 人々の共通の遺産であり，個人の自由，政治的自由，法の支配といったあらゆる真正の民主主義の基礎を成す原理の真の源泉である精神的・道義的価値への恭順を再度確認し，

これらの理想の維持およびさらなる実現と，経済的社会的進歩のために，ヨーロッパの志を同じくする全ての国家間で，より緊密な統一が必要であると信じ，

こうした必要性と，人々の熱望に応えるべく，ヨーロッパの諸国をより緊密なる連合へと促す組織の設置がただちに必要であると考慮し，

以上により，政府代表委員会および諸問議会から構成される欧州審議会の設置を決定し，この目的のために，以下の規約を採択した。

第1章　欧州審議会の目的

第1条

a．欧州審議会の目的は，共通の遺産である理想と原則の遵守および実現と，経済的社会的進歩の促進のために，加盟国間のより強力な統一を達成することにある。

b．この目的は，審議会の諸機関を通じ，共通の関心の諸問題の議論，および経済・社会・文化・科学・法・行政上の諸問題に関する協定・共同行動により，また人権および基本的自由の擁護と一層の実現において，追求される。

……

d．国防にかかわる事項は，欧州審議会の活動対象とはしない。

第2章　加盟条件

第2条　欧州審議会の加盟国は，この規約の当事国である。

第3条

欧州審議会の各加盟国は，法の支配の原則と，全ての人間がその法域内で人権

および基本的自由を享受する原則とを受諾し，第1章で明記された審議会の目的の実現に，真摯かつ実効的に協力しなければならない。

第4条

　第3条の規定を履行する能力および意志を有すると認められるヨーロッパの国家であればいかなる国であれ，閣僚委員会により欧州審議会の加盟国となるよう招請される。招請された国は，本規約への同意文書を事務総長に寄託したときに加盟国となる。

　……

第7条

　欧州審議会のいかなる加盟国も，事務総長に脱退の意志を正式に通告することにより脱退できる。……

第8条

　第3条を著しく侵害した欧州審議会加盟国はいかなる国であれ，代表権を停止され，第7条の下で閣僚委員会により脱退が要請される。もしこの加盟国が要請に応じない場合には，委員会が決定した同日よりこの加盟国が審議会の加盟国ではなくなることを委員会は決定できる。

　……

B. 欧州政治機関設置への期待

　欧州審議会の目的は，限定的な役割ではあるが，実際的な権限を備えたヨーロッパ政治機関を設置することである。

3-12　イギリスのヨーロッパ政策の転換
A．ストラング委員会（1949）
B．イギリス閣議文書（1949）

A．PUSC (51) Final, "Anglo-American Relations: Present and Future", 24 August 1949. TNA, FO 371/76385.
B．Memorandum by Ernest Bevin, "European Policy," CP (49) 208, 18 October 1949. TNA, CAB 129/37.

　1949年2月に新たにイギリスの外務事務次官に就任したストラング（William Strang, 1893-1978) は，それまでのイギリスのヨーロッパ政策を再検討する必要を感じていた。ストラングは，外務省内に長期的なイギリスの対外政策を検討するための事務次官委員会（PUSC：Permanent Under-Secretary's Committee, ストラング委員会）を設置して，協議を重ねた。その結果，5月には「世界第三勢力か西側勢力の結集か？」という文書を作成して，長期的なイギリス外交の指針として，自立した「第三勢力」の結成と，英米関係を中軸とした大西洋同盟の強化，という二つの選択肢を提示した。そして，むしろ後者こそがイギリスの国益にかなうと論じて，前者の構想を放棄する必要を論じている。

その考えがより明確に示されるのが，史料Aである8月に作成された「英米関係——現在と未来」と題する文書である。そこでは，「委員会は，西欧，あるいは英連邦と西欧の組み合わせから構成されるというような，自立しえる「世界第三勢力」という選択肢を，実現不可能なものとして放棄した」と記されている。さらには，このストラング委員会の報告書が，10月にはイギリス閣議でベヴィン外相の提案の下で了承されている。翌1950年5月のシューマン・プランをイギリス政府が拒絶することになる背景として，そしてその後もイギリス外務省がヨーロッパ統合に躊躇する姿勢を示す根拠として，このストラング委員会の報告書は重大な意味をもっていた。　　　　　　　　（細谷）

A．ストラング委員会

委員会はすでに，将来において十分に自立を維持できる力を備えるロシアを除いて，いかなる諸国のグループにおいても，アメリカが決定的な構成国となるとの結論を導いた。この結論に到達する上で，委員会は，自給自足的な「世界第三勢力」つまり西欧諸国あるいは西欧諸国とコモンウェルスとの組み合わせという選択肢を，実行不可能で望ましくないものとして，放棄した。

上述のように，もしもイギリスが地位を確立できて，アメリカと緊密に結びつきながらも同時に望ましい方向へと十分に自立的にアメリカの政策に影響を与えることができるのであれば，世界のいかなる地域においても，アメリカとイギリスとの間では根本的な利害の対立は見られない。

イギリスにとって，（アメリカの）孤立主義への後退は明白な危機となる。イギリスは西欧とともにロシアのそばで取り残されることになり，大西洋に境界線を引くことになり，そして世界をアメリカとソ連との二つの大国のブロックへと分断することになるであろう。

B. イギリス閣議文書

22. 結論として，アメリカとの可能な限り緊密な連合が現時点ではいかなる意味でも不可避であるように思える。それは，ソ連の攻撃に対抗するという目的のみならず，コモンウェルスの結束やヨーロッパの統一性という利益に則っても重要である。そのような連合がいかなるものであるべきかについては，異なる報告書が必要だが，国連憲章第51条に基づく一般的な集団安全保障の動員は，確かなる保証とはならないという否定的な結論をおそらく記しておくべきであろう。そのような過程が導きうる帰結は，ソ連とその衛星国を排除した新しい国連機構の創設であり，それはいかなる組織的なリーダーシップもともなうことのない非効率的な諸国のブロックに帰結して，機構全体によって，いかなる一国あるいは諸国の特殊利益も，意味をもたなくなるであろう。
……

33. この報告書により以下のように全般的な結論を要約することができる。
……

(c) 脆弱で中立的な西欧は望ましくなく，強大で自立的な西欧は現時点ではありえそうにないし，少なくともドイツ再軍備なしでは将来もありえそうにない。
(d) 西欧の安全保障のための最良の希望は，大西洋同盟に示唆された路線での西側勢力の結集である。
(e) 今後10年から20年の間に，西欧は，現在の協調的な政策を維持するならば，アメリカからの経済的さらには軍事的な依存状態からも脱することになるであろう。しかし，二つの地域は，相互依存的な状態を続けるであろう。
(f) イギリスは，西側勢力を結集させる上で，より重要な役割を担うであろうし，また，アメリカ合衆国との特別な関係を維持し続けなければならない。

3-13 西ドイツの成立――国際環境との関係：アデナウアー首相の連邦議会における初演説（1949. 9. 20）

"Erst Regierungerklärung des Bundesrkanzlers Konrad Adenauer von dem Deutschen Bundestag vom 20. September 1949," in Auswärtigen Amt unter Mitwirkung eines wissenschaftlichen Beirats (Hg.), *Die auswärtige Politik der Bundesrepublik Deutsch-*

land. Dokumente von 1949 bis 1963, Verlag Wissenschaft und Politik, 1999.

　　ここで取り上げる史料は，西ドイツ初代首相に選出されたアデナウアーが行った最初の連邦議会での演説である。アデナウアーがこの演説のなかで，西ドイツが国家として主権を回復することと，(西) ヨーロッパの国際的枠組みに復帰することとが表裏一体として進められるのを当然視している点に注意を払う必要がある。アデナウアーが演説のなかで触れているヨーロッパ連合 (Europäische Union) とは，欧州審議会のことである。西ドイツが欧州審議会の一員となることは，西ドイツが国際舞台に復帰する大きな足がかりと考えられていただけではない。西欧の国際的な結集は，ヨーロッパの内側での平和の保障と，共産圏諸国への対抗手段であった。アデナウアーが西欧統合に熱烈な支持を表明するのと同時にアメリカの庇護を求め，そして再統一という困難な目標を掲げざるをえない点に，西ドイツ成立と冷戦，そしてヨーロッパ統合の重なりが象徴的に表されていた。　　　　　　　　　　　　　　　　　　　　（川嶋）

　さて諸君，占領規約に関するわれわれの見解について一言述べさせていただきたい。占領規約は理想的な状態とはほど遠いものとなっております。［確かに］それは無法状態に比べれば進歩でありましょう。占領規約が施行されるまでそのような無法状態にわれわれは生きていたのです。しかし国家社会主義がもたらした完膚なきまでの破壊を受けた今，ドイツ国民が自由と国際法上の平等なる扱い（レンナー代議士＊：それと平和条約！）を再び獲得するためには，連合国と一緒に進んでいくという道以外はありえないでしょう。自由にいたる唯一の道とは，われわれの自由と権限を，連合国高等弁務官との合意の下に，少しずつ広げていこうとすることなのです。

　（その通り！）

　われわれが西欧世界にその起源を有し，西欧世界とわれわれは同じ考え方をもっていることは疑いようのないことでしょう。われわれは全ての国家と良好な──さらには極めて親密な──関係を保ちたいと思うわけでありますが，特に隣国であるベネルクス諸国，フランス，イタリア，イギリス，北欧諸国と良好な関係を保ちたいと望んでいます。またドイツとフランス間の敵対関係は，この数百年のヨーロッパ政治を支配し，幾度の戦争と流血と破壊を誘引してきたわけですが，これはこの世からすっぱりと消し去らなくてはならないのです。

　（激しい拍手）

私が望むのは，いえ，断言しましょう。ザール地方［問題］はこれらの道を遮るものではないと私は思うのであります。

（ははあ！　また，謹聴！　謹聴！）

ザール地方にフランスは——あっさりと認めたのですが——経済的な利害を有しております。ドイツはかの地に経済的かつ国民的な利害を有しているのです。

（その通り！　野次，利害だけか？）

とはいえ最終的には，固有の経済的かつ国民的な利害を考慮に入れられることを正当に望んでいるのは，ザール住民自身なのであります。

（ドイツ共産党より野次，ザールからの域外追放についても何か言ってくれんかね！）

これら全ての利害［をめぐる問題］は，解決され合意されなければなりません。それは，われわれがその一員にできるだけ早くなることを願ってやまないヨーロッパ連合において成されるでしょう。

皆さん，私はこの夏にイギリス外相であるベヴィン氏が個人的な会談で発言したことを，極めて満足げに，かつ友好的に思い出すのです。彼は言いました。われわれ二つの民族間での戦争は終わりを告げたのであり，わが二つの民族は友人とならなければならないのだ，と。

私も同様に，ドイツはヨーロッパ連合の一員としてできるだけ早く受け入れてもらえることを望んでいると彼に語りました。われわれはヨーロッパ連合の目標に，喜んで共に取り組むでしょう。……

……

さて皆さん，世界とヨーロッパにおける平和について語るならば，私はドイツ分断について再び触れざるをえません。ドイツの分断は，いつの日にか，——これはわれわれの堅固な確信なのですが——再び消滅することでしょう。

（激しい拍手）

私が恐れるのは，もし分断が消え去らないとするならば，ヨーロッパが安息に入ることはないだろう，ということなのです。

（その通り！）

このようなドイツ分断は，戦勝国の間で起こった緊張によってもたらされたものです。このような緊張もいつか消え去ることでしょう。東方領域（Ostzone）とベルリンにおけるわれわれの兄弟・姉妹との再統一に向けて（リヒター代議士**：ズデーデンドイツ人とも！）このような緊張がなんの障害にもならないと思

いたいのであります。

* Heinz Renner, 1892-1964：SPD党員から出発しのちにドイツ共産党に所属。1949-53年ドイツ共産党所属のドイツ連邦議会議員。元エッセン市長。
** Dr. Fritz Richter, 本名 Fritz Rößler, 1912-87：元ナチス党員でザクセン大管区最高司令官 (Gauhauptstellenleiter) を務める。第二次大戦後身分を偽りズデーデン地方で高校教諭を務めたのち兵役に就いたフリッツ・リヒターを名乗る。ドイツ保守党・ドイツ右翼党の候補者としてドイツ連邦議会選挙に立候補して当選。1952年に身分を明らかにされ，その後逮捕された。

3-14 ホフマン ECA 長官の批判（1949. 10. 31）

"Déclaration de Paul Hoffman, administrateur de l'ECA devant le Conseil de ministres de l'OECE," 31 octobre 1949. Archives de l'OECE, C (49) 176, or. angl. OCDE Copyright, cited in Gérard Bossuat, *Faire l'Europe sans défaire la France*, P. I. E.-Peter Lang, 2005, pp. 277-81.

　　1948年4月のマーシャル・プラン開始から約1年半後，アメリカが当初から条件としていたヨーロッパの経済統合【3-1】は，OEEC（欧州経済協力機構）の頓挫をはじめとして遅々として進んでいなかった。この時期，経済統合に積極的であったのは，ヨーロッパではなく，むしろアメリカであった。アメリカは，ヨーロッパの経済統合こそ，ヨーロッパ経済の復興のみならず繁栄の基礎であり，さらに経済的安定が政治的安定につながるとして，西欧安全保障の条件としてさえ考えるようになっていた。マーシャル・プランのアメリカ側の管理組織であるECA長官ホフマンは，ヨーロッパ諸国が経済統合に抵抗しているとして，しばしば怒りをあらわにしていた。援助を受けているOEEC諸国に対し，ヨーロッパ統合の実現により，ヨーロッパ自身が西欧の安全保障に貢献すべきこと，アメリカの援助は経済統合の努力の対価にすぎず努力が認められなければ，議会の承認が得られず援助は停止されることさえ示唆し，ヨーロッパに強い圧力をかけた。　　　　　　　　　　　　　　　　　　　　　（上原）

　私は何度も，この統合計画をただちに実行に移すことが急務である，と強調してきました。この点について私が確信しているのは，まず第一に統合計画の実施により短期とはいえ不可避な衝撃が生じるにせよ，アメリカの援助があればまだきわめて短い期間のうちにこれを緩和するであろう，と極めて強く感じているからなのです。早急な対応を促すには，もう一つ別の決定的な理由があります。

合衆国の国民と議会に加え，私が確信するにヨーロッパの大多数の人々も，各国経済の統合こそヨーロッパを周期的に襲う経済危機を終焉させるために不可欠である，と本能的に感じているということです。こうした目的を目指すヨーロッパ計画こそ，この大きな一段階を巧みに乗り越えるまたとないチャンスを与え，われわれを支援するようアメリカを駆り立て，これにより1952年までヨーロッパの持続的な復興のために共に努力を続けることができるようになると，私は強く確信しているのです。

これらの理由から，なにより緊急にその必要性を感じるがゆえに，私はみなさまに十分考慮して要望しているのです。1950年初頭までには，確固とした実現への一覧表と計画を準備していただきたいのです。彼らに対し，これこそヨーロッパが経済統合への道程を全うしうる道である，と明示することができるでしょう。

3-15 NEIのヨーロッパ構想（1950）

"L'idea europea nel solidarismo cristiano," *Il Popolo*, il 15 aprile 1950, in Alcide De Gasperi, *L'Europa : Scritti e discorsi*, a cura di Maria Romana De Gasperi, Morcelliana, 2004, pp. 85-90.

キリスト教民主主義の国際的なヨーロッパ統合推進組織である新国際エキップ（NEI）の会議の総括に現れたイタリアのデ・ガスペリ（Alcide De Gasperi, 1881-1954）首相（キリスト教民主党）の演説。キリスト教民主主義は20世紀初頭から顕在化した穏健派勢力で，古典的自由主義でも社会主義でもない「第三の道」を唱導してきた。ナチズム・ファシズム体制下でその政治活動は一時停滞したが，戦後は大陸諸国の主要な政権政党となり，フランスの人民共和派（MRP）を中心に1947年にリエージュでNEIが創設され，49年にはベルギーのシュリヴェール（August de Schryver, 1898-1991）（キリスト教社会党）を議長に選出した。デ・ガスペリは48年にチャーチル，ブルム，スパークとともに「ヨーロッパ運動」の共同名誉議長になったが，50年には同運動の社会正義をテーマとした会議をローマで開催している。

この演説でデ・ガスペリは，単にキリスト教民主主義の精神性を訴えるのみでなく，イギリス型の自由貿易主義と大陸諸国型のディリジスム（国家介入主義）を対比し，単に経済至上主義ではないヨーロッパの社会的連帯のために

は，弱者救済を目的とする適度な国家介入がヨーロッパ統合のとるべき道であると主張している。　　　　　　　　　　　　　　　　　　　　（八十田）

　みなさんはヨーロッパの経済的諸問題の複雑さをご存じだと思います。一方ではソ連による専制が衛星諸国内で国家独占体制への協力を義務づけ，経済の恣意的，強制的な管理へと急速に動いているし，これに対して西欧には，ディリジスムをとる国々と自由貿易主義を掲げる国々があります。思うに，たとえばイギリスでは，ディリジスムは往々にして一種の経済的ナショナリズムに陥るものであると考えられているようです。
　イギリスの責任ある地位の人々と話すとき，彼らはヨーロッパ連合が作られるなら自由貿易主義的な路線をとるべきであると期待しているようです。一方で［ヨーロッパ大陸諸国には］自国通貨切り下げという経済的エゴイズムがあります。私はこの違いに第一義的問題があると思います。この二つの調整は，連合という形に容易に収斂されるものでありません。
　この二つのシステムの融和を図らなくてはなりません。それはキリスト教連帯主義以外にはありません。キリスト教連帯主義は階級闘争を認めませんが，私企業の意欲を維持しながら，私的財産や賃金の一部を経済的弱者や労働者層に配分するよう介入するのです。
　私たちは諸階級の権利，つまり人権の保護のためには躊躇なく民主主義制度を選択します。しかし，人権というものは神の法（権利）に基づくものです。この点でわれわれはヨーロッパの統一に根本的な貢献をなしうるのです。私たちはヨーロッパにおいて，また世界全体においても，穏健なディリジスムを採用できるでしょう。私たちは民主主義システムにあって，自由に対する一抹の不安から社会的正義を求めるのです。私たちはヨーロッパ人の視点から考えます。私たちはこのヨーロッパの理念をキリスト教主義の普遍的な概念と連結させたいのです。もし私たちが諸教会間の境や，キリスト教圏の境さえも超えていけるなら，それは私たちの責務が普遍的であるからなのですが，全世界を統べる神のご意志の下にある贖罪や私たちの希望もまた普遍的でありましょう。

第 4 章

シューマン・プランからローマ条約へ　1950-58年
EC-NATO-CE体制の成立

細谷雄一

【史料リスト】

4-1　モネ・メモランダム（1950）
4-2　シューマン宣言（1950. 5. 9）
4-3　西ドイツ外交における「二重の統合」路線——西方統合とヨーロッパ統合
　A．アデナウアー西独首相書簡——西方統合（1945. 10. 31）
　B．アデナウアーのシューマン・プラン評価（1950. 6. 27）
4-4　イギリスのシューマン・プラン参加拒否の決定（1950）
4-5　欧州決済同盟の設置（1950）
4-6　ザール問題とその解決
　A．ザール問題をめぐるアデナウアーとシューマンとの会談（1950. 1. 15）
　B．ルクセンブルク条約（ザール問題の解決に関する条約）（1956. 10. 27）
4-7　プール・ヴェール交渉——1950年代における農業統合の模索
　A．マンスホルト構想（1950. 11）
　B．フリムラン構想（1951. 4）
4-8　欧州人権条約（1950. 11. 4 採択，1953. 9. 3 発効）
4-9　プレヴァン・プラン（1950）
4-10　EDCと西ドイツ
　A．欧州防衛への西ドイツの貢献と主権回復：アデナウアー西独首相—フランソワ＝ポンセ高等弁務官会談（1950. 12. 21）
　B．プレヴァン・プランに対するアデナウアーの評価：アデナウアー—ホイス西独大統領会談
4-11　スポフォード妥協案とNATOの成立
　A．NATO軍事委員会における西ドイツ再軍備の合意（1950）
　B．北大西洋理事会での合意へのイギリス政府の評価（1950）
　C．北大西洋条約の軍事機構化についてのイギリス政府メモランダム（1951）

4-12 欧州石炭鉄鋼共同体設立条約（1951. 4. 18 調印，1952. 7. 23 発効）
4-13 EDC をめぐる英米仏ワシントン決議（1951）
4-14 欧州政治共同体の提唱
　A．6 カ国外相会議（1951. 12. 11）の記録
　B．EDC 条約第 38 条
4-15 イーデン・プラン（1952）
4-16 ECSC 高等機関発足式典におけるモネ演説（1952. 8. 10）
4-17 EPC をめぐるルクセンブルク決議（1952）
4-18 ベイエン・プラン
　A．オランダ政府覚書（ハーグ，1952. 12. 11）
　B．ベネルクス覚書（メッシーナ交渉準備におけるベイエン蘭外相の第二プラン，1955. 5. 18）
4-19 フランス国民議会における EDC 条約批准拒否（1954. 8）
4-20 イーデン英外相の WEU 構想
　A．イーデンのドイツ再軍備構想（1954）
　B．ロンドン 9 カ国会議最終議定書（1954. 9. 28–10. 3）
4-21 メッシーナ決議（1955. 6. 3）
4-22 ジュネーヴ首脳会談でのイーデン英首相の声明（1955）
4-23 メッシーナ会議とローマ条約締結をめぐるベルギー外相スパークの回想
4-24 イギリスの「共同市場」不参加の決定（1955）
4-25 アメリカ政府のスパーク委員会支持表明（1955）
4-26 EURATOM へ向けてのヨーロッパ合衆国行動委員会の決議と共同声明（1956）
4-27 アデナウアー西独首相のヨーロッパ政策指針（1956. 1. 19）
4-28 スパーク報告（1956. 4）
4-29 ユーラフリック構想：ドゥフェール仏海外領土相のモレ宛の書簡（1956. 5. 17）
4-30 ローマ条約交渉
　A．フランスのローマ条約受容条件：共同市場に関する仏代表覚書（1956. 9. 18）
　B．ローマ条約交渉における独仏間の衝突：1956 年 10 月のパリ会談に関するカルステンス局長の報告書
4-31 アデナウアー＝モレ首脳会談（1956. 11）
4-32 マクミラン英蔵相の「G 計画」と EFTA 構想
　A．「G 計画」（1956）
　B．「ヨーロッパ自由貿易地域に関する欧州経済協力機構へのイギリスのメモランダム」（1957. 2. 7）

C. 1957 年 5 月 2 日のイギリス閣議録
4-33　欧州経済共同体設立条約（1957. 3. 25 調印，1958. 1. 1 発効）

シューマン・プランとヨーロッパ統合の発展

1950年5月9日のシューマン・プラン発表は，ヨーロッパ統合の歴史のなかでも最も重要な画期を示した。この日，フランスの外相シューマン（Robert Schuman, 1886-1963）が，「ヨーロッパの国々が結束するためには，フランスとドイツの積年の敵対関係が解消されなければならない」と，ヨーロッパの諸国民に訴えた。そのための手段として，「フランスとドイツの石炭および鉄鋼の生産の全てを共通の高等機関の管理下に置くことを提案した。」【4-2】実質的には，この提案は，国家主権を制限する超国家的な統合の始まりを告げるものであった。

この1950年5月のシューマン・プランの発表から58年1月の欧州経済共同体（EEC）成立にいたるまでの時期は，現在にいたるヨーロッパ統合の原型が成立し，ヨーロッパにおける戦後体制が確立する時期であった。この期間に，多様な統合構想が提唱されて，さまざまな部門（セクター）における統合が提案された。そしてその諸構想の中心に立っていたのが，シューマン・プランを考案したモネ（Jean Monnet, 1888-1979）であった【4-1】。

それは，一方で「欧州共同体（EC）」として石炭・鉄鋼や共同市場といった経済統合を進め，他方で北大西洋条約機構（NATO）としてアメリカを巻き込んだ安全保障共同体を構築する試みであった。と同時に，欧州審議会（CE）として人権や民主主義といった理念を定着させ，ヨーロッパ・アイデンティティを育む試みも見られた。しかしそれは必ずしも単線的な発展でもなければ，一元的な構想に基づく神聖な理念の実現でもなかった。むしろ，多様な構想（プラン）と国益が衝突し，調整され，合意されるなかで，実際の統合が進められていった。

この時期のヨーロッパ統合をめぐっては三つの重要な視点を欠かすことができない。第一は，フランスとドイツとの間の「ドイツ問題」解決をめぐる模索であり，第二は，フランスとイギリスとの間のヨーロッパ統合路線をめぐる確執であり，そして第三は，ベネルクス3国やイタリアなどが示したイニシアティブである。第一の「ドイツ問題」には，大きく分けて，二つの側面がある。一つは，安全保障問題，つまりはドイツの脅威をどのように封じ込めて，また西ドイツの安全をどのように確保するかということであった。もう一つの側面は，石炭鉄鋼資源やザール地方帰属問題など，戦後の経済復興のなかでドイツをどのように位置づけるかという問題であった。この問題に対する最良の解決方法が，ヨーロッパ統合であった。ザール問題は実質的に，1950年代前半に仏独間の協調関係を発展させる上で大きな障害となっており，これを解決することが仏独協調の重要な

前提条件となっていた。54年には，ロンドン9カ国会議においてドイツ再軍備を成功させるのと同時に，ザール問題解決へと前進したことが，50年代後半以降の，仏独両国を中核とした大陸でのヨーロッパ統合の基礎となる。

　第二の，英仏間のヨーロッパ統合路線をめぐる対立であるが，それが最も顕著に現れたのが，イギリス政府によるシューマン・プラン不参加の決定と，「ドイツ再軍備」をめぐるプレヴァン・プランの発表と，それに対するイギリス政府の否定的な姿勢であった【4-9】。イギリスは当時の国際政治において，米ソに次ぐ巨大な影響力を有していたが，ヨーロッパ統合の発展においては次第に疎外されていく。他方でフランスは，1945年のヤルタ首脳会談やポツダム首脳会談から除外されるという屈辱を味わいながらも，50年以降のヨーロッパ統合の進展においては，鮮やかなイニシアティブを発揮した。この両者の対立を解消しようとイーデン（Anthony Eden, 1897-1977）英外相は，「イーデン・プラン」と呼ばれるヨーロッパ統合構想を示すのだが，それは結局，モネのイギリス人に対する不信感から，拒絶され自然消滅する運命となった【4-15】。イギリスは50年代前半に自らのヨーロッパ統合における位置をめぐって模索を続けながらも，55年に始まるヨーロッパ統合の「再出発（relance）」をめぐるスパーク委員会からの離脱を同年10月に決定する【4-24】。

　このようにイギリスとフランスの2国間関係が，1950年代のヨーロッパ統合に大きな方向性を与えた一方で，ベルギー外相のスパーク（Paul-Henri Spaak, 1899-1972）や，オランダ外相のベイエン（Jan Willem Beyen, 1897-1976），イタリア外相デ・ガスペリ（Alcide De Gasperi, 1881-1954）らの役割も見逃すべきではあるまい。この期間の統合は，フランスや西ドイツのイニシアティブのみによるのではなく，ベイエンの提唱した「共同市場（Common Market）」を求めるベイエン・プランや，オランダ農相マンスホルト（Sicco Mansholt, 1908-95）の提唱したマンスホルト・プラン，さらには画期的なヨーロッパ統合の「再出発」を指揮したスパークによるスパーク委員会など，ベネルクス3国が重要な役割を担っている。また1953年の政治統合を求める欧州政治共同体（EPC）構想は，イタリア政府のイニシアティブから生み出されたものとも言える。

　以上のような多様なイニシアティブが花開いて，この8年間に色鮮やかなヨーロッパ統合の構想が提唱されたのである。しかしながらその途中に，大きな挫折も見られた。それが，欧州防衛共同体（EDC）とEPCをめぐる動きである。

政治統合の蹉跌——イーデン・プラン，EDC，EPC

　1950年代ヨーロッパの国際政治を考える上で，シューマン・プランからローマ条約にいたる欧州共同体成立の過程と並行して重要な歴史的発展は，NATO体制の確立であった。50年にプレヴァン・プランとして連邦的な「欧州軍」構想が発表されたときに，それが大西洋同盟としての枠組みと衝突する懸念があった。大西洋同盟のなかで，プレヴァン・プラン参加国が自立的な方向へと歩み，アメリカを中心とする西側防衛体制の結束が崩れる可能性が懸念されたのだ。この問題に対しては，51年9月の英米仏3国間のワシントン共同宣言で，懸念が払拭されることになった【4-13】。フランス政府は，アメリカを中心とする西側防衛体制を受け入れて，プレヴァン・プランをその下位に位置づけることに合意した。他方でアメリカ政府は，フランスが提唱した超国家的な「欧州軍」構想の実現をイギリス政府とともに支援することを約束した。

　ここに，フランスのリーダーシップに基づくヨーロッパ統合と，アメリカのリーダーシップに基づく西側防衛体制の二つが，調和的に融合することになる。その萌芽はすでに，1950年12月の北大西洋理事会において，スポフォード妥協案のなかにも見出すことができる【4-11】。米仏両国が相互に協力して，ヨーロッパの戦後体制について合意点に到達した意義は大きい。

　しかし，フランスのリーダーシップに基づく政治統合構想には，いくつかの問題があった。モネは自らの超国家的な理念を最優先した結果，それへ批判的なイギリスを排除したかたちでの統合を求めたのである。その過程は，1952年のイーデン・プランとしての欧州審議会改革提案をめぐるイーデン英外相とモネとの相互不信と敵対を見れば，理解できるであろう。結局53年3月に，モネはイギリスを排除して，連邦主義的な理念に基づくEPC条約の調印に辿り着いた。そして，この画期的な政治統合構想を，53年1月に成立したアメリカのアイゼンハワー（Dwight Eisenhower, 1890-1969）共和党政権は熱烈に支持することになる。

　1952年5月にEDC条約が調印されたことは，モネにとって大きな励みになった。この条約には，政治機構の創設についての文言が見られる。これはイタリア政府の強い要望によって挿入されたものでもあった。52年8月には，ECSCの「高等機関」が樹立して，モネが初代委員長に就任した。またEDC条約に則って，52年9月には，半年以内に「欧州政治機構（EPA）」を設立して，ECSCとEDCの双方を政治的にコントロールすることが合意された【4-17】。モネの考え

る連邦主義的な統合構想が，大きく前進しようとしていた。

　この，EDCとEPCという二つの政治統合構想は，現実の政治情勢を綿密に検討した上で構築されたものでは必ずしもなかった。それのみならず，フランス国内の政党政治やイデオロギー対立などにも翻弄された結果，1954年8月にはマンデス＝フランス（Pierre Mendès-France, 1907-82）政権の下でフランス国民議会は，この二つの政治統合構想を拒絶することになった【4-19】。モネの考案する，フランスのリーダーシップに基づくヨーロッパ統合構想は行き詰まることになった。

　1954年の危機において，見事な外交手腕で妥協案を導いたのは，イギリス外相のイーデンであった。イーデンは，54年9月に西欧各国を訪問して各国政府の意向を聞き出した。そして，合意可能な妥協点を模索して，最良の答えを導こうと試みた。イーデン外相の考えた解決策とは，48年のブリュッセル条約を改組し西欧同盟（WEU）条約として，イギリスが参加するかたちで欧州安全保障を確立するものであった【4-20】。第一にそれは，政府間主義的な協力であり，第二にアメリカを軸とするNATO体制に深く統合されたかたちでの防衛体制であった。イーデン外相にとって何よりも重要なのは，あくまでも西側同盟が結束して実効的な防衛体制を構築することであった。

　ここで，アメリカの欧州防衛関与と，西ドイツのNATO体制への参画と，NATO体制下でのヨーロッパ統合の位置づけという，戦後ヨーロッパの重要な枠組みが確立する。それは，EC-NATO体制と呼べる，安定的な戦後体制であった。この枠組みが確立することで，西欧諸国は新しいヨーロッパ統合の道を模索し始める。

ベイエン・プランからメッシーナへ

　1955年のメッシーナ会議は，EDCとEPCという超国家的な統合構想が54年に行き詰まった後の，新しいイニシアティブを模索するものであった。その意味でも，ヨーロッパ統合の「再出発」と言えるものであった。

　確かに，依然としてECSCも重要な役割を果たしているし，モネはこのときにはEURATOMとしての原子力エネルギーの超国家的統合を模索していた。さらにモネは1956年には，ヨーロッパ合衆国行動委員会としての決議と共同声明の発表を導き，新しい活躍の舞台を構築しようと模索していた【4-26】。他方で1955年から58年にいたる3年間にヨーロッパ統合のリーダーシップを実際に発

揮したのは，小国ベルギーの外相スパークであった。彼は48年3月のブリュッセル条約締結から，欧州審議会，ECSCなどと活躍の舞台を移しながらも，継続的にヨーロッパ統合において重要な役割を担っていた。そのスパークがメッシーナ会議を受けて成立した委員会の委員長となり，それは「スパーク委員会」と呼ばれるようになり，EEC成立への重要な基礎をつくることになる【4-28】。

1955年のメッシーナ決議，そして56年のスパーク委員会報告書に示される「共同市場」を求める動きは，すでに50年代前半のベネルクス3国における統合構想において示されていた。これらにおいて，関税同盟成立や農業統合構想など，のちのEECの基礎となる重要なイニシアティブが見られたのである。それはたとえば，50年のオランダ農相マンスホルトによるマンスホルト・プランとしての農業統合構想や，52年のオランダ外相ベイエンによるベイエン・プランとしての関税同盟構想において，顕著に示されている【4-7, 4-18】。それらが再び水面上に浮上して，外交交渉の舞台で討議されたのが，スパーク委員会であった。スパークはまた，報告書を作成する上で，シューマン・プラン創案においても重要な役割を担ったユリ（Pierre Uri, 1911-92）や，ドイツの有能な専門家であるフォン・デア・グレーベン（Hans von der Groeben, 1907-2005）を活用している。これらの構想が結実したのが，57年のローマ条約であったのだ。

スパーク，あるいはスパーク委員会のヨーロッパ統合路線の一つの特長は，一方でモネが部門統合を強く求め，他方でベイエンが「共同市場」としての全般的統合を求めるなかで，この両者を二つの異なる機構として樹立させたことである。また，連邦主義を強く求めるモネに対して，それに対する抵抗が各国政府のなかで見られることを考慮して，政府間主義的なアプローチも並べて導入したことである。スパークは，モネのような強力な構想力をもつことはなかったが，ヨーロッパ統合への情熱を共有すると同時に，優れた調整能力を有する政治指導者であった。スパーク委員会の提言と，各国間の交渉の成果として，1957年3月には，ローマにおいてEEC設立条約とEURATOM設立条約が調印されて，ヨーロッパ統合史上画期的かつ重要な新しい扉を開くことになった【4-33】。

仏独関係の発展

スパークが中心となって，「共同市場」成立へ向けての動きが活性化するこの時期のもう一つの重要な動きとして，仏独関係の緊密化が指摘できる。1954年10月のパリ協定によって仏独間の最大の懸念の一つであったドイツ再軍備問題

の解決が見出された。また56年にザール問題が解決されると，両国間の政治協力の可能性が広がっていく。フランスは次第に，ドイツを脅威というよりも，むしろ自らの対外政策を進める上でのパートナーと見なすようになる。

　その前提として，西ドイツのアデナウアー（Konrad Adenauer, 1876-1967）首相の，ヨーロッパ統合に対する強い共感とコミットメントが存在していた【4-27】。ドイツ国内では，東西ドイツ統一への強い要望が存在しているにもかかわらず，アデナウアー首相は東西分断という現実を受け入れた上で，フランスとの協力の上にヨーロッパ統合を促進する重要性を認識していた。そのことは，1956年1月のアデナウアー首相の重要なメモランダムにも示されている。他方でフランス政府も同様に，56年7月に生じたスエズ危機において，自国の死活的利益を考慮する上でアメリカが常に有益なパートナーではないことを痛感した。またイギリスが，フランスとアメリカのどちらかを選択すべきときに，後者に向かう現実に直面した。

　そのような政治状況のなかで，1956年11月6日に，パリでアデナウアー西独首相とモレ（Guy Mollet, 1905-75）仏首相が，将来のヨーロッパ統合について会談した【4-31】。両者は，アメリカへの強い不信感と，世界政治において仏独が結束してヨーロッパ統合を進めることが不可欠であるという認識を，再確認した。二人の首脳は，両国政府が「共同市場」と原子力エネルギー統合において，協力して条約調印と批准へと向かうことを約束した。ベネルクス3国が中心となって始動した「再出発」を，仏独両国政府が支えていくことを約束したこの仏独首脳会談は，ローマ条約が調印へと向かう重要な転機となった。

マクミランの挑戦

　他方で，イギリス政府はこれらの新しい「再出発」の動きに，実に曖昧な態度を示していた。

　1955年11月，イーデン保守党政権のイギリスは，大蔵省や貿易省などの経済省庁やコモンウェルス関係省などの見解を大幅に受け入れて，「共同市場」形成への動きに参加しないことを決定した【4-24】。それは，政治的なリーダーシップの欠如や，大陸諸国の統合構想への否定的なイメージ，そして超国家的統合に対する過剰なまでの警戒心などが組み合わさった結果であった。前年のフランス議会でのEDC条約批准拒否の記憶も生々しく，新しい統合へのイニシアティブに対しても，それが失敗するであろうことを前提に，自らはそこから距離を置く

ことを決定したのである。

　ところが,「共同市場」成立へ向けての動きは,イギリス政府が想定していたよりもはるかに順調に推移していった。1956年5月にはヴェネツィア会議でスパーク報告が発表されて,その翌年の57年3月にはローマ条約が調印されることになる。55年のスパーク委員会設立時に,イーデン首相は明らかにそれに対して無関心であり,自らが深く関与することはなかった。この問題に対して内閣のなかで中心的な役割を担ったのが,55年12月まで外相を務め,その後には蔵相となったマクミラン (Maurice Harold Macmillan, 1894-1986) であった。マクミランは,ドイツが支配する超国家的な統合への従来からの嫌悪感と警戒感もあり,この新しい動きが挫折することを期待していた。それが挫折することをある程度前提にして,マクミラン蔵相は,西ヨーロッパを分断することのない,OEECを舞台にした「自由貿易地域（FTA）」構想を実現することを目標とした。そのような動きを,イギリス政府内では「G計画」と呼んでいた【4-32】。これは実際に,57年2月にOEECへイギリス政府提案として提出されることになる。

　彼自らが回顧録で記しているように,マクミランが何よりも恐れていたのは,「共同市場が成立して,自由貿易地域が成立しない」ことであった。そしてそれは実際に現実のものとなってしまった。1957年1月に首相となったマクミランにとって,重要な外交課題とは,スエズ危機をめぐって悪化した英米関係を修復することとならび,表出しつつある大陸の巨大な「共同市場」に,イギリスがどう対処するかを決定することであった。57年5月の閣議で,マクミラン首相は「現在進行している状況は深刻である」と弱音を吐いた。マクミランの楽観的なFTA構想は,大陸諸国の消極的な態度によって,本来の趣旨とは異なる結果にいたることになる。スパークをはじめとする情熱的なヨーロッパ統合論者は,イギリス政府の妨害によって「共同市場」が挫折することを,何よりも恐れていたのである。

　1958年1月,欧州経済共同体と欧州原子力共同体を設立させるためのローマ条約が発効し,「共同市場」成立を目指したEECが現実の機構となって実現した。これは明らかに,ヨーロッパ統合の歴史にとって画期的な進歩であった。54年にEDCとEPCという野心的な政治統合構想が挫折してからわずか4年後には,EECとして新しい統合体を成立することに成功したのだ。実際には50年代前半に,ベイエン・プランに見られるようなEECの骨格となる構想が提唱さ

れ，検討されていた。さらには，すでに述べたように54年から55年にかけてのドイツ再軍備をめぐる合意や，56年のザール問題の解決が，EECを舞台とした仏独協調の基礎を提供していた。それ以上に重要なのが，経済史家のミルワード (Alan S. Milward, 1935-) が指摘したように，50年代半ばには，ドイツ経済を中核とした，大陸ヨーロッパ諸国間の貿易量が急速に拡大しており，経済的相互依存が飛躍的に進展していたのである。その意味では，強力な政治的意志と同時に，経済的現実もまた，EECを成立させる重要な背景となっていたのだ。58年以降のヨーロッパ統合は，EECを中心として，それを舞台とした交渉へと変わっていく。

第 4 章　シューマン・プランからローマ条約へ　1950-58 年　225

4-1　モネ・メモランダム（1950）

"Note de réflexion de Jean Monnet (3 mai 1950)." Archives Jean Monnet, AMG, 1/1/5 in Gérard Bossuat (dir.), *Faire l'Europe sans défaire la France*, Peter Lang, 2005, pp. 287-90 ; "Memorandum sent by Jean Monnet to Robert Schuman and Georges Bidault, 4 May 1950," in Richard Vaughan (ed.), *Post-war Integration in Europe : Documents on Modern History*, Edward Arnold, 1976, pp. 51-8. Text translated from the original and supplied by Dr. Richard Mayne.

　モネが，シューマン・プランの原案を考える上で決定的に重要となった文書。このメモランダムに示されるような，連邦主義的なヨーロッパ統合を目指すモネのイニシアティブが，1950 年 5 月 9 日に発表されるシューマン・プランに結実して，画期的な成功を収めることになる。モネの構想は，このモネ・メモランダムとシューマン・プランの二つを総合することによって，その全体像や意図が明瞭となるであろう。

　このメモランダムは，シューマン外相とビドー（Georges Bidault, 1899-1983）首相の，フランス政府の二人の首脳に送られたものである。慎重な言葉を用いて，この統合構想がフランスの国益となること，そして早急に発表せねばならないことを力説している。首相のビドーはこのモネのメモランダムの重要性をあまり真剣に受け止めなかった。他方でシューマン外相は優れた政治的リーダーシップを発揮して，フランス政府の政策としてこの構想を打ち出すことになる。

　このメモランダムでは，「ドイツの状況」が，「近い将来の平和に対して，そして直近にはフランスに対して脅威となるような癌となっている」ことを指摘している。この半年ほど前の 1949 年には，西ドイツがドイツ連邦共和国として独立していた。（西）ドイツが経済的に主権を回復して急成長を始めるなかで，それに対してフランスが有効な対策をもたないことにモネは危機感を募らせている。その上で，ドイツ統一という選択肢が，実質的に冷戦によって不可能である限り，アメリカ政府の強い要請を前提に，フランスがリーダーシップを発揮して西欧統合を始める必要があると訴えている。その動機は，極めてプラグマティックで，また経済的必要性に基づくものであった。それゆえにこそ，モネの理想主義的な壮大なヴィジョンを，フランス政府が自らの政策として受け入れたのであろう。

　モネにとって，それ以前の OEEC や欧州審議会は，ヨーロッパ統合のプランとしてほとんど価値のないものとしてとらえられている。全く新しい，超国家的な統合を始動させようとしていたのである。その上で重要なのが，フランスによるイニシアティブであった。モネによれば，「ヨーロッパはフランスに

よってのみ，誕生することが可能となる」というのも，「フランスのみが言葉を発し，行動を起こすことができる」からだ。モネにとってのヨーロッパは，連邦的なヨーロッパであると同時に，「フランスによるヨーロッパ」であったのだ。イギリスでも，アメリカでもなく，フランスこそが，ヨーロッパのリーダーなのである。実際に1950年代のヨーロッパ統合は，モネの意図に沿って，フランスによる構想とイニシアティブによって飛躍的に発展していく。（細谷）

I.

人々の考えは単純で危険な対象に集中している。冷戦である。

あらゆる提案が，そしてあらゆる行動が冷戦につながるものと世論は解釈している。

冷戦の根本的な目的は敵を屈服させることにあり，冷戦は現実の戦争の第一幕である。

このような考え方こそが，政治指導者たちの思考を硬直化させている。つまり，彼らはたった一つの目的だけを遂行しようとしているのだ。諸問題を解決しようとする試みはなくなってしまった。このように思考と目的とのいずれもが硬直化することによって，［東西両陣営が］衝突にいたることは避けられない。この衝突は，先に挙げた考え方の必然的な論理的帰結なのである。このような衝突が，戦争を生み出すことになるのだろう。

いや実際には，すでにわれわれは戦争のまっただ中にいるのだ。

事態が進展する道筋を変えてしまわねばならない。そのためには，人々がどのようにものを考えているのか，それ自体を変えなければならない。言葉だけでは十分ではない。根源的な要因に到達するような行動を今すぐ起こすことによってのみ，現状の停滞した事態を変えることができるのだ。根源的で，実行可能な緊急の，そして劇的な行動こそが求められている。そのような行動が事態を動かし，人々がこれまで思いもつかなかったような考えを現実のものにしてしまうのだ。だから，「自由主義的」な諸国家の国民に対して，長期にわたって彼らに影響を与えるような目的をもった希望を与えねばならない。そして人々をして，そのような目的を追求する活発な意識を作らしめねばならない。

II.

この状況は，西ドイツが西側に組み込まれることで解決されるわけではない。

・なぜなら，西ドイツの人々は，分離された状態を東側に対して既成事実化し

ていくであろう。とはいえ，ドイツの統一は常に［外交］目標として必ず掲げなければならない。
- なぜなら西ドイツを西側へと組み込むことによって，ドイツの再軍備化問題を惹起し，ロシアを挑発し，戦争を引き起こしてしまうからである。
- なぜなら，これは解決不可能な政治的問題だからである。

しかし，アメリカは西ドイツを西側へと組み込むことを主張することになろう。
- なぜなら，アメリカは何かをせねばならないと感じており，今現在何もアイディアがないからである。
- なぜなら，アメリカは，フランスの安定性とダイナミズムを疑っているからである。まず始めなければならないのは，フランスの代役を打ち立てることだ，と考える人間もいる。

ドイツの状況は，もしもその発展がドイツの人々の希望に向かい自由世界の人々との協力へと向かうのでないならば，急速に近い将来の平和に対して，そしてフランスに対してはすぐに脅威となるような癌となる。

……

われわれは，現在の状況では解決不可能なドイツ問題を解決しようとすべきではない。われわれは現状を変革することで，それを変えてしまわなければならない。

われわれはドイツの状況を変革するようなダイナミックな行動をとるべきである。そして，ドイツの人々の考えに方向性を示さねばならず，現状を維持するというような静的な解決を模索するべきではない。

III.

フランスの復興の継続は，もしドイツの工業生産力と競争力の問題が至急解決されないならば，停滞することになるであろう。

フランスの企業家が伝統的に認識してきたドイツの優越性の根拠とは，フランスが競争できない価格でドイツが鉄鋼を生産できる能力である。これによって，フランスの生産品全体が，ハンディキャップを背負っていると結論づけられる。

すでにドイツは，生産量を1100万トンから1400万トンへと拡大するよう要請している。われわれはそれを拒絶するであろうが，アメリカはそれに固執するであろう。最終的に，われわれは留保を述べるであろうが，譲歩せざるをえないで

あろう。そのときにはフランスの生産量は滞るか縮小することになるであろう。

これらの事実の，最終的な帰結がどのようになるかを詳細に説明する必要などはなく，次のようなことを説明すれば十分であろう。すなわち，ドイツは膨張し輸出市場でドイツのダンピングが生じ，フランスの工業生産品への保護政策の要請が生じ，貿易自由化のもたつきやカモフラージュが生じ，戦前のカルテルが再びつくられ，ドイツの膨張は東方へ向かうこともありえ，その場合は政治的合意の前奏曲となり，フランスは限定的で，保護主義的な生産という悪しき慣習に再び陥ってしまう。

アメリカは，このような路線をとることを望んでいない。彼らは他の選択肢が活力ある建設的なものであれば，それを受け入れるであろうし，とりわけそれがフランスにより提案されるならばより一層それを受け入れるであろう。確かに，ドイツの産業支配は，継続的な問題の根源であり，ドイツの度重なる破滅を招いてきた。またそれはヨーロッパが統合することを最終的には阻害し，ヨーロッパに恐怖をつくり出してきた。しかし提案されている解決方法によって，ドイツの産業支配は消滅するであろう。この解決方法はむしろ，ドイツやフランス，そしてヨーロッパがともに強くなるような工業力を生み出し，支配なき競争をつくり出すのだ。

フランスの観点からすれば，この解決策はフランスの産業にドイツの産業と同じスタート地点を与えることを意味する。それは，ドイツ鉄鋼業が実行してきた輸出市場でのダンピングを阻止して，フランス鉄鋼業が，ダンピングの恐怖もなくカルテル成立への誘惑もない，ヨーロッパとしての産業力強化へと参画することを可能にする。企業家たちの，マルサス主義的な結果に導くような，「自由化」のもたつきや過去の悪循環へと陥るという懸念は，解消されるであろう。フランス産業力を前進させ続けようとすることに対する最大の障害物が，除去されるであろう。

IV.

現在までわれわれは，西側を政治的に軍事的に，そして経済的に組織化するために，努力を続けてきた。OEEC，ブリュッセル条約，ストラスブール［欧州審議会］がそれである。

2年間におよぶ経験，すなわち，OEECでの決済協定，貿易自由化など，ブリュッセル条約の会合での軍備プログラム，ストラスブールでの議論，いまだ合

意にいたっていないが，仏伊関税同盟への努力。これら全ては，われわれが掲げている目標へ到達するための現実的な進歩をもたらすことはなかった。その目標は，ヨーロッパの機構化であり，経済発展であり，集団的安全保障である。

……

ヨーロッパはこれまで，決して存在したことがない。[ヨーロッパの]一体性をつくり出すものは，評議会（conseils）に寄り集まった主権[国家]の付属物などではない。われわれは，本当の意味でのヨーロッパをつくらねばならないのだ。それは，自らに対して，そしてアメリカに対してのマニフェストとならねばならない。そしてそれは，自らの将来に対する確信をもたねばならない。

アメリカという強大な大国との連帯が問われているこのときにおいて，ヨーロッパの諸国が決して安易な道を選んでいるわけではないことを明らかにするためにも，また恐怖に負けてしまっているわけではないということを示す上で，自ら確信しているということを示すためにも，さらには安定をもたらし創造的な思考を継続する自由で平和的な人々の間での新しい共同体のなかで最初の機構を遅延なく構築することが不可欠なのだ。

V.

現在，ヨーロッパはフランスによってのみ，誕生することが可能となる。フランスのみが言葉を発し，行動を起こすことができる。

しかし，もしフランスが今言葉を発せず，行動を起こさないならば，どうなるのであろうか。

より強大な勢力として冷戦を闘うために，アメリカのまわりに一つのグループが形成されるだろう。その主要な理由は，ヨーロッパの諸国はおそれを抱いており，援助を求めているからだ。イギリスはアメリカとより一層緊密となるであろうし，ドイツは急速に成長し，われわれはドイツが再軍備することを防げられなくなるであろう。フランスは再び，過去のマルサス主義の罠に陥り，不可避的に存在を失うことになるだろう。

VI.

解放以来，フランス人は，苦しみに落胆するのではなくて，活力を示し将来への確信を示してきた。それは，増大する生産力であり，近代化であり，農業の変革であり，フランス連合の発展である。

これらの年月の間，フランスはドイツそしてドイツの競争力を忘却してきた。

彼らは平和を支持してきた。突然彼らはドイツとの戦争の可能性を再発見した。

ドイツの生産力の成長と，冷戦の制度化は，過去の恐怖心を甦らせ，マルサス主義的な考えを思い起こさせた。フランス人は，勇敢さがあればこれら二つの危険を取り去ることができ，目の前にある進歩へとフランス人の精神を導くであろうというまさにそのときに，昔の臆病さへと逆戻りした。

この意味で，フランスは運命によって選ばれたのだ。もしもフランスがイニシアティブを発揮して，恐怖を打ち消し，将来への信念を甦らせ，平和のための勢力を形成するのであれば，フランスはヨーロッパを解放することができる。そしてその解放されたヨーロッパにおいて，フランスの国土に生まれ，自由のなかで生き，常に進歩し続ける物質的，社会的な条件のなかで生きる人々の精神が，ヨーロッパのために貢献し続けるであろう。

……

4-2　シューマン宣言（1950. 5. 9）

"Déclaration du 9 mai 1950 prononcée dans le Salon de l'Horloge du Quai d'Orsay par Robert Schuman, minitres français des Affaires étrangères," in Pierre Gerbet, Françoise de La Serre, Gérard Nafilyan (dir.), *L'Union politique de l'Europe : Jalons et textes*, La Documentation française, 1998, pp. 54-6.

　「シューマン・プラン」が発表された1950年5月9日は，今日のEUでは「ヨーロッパデイ」として，ヨーロッパ統合誕生の日として祝われている。

　シューマン・プランの提案は，極秘裏に準備された。フランス外相シューマンと計画庁長官モネが少数の側近と立案したものであり，外務省その他の官庁には一切知らされず，閣議でさえ報告は直前であった。宣言では，「高等機関」や「共同管理」という表現が用いられているが，実際にヨーロッパ統合がいかなる形態となるのか，この時点では明確ではなかった。しかし従来，ドイツを弱体化し，従属的な位置に置くことを主張してきたフランスから，戦争の引き金を引いてきたドイツが平和的な国家として再生し，ヨーロッパ諸国と対等かつ相互的な関係により新しい国際関係を築くという構想が提示されたことは画期的であった。

　石炭鉄鋼の国際管理という構想自体は，モネの発明というわけではない。従来からフランスは，ルールの国際管理を主張しており，ルール国際機関が設置されるが，これはドイツの視点から見ると，ドイツの資源のみが国際管理され

るという極めて不平等な条約であった【3-9】。フランスの復興近代化計画（モネ・プラン）を実現に導いたモネにとっては，資源の相互利用は戦後復興・経済成長にとって不可欠であった。一方，アデナウアーもすでに1949年末より，ドイツのみではなく，近隣諸国も含めた国際機関の設置を提案していた。

　ドイツとの敵対的な関係ではなく，独仏和解こそが必要である，という考え方は，独仏国境地帯に生まれたシューマンのまさに肉声であった。ヨーロッパ統合が，参加国の国益を互いに尊重し，その上で地域統合の制度化によりヨーロッパ公共益を生み出したことは，国際関係の歴史のなかで画期的な意味をもつ。欧州石炭鉄鋼共同体を実現に導いた彼らは，「ヨーロッパ統合の父」として，ヨーロッパ統合史を彩ることとなる。
　　　　　　　　　　　　　　　　　　　　　　　　　　　　　　（上原）

　世界平和は，平和をおびやかす危険に応じた創造的な努力なくして守ることはできないでしょう。

　組織化され活気ある一つのヨーロッパが文明のためになしうる貢献こそ，平和的な関係を維持するために不可欠なのです。フランスは20年以上にわたって統一ヨーロッパの擁護者として，常に平和のために尽力することを最重要の目標としてきました。しかしヨーロッパは実現することなく，われわれは戦争に直面したのです。

　ヨーロッパは一瞬で実現するわけではありませんし，また単一の構造体によって成り立つものでもありません。ヨーロッパは，具体的な成果を積み重ね，まず実態ある連帯（solidarité de fait）を生み出すことにより形成されるのです。ヨーロッパ諸国が一つとなるためには，ドイツとフランスの1世紀におよぶ敵対関係を一掃しなければなりません。そのためには，まず第一にフランスとドイツが行動に着手すべきなのです。

　こうした目的から，フランス政府は，限定的ではありますが決定的な一点にしぼって早急に行動を起こすことを提案いたします。

　フランス政府は，独仏の石炭および鉄鋼の生産の全てを共通の高等機関（Haute Autorité commune）の下におき，ヨーロッパのその他の国々が参加する開放的組織とすることを提案いたします［強調原文，以下同］。

　石炭および鉄鋼の生産の共同管理は，経済発展の共通基盤を早急に確立し，ヨーロッパ連邦（Fédération européenne）の第一歩を記すでしょう。さらに，長きにわたって武器製造という定めを負わされ，常にその犠牲を重ねてきたこれらの地域の運命を変えることになるのです。

このようにしてとり結ばれる生産の連帯によって，仏独間のいかなる戦争も想像すらできなくなるだけでなく，実質的に不可能となることが明らかとなるでしょう。こうした強力な生産体が確立され，参加を望む全ての国に開かれ，工業生産の基本要素を結集させる全ての国に対して同一条件での提供を実現することにより，経済統一の真の基盤が築かれるでしょう。

　この生産は，生活水準の向上と平和への取り組みの発展に貢献するために，全世界に対し無差別かつ排他性なしに提供されるのです。……

　かくして，経済的共同体の確立に不可欠な利益の融合が単純かつ早急に実現し，長きにわたって血で血を洗う対立により敵対してきた国々の間に，深化拡大する共同体への機運がたきつけられるのです。

　基礎生産物の共同管理に加え，新しい高等機関が設置され，その決定がフランス，ドイツ，その他の加盟国を結びつけることにより，この提案は平和の維持に不可欠なヨーロッパ連邦にとって初めての具体的な基盤を実現することになるのです。

　以上のように定められた目的を実現するために，フランス政府は以下の点を基本として交渉を開始する準備があります。

　共通の高等機関に与えられた使命とは，最大限迅速に生産の近代化とその品質の向上，石炭と鉄鋼をフランスおよびドイツ市場，同様にその他の加盟国の市場において同一条件で提供すること，他国への共同輸出の促進，これらの産業の労働力の生活条件の平等な進歩を保証することでしょう。

　現在，加盟各国の生産条件に格差がある状態からこれらの目的を実現するためには，生産および投資計画の実施，価格均等化メカニズムの設定，生産の合理化促進のための転換基金の創設を含む一定の移行的措置が実施に移されるべきです。加盟国間での石炭・鉄鋼の流通は，あらゆる関税からただちに解放され，逓減輸送運賃の適用も不可能となります。最も高い生産性による，生産物の最も合理的な分配が自ずと実現する条件が，漸進的に整備されるのです。

　制限的慣行により各国市場を分割・搾取し，高収益を維持する国際カルテルとは対照的に，この組織は各国市場を合併し，生産の拡大を促すものです。

　以上に定義される最重要の原則と取り組みが，各国の間で調印される条約の対象となります。実施にあたって措置を明確にするために交渉が不可欠となりますが，これは共通の合意により指名された調停者の助力を得て実施されます。調停者は交渉での合意が原則に適合しているかどうかを監視する役割を負い，交渉が

暗礁に乗り上げた場合に採るべき解決法を定める役割を負うことになります。制度全体の機能を司る共通高等機関は，同数を原則として各国政府より任命される自立性をもった個人から構成されることになります。委員長は各国政府の全会一致で選出されます。機関の決定はフランス，ドイツ，その他加盟国により執行されます。高等機関の決定に対する不服申し立てに必要な措置が，適切な条項により規定されます。この高等機関に派遣された国連代表は，公的報告書を1年に2度国連に提出し，この新機構の活動，とりわけ平和目的の遵守に関して報告することが委ねられます。

　高等機関の組織が，企業の所有形態について判断を下すことはいかなる場合においてもありません。職務の遂行にあたって，共通最高機関はルール国際機関に付与されてきた権限とドイツに対し課されている全ての義務について，これらが存続する限り考慮をはらうことになります。

4-3　西ドイツ外交における「二重の統合」路線――西方統合とヨーロッパ統合
A．アデナウアー西独首相書簡――西方統合（1945. 10. 31）
B．アデナウアーのシューマン・プラン評価（1950. 6. 27）

A．Konrad Adenauer, "Meine Einstellung zur außenpolitischen Lage", Anlage zum Schreiben an Weitz, 31 Oktober 1945. StBKAH 07. 03, in Hans-Peter Mensing (Hg.), *Konrad Adenauer. Briefe, 1945–1947*, Siedler, 1983, p. 130. 邦訳に際しては佐瀬昌盛訳『アデナウアー回顧録（I）』河出書房，1968年を参照した。
B．"Bundeskanzler Adenauer zum Schumanplan, 27. 6. 1950," Bundesarchiv, NL Etzel, 237, in Werner Bührer (Hg.), *Die Adenauer-Ära*, Piper, 1993, p. 56.

　初代西ドイツ首相アデナウアーは，分断されたドイツが安定的な国際秩序の枠組みのなかに組み込まれることを望むと同時に，西ドイツにとって最大限の外交的利益を求める「可能性の政治」を追求した。彼のヨーロッパ政策は，キリスト教民主主義者としての「ヨーロッパ観念」の強さという生来的な性質に加え，史料Aからうかがえるように，早くから分断国ドイツにとっての利益を，再統一だけではなく西側ドイツの政治経済的な安定とすることが特徴であった。アデナウアーにとって，西ドイツ外交において最も重要な外交目標である西側への組み込み（Westintegration）と国際的地位への復帰（Wiedervergleichung）を同時に達成する手段が，ヨーロッパ統合だったのである。

このように，成立した西ドイツにとって必要な外交路線とは，西ドイツが西側国家として生きることを前提とした上で，ヨーロッパ枠内での国際的地位向上を図るためにヨーロッパ統合を強く支持するという，西方統合とヨーロッパ統合を両立させる「二重の統合」路線だった。

　実際アデナウアーは，西ドイツが成立した1949年より，つまりシューマン・プランの登場以前から独仏協調や西欧統合の一種としての欧州連合案を積極的に提示していた。シューマン・プランの登場は，そのような外交を行っていたアデナウアーに対する，願ってもないフランス側の応答であった。アデナウアーにとって，シューマン・プランは経済的なプロジェクトではなく，まさに政治的なプロジェクトだったのである。

　同時にアデナウアーは，史料Bから読み取れるように，シューマン・プランのなかに，独仏和解の決定的な契機が存在することを理解していた。さらに，独仏和解が冷戦の勃発における西欧の政治的結束の手段としても同時に活用されることも，十分認識していた。このように，アデナウアーの認識においては，独仏協調，冷戦，西欧統合の三つの文脈が，西側統合という西ドイツ外交の規定的枠組みのなかで有機的に結合していたのである。逆に言えば，西ドイツにおける西側統合路線の登場こそ，シューマン・プランを潤滑に発進させた背景と言えるだろう。

（川嶋）

A．アデナウアー西独首相書簡——西方統合

アデナウアーからデュイグスブルク市長ハインリヒ・ヴァイツ宛の書簡（1945年10月31日）

　ソ連はドイツの東半分，ポーランド，バルカン，おそらくはハンガリー，それにオーストリアの一部を掌握している。ソ連は他の大国との協調から一層身を引いており，己の支配地域で完全に自己裁量に基づき采配を振るっている。ソ連支配下の諸国では，すでに現在，ヨーロッパの他の部分とは全く異なる経済的・政治的原則が支配している。

　こうしてロシア領域たる東ヨーロッパと西ヨーロッパとの分裂は事実のものとなった。

　西欧の指導的大国は英仏2国である。ドイツの非ソ連占領地域は西欧に加わる部分である。この部分が病身であると，それは西欧全体にとっても，英仏にとっても重大な結果を生むであろう。西欧を英仏の指導下に結集し，ドイツの非ソ連占領部分を政治的・経済的に癒し，これに再び健康を与えることは，単にドイツの非ソ連占領部分にとってのみの利益ではなく，英仏の利益でもある。……

第4章 シューマン・プランからローマ条約へ 1950-58年

フランスとベルギーの安全保障要求を，長期にわたって十分に満たしうるのは，西ドイツ，フランス，ベルギー，ルクセンブルク，オランダの経済的編合（Wirtschaftliche Verflechtung）のみである。もしイギリスがこの経済的編合に参加することを決意したなら，「西欧諸国の連合（Union）」という待望の最終目標へ，実に大きく近づくこととなろう。

B．アデナウアーのシューマン・プラン評価

シューマン・プランで優先しているのは政治［の論理］である。経済がそれを阻止したり損害を与えたりしては，絶対にならない。しかしながら，それは［経済の論理が政治の論理に］支障をきたすことになるだろう。

政治的な観点が，それにもかかわらず，重要であり続けることが必要である。

フランスの提案の主たる目的は，ドイツとフランス間のおよそ全ての火種を抱えている問題についてきっぱり清算することなのだ。「石炭と鉄鋼」という言葉は，「軍備と戦争」という考えと結びついている。この軍備と戦争という考えと結びついた危険な観点は取り除かれなければならない。

シューマン・プランは，西ヨーロッパを促進する唯一のチャンスだ。朝鮮［戦争］によって，ヨーロッパにおける連邦主義的な協力体制（föderativ Zusamenschluß）の必要性が自覚されたのである。

4-4 イギリスのシューマン・プラン参加拒否の決定（1950）

CM (50) 34th Conclusion. TNA, CAB 128/17, in David Gowland and Arthur Turner (eds.), *Britain and European Integration 1945-1998 : A Documentary History*, Routledge, 2000, pp. 23-5.

シューマン・プランに，当時ヨーロッパ最大の大国と見られていたイギリスが参加するか否かは，その後の展開を大きく左右する重要な問題であった。イギリスのアトリー（Clement Attlee, 1883-1967）労働党政権の閣議では，6月2日，アトリー首相とベヴィン外相が不在ななかで，ヤンガー（Kenneth Younger, 1908-76）外務担当閣外相が，検討の結果そこには参加しない方針を明らかにした。

1950年5月9日のシューマン・プラン発表の当日から，6月2日の参加拒否の決定にいたるまでの約1カ月の間，イギリス政府内では慎重に参加の可能性

と必要性が検討されていた。イギリス政府は，当初はこの計画に参加するつもりであった。しかしながらイギリス政府が受け入れることができないのは，「この提案へ参加する全ての諸国が，詳細を討議する前に，その計画の原則を受け入れることを確約するよう主張している」点であった。閣議決定の文章によれば，「過去のいかなるイギリスの政権といえども」，その内容の詳細を検討する機会を得ることなく，白紙委任を与えて，「コミットメントを受け入れることはできない」のだ。イギリス政府は，フランス政府に執拗に，参加のための「前提条件」の内容を知らせるよう求めてきた。しかしフランス政府，とりわけこの計画の促進者であるモネは，「6月2日」までに，事前にその「原則」を受け入れることができないならば，「イギリス抜きで前に進まざるをえない」と返答した。

イギリス政府にとって問題であったのは，フランス政府の発表したヨーロッパ統合計画への参加それ自体というよりも，詳細を知らされることなく「コミットメントを確約する」ことであった。というのも，何よりイギリスにはコモンウェルス諸国との関係がある以上，交渉に入る事前にコモンウェルス諸国との協議が必要だからだ。モネはどちらかといえば，それまで繰り返し連邦主義的な統合へ否定的な姿勢を示しそれを挫いてきたイギリス抜きでヨーロッパ統合を開始したい意図であった。それゆえに，この閣議決定は，イギリス政府によるシューマン・プランの拒否であると同時に，モネによるイギリス政府の要求への拒否でもあったと言えるであろう。　　　　　　　　　　（細谷）

外務担当閣外相は，過去数日間になされた数々の外交交渉にもかかわらず，西欧における石炭鉄鋼産業の統合を求めるフランス政府の提案にイギリスが加わることができるかどうかを検証するためのフランス政府との交渉が，合意にいたらなかったことが明らかになったと述べた。フランス政府は，この提案に参加する全ての諸国が，詳細を協議する前に，その計画の原則を受け入れることを確約するよう主張している。5月25日の内閣経済政策委員会の会合で最終的に言及されたとおり，協議の開始を提案するコミュニケの最終段落においてイギリス政府の立場を説明する，という提案によって，フランスの疑念を払拭しようとするさらなる努力がなされてきた。この段落では，討議の結果として，イギリス政府の参加を可能とする計画が浮上するのではないか，という希望から，建設的な精神で提案された対話に参加するとイギリス政府が述べるはずであった。しかし同時にそれは，イギリス政府は現段階ではいかなる詳細なコミットメントも確約することはできないと，明確に示したものであった。この提案は，しかしながら，フ

ランス政府によって拒絶された。フランス政府が論じるには，もしもわれわれがその日［6月2日］の午後8時までに，彼らが現在提案する基礎の上で協議に加わると確約することができなければ，イギリス抜きで前に進まざるをえないというのである。

閣議では，フランス政府の提案するコミュニケに基づいて，予定されている会合にイギリスは参加できないという全般的な合意が見られた。その提案は，われわれに詳細が明らかにされる前に，フランスの提案の原則を受け入れるようわれわれが確約せねばならないというものである。過去のいかなるイギリスの政権といえども，われわれの中核的な産業や，輸出貿易や，雇用の水準に深く関係するような結果を検証する機会を得ることなしに，そのようなコミットメントを受け入れることなどはできないであろう。

閣議での他の要点は以下のとおりである。
(a) わが国の世論の大多数は，議会や新聞で表明されているとおり，どのようなものが実質的に形成され，どのように関与するのかを政府が知る前にこの提案の原則を前もって受け入れることはできないという政府の見解を，支持する見通しである。疑いなく，いかなる計画であっても，ヨーロッパ統合に好意的な立場をとるいくつかの勢力から批判を受けるであろう。しかし，大半の人々は，現在提案されている政府の決定が，過度に慎重なものとはみなさないであろう。
　……
(e) 協議に参加する予定の他のヨーロッパ諸国政府は最終的なフランスの方式を受け入れるであろうが，いくつかの国々は疑念を示している。イギリスにとってはこの関与の方法は望ましくはない。というのも，協議に参加しながらも精神的な疑念を抱いて，後の段階で離脱するということほど英仏関係を悪化させてしまうことはないからだ。
(f) われわれの立場は，コモンウェルスとのつながりにおいて他のヨーロッパ諸国とは異なっており，他のコモンウェルス諸国との協議なくしては，とりわけ主権の委譲がかかわるのであれば，フランスの提案する原則を受け入れるということには慎重であるべきだ。

4-5 欧州決済同盟の設置 (1950)

"Agreement on the establishment of a European Payments Union (19 September 1950)," in Foreign Office, *British and Foreign State Papers, 1950 Part I, Vol. 156*, Her Majesty's Stationery Office, 1959, pp. 883-915. (Online available : http://www.ena.lu/mce.swf?doc = 9916&lang = 2)

　　西欧の戦後復興が停滞した一因は，各国間の通貨交換性が損なわれ，2国間での決済となっていたことから，貿易，ひいては経済復興そのものが滞ったことにあった。そこで生産設備の回復に加え，国際的な決済システムの確立が早急に必要となった。

　　欧州決済同盟（EPU）へと結実するヨーロッパ域内の決済の多角化をめぐる議論は，OEECを受け皿とするヨーロッパの組織化の具体的形態を中心として，加盟国の範囲，ドイツの位置，そして，リベラルなヨーロッパ経済かディリジスムか，といったヨーロッパの枠組みをめぐる根本的な議論を反映している。OEECにおける英仏主導のヨーロッパ論，およびフランスが望んだ市場の組織化・専門化・投資のヨーロッパ化構想などの失敗の帰結として，Fritalux/Finebel構想が登場する。これはイギリスを含む「大ヨーロッパ」ではなく，ドイツを除く大陸の近隣諸国（ベルギー・イタリア）によるフランス主導の反独的「小ヨーロッパ」の試みでもあったが，失敗に終わる。ここではまさにドイツとの対等の関係が築けるか否かが問われていた。フランスの政策は，その影響力の限界を認識し，ドイツとの対等の関係構築，ひいてはヨーロッパ統合へと転換する。

　　EPUは，1950年9月12日，OEEC加盟国18カ国によって創設された。EPUは，ドルを含む国際的な通貨の多角的な交換性回復への前段階として，上記加盟国間のみでの多角的決済メカニズムの結成により，域内の貿易の自由化・活性化を促し「大市場」の形成を国際金融システムから支えた。超国家的機能はもたないものの，EEC成立まで，地味ではあるが，OEECとともに，経済的相互依存を促進する基盤となった。その後58年12月に，参加各国の通貨がドルに対する交換性を回復し，IMF8条国へと移行することにより，EPUは解消される。

（上原）

ドイツ連邦共和国政府［以下，16締約国名および1地域名省略］は，
　締約国および連携する通貨地域との間で，有形貿易および無形貿易の両方で多角的貿易を遂行することを目的として，多角的な決済システムを締約国間で確立するよう要望し，

そうした支払いシステムは，

・締約国間で，無差別を基礎とする貿易および貿易外取引の自由化の最大限促進すること。
・外部からの臨時援助から自立するための努力を支援すること。
・国内の財政安定の必要性に留意した上で，締約国が貿易・雇用の高水準かつ安定した段階へ到達もしくは維持するよう援助すること。
・現在の状況から，締約国に供与されたヨーロッパ復興計画の終了後の状態への移行を支援すること。そのために，特に金・外貨準備の役割を部分的に果たす資源に加え，金・外貨での準備を強化する可能性およびそれにより各国のポジションはぜひとも改善すべきであるというインセンティブとが与えられる。

以上の点について計画されねばならないことを考慮し，

こうした決済システムは，完全な多角的貿易への復帰を促す一方で，貿易における専門化の望ましい形態を維持し，また同時に通貨の全般的な交換性回復を支援すべきことを考慮し，

こうした決済システムはまた，ヨーロッパ復興計画の終了時にも活動を継続し，[ヨーロッパ復興計画以外の]他の方法により，ヨーロッパの多角的決済システムの確立が可能となるまで機能できるよう計画されねばならないことを考慮し，

しかしながら，締約国の国内外の財政均衡の維持は，この決済システムの適切な運用に不可欠の条件であることを考慮し，……

以下の条文について合意した。

4-6　ザール問題とその解決
A．ザール問題をめぐるアデナウアーとシューマンとの会談（1950. 1. 15）
B．ルクセンブルク条約（ザール問題の解決に関する条約）（1956. 10. 27）

A．"Unterredung zwischen Bundeskanzler Adenauer und Minister für Auswärtige Angelegenheiten Schuman vom 15. 1. 1950," Aufzeichnung. StBKAH, Nachlaß Adenauer, 12. 09, in Ulrich Lappenküper (Hg.), *Die Bundesrepublik Deutschland und Frankreich : Dokumente 1949–1963, Band I : Außenpolitik und Diplomatie*, Sauer, 1997, pp. 287-8.
B．"Vertrag zwischen der Bundesrepublik Deutschland und der Französischen Republik

zur Regelung der Saarfrage, 27. 10. 1956," in *ibid*., pp. 658-61.

　第二次大戦後，ドイツを占領する4大国の一角に入り込んだフランスの当初のドイツ政策は，明白なドイツ弱体化であり，ドイツをかつての神聖ローマ帝国時代に逆戻りさせるようなドイツ諸邦への分割化を志向するものだった【2-30】。このようなフランスの対独占領政策のうち，独仏間における深刻な問題の一つがザール問題であった。ザール問題とは，ドイツにおけるフランスの占領地域の一部であったザールラント州を，他のフランス占領地域とは分離して独自の地位に置いたことから端を発する。1946年12月のこの措置により，フランスと隣接するこのザールラント州とフランスは関税ならびに通貨経済同盟を設立し，ザールとフランス経済圏は一体化した。さらにフランスは翌47年には，ザールラント州政府に一定の政治的自治権を与えることで，ザールラントをドイツから切り離された別個の国家として分離独立させようとしたのである。この状況は，西ドイツ成立にあたっても変わらなかった。それどころか，フランスは西ドイツに先立ってザールラントを欧州審議会（CE）の構成国として加盟するよう働きかけ，西ドイツのCE入りに対して消極的な姿勢をとった。

　このように，ザール問題とは，フランスの対独弱体化政策に由来する，両国家間の領土紛争に他ならなかった。西ドイツが1950年に欧州審議会に加盟しようとした際，西ドイツは当初ザールラントと同じく提携国として加盟を許されるだけだった（50年7月8日）。それどころか，フランスは同年3月には新しく協定を結び，ザールラントとの経済統合を維持していた。西ドイツは翌年ようやく正規の加盟を果たし（51年5月2日），アデナウアーはECSCの枠組みと欧州審議会の場を使って，ザール問題の解決に向けての多国間交渉を開始するのである。本史料Aにおけるアデナウアーとシューマンとの会談が示すように，ザール問題は独仏間の喉に刺さった棘であった。西ドイツがその成立の際に欧州審議会への正式加盟を切望した【3-13】背景には，ザールをめぐる国際的地位が複雑に絡んでいた。このようなザール問題が惹起する懸念を考慮に入れないと，シューマン・プランが西ドイツに対して，いかに新しいヨーロッパの枠を提供することになったかが，理解できないであろう。

　ザール問題はその後，1953年に入ると欧州審議会の議論のなかで，その地位の「ヨーロッパ化」によって解決を図る向きが高まる。独仏2国間協議のなかでようやくこの方式が合意され，54年10月23日のパリ諸条約によってザールラント州の「ヨーロッパ的地位」と住民投票によって将来的帰属を決することが合意された。55年10月23日に行われた投票において，ザールラントの西ドイツ復帰を求める「祖国連合」が勝利した。この結果を受けてフラン

スはザールラントのフランス編入および分離独立を最終的に放棄し，56年10月に，ルクセンブルクにおいて，独仏両国はザールラントが西ドイツの州として復帰する条約を締結し，ここにザール問題は名実ともに解決を迎えた（B）。

　ザール問題の解決により，独仏は基本的利害対立を解消することに成功した。こうしてシューマン・プラン以降激動するヨーロッパ統合の動きのなかで，独仏両国が確固たる立場を共有するのに不可欠な基礎を，ザール問題の解決は提供することになるのである。

　なお，紙幅の関係で収録できなかったが，史料Bの第3条以降は，独仏間の経済通商関係に関する規定と炭鉱問題に関する規定が定められている。

（川嶋）

A．ザール問題をめぐるアデナウアーとシューマンとの会談

　1950年1月15日にエアニッヒ［フランス大使館］にて，シューマン外相と私［アデナウアー］との間で一対一の会談をもった。この会談は実に率直なものだった。私はシューマンに対して，ドイツで起こっていることを，心情的なものや政治的なものも含め詳しく語った。その上でこう言った。ザール政府との交渉に関する，またザール政府との間で結ばれる諸協定*に関するフランス政府の意図についての噂が絶えないが，それはドイツに憤激をもたらし，ドイツのヨーロッパ連合［欧州審議会のこと］への加盟を危険にさらすものであると私は考えている，と。［この会談で］主として扱わなければならないことは二つの問題である。第一にはザールの自治権に関する問題であり，第二にはザール鉱山のフランスへの50年もしくは99年間を予定する長期貸付に関する問題である。この問題の法的側面について以下のように考えている。ドイツ国家（Deutsche Reich）の国境の変更は平和条約を通じてのみ可能である，と。このことは，45年6月5日に，中央政府の権力が4連合国に移管された規定のなかに，明白に述べられている。その後ドイツにおいて国法上のさまざまな変更がなされ，目下のところドイツは以下の四つの部分によって構成されている：

1．ドイツ連邦共和国
2．ザール地域
3．ベルリン
4．東方領域（Ostzone）

　フランスも1945年6月5日の規定で認知しているように，国境の変更は平和条約によってのみ可能なのだ。自治権条約についても，その中身によって有効か

無効かが決されるだろう。もしそれがザール地域の分離を結果としてもたらすのであれば，それを認めることはできまい。もし西側3連合国が同様の規定を許容するというのであれば，東側でロシアが取った行いが許容しがたいと，ロシアに対して示すことはできないことになってしまう。

＊実際にこの会談後の1950年2月7日に，フランス政府とザールラント州政府との間で，自治権，フランスへの鉱山鉄道およびザール鉱山の貸付に関する協定が結ばれた。

B．ルクセンブルク条約

フランス共和国とドイツ連邦共和国間のザール問題法規に関する条約（於ルクセンブルク，1956年10月27日）

フランス共和国大統領ならびにドイツ連邦共和国大統領は，
ザール問題が将来にわたって両国間の不和の原因とならないことに合意し，
相互の利害と感情を尊重するなかでこの問題を解決し，一般的かつ最終的な和平に寄与することを望み，
この目的のために条約を締結し，両国の全権特使として調印した。

フランス共和国大統領
クリスチャン・ピノー外務大臣

ドイツ連邦共和国大統領
ハインリッヒ・フォン・ブレンターノ外務大臣

……

第1章　政治的規定
第1条
1. フランスは，1957年1月1日より，ドイツ連邦共和国の基本法の適用領土がザールに拡大されることを受諾する
2. 当条約で規定される条件と，下記第2章で規定される，フランスとザールが関税通貨同盟を構成している間の移行期間における制度の制約の下で，ザールにおいて当該日時より基本法が適用されドイツ連邦共和国の立法が導入されるであろう。

第4章　シューマン・プランからローマ条約へ　1950-58年　243

……

第2章　移行期間中における経済的枠組み

……

第3条

第1条で触れた移行期間は，最も遅く見積もって1959年12月31日をもって終了する。当該期間の正確な日時は定められ，両国政府の合意事項の発表が行われるであろう。本章は，当該期間において適用される規定を定める。

……

4-7　プール・ヴェール交渉――1950年代における農業統合の模索
A．マンスホルト構想（1950. 11）
B．フリムラン構想（1951. 4）

A．"Europese samenwerking op het gebied van de landbouw," 17 October 1950. Internationaal Instituut voor Sociale Geschiedenis, Archief NVV, 105. 邦訳に際しては以下のフランス語版も参照した。"Note de Sicco Mansholt relative à l'organisation européenne de l'agriculture (La Haye, 6 Novembre 1950)." Archives Nationales du Luxembourg, AE 7648（Online available：http://www.ena.lu/mce.swf?doc=8476&lang=1）.

B．"Mémorandum français relatif à la création d'un agricole européen," Paris, 24. 3. 1951, in Andres Wilkens (sous la dir.), *Die Bundesrepublik Deutschland und Frankreich : Dokumente, 1949-1963, Band II : Writschaft*, Sauer, 1997, pp. 693-6.

　シューマン・プランから始まった欧州共同体を目指す幾多の構想のなかで，実現にはいたらなかったものの，その後のヨーロッパ統合の展開を考慮すると非常に重要であったのが，農業統合構想である。戦争終結後のヨーロッパを襲った飢饉に対して即急に農業生産力を向上させることや，各国の対外収支改善，また小規模農業から大規模農業への転換を促進するための近代化など，農業を取り巻く問題は山積み状態にあった。オランダ農相マンスホルトは，これらの農業問題に対し，早くからヨーロッパ大での取り組みを主張していた。彼は，1950年6月にOEECに対してオランダから提出された主要産業セクターにおける経済統合構想（スティッケル・プラン）において，農業セクター統合に関する箇所を盛り込むよう働きかけた。さらに，彼自身が11月に欧州審議会において農業共通市場構想を提出した（A）。

　他方，フランスの農相フリムラン（Pierre Pflimlin, 1907-2000）も，マンスホ

ルトとは別にシューマン・プランの制度構想に倣った農業市場統合を構想した（B）。彼はシューマン・プラン発表からわずか1カ月後に，閣議において超国家的管理機構を設置して特定の農作物の共通市場を設立することを主張した。フリムランの計画を受け継いだフランス政府は，翌年の1951年3月にこの計画を欧州審議会のみならずトルコを含めた欧州各諸国に提案した。蘭仏の二つの構想は，50年代の農業統合の試みの出発点であり，その後のヨーロッパ統合の展開において，少なからぬ影響を与えるものだった。

　この蘭仏二つの農業統合構想は同一のものではない。史料Aのマンスホルト構想が，ヨーロッパ経済全体の問題のなかに農業を位置づけ，保護主義的政策を廃して自由流通を目的とするヨーロッパ市場の成立を訴えているのに対し，史料Bのフリムラン構想は，1年前に発表されたシューマン・プランを意識し，また農業セクター保護を重点としていた。同じヨーロッパ大の市場形成を目標としながらも，その目的は仏蘭の間では相当の乖離があった。

　この当初からの乖離は，1950年代農業統合の試みに影を落とす。フランスが多角的交渉を提案してから1年後の52年3月にようやくヨーロッパ交渉が開始された。プール・ヴェール（Pool vert/Green Pool）交渉と呼ばれるこの農業統合交渉では，蘭仏が求める超国家的統合かイギリスが求める政府間主義的統合か，また特定品目のみを共同市場化するか農作物全般を共同市場化するのか，さらには各国ごとで異なる農作物の統一価格をどのように設定するか（そもそも設定しないか）というような，複雑な対立が生じていた。見解が収斂しないことで，プール・ヴェール交渉は1953年に2回目の全体会議が開かれたのちの翌54年には破綻する。

　プール・ヴェール交渉の意義は，二点ある。一点目は，同交渉は初めてのヨーロッパ大の農業統合交渉であったため，共通市場構築に向けたさまざまな問題点が明らかになったことと，同様のテーマに関する各国専門家の人的ネットワークが構築された点である。プール・ヴェール交渉の失敗による経験が，次の農業統合を目指す交渉となったローマ条約形成過程における農業規定交渉の成功につながったと言えよう。第二の意義は，セクター別統合の限界が，各国間に共有されるきっかけになった点である。各国がそれぞれに固有の構造を有し伝統と結合しやすい農業分野の統合は，それだけの交渉ではあまりに対立点が大きく，妥協や交渉の均衡点を見出しにくい分野であった。それゆえ，プール・ヴェール後となるローマ条約交渉においては，農業をより広い国民経済全般の重要なセクターと位置づけつつ，全般的共通市場統合の一分野として農業セクターの統合が模索された。その交渉において，各国はようやく妥協点を見出し，農業分野の共同市場化にこぎ着けたのである。　　　　　　　（川嶋）

A．マンスホルト構想
「農業のヨーロッパ的組織」
序
1. ヨーロッパの現在の状況の特徴は，ヨーロッパ諸国と世界の他の国々との間の貿易収支赤字にある。いずれは，より均衡が取れるようになることが必要である。状況に押されて生活水準の引き下げによってこの目標が達成されることを避けるために，生産の増強は絶対的に必要である。何より，生産の増強は以下の目的のために不可欠である：
   (a) 人口の増大によって引き起こされる必需品の増加に対処するため；
   (b) 合理的な最低水準をいまだに下回っている生活水準の向上のため；この目的のために，生産性をさらに向上させ，価格を一層引き下げなければならない。
2. これらの問題の解決に，農業は大きく貢献しなければならないのであるが，しかし現在のヨーロッパ諸国の農業政策は，このような貢献を妨害するものとなっている。

<u>現在の立場の分析</u>

......
8. このような問題［ある産物が特定国家では過剰となるが西欧全体では欠乏する］が生じる理由は，主に次の二つの理由による。
   (a) 過剰を示している，もしくは示し始める産品については，輸入国がこれらの産品をヨーロッパ域外で安く購入できるため，ヨーロッパで市場が成立しにくい。
   (b) 他の産物については，国内産物への極度の保護的措置によって国際貿易が阻害され，その結果保護主義を取る国家では価格が高止まりとなり消費も抑制される。輸入量を増加させれば，価格が低下し，これらの国家の食料供給を相当向上させることにつながるだろう。

   このように，ヨーロッパにおける商品の移動は妨げられているが，その理由としては，商品が高すぎるか，そうでなければ，それらが安すぎると考えられているからである。このような［農産品流通の］停滞によって農家の収益は不安定さを増し，生産性を増進させるのに必要な技術的発展は一層困難となる。

<u>目的</u>

9. ヨーロッパという枠組みのなかで何らかの対策を取らなければ，上に述べた状況を変革することは極めて困難であるか，さもなければ不可能である。これらの対策は，好況を維持し高めるために農業生産を最も効率的に可能な限り上昇させ，全体的に満足できる生活水準を維持するために不可欠なものである。そのことによって，世界の他の国々に対するヨーロッパの貿易収支を改善することになろう。

10. ……

農業の固有の性質

11. なんといっても，農業は気候と土壌という動かしようがない自然条件に極めて依存している。さらに，農業は最も広範な生産活動であると同時に，最も同質的な生産活動でもある。そのため，農業人口は社会的に極めて重要である。つまり，どの国であっても，農業に従事している人々の暮らしが悪化することを許しはしないのである。換言するならば，耕作において適切な土壌を保ち続ける人々として，農業階層を維持していくことが必要なのである。最後に，国内食料供給を可能とするため，一定の農業生産可能性を保持していくのは必要なことだと，多くの国が戦略的理由に基づいて考えている。

12. 現在の状況は特に，国内市場が強く保護されてきた結果なのである。

基本的原則

13. 一般的に言えば，専門化によってヨーロッパにおける生産効率性を最大限高めることができる。これを達成するためには，統一されたヨーロッパ市場における自由貿易体制（un régime de libre-échange sur le Marché européen）［オランダ語版では単に，一つのヨーロッパ市場（één Europese markt）］を導入することが不可欠である。しかし，この条件を満たすことは農業にとって全く不可能である。第11項で触れた農業の社会的特質によって，ほとんどのヨーロッパ諸国は農業製品の自由貿易を絶対に受け入れることができない。しかしながら，できるだけ広範にわたる通商貿易の自由化を確立するための対策を，今すぐ取ることが望まれている。

14. 自由貿易は生産物の流通を安定化させはするが，農業従事者の収入に関して不安定を惹起するもう一つの重要な要素が，［農産物］価格である。価格を安定させる必要があるのだから，需要と供給の均衡［によって価格を決定させるメカニズム］に任せるのではなく，積極的な手立てが必要となろう。

貿易の自由化

15. 自由貿易を漸次確立させることは，保護主義的施策を廃止することから始められなければならない。許容できる施策を定めつつ，ヨーロッパ域内という枠組みのなかで各国の国内生産を監視することがまず必要となる。しかしながら，国内保護［規定］は漸次撤廃されることとなる。

　このような管理・統括によって，……農業従事者に対し十分な生活水準を確保しながらも，過度な保護主義的政策に終止符を打つことが可能となろう。もしある国にとって当該国の生産を保護する何らかの施策を取らなければ死活的な利益を失うというのであれば，それらの国家は，そのような施策を取ることに対してヨーロッパ組織から同意を得なければならない。

価格政策

16. 各国における農産物価格は，それぞれの国家で異なる原価によって定められる。農産物価格の相違は，以下の点での相違に基づく。

    (A) 賃金水準と利子率
    (B) 資本集中度と労働力の生産性
    (C) 天候と土壌条件

　ここで言及した条件 (A) は，条件 (B) (C) と部分的には相殺する傾向がある。自由競争であれば，価格は全ての国家において同一となるかも知れないが，原価の高い国においては農業生産の一部では採算が合わなくなり，原価の低い国では付加的な利益を多く得ることにつながるであろう。

　欧州大での統一価格は，農産物を高コストで生産している国家からすれば受け入れがたいものである。なぜなら，先の第11項で言及した社会的戦略的要因から，これらの国家では一時的ではあっても保護主義的施策を取らざるをえなくなるからである。

　他方，欧州統一価格は，低コストで生産している国家からしても，消費者からしても，また他の産業からしても，受け入れがたいものである。というのも，国全体の競争力を削いでしまう危険性を惹起させるものだからである。これらの理由から，これらの国家では価格を低く保つことが求められる。

17. これらの議論は，ヨーロッパ統一価格の形成がどうして不可能なのかを明らかにしている。しかし，どれくらいの価格ならば，もしくはどれくらいの価格幅であれば，欧州域内での通商（欧州通商価格）が可能なのかを決定することはできるだろう。この欧州通商価格の決定は，農業状況に関してだけで

なく，経済状況全体にかかわるいくつもの考慮を基にして行わなければならない。この価格は，以下の点に貢献しなければならない。
(A) 欧州の貿易収支の均衡を保障すること
(B) 好況を高めること
(C) 生産要素全体に利用できるように，また最善の結果を得るように農業生産を活性化させること
......
19. ヨーロッパにおいて利益が見込める価格レベルを維持するために，支出だけでなく収入源を確保する手立てが取られることになろう。
20. この支出と収入はそれぞれ，欧州農業基金 (Europees Landbouw-fonds/fonds agricole européen) によって管轄される。

技術の発展

21. ......

ヨーロッパ機構

22. 欧州農業基金を管理するため，また上記に基づいた施策を取るために，ヨーロッパ組織が設立される。
23. このヨーロッパ農業食料委員会 (EBAF : European Boad for Agriculture/Comité européen de l'Agriculture et l'Alimentation) は，加盟国の政府から任命を受けた，人数の限定された，任期の定まった人員によって構成される。消費者に加え生産者の利益も代表されることに留意されなければならない。当委員会の決定は，単純多数決で決されるであろう。
24. 全加盟国から，アドバイザーが EBAF に参加する。EBAF には技術的・行政的スタッフが配置される。加盟国は，当該組織の費用を負担する。
25. EBAF の決定は極めて重要であり，その決定によってヨーロッパ各国の経済に悪影響が出ることもありえるため，ヨーロッパの各政府は一体となって EBAF の決定に何らかの影響力を行使することが求められることになろう。
26. したがって，EBAF は閣僚理事会に対し責任を負い，理事会の勧告 (aanwijzingen/recommandation) に従う。理事会は遂行された政策について，欧州各国の議会代表団に対して責任を負わなければならない。
27. 理事会は，加盟国の主権の何らかを放棄するという意味で，加重多数決で決定を行う。このことは，ヨーロッパの経済統合へと発展するために不可欠で

ある。
28. 加盟国政府は理事会の場で，EBAF の決定ないしは特定の施策に対し，異議を唱える権利を有する。もし理事会の場で必要な加重多数が得られない場合，EBAF の施策ないし決定は，修正されなければならない。
29. もしヨーロッパ諸国の間で多国間協定が締結され，ヨーロッパ経済統合を前進させる何らかのヨーロッパ・レベルの組織が設立された場合，どのような義務と権力が行使されるのかという疑問が提示されるだろう。このような論争に決着をつけるために法的機関が設立される可能性がある。

B．フリムラン構想

ヨーロッパ農業市場の創設に関するフランス政府覚書（1951 年 3 月 24 日）

1. 1950 年 5 月 9 日，フランス政府はヨーロッパ各国に対し，石炭と鉄鋼の共同生産に乗り出し，その運営を高等機関（Haute Autorité）に委ねることを提案した。このイニシアティブは，フランス外交において 20 年以上遡って貫かれる考えを受け継いだのである。すなわち，ヨーロッパの経済的政治的統一（Unification）を実現することである。……
2. フランス政府は，ヨーロッパの経済同盟の新しい段階として，主要な農業市場の共同組織を実現させなければならないと考えた。
3. この［農業という］選択は恣意的ではない。農業と食料供給は，ヨーロッパの経済組織が最も必要とされている領域の一つである。欧州審議会はそのことを認識しており，……最も緊急に統合しなければならないと思われる三つの産業部門のなかに農業が挙げられた。

   ヨーロッパには広大な農業地域が広がっている。社会的な観点からも経済的な観点からも，ヨーロッパ農業の状態は，ヨーロッパ諸国家の運命を左右するものである。ヨーロッパにおいては，農業生産は今日かつてないほど重要な［産業］活動であり，農産品消費によって生まれる市場は，ヨーロッパの工業発展にとって不可欠な基盤を提供する。
4. しかしながらヨーロッパ各国農業の状況は，ヨーロッパ経済の潜在力と需要に見合っていない。農業生産は不十分である。ヨーロッパの人口は，その密度の高さゆえに食料の大半を海外市場に依存している。したがってその調達は，政治的通貨的な不確実性に従属しているのである。
5. 農業生産価格は特定のセクターにおいては高騰している。生産性が極めて不

十分なレベルにとどまれば，農業従事者が公正な報酬を得ることを妨ぐばかりか，消費者が生活水準を向上させることもできなくなる。

6. 農作物の貿易収支赤字を削減するために生産を拡大すること，農業従事者と消費者の生活水準を向上させるために価格の引き下げを行うこと，これらは技術的に可能である。しかし，そのような試みは根本的な障害にぶつかっている。農業従事者の不信である。ヨーロッパの現在の状況では彼らの不信はゆえなきことではない。この 30 年の経験から農業従事者が学んだのは，豊穣なる収穫が相場の崩落と生産の落ち込みを意味するということだった。生産の拡大は農業従事者に繁栄を約するどころか，リスクを増大させた。

7. ……

8. このような条件下では，過剰生産の恐怖と不誠実で無秩序な競争の危険性によって，農業生産者が危機や破滅に対抗する砦としてマルサス的な［生産］縮小や保護［的手段］に走ったとしても，何ら驚きではない。このような展開を容認することはできない。なぜなら，ヨーロッパにおける食料調達問題はそれでは解決されていないからである。しかし確かなことは，農業従事者が拡大政策に参加するとすれば，それは市場の均衡を確立・維持するときしかないということであり，そのような均衡は，農業者の努力に対する公正な報酬を保証するのと同時に，投資が収益を上げることを保証するということである。

9. さて，そのような均衡は，ヨーロッパ諸国が狭い枠内で行った場合，補助金といった費用のかかる方法か，［農家に対する］報酬の崩壊といった不正義な方法でのみでしか実現しえない。ヨーロッパ各国の財政状況は，農業に対して恒常的に援助することを許すようなものではないのだ。……

10. 持続的で健全な均衡を打ち立てることができるのは，統一されたヨーロッパ市場を基盤にしたときのみである。ヨーロッパ各国が，狭い限定された枠内より，ヨーロッパ大の枠内の方で農業市場の調整を行った方が，より効率的であることは疑いがない。通商における人工的な障害を撤廃し，価格形成条件の不均衡を減少させる大市場の誕生によって，供給を需要に適合させる可能性が高まるであろうし，生産の変調に基づく価格変動を和らげるための方策が，よりソフトな，よりコストのかからないものとなるだろう。

11. 単一市場の設立は，ヨーロッパ農業にとって，均衡要因となるだけではなく，成長要因ともなる。生産の発展のために不可欠な条件を作ることが必要

であるならば，非経済的な生産をどの地域であろうとも人工的に維持すべきではない。むしろ，共同市場を設立し，健全な競争を導入することで，以下のことを行うことが重要なのである。

1　より合理的で十分指導された，より経済的な生産にいたること
2　農業従事者の活動を近代化し，生産性を増加させること
3　原価の漸進的削減を実現すること

このようにして，現在のヨーロッパ各国を悩ます諸問題を解決することができよう。輸出国を含めたヨーロッパの生産者は恒常的な販路を確保することができるだろうし，輸入国を含めたヨーロッパの消費者は常時食料調達を保障されうる。農業者は，自らの努力が無駄になることを恐れず働くことができるし，消費者は生活水準の段階的向上を享受することができる。

12. このような目的を達成するためには，純粋に一国の政策では不可能である。一国の政策は不可避的に不十分であり，各国間では常に不一致であり，時に対立する。もし各国の生活が農業にかかっているのであれば，その未来は統一されたヨーロッパを設立するかどうかにかかっている。組織的な単一市場の設立を唱導するヨーロッパ各国の農業政策と産業政策の調和化は，ヨーロッパ農業を経済上必要な水準に引き上げる唯一の方策であると思われる。それゆえ，フランス政府はヨーロッパ農業共同体を組織化する交渉に入るよう，各国に提案する。この共同体は以下の原則を基にして構築される。

a) それぞれの農業セクターにおいて，加盟国は生産の資源を共有する。この原則を実施することで，生産流通や食生産物の増加などの問題に関して，全ての国家間の連帯が保証される。ヨーロッパ機構は，このような諸問題を解決する使命を有する。

b) ヨーロッパ機構は生産を消費需要に適合させ，加盟国全体の市場の均衡を維持するために必要な措置を取る義務がある。特に重要な使命は，生産動向の調和化，技術発展の追求，生産性の向上，輸出入の協調，備蓄基盤の確立，食品衛生規則を考慮しながら消費を喚起することである。

c) この機構は，各産品の加盟国間での共同市場の設立を準備する任務を負う。……現在のヨーロッパ各国間の価格の異常な隔たりを均すことで，組織化され，拡大され，統一された市場に健全な競争を確立することが可能となる。このような市場は，加盟国間関係の特別な関係を認知している国際通商組織の枠内で，外的世界に広く開かれうるだろう。

13. この目標の実現のため，またこれら諸原則の実行のため，フランス政府は石炭鉄鋼条約の試みと同様の規則と構造をもったヨーロッパ機構の創設を提案する。……
　……

4-8　欧州人権条約（1950. 11. 4 採択，1953. 9. 3 発効）

"Convention de sauvegarde des Droits de l'Homme et des Libertés fondamentales," STCE n° 005, Rome, 4 novembre 1950, in Foreign Office, *British and Foreign State Papers, 1950 Part I, Vol. 156*, Her Majesty's Stationery Office, 1959, pp. 915-33. (Online available : http://conventions.coe.int/Treaty/fr/Treaties/Html/005.htm)

　正義と平和の実現のためには民主的な体制と人権の保護が不可欠であると考えた欧州審議会は，1949年に採択した規約において，「人権および基本的尊重」と「法の支配」を，審議会加盟条件および締約国の義務と定めた【3-11】。そのため欧州審議会発足直後の50年11月に「人権および基本的自由の保護のための条約（欧州人権条約）」を採択し，市民的・政治的権利と自由を明確に規定した。この条約は国家のみならず個人の申立権を認め，この後設置される欧州人権委員会および欧州人権裁判所による実効的な保障制度を備えている点が特徴である。

　こうした人権尊重は，ファシズムと共産主義の否定を意味し，西欧的な民主主義の明文化と正統化をはかる意図があり，広義のヨーロッパ統合への参加の条件として機能している。何より人権を通じて共産主義を否定したことは，ヨーロッパ統合が冷戦の産物であることを如実に物語っていると言えよう。

　「欧州人権条約」採択にあたって，社会権まで含めるかどうかが議論となったが，この条約の対象は市民的・政治的権利と自由権のみにとどまった。そのため，これを補完するものとして，「欧州社会憲章」が1961年10月に採択された【5-4】。戦後より社会権を重視してきたことにより，ヨーロッパ独自の社会秩序・モデルの構築が常に意識されてきたことがうかがえよう。

　冷戦期のヨーロッパにおける人権問題は，ECではなく欧州審議会の管轄下にあり，ECとの間で役割分担が存在した。冷戦崩壊後，EU発足および東方拡大の過程で徐々にEUも人権と民主主義の規定に関与するようになり，2000年には基本権憲章が定められる【9-12】。　　　　　　　　　　　　　　（上原）

　欧州審議会加盟国である，この条約の署名国政府は，

第4章 シューマン・プランからローマ条約へ 1950-58年

1948年12月10日国際連合総会が発表した世界人権宣言を考慮し，
この宣言が，そのなかで宣言された権利の普遍的かつ実効的な承認および遵守の確保を目指していることを考慮し，
欧州審議会の目的が，加盟国間のより緊密な統一の達成にあること，ならびにその目的を達成するための方法の一つが人権および基本的自由の擁護および促進であることを考慮し，
世界の正義および平和の基礎を構成し，とりわけその維持が一方で真に民主的な政治制度に，他方でその基礎となる人権に対する共通理解とその尊重に基礎を置く基本的自由に対する深い信念を再確認し，
同じ志をもち，かつ共通の政治的伝統と理想，自由の尊重および法の支配という共通の遺産を有するヨーロッパ諸国の政府として，世界人権宣言のなかで表明された諸権利の一部についての集団的保障（garantie collective）へ向けての第一段階の措置を講じることを決意し，
次のとおり協定した。
［以下，条約条文については省略］

4-9 プレヴァン・プラン（1950）

"Déclaration du Gouverneur français René Plevin le 24 octobre 1950," *Journal Officiel de la République française*, 10. 1950, pp. 7118-9；"Statement by the French Prime Minister, René Pleven, at the National Assembly on the creation of a European Army, Paris, 24 October 1950," *Journal Officiel*, Débats, 25 October 1950, No. 104, pp. 711-819 (translated), in Anjo G. Harryvan and Jan van der Harst (eds.), *Documents on European Union*, Macmillan, 1997, pp. 65-9.

プレヴァン・プランとは，1950年10月24日に，フランスの国民議会でプレヴァン（René Pleven, 1901-93）仏首相が提唱した「欧州軍」設立を求める構想である。これは，プレヴァンの長年の友人であるモネにより起草されたものであり，同年5月のシューマン・プランとも連続性をもった，連邦主義的なヨーロッパ統合構想である。
しかしシューマン・プランとは異なり，このプレヴァン・プランは緊急の必要性からやむをえず考案したものであり，シューマン・プランと比較しても計画の周到性や緻密性で大きく劣ったものであった。というのも，1950年6月

に朝鮮戦争が勃発したことを大きな契機としてアメリカ政府がドイツ再軍備を求めるようになり，それによってドイツに対する警戒感がフランス国内で強まってシューマン・プランとしての仏独統合計画が破綻することを恐れたからである。シューマン・プランを救済するために，このプレヴァン・プランは考案されたと言えるであろう。その契機となったのは，「直接的には，欧州審議会の諮問議会で1950年8月11日に採択された勧告」，すなわち，チャーチルによる「欧州軍」構想であった。しかしのちにチャーチル自らが述べるとおり，チャーチルとモネの考える「欧州軍」構想は，その内容において全く異なるものであった。

ドイツ再軍備をめぐる交渉は，1950年9月半ばのニューヨーク西側3国外相会談に始まる。ここでアメリカのアチソン（Dean Acheson, 1893-1971）国務長官は，アメリカが大西洋同盟に大規模な軍事力を提供しヨーロッパ大陸に米軍を駐留させる上で，西ドイツの再軍備を前提条件とすると語った。これに対し猛烈に反発したのは，フランスのシューマン外相とモック（Jules Moch, 1893-1985）国防相であった。シューマン外相は，ドイツ再軍備は時期尚早であり，フランス国内では「直面せねばならない心理的問題」が存在すると反論した。この硬直状況を打破するために，モネは，超国家的な「欧州軍」のなかにドイツ人部隊を包摂することで，「ドイツ国軍」再来の恐怖を阻止した上で，ドイツ再軍備を確保しようとした。大西洋同盟を通じたアメリカによる安全の保証と，欧州政治統合の必要を強く認識するモネにとっては，超国家的な「欧州軍」の設立はその二つを確保するための最良の選択肢であった。

結局，1954年8月にフランス国民議会の拒否によって，モネの考案した「欧州軍」構想は廃棄された。モネは必ずしも軍事問題に詳しくはなく，それゆえにモネの考案した軍事統合計画は，十分に実現可能な構想として，あるいは望ましい構想として，受け入れられることはなかった。しかしながら，大西洋同盟という枠組みにおけるドイツの脅威の封じ込め，そして超国家的な統合理念の救済は，他の手段を用いて幸運にも達成されることになった。　　（細谷）

大西洋条約を調印した諸国は，条約が対象とする地理的範囲の安全を確保するための手段を発展させることを望んでいる。それら諸国は過去数ヵ月で前例のない発展を遂げて，共同防衛計画を実現させ，それらの構想を実現させるため作業を開始してきた。……

そこに参加する諸国は，起こりうる侵略に対抗するために大西洋が一体となって，可能な限り東方において防御する必要性を認識している。それらの諸国は，その兵力がいかなる国籍であっても，一人の最高司令官の指令系統の下に置かれ

ることを合意している。……

　大西洋条約の加盟国ではないドイツは，しかしながら，同様にしてその安全保障体制により得られる利点を享受することになる。結論から言えば，ドイツが西欧防衛体制を構築する上で貢献すべきだという考えは正しい。したがって，議会で重要な問題について討議を開始する前に，我が国政府は以下の宣言を行うことで，イニシアティブを発揮することを決定した。……

　われわれの共同防衛のために，統一ヨーロッパの政治機関に結びつけられた欧州軍を設立することを提案する。（議場，左・中・右より多数の拍手）

　この提案は，直接的には，欧州審議会の諮問議会で1950年8月11日に採択された勧告を基礎としている。それは，平和を守るために，アメリカやカナダの軍隊と協力して，統一された欧州軍の迅速な設立を要請するものであった。

　欧州軍の設立は，単に各国軍の部隊を寄せ集めるだけでは達成できない。部隊の寄せ集めだけでは，古いタイプの軍事同盟を隠蔽するにすぎない。共通の任務の実行は，不可避的に，共通の機関によって行われねばならない。統一欧州軍は，単一の欧州政治・軍事機構の指揮下に置かれ，多様なヨーロッパ諸国から結集した兵隊により構成されて，人的および物質的な構成員の可能な限り完全なる融合を達成せねばならない。

　加盟諸国政府により［欧州軍］国防大臣が任命され，彼を任命した諸国およびヨーロッパ議会に責任を負うことになり，のちに規定する条件の下に置かれることになる。その議会は，ストラスブールにある諮問議会か，あるいは，そこから枝分れした，特別に選出された代表により構成される新しい議会となる。彼の権限は，欧州軍に関する限り，各国の国防大臣のそれに相似したものとなる。国防大臣は，とりわけ，参加各国の国防大臣で構成される理事会により決定された全般的な指令を履行する権限をもつ。彼は，自らの任務を履行する上で関連する全ての事項について，欧州共同体と，外部の諸国および国際機構との間の正式な橋渡しとなるであろう。

　参加各国からの派遣部隊は，欧州軍のなかで可能な限り小さな単位で統合されることになる。

　　……

　欧州軍設立に参加することを合意するのであれば，以上に述べたような目的を実現するための共同作業を行うために，以上に基づきフランス政府はイギリスと他の大陸の自由諸国の参加を提唱する。これらの検討は，欧州石炭鉄鋼共同体条

約が調印された後に可能な限り早期に，パリで開始される。

4-10　EDC と西ドイツ
A．欧州防衛への西ドイツの貢献と主権回復：アデナウアー西独首相―フランソワ＝ポンセ高等弁務官会談（1950. 12. 21）
B．プレヴァン・プランに対するアデナウアーの評価：アデナウアー―ホイス西独大統領会談
A．コンラート・アデナウアー，佐瀬昌盛訳『アデナウアー回顧録（下）』河出書房，1968 年，116-7 頁。
B．Hans-Peter Mensing (Bearb.), *Adenauer-Heuss, Unter vier Augen : Gespräche aus den Gründerjahren 1949-1959*, Sieder, 1997, p. 56.

　　朝鮮戦争の勃発から始まった西ドイツ再軍備論争に関し，再軍備を行う側の西ドイツにおいても，再軍備の方法をめぐって国論を二分する激しい議論が起こった。ここにおいてアデナウアーは西ドイツが西側防衛に積極的に貢献することを明確に打ち出す一方で，再軍備を通して西ドイツの主権を早期にできるだけ完全な形で回復することを求めたのである。
　　ここに取り上げた 1950 年 12 月におけるフランスの高等弁務官フランソワ＝ポンセ（André François-Poncet, 1887-1978）との会談の席上におけるアデナウアーの発言（A）は，西ドイツの思惑を率直に物語っていた。その一方で，アデナウアーは，プレヴァン・プラン【4-9】におけるフランスの真意を鋭敏に察知していた。アデナウアーはプレヴァン・プランに対する不信を各所で表明していたが，ここでは，アデナウアーと会談した西独大統領ホイスの覚書を取り上げた。簡潔で直截なアデナウアーの対仏不信が，この覚書では露わになっている（B）。フランスの求める「独仏協力」が，実はフランスによる西ドイツ封じ込めであることを，アデナウアーは十分理解していたのである。それゆえアデナウアーは，西ドイツが最も利益を受ける形での安全保障の構築を求めつつ，主権回復要求を強硬に唱えることになる。　　　　　　　　　　　　　（川嶋）

A．アデナウアー西独首相―フランソワ＝ポンセ高等弁務官会談
　1950 年 12 月 21 日，三高等弁務官と私との間で会談が行われたが，この席上，フランソワ＝ポンセはブリュッセル会談の結果を報告してくれた。まず彼が与えてくれたのは，欧州合同軍創設に関する協議の詳細な報告であった。……
　　……

フランソワ＝ポンセは……，ブリュッセル協議に対する私の見解表明を請うたのである。

これに答えるにあたって，私はまず，ブリュッセルで作成された計画に関し，受諾，拒否，または対抗案提出のいずれについても大きな満足の意を表明した。次いで私はこう述べた。欧州石炭鉄鋼共同体による原料部門生産の統合，および欧州合同軍の創設が，欧州連合の形成にとって適切な基礎を築くというものである，と私は見ている。私は，適切な時期にイギリスも，これらの諸機構に対し，態度を表明することを希望する。それは，イギリスとヨーロッパの利害共通性が結果するものであろう。

三高等弁務官は，合同防衛体制への連邦共和国の参加にドイツの世論が二つの条件をつけていることを，ご承知であろう。その第一は，欧州防衛体制に編入されるのはドイツ連邦共和国の全領域であるということである。したがって，創設予定の欧州軍部隊は連邦共和国内に駐留しなければならない。この措置が取られるならば，万一のソ連の侵入に対しても，西側連合軍退却路の援護だけが主眼なのではなく，ドイツ連邦共和国の防衛も真剣に考慮されることが認識されるであろう。……

第二の条件は，ドイツ部隊の平等権の要求にある。つまり，ドイツの拠出兵団は，他国の拠出兵団よりも不利な条件下で戦闘を強いられてはならない。……

政治的に見て，私は，ドイツの提案を受理するという西側3連合国の声明を歓迎する。しかしながら，フランソワ＝ポンセの発言中には，私を必ずしも納得させない箇所がある。つまり彼は，条約による占領法規の置換という提案には，ある条件の下で同意すると語った。その条件とは，西側連合国軍の連邦共和国領域駐留に法的根拠を与える原理が変更されないこと，という点にある。現在のところ，占領の国際法的根拠をなす原理とは，無条件降伏である。この点での3国外相の声明が，この原理は維持されなければならない，という風に仮に解釈されるものであるとすれば，それはまた，ドイツ連邦政府との間に達成された全ての合意を，いつ何時でも一方的に解消し，ドイツ連邦共和国に認められた一切の主権を剥奪する可能性が西側3国に国際法的に与えられることを意味しよう。……

B．アデナウアー―ホイス西独大統領会談

連邦宰相［アデナウアー］は，フランス側が連邦政府に対して引き起こしたあらゆる領域にわたる問題について再び述べた。プレヴァン・プランは，ヨーロッ

パにおけるフランスの覇権を再び確立するための試みに他ならない，と。

4-11　スポフォード妥協案とNATOの成立
A．NATO軍事委員会における西ドイツ再軍備の合意（1950）
B．北大西洋理事会での合意へのイギリス政府の評価（1950）
C．北大西洋条約の軍事機構化についてのイギリス政府メモランダム（1951）

A．Summary of the conclusions of the North Atlantic Military Committee and the North Atlantic Council Deputies, "German participation in the defence of Europe," 12 December 1950, in Annex A to No. 136, in Roger Bullen and M. E. Pelly (eds.), *DBPO*, Series II, Vol. III, 1989.
B．Sir J. Le Rougetel to FO, 19 December 1950, No. 144, in *ibid*.
C．"Memorandum on the North Atlantic Oraganisation and the Brussels Treaty Organisation, 1 January 1951," Appendix in *ibid*.

　1950年6月25日に朝鮮戦争が始まると，アメリカ政府は本格的に西側同盟体制強化のためにドイツ再軍備を考えるようになる。9月半ばのニューヨーク英米仏外相会談で，アチソン米国務長官が西ドイツ再軍備の必要性を提案し，それがアメリカの欧州防衛関与の前提となると論じると，それまで西ドイツの再軍備に慎重であった英仏両国政府は従来の政策を再検討せざるをえなくなる。イギリス政府は，アメリカの防衛関与の重要性から西ドイツ再軍備の必要性を受け入れる一方で，対独脅威認識の依然として強いフランスではその方向へ進むことに対し批判的な声が強かった。

　1950年10月には，モネが起草した「欧州軍」設立をめぐる，プレヴァン・プランとしての連邦主義的な欧州防衛統合構想が提唱される。これに対し，英米両国の軍部はともに軍事的実効性の観点から，否定的であった。北大西洋理事会の米政府代理であったスポフォード（Charles Spofford, 1902-91）はこの困難な問題を担当し，11月から12月初頭にかけてイギリス政府やフランス政府と慎重な協議を重ねながら，妥協案を生み出す。これが，「スポフォード妥協案」と呼ばれるものである。

　このスポフォード提案の具体的内容は，英米両国政府が，「プレヴァン・プラン」としての「欧州軍」構想を受け入れる代わりに，遅滞なく西ドイツ再軍備へと進むという包括合意であった。この提案に沿って，北大西洋同盟の軍事機構化と西ドイツ再軍備計画が進められて，西側軍事同盟が強化されることが決定した。他方でフランス政府の躊躇から，その後も「欧州軍」構想は迅速に

第4章　シューマン・プランからローマ条約へ　1950-58年　259

解決されることはなかった。結局この問題が最終的に解決されるのは，1955年の西ドイツのNATO加盟まで待たなければならなかった。以下の史料は，50年12月の北大西洋条約の軍事機構化をめぐる合意と，それに対するイギリス政府の評価が記された文書である。
（細谷）

A．NATO軍事委員会における西ドイツ再軍備の合意

(1) 可能な限り東方で西ドイツを防衛することを含めて，ヨーロッパを防衛するためには，ドイツの貢献が必要となるであろう。

(2) 欧州防衛軍は軍事的に受け入れ可能だが，その達成のためにいかなる状況であれ欧州防衛のための防衛軍へのドイツの参加を遅らせるべきではない。

(3) 欧州軍に参加することを希望する諸国（ドイツ連邦共和国を含める）の会議を開催するというフランス政府の覚え書きを，採択する。

(4) この問題の政治的側面を解決する方向へと作業を進める一方で，しかしながら，すでに大部分が合意されているいくつかのステップについては，ただちに進めることが可能であり，また必要である。この目的のために，移行期間を容認する必要がある。

　(a) 軍事機構化への，ただちに開始すべき主要な予備的作業。

　(b) ドイツの兵力の補充，ドイツの戦闘能力をもつ部隊の編成，さらに，恒久的な体制が確立するまでの間の暫定的な取り決めに基づいた，装備の製造。

　(c) 同時に行われるべきではあるが軍事的措置の開始に付随する重圧を伴わないような，より広い政治的な問題への考慮。

……

B．北大西洋理事会での合意へのイギリス政府の評価

3．理事会は，ほぼ討議することなく，ドイツの参加に関する軍事委員会と代理委員会の共同報告書を承認した。……

4．理事会は，迅速なる統合軍の樹立と最高司令官の任命の提案を承認した。また理事会は，アメリカ政府が最高司令官としてアメリカ人の司令官を指名するよう要請する決議を，採択した。アチソン氏は，明日午前の理事会会合までに指名を行えるよう望む旨を伝え，理事会がその人物を示唆してほしいと提案した。理事会は，全会一致で，提案されているアイゼンハワー将軍がそ

れにふさわしいという示唆を表明した。
……

C. 北大西洋条約の軍事機構化についてのイギリス政府メモランダム

23. 北大西洋条約の前身であり，北大西洋条約機構の様式を大幅に規定したブリュッセル条約は，軍事的な側面では実質的にそのなかに吸収されることになる。しかしながら，ブリュッセル条約加盟5カ国の一定の政治的提携については維持されることになり，その目的のために5カ国の外相によって構成される諮問理事会は定期的に会合が開かれ，フランス，オランダ，ベルギー，ルクセンブルクの大使とイギリスの大使級の外務省高官により構成されるロンドンの常設委員会もまた存続されることになる。

24. 他方で，ブリュッセル条約の国防大臣により設立されたフォンテーヌブローにある司令組織は，［このメモランダムの］12段落から16段落までで言及されている，より包括的な北大西洋司令組織によって引き継がれるまでは，西欧防衛に責任をもち存続することになるであろう。
……

4-12 欧州石炭鉄鋼共同体設立条約（1951. 4. 18 調印，1952. 7. 23 発効）
"Treaty establishing the European Coal and Steel Community," Paris, 18 April 1952.
邦訳は金田近二編『国際経済条約集』ダイヤモンド社，1965年に依拠した。

シューマン・プランの目指す仏独非戦を中核とするヨーロッパ諸国間の平和と団結を，石炭と鉄鋼の共同管理という経済部門の具体的な実践により実現しようとした機関が ECSC である。ECSC は石炭と鉄鋼に限定された「部門統合」ではあっても，国家主権の一部を高等機関に委譲し，そのプールされた権限をもとに共同体が石炭と鉄鋼の共同管理を行うという，ウェストファリア体制以来の国際関係の大転換を行ったのであった。

ECSC はまた，加盟国を限った「小ヨーロッパ」であったが，同時に1949年成立のルール国際機関により炭田地方のみが一方的に管理されるというドイツに対する不平等体制が改善され，西ドイツは他の加盟国と対等の立場で「西側」に経済的に組み込まれた。産業界にも最高機関への警戒感が強かったなかで，各国での批准審議にも力があったのは，この独仏和解という政治的意義で

あった。一方で，加盟国のなかでも期待の声があったイギリスの加盟はついに成らず【4-4】，ヨーロッパ統合におけるイギリスと大陸諸国との亀裂は決定的になった。

シューマン・プランの具体化を図る6カ国会議は1950年6月20日に開始されたが，石炭，鉄鋼の2セクターでも争点は多く，仏領北アフリカの参入，競争力の弱いイタリアの鉄鋼，ベルギーの炭田のための移行特例措置などを各国政府が要求したが，徐々に税率を削減しつつも5年間は保護関税を維持することで妥協を見て，産業転換による失業者のための基金創設が盛り込まれた。

ECSCの制度的特徴は，その超国家性にある。モネを中心に作成された最初の草案では最高機関の独立性が優越していたが，特にベネルクス諸国から加盟国政府の関与を保障する閣僚理事会の設置が求められ，執行機関（高等機関），議会（共同総会），理事会（閣僚特別理事会），裁判所という今日のEUまで基本的に不変の制度設計もこの機関から始まっている。ただし，条約に明文化されていなかった共同体各機関の設置場所などは，進行中のザール問題とも絡んだために，条約調印後に6カ国による交渉で決定された。高等機関は小規模な組織ではあったが，経済・社会団体との積極的な意見交換（第46条）をもとに，衰退地域の産業転換支援や労働者へ補償を行うなど，のちのEECにおける社会政策の端緒となる政策も始まっている。今日の研究では，こうした高等機関の，生産，価格の調整等以外での取り組みへの評価が高く，EUの超国家的要素の根源をEEC以上にECSCに見るものが少なくない。共同体自身が法人格をもち（第6条），労働者への国籍による差別を禁止する（第69条）という形で加盟国民に新たな権利の付与も始まったのは，まさにこの条約からなのである。

この条約は規定通り（第97条），発効後50年たった2002年7月23日に失効したが，ECSCに関する業務はEUにおいて継続している。（上原，八十田）

ドイツ連邦共和国大統領，ベルギー王国皇太子殿下，フランス共和国大統領，イタリア共和国大統領，ルクセンブルク大公妃殿下およびオランダ女王陛下は，

世界平和は，それを脅かす危険に対抗できる創造的な努力によってのみ，擁護されることを考慮し，

組織化された活力的な一つのヨーロッパが文明に対してもたらすことができる貢献は，平和な関係の維持に不可欠であることを確信し，

ヨーロッパは，真実の連帯をまず第一に創造する具体的な実践と経済発展の共通の基盤の確立によってのみ，構築されることを認識し，

右の諸国の基幹的生産の拡大により，生活水準の向上と平和的事業の進展に貢

献することを希求し，

　歴史的な敵対関係を諸国の本質的な利益の融合に代え，経済共同体の設立により，長く血腥い紛争により離反してきた諸国民の間に，広範で，独立した共同体の最初の礎石を据え，かつ将来の共通の運命を方向づけることのできる制度の基礎を築くことを決意し，

　欧州石炭鉄鋼共同体を設立することを決定し，このために以下の全権委員を任命した。

　　ドイツ連邦共和国大統領は，総理大臣兼外務大臣コンラート・アデナウアー博士，

　　ベルギー国皇太子殿下は，外務大臣ポール・ファン・ゼーラント氏，
　　　　　　　　　　　通商大臣ジョセフ・ムーリス氏，

　　フランス共和国大統領は，外務大臣ロベール・シューマン氏，

　　イタリア共和国大統領は，外務大臣カルロ・スフォルツァ氏，

　　ルクセンブルク大公妃殿下は，ヨーゼフ・ベック氏，

　　オランダ女王陛下は，外務大臣ディルク・U・スティッカー氏，
　　　　　　　　経済大臣ヨハネス・レロフ・ファン・デン・ブリンク氏

第1部　欧州石炭鉄鋼共同体

第1条

　この条約により，締結国は，相互間に，共同市場，共通の諸目的，共通の諸機関に基づく欧州石炭鉄鋼共同体を設立する。

第2条

　欧州石炭鉄鋼共同体は，加盟国の一般経済と調和を保ちつつ，かつ第4条に定められた諸条件のもとに共同市場を設立することにより，加盟国における経済発展，雇用の増進，生活水準の向上に寄与することを任務とする。

　共同体は，生産性の最高水準における生産の最も合理的な分配をそれ自体で確保するような条件を漸次確立してゆかなければならない。これとともに，共同体は，雇用の連続性を保護し，かつ加盟国の経済に根本的かつ持続的な障害を生じさせることを避けなければならない。

第3条

　共同体の諸機関は，その各々の権能の範囲内で，かつ共同の利益のために，以下のことを行わなければならない。

(a) 第三国の需要を考慮しつつ，共同市場に対する供給が規則的に行われるように配慮すること。
(b) 同じような立場にある共同市場のすべての消費者に対して，生産財を入手する平等な機会を保証すること。
(c) 最低価格を，それが同一企業のほかの取引における価格の引き上げもしくはほかの期間における価格全般の引き上げを生じさせないという条件のもとに，設定するように配慮すること。この場合，必要な減価償却を認め，かつ投下資本に対する正常な利潤を可能としなければならない。
(d) 企業に対し，その生産能力の拡張および改善と，天然資源を不注意に枯渇させることを避けつつ合理的に開発する政策の推進とを促す条件の維持に配慮すること。
(e) その管轄に属する各産業において，労働者の生活条件および労働条件の改善を促進し，両条件が相まって向上することができるようにすること。
(f) 国際貿易の発展を促進し，かつ域外市場における価格につき適正な限界が遵守されるように配慮すること。
(g) 競争下にある産業に対する保護は，当該産業によりまたは当該産業のために行われた不法行為を理由に正当とされる場合を除き，すべて排除するという条件のもとに，生産の規則的な拡張とその近代化，ならびに品質の改善を促進すること。

第4条

以下のものは，石炭鉄鋼共同市場と両立しないものと認められ，したがって共同市場の内部においては，この条約に規定された条件のもとに廃止かつ禁止される。

(a) 輸出入関税，またはこれと同等の効果を有する課税，および生産物の流通に対する量的制限。
(b) 生産者間，購買者間，または消費者間に，とりわけ価格，引き渡し条件および運賃に関して，差別を設ける措置，または慣行，ならびに，購買者が供給者を自由に選択することを妨げる措置または慣行。
(c) 形式のいかんを問わず，補助金ないし国家により与えられる援助，または国家により課せられる特別の負担。
(d) 市場の分割または消費者の搾取を目的とする制限的慣行。

第5条

共同体はこの条約に規定された条件のもとに，限定的な直接介入により，その任務を遂行する。このために共同体は以下のことを行う。
——情報の収集，協議の企画・開催および一般的目標の確定により，関係者の行動に指示を与え，かつそれを容易にする。
——企業の投資については，資金調達手段を企業に自由に利用させ，かつ雇用調整の費用を分担する。
——正常な競争条件の確立，維持および尊重を確保し，必要な場合にのみ，生産および市場の運用に関して直接の行動をとる。
——その行動の理由を公表し，かつこの条約に規定された規則の遵守を確保するために必要な措置をとる。

共同体の諸機関は，関係者との緊密な協力のもとに，可能な限り小規模の行政組織により以上の活動を行う。

第6条

共同体は法人格を有する。

共同体は，その国際関係において，任務の遂行と目的の達成のために必要な法的能力を有する。

共同体は，各加盟国において，当該国内法人に認められた最大の法的能力を享有する。とりわけ，動産および不動産を取得しかつ譲渡し，ならびに訴訟当事者となることができる。

共同体は，その諸機関により，各々の権能の範囲内で，代表される。

第2部　共同体の機関

……

第8条

高等機関はこの条約により定められた目的を，この条約に定められた条件のもとで達成することを確保する任務を有する。

第9条

高等機関は，自身の総合的な能力により選抜され，6年間の任期で任命された9人の構成員からなる。

……構成員の数は，理事会が全会一致で決議すれば減員できる。

加盟国の国籍を有する者だけが高等機関の構成員たりうる。

高等機関は，同一の加盟国から2名より多い構成員を含んではならない。

高等機関の構成員は，共同体の全体的な利益のために，完全に独立してその職務を遂行する。その義務を遂行するにあたって，構成員はいかなる政府，いかなる組織の指示も請求したり，または受諾してはならない。構成員はその職務の超国家的性格と合い入れないすべての行為を慎まなければならない。

　各参加国は，右の超国家的性格を尊重し，かつ高等機関の構成員の任務遂行に影響を及ぼさない義務を負う。

　高等機関の構成員は，任務遂行期間，および任務終了後3カ年の間は，有償たると無償たるを問わず，いかなる職業活動に就くこともできず，直接たると間接たるとを問わず，石炭および鉄鋼に関係する事業からのいかなる利益をも取得ないし保持し続けることができない。

　……

第13条

　高等機関の議決は，その構成員の多数決により行われる。

　高等機関の定足数はその内部規則により定められる。ただし，定足数は，構成員の2分の1より多くなければならない。

第14条

　高等機関は，その委任された任務を遂行するために，かつこの条約に規定された条件のもとに，決定を行い，勧告を行い，または意見を表明する。

　決定は，そのあらゆる部分について拘束力を有する。

　勧告は，それが指示する目的については拘束力を有するが，この目的を達成するための適当な方法の選択は，勧告を与えられた者の自由に委ねられる。

　意見は，拘束力を有しない。

　高等機関は，決定を行う権限を有する場合に，勧告を行うだけにとどめることができる。

　……

第20条

　総会は，共同体加盟国の国民の代表者により成り，この条約により与えられた監督権を行使する。

　……

第26条

　理事会は，この条約に定められた場合に，この条約に示された方法により，とりわけ高等機関の行動と自国の一般的経済政策に対して責任を持つ政府の行動と

を調和するために，その権能を行使する。……

第27条

　理事会は，加盟国の代表より成る。各加盟国は，その政府の一員を理事会の代表者として任命する。

　……

第31条

　裁判所は，この条約およびその施行規則の解釈と適用にあたって，法の尊重を確保する。

　……

第3部　経済社会規定

第46条

　高等機関は，加盟国政府，各種関係者（企業，労働者，消費者，および販売業者）およびその団体，ならびに専門家に常時諮問することができる。

　企業，労働者，消費者，および販売業者，ならびにその団体は，それ自体に関係がある示唆また所見を高等機関に提示する資格を有する。……

　……

第69条

1. 加盟国は，石炭および鉄鋼産業における雇用において，当該産業に必要な資質を備え，加盟国のいずれかの国籍を有する労働者に対し，国籍に基づいた制限を撤廃する義務を負う。ただし，この規定は，衛生上および公序の面での基本的な必要によって設定される限定に従うものとする。

　……

第4部　一般規定

第97条　この条約は発効後50年で失効する。

　……

4-13　EDCをめぐる英米仏ワシントン決議（1951）

"The Washington Declaration on 14 September 1951," in Roger Bullen and M. E. Pelly (eds.), *DBPO*, Ser. II, Vol. I, 1986, pp. 723-4.

第4章　シューマン・プランからローマ条約へ　1950-58年　267

　トルーマン政権のアメリカは，当初はプレヴァン・プランとしての超国家的な「欧州軍」構想に懐疑的な立場をとっており，とりわけこのような構想がNATOを弱体化させることを危惧していた。他方でフランス政府は，シューマン・プランやプレヴァン・プランに示される連邦的なヨーロッパ統合構想が，大西洋同盟の枠組みの中で埋没してしまうことを危惧していた。西側同盟内部での，アメリカとフランスのこの二つの構想を，相互補完的な関係として両立させることをはじめて明示的に合意したのが，ワシントン決議であった。
　この1951年9月のワシントン英米仏西側3国外相会談で，英米両国政府はプレヴァン・プランを支持する意向を表明し，他方でフランス政府はNATOを決して弱体化させないと，約束した。これにより，戦後ヨーロッパを規定する重要な二つの動き，すなわちヨーロッパ統合と大西洋同盟とが相互補完関係になることが決定的となった。これ以降，アメリカ政府は，大西洋同盟を補完するようなヨーロッパ統合の動きを，積極的に支持するようになる。　（細谷）

　[英米仏] 3国の外相は各々の政府が，対等性を基本として，継続的に発展する大西洋共同体の一部をなす大陸の欧州共同体のなかに民主的なドイツを包摂することを宣言する。
　3国の外相は，欧州石炭鉄鋼共同体と欧州防衛共同体に関するフランス政府のイニシアティブが，ヨーロッパの統一性へ向けて重要な第一歩となることを承認する。彼らはシューマン・プランを，西欧経済を強化するための手段として歓迎し，その早期の実現を期待する。また，パリ・プラン（プレヴァン・プラン）を，ドイツを含めた実効的な欧州防衛にとって極めて重要な貢献をなすものとして，歓迎する。
　共同防衛へのドイツの参加は，当然にして，ドイツ占領西側3国とドイツ連邦共和国間の，現在の占領規定に代わる新しい関係を規定するものとしてみなす。
　イギリス政府は，その発展のあらゆる段階において，ヨーロッパの大陸共同体と可能な限り緊密な連合関係を樹立することを望む。
　3国外相は，他の自由諸国との共同歩調のなかで，この政策を保証して，正義と法に基づいた恒久的な平和を確立して維持することを目指す。その目的は，純粋に防衛的な性格のNATOの路線を変更することなく，ヨーロッパの安全と繁栄を強化することにある。彼らは，これらの合意が，いかなる状況においても，侵略行動のために用いられることがないよう保証する。

4-14　欧州政治共同体の提唱
A．6 カ国外相会議（1951. 12. 11）の記録
B．EDC 条約第 38 条

A．ADG, b. Affari Esteri X, fasc. Europa. "Verbale delle reunione dei ministri degli Esteri della Conferenza dell'esercito europeo avvenuta a Strasburgo l'11 dicembre 1951," in Pier Luigi Ballini e Antonio Varsori (a cura di), *L'Italia e l'Europa (1947-1979)*, Tomo I, Rubbettino, 2005, pp. 150-9.
B．"Traité instituant la Communauté européenne de défense." (Online available: http://www.ena.lu/mce.swf?doc=1400&lang=1)

　　欧州政治共同体構想のイニシアティブを取ったのは，イタリアであった。それは，当時外相を兼任していたデ・ガスペリ首相（1951年より外相兼任）の提案により，当時起草されていた欧州防衛共同体条約に将来の政治共同体設立の可能性を開く条文を入れる形で進められた。立案にはスピネッリらの連邦主義者の影響もあったと考えられている。この構想には，イタリア国内で抵抗の強い欧州軍への懸念を，防衛共同体をより大きな政治共同体の前段階と定義することで解消しようとした面もあるが，イタリアでの強い連邦主義志向を基調に，小国の発言力の確保や，ヨーロッパ・レベルでの民主主義の実現という，今日まで続くヨーロッパ統合の課題にも配慮したものであった。デ・ガスペリのキリスト教民主主義的な使命感，倫理観も含む呼びかけは，当時のヨーロッパ主義者たちにアピールした。この提案はシューマンやアデナウアー，アメリカ政府からは支持されたが，内容の曖昧さもあって，イタリアとの間に移民問題を抱えるベネルクス諸国の反応は薄かった。この構想はシューマン外相により仏伊案として公表され，モネもイーデン・プラン【4-15】への対抗【4-16】に用いるが，仏議会の EDC 条約批准審議打ち切り【4-19】とともに潰える運命にあった。　　　　　　　　　　　　　　　　　　　　　　　　　　（八十田）

A．6 カ国外相会議の記録
デ・ガスペリ：
　イタリアは，民主的に組織化され，生存と発展の可能性を保証してくれる欧州共同体に十分な権限を委譲する用意ができています。私も現在が過渡期であることは否定しませんが，各国の議員にこの条約が提示される時までに，［欧州防衛共同体という］組織の生存を保証するであろう，共通の政治組織を作るという意志を明確に表明しておくべきだと思うのです。ヨーロッパの政治的・統合的組織がすぐには実現されないものだとしても，誕生することは間違いないと思いま

す。[各国]軍の全てをある種の欧州権力に移管するのであれば，各国の議員や国民にどのようにこの権力が組織されるか，その組織にどのような権限が与えられ，どのように監視されるかを明確にしておかねばなりません。

　この理由から欧州機関に議会をおくことが必要だと考えます。[将来の]欧州共同体には，代表政体が存在しなくてはならず，この議会はまた各国議会から権限を委託されることになるのです。

　欧州執行機関は，それ自体は合議的なものでなければならないと考えますが，この欧州代表議会に対して責任を負うことになります。欧州執行機関には一人の議長[＝大統領]，あるいは執行委員，ないしはそれ以外の呼び方のものを，置くべきです。……

　名称は二義的な問題にすぎませんが，欧州執行機関が一人の人物でなく，合議的な組織によって形成されるということは重要です。この合議的な組織においては，議長はあるいは輪番制で交替してもいいかもしれません。

　代表制議会の創設は，どうしても人口比から議員の数が限られてしまうので，小国にいくらかの懸念を生じさせるかもしれませんが，それは閣僚理事会があることで補塡できるでしょう。そこでは一種の加盟国理事会のように各国が同数の代表を出席させるのです。次に，欧州軍における[集団自衛権の]発動の問題があります。大西洋条約においては，少なくとも法理上は[ヨーロッパによる]自律的な発動を認めていません。欧州軍については，その議会と加盟国理事会の権限を定めるためには，これらの機関が互いに協議しあう方法を策定する必要があります。

　成功を収めるためには，ヨーロッパの若者たちを引きつけるような何かをなさなければなりません。私たちは若者が応えてくれるようなアピールを発しなければならないのです。[欧州軍と]同時に私たちが新しい構想を実現するという希望を諸国民に与えずして，どうして国家主権のこのように重要な部分を共通機関に委譲することを正当化できるでしょうか。こうした希望こそが再発しつつあるナショナリズムに対抗する唯一の手段なのです。

シューマン：

　私も全体的に賛成なのですが，デ・ガスペリが今言ったことはもう少し後の段階に関することだと思うのです。今日は，今すぐやらなくてはいけないことを検討すべきです。

デ・ガスペリ：

どうも私の言ったことが曖昧だったか，あるいは私の真意が伝わらなかったのではないかと思います。各国の議会に条約案を提示するには，過渡期に何をするかを伝えるだけでなく，目標として到達しなければいけない終着点を，詳細まで定めきらないにしても，おおよそは明示しておく必要があります。ですから，条約にはいくつかの原則と総括的なアイディアを定めておくことが不可欠です。内容が明確で拘束力をもつ規定であれば，数行で十分なのです。また，各国議会の代表による議会を早期に創設することは，それほど難しいことではありません。ただし，この議会は実効性のある明確な権限をもつ必要があります。

B．EDC 条約第 38 条

1．本条の第 2 項に定める期間内に，総会は移行期間中に下記の諸事項を検討する。

a）民主主義的基礎に従って選挙される欧州防衛共同体議会の創設，
b）上記の議会に帰属すべき権限，
c）とりわけ各国からの適切な代表を確保するために，他の共同体機関に関するこの条約の規定に対し必要に応じて施されるべき修正。

この検討作業においては，総会は特に下記の諸原則を尊重する。

・現在の暫定的組織に代わる最終的性格をもつ組織は，権力分立の原則に基づき設立され，特に二院制代議制を備えた連邦的あるいは国家連合的構造の構成要素となるべく理解されなくてはならない。
・総会は，すでに創設された，あるいは将来創設される欧州協力のための異なる諸機関の共存に発する諸問題も，連邦的あるいは国家連合的構造の枠内でその調整を確保するために，検討する。
……

4-15　イーデン・プラン（1952）

"Future of the Council of Europe," 15 February 1952, Memorandom by Eden, C (52) 40. TNA, CAB 128/49.

1951 年 11 月から 12 月にかけて欧州審議会では，この機構が飛躍的に前進

するための新しい規約の採択を求める動きが見られていた。より大きな立法的および執行的権限を欧州審議会に与えようとするこの動きに対して，新たに成立したイギリスの保守党政権は，その対応に苦慮することになる。

　そのような状況下で，外相となったイーデンは外務省内で1951年12月から翌52年1月まで欧州審議会の再編を検討する作業を続け，欧州審議会再編案を生み出すことになる。これがイーデン・プランであった。それは外務省西欧局のギャラハー（F. G. K. Gallagher）を中心に作成された文書であって，欧州審議会のなかの「閣僚委員会」と「諮問議会」を，欧州石炭鉄鋼共同体や欧州防衛共同体の内部機関とするという斬新な考えであった。これによって，「欧州機構の重複を避けること」が可能となる上，欧州共同体の参加国と非参加国に二分されていた西欧を，より一体化された結束した状態へと導くことになる。欧州審議会再編を目指すこの提案は，52年2月の閣議で了承されることになり，イーデン・プランと呼ばれるようになる。

　イーデン・プランとは，イギリスのヨーロッパ統合への積極的な関与を目指し，ヨーロッパ統合を，モネの考えるシューマン・プランと，イギリスも参加している欧州審議会の二層構造として，その全体を有機的に連関させるという構想であった。それは挫折するが，一つの興味深い可能性を示すものと言える。

（細谷）

　欧州審議会の創設へと帰結したヨーロッパの統一性を求める運動は，現在二つの主要な流れへと行き着いている。一つは，諸国の幅広い連合を規定するが，公式な主権の委譲を伴わない，大西洋同盟の枠組みである。それは，NATOの機構を通じて，目標と行動においてより一層の統一性を確立してきた。もう一つは欧州共同体であり，より小さな諸国間のグループとして，限定的な分野で超国家的な権力を行使する機関を漸進的に設立させることで，政治的連邦への方向へと進んできた。

　欧州審議会は，この二つの流れの狭間へと陥っている。諮問議会の多くの議員が，ストラスブールの将来に失望しており，その一部は，現在のかたちでは欧州審議会は時代遅れのもの，あるいは不必要なものになると認めようとしている。「限定的だが実質的な権限」を確保する試みとして，諮問議会は欧州審議会の新しい規約の草案を作成し，それは次の閣僚委員会の会期の議題となるであろう。この変化は，立法的および執行的権限を与えることによって，純粋に諮問的な機関を擬似連邦的な機関へと導くものであり，その権限のなかでの一定の事項において，参加各国政府によって協議されることを求めるものである。それゆえ新し

い規約が採択されたならば,われわれが欧州審議会にとどまることは困難になるであろう。

　欧州審議会にとってより確かなる将来は,この機関がシューマン・プランや欧州防衛共同体や,将来の同様の構造と参加国をもつ機構における機関として役に立つよう,機構を再編することにあるのであろう。その利点は,以下の通りである。

(a)　欧州審議会は,価値のある任務を与えられることになるであろう。
(b)　欧州機構の重複を避けることができるだろう。
(c)　シューマン・プランと欧州防衛共同体は,関心をもつ全ての諸国政府の間で作業を行うことが可能となるであろう。

勧告
したがって,私は,以下のような権限を与えられるよう提案したい。
(a)　欧州審議会が再編されて,閣僚委員会と諮問議会がシューマン・プラン,欧州防衛共同体,さらには将来同様な構造と参加国を有する機構における内部機関となるよう,閣僚委員会の他の外相たちに提案する。
(b)　上記の(a)の機構の参加国ではない欧州審議会加盟国の地位について,協議する。

4-16　ECSC高等機関発足式典におけるモネ演説（1952. 8. 10）

"Allocution de Jean Monnet, Luxembourg, 10 août 1952," in *Allocutions prononcées par M. Jean Monnet, Président de la Haute Autorité, à la première séance de la Haute Autorité, le 10 août 1952 à Luxembourg ; à la première session de l'Assemblée le 11 septembre 1952 à Strasbourg*, 8 éd., Strasbourg : Communauté européenne du charbon et de l'acier, septembre 1952, pp. 5-15. (Online available : http://www.ena.lu/mce.swf?doc=1134&lang=1)

　以下の史料は,1952年8月10日のECSC高等機関の発足式典における初代高等機関長官モネのスピーチである。高等機関の役割とは何か,そして共同市場とは何か。このスピーチは,国家ではなく,共同体の利益を体現する「ユーロクラット」の「厳粛なる宣誓」である。

　ECSCは,1953年1月より最初のヨーロッパ税となるECSC税を導入し,5

月には石炭・鉄鉱石・くず鉄の共同市場を発足させた。しかし，その役割は，単に貿易の促進にとどまらない。競争政策，市場の調整においては，カルテルの解体をめぐって激しい議論が繰り広げられた。また鉱山，鉄鋼業の近代化のための貸出も進められ，政府のみならず，各種利益団体（企業，労働者，消費者，ディーラー），特に労組との協調システムが備えられている点も特徴的である。さらに社会政策においては，労働条件，職業訓練，不当な賃金の引き下げの禁止に加え，住宅難の時代に住宅建設に取り組んだ。ECSC は超国家性に加えヨーロッパ社会モデルの原型という点でも，後の EC と比較して，極めて先進的な政策を実現していったことを見落とすべきではない。　　　　　（上原）

　欧州石炭鉄鋼共同体高等機関の発足にあたって，厳粛にその職務を確認いたします。われわれは6カ国により委ねられた重責を担っております。
　われわれはそれぞれ，各国政府によって個別に任命されたのではなく，6カ国政府の総意により任命されました。したがって，われわれ全員は，ドイツ，ベルギー，フランス，イタリア，ルクセンブルク，オランダという6カ国共通の受託者なのです。私が特に強調する希望の大いなる兆候を皆様は理解されていると，私は確信しております。その希望の兆候とは，ここに集っているわれわれはフランス人であれドイツ人であれ，同じ共同体の構成員だということです。そして，ドイツとフランスの死活的な利益は高等機関の管理下におかれており，それはもはやドイツでもフランスでもなく，ヨーロッパのものであるということです。
《高等機関メンバーの厳粛なる宣誓》
　みなさんの全てに代わって，われわれ各々が任命を受諾した際の誓いを，私がここで公に繰り返します。
　われわれは，完全に自律しており，共同体の全体的利益において職務を遂行いたします。
　われわれは責務の遂行において，いかなる政府もしくはいかなる組織からも指令を受け入れず，要請もいたしませんし，われわれの職務の超国家的性格と相容れないいかなる行動も慎みます。
　こうした超国家的な性格を尊重し，われわれの職務の遂行に対し影響力を行使しないよう努める，という加盟各国の誓約を再確認いたします。
《制度の超国家的性格》
　初めて，伝統的な国家間関係が変革されたのです。過去の方法を用いる限り，ヨーロッパの諸国家が共同行動を必要であると確信し，また国際機関の設置の時

でさえ，国家はその主権を完全に保持したままでした。そのため，国際機関は，決定も実行もできず，唯一国家に対して勧告を行うにすぎませんでした。これらの方法では，われわれの国家間の敵対心を排除することはできません。国家主権そのものが克服されない限り，国家対立が悪化することは不可避なのです。

しかし今日，6カ国の議会は入念な討議ののち，圧倒的多数により，最初のヨーロッパ共同体の創設を決定しました。これにより各々の国家主権の一部は統合され，共同の利益として付託されるのです。

条約が付与する権限の範囲内で，高等機関は完全に自律して決定を行う権限を6カ国から授与されました。その決定は，その全域で，効力をもつことになります。高等機関は全企業と直接関係をもつことになります。機関は，財源を保有していますが，それは各国からの分担金ではなく，その管理下にある企業への直接課税からなりたっています。

高等機関は，国家に対してではなく，ヨーロッパ議会に対して責任を負います。……それは，主権を付与された最初のヨーロッパ議会なのです。高等機関の行為が裁判に訴えられることがありえます。こうした上訴が行われるのは，国内裁判所ではなくて，ヨーロッパの法廷，司法裁判所なのです。……

全機関は超国家的，はっきり申し上げると連邦的機関であることは，問題にするまでもありません。これらの機関は，限定された権限の範囲内での主権機関，つまり決定を行い，実行する権利を付与されているのです。……

《欧州石炭鉄鋼共同市場の創設》

条約がわれわれに課している職務は，重大なものです。われわれは，石炭・鉄鋼の単一市場を共同体の領域中に創設し，維持しなければなりません。数カ月後には，あらゆる関税障壁と，あらゆる数量制限，そしてあらゆる形態の差別待遇が，除去されるでしょう。もはや，共同体における石炭と鉄鋼の国境線は存在しなくなります。同条件の下で，全購入者の裁量に委ねられることになるのです。

条約は，ヨーロッパにおける最初の反トラスト法であり，われわれは，カルテルを解体し，制限的慣行を禁止し，経済権力の過度なあらゆる集積を阻止する権限を付与されています。こうした健全な競争システムの下でこそ，石炭・鉄鋼の生産は，真に消費者に寄与するものとなるでしょう。

条約は，経済変動の影響を緩和し，これらの産業の発展と近代化を促進するために，必要な場合には，介入することを規定しています。われわれが取り組むことになる経済発展のための多大なる努力により，特に留意すべきことは労働者の

生活水準と雇用条件の向上を促し，進歩のなかで平等を実現することに心中強い関心を抱くということです。……

《高等機関と，政府，生産者，労働者および消費者との協働》

石炭・鉄鋼生産へ指示を下すことはわれわれの職務ではありません。それは企業の役割です。われわれの職務とは，生産の発展が共通利益に最大限に寄与するような条件を創出し，維持することにあります。

われわれは早々に，政府，生産者，労働者，消費者，卸売業，同じくさまざまなグループが結成した団体との関係を確立します。このようにして，われわれは，発足時より，共同体の運営を継続的な協議体制の下に置くことになります。そして関係する総員の間での，共通見解および相互承認を確立します。その結果，われわれ自身が，共同体の状況と，共同体が直面する諸問題の全体像を把握するようになるのです。こうしてこれらの問題への対策に必要な諸措置を講ずることができるのです。

……

4-17　EPC をめぐるルクセンブルク決議（1952）

"The Luxemburg Resolution, 10 September 1952," in Denise Folliot (ed.), *Documetns on International Affairs 1952*, Oxford U. P., 1955, pp. 214-6 ; A. G. Harryvan and J. van der Harst (eds.), *Documents on European Union*, Macmillan, pp. 65-9.

1952年8月，ECSC の高等機関が設立されたことによって連邦主義的な統合を求める動きが加速し，政治統合構想が浮上する。モネはこれによって，自らの構想とイニシアティブに多大なる自信をもつことになる。しかし同時にこの頃に，イギリス政府はイーデン・プランによって欧州審議会をヨーロッパ統合の中核的機関として位置づけようとしており，そのことに対してモネは神経質になっていた。

ここに取り上げた1952年9月のルクセンブルク決議は，半年後に「欧州政治共同体」設立へ向かうための重要な意思表明となる。これは，モネの強い意志に基づいたイニシアティブで，イーデン・プランを否定するためのものでもあった。重要な点は，欧州審議会ではなくて新しい「欧州政治共同体」こそがヨーロッパ統合を動かす上での中核的な機関となるべきことであり，その成功へ向けて可能な限りイギリス政府の干渉を排除することであった。そのために

モネは,極めて慎重な表現によって,イニシアティブを奪われぬよう注意を払うことになる。結局 EDC とともに EPC も挫折するが,モネの野心が最も明快に示されているのが,この文書と言えよう。　　　　　　　　　　　　　（細谷）

欧州政治共同体設立条約草案に関する ECSC 加盟諸国外相決議

ルクセンブルク,1952 年 9 月 10 日

　6 カ国政府の最終目標が,可能な限り広範な欧州政治共同体の設立であり,また現在もそうであることを考慮し,

　また,イタリア政府の要請により 1952 年 5 月 27 日に調印した欧州防衛共同体設立条約のなかに第 38 条が挿入され,その目的が,のちに連邦体制あるいは連合体制を,とりわけ二院制議会を基礎とした権限分立の原則を前提として,民主的に選出された議員による議会を設立することであることを念頭に置いて,

　1952 年 5 月 30 日の欧州審議会諮問議会で採択された第 14 号決議において,欧州防衛共同体に参加する諸国政府が可能な限り迅速な手続きによって,全ての欧州審議会参加国に開かれ,政治共同体に参加しない諸国に連合の機会を提供するような,超国家的な政治共同体の創案の権限を与えるために総会を選出することに留意して,

　また,経済発展への共通の基礎を成立させて,加盟諸国の本質的な利益を収斂させるような,連邦的あるいは連合的な性質の欧州政治共同体の憲法を実現させるために,

　石炭鉄鋼共同体に参加する 6 カ国の外相は,1952 年 9 月 10 日の会合を経て,最大限の権限を付与することによって提案されている草案の検討を進める希望と同時にこれまでの検討事項も考慮に入れて,以下のような決定を採択した。

A．石炭鉄鋼共同体の総会加盟国は,欧州防衛共同体設立条約第 38 条に示される原則を基礎として,またその条約に対して不利益を与えることなく,欧州政治機関（European Political Authority）設立条約の草案へと参加を要請される。この観点から,総会加盟国は,各国代表とともに,石炭鉄鋼共同体の総会への参加国ではない諮問議会の代表のなかから,各国に割り当てられている欧州防衛共同体の総会への代表者の合計と同数を構成するために,可能な限り多くの追加的な議員を選出する。

B．総会は，それによってこの目的を完全かつ最終的に実現するために，欧州審議会の総会の席で，会合を行う。同様に委員会でも会合を行うことができる。

総会は，とりわけ欧州審議会加盟国で，欧州防衛共同体への加盟国ではない代表が，オブザーバーとして作業に連合することができる条件を，決定する。

総会は，作業の進行について，諮問議会に定期的に報告を行う。

……

D．石炭鉄鋼共同体の総会が開催される6ヵ月以内，すなわち1953年3月10日までに，以上に示された作業の結果を，欧州防衛共同体設立条約第38条に記された権限を履行する上で，欧州防衛共同体の総会および参加6ヵ国の外相へ提出する。

E．諸国政府は，このようにして，将来の政治共同体と欧州審議会との間で可能なかぎり緊密な関係を構築するというイギリス政府による提案を基礎とすることを確認する。この観点から，共同体の規約の起案は，欧州審議会の諸機関との継続的な協力により進められ達成されるべきである。

F．欧州審議会の諮問議会は，上記の決定の報告を受ける。

D．上記の手続きは，欧州防衛共同体条約に抵触することのないようにする。

4-18　ベイエン・プラン
A．オランダ政府覚書（ハーグ，1952. 12. 11）
B．ベネルクス覚書（メッシーナ交渉準備におけるベイエン蘭外相の第ニプラン，1955. 5. 18）

A．Ministerie van Buitenlandse Zaken, "Mémorandum", La Haye, 11 décembre 1952, FOTO-Btz, 64711. Archives des Conseils des Ministres, CM 3, NEGO/3.
B．"Le Mémorandum des pays de Benelux aux six pays de la C.E.C.A.," 18 mai 1955, in *Pour une Communauté politique européenne : Travaux préparatoire (1955-1957), Tome II : 1955-1957*, Brulyant, 1987, pp. 25-9.

オランダ外相ベイエンは，欧州政治共同体（EPC）交渉からメッシーナ会談へいたる過程において，関税同盟の設立と共同市場に基づく経済統合によって欧州共同体の実現を模索した。ベイエンの構想は，超国家的機関を設立して統

合を進めようとするそれまでのモネ的な統合手法に変革を迫るものであった。このベイエンの統合構想が反映される形で、EECの制度設計が行われる。モネがECSCの父であるとするならば、EECの父はベイエンであるとも言えるだろう。ベイエンが統合史のみならず外交の表舞台に出ていたのは、1952年9月から56年10月の外相の任期期間中にすぎなかった。わずかな在任期間中にもかかわらず彼がヨーロッパ統合に与えた影響は、非常に大きかった。

以下取り上げる史料は、ローマ条約成立過程前後における、ベイエンの二つの構想である。第一の構想は、EPC交渉時に提出されたもので、EPCに対して、政治統合に加えて経済統合の側面を加えることを計画したものだった。

第二の構想は、EDC条約否決後のヨーロッパ統合の危機において「ヨーロッパの再出発」を行うべく、関税同盟を基礎とする経済統合構想を提示したものだった。史料で取り上げたのは、メッシーナ会談の際、ベネルクスが3国共同の覚書として提示したいわゆる「ベネルクス覚書」である。ベネルクス覚書には、スパークを介してモネとベイエンの双方の考え方が包摂されている。部門統合にして超国家的統合を核エネルギーの分野で追求するモネ路線と、関税同盟を基盤として全般的共同市場を構築するベイエン路線の両路線が接合される形で、メッシーナ会談の議論のたたき台として提示されたのである。そしてローマ条約交渉の出発点となるスパーク報告は、このベネルクス覚書を基にして練り上げられたものだった。ベイエン・プランは、EEC条約の出発点だったのである。

ベイエンの主張する関税同盟設立・経済統合としてのヨーロッパ統合路線は、超国家的統合という基盤を取りつつも、産業部門別統合の限界を鋭く指摘して、全般的共同市場統合路線を欧州共同体の基本路線として確立することに寄与した。この全般的共同市場統合路線の結果、農業を含めたヨーロッパ大の共同経済空間が登場し、共同体財政の下に共同体政策の立案と執行を行うヨーロッパ公共政策 (European Public Policy) の素地が提供されることになった。

同時にベイエンのような経済統合は、行政主体の出現を導入するものの、安全保障レジーム構築・維持に関しては別のダイナミズムを必要とする。それゆえ、この安全保障ダイナミズムをめぐっては、EECのような政治経済的主体と、米欧関係におけるヨーロッパの安全保障主体の乖離を生み、後のEU-NATO-CE体制の変動を不可避的に導くことにもつながったと言えよう。

(川嶋)

A. オランダ政府覚書

ヨーロッパ統合の第一の目的は、欧州防衛共同体設立条約によって予定されている軍事分野における一層緊密な提携に基づく防衛力の強化を別にすれば、ヨー

ロッパの人々の全般的な生活水準を向上させなければならないことではなかろうか。オランダ政府の考えとしては，経済統合や通貨協調ならびに社会協調は，ヨーロッパ諸国家の利益の発展に本質的にかかわるものである。というのも，ヨーロッパ統合は全ての社会領域にかかわりながら，生活水準を維持し向上させるために不可欠な条件を提供し，新しい国防強化についても同様に貢献するからである。ヨーロッパの生活水準の維持と漸進的な向上は，……ヨーロッパにおける生産の復興や持続的改善，また生産力の向上なしに達成できる*。そのような生産復興，改善，生産力向上は，通貨の不安定性によって動揺を受けたり，産業障壁の結果縮小した市場に分断されたりするヨーロッパのなかでは実現されえないであろう。

　ヨーロッパ統合の達成方法に関して言えば，ECSC設立条約の前文は，事実を積み重ねることをまず始めるという具体的な実現を通してのみ，また経済発展という共通の基盤を構築してのみ，ヨーロッパを作り出すことができるという原則を明言している。

　他方，先の春に開催された欧州審議会での議論と，その場で採択された第14決議によって，ヨーロッパの政治的統合にいたる手続きが加速されなければならないという考えが打ち立てられた。この考えは，欧州政治共同体の設立条約構想を討議するアドホック総会を設立することを求めたルクセンブルク決議［【4-17】］に基礎を置いている。

　独自の（initial）政治機構と考えなければならないこの政治共同体は，いずれこの共同体が最終的な政治構造へと発展し，変容に向かうための原則を提起する。

　これまでの進展から判明してきたことであるが，ルクセンブルク決議は，以下のように明記している：連邦ないしは国家連合の構造をもつ欧州政治共同体［EPC］を設立することは，経済発展の共通基盤の形成と加盟国の根本的利害の融合とが相伴わなければならない，ということを各政府は十分に自覚している。

　上記のような統合の一般的目的を鑑み，オランダ政府は，各国の根本的利益の融合を実現すること，その結果，今後の統合の基盤を練り上げること，これらのことを活発に追求することがこれから極めて重要であると考える。

　ヨーロッパ統合の新たな領域に関して何ら権限を有さず，何ら具体的な任務もない新しい組織を単に設立するだけならば，ヨーロッパ観念の発展に関する世論を損なうことになるだろう。

ルクセンブルク決議は，EPC が以下の共同体組織を結果的に，さもなくば多少なりとも公式的に修正するものであることを意味するものではない。修正が加えられる共同体とは欧州石炭鉄鋼共同体と欧州防衛共同体の二つの共同体であり，すでに一方は設立され，他方は計画中のものである。

　このような条約修正が，今や明らかになった欠点を埋め合わせられるのかどうかという点は，真剣に検討する必要がある。この覚書で言えることは，長期にわたった骨の折れる交渉の末に練り上げられたこの条約は，超国家的共同体への主権の委譲の限界を十分正確な方法で定めた，ということである。この主権の委譲は，政府の任務に統合されない部分に関して，加盟国政府に課せられている責任と両立するものである。また，もし他の領域における統合への努力を怠るならば，超国家的共同体に対して追加的な権限付与をほとんどできなくなると考えるのは当然であろう。

　……

　オランダ政府は，経済領域におけるヨーロッパ統合は性急になってはいけないこと，そして経済統合の発展［が意味する具体的な事象］は経済成長［が起こること］と考えなければならない。［しかし］このことは，根本的な施策をとることを妨げるものではない。そのような根本的施策なくして，ヨーロッパ統合と欧州政治共同体の目的は実現しないからである。

　これまでに展開されていたことをできるだけ具体的に明確にするためにも，オランダ政府は以下の点について注意を喚起したいと思う。これらの点は，EPC を設立する際，経済統合における最低条件と考えてよかろう。

1. 何よりもまず，国家は，統合が進展するなかで生ずるかも知れない国民経済の一時的な混乱に関して，共同の責任を有すると思われる。
2. 一定の年限のなかで，関税共同体が設立される必要がある。この共同体は現在の域内関税を全面的に消滅させ，非加盟国からの関税については共通関税を導入することになる。

　　定められた期間の間に，関税共同体の漸進的実現が進むが，この期間においては，オランダ政府の考えとして，以下の三つの事柄を考慮する余地がある。
　　a．現在の関税障壁を撤廃することが何よりも必要であろう。関税障壁は市場の安定と拡大を阻害し，生産も減少させる。またヨーロッパにおける生活水準の向上も阻害するものである。

b．商業，目に見えない取引，交通におけるその他の障害についても同様に考慮しなければならない。
　　c．規定のなかに何かしらの「例外条項」を設ける必要があると考えなければならない。当該条項の適用は，オランダ政府が想定している体制のなかでは，加盟国政府の権限にあるものではないが，共同体の管轄からは離れたものとなるであろう。
3. オランダ政府が最も重視している原則とは，ヨーロッパの経済統合は最終的にはできるだけ多くの国家が参加して実現されなければならない，というものである。この覚書で想定している協調が，広範囲での経済統合を実現する可能性を制限してしまうとは考えていない。それどころか反対に，これはヨーロッパの経済統合を画期的に支援するものとなろう。他方で，非加盟国との協調については特別の方法で行うことを，最初から想定しておくことが必要となろう。
4. EPC に参加する諸国家は，すでに詳細な準備的検討がなされた超国家的組織を進展させる準備に入らなければならない。本覚書は，特にヨーロッパ農業について注意を促す。

　　＊前後の文脈からは，……生産力の向上なしには達成できない，の方が適合的であり，否定詞が欠落していると考えられる。

B．ベネルクス覚書

　ベルギー，ルクセンブルクおよびオランダ政府は，ヨーロッパ統合（l'intégration européenne）が新しい段階に跳躍する時が到来したと考える。3 政府の見解は，ヨーロッパ統合が何よりもまず経済領域において実現しなければならないというものである。
　3 政府は，共同機構の発展，国民経済の発展的融合，大共通市場の創設ならびに社会政策の発展的調和化によって，統一ヨーロッパ（une Europe unie）の設立を追求しなければならないと考える。
　以上の政策はヨーロッパが世界のなかで占めている地位を保ち，影響力を行使し，ヨーロッパに住む人の生活水準を持続的に増加させるために不可欠であると思われる。

ECSCの活動が発展したことで，その隣接領域にまで共通市場を広げることが必要となった。しかしながらベネルクス各国は，全般的経済統合（intégration économique générale）が実現しない限り，［ECSCの領域に］並行的［な他分野への統合領域の］拡大（pareil élargissement）は成功しないだろうと考えている。

I. 経済発展の共通基盤の拡大は，交通政策，エネルギー政策ならびに核エネルギーの平和的利用の領域にまで及ばなければならない。

1. 商品流通の拡大と人の移動は，大交通路（grandes voies de communication）への発達をともにもたらす。一大交通路の構築は，これまでは各国別々の政策として進められてきたものである。

    そのためには，ヨーロッパにおける運河網，高速自動車道網，電化鉄道網の設立と設備の標準化を軸とした発展計画を共同で検討する機構が必要となるであろう。この機構は航空交通網の最善の調整を検討する役割も担うことになろう。

    以上列挙された目的を実現するために，交通設備基金が実現されなければならない。

2. ヨーロッパ経済に対し，最も安価な方法で最も豊かなエネルギーを供給することが，経済発展の基本条件である。

    それゆえ，開発の収益率を高め，供給価格を引き下げるためにも，ガス，電力の流通を促進するあらゆる施策を取る必要がある。

    エネルギー消費の発展に関する共通の見通しを調整する方法，及び全体的な政策の基本線を引くための方法を検討しなければならない。これらのことは，各国の政策について連絡を受け，各国別の政策［実施］のタイミングについて助言を与える機関を創設することで行われるだろう。……

3. 平和的目的を有する核エネルギーの発展は，ここ百年間にはあり得なかった新しい産業革命への扉をすぐに開くであろう。

    ベネルクス3国は，核エネルギーの平和的発展を保障する責任と手段が与えられた共同の執行機関（Autorité）を設立する必要があると考える。ただし，特定の政府が第三国と署名した特別協定に関しては留保される。

    その方法として以下のものが含まれている必要がある：

    a) 加盟国からの分担によって基金を設立し，諸施設，ならびにすでに開始しているか，もしくは開始が目指されている研究に対し財政支援を行う

こと
- b) 知識，技術，第一次原料，副産物，特殊設備が自由に流通すること
- c) 得た成果の非差別的な譲渡と，その輸出に対する財政援助を行うこと
- d) 非加盟国と提携すること，開発途上諸国へ技術支援すること

II．全般的経済統合に関して，ベネルクス3国は経済共同体の実現が不可欠であると考える。

この共同体の基盤は，数量制限ならびに関税の漸進的削減によって実現するような共同市場に置かれなければならない。

ベネルクス3国の考えとしては，ヨーロッパの経済共同体の設立は，共同の執行機関の設立を必然的に想定する。この執行機関には定められた目的を実現するための必要な権限が与えられる。

他方で，以下の点に関する合意が必要となる。
- a) 加盟国間における通商取引に際する障壁を持続的に削減する，その手続きとテンポ
- b) 財政，経済，社会領域における加盟国の全般的な政策を調和するための施策
- c) 例外条項の体系
- d) 再配分基金の設立と運用

III．社会領域に関し，ベネルクス3国は，異なる国家間での現在の規定を，特に労働時間，追加労働（夜勤，日曜・休日出勤など）時の手当，有給の期間と有給手当に関して漸進的に調和化することが不可欠であると考える。

* * *

本覚書を作成することで，ベネルクス3国は，1952年9月10日のルクセンブルク決議以降，ECSC6カ国間で議論されている問題の解決の貢献に努める。ベネルクス3国は，この問題の重要性と複雑性について十分意識している。達成されるべき目標が受け入れられさえすれば，それについて種々の解決策が存在することが理解されるだろう。

* * *

よって3政府は以下の役割を担う会議組織の開催を提案する。
―ECSCによってすでに得られた成果を考慮に入れつつ，エネルギー運搬と核エネルギー領域ならびに社会［政策］規則領域における上記に記された諸目

標の追求を制度化する条約文面を検討し準備すること
―ヨーロッパ経済の全般的統合の条件・計画を定めた条約文面を準備すること
―上記に想定された任務を実行する共同組織の枠組みを提供する条約文面を準備すること

ベネルクス3国は，この会議には，ECSC加盟6カ国の他に，ECSCと連合（Association）条約を調印している非加盟国およびECSC自身が含まれる必要があると考える。

OEECならびにその加盟国を，オブザーバーとして，もしくは会議参加国として，前出の会議に招待する機会を検討する余地がある。

想定されている条約は当該会議の全ての出席者に開かれていなければならない。

4-19　フランス国民議会における EDC 条約批准拒否（1954. 8）

"Débats à l'Assemblée nationale sur le projet de Communauté européenne de défense, 30 août 1954," *Journal Officiel de la République française*, 31. 08. 1954, cited in Gérard Bossuat, *Faire l'Europe sans défaire la France*, Peter Lang, 2005, pp. 315-8.

　フランスの国民議会は，1954年8月30日に，欧州防衛共同体（EDC）条約の批准を否決した。このことは，EDC構想が破綻し，ドイツの再軍備も含めてヨーロッパの安全保障秩序構築の試みが地に堕ちたことを意味する。戦後のヨーロッパ統合史のなかで危機は多くあるが，その最大の危機をあえて一つだけ選ぶとするならば，恐らくこのEDC構想の破綻を選ぶことに首を横に振る歴史家は少なかろう。それほどまでに，EDCの失敗は統合の試みそのものの崩壊を招きかねない危機感を当時の政治状況に投げかけたものであった。

　下記の史料は，この8月30日の議会の否決となる採択の直前に行われた議論の議事録である。議会でEDC法案が廃案になったように（正確にはEDC関連法案を国民議会に提出しないことを求めた先決法案の採択によりEDC批准を実質的に不可能とした），フランス国民議会の多数派は反EDCだったが，議論のすべてが反EDC一色に染まっていたわけではない（親EDC票は議会全体の45％にも上る）。またここで取り上げた箇所で反EDC論を述べるエリオ（Édouard Herriot, 1872-1957）は，戦間期には第三共和制における主要政党である急進社会党の指導者として，3度首相を務めた古参の政治家であり，クーデンホーフ＝カレルギーのパン・ヨーロッパ運動を支持したこともあった。しかしエリ

オは第二次大戦中ナチス・ドイツに捕らえられ，強制収容所に送られ九死に一生を得る経験をする。そのエリオが戦後にフランスの軍事領域にかかわる主権の放棄に反対したことは，フランスとドイツとの間で正常な政治的関係を構築することの困難さと複雑さを表している。

なお，文中でエリオが槍玉に挙げているEDC条約第20条第2項の規定は，ECSC設立条約（ややこしいが両条約とも共に調印地の名からパリ条約と呼ばれる）第9条の規定【4-12】から若干の語句を除いただけの同様の文面である。

(川嶋)

議長：では，オメラン議員＊が提出した先決問題について，議会の判断を仰ぎたいと思います。オメラン議員からは，自らの見解を述べるにあたり，彼に代わって別の発言者により行いたいという申し出があったと伺っております。規約第46条に基づき，それはできないと返答しました。しかしその後，以下のような覚書を受領しました：「オメラン議員発議の先決問題には，私も連署いたしました。(署名) エドゥアール・エリオ」

(議場最左翼の席の，また最右翼と左方向の多くの席の，また右方のいくつかの席の議員が立ち上がり長い間拍手する)
(中央および右方より怒号。ざわめきは続いている)

発言はエドゥアール・エリオ氏。
　……
エリオ：議員の皆さん。欧州防衛共同体条約が，ドイツに一足飛びに主権を与えることは，説明するまでもないことでしょうし［ここでガストン・ドゥフェールによる野次：いずれはそうなるだろ！］，と同時に，フランスの独立と主権を後ろに突き飛ばすことも，言うまでもないでしょう。
(議場ざわめく)

ヨーロッパに多くの主権国家が存立していることは，これまでもそうでありましたし，今もそうなのでありますが，これ［主権国家の存立］は疑いのないことであります。それはイギリスは主権国家であるし，アメリカもそうであるし，ソ連も，中国も，スイスも，ノルウェーも，スペインも，トルコも，ギリシャも，そしてその他の国もそうなのです。
　……

私自身，よく分かっております。今この現在に，新たな試みを行うことが必要

であると判断されていることは，重々承知しておる次第です。ですがしかし，気をつけなければならないのですぞ！　今の新しい試みはわれわれフランスを含めて［ほんの］2・3カ国の間で行われるのではなく，ヨーロッパの国家全体で行われることを条件付けられることに，注意を向けていただきたいのであります。（そうだ！　その通り！　議場の彼方此方から）

　さて，共同体条約を再び読み直しましたし，昨日首相［マンデス＝フランス］がかくも高貴でかくも真摯な演説を行いましたが，私は以下のような結論に達したのであります。

　何がフランスにとって主権の低下となるのでしょうか？　私が考える主要な点だけ述べさせていただきたい。

　第一に，フランスの軍隊が二つに分断されること**。これを否定する人は誰もおりますまい。

　第二に，兵役任務の期間が，国民議会で確定できないことであります……（中央より怒号）

（中央のいくつかの席より。異議あり！）

エリオ：第三に，国軍の一般予算が全会一致の審議会で決され，配分されることです。フランスの支出の4分の1が議会の管轄の外にあるわけです。（中央より新たに野次）私は正しいことを言っていると思いますが？

（モーリス＝ルネ・シモネ***：異議あり！）（最左翼，右方より最右翼より怒号）

エリオ：第四，支出が委員会で確定されること。第五，将軍が共和国大統領によって，もはや任命されないことであります。（議場，ざわめく）

　その一方で，軍の動員には，われわれは部分的にではありますが，駆り出されるのです。

　最後に，私は問いたいのであります。人民が，もはや自らの軍を指揮できなくなったとき，それでも彼らは自らの外交を指揮しているというのでしょうか。この問いに対する私の答えは決まっております。否，もはやそうではないと。それに，皆様よくお考えください，このことは，外交問題がかくも激烈となっているこの時代においては，特別重大なことであります。と申しますのも，いかに理想主義者であったとしても，国の武力は国家の行動を決める要因であり，そうでなければ［武力は］国家が解決を求めるための方法なのですし，そのような解決を求める国家はすべからく外交上の問題を抱えておるのです。

　いかがですか，以上のような制約がフランスに課されるのであります。

もし，そのような制約などあるのかと疑ってらっしゃる方がおられましたら，もしくはそのような制約があるからといって，フランスが屈辱にまみれ，そして危機に陥ることなどない，という方がおられましたら，パリ条約［EDC 設立条約］第 20 条［第 2 項］をもう一度読んでいただきたい。それはあらゆる放棄，あらゆる制約を規定した条文なのです：

> 「委員会（Commissariat）の構成員は，その義務の遂行において，どの政府からの指令を請うことも受けることもない。彼らは，超国家的な機能をもつその性格に相容れない行為は，全て慎まなければならない。」

いかがですか。このように，条文が率直に記しているように，委員は出身国との関係を完全に絶たれてしまうのです。
（ブゾン****：それがヨーロッパっていうやつさ！）
エリオ：ええ正に！　この文章は実にモンスターのようであり，かつ馬鹿げているのだと申し上げたのです。（最右翼，最左翼右手側の多数の席から，また左手側のいくつかの席から拍手）

　心の底からフランス人であるならば，自分は自国を代表していると思うものではありませんか。（上記席より拍手）あれは怪物的で馬鹿げているのです。……

　以上が私の考えでございます。これ以降は，皆様のお考えに委ねたいと思います。

　ですが，これがそうならなかった場合，もし出自の国家を捨てる人材を［EDC の委員会が］得ることができなかったら，——私は国を捨てるというこの考え自体が受け容れることのできない怪物的なものだとは思いますが——［EDC］委員会はどうするというのでしょうか。抽象的な存在に，人を超えた存在に，いやロボットの一種に，われわれは命令され，統治され，そして管理されるのです。（中央でざわめき）

　もう一度申し上げるならば，この第 20 条はフランスの弱体化を容認するものであり，私は，これを認めることはできません。……

　　……

議長：では，オメラン氏とエリオ氏から提議された先決問題について決議します。

　　……

　それでは，投票の開票結果は，投票者数，583。過半数，292。［先決］法案賛成 319 票，反対 264 票。

したがって，[EDC] 法案の提案は棄却されました*****。(最右翼，右方，左方の幾席より激しい拍手。これらの席では，議員が立ち上がりラ・マルセイエーズを合唱。政府閣僚立ち上がる)
(中央より多数の怒号：モスクワへ行け！ モスクワへ！)
(中央では，多くの議員が議会場より退出。ざわめき。最左翼より怒号。ドイツ軍なんぞくたばれ！)

  * Adolphe Aumeran：1887 年アルジェリア生まれ。軍人。第一次・第二次大戦にて，多くの戦功を上げる。1945, 51 年に国民議会議員に選出。独立共和派所属。
  ** EDC に参加する軍隊と，それ以外の通常のフランス軍軍隊に分かれることを指す。
  *** Maurice-René Simonnet：1919 年リヨン生まれ。MRP 所属。
  **** Fernand Bouxom：1909 年仏ノール県生まれ。MRP 所属。
  ***** 先決法案は EDC 法案の議会提出を差し止めることを求める内容であるので，先決法案の採択によって EDC 法案提出が棄却されることとなる。

4-20　イーデン英外相の WEU 構想
A．イーデンのドイツ再軍備構想 (1954)
B．ロンドン 9 カ国会議最終議定書 (1954. 9. 28-10. 3)
A．Anthony Eden, *Full Circle*, Cassell, 1960, pp. 165-6.
B．*Final Act of the Nine-power Conference held in London September 28-3 October 1954, Cmd., 9289*, Her Majesty's Stationery Office, 1954.

 1954 年 8 月 30 日，フランス国民議会による批准拒否によって，EDC 構想が破綻した。これにより，アメリカのヨーロッパ防衛関与と西ドイツの西側軍事体制への統合が白紙に戻り，西側体制が崩壊する現実的な危機に直面した。この危機を救済した中心人物が，イギリス外相のイーデンであった。
 イーデン外相は，この危機を慎重かつ周到な外交によって，回避することに成功する。そのイーデンの一連のイニシアティブの背景にある考えが，彼の外交回顧録のなかで明確に示されている。その中核的な考えとは，フランス人に安全保障における安心を提供することであり，そのためにはイギリス軍の大陸派兵増強が鍵であると考えていた。そのような背景からイーデンはロンドンで，ブリュッセル条約 5 カ国に西ドイツとイタリアの 2 カ国を新たに加えることでブリュッセル条約を改定し，それにアメリカとカナダを加えた 9 カ国での会議を開催した。そこではロンドン 9 カ国協定として，「装備監視庁」をつくることでドイツ再軍備の状況を注意深く監視することにした。これによりフラ

ンス人に，ドイツが再び脅威とならないという保証を提供する。さらには，その延長線上で，パリの北大西洋理事会（1954年10月22-23日）において，西ドイツのNATO加盟に合意した。これにより，ドイツ再軍備が実現することになり，さらには西側軍事体制のなかに西ドイツとアメリカを埋め込むことに成功した。NATO解体の危機を回避できたのである。

　これら一連の取り決めに基づいて，西ドイツは1955年5月に主権を回復する。西ドイツが，西側防衛体制の一員として確固たる地位を得たことにより，ヨーロッパ統合は安定的な発展を進める基礎を得たことになる。のちの仏独間の信頼関係を構築する上で，あるいは長期的にNATOが安定的な防衛体制を構築する上で，この54年から55年にかけての一連の外交交渉こそが，重要な土台となったと言えるであろう。
　　　　　　　　　　　　　　　　　　　　　　　　　　　　（細谷）

A．イーデンのドイツ再軍備構想

　もしわれわれが実効的な計画を生み出すというのであれば，アメリカ人は本格的な支援を与えずにそれが挫折するのを放置したりはしないであろう。しかしながら，もしもそうなったとすれば，フランス人は望ましくない現実と直面せねばならない。彼らは，ドイツの主権回復とドイツのNATO加盟を受け入れなければならず，自らのセーフガードの提案を放棄するかあるいは大幅に改めなければならない。そうならないためにも，フランス人に何かを提供せねばならないのだ。フランス人たちの考えに最も強い印象を与える保証とは，フランスでのイギリス軍の継続的駐留であるように思える。

　私の考えでは，会議の成功の鍵とは，大陸でわれわれの兵力を維持するという新しい関与であり，また拡大ブリュッセル条約諸国の意に反してそれを撤退させないことである。フランス人に拒否権を与えることを意味するわけではないが，われわれは自らの自由裁量のみで兵力撤退を行うべきではなく，拡大ブリュッセル条約加盟国の7カ国の大半の同意を得て行うべきであろう。それにはいくつかの例外もともなうべきである。たとえばそれは，海外での緊急事態の発生によって協議を行う余裕がないときや，国際収支が困難に直面して，財政的にも大陸に兵力を駐留し続けることが不可能であるときなのである。

　私はこれがイギリスにとって前例のない関与であることを理解していたが，確かな事実とは，主としてイギリスによる貢献なくしては実効的な西欧防衛体制を組織化することは不可能であり，それが結局のところはイギリスの安全にとっても死活的に重要だということだ。この状況は，今後何年も続くであろう。この事

実を理解して，新しい関与を提供することによって，われわれは，ドイツ人とフランス人をともに招き入れて，アメリカ人をヨーロッパにとどめておくことに成功するのであろう。もしそうしなければ，会議は失敗に終わり，大西洋同盟は粉々に砕け散るであろう。

B. ロンドン9カ国会議最終議定書
II. ブリュッセル条約

ブリュッセル条約は，より実効的なヨーロッパ統合の焦点として，強化され拡大される。

この目的のために，以下の計画が合意された。

(a) ドイツ連邦共和国とイタリアは，ヨーロッパの統一性の目的が強化されるように適切に修正された条約に参加するよう招請され，自らそれを行うよう宣言した。攻撃を受けた際の自動的な相互援助体制が，そのようにドイツ連邦共和国とイタリアに拡大されることになる。
(b) ブリュッセル条約の構造が，強化されることになる。とりわけ，条約に規定されていた諮問理事会は，決定権限とともに理事会へと改められる。
(c) ブリュッセル条約機構の活動は，以下のような重要な任務が加えられ，拡張される。

……

ブリュッセル条約加盟国は，ブリュッセル条約機構の一部として，大陸のブリュッセル条約機構加盟国における，大陸ヨーロッパでの装備監視庁（Agency of control of armament）を創設することを合意した。

……

V. 北大西洋条約機構

NATO加盟国のうち，この会議の参加国は，北大西洋理事会閣僚会議にドイツ連邦共和国が加盟国として招請されるよう，推薦することに合意した。

……

4-21 メッシーナ決議（1955. 6. 3）

"Résolution adoptée par les Ministres des Affaires étrangères des Etats membres de la C.

E.C.A., réunis à Messine les 1er et 2 juin 1955," in Pierre Gerbet et al. (dir.), *L'Union politique de l'Europe. Jalons et textes*, La documentation française, 1998, pp. 89-91. (Online available : http://www.ena.lu/mce.swf?doc=987&lang=1) ; Jussi Hanhimaki and Odd Arne Westad, *The Cold War : A History in Documents and Eyewitness Accounts*, Oxford U. P., pp. 322-4.

　1955年6月3日のメッシーナ決議は，ヨーロッパ統合の「再出発」を考える上で極めて重要な位置を占めている。これは，ベルギーのスパーク外相のイニシアティブに基づくもので，前年のEDCとEPCの挫折を乗り越えて，新しいヨーロッパ統合の勢いをもたらすものであった。また，従来の石炭鉄鋼に限定されたヨーロッパ統合から，経済領域としてより全般的な統合を目指すことになる。その意思表明が，シューマン・プラン参加6カ国による，以下のメッシーナ決議である。

　メッシーナ決議は，当時は国際的にはあまり注目されることがなかった。1955年5月の西ドイツの主権回復や，同年7月のジュネーヴ首脳会談の陰に隠れていたというべきであろう。しかしながら，「共同市場」成立へ向けての合意に見られるように，のちの欧州経済共同体成立へといたる根本的な理念が，この決議文のなかでは記されており，ヨーロッパ統合における最も重要な画期の一つとなる。その背景として，オランダ外相ベイエンの1952年以降の「共同市場」成立へ向けてのさまざまな提案や，ベルギー外相スパークの強力なリーダーシップと調整力，さらには西ドイツの主権回復と外交の活発化などが大きな要因として存在していた。さらには，経済史家のミルワードの指摘のとおり，この時期には大陸の西欧諸国間での貿易量が大幅に増大しており，西ドイツを中心として相互の経済成長が不可分に結びついた関係にあったのである。

(細谷)

　ドイツ連邦共和国，ベルギー，フランス，イタリア，ルクセンブルク，そしてオランダの諸国政府は，ヨーロッパ建設へ向けて新しい段階が到来したと確信している。それら諸国政府は，まず最初に，経済領域においてこの目的を到達すべきと考えている。

　諸国政府は，共通機構の発展，諸国経済の進歩的融合，共同市場の創設，そして社会政策の段階的調和によって，統一ヨーロッパの成立が達成されねばならないと確信している。

　そのようなアジェンダは，もしもヨーロッパが世界における自らの地位を維持して，自らの影響力および威信を回復し，そして人々の生活水準を徐々に向上さ

せていくのであれば，不可欠であるように思える。

I.
これらの目的のために，6カ国の大臣は，以下の諸目標に合意した。

A.
1. 貿易の拡大と人の移動のためには，コミュニケーションの主要な方法を共同に発展させることが必要である。この目的のために，運河，高速道路，鉄道，また航空輸送のよりよい調整のための調査を行うことを，そして設備を標準化することを中心として展開される開発計画が共同で研究され始めるであろう。
2. より多くのエネルギーをヨーロッパ経済がより安価に利用できるようになることは，経済成長へ向けての基本的な要素となる。投資利潤を増大させて供給価格を削減することが可能となるような，ガスや電力の十分な取引がなされる必要があるのは，そのためである。エネルギーの生産と消費の発展の見込みを調整する手段となり，全体の政策の一般的指針となるような検討がなされるべきである。
3. 平和利用のための原子力エネルギーの発展は，過去百年間のそれと比較してもはるかに大規模な，新しい産業革命の展望を切り開くことであろう。調印国は，いくつかの政府の第三国との特別な関与を考慮に入れつつ，原子力エネルギーの平和的な発展を確保する責任と手段を規定するような，共同の機構の創設を検討しなければならない。

これらの手段には，以下のようなものが含まれるだろう。
(a) 加盟各国の分担金に基づく共同基金の創設と設備への，また，現在および将来のエネルギー調査への融資の許可。
(b) 原料への自由かつ十分なアクセスと，知見，副産物，そして特別な設備や技術者の自由な交換。
(c) エネルギー資源の発展へ向けた，利潤や財政補助の無差別な活用。
(d) 非加盟国との協力。

B.
　6カ国政府は，域内関税や数量規制を廃止したヨーロッパ共同市場の成立が，経済政策の領域での行動目標であると了解した。それらの諸国は，この市場が段

階的に到達されるべきだと確信する。この目標の実現には，以下のような諸問題への検討が必要となる。

(a) 非加盟国に適用される関税体系が漸進的に統一されるための適切な諸手段，および，加盟国間の貿易障壁の段階的削減への手順と速度。
(b) 財政的，経済的，そして社会的分野での，加盟国の全般的な政策を調整させるためにとられるべき手段。
(c) 共同市場を創造し発展させるための，加盟各国の通貨政策の十分な調和を確保するための，実現可能な段階の導入。
(d) 適用除外の体系。
(e) 再適用基金の設立と運用。
(f) 労働力の自由移動の段階的導入。
(g) 共同市場内部での自由な競争を確立させるためのルールの発展，とりわけ国家バイアスによる全ての特恵関税の廃止にいたるようなもの。
(h) 共同市場を実現し運用させるために適当な，組織的な部局。

C.

さらに，欧州投資基金の創出のための検討がなされるであろう。この基金の目的は，ヨーロッパの経済プロジェクトを共同で発展することであり，とりわけ，加盟国における十分な投資を呼び込まない地域が発展することである。

D.

社会分野において，6カ国政府は，労働時間や超過勤務手当（残業手当や，休日出勤手当，法定休日期間や，それへの手当）のような，現在，各国でそれぞれ実行されている規則の漸進的な調和を検討することが重要であると確信している。

II.

6カ国政府は，以下の手続きを導入することを決定した。

1. 条約作成作業を行うための会議，そして考慮すべき諸問題を扱う会議の開催を要請する。
2. その条約の準備は，専門家による支援を受けた政府代表による委員会が行う。この委員会は多様な任務を調整することが可能な政治的人格が議長を務める。
3. この委員会は，欧州石炭鉄鋼共同体の高等機関や，OEECや欧州審議会の

事務局，そして必要時には，欧州運輸相委員会と協議をする。
4. 委員会の最終報告書は，遅くとも1955年10月1日までに，［6カ国の］外相に提出されることになる。
5. 外相は，この日の事前に会合し，委員会による中間報告を査読し，必要な指示を与えることになる。
6. イギリス政府並びにWEU加盟国，ECSCの連合国は，これらの討議に参加するよう招請される。
7. 外相は，決められた時期までに，上記項目1.で規定される1国もしくは複数国の会議に，どの国が参加を招待されるべきかについて決定する。

4-22　ジュネーヴ首脳会談でのイーデン英首相の声明（1955）

Documents relating to the Meeting of Heads of Government of France, the United Kingdom, the Soviet Union and the United States of America, Geneva, July 18-23, 1955, Cmd., 9543, Her Majesty's Stationery Office, 1955.

　1955年のジュネーヴ首脳会談は，第二次大戦の終結以降，はじめて，英米仏ソのドイツ占領4大国の首脳が会合した会議であり，はじめてドイツ統一とヨーロッパ大陸全体の安全保障が討議された会議であった。これまで，このジュネーヴ首脳会談では何も意味ある合意がなされなかったと位置づけられていたが，この会議で東西両側によってヨーロッパの分断が安定的に確定され，位置づけられたと言える。現状維持を受け入れることで，両陣営は冷戦の安定化を目指したのである。

　以下の史料は，イーデン英首相が，ジュネーヴ首脳会談の会合にて行った演説からの抜粋である。ジュネーヴ首脳会談では，共同声明を出して合意事項を宣言することはなかったが，それぞれの首脳の言葉から，一定の共通理解が見られた様子がうかがえる。米ソ両国首脳は，国内に強硬論が存在する上に，東西間の合意を高らかに誇ることは困難であったが，イギリス首相のイーデンはむしろ積極的にこの会談を評価していた。1954年から55年にかけての西側安全保障体制と東西関係をめぐる議論は，結局その後，長い時代の安定を構築する基礎となった。これらによって，EC-NATO-CE体制が確立していったのである。　　　　　　　　　　　　　　　　　　　　　　　　　　　　（細谷）

　この会議は，限定的な任務を設定している。これは，達成されたもの以上の意

味がある。ヨーロッパで戦争が終結してから10年が経過した。ようやくわれわれは，1945年に開始されるべきであった作業を，今始めることができる。

より良い機会

われわれが今合意したことによって，ドイツの統一とヨーロッパの安全保障という，二つの問題に着手することが可能となった。この複雑な問題の，あらゆる詳細な事柄を解決するのが簡単であるとは，誰も考えていないであろう。しかし，これまでの年月にヨーロッパを分断してきた相違点を解決するための現実的な提案を行う上で，戦争以来，最もよい好機にあるのだ。

4-23　メッシーナ会議とローマ条約締結をめぐるベルギー外相スパークの回想

Paul-Henri Spaak, *De l'espoir aux déceptions. Combats inachevés*, Tome 2, Fayard, 1969, pp. 68, 70-2, 85-6 ; Spaak, *The Continuing Battle : Memoirs of a European 1936-1966*, translated from the French by Henry Fox, Weidenfeld and Nicolson, 1971, pp. 228-31.

　1955年6月のメッシーナ決議を受けて，ECSC加盟6カ国間で6月26日以降に，「共同市場」成立へ向けての具体的な協議を始めることになった。このスパーク外相を委員長とする委員会（スパーク委員会）は，具体的な報告書の作成を目指すようになる。その結果，56年4月から5月にかけてその報告書が完成し，関税同盟成立へ向けての条約草案のたたき台となった。
　スパーク報告は，1957年に調印される欧州経済共同体の基本的な枠組みを示すことになり，「共同市場」を成立させることを明示している。この報告書について，その「著者」とも言うべきスパークは，自らの回顧録のなかでこの報告書作成の経緯を記している。そこでスパークは，フォン・デア・グレーベンとユリという，ドイツとフランスからの二人の人物こそがこの報告書の実際の執筆者であることを明らかにし，この二人に多大な称賛を与えている。当事者であるスパークならではの，生き生きとしたスパーク報告作成の描写である。また「共同市場」という理念の成立に対して，ベイエンの多大な貢献を明らかにしている。1955年から56年にかけて，多くの者がこの作業の重要性を軽視していた時期にあって，これらの人物は先見の明をもってこの作業の歴史的重要性を認識し，真摯に取り組んだ姿勢が示されている。貴重な証言と言え

るだろう。 (細谷)

第 28 章 メッシーナ会議および第 30 章ローマ条約

「6 カ国政府は，域内関税や数量規制を廃止したヨーロッパ共同市場の成立が，経済政策の領域で行動目標であると了解した。それらの諸国は，この市場が段階的に到達されるべきだと確信する。」この文言は，ベイエンの勝利でもあった。彼と一緒に仕事をした大臣たちは，これがわれわれの目標であり，彼によって理念が前に進んだのだということを同意していた。

……

メッシーナで採択された決議は，多くの人々が非現実的と考えるほどに，大胆なものであった。当時，多くの者がそれには懐疑的であった。しかし彼らは敵対的ではなく，ただ単に無関心であったにすぎない。達成された仕事は，少人数によるものであり，それがどこに向かっているのかを知る者によるものであった。

……

私は，フォン・デア・グレーベンとピエール・ユリによって，個人的なスタッフを強化することができた。

前者は，自分の任務に真剣に向き合い，ドイツの第一級の専門家だからこそもちえる体系的な知識をふんだんに注ぎこんだ。私は，この任務の重要性を確信していた。ピエール・ユリには，特別な言及がなされるべきであろう。ユリは長くモネのために仕事を続けてきており，モネが彼を私に推薦したのであり，ユリを私の近くに置くよう私に推薦する上で，モネは，私とユリとの関係がときには困難となる可能性を正直に伝えた。彼によれば，ユリは，一緒に仕事をするには難しい相手であり，これはある程度真実であった。彼の知性と能力を前提にしながらも，確かに彼は他者と交渉をする場合の理想的な外交官ではなかった。しかしながら，彼の知識と創造的な精神には，高い評価を与えることができる。彼は私に対して，価値ある奉仕をしてくれた。彼の助けと独創性がなければ，われわれが抱えていた多くの問題は，解決することができなかったであろう。

重要な文書である，「スパーク報告」は，概してユリの努力の帰結でもあった。彼は，ローマ条約の中心的な設計者であった。皮肉を込めてそれを述べるとすれば，私の貢献とは，彼から最良のものを引き出したことにあり，誰もがそれをできるわけではなかった。私は，彼から同意を引き出すのが得意であったのだ。

政府代表の官僚たちは，彼らの補佐官とともに，その才能と，全般的なヨー

ロッパ的信念の双方において，例外的な資質をもった人たちであった。彼らの努力を調整するという私の役目は，素晴らしい思い出でもあった。

　十分な進展が見られたと感じた際に，私はピエール・ユリとフォン・デア・グレーベンとヒュパーツ［Albert Hupperts, ベルギーの外交官］を，南仏へと行かせることにした。そこでは，静かな環境のなかで作業ができるからだ。彼らの仕事とは，討議のなかで到達した結論をまとめあげるために，報告書の草案を作成することであった。

　これは，素晴らしい方法であることがわかった。彼らが用意した草案は，おおよそ正しいものであると受け入れられた。もしもそれが6カ国政府代表によってなされたならば，あまりにも困難であって，おそらくはまとめあげることができなかったであろう。それは一点ずつ討議され，最終的に採択されたテクストは，オリジナルな草案と内容においてもスタイルにおいても，大きく異なることはなかった。これこそが，後にヨーロッパの成立史において「スパーク報告」として知られることになる文書の出生である。

　正直に言って，私はこのきわめて重要な文書の執筆者ではない。私はせいぜいのところ，この草案が用意されることが可能となるような交渉を方向づけることができたにすぎない。

　この任務の重要な特徴は，それが示している基本的な選択に現れている。われわれには二つの選択肢があった。つまりは，単純な関税同盟をつくるか，あるいは共同市場をつくるかである。われわれは，この二つの選択肢の，より大胆な方を選んだ。報告書は，われわれが考えていた共同市場がいったい何を意味するのかについて一般的で曖昧な形ではなくて，取り組むべき多様な問題や克服すべき諸困難を列挙し，これらの問題への答えを事前に明らかにするものであった。

4-24　イギリスの「共同市場」不参加の決定（1955）

"Minute of meeting of the Cabinet's Economic Policy Committee on 11 November 1955," E. P. (55), 11th Meeting. TNA, CAB 134/1226, in David Gowland and Arthur Turner (eds.), *Britain and European Integration 1945-1998 : A Documentary History*, Routledge, 2000, pp. 32-3.

1955年のヨーロッパ統合の「再出発」の過程で，再度イギリスはその流れからはずれることになる。その決定をするのが，下記の閣議録である。

1954年から55年にかけて，イギリス政府はフランスのイニシアティブによるヨーロッパ統合に強い不信感を抱いていた。そしてその不信感は，54年のフランス国民議会におけるEDCとEPCの挫折で，確信へと変わっていた。このような不信感もあり，また外相のマクミランや蔵相バトラー（Richard Austen Butler, 1902-82）が55年7月に始まったスパーク委員会の重要性を軽視していたこともあって，イギリス政府は大陸で進められる「共同市場」への参加を見送ることになった。さらには，55年4月に首相となったイーデンは，ジュネーヴ首脳会談やスエズの問題などに力を注ぐ一方で，ヨーロッパ統合をめぐる新しい動きをほとんど無視する状態であった。

1955年11月に，「共同市場」不参加の決定をした後も，イギリス政府のヨーロッパ政策には大きな混乱が見られて，イギリス抜きで進められる「共同市場」への対処をめぐって，躊躇や矛盾した対応が続くことになる。　　（細谷）

蔵相は，イギリスはヨーロッパの共同市場に参加するのを，いかなる意味でもしばらくの期間は避けるべきことが明白であるようだと述べた。それゆえ，われわれは［1955年］12月に開催予定のブリュッセルでの閣僚会議への招請を受け入れるべきであり，その会議で，共同市場にわれわれが参加することは不可能であることを率直に説明すべきであると，蔵相は勧告した。同様にわれわれは，共同市場計画はヨーロッパの協力を促進するのでなく，ヨーロッパを分断させてしまう危険性があるのだという警告を発すべきである。

4-25　アメリカ政府のスパーク委員会支持表明（1955）

"Backing the post-Messina attempts of the Six to form a common market," Dulles to Macmillan, 10 December 1955, in *FRUS*, 1955-57, Vol. IV, pp. 363-4, in David Gowland and Arthur Turner (eds.), *Britain and European Integration 1945-1998 : A Documentary History*, Routledge, 2000, p. 49.

アイゼンハワー政権，そのなかでもとりわけダレス（John Foster Dulles, 1888-1959）国務長官は，熱烈なヨーロッパ統合支持者であった。ダレスはモネと第一次大戦時からの親しい友人で，モネと頻繁に連絡を取り合うことで彼のアプローチに多大な期待を寄せていた。EDCの失敗に落胆したダレスでは

第4章　シューマン・プランからローマ条約へ　1950-58年　299

あるが，その後の新しい「再出発」に多大な期待を寄せていた。その様子が，以下のマクミラン英外相宛の 1955 年 12 月の書簡のなかで示されている。これは，「共同市場」をめぐりメッシーナ会議参加 6 カ国間で協議が進められていた重要な時期にあたり，前月の 11 月にはイギリス政府は「共同市場」不参加を決定していた。

　アメリカ政府は明らかに，「共同市場」形成をめぐる新しい動きを支持する様子であり，イギリス政府がそのような動きを妨害しないように，慎重な文言を用いながらも警鐘を鳴らしている。また，英米両国の支援によって，この試みが成功へとたどり着くよう要請している。　　　　　　　　　　（細谷）

　現在，ヨーロッパでは認知できる二つの傾向が存在し，双方ともより一層の統一性を目標としている。一つは，6 カ国によるアプローチであり，石炭鉄鋼共同体で顕著な成功を収めた反面，欧州防衛共同体で挫折を味わった。もう一つは，OEEC のアプローチであり，協調的な努力を通じて対立する諸国益を調和させ，それは大幅に達成された。

　アメリカ政府は，このどちらの考えも，熱心に支持している。私の考えでは，それらは異なるが，必ずしも両立不可能ではない目標を達成しようと試みているように思える。未来に目を向けるのであれば，もしもヨーロッパがより緊密な利益の共同体を構築するのであれば，ヨーロッパは，安全と，繁栄と，世界規模の問題での影響力を行使できる潜在的な力を，より多く期待することができるであろう。私の考えでは，6 カ国のグループによるアプローチは，この目的のために最大の希望を提供することができるだろう。というのも，共同体には，本来的により緊密な統一性があり，より広域のヨーロッパのグループの結束を強化するための貢献が可能だからだ。6 カ国の共同体は，保護主義的な傾向を強めていく可能性があるのかもしれない。また，よりいっそうの自立性を求める方向へと進んでいくかもしれない。しかしながら長期的によりいっそうの統一性は，西ヨーロッパでのより多くの責任や共通の福祉のための貢献をもたらすであろう。

　これらの理由から，また OEEC と協力するという固い意志から，大統領と私は，6 カ国による核と通常エネルギー，共同市場，そして運輸の分野での新しいかたちの統合を目指した現在のイニシアティブの復活を，あらゆる適切な手段を用いて勇気づけたいと願っている。われわれは，前進が迅速であることを期待しているが，しかし超国家的な原則に基づいた政治理念に向け継続的で実質的な前進が見られるならば，それに満足するであろう。

この問題についてのこれらの見解に対して、あなたがどのような反応をするのか知らせてもらえること、そしてわれわれがあなたの政府の支持に依拠することができることを願っている。私は、この問題について、パリのNATOの会合で議論できるよう望んでいる。それが望ましいということであれば、おそらく、われわれの間にいかなる相違点があったとしても、より緊密な統一性への動きに関して、大陸ヨーロッパ諸国の行動に反対するような助言を与えないことを前提として、われわれ両国の担当者の間でさらなる意見交換を行う用意が可能である。

4-26　EURATOMへ向けてのヨーロッパ合衆国行動委員会の決議と共同声明（1956）

"Resolution and Joint Declaration of the Action Committee for the United States of Europe, 19 January 1956," in *Action Committee for the United States of Europe: Statements and Declarations 1955-67*, Royal Institute of the International Affairs, 1969, pp. 12-6, cited in Richard Vaughan, *Post-war Integration in Europe*, Arnold, 1976, pp. 152-6.

　1955年10月にモネによって設立された行動委員会は、56年1月に最初の主要な宣言を発表した。これは、スパーク委員会による「共同市場」形成への動きとは別に、ヨーロッパ統合の「再出発」を目指すもう一つの重要なイニシアティブであった。新たな部門統合として、原子力エネルギーの協力をヨーロッパ・レベルで行うという動きである。同時にそれは、野心的な超国家的統合を目指す新しい萌芽でもあった。
　同時にモネの行動委員会は、メッシーナ決議の実現を強く後押しするためのものであった。モネは、より自由な行動がとれるようにECSC高等機関の委員長の座を退いており、1954年末から55年にかけてスパークと緊密な連絡をとりあっていた。そのなかでもモネは、ベイエンのような「共同市場」としての全般的統合を目指すのではなく、部門統合によるアプローチを強く主張していた。そこでモネが注目していたのが、原子力エネルギーであった。
　下記の文書は、1956年1月に、モネの行動委員会が公表した、「原子力エネルギーの平和的目的の開発」へ向けての共同声明である。　　　　　　　（細谷）

2.　……
1955年6月1日および2日にメッシーナにおいて6カ国外相が採択した決議

と同様に，われわれの組織もまた，統合ヨーロッパの成立が共通の機構の発展，漸進的な国民経済の融合，そして共同市場の創設や社会政策の進歩的な調和によって行われなければならないと確信している。

ブリュッセルでは，「メッシーナ会議により創設された政府間委員会」の専門家たちが，決議により導かれる技術的な諸問題を検討してきた。彼らは自らの報告書を提出した。近い将来には，諸国政府はこの専門家たちの結論を現実の成果へと結実させることになるであろう。

これらの成果のなかでわれわれの委員会が実現を望むのは，最も迅速に実現可能でありまた実現すべき原子力エネルギーに関するものである。

3．原子力エネルギーの平和目的の開発は，新しい産業革命の見通しを開き，また生活および労働条件を根本から変革する可能性がある。

同時にわれわれ諸国は，核産業を開発することが可能である。この地域のみが，世界大国と同様の水準に到達することが可能である。しかし，もしも各国がばらばらに動くのであれば，ヨーロッパの分裂の結果生じる時間の遅れを取り戻すことができないであろう。

ヨーロッパが自らの好機を逃すべきでないとすれば，迅速な行動が必要である。

原子力エネルギーを生み出す原子力産業は，不可避的に，爆弾を製造できるようになるであろう。この理由からも，原子力エネルギーの政治的側面と経済的側面は不可分のものである。欧州共同体は，原子力エネルギーを，厳格に平和目的のみのために開発せねばならない。この選択には，隙のない統制システムが必要となり，すでに効力のある国際協定の履行に影響を及ぼすことはない。

これらの目的のためには，単なる政府間協力だけでは不十分である。われわれの諸国代表が，必要な権力と必要な共通の権限とをヨーロッパの機構へと委譲することが不可欠なのだ。

4-27　アデナウアー西独首相のヨーロッパ政策指針（1956. 1. 19）

"Schreiben von Bundeskanzler Konrad Adenauer an die Bundesminister vom 19. Januar 1956," in Auswärtiges Amt unter Mitwirkung eines wissenschaftlichen Beirats (Hg.), *Die auswärtige Politik der Bundesrepublik Deutschland*, Verlag Wissenschaft und Politik,

1972, pp. 317-8.

　本史料は，1956年1月19日に，西独首相アデナウアーが閣僚に送付した書簡である。本書簡からうかがえるように，アデナウアーにとってヨーロッパ統合は，西独に対し安定的な政治的枠組みを提供するだけでなく，ソ連に対抗し，フランスと和解するための不可欠な仕組みだった。

　しかし，このアデナウアーの閣僚向け指示は，その最後に基本法第65条の規定（首相の権限）について触れているとおり，ヨーロッパ統合に関する閣内での反対意見を押さえ込むためのものであった。実のところ，この時期ブリュッセルで進む経済統合に関する議論の内，とりわけ核エネルギーに関して，西独閣内で深刻な見解の対立が進んでいた。核エネルギー共同体構築を支持するアデナウアーに対し，当時核問題担当相のシュトラウス（Franz Josef Strauß, 1915-88）と経済相エアハルト（Ludwig Erhard, 1897-1977）は，別々の見地から異を唱えていた。シュトラウスは，核開発にさまざまな制約を課せられている西独の核エネルギー技術は他のヨーロッパ諸国と比べ後進にあると考え，核開発で先進的なフランスの全面的なコントロールに置かれることを危惧した。他方エアハルトは，核分野での協調はOEECの枠組みで行うことを主張するばかりか，そもそも共同市場に基づく経済統合に対しても反対を唱えていた。エアハルトは，メッシーナ会議が開催される前から，一貫して経済統合には反対し，自由貿易の強化を通じた緩やかな機能的統合を主張していたのである。

　アデナウアーの指令文は，このような閣内における見解を強引に統一させ，ブリュッセルで協議中のスパーク委員会の協議を後押しすることとなった。このように閣内の意見を統一し，外部に向けて一体的で強力なヨーロッパ統合優先の姿勢を取ろうとした西独は，固有の外交的理由からヨーロッパ統合を必要としたのである。
　　　　　　　　　　　　　　　　　　　　　　　　　　　　　　　（川嶋）

　現在の外交状況は深刻な危険を惹起するものである。この危険を取り除き，わが国により好ましい活力を与えるためには，積極的な施策が必要である。そのなかでも最も重要な施策は，ヨーロッパ統合に対するドイツの積極的で明確な態度を示すことである。

　ピネー，スパークとの会談やアメリカの政治的宣言に見られるように，西側の重要な政治指導者はヨーロッパ統合を不可欠なものと考えている。この考え方は間違いなく正しい。もし統合が成功すれば，われわれは安全保障や再統一といった決定的交渉において，統合ヨーロッパという重みに物を言わせることができ

る。逆に，ソ連からの譲歩を待つことはできない。というのも，ヨーロッパの分断によってソ連は，欧州国家を自らの方向へ牽引し，西側の結束を打ち砕き，そして衛星国家システムのなかにヨーロッパを徐々に引き込んでいくといった希望をもっているからだ。他方で，フランスとの関係を持続的に秩序立てることは，ヨーロッパ統合への道のなかでのみ可能となる。もしヨーロッパ統合がわれわれの嫌悪やためらいによって失敗に終わった場合の結果は，図り知ることのできないものになろう。

　以上のことから西独の政策の基盤的方向性を結論づけることができる。この方向性に基づいてメッシーナ決議のどの部分を断固として適用するかということを定めることとなる。加えて考慮しなければならないことは，この決議の政治的な性格である。確かに，メッシーナ決議から，専門家の見解を活かしながら技術的協力関係を構築することが必要である。しかし同時に，メッシーナ決議から，（再統一を含めた）西独の政治的意思と行動が一致することを保証するような共同体を構築することが必要なのである。この点で言えば，OEEC では不十分である。専門家の見解は全て，このような政治的目標に役立てなければならない。メッシーナで定められた計画を実現させるためには，特に以下の点を適用しなければならない。

1. まず6カ国の枠組みで，提案されている全て［強調原文］の方法で統合を推し進めることが必要であること。つまり，全般的な統合計画（水平的）と，必要とされる部分統合に関する計画（垂直的）の二つの統合方法である。
2. 同時に，巨視的な政治的目標設定に関して6カ国間に堅固な関係を構築するために，適切な共通の制度を可能な方法で創設しなければならないこと。
3. ヨーロッパ共同市場——すなわち国内市場を集合させた一つの市場——の設立に関して十分に積極的な討議は，なんとしても成功裏に終わらせなければならない。この審議の際に，この市場の機能を確保し同時にさらなる政治的発展を促進するように，決定権限を有したヨーロッパ組織が設立されなければならない。
4. 共同市場の考えにおいて，運輸政策，特に航空網に関して，6カ国の真の統合に向けた努力を重ねる必要がある。……
5. 同様のことは，エネルギー，特に核エネルギーにもあてはまる。これは，われわれがメッシーナ宣言を支持しているという事実をこれ以上放置しないためにも，政治的に何としても必要なことなのである。同様に，決定権限，共

同組織，共同財政支援措置，その他実施手段を有したヨーロッパの核エネルギー共同体を創設する必要がある。アメリカは，公式に発表したように，ヨーロッパ核エネルギー共同体を政治発展の決定的瞬間と考えている。このエネルギー共同体は OEEC とは異なり，固有の権利と責任を有しているのである。アメリカはこのような核エネルギー共同体を強力に支持する準備ができている。

他方で，平和目的のための核エネルギー利用といえども，世界は，原子爆弾の製造を可能にすることと実質的に不可分であるとみなしている。それゆえ，西ドイツが一国で核エネルギーを統制しようと試みるならば，他国に極めて悪い印象を与えることになるだろう。たとえ西ドイツが差別的待遇を受けていないとしても，またドイツの研究と産業自体は可能な限り自由に行わなければならないとしても，安全保障上の理由として必要な限り，いくつかの内実のあるヨーロッパ共通の法規を拒否することはできないのである。

以上表明した件につき，連邦政府における基本指針（基本法第65条）を考慮し，よく鑑みるよう要請する。

（署名）アデナウアー

4-28　スパーク報告（1956. 4）

Comité intergouvernemental créé par la conférence de Messine, "Rapport des chefs de Délégation aux Ministres des Affaires Étrangères," Bruxelles, 21 avril 1956. EUI, CM 3, NEGO 85.

　　メッシーナ会議で統合の再出発を宣言したヨーロッパ各国は，具体的な統合方法を協議するために，各国代表者によって構成されるワーキンググループ（正式には「メッシーナ会議にて設立された政府間委員会」）を設置した。この政府間ワーキンググループの内，政府代表者で構成された統括委員会が，ベルギー外相スパークを議長とする，通称「スパーク委員会」である（【4-23, 4-25】参照）。ECSC6カ国にイギリスを含めた7カ国で構成された，1955年7月から協議を開始したこの政府間委員会は，統括委員会の他に，共通市場・開発・社会問題委員会，通常エネルギー委員会，核エネルギー委員会，交通・公共事業委員会の4委員会と，投資小委員会，社会問題小委員会（以上二つは上記共通

市場・開発・社会問題委員会の下部委員会）ならびに，航空交通小委員会，郵政・電信小委員会（以上二つは交通・公共事業委員会の下部委員会）の九つの委員会によって構成されていた。統括委員会は，他の八つの専門家によって構成されている専門家委員会による下部部会協議を「叱咤激励，コーディネート，監督」する役割を担っていた。この専門家協議は経済統合に関する技術的な問題を討議し，専門家によるさまざまな検討は，55年の10月末までに報告書が提出されることで一応の役割を果たした。しかしこれらの検討は，さまざまな意見を寄せ集めたものにすぎなかった。関税同盟完成にいたる日程の設定，共同市場への農業の包摂，社会政策の調和化，共同体機構のデザイン等々，7カ国の見解は合意の域に達していなかったのである。

　この専門家委員会からの報告書を受け取ったスパークは，議論をより効率的に行うために，ユリ（仏）とフォン・デア・グレーベン（西独）の二人の専門家を除いて，1955年11月以降の統合に関する政府間協議を，統括委員会の構成員であるオプヒュール（Karl-Friedrich Ophüls：西独），ベンヴェヌーティ（Ludovico Benvenuti, 1899-1966：伊），ガイヤール（Félix Gaillard, 1919-70：仏），スノア・エ・ドピュール（Jean-Charles Snoy et d'Oppuers, 1907-91：ベルギー），フェルレイン・ストゥアルト（Gerard Marius Verrijn Stuart, 1893-1969：蘭），シャウス（Lambert Schaus, 1908-76：ルクセンブルク）の政府代表だけで行うことを決定した。しかし，イギリスのスパーク委員会からの撤退【4-24】，フランス本国政府の退陣に伴うフランス代表の実質的な活動の停止により，スパーク委員会は翌56年1月半ばまで，協議を開くことはできなかった。

　しかし，この1955年12月から翌56年2月にかけて，いくつかの点でヨーロッパ統合を推進する障害が除去されたという点で，隠れた情勢の好転が見られた。それは第一に独仏間でのザール問題の解決であり，第二に，核エネルギーに関する西独閣内における意見対立の幕引き【4-27】であった。第三に，56年1月から2月にかけて，超国家的な核エネルギー共同体を構築する「ユーラトム計画」とでも呼ぶべき部分統合案が，ほぼ確定したことであった。

　実のところ，スパーク委員会の議論で最も意見が割れていたのが，核エネルギーに関してであった。西独の国内核エネルギー産業にとって不利となるユーラトム計画に対し，西ドイツは再三抵抗を示す。しかしこのユーラトム問題は，アメリカの明確な支持の表明（1956年1月5日のアイゼンハワーの議会宛書簡）とモネによる「行動委員会」の表明【4-26】に加え，OEEC内にも核エネルギー委員会を発足させること（56年2月28-29日決定）により西独の反対姿勢が緩和されたため，解決にいたることとなる（【4-27】参照）。

　このような情勢の変化に，スパークは報告書成立の機会の窓が開いたと察し

（スパークによる回顧については【4-23】参照），議論の総まとめとなる報告書の作成を短期間で仕上げるよう，ユリとフォン・デア・グレーベンの二人に依頼する。両者はわずか4週間の間に報告書を作成し，1956年4月18-20日にスパーク委員会メンバーが修正を加える形で報告書の内容について合意がなされた。スパークは5月初めに各国外相にこの報告書の文面を送付し，5月29日から30日にかけてヴェネツィアで開催された外相会談（ヴェネツィア会談）にて，このスパーク報告が条約設立交渉のたたき台として採用されることが決定された。ここで訳出したのは，その報告書の抜粋である。

域内経済の均衡的発展，外部開放的な関税同盟の設立，共同体手法に基づく統合，農業を含めた全般的共同市場の構築，核エネルギーにおける部分統合，といったスパーク報告の骨子は，ローマ条約に受け継がれることになった。EECの成立を考える際，その出発点となったスパーク報告書は，欠くことのできない極めて重要な史料である。またスパーク報告書の成立過程は，開かれた協議と専門家協議との関係，イギリスと大陸との国際関係，各国の政治経済に有利な統合スタイルを求める姿勢など，のちの時代にもつながるさまざまな問題を提起している点でも非常に興味深いと言えよう。

なお，スパーク報告は全部で130頁近くあり，3部構成となっている。第1部が「共同市場」と題され，その第1章が関税同盟，輸出入の割当，農業について，第2章が共同市場実現のための政策について，第3章がヨーロッパ大の資源に関して規定されている。第2部は「ユーラトム（EURATOM）」と題され，核エネルギーに関するヨーロッパ大の協調の意義と具体的施策について触れられている。第3部は，「即急な行動が求められる分野」と題され，エネルギー，交通，郵便・電信サービスについて触れられている。以下訳出したのは，第1部第1章の序論にあたる箇所であり，スパーク報告の枢要である。

なお，邦訳については，英文と仏文のテクストを参照したが，仮訳となる英文テクストは，簡略的な仏文の表現を具体的に訳出する箇所が頻出する。邦訳は基本的に仏文を基礎としたが，英文の意訳的表現を適宜参考にした。（川嶋）

序論
I.
ヨーロッパ共通市場の目的は，強力な生産単位を構築し，経済的強さと安定性を持続的に獲得し，生活水準を即急に上昇させ，構成国の調和の取れた成長を可能とするような共同の経済政策が行われる広領域（une vaste zone）を設立することである。

この目的を達成するための最初の条件は，分離しているヨーロッパの市場を一

つの市場に統合しなければならないことである。市場統合を進め，経済的分業体制（division of labour/division du travail）が一層加速されることで，資源の浪費が削減される。そして供給がより確実になることで，非経済的なコストで生産が行われることもなくなる。成長経済におけるこの経済的分業体制とは，産業移転というよりも，共同の利害の下で，最も経済的に生産発展が行われることを意味している。競争上の有利さは，現在自然環境上の条件によってはほとんど関係がなくなってきている。核エネルギーによって産業をどの地で展開するのかについての展望が大きく開けたように，共同市場は，企業の運営や人間［生活］への効率性に対して大きな影響を与えるであろう。というのも，資源の共有化は，機会の平等化につながるからである。
......

II.
　共同市場の設立には三つの主要な方向性に沿った調和的な行動が求められる。
・正常な競争条件を打ち立て，関係する国民経済（national economies）を調和的に発展させることによって，現在において対外貿易を阻害しヨーロッパ経済を分裂させる保護主義的措置を，これから続く段階のなかで，消滅させる展望が開かれるであろう。
・正常な競争条件を打ち立てるために，規約（rules）と規制（regulations）が，政府の介入や市場の不完全性を矯正するために必要となろう。一致した行動（concerted action）もまた，貿易拡大を阻害する貿易収支の困難さを事前に除去するために必要となろう。
・最後に，共同市場は現在の資源を共有する（pooling）ものを超える存在になるであろう。共同市場は以下のようなことを要求するだろう。後進地域の発展とこれまでは活用されていなかった労働力の雇用による新しい資源の創出，産業界と再訓練された労働者との対話による支援，これらの施策を容易にするための，生産・資本・人的資源（manpower）といった要素の自由移動，である。
　これら三つの方向性について，各々簡単な注釈をつけておく。
(A)　諸関税，生産割当（quotas），輸入独占といったものだけが国際貿易を阻害するものではない。通貨制限，発送先もしくは発送元に応じて取られる差別的な輸送料，サービスや農業に関する域内規制もまた国際貿易を阻害する。このような障壁によって，実質的には対外的競争を消滅させられ，何らかの

望ましい限定のなかで競争を止めておくに等しいからである。
……

共同市場は全てのセクターにおいてあらゆる制約を受けない，とまで言うつもりはない。公共の利益の範囲で，もしくはある種の農産物には規制や組織が必要であるように，特定の産物やその市場条件に応じて，共同市場においても共同規制を漸次導入することが伴われるであろう。

(B) ……
(C) 生産の共同的拡大にとって望ましい条件を打ち立てるために，協調（Co-operation）もまた必要とされるだろう。

まず必要なことは，労働者の転職を容易にすることである。このような変化がなければ，何の進歩もありえない。したがってここでは，労働者を諸出費やリスクから保護するような再職業訓練の手配が重要となる。
……

後背地域においては，自由な経済的やり取り（free economic communication）だけでは，より進んだ地域と同じレベルでの発展は自動的には不可能であることを，心に留めなければならない。
……

III.

根本的な変化が及ぶのには，当然に長期にわたる期間を要する。1年やそこらでそのような変化が生じることはない。共同市場を実現する期間のなかに，通貨・社会政策が引き続き確立される期間も割り当てられるならば，共同市場は一層強固に構築されるだろう。
……

共同市場が完全に実現するためには，いくつかに分割された移行期間を経た後でなければ可能ではない。
……

関税同盟という形態で，この報告書は共同市場を提案した。この点に関し，GATTは三点の条件が満たされることを要求している。

最初の条件は，関税障壁の撤廃は関税同盟を構成する国家間の全貿易のほぼ全てに適用されなければならないことである。共同市場はあらゆる経済活動を拡大したものでなければならない。

第二の条件は，ふさわしい移行期間を設けることである。かくも根本的で全面的な転換のためには，10 年や 15 年といった構築期間ですら，ふさわしい長さとは言えないであろう。
　第三の条件は，共通関税の上限は，共通関税によって置き換えられる個別関税よりも高くなってはいけないことである。対外関税規定の確立の際には，この条件に適っていることが求められる。
　このような方法によって，共同市場は，世界の他の地域から切り離し貿易の様式をゆがめようとする孤立主義の危険性から自由になれるであろう。……
　……

IV.
　(A) 以上のような，共同市場の設立と運営に際しての極めて大まかな概観を描くことで，実際に必要な施策を限定することが可能となる。それは，以下のようにまとめられるだろう：
　―加盟国の義務履行が確約されること
　―企業が公平な競争規範を遵守すること
　―補助金もしくは同等の効果をもつ機能を保持もしくは廃止する条件を確定すること
　―価格のゆがみを是正し，必要もしくは望ましい範囲で，立法の調和化を準備すること
　―投資の発展と再分配（re-adaptation）のための準備に効果を与えること
　―例外条項と救済条項の適用を監督すること
　―域外第三国に対する共通政策を促進すること
　―通貨の安定，雇用と活動の高い水準を維持するために一致した努力を確実にすること
　条約そのものの文言に，これらの任務に必要な全ての規定と義務を詳細に記すことは不可能である。市場の運営（operation）と慣習の変化が柔軟性を必要とすればするほど，特別の力をもった機構と将来生じうるさまざまな問題に適切に対処できる多様な手続きに，われわれはますます依拠しなくてはならないのである。特に，資本移動の自由化を達成し，サービスの漸次的統合が求められるように国内規制が修正され，特定の農産品の共同組織を立ち上げるためのメカニズムを事前に精確に定めることは不可能である。

......

　条約を構成する上での第一の原則は，以下のようなものとなる。通貨，財政，社会政策上のより緊密な統一（unité/unification）を期待しつつも，各国政府の管轄となる一般的経済政策と，共同市場の運営にかかわる問題とは区別される必要があることである。
　第二の原則は，生産者の利益と生産者に必要な安全を保障するために，競争法規の適用と統御を可能とするなんらかの直接的な手法が必要となることである。政府間的な関係もしくは組織による複雑な手続きは，査察や決定を迅速に行うことに対して不適合である。さらに，加盟国による義務の履行や例外条項の適用を，どのような投票様式で加盟国が決するかについてどのように考えるかは難しい。たとえば，全会一致制では，加盟国政府は拒否権の発動に駆られ，また同意形成のための取引に走りがちである。多数決制は権利が一部分でも容認されるというよりむしろ利害同盟（coalition for interest）を代表しやすくなるかもしれない。このような理由のため，固有の行政機構（autorité propre）と共同の責任の所在を備えた組織を設立することが不可欠である。
　第三の原則は，加盟国政府の管轄となる一般的経済政策が，共同市場を機能させるための以下のような決定的な影響を与えることである。すなわち，当該領域における共同体機構が作成する提案を通じて，合意を促進させ，より良い調整を確実にするような取り決めを定めなければならない。
　第四の原則は，法的申し立て（recours juridictionelles）と議会による統御が組織化されなければならないことである。
　(B)　以上の考察から，以下の四つの異なる組織を設立する必要がある［以下，四つの機構についてそれぞれ10行ほどの役割説明を行っているが，ここでは，以下のように簡略化した］。
　　・閣僚理事会
　　・ヨーロッパ委員会（Commission Européenne）
　　・裁判所
　　・共同総会（Assemblée）
　さらに，ヨーロッパ大の利益に基づく計画に対する資金援助，地域発展の実施，産業の転換を目的とする独立した投資基金が設立されることを提案する。

......

第4章　シューマン・プランからローマ条約へ　1950-58年　311

4-29　ユーラフリック構想：ドゥフェール仏海外領土相のモレ宛の書簡
（1956. 5. 17）
"Lettre de Gaston Defferre à Guy Mollet," 17 mai 1956. Archives départementales de l'Aveyron, Fonds de Paul Ramadier, 52 J 114, in Gérard Bossuat, *Faire l'Europe sans défaire la France. 60 ans de politique d'unité européenne des gouvernements et des présidents de la République française*（1943-2003), Peter Lang, 2005, pp. 341-7.

　ローマ条約交渉が開始してもなお，実現されるヨーロッパの共同体のあり方が明確に定まっていたわけではない。実際イギリスが提案した自由貿易地帯（FTA）【4-32】交渉の成り行きによっては，1957年に成立するEECやユーラトムとは異なる〈もう一つの〉欧州共同体の歴史も考えられる。ありえたかも知れないヨーロッパの共同体の可能性は，ローマ条約交渉そのものにも内包されている。ヨーロッパとアフリカとの共同体，ユーラフリック（Eurafrique）がそれである。ユーラフリック構想の一つの源流はクーデンホーフ・カレルギーのパン・ヨーロッパ（【2-8】参照）であろうが，ローマ条約交渉において見受けられたユーラフリック（的）構想の背景は，以下のようなフランス（および特にベルギー）の特殊事情が背景にあった。

　フランスにおいては社会調整負担（【4-30-A】参照）に加え，海外領土（TOM：Territoire d'outre-mer）とフランス本土（Métropole）との関係も，共同市場の実現のハードルを高くする厄介な問題だった。フランスの行政区分には，本土以外に，アフリカを中心とするTOMが存在した。植民地の系譜に連なるTOMとの政治的経済的関係を再考せずに，ヨーロッパでの共同市場を形成することは不可能であった。つまりこの意味では，1950年代においてヨーロッパ統合は，植民地問題と表裏一体の問題だったのである。

　この点について，共同市場の構築をヨーロッパだけの問題とせずに，アフリカとヨーロッパを融合する広域経済圏，つまりユーラフリック共同体を構築することをフランス国内で主張した一人が，海外領土相のドゥフェール（Gaston Defferre, 1910-86）だった。ここで挙げた史料は，ドゥフェールが首相モレに宛てた書簡である。このドゥフェールの書簡には，フランスにとって植民地問題抜きにヨーロッパ統合の推進は不可能であるという姿勢が滲み出ている。逆に言えば，アフリカを始めとする植民地との統合も，ヨーロッパ統合の言説のなかに入ってくる。その意味で，ドゥフェールのユーラフリック論は，成立期のヨーロッパ統合がもった問題の射程の広さと複雑を示していると言えるだろう。

　なお，加盟国の海外領土と共同市場との関係については，1956年10月のパリ会談でフランスとベルギーから共同提案され，以後のローマ条約設立交渉の

焦点となる。この問題は，最終的に EEC 設立条約の付属議定書の第 4 篇（連合協定）として取り入れられ，ローマ条約の一部として 57 年に調印された。

(川嶋)

経済問題・計画局，1956 年 5 月 17 日
フランス海外領土相より
マティニヨン宮，閣僚議長閣下へ

「ヨーロッパ共同市場計画によって海外フランスに対し惹起される問題について」

過日確かに，1955 年 6 月のメッシーナ会議の際に設立された政府間会議が ECSC6 カ国の外相に対し通知した報告書草案を，外務大臣より受け取りました。この報告書草案は，ヨーロッパ共同市場を打ち立てることを想定したものであります。閣下におかれましては，この重要な問題について検討する会合の召集を，先週より望んでおられたことと存じ上げます。

本書簡にてお知らせしたいのは，フランス政府がこの問題にどのように対処すべきであるかという点についての，私の見解であります。すなわち，ヨーロッパ共同市場に関係する海外領土の現状における問題であります。私の見解につきましては，外務次官［モーリス・フォール］に対しても同日付の同様の書簡を送付いたしました。

第一に私が必要と思いますのは，海外領土（TOM）がユーラフリカ共同市場 (marché commun eurafricain) に統合されることであります。第二に必要と思いますことは，この TOM がこの共同市場へ加入する際，これらの領土が発展途上の状態にあることから特別条項が適用されることであります。

何よりまず不可欠なことは，TOM が共同市場に統合されることであります。
……

現在，フランス本土と海外領土は，共同の市場で結びついております。TOM が欧州共同市場から除外されることは，以下の状態を招くこととなりましょう

- ［第一の想定］ヨーロッパ諸国との新しい経済的関係を締結することで，欧州共同市場はフランス＝アフリカ共同市場に取って代わり，フランス本土は TOM と結合していた結びつきを弱める。

- ［第二の想定］フランス本土が欧州共同市場に加盟し TOM は入らない。フランス本土はしかし TOM との現在の経済的結びつきの枢要は維持し，欧州共同市場

はフランス=アフリカ共同市場に取って代わるというよりも，それに重ねられる。

　第一の仮定は検討される必要が大いにありましょう。というのも，TOM はヨーロッパ共同市場に対して，つまり共同市場に編入されるフランス本土に対して，外国として考えられているからであります。

　このような状況は，フランス本土との経済的な結びつきを，きわめて即急に破綻に招くだけでありましょう。また経済的な結びつきの破綻の後には政治的な紐帯の破綻が続くことでしょう。

　このように考えると，当該仮説はフランスによって真剣に検討されなければなりません。フランスはアフリカでの使命をヨーロッパにおける使命ゆえに犠牲にすることはできません。

　[上記の第二の想定である] 第二の解決方法は，二重帰属 (double appartenance) と呼ばれるものです。これは，フランスが欧州共同市場だけでなくフランス=アフリカ全体に対しても帰属するものですが，この考えはもう少し紙幅をとって考えなければなりません。この考えは，フランス=アフリカ共同体も欧州共同市場の利点も放棄したくない全ての人にとって魅力的と思われるでしょう。

　ですが，この考えは，以下の二つの点で深刻な不便さを惹起するものです。

　第一に，二重帰属論は欧州共同市場の諸原則からの逸脱を必要とするものですが，その実行の際には法的にも外交的にもデリケートな問題に触れざるをえないでしょう。

　域外に対する共同市場の保護障壁は，フランス領土から輸出されフランスに輸入される産品に対し，例外［条項］を発動させることとなりましょう。……

　他方で，TOM の存在は，本土に対する負担となります。現地政府予算に対する補助金や，公共投資を行う支出，また当地の主要農産物を世界相場より上乗せした価格で優遇的に購入する支出といった負担があるからです。

　……

　このような条件では，二重帰属論に基づくと，フランスは一方で欧州共同市場に参加し，他方でとても耐えられないような TOM への経済的財政的負担を単独で引き受け続けることになるのです。

　したがって，本土フランスが，欧州共同市場に加入することで TOM との経済的結びつきを破綻させることも，TOM との何らかの非公式な結びつきを全て保ちながら共同市場に加盟することもどちらも望まないならば，認められる解決法

は唯一，フランスとフランスの海外領土［TOM］が同時に共同市場に加入することであるのは火を見るより明らかでしょう。

……

（署名）ガストン・ドゥフェール

4-30　ローマ条約交渉
A．フランスのローマ条約受容条件：共同市場に関する仏代表覚書（1956. 9. 18）
B．ローマ条約交渉における独仏間の衝突：1956年10月のパリ会談に関するカルステンス局長の報告書

A．"Mémorandum de la Délégation française relative au Marché Common," 18 septembre 1956. CAC, SGCICEE, F/60/3112.
B．"Ministerialdirigent im Auswärtigen Amt Carstens an Staatssekretär Hallstein, Telegramm Nr. 42, 22. 10. 1956." PAAA, Abt. 2, Bd. 907, in Ulrich Lappenküper (Hg.), *Die Bundesrepublik Deutschland und Frankreich: Dokumente 1949-1963, Band I: Außenpolitik und Diplomatie*, Sauer, 1997, pp. 612-3.

　　メッシーナ会議以降のフランスは，必ずしもこれから始まる政府間交渉に気乗りしているわけではなかった。むしろ，1955年から56年にかけてのフランスはいくつもの意味で積極的な姿勢に欠けていた。第一に，ヨーロッパ統合に対してどのような政策を取るべきかについて政府に一貫した見解がなく，統合政策について政府内で対立が深かったこと，第二に，統合そのものから撤退するのではないかと他国から認識されるほど，共同体に対して距離をおいていたことが，それを表している。シューマン・プラン以降，ヨーロッパ統合のイニシアティブを握っていたフランスを，どのように共同体設立過程に再び組み込むのかが，メッシーナ以降大きな問題となるのである。

　　ローマ条約交渉開始後しばらく，フランスはベイエンやスパークが提唱する共同市場という制度が，フランス共同体と適合的な制度であるか判断できずにいた。そのようなフランスが態度を転換したのが1956年9月，首相モレの官房で経済問題を専門としていたヴェレ（Alexandre Verret, 1902-63）を委員長とする共同市場を検討する省庁間委員会において，提出された報告書である。史料Aの報告書に提示されているように，フランスの国民経済にとって共同市場構想にどのような条件が付けられればよいかについて結論が出されたのはスパーク報告書が提出されてから5カ月後のことであった。56年5月のヴェネ

ツィア政府間会談において，6カ国はスパーク報告を交渉のたたき台として採用することについて了承していた。つまりヴェネツィア会談以降も，フランスは慎重に自国にとって最も有利な条件を模索していたのである。

しかし，このヴェレ報告書でフランスの政策転換がなされ，ローマ条約交渉が一気に進展したわけではない。続く1956年10月20，21日の2日間にわたってパリで開かれた外相会談において，独仏間を中心に意見が対立し，交渉は暗礁に乗り上げたかに思われた。史料Bは，このパリ政府間会談後に，西独のローマ条約交渉の実務的統括者であった西独外務省欧州問題担当局長カルステンス（Karl Carstens, 1914-92）が外務次官のハルシュタイン（Walter Hallstein, 1901-82：後の初代 EEC 委員長）に宛てた報告書である。57年3月にローマで調印されることとなる政府間交渉の行く先は，まだ予断を許すものではなかった。

（川嶋）

A．共同市場に関する仏代表覚書

1．第一段階から第二段階への移行様式

その目標，規定，手続きは条約のなかで移行期間全体を通じて定めることができる。しかし，第一段階から第二段階への移行は，第一段階の目的が達成されたとき，初めて可能となる。閣僚理事会が，全会一致によって，この条件を十分満たしていると確認しなければならない。

2．社会負担の調和化

共同市場設立を規定している条約草案の第48条は，以下に基づいて作成されなければならない：

「男女の賃金の平等化は条約執行開始から2年間が経過した後に，適用されなければならない」

「同様の期間で，移行期間の第一段階が終了する前に以下の調和化を行うために，構成国は必要な措置を取らなければならない」

- 1週間の標準労働時間と残業時間内労働における割増給付率の調和化
- 有給期間の調和化

「以後の段階においては，社会保障の枠組みと賃金水準の調和化は次のような方式で進められなければならない。すなわち，移行期間終了後，全体的な賃金負担が加盟国において同様であること」

第48条に規定された原則を示すために，第3条に新しい規定を挿入する必要がある。

3. フランスの輸出援助規定ならびに輸入税規程の維持の可能性

フランスと外国との間には価格の不均衡が存在するため，フランス政府は以下の二つの原則に基づく合意の実現が不可欠だと考える。

　A）関税課税率逓減制度は，輸入品に対する特別課税制度を対象外とする。フランスによる輸入免除の新制度を立ち上げるならば新課税制度の創設が伴うであろう。

　B）輸出品に対する援助制度も同様にフランスにおいて維持される。

……

4. 対外収支に問題がある際の例外条項

　フランス代表は条約草案第59条に以下のような新規定を付け加えることが必要であると考える。対外収支に問題を抱える加盟国については，保全的に，例外条項の発動を許可する。その際，閣僚理事会が特定多数決により，実行予定の措置について報告することを当該国に要求できる。他方で，相互助成（concours mutuel）手続きを維持する余地があることは明白である。当該手続きは，関係ある国家が例外条項に訴える必要があると判断したときにも，また例外条項に訴える必要がないと判断したときにも，発動することが可能でなければならない。

　状況が深刻であるとき，当該国家は一定の課徴金制度の復活と何かしらの課税制度の設立を目的とする措置を取ることができる。当然，このような措置は，権限ある欧州機関の決定に従って行われる。

　例外条項の適用を，移行期間に加え移行期間終了後（période definitive）においても想定することが，同様に必要である。共同市場が徐々に実現し始める調整期間においても対外収支の問題が頻繁に発生するならば，移行期間終了後においてもこういった問題が発生することを予見しておかなければならない。

　通貨委員会を設立する必要がある。通貨委員会は例外条項の適用手続きにおいて，一定の役割を果たす必要がある。

5. 海外領土の問題

フランス代表は次回の外相会談において，共同市場への海外領土の包摂に関連する問題について，フランスの見解を発表する予定である。

6. 条約執行の開始

アルジェリアの平和の保障のために行わざるをえない軍事的な取り組みがフランスの財政を強く圧迫し続けるのであれば，フランス代表は，条約の執行開始の日程を話し合う際，条約発効開始の引き伸ばしについては自重する。

この問題については，条約交渉終了後の新しい意見交換の場において，そのときの北アフリカ情勢を斟酌した上で，議題としなければならない。

B. 1956年10月のパリ会談に関するカルステンス報告書

ヨーロッパ統合を追求すべく2日間にわたって開かれたパリ外相会談の初日，特にフランスの例外的なシステムと各国の立場との接近が必要だった。男女の統一賃金，休暇規定の一致およびユーラトムにおける供給規定の一致に関する問題である。しかし会談初日から，深刻な見解の対立が解決されずにいることはすでに明らかだった。それは特に，第一段階から第二段階への移行に関する問題（全会一致か多数決制か）や，週労働時間に関する規定の一致，保護規定の要求に際して用いられる手続き（理事会審議を事前のものとするか事後とするか）に関する問題であった。ユーラトムに関しては，他国は中央供給方式に関するわれわれの大きな譲歩を正当に評価しなかった。他国は，西ドイツが自ら望んで両方の例外的実情（著しい価格の不均衡とユーラトム［から］の［エネルギーが］不十分な生産能力［にとどまること］）に陥ったままにしておいていると，しつこく主張した。

日曜日に専門家によって提示された草案への討議が始まると，対立はますます激しくなった。フランスに対し第一段階から第二段階への移行に関する見解を放棄するように何時間にもわたって働きかけ続けたことで，会談は一時中断し，ピノーはモレに見解を問い合わせに戻り，最終的には，極めて付加的なものであったがフランスの譲歩を引き出した。

次の点（週労働時間規定の調和化）に関する討議は，フランスとドイツの代表の間で長い間議論が続いた。再び会談は中断。ドイツ代表団の内部で妥協を見出す協議を試みたが，（専門家として現役の）エアハルト大臣はこれにあからさまに抵抗した。改めて再開した総括会議の場で大臣は，スパークからの助言もあって，［1956年］11月初頭に予定されている（おそらく5日もしくは6日）アデナウアー首相とモレとの会談［【4-31】］において問題全体を討議することを提案した。この再開した会議においても，週労働時間の適用問題に関して見解を一致させることは不可能だった。大臣が知らせるところによれば，最終会談は以下のような印象をとりわけ抱かせるものだったと言う。すなわち，条約草案を完璧にしようとするのは危険であり，より単純な解決（数々の例外規定の廃止）を求めなければならないというものである。

会談は，その他のなお問題を抱える点についての合意を模索することもなく，

最終的に打ち切られた。会談の共同声明からは，いくつかの点において合意が得られなかった様子がうかがえるだろう。

　私の評価としては，同会議は失敗したとみなされなければならない。しかし，全ての参加国において交渉の継続を望む声は消えていない。来る独仏首脳会談で打開できる見込みはあると，私もオプヒュールも思っている。議論が続いている問題全てにおいて，妥協は可能であると，私は考えている。

（署名）カルステンス

4-31　アデナウアー＝モレ首脳会談（1956.11）
"Procès-Verbal de l'entretien du 6 novembre 1956 entre le président Guy Mollet et le chacelier Adenauer," in *DDF*, 1956, Tome 3, Imprimerie nationale, 1990, pp. 231-8.

　1956年11月6日に，パリで開催された独仏首脳会談は，ローマ条約成立過程における最後のクライマックスであった。この会談と並行して開催された専門家協議において独仏両国は，共同市場とユーラトムの設立に関して問題となっていた共同市場設立時における社会負担調整（Sozial Harmoniziehung/charges sociales）ならびにユーラトムにおける管理機構の権限範囲に合意し（カルステンス＝マルジョラン協定），それまでの政府間交渉での行き詰まり【4-30-B】を打破したからである。この協定は，ローマ条約交渉にあたって，条約成立の最終的な青信号を灯した。他方で，アデナウアー＝モレによる首脳会談は，スエズ戦争によってイギリスとともにフランスが国際的な四面楚歌に立たされた決定的時期に開催されたものである。この会談は，EEC設立交渉，そこにおける独仏関係の役割，スエズ危機とハンガリー動乱という国際政治上の危機に対する独仏指導者の認識という，多層的でそれぞれ密接にかかわる問題が交錯したという意味で，極めて興味深い会談である。

　そもそもEEC設立交渉過程におけるフランスの対外政策認識の変化に関し，スエズ危機のインパクトはどのような影響を与えたのだろうか。ヴェレ報告書【4-30-A】から1カ月ほど過ぎた同年10月29日，イスラエルは突如エジプトに侵攻した。翌日英仏政府はエジプト政府に最後通牒を提示し，その次の日にはエジプトへの攻撃を開始した。この英仏政府の行動は，国連を舞台として激しい国際社会の反発を招いた。折しもハンガリーでの政治改革に対するソ連の軍事侵攻を受けて，国際政治は極めて流動的であった。11月6日の独仏首脳会談は，このように緊迫し，刻一刻と状況が変化する国際政治の決定的瞬

間に開かれたのである。

　同会談におけるモレとアデナウアーとの会話から浮き上がってくるものは，ヨーロッパのまとまりはアメリカから自立するために，また共産圏への対抗から必要である，というアデナウアーの確信であろう。スエズ戦争の当事者であるフランスは，アデナウアーとの会談中であるにもかかわらず幾度となくイギリスとの連絡のために会談を中座する（この会談当日にエジプト＝イスラエル間の停戦が合意）。そしてアデナウアーとは対照的に，モレはアメリカに依存した国際政治認識を垣間見せる。すでにフランスが共同市場を受け容れることは既定路線であったが，この会談以降，その要求を海外領土の共同市場への編入とユーラトムの実現に絞り込むことになる。それは，設立される欧州共同体を，フランス経済の強化・支援に絶好の媒体としてフランスが利用しようとしたことを示唆している。

　WEUの成立と西ドイツのNATO加入によってドイツ問題は解決されたかに見えたが，それはあくまで争点化を逃れただけの程度の暫定的な措置にすぎなかった。共同市場という政治経済統合の核として制度化された独仏関係は，以後，良かれ悪しかれ，ヨーロッパ統合のモーターという役目を負うことになる。

　なお，ここでは仏外務省が漸次刊行するフランス外交文書集（*DDF*）に収録されている史料を訳出したが，この*DDF*に収録されている議事録には，同日の午前に開催された国際政治認識に関する意見交換の箇所のみを抜粋したものしか収録されていない。

(川嶋)

アデナウアー：「駐ウィーン大使から電報を受け取ったばかりなのだが，それによると，チェコスロヴァキアが軍隊の一部に動員をかけ，その部隊はハンガリーだけでなくオーストリア方向にも動いているとのことだ。私はこの電報を，現在開催中のNATO理事会にすぐにも通知するつもりだ」

　ピノーは現在の状況がどのようなものかについて説明した。ピノーは，ソ連が5通の覚書を送っていることを挙げた。送られた順番で言うと，ワシントン宛，ハマーショルド［国連事務総長］宛，パリ宛，ロンドン宛，テルアヴィヴ宛である。この覚書は，国際連合枠内での介入の要請を訴えたものである。

アデナウアー：「それは本当か？」

ピノー：「ロシアはそう言っている。だが，いずれにしろ，ソ連はエジプトに兵器と物資を支援するだろう」

「その5通の覚書の目的はなんなのか？」

「単なるプロパガンダを狙ったものかもしれない。とはいえ，アメリカがソ連と一緒に英仏に対して介入することを受け容れると，ソ連が考えたとは思いにくい。安全保障理事会の多数をソ連が獲得できると彼らが考えたとは，なおさら考えにくい。

……

ヨーロッパで起こりうることについて，われわれはドイツ政府よりも情報がない。現在の状況について言えば，イスラエルが停戦した。われわれも同様の用意がある。しかし，われわれが参加しないスエズ運河の駐留を受け容れることはできない。……」

……

アデナウアーが言うには，この10年近くホワイト・ハウスとクレムリンが，国務省を経由せずに書簡の交換を行っていることを彼は知っているということだ。アデナウアーがダレスにそう言うと，ダレスは否定しなかった。核兵器を保有するこの2国が，世界の支配者を夢見て，世界の調停者たることを自認しようと望んでも不思議ではない。

ブルガーニンからアイゼンハワー宛の覚書について，アデナウアーは，このような考えで声明がなされたことが重要なのであり，単なる偶然とは思えないとの見解を示した。なぜこの日を選んで声明が出されたのかについてアデナウアーは説明しなかったが，声明が出されなければエジプトは敗れていた。

ピノー：「それはそうだろう」

アデナウアー：「だから，私は説明していないわけではない」

ピノー：「われわれもそう考えている」

アデナウアー：「私はフランス政府に相談しているのではない。とはいえ，イギリスもフランスも面目丸つぶれという風にはなってほしくないのだ」

モレはこの点について同意した。モレは，フランスはスエズ運河の安全を保証するために介入を行ったと説明した。もしイスラエルとエジプトが無条件で停戦に同意すれば，われわれの目的は達成されたということだから，われわれも停戦を受け容れるにやぶさかでないだろう。

そうすると残るのは自由航行の問題である。われわれが排除されるような状況は想像し難い。この問題については国連において改めて議論することが必要であり，その期間中，われわれの部隊の進駐は継続するだろう。

ブルガーニンのメッセージについては，5通の覚書の間で多少ニュアンスが異

なる

　［以下各覚書のニュアンスの違いについてのモレの説明が続く］
　……
アデナウアー：「重要なのはアイゼンハワーに出された書簡だ。これは世界を分割しようという申し出だ。ホワイト・ハウスも返答していない」
モレ：「いや，返答している」
アデナウアー：「公式の回答ではあるまい」
モレ：「広報官による公式宣言だ」モレはその宣言文を読み上げた。
アデナウアー：「ソ連の申し出に応えたものとはなっていない。核兵器を備えた2国が平和の維持者の任につくという申し出を100％断ったというものにはなっていない」
　アデナウアーはアメリカの政策に対する不信感を露わにした。というのも，アデナウアーが判断するに，アメリカは二枚舌を使っているからである。数週間前，［アデナウアーは］アメリカ空軍事務次官のクォールズと長時間の会談をもった。……
　アデナウアーによると，前もって核兵器を保有すれば，そのおかげで世界平和は保たれることができるとアメリカは考えているという。アデナウアーは個人的な意見として，第一撃を与えるのは全体主義国家であろうし，それは決定的ではないか，とクォールズに対し述べた。クォールズはこう返答した。「それは知っている。しかし我々の反撃は第一撃がなかったくらいのすさまじいものとなるだろう。」アメリカはロシアとアメリカがお互いに自制することで世界の平和は確保されうると考えているのだ。こう考えると，他の国家は何の役割も果たすことはない。重要なのは，アメリカとソ連との関係だけなのだ。……
　現在の状況において，英仏は面子を失わずに事の幕切れを図らなければならない。今ヨーロッパ諸国は結束（s'unir）しなければならない。超国家的であるかどうかは重要でない。しかし，アメリカに対抗するためにもわれわれは結束し，選挙の後にはアメリカに対して，ヨーロッパ諸国が何を望んでいるのかを要求しなければならない。無論，イギリスはヨーロッパ諸国のうちに入らなければならない。
　……
　モレは，アデナウアーの説明が通訳されている間にこう指摘した。つまり，アデナウアーは，英仏に対するミサイルの発射は世界戦争［の引き金］を意味する

だろうというモレが表明した考えについて，批判を加えているというのである。

アデナウアーは，アメリカは世界戦争を望んでいないこと，そしてソ連はそれを承知していることを確信している。アメリカはソ連とお互いに理解しあうことを望んでいるのだ。

この時，アデナウアーとブレンターノ［西独外相］が，見解が一致していない問題について，短い議論がなされた。

モレの見解は，もし英仏が攻撃されても，アメリカが世界戦争を「始める」ことはないだろう，というものだった。アメリカは英仏が押しつぶされることも認めることはないだろうし，ドイツであればなおさらだ。そうなれば，アメリカが獲得したものが全て失われるのだから。

アデナウアーはクォールズに投げかけた質問を［モレにも］した。もしアメリカ自身が攻撃されないのであれば，アメリカが核戦争を始めることに神経を使うだろうか。彼ら自身は決して戦争を経験することはないのだ。

モレ：「それは悲観主義者の考えだ」

アデナウアー：「リアリストと言ってくれたまえ」

　……

アデナウアー：「ブルガーニンの書簡を読み直したまえ。状況の鍵となるものだ。……一緒に歩いていこうと申し出ているのだ。……他の書簡はよくある脅しだ。アメリカに対する書簡は，米ソ２カ国の関係を構築しようとする手紙なのだ」

ピノー：「もしその分析をわれわれが受け容れるならば，もはや後戻りはできないだろう」

（ピノーは，イギリス大使の面会を求める電話のため会談を中座）

アデナウアー：「重要なことは，フランスが試みたことを早く実行することだ。国際警察の制度もそうだ。同時に，面目は保たなくてはいけない。

そして，われわれはアメリカの［大統領］選挙と国務長官の指名を待たなくてはいけない。ヨーロッパの会談が必要だろう。アメリカ政府へのわれわれのイニシアティブを用意することが必要であり，アメリカを説得するようにしなければならないだろう」

モレ：「……WEU を強化することについて同意するが，WEU の理事会は活発ではない。とにかく，ヨーロッパを構築することが必要だ。この点については全て，われわれは同意する」

（この直後，モレはイーデンからの電話のため会談を中座）

4-32　マクミラン英蔵相の「G計画」とEFTA構想

A．「G計画」(1956)
B．「ヨーロッパ自由貿易地域に関する欧州経済協力機構へのイギリスのメモランダム」(1957. 2. 7)
C．1957年5月2日のイギリス閣議録

A．"Plan G," Memorandum by Macmillan, 14 September 1956. TNA, CAB 129/83, CP (56) 208.
B．*British Memorandum to the Organization for European Economic Co-operation regarding a Eruopean Free Trade Area, 7 February 1957, Cmd., 72*, Her Majesty's Stationery Office, 1957, pp. 433-4, 436, in Peter M. R. Stirk and David Weigall (eds.), *The Origins and Development of European Integration: A Reader and Commentary*, Pinter, 1999, pp. 148-9.
C．CC (57) 37, 2 May 1957. TNA, CAB 128/31.

　すでに見たように，イギリス政府は1955年11月の時点で主として大蔵省の主導で「共同市場」には参加しない方針が閣議で決定されていた。そしてその前提として，このような大胆な試みはうまくはいかないだろうという想定があった。ところが，1956年にこの「共同市場」成立へ向けての動きが結実するなかで，自らの「共同市場」への関与の仕方について，再検討せざるをえなくなる。それと同時にイギリス政府は，ヨーロッパ大陸に巨大な新しい勢力が形成されつつあるなかで，動揺し，政策が混乱していく。

　マクミランは，大陸で「共同市場」を求めるイニシアティブが結実しつつあるなかで，イギリスのイニシアティブによって西欧全体を包み込む政府間主義的な新しい構想を準備していた。これは，コモンウェルスとの関係との整合性を前提としており，農産物を除いた緩やかな「自由貿易地域（FTA）」を成立させる構想であった。この構想は，イギリス政府内では「G計画」として，討議されていた。1956年9月14日の下記のマクミラン蔵相のメモランダムで，この計画の概要が示されている。これは，イーデン首相がスエズ危機への関与を深めつつあるなかでのメモランダムであって，マクミランのヨーロッパ統合構想が如実に示されたものでもあった。そして，57年2月には，OEECへのメモランダムとして，自由貿易地域成立へ向けての外交を展開するようになる。

　ところが結局この構想は，大陸諸国を魅了することはなかった。イギリス政府の当初の想定に反して，「共同市場」成立へ向けての動きはローマ条約として結実し，その「6カ国」はEECとして従来以上に確固たる結束を深めていく。このときに首相となっていたマクミランは，1957年5月2日の閣議では，「現在進行している状況は深刻である」と議論を総括した。結局は，西ヨー

ロッパ全体を包み込む「FTA」成立というイギリスの構想は挫折して，西ヨーロッパは「EEC」と「EFTA」とに分断する結果となった。EEC6カ国との貿易額が急速に拡大しつつあるなかで，マクミラン首相はイギリス政府の立場を再検討せざるをえなくなる。　　　　　　　　　　　　　　　　（細谷）

A．「G計画」
計画の概要

　イギリスは，関税同盟を構成するメッシーナの6カ国（ベネルクス，フランス，ドイツ，イタリア）および，その他の参加を希望するOEEC諸国（おそらくは，ノルウェー，スウェーデン，デンマーク，スイス，オーストリア）との間での，部分的な自由貿易地域に参加すべきである。

　この地域にはおそらく，われわれやヨーロッパ諸国の属領は含まれないであろう。とはいえこれについて，われわれがヨーロッパ諸国の見解を把握していない現時点では決定されるべきではない。われわれ自らの植民地領とも，それらの利益と関連する範囲において協議すべきである。

　自由貿易地域のなかでは，関税や保護主義的数量規制，そしてその他の保護主義的障壁は，10年程度の時間的範囲のなかで明確で段階的なスケジュールで削減され，最終的には撤廃されるべきであろう。

　われわれは，世界の他の地域から入る輸入関税に関しては，行動の自由を保持すべきである。これは，自由貿易地域と関税同盟との本質的な相違点である。コモンウェルスの産品の非関税での輸入という現在の義務については変更を加えるべきではないし，もちろんのこと，コモンウェルスに対してヨーロッパよりも不利になるような形で差別的な対応を行うべきではない。

　われわれは，メッシーナの6カ国間であっても，あるいはわれわれに対してであっても，無差別であるべきだと主張すべきだ。これはまた，自由貿易地域全体を通じた関税の削減のタイムテーブルとしての含意があるのだ。

B．「ヨーロッパ自由貿易地域に関する欧州経済協力機構へのイギリスのメモランダム」

　イギリス政府は，1955年6月に開始されたフランス，ドイツ，イタリア，ベルギー，オランダ，ルクセンブルクにより構成される関税および経済同盟成立の

ための交渉が,現在,成功裏に結論へとたどりつつあることを,嬉しく思う。しかしながら,イギリスがそのような同盟の加盟国となることができないいくつかの本質的な理由が存在する。これらは,とりわけ,イギリスのコモンウェルスとしての利益と責任に由来している。もしもイギリスが,関税および経済同盟へ参加するとすれば,世界全体に向けて他の加盟国と同様の単一な共通関税によってとって代わられる必要がある。このことは,コモンウェルスからイギリスへと輸入された産品を,関税および経済同盟の加盟国ではないいかなる第三国とも同様の税率で関税を設定せねばならず,他方で同盟からの産品は関税が免除されて輸入される。イギリス政府は,コモンウェルスからの輸入品を少なくともヨーロッパと同様の水準の税率に設定できないようないかなる取り決めも,原則として考慮することができない。

　同時に,イギリス政府にとっては,西ヨーロッパ内で可能な限り広域な自由貿易を設立することが,きわめて重要であると考えている。この理由から,イギリス政府は,OEEC 理事会が 1956 年 7 月に合意した,OEEC の他の諸国が関税および経済同盟と連合することが可能か否かを見出すための検討会議を求める決議を強く支持する。

　イギリス政府の自由貿易地域に関する提案は,いくつかの重要な側面で,メッシーナ諸国で現在検討されている関税および経済同盟とは異なっている。関税および経済同盟で提案されている取り決めは,経済統合と財政および社会政策の調和,および投資に関する相互援助に関して,より広範囲にわたっている。これらの取り決めは,適切な機構的枠組みのなかで施行されることになる。イギリス政府は,他方で,自由貿易地域が主として関税や数量制限のような通商上の障害の除去と関連しているとみなしている。しかしながら,イギリス政府は,経済政策の領域でのこのような協力が,大きな継続的重要性を有していると認識する。実際に,より緊密な経済協力へ向けての賞賛すべき動向が,熟慮された政策や自発的な発展から,何年もかけて自由貿易地域加盟国間で期待できるであろう。

C. 1957 年 5 月 2 日のイギリス閣議録

　大蔵相は,ヨーロッパにおいては自由貿易地域なしにヨーロッパ関税同盟を創設するべきだという広範囲の意見が見られていると述べた。後者に関する交渉はきわめて遅滞しており,それは主としてフランス政府による時間稼ぎによるものである。しかしながら,もしも自由貿易地域が存在しない状況で関税同盟が成立

したとすれば，イギリスは，ヨーロッパの経済ブロックと対峙することになり，それはわれわれの輸出に対して差別的であって，ヨーロッパの市場を失い海外市場で関税同盟の加盟国とより激しい競争をせねばならないという二つの理由から，深刻な損失を被ることになる運命にある。

討議のなかで，ローマ条約は基本的に政治的な考慮から生み出されたということ，そしてその本当の目的とは統合された欧州共同体を作り出すことであり，自らの多大な政治的な影響力を行使できるようになること，という点において，全般的な合意が見られた。もしもこの努力がヨーロッパの「第三勢力」を成立させて，われわれが積極的なかたちで連合することなく，ヨーロッパにおける新しいパワーの連携を伴うのであれば，その帰結はきわめて深刻であろう。われわれの現在のヨーロッパ政策は損なわれ，もしアメリカがわれわれの影響力を欧州共同体のそれよりも小さなものとみなすのであれば，アメリカとの特別な関係も傷つくことになる。

このような状況下において，関税同盟加盟国に対して，産業的な自由貿易地域がそれらの諸国自身の政策と必然的に相互補完的となり，イギリスの参加を除外したかたちで関税同盟を創設しようと限定するのが間違った選択であるということを，納得させるための手段を緊急に検討することが必要である。

首相は，現在進行している状況は深刻であると討議を総括した。[FTA擁立の失敗は]不可避的に，われわれの同盟国にとってと同様，ヨーロッパ政策の解体をもたらし，今後われわれは，北大西洋条約機構とソ連に対する防衛に関して現存の体制が崩壊するような道をたどることになるであろう。それゆえに，全ての西欧諸国政府の利益として，関税同盟は自由貿易地域へと拡大すべきであり，そのなかでイギリスは西欧との連合を維持し強化できるようになるべきである。しかしながら，もしも関税同盟加盟国が，この目的のためにわれわれと実効的に協力することができないと感じるのであれば，われわれが自らの通商政策の観点から取りうる保護主義的な措置を適用することを想起せねばならないであろう。

4-33 欧州経済共同体設立条約（1957. 3. 25 調印，1958. 1. 1 発効）

"Treaty establishing the European Economic Community (1958)." 邦訳に際しては『国際条約集』（各年版），有斐閣；金田近二編『国際経済条約集』ダイヤモンド社，1965

第 4 章　シューマン・プランからローマ条約へ　1950-58 年　　327

年を参照した。

　今日の EU の根幹部分である第一の柱，欧州共同体（EC）を規定する条約である。ローマ条約（Treaty of Rome）という呼称で呼ばれているが，同時に調印された欧州原子力共同体設立条約を含めた複数形（Treaties of Rome）で呼ばれることも多い。

　スパーク報告【4-28】をもとに 1956 年 6 月から 57 年 3 月上旬までヴァル＝デュシェス（ベルギー）で二つの共同体（EEC, EURATOM）設立条約の起草作業が行われた。議長はベルギー外相スパークが務めた。交渉の最大の対立点は域内貿易自由化の速度であり，早期の完全自由化を求めるドイツ，ベネルクスと，関税撤廃に消極的なイタリア，同じく関税撤廃に慎重で一部の数量制限の維持を求めるフランスと立場が分かれた。そのため，共同市場の完成期限が条約発効の 12 年後に設定され，移行期間の特例措置も多く定められたが，競争政策の整備や委員会の独立性の確保など全体的には自由化への方向性が強く示された。ヴェレ報告書【4-30】に見られた仏領地域への配慮は，第 4 部の仏領製品の輸入関税撤廃や開発援助に関する規定に反映されており，条約批准が最も危ぶまれていたフランスへの配慮が目立つ。

　スパークは条約調印地にヨーロッパ文明発祥の地としてローマを推したが，これは EEC 本部のブリュッセル誘致にイタリアの支持を得るための巧みな外交戦術であった。1957 年 3 月の調印後，3 カ月以内に 6 カ国全てが批准した。

　EEC では ECSC に見られた超国家共同体への志向は希薄であり，また，第 3 条に明らかなように，通商，農業，運輸分野においては「共通政策」が策定される一方，経済政策や国内法規は各国間の「調整」ないし「接近」を徐々に進めていくように，プラクティカルなテクノクラット的実践の積み上げによる漸次的統合を目指す姿勢が顕著である。表決には，OEEC や EPU で全会一致のために決定に時間がかかった経験から特定多数決を取り入れているが，これも大国と小国のバランスを考慮したものであった。

　しかし，前文や第 2 条に掲げられた新しい秩序形成の希求は，1960 年代以後の欧州司法裁判所の積極司法により，独自の法秩序を形成していく可能性を秘めていた【5-14】。それは，前文や第 3 条に掲げた共同体の目的実現のために EU 法の地位を確立していく形をとりながら，同時に，たとえば単に同一労働同一賃金の保証を定めた細かな条文（第 119 条）から男女平等が幅広い分野に拡大していくなど，欧州統合の進展に従い，内容が発展したのである。

　また，フランスの強い希望により共通農業政策を導入し，国内開発資金が欲しいイタリアの求めで欧州投資銀行の設立が決まるなど，ECSC 時代よりも補助金や開発支援の側面は強化され，ここに共同体が単なる規制機関にとどまら

ず，一つの行政体としても発展していく可能性が示されている。

　EU の法人格を明示した欧州憲法条約が発効を見ない現状では，EC の法人格ないし国際協定締結権により，この条約の定める共同体の目的に合致する分野に関しては EU による立法・外交が可能になっていることを考えても，この条約が今日においても EU の中核をなすことは変わらない。　　　　　（八十田）

　ベルギー国王陛下，ドイツ連邦共和国大統領，フランス共和国大統領，イタリア共和国大統領，ルクセンブルク大公殿下およびオランダ女王陛下は，ヨーロッパ諸国民間の絶えず一層緊密化する連合の基礎を確立することを決意し，

　共同の行動によりヨーロッパを分割している諸障壁を撤廃することにより，これらの諸国の経済および社会的進歩を確保することを決意し，

　これら諸国民の生活および雇用の条件を絶えず改善することを努力の主要目的とし，

　現存の諸障壁の撤廃のためには，一致した行動により安定的拡大，貿易の均衡および公正競争を保証することが必要なことを認識し，

　これら諸国の経済の一体性を強化し，かつ，地域間の差および一層不利な条件にある地域のおくれを縮小することにより，調和ある発展を確保することを念願し，

　共通の通商政策の手段により国際貿易に対する諸制限を漸次撤廃することに貢献することを希望し，

　国際連合憲章の諸原則に従って，ヨーロッパと海外諸国とを結ぶ連帯性を固めることを意図し，相互繁栄の発展を確保することを希望し，

　資源の結集により平和および自由の保全を強化し，理想を共にする他のヨーロッパ諸国民に対しこの努力に加わることを呼びかけ，

　欧州経済共同体を創設することを決議し，このため，次の全権委員を任命した。

　ベルギー国王陛下は，

　外務大臣ポール＝アンリ・スパーク氏，経済省事務総長兼政府間会議ベルギー代表団長 J・Ch・スノワ・エ・ドピュール伯爵；

　ドイツ連邦共和国大統領は，

　総理大臣コンラート・アデナウアー博士，外務次官ヴァルター・ハルシュタイン博士・教授；

フランス共和国大統領は,
　外務大臣クリスチャン・ピノー氏,外務次官モーリス・フォール氏；
イタリア共和国大統領は,
　総理大臣アントニオ・セーニ氏,外務大臣ガエターノ・マルティーノ教授；
ルクセンブルク大公殿下は,
　総理大臣ヨーゼフ・ベック氏,政府間会議ルクセンブルク代表団長ランベルト・シャウス大使；
オランダ女王陛下は,
　外務大臣ヨーゼフ・ルンス氏,政府間会議オランダ代表団長 J・リントホルスト・ホーマン氏；
　……

第1部　原則
第1条
　締結国は,この条約により,相互間に欧州経済共同体を設立する。
第2条
　共同体は,共同市場の設立および加盟国の経済政策の漸進的接近により,共同体全体を通じて,経済活動の調和的発展,持続的かつ均衡的な拡大,安定強化,生活水準の一層速やかな向上および加盟国間の関係の緊密化を促進することをその目的とする。
第3条
　前条の目的達成のため,共同体は,この条約に規定する条件およびその進度に従い,以下の活動を行う。
(a) 加盟国間の商品の輸出入に関する関税および数量制限ならびにこれらと同等の効果を有する他の全ての措置の撤廃。
(b) 第三国に対する共通関税率および共通通商政策の創設。
(c) 加盟国間の人,サービスおよび資本の自由移動に対する障害の除去。
(d) 農業分野における共通政策の樹立。
(e) 運輸分野における共通政策の樹立。
(f) 共同市場内において競争がゆがめられないことを確保する制度の確立。
(g) 加盟国の経済政策を調整し,国際収支の不均衡を是正するための手続きの実施。

(h) 共同市場の運営に必要な限度における加盟国の国内法の接近。
(i) 労働者の雇用の機会を増大し，生活水準の向上に貢献することを目的とする欧州社会基金の創設。
(j) 新たな財源の創設により共同体の経済的拡大を容易にすることを目的とする欧州投資銀行の設立。
(k) 貿易を拡大し，かつ経済および社会の発展を共同で促進させることを目的とする海外の国家および領域との連合。
……

第5条

　加盟国は，この条約に基づくか，共同体の機関の行為から生じる義務の遂行を確保するため，一般的または特別な全ての適切な措置を取り，かつ，共同体の任務の達成を容易にする。加盟国は，この条約の目的の実現を危うくするおそれのあるいかなる措置も取ってはならない。

第6条

1. 加盟国は，共同体の機関と緊密に協力して，この条約の目的を達成するために必要な限度においてそれぞれの経済政策を調整する。
2. 共同体の機関は，加盟国の財政の国内的および対外的安定を害しないように配慮する。

第7条

　この条約の適用において，この条約に特別の規定がある場合を除き，国籍に基づく全ての差別は禁止される。 ……

第8条

1. 共同市場は，12年の過渡期間を通じて漸次的に設定される。……

第2部　共同体の基礎

　第1編　商品の自由移動

第9条

1. 共同体は，関税同盟を基礎とする。この関税同盟は，商品貿易の全般にわたって適用され，かつ，加盟国間の輸入関税および輸出に関する関税またはこれらと同等の効果を有する全ての課徴金の禁止，ならびに第三国に対する加盟国の共通関税率の採用をその内容とする関税同盟を基礎とする。

　　……

第1章　関税同盟
　　第1節　加盟国間の関税撤廃
　　第2節　共通関税率の設定
　第2章　加盟国間の数量制限の撤廃
……
　第2編　農業
第38条
1．共同市場は，農業および農産物の貿易に及ぶ。
……
第39条
1．共通農業政策の目的は以下の通りである。
　(a) 技術的進歩を促進すること，ならびに農業生産の合理的発展および生産要素，特に労働力の最善の利用を可能にすることにより，農業生産性を向上させること。
　(b) 特に農業従事者の個人所得を増加させることにより，農村社会における適正な生活水準を確保すること。
　(c) 市場を安定させること。
　(d) 供給の安定を確保すること。
　(e) 消費者に対する合理的な供給価格を確保すること。
2．共通農業政策およびこの政策に含まれる特別な方法の策定にあたり，以下のことを考慮するものとする。
　(a) 農業の社会的構造ならびに異なった農業地域間の構造的および自然的不均衡から生ずる農業活動の特殊性。
　(b) 時宜に適した調整を漸次行うことの必要性。
　(c) 加盟国において農業が経済全体と密接な関係を有する部門であるという事実。
……
　第3編　人，役務および資本の自由移動
　　第1章　労働者
第48条
1．労働者の自由移動は，おそくとも移行期間の終了日までに共同体内において確保される。

2. この自由移動は，雇用，報酬その他の労働条件に関して，加盟国の労働者間の国籍に基づく全ての差別待遇を撤廃することを意味する。
3. この自由移動は，公序，公安，公衆衛生を理由として正当化される制限を留保しつつ以下の権利を含む。
   (a) 実際に申し出を受けた雇用に応ずる権利。
   (b) この目的のために全加盟国の領域内を自由に移動する権利。
   (c) 当該国の労働者の雇用を規制する法令および行政規則に従って雇用に就くためにある加盟国に滞在する権利。
   (d) ある加盟国で雇用に就いた後に，委員会の定める実施規則に規定される条件に従って，当該国の領域内に居住する権利。

   第2章　開業の権利

第52条

以下に定める規定の範囲内で，いずれかの加盟国の国民の他の加盟国領内における営業の自由に対する制限は撤廃する。この撤廃は，いずれかの加盟国領内に居住するいずれかの国民による代理店，支店または子会社の設立に対する制限にも適用する。

……

　　第3章　サービス（略）
　　第4章　資本（略）
　　第4編　運輸（略）

第3部　共同体の政策
　第1編　共通の規則
　　第1章　競争に関する規則
　　　第1節　企業に適用する規定

第85条

1. 加盟国間の貿易に影響を及ぼす可能性があり，かつ，共同市場内の競争の妨害，制限または歪曲を目的とするか，または結果として起こす企業間の全ての協定，企業の連合が行う全ての決定および全ての共同行為，特に以下のものを含むこれらの協定，決定，および共同行為は，共同市場と両立せず，かつ，禁止される。
   (a) 購入価格，販売価格その他の取引条件の直接または間接の取り決め。

(b) 生産, 販路, 技術開発または投資の制限または統制。
  (c) 市場または供給源の配分。
  (d) 取引の相手方に対し, 同等の給付に関して異なる条件を適用し, その結果競争相手側に不利益となるもの。
  (e) その給付の性質上または商慣習から契約の対象と関連をもたない追加の給付を行うことを相手方が受諾することを契約締結の条件とするもの。
……

　　　第2節　ダンピング行為（略）
　　　第3節　国家による援助（略）
第92条　この条約に別段の定めがない限り, 形式のいかんを問わず, 加盟国により与えられる援助または加盟国資金により与えられる援助で, ある企業またはある生産に便益を与えることによって競争をゆがめ, またはゆがめる恐れのあるものは, 加盟国間の貿易に影響を及ぼす限り, 共同市場と両立しない。
　　……

　　　第2章　税に関する規定（略）
　　　第3章　法制の接近（略）
第100条　理事会は, 委員会の提案に基づき全会一致で, 共同市場の設立または運営に直接影響を及ぼす加盟国の法令および行政規則を接近させるために命令を発する。
　総会および経済社会理事会は, この指令を実施することが1または2以上の加盟国の法律の改正を伴う場合には, その命令について意見を徴せられる。
　第2編　経済政策
　　　第1章　景気に関する政策（略）
　　　第2章　国際収支（略）
　　　第3章　通商政策（略）
　第3編　社会政策
　　　第1章　社会規定
第119条　各加盟国は, 第一段階において同一の労働に対する男女の労働者間の賃金平等の原則の適用を確保し, かつ, その後も引き続きその適用を維持する。
……

　　……

　　　第2章　欧州社会基金

第4編　欧州投資銀行

第4部　海外の国および領域の連合

第5部　共同体の機関
　第1編　機関に関する規定
　　第1章　機関
　　　第1節　総会
第137条　総会は，共同体に参加する諸国の国民の代表により構成され，この条約により与えられる審議と監督の権限を行使する。
　……
　　　第2節　理事会
第145条　理事会は，この条約に定める目的の実現を確保するため，この条約に定める条件に従い，
　―加盟国の一般的経済政策の調整を確保し，
　―決定権を行使する。
　……

第148条
1. この条約に別段の定めのない限り，理事会の決議は，理事会の構成員の多数決により行われる。
2. 特定多数決を必要とする理事会の決議に対する構成員の投票は，次の割合で行われる。
　　　ベルギー　2　　イタリア　4　　ドイツ　4　　ルクセンブルク　1
　　　フランス　4　　オランダ　2
　　少なくとも，次の投票数を得た場合には，その決定は採択される。
　―この条約に基づき委員会の提案について決議しなければならない場合　12票
　―その他の場合，少なくとも4名の構成員による賛成票を含む　12票
　……

　　　第3節　委員会
第155条　共同市場の運営および発展を確保するため，委員会は，
　―この条約の規定およびこの条約に基づき共同体の諸機関が採択する規定の適用を確保し，

―この条約に明文上の規定がある場合または委員会が必要と認める場合は，この条約の対象となる事項に関し，勧告または意見を表明し，

―この条約に定める条件に従い，独自の決定権を行使し，かつ，理事会および総会の議決の準備に参与し，

―理事会が決定する規則を実施するため，理事会から与えられた権限を行使する。

……

第4節　司法裁判所

第164条　司法裁判所は，この条約の解釈および適用について，法規の遵守を確保する。

……

第169条　委員会は，いずれかの加盟国がこの条約に基づいて負っている義務を履行しなかったと認めるときは，当該加盟国に意見を提出する機会を与えた後，当該事項について理由を付した意見を発表する。

当該加盟国が委員会の定める期間にこの意見に従わないときは，委員会は，当該事件を裁判所に提訴することができる。

第170条　各加盟国は，他の加盟国がこの条約に基づいて負っている義務のいずれかを履行しなかったと認めるときは，当該事件を裁判所に付託することができる。

……

第177条　司法裁判所は，次の事項について先決判決を行う権限を有する。
(a)　この条約の解釈。
(b)　共同体の機関が取った行為の効力および解釈。
(c)　理事会の議決により設置される機関の規定にこの旨の定めがある場合の当該の規定の解釈。

このような問題のいずれかが加盟国の裁判所に提起された場合，当該裁判所は，この問題について先決判決によるべきであると考えるときは，司法裁判所に決定を求めることができる。

このような問題のいずれかが加盟国の裁判所で審理されている事件のなかで提起され，かつ，当該裁判所の決定が国内法上上訴を許さないときには，当該裁判所は，当該事件を司法裁判所に付託しなければならない。

……

第189条　理事会および委員会は，その使命を達成するため，この条約に定める条件に従って，規則および命令を定め，決定を行い，かつ勧告または意見を表明する。

規則は，一般的な効力を有する。規則は，その全ての要素について義務的であり，全ての加盟国において直接適用することができる。

命令は，達成すべき結果について，それが向けられた全ての加盟国を拘束するが，方式および手段については加盟国の機関の権限に任せる。

決定は，それが向けられた者に対し，その全ての要素について義務的である。

勧告および意見は，何ら拘束力を有しない。

　第2編　財政条項（略）

第6部　一般規定および最終規程

第210条　共同体は法人格を有する。

　……

第235条　共同市場の運営にあたって，共同体の目的のいずれかを達成するため共同体の行動が必要とされ，かつこの条約がこのために必要な権限を定めていない場合は，理事会は，委員会の提案に基づき，総会と協議した後，全会一致で適切な措置を取る。

　……

第238条　共同体は，第三国，国家連合または国際機構と，相互的な権利および義務，共同の行動ならびに特別の手続きを特色とする連合を創設する協定を締結することができる。

　……

第240条　この条約は無期限のものとして締結される。

　……

第5章

大西洋同盟の動揺とEECの定着　1958-69年

川嶋周一

【史料リスト】
- 5-1　OEECからOECDへ：「発展に向かって自由世界資源を動員し，通商関係を強化するための合衆国イニシアティブの提案」(1958)
- 5-2　FTA交渉の帰結
  - A．ドゴール仏首相のローマ条約受け入れ：外務省宛書簡（1958）
  - B．EFTA協約（1959）
- 5-3　欧州審議会　欧州地方自治体会議憲章（1961. 9. 13）
- 5-4　欧州審議会　欧州社会憲章（1961. 10. 18）
- 5-5　共通農業政策の成立：「第二期移行ならびに共通農業政策に関する理事会決定」(1962. 1. 14)
- 5-6　政治連合構想
  - A．ボン宣言（1961. 7）
  - B．第一次フーシェ・プラン（1961）
  - C．5カ国共同対案（1962）
- 5-7　ディロン・ラウンド（1960-62）
- 5-8　ドゴール仏大統領のヨーロッパ
  - A．フランスのグローバル政策：1958年メモランダム
  - B．ドゴールの冷戦構造認識：息子フィリップへの1960年5月の手紙
  - C．ドゴールのヨーロッパ認識：1960年9月5日の記者会見
- 5-9　マクミラン英首相の「大構想」——EEC加盟の政治経済的意義：「首相覚書」(1961)
- 5-10　ケネディ米大統領の大西洋共同体構想
  - A．独立記念日演説（1962. 7. 4）
  - B．大西洋共同体に関する記者会見（1962. 7. 5）
- 5-11　MLF構想

  A．MLF 構想における独仏の位置：「駐仏大使から国務省宛電報」・「国務省報告書」（1962）
  B．ナッソー協定（1962. 12. 21）
5-12 エリゼ条約
  A．西ドイツ外務省報告書（1963. 1. 20）
  B．独仏協力に関するフランス共和国とドイツ連邦共和国との間の条約（エリゼ条約）（1963. 1. 22）
  C．エリゼ条約前文（1963. 5. 15）
5-13 ヤウンデ協定の成立（1963. 7. 20）
5-14 法統合の幕開け
  A．ファンヘント・エン・ロース判決（1963）
  B．コスタ対エネル判決（1963）
5-15 1965 年 3 月の委員会提案
  A．CAP と EEC 財政に対する委員会提案（1965. 3. 31）
  B．委員会提案に対する仏外務省経済財政局覚書（1965. 5. 25）
5-16 空席危機におけるフランス
  A．ドゴール仏大統領の記者会見（1965. 9. 9）
  B．フランスの共同体参加条件（1965. 7. 5）
5-17 ルクセンブルクの妥協
  A．「デカローグ」（フランス政府覚書）（1966. 1. 17-18）
  B．ルクセンブルクの妥協（1966. 1. 29）
5-18 NATO の動揺
  A．ブラント新東方政策の精神：バールのトゥッツィンガー演説（1963）
  B．ドゴールの NATO 批判とデタント政策（1966）
  C．同盟の将来的責務：アルメル報告（1967. 12. 13-14）
5-19 第二次イギリス加盟交渉（1967. 4）
5-20 エアバス開発合意（1967. 9. 26）
5-21 関税同盟の達成とその後のヨーロッパ統合路線
  A．関税同盟達成の際の委員会コミュニケ（1968. 7. 1）
  B．西ドイツの同盟後の統合戦略：西ドイツ外務省覚書（1968. 9. 19/25）
5-22 マンスホルト・プラン（1968. 12）
5-23 バール・プラン（1969. 2）
5-24 ハーグ首脳会議コミュニケ（1969. 12. 2）

EECの成立と1960年代の統合力学

　1958年1月のローマ条約成立により，欧州経済共同体（EEC）および欧州原子力共同体（EURATOM）という新しい組織が誕生した。ヨーロッパを混乱の渦に巻き込んだ欧州防衛共同体（EDC）構想の破綻からわずか4年後に，それまでの統合組織と一線を画する，新しいヨーロッパの共同体組織が成立したのである。特に，経済全般の統合を目的とするEECが成立したことは，ヨーロッパ統合が新しい局面に進んだことを意味していた。しかしそれでも，この共同体は，時代の制約を大いに受けており，二重の意味で限定的な組織だった。まず何より，加盟国がイギリスを含まない6カ国に限定されていた。さらに，EECは政治的統合を正面から扱っておらず，権限が条約で認められた領域でも内実が伴っていない状況だった。それゆえ，ヨーロッパ統合の次のステップは，こうした限定を取り払うことだった。60年代のヨーロッパ統合は，EECの権限とその実質化をめぐる議論（それは経済統合と政治統合，さらに安全保障領域の三つの次元にまたがる）と，EECのメンバーシップの拡大をめぐる議論が中軸を占めることになる。そして，60年代に再登場するフランスの指導者ドゴール（Charles de Gaulle, 1890-1970）が，その過程に大きな影響を与えるのである。

　1960年代のヨーロッパ統合は，メンバーシップの拡大には失敗し，数々の危機を迎えたものの，「真の共同体」構築に向けた新しい試みに彩られた。具体的には，戦後復興と戦後秩序の解決の枠組みから離脱し，米欧関係において，一定の限定を受けながらも政治経済上の自立を少しずつ演出し始める。また農業を中心に欧州共同体が独自のダイナミズムをもつことで，50年代とは全く異なる局面へと移行していったのである。

戦後復興の完了からヨーロッパ統合の新たな試みへ

　1960年代における統合の前提として，まず戦後復興を基盤にしたヨーロッパ統合の枠組みが終了したことを指摘しなければならない。50年代終盤から60年代にかけて，西ヨーロッパ諸国は戦後復興の完了段階にあった。戦後復興の完了は第一に58年半ばには欧州決済同盟（EPU）の業務が実質的に役目を終え，同年12月末の西欧各国通貨の交換性回復によって象徴的に示されたことに加え，第二にマーシャル・プランの受け皿である欧州経済協力機構（OEEC）が，ヨーロッパ組織から世界大の経済組織である経済協力開発機構（OECD）に改変されたことに示された【5-1】。そもそもマーシャル・プランは，経済成長を可能とす

る政治経済構造へと国内政治体制の変容を導くものだった。その完了は，すでに始まっていたフランスやドイツの高度経済成長と併せて，戦後復興の完了を高らかに謳い上げたのである。

　さらにEECの成立に際する共同体政策の「宿題」として，まず6カ国が取り組まなければならなかったのが，農業政策に向けた交渉であった。というのもローマ条約成立過程において対立が激しかった農業領域は，概略的な規定しか盛り込むことができず，制度運用に必要な詳細な規定を，ローマ条約発効後に会議を開催して定めることが合意されていたからである。そのため1958年にイタリアのストレーザにおいて，委員会のイニシアティブの下，6カ国は共通農業政策（CAP）策定に向けた最初の共同体会議を開催した。ストレーザ会談以降，EEC委員会副委員長のマンスホルト（Sicco Mansholt, 1908-95）を中心に，CAP規定の策定が進められることとなる。このようなCAPと共同市場の成立は，西側の国際経済秩序に重要な問題を提起することになった。共同市場を国際経済秩序に適合させるために，アメリカは関税と貿易に関する一般協定（GATT）でのラウンド開催を提案した。こうして開始した米欧間の貿易交渉の末，CAPならびに関税同盟設立に必要な対外共同関税の導入が承認された【5-7】。62年にCAPの大枠が合意されたが，その要点は価格政策実施に必要な補助金メカニズムを整備することだった【5-5】。共同市場はまず農業共同市場として誕生した。共同市場の成立とは，単にEECの機構が成功裏に成立したことだけを意味するのではなく，共同体独自の財政体制を有しながら西側経済のなかに適合したことを意味していたのである。

　さらに1960年代統合の特徴として，幾度とない「政治連合（Political Union）」への取り組みが挙げられる。ローマ条約によって設立されたEECは，共同市場という歴史的な実験に取り組むことを宣言しつつも，その領域は当座経済上の領域に限られていた。しかし，当時のヨーロッパ主義者の多くは，ヨーロッパ統合の最終形態（finalité）として，経済的な共同市場にとどまるとは考えていなかった。そこで，60年代に入るとすぐに，EEC加盟国はEECに政治的な性格を加えるために，政治連合の構築を模索し始める。EECが政治連合設立に向けて交渉を開始することを謳った61年のボン宣言に見られるように，EECが政治的な性格を得ることは，ヨーロッパ統合の進歩と考えられた【5-6-A】。

　しかし，この「政治連合」の中身をめぐって，6カ国のなかで見解の衝突が起こる。仏大統領ドゴールは政治連合に防衛機能を付与して，NATOに代替しう

るヨーロッパ独自の安全保障枠組みの構築を追求した【5-6-B】。これに対し他の5カ国は，政治連合を政治統合の起爆剤と考えてはいたがEU(EEC)-NATO-CE体制を崩す可能性を秘めたドゴールの構想に反対した【5-6-C】。政治連合設立のための「フーシェ・プラン交渉」の物語は，1960年代における「政治的統合」の意味と限界を示していた。つまり，ヨーロッパ統合における「政治的な性格」の意味内容は共有されておらず，確立されていなかったのである。

1960年代統合のもう一つの大きなテーマが，2度のイギリス加盟の試みとその失敗である。ローマ条約交渉でECSC6カ国から距離をとり，自由貿易地域（FTA）構想を提案しつつも実現しなかったイギリスのヨーロッパ統合政策は，一端は欧州自由貿易連合（EFTA）設立という点に落ち着いた。EECとEFTAという二つのヨーロッパの経済共同体の並列は，ヨーロッパの政治経済的な分断を象徴的に示していた。しかしこのEFTAを主導するイギリスのヨーロッパ政策は，すぐに転換する。コモンウェルスを基盤とするイギリス政治経済の解体を目の前にして，イギリスはヨーロッパ共同体のなかにも新たな外交的役割と経済的利益を見出そうとしていた【5-9】。しかし，イギリスのEEC加盟申請は，ドゴールのフランスの強烈な反対にあい頓挫する。メンバーシップの拡大に伴う共同体ダイナミズムの活性化は，70年代を待たなければならなかった。

共同体化への作用と反作用

このような1950年代統合の「宿題」を引き継ぐようなヨーロッパ統合の試みに加え，EECの内部では共同体政策の実施により共同体機構の深化と統合の実質化が進められた。共同体政策の最たるものが，前述した農業政策であった。EECにおける農業統合が進むことにより，ヨーロッパ共同体は，独自のメカニズムを得ることとなる。

さて，EEC内での統合の実質化とは，第一に，CAP成立のなかで，共同体の政策執行過程の一様式として，コミトロジーが定式化していったことである【5-5】。第二に，共同体法が国内法に優越しつつ，さらに独自の法体系をもつという考えが登場し，欧州司法裁判所の判例として確立したことである【5-14】。またこの時期，共同体の求心力を高めるために，EEC委員会が広報政策を強く推進することで，ヨーロッパ・アイデンティティの強化を図ろうとしていたことも，近年指摘され始めている。第一のコミトロジーの出現は，専門家による閉じた政府間協議を委員会の場を借りて行うことで共同体政策を実行するという点で，独

特の政策力学を欧州共同体に植え付けた。そしてさらに，ヨーロッパ統合における行政メカニズムの確立にも寄与した。第二の共同体法の独自体系の登場は，経済統合や政治統合だけでもなく，法統合を抜きにして考えられないほど，今日のEUが法共同体として深化する出発点であった。第三にヨーロッパ・アイデンティティの試みは，ヨーロッパ統合の力学を公的な制度だけに頼るのではなく欧州共同体の域内に住む市民の自己意識をヨーロッパという枠組みで確立させることにつながるものである。1960年代の多様な共同体化のプロセスは，今日のEUにおける重層的な統合構築を理解する上で不可欠であろう。

しかし，ヨーロッパ統合の新しいダイナミズムは登場しても，その効力にはおのずと限界が存在していた。特にフランス大統領ドゴールの登場により，1960年代の統合は50年代からの直線的な発展とはほど遠い経路を辿ることになることなった。従来の理解において，60年代のヨーロッパ統合が停滞していたとしばしば考えられていた理由の多くは，ここにある。実際，ドゴールの欧州統合は，50年代に進歩と考えられていた方向性とは別の，しばしば逆向きの政策を追求していたからである。また，EECとは対照的に，EURATOMがローマ条約設立交渉過程において想定されていたように機能せず，60年代に入って早々に「失敗」とみなされたことも，60年代が統合史における「空白期」と考えられていた一因であろう。

しかし，ドゴールの登場によってヨーロッパ統合が一切進展しなかったと言うのであれば，1960年代に進む統合の実質化の側面を正確に捉えたものとは言えなくなる。政治連合で触れたように，ドゴールは，ヨーロッパ統合の枠組みに安全保障機能を付与させることで，ヨーロッパの統合と安全保障とを一体的に再編しようとした。つまり，ヨーロッパ独自の国際秩序の再構築を模索したのである【5-8】。他方フランスの経済統合政策は，一つの共同体政策をまず完成させる「単一共同体政策」，要するにCAPをとりあえず実行することを追求するものだった。しかし西ドイツを始めとする他のEEC加盟国は，CAPだけでなく共同通商政策などの複数の共同体政策をバランスよく実施することを求めていた。すでにEECは，国際経済秩序のなかでは単一のアクターとして存在し，米欧間の貿易関係において，アメリカ経済とEEC経済は相互依存的ながらも多くの対立を生みだしていた。60年代後半を通じて，両者はGATTのケネディ・ラウンドを舞台とした貿易交渉に従事した。このケネディ・ラウンドに参加するにあたり，EECが対外的に単一のアクターとして行動するために，EECは事前に共同

体内の利害調整を行わなければならなかった。それは EEC の統一性を強化させることにつながるものだった。

　さて，共同体の政治的統合における理念上の対立に，共同体財政の各国負担割合という財政上の対立も加わることで，フランスと他国との関係は徐々に険悪なものになっていった【5-15-A】。その対立がドラマティックな形で爆発したのが，1965 年から 66 年までフランスが共同体機構から自国代表を撤退させた「空席危機」である【5-16】。この危機に対し，6 カ国は制度的規約に関して妥協することで，危機から脱却した【5-17】。この妥協により，経済的には共同市場の完成を追求し，政治的には EEC の外延で政治協力を進める構図が定まった。さらに，共同体内部における政策決定様式が，当初定めた全会一致方式を維持することでも合意がなされた【5-17】。この「ルクセンブルクの妥協」と呼ばれる合意は，ヨーロッパ統合に長い影を落とした一方で，EU におけるコンセンサス追求型ポリティックスの原型と言えるかも知れない。

　このように，政治的統合と経済的統合をめぐるヨーロッパ統合の展開は，共通政策の取り組みに伴う不可逆的なコミットメントの強化，独自財政の出現と関税同盟の完成【5-21-A】，さらには，CAP の再編【5-22】と新しい共通政策，とりわけ通貨政策という論点の出現【5-23】によって，共同体の定着と固定化という点に行き着いた。それは，ドゴール退陣後に開かれた 1969 年のハーグでの EEC 首脳会議において宣言された【5-24】。EEC という組織のなかでヨーロッパ統合は行われるのであり，この共同市場という枠組みを前提とした共通政策によって，ヨーロッパ統合は前に進まなければならなくなったのである。

安全保障秩序の動揺──ヨーロッパ的ヨーロッパと大西洋ヨーロッパの相克

　ドゴール外交は，そもそもヨーロッパの安全保障秩序再編を追求するものであった。ドゴールは NATO の組織改編を要求し，1959 年の第二次ベルリン危機の発生とともに，大西洋同盟の改革が米欧諸国の共通課題として意識され始めることとなる。ドゴールの過剰とも言えるイニシアティブに対して，英米とも独自の大西洋同盟再編の動きを見せた。イギリスは EEC への加盟を表明し，アメリカのケネディ (John F. Kennedy, 1917-63) 新政権は「大西洋共同体」と呼ばれる，米欧の緊密な軍事・政治・経済的関係の構築を追求した【5-10】。またヨーロッパの経済統合と対応した NATO 核戦力の統合も NATO レベルで提案され，多角的核戦力（MLF）構想をめぐる加盟国間の対立は，大西洋同盟の結束に動

揺をもたらすことになった【5-11】。つまりドゴールは，独仏を軸として，MLFとイギリス加盟を拒否することで，ケネディの大構想を拒絶し，独自のヨーロッパ構築を目指したのである【5-12】。

　このような動きは，大西洋同盟内におけるアメリカを頂点としたヘゲモニックな関係から，同盟内の西欧諸国の安全保障上の自立化の傾向を導いた。それは同盟内における多極化と言うこともできるだろう。事実この同盟内における自立の試みは，ドゴール外交だけでなく，アデナウアー後の西ドイツの東方外交の転換によっても促進された。東方ではなく西側を向くことを西ドイツの外交的利益としたアデナウアーの「二重の統合」路線【4-3】から，徐々に西独政権は東方へと正面から向き合う。それはシュレーダー（Gerhard Schröder, 1910-89）の動の政策であり，ブラント（Willy Brandt, 1913-92）の外務省入りによって実現する「接近による変化」【5-18-A】であった。ヨーロッパの安全保障体制において手足を縛られていた西ドイツが，自国の利害に基づく外交を展開し始めたのである。

　ドゴールによるNATO軍事機構の撤退【5-18-B】とヨーロッパ内での「デタント」政策の登場は，ソ連を仮想敵として冷戦の申し子として成立したNATOが，アルメル報告書の成立に見られるように，東西関係の緊張緩和という冷戦構造を侵食する問題に対し正面から取り組むことを求めるものだった【5-18-C】。その結果NATOは軍事同盟だけではなく，政治的機構としてデタントに取り組み，域外への責任を負う機構へと転換を遂げ始めた。

　このようにNATOは1960年代後半より動揺を見せ始めるが，それはNATO一体のデタントへの取り組みというNATOの政治化と，仏独といった欧州加盟国によるNATO内多極化とも呼ぶべき質的転換を伴ったものだった。その意味で，この転換は，50年代に成立したEU-NATO体制における「ヨーロッパ化」，つまり西欧諸国の政治的安全保障的ダイナミクスが，アメリカからより自立しはじめる過程を開いたのである（ただしこれは70年代に入り壁に直面する。第6章参照）。

1960年代以後＝ヨーロッパ共同体の独自性獲得の模索？

　このようにヨーロッパ統合史における1960年代とは，大西洋同盟内の多極化，新しい統合の模索とヨーロッパ共同体の自立化という，50年代とは異なる，ヨーロッパ独自のメカニズムの追求が本格化した時期であると言えるだろう。EECという組織を前提としつつ，米欧関係における安全保障政策の緊張関係の

なかで，共通政策に取り組みながら，ヨーロッパ共同体の充実を図るという構図は，70年代の統合にも受け継がれていく。

> 5-1　OEECからOECDへ：「発展に向かって自由世界資源を動員し，通商関係を強化するための合衆国イニシアティブの提案」(1958)
> "Proposed United States Initiative to Moblize Free World Resources for Developement and to Strengthen Trade Relations," Memorandum from Secretary of State Herter to President Eisenhower, November 24 1959, in *FRUS*, 1958-60, Vol. IV, pp. 58-9.

　1960年9月，OEECはその任務を完了したとして，ヨーロッパに限定されないグローバルな経済的国際機構として「経済協力開発機構（OECD）」へと改変されることが合意された。OEECからOECDへの改変は，ヨーロッパの経済復興に一応の目処がつき，ヨーロッパ大の経済・貿易の自由化に向けた試みが一つの段階を上ったことを意味する。OECDへの改変自体，戦後国際経済秩序を考える際，いくつかの興味深い材料を提供している。第一にそれは米欧間の経済関係の問題が，戦後復興期におけるヨーロッパ側のドル不足や対外収支バランスの著しい不均衡といった問題から，逆にアメリカ側のヨーロッパに対する貿易収支赤字問題へ移行したこと（米欧間の経済格差から米欧間の経済競争へ），第二に，OECDやEECといった広域経済観念が，冷戦の枠組みのなかで独自の生命力をもったこと，第三に，この史料から見て取れるように，EECとEFTAの対立が安全保障問題に波及することをアメリカが恐れたこと自体，ヨーロッパ統合がすでに無視できないパワーを国際政治のなかでもち始めたことを意味したことである。

　ここで挙げた史料は，OEECからOECDに組織改変することに関する，アメリカの思惑と諸提案を記したアメリカの覚書である。これは当時のアメリカ国務長官ハーター（Christian Herter, 1895-1966）からアイゼンハワー（Dwight D. Eisenhower, 1890-1969）への書簡であるが，ここではOEECの組織改変が，冷戦の枠組みとヨーロッパ国際政治，そして米欧間の国際経済のいずれの理由からも必要である旨が簡潔に表明されている。　　　　　　　　　　（川嶋）

　この2年間における国際経済状況の一大変化によって，われわれの外交政策の主要領域に二つの新しい問題が提起された。
(1)　第一の問題は，アジア，アフリカ，中東その他の自由世界における発展途上の貧困地域の開発を援助するために，他の［強調原文］工業先進諸国のエネルギーと資源をどのように動員できるだろうか，という問題である。
　これらの地域を発展させるという巨大な任務を進めなければならない。さもなくば，われわれは共産主義者にやがて敗北することになるだろう。

合衆国が必要とされる資本を単独で提供することは不可能である。

他方，西欧と日本は——合衆国の対外収支赤字増加の裏面であるが通貨準備金の顕著な発展によって——，合衆国を強力に支援する相当大規模な努力を財政的に行うことが今や可能となった。このことによって，自由世界全体の強化と結束に資することができるだろう。

これらの努力を行うため，西欧と日本が全面的に協力するためには，合衆国はどのような段階を踏めばよいのだろうか？

(2) 第二の問題は，西欧内部での貿易上の対立関係が生じているなかで，これをどのようにして建設的なチャンネルに転換させることができるかについてである。このようなチャンネルによって，世界大の通商が弱体化ではなく強化され，合衆国の輸出とヨーロッパ以外のアメリカの友好国の輸出に対し深刻な障害となる危険性が回避されることになるだろう。

EEC（6カ国）をアメリカ合衆国は経済的な理由だけでなく政治的な理由からも強く支持してきたが，6カ国は今やイギリスが事実上のリーダーシップを握るEFTA諸国（7カ国）という新しい通商ブロックの挑戦を受けている。

6カ国と7カ国との対立関係は貿易戦争に発展するかもしれない。そうなれば，政治的安全保障的問題に関してNATOパートナー国は，深刻な分裂状態に陥るかもしれない。

他方で，6カ国と7カ国は，アメリカとその友好国の輸出を差別する貿易問題によって，両者の差異が無理に作り上げられているように感じているのかもしれない。

現在のヨーロッパの貿易発展を世界貿易にとって有益な生産的チャンネルに導くことは，アメリカに現在の消極的な役割を放棄して，はっきりとしたリーダーシップを発揮することを求めることになるだろう。

国務省は，開発と貿易の領域におけるこういった新しい主要な問題を成功裏に解決するための一連の行動を慎重に検討してきた。われわれの結論は，最も効率的な方法はアメリカがOEECの組織再編と再活性化を提案するイニシアティブを取り，新機構の下でアメリカが正式な加盟国となる意思を示すことである（今アメリカとカナダはアソシエート上の立場で参加しているだけである）。

この行動は，開発と貿易の主要問題に対処するにあたって，アメリカと西欧が完全に対等な立場に立って共に働くというわれわれの決定を象徴することになろう。また現在の悪化しつつある状況に対してアメリカのリーダーシップを創設す

る行為となろう。……
　　……

> 5-2　FTA交渉の帰結
> A．ドゴール仏首相のローマ条約受け入れ：外務省宛書簡（1958）
> B．EFTA協約（1959）
> A．Charles de Gaulle, "Premier Ministre de Gaulle au Ministère des Affairs étrangère, 13 août 1958," in idem, *Lettres, Notes et Carnets, 1958-1960*, Plon, 1985, p. 73.
> B．"Communiqué issued at Stockholm, 20th November, 1959"; "Resolution adopted by EFTA (Stockholm, 20 November 1959)," in *European Free Trade Association : text of convention and other documents approved at Stockholm on 20th November, 1959, Cmd., 906*, Her Majesty's Stationery Office, 1960, pp.5-6.

　ローマ条約交渉から続いていた，イギリスが提案した自由貿易地域（FTA）構想は，EEC発足の頃にはつくつかの側面からその実現が危ぶまれていた。1950年代にヨーロッパ統合に反対のキャンペーンを張っていたドゴール派の大元締めであるドゴール自身のフランスの政権復帰は，このFTA交渉を最終的な終焉に導くこととなる。とはいえ，FTAがフランスによって拒否されるプロセスは，ドゴールがローマ条約を選んだプロセスと同一ではない。FTA構想は，ドゴールの政権復帰以前よりフランスの交渉当事者にとって魅力を失っていた。加えて，ドゴール政権後のFTAに対する政策も，ドゴールのヨーロッパ観が反映された政策というより，フランスの経済政策一般（特に国際収支に対して）との有機的連関から理解することが必要であり，ドゴール政権のローマ条約受諾は，ドゴール個人の判断というよりも，経済政策担当の側近による決定という側面が色濃い。しかし，ドゴール自身が政権復帰直後に，FTA交渉を破棄に導こうとする意思があったことは，史料Aのドゴールの書簡からうかがえる。1958年末に正式にFTA交渉が暗礁に乗り上げたことにより，イギリスはFTAに替わる欧州経済連合の設立を模索する。その結果，EEC以外の一部のOEEC諸国に呼びかけて成立したのが欧州自由貿易連合（EFTA）だった。EFTAの成立により，ヨーロッパにはEECとEFTAという二つのヨーロッパ組織が並立することとなったのである。
　　　　　　　　　　　　　　　　　　　　　　　　　　　　　　　　（川嶋）

A．外務省宛書簡

1．ヨーロッパは，政治・経済・文化的な計画（plan）に基づいて実在（réalité）

とならなければならない。
2. このような考えから，共同市場とユーラトムの実施が追求されることとなろう。このように設立された基盤から出発して，6 カ国よりさらに広い枠組みへと［ヨーロッパ］協調が発展することとなろう。しかし，その進展がそれぞれの国において深刻な困難を惹起させることは避けなければならない。
3. ヨーロッパ協調（coopération européenne）は，ヨーロッパの枠外，たとえば中東のような世界的大問題に関することにおいても顕在化されなければならない。このような協調は，政治的・経済的領域において現れなければならない。
4. 以上で触れた目的に達成するために，関係ある政府間での定期的協議が開催される必要がある。この協議メカニズムはそれが発展するにつれて，ある種の制度的特色を備えることとなろう。

B. EFTA 協約
共同声明
......

連合［EFTA］の目的は，経済成長，完全雇用，資源の合理的使用，財政的安定，高い生活水準である。

この協定により，EFTA 加盟国間における自由市場が構築される。この自由市場は，今後 10 年もしくは決定されるならばそれ以前の間に，関税の撤廃ならびに産業製品（industrial products）の貿易を阻害するものを取り除くことで実現されるであろう。

参加国間の自由貿易は，競争と経済成長を両立させるであろう。自由貿易は，補助金，国家の管轄領域における慣習，制限的な商慣習（restrictive business practice），または企業の設立に対する制限によって，これら関税障壁撤廃の効果が無に帰さないことを確実にするための措置である。

この協定は農産物も含む。農産物に対しては特別な規定が策定され，貿易拡大を促進するような，主要輸出産品が農産物である国家間における十分な互恵主義が確保されるような合意が締結される。

この協定によって，EEC の 6 カ国を含む OEEC の加盟国間における貿易障壁の撤廃と，より緊密な経済協調を促進するための多角的連合の早期設立を容易にするための，7 カ国の決意が再確認された。この目的のために，特別決議が採択された。

……

決議

　この度 EFTA を設立する 7 カ国は，この 10 年を超える年月の間，OEEC の枠組みのなかで，EEC を構成する 6 カ国ならびにギリシャ，アイルランド，アイスランド，トルコ，近年はスペインとの協調に十分成功してきた。

　……

　EFTA と EEC という二つのグループは，異なってはいるが両立しないわけではない原則に基づいている。この二つのヨーロッパ組織が並存していることは，従来の方向性に沿った進歩が妨げられる危険性を示唆している。そのような危険を避けるためには，ヨーロッパの経済的協調に関係ある全ての国家によって結ばれる合意が必要となろう。

　互恵主義に基づくこのような合意は，FETA と EEC の施策に対していかなる損害も与えてはいけない。さらにこの合意によって，双方の機構の加盟国は，両者間の貿易の障壁となるものを共同して取り除き，より一般的には，共有する問題を解決していかなければならない。

　両者で共有される問題のなかで，ヨーロッパや他の大陸における発展途上の諸国家に対する援助という問題がある。この問題は先進国の最も重要な任務の一つである。

　これらの領域における共同の行動によって，ヨーロッパ国家間のすでに存在する結びつきが強化され，たとえヨーロッパ統合にいたるべき道に関する見解が必ずしも一致しないとしても，共通の運命から生じる連帯が強化されることになろう。

　このような理由から，EFTA 設立協定に調印する 7 カ国の政府は，ヨーロッパに新たな分断を引き起こすことを避けるためにあらゆることを行う決意があることを宣言する。7 カ国政府は EFTA を OEEC の全加盟国間の合意に向けた一つの段階であるとみなしている。

　……

> 5-3　欧州審議会　欧州地方自治体会議憲章（1961. 9. 13）
> "Charter of the European Conference of Local Authorities, 101 Meeting of the Ministers' Deputies (Council of Europe)," Recommendation 262, Res (61) 20E, 13 September 1961. (Online available : https: //wcd.coe.int/ViewDoc.jsp?id=627605&Site=CM&BackColorInternet=9999CC&BackColorIntranet=FFBB55&BackColorLogged=FFAC75)

　　ヨーロッパにおける姉妹都市提携を通じた自治体協力の歴史は古く，第一次大戦前に遡ることができる。こうした積み重ねを経て，第二次大戦後の1951年には欧州地方自治体評議会が結成され，欧州石炭鉄鋼共同体の設立と並行して，自治体の視点で，ヨーロッパ統合への貢献と独自のヨーロッパ像の提示を試みてきた。特に欧州審議会との関係強化を重視し，57年には欧州審議会において欧州地方自治体会議が設置された。この会議は，地方自治の保護発展のために，地域・地方自治体の自由を憲法により定義し，独立した司法機関の下で法により保障することを要望した。当然，閣僚理事会は難色を示し，61年9月13日に「欧州地方自治体会議憲章」が採択されるにとどまった。

　　ここで描かれたヨーロッパ統合像は，加盟各国とヨーロッパ機関の関係に加え，より下位の主体である各国内の自治体も含めた重層的な空間におよんだ。これに自治体間の国境を越えたトランスナショナルなネットワークとの接合を試みた。地域の利害にかかわる問題について，自治体がヨーロッパレベルの政策プロセスに制度的に関与することを促しているが，その背後には，超国家機関のテクノクラシーに対する反発と，分権化の流れが存在する。

　　こうしたヨーロッパレベルでの地方自治の要求は，のち，1985年に採択される「欧州地方自治憲章」【7-7】においてようやく日の目を見ることになる。そして上記の欧州地方自治体評議会の後継団体である欧州地方地域自治体評議会は，1994年にEUの政策プロセスに地域の声を反映させるべく地域委員会【8-9】の設置に尽力する。EUの「補完性原理」論以前に，地方自治体は，国内の諸アクターが関与する，重層的なヨーロッパ空間を構想していた点が興味深い。
　　　　　　　　　　　　　　　　　　　　　　　　　　　　　（上原）

第1条　会議の設立，目的および権限
(a)　……欧州地方自治体会議［以下，会議］は，地方自治体が，審議会規約第1条【3-11】において定義された欧州審議会の諸目的の達成に関与することを保証しなければならない。
　　会議の主要な目的とは，閣僚会議と諮問議会に対し，地方自治体に対して影響をおよぼすか，もしくは地方自治体が住民および政府に対し責任を伴う

可能性のある措置に関して，その見解を伝えることである。

また，地方自治体に対し，ヨーロッパ統合の進展について情報を提供し，ヨーロッパ統一という理想への支援を求める。

(b) 会議は，前項で定められた権限の範囲内でのあらゆる問題を，ならびに閣僚委員会もしくは諮問議会の意見について会議に付託されたその他あらゆる問題を討議することができる。

前項でふれたあらゆる問題に関して，決議を採択し，意見をまとめることができる。こうした決議と意見は，諮問議会に対しては意見として，閣僚委員会に対しては訴えとして提出されることとする。

……

5-4 欧州審議会　欧州社会憲章（1961. 10. 18）（1996年改訂版を掲載）
"European Social Charter," STCE No. 035, Turin, 18 October 1961. (Online Available : http://conventions.coe.int/Treaty/fr/Treaties/Html/035.htm)

　1949年に設立された欧州審議会は，民主主義，自由，基本的人権の擁護を目的としたため【3-11】，間もなく50年11月に欧州人権条約を採択した【4-8】。当初欧州審議会は市民的・政治的人権に加え，社会的・経済的権利まで含めた人権を視野に入れていた。しかし実際に成立した欧州人権条約は，市民的・政治的人権および自由権の規定にとどまった。そこで61年に欧州人権条約を補完し，社会的・経済的人権を保障する欧州社会憲章が採択された（96年に冷戦崩壊後の新しいヨーロッパ秩序に対応し改定）。欧州人権条約と欧州人権裁判所および欧州人権委員会，さらにこの欧州社会憲章を含めて，欧州人権レジームが形成される。欧州審議会の社会憲章は国籍の有無にかかわらず「全住民」の人権と補完的関係にあるのに対し，【7-15】のEC社会憲章は労働者の権利のみを対象とし，労組との社会的対話を重視する，という差が存在する。

　欧州社会憲章の実施措置については，1996年の改正まで報告に限られており，実効性に乏しかった。ヨーロッパ社会モデルの基本理念の一つであるとも言えるが，欧州審議会加盟国のうち，参加しているのは半数程度にとどまっている。

（上原）

欧州審議会加盟国である署名国政府は，

欧州審議会は，加盟国間でのより緊密な一体性の達成を目的とし，共通の遺産である理想と諸原理の遵守・実現と，特に人権と基本的自由の擁護と発展を通じて，経済的社会的進歩の促進を目指していることを考慮し，

1950年11月4日にローマで調印された人権および基本的自由の保護のための条約［欧州人権条約【4-8】］に加え，1952年3月20日にパリで調印された付属議定書において，欧州審議会加盟国はその全住民に対して，以下の条項に明記される市民的・政治的権利および自由を保障することで一致したことを考慮し，

社会権の享受は，人種，皮膚の色，性別，宗教，政治信条，出身国，社会的出自によるいかなる差別もなく，保障されるべきであることを考慮し，

適切な制度および行動により都市と地方双方の住民の生活水準が向上し，社会的福利が促進されるよう，共同であらゆる努力をすることを決意し，

以下のとおり協定した。……

5-5 共通農業政策の成立：「第二期移行ならびに共通農業政策に関する理事会決定」（1962. 1. 14）

"Décisions du Conseil des ministres (14 janvier 1962)," *Bulletin de la Communauté économique européenne*, mars 1962, No. 3, pp. 11-3.

1962年1月，共通農業政策（CAP）が成立した。CAPはEECにおける初めての共通政策であったが，その合意は，このCAP規定を定めるために理事会の会議が約半月間継続審議となったほど，激しい議論の応酬の末に成立した。そもそもローマ条約における農業政策規定は一般的枠組みを出るものではなく，EECはその成立直後から共通の農業政策の成立を目指して交渉を続けていた。その最初の試みは，58年に開催されたストレーザ会議だった。この会議にはEEC加盟政府代表だけではなく，農民団体や農産物加工業者を含めた産官民が集まり，CAPの基本枠組みについて広範な意見が交わされた。ストレーザ会議を受けてCAPの策定に入った副委員長マンスホルトは，50年代の初頭にオランダ農相として独自の農業統合構想【4-7-A】を掲げた「ミスター・グリーン・ヨーロッパ」だった。マンスホルトに主導された委員会は，価格政策と構造基金を主軸とした農業政策をまとめ，61年12月に提示，翌年1月に合意にいたるのである。なお，史料内にも登場する，加盟国の代表が加入して審議する「管理委員会」の発足は，「コミトロジー」と呼ばれる独自の政策執行様式を共同体内部にもたらすこととなる【5-16-B】。　　　　（川嶋）

1962年1月14日，EEC閣僚理事会［以下，理事会］は委員会報告書に基づき，ローマ条約で規定された第一段階の目的の根幹が確かに達成されたことを，全会一致で確認した。この確認はローマ条約第8条第3パラグラフの規定に基づき，第二段階への移行への条件となるものであるが，当該移行は1962年1月1日に遡って発効することが決定された。
　……
　理事会によってなされたこの「確認」は，1961年12月18日以降に採択された諸決定全体と密接に結びついている。これらの諸決定は競争政策（カルテルに関する第85・86条を実施する最初の規則），社会政策（第119条で想定されている男女同賃金導入の日程採択）および共通農業政策を対象としたものだった。61年12月31日以前に成立したカルテルと社会政策に関する決定については，当公報の前号にて報告済みである。ここで特に取り上げられることは，共通農業政策に関する諸規則（règlements/regulations/Verordnungen），諸決定（décisions/decisions/Entscheidungen）ならびに諸決議（résolutions/resolutions/Entschießungen）である。これらは，61年12月18日から開始した議論に終止符を打った，1962年1月14日の早朝に理事会が採択したものである。
すなわち，
a)　各市場の組織に関する条文
　　・穀物に関する規則
　　・豚肉に関する規則
　　・家禽肉に関する規則
　　・卵に関する規則
　　・野菜果実に関する規則
　　・ワイン醸造用葡萄に関する規則
　　・西独，仏，伊に対するワイン課徴金に関する決定
b)　全産品に適用可能な規定を導入する全般的規定
　　・財政支援に関する規則（指導保証基金の設立）
　　・第42条に基づく競争規約の規則
　　・第235条に基づく農産物転換商品に関する決定
　　・輸入関税が徴収される製品一覧表の決定
　　・第44条に基づく最低価格の確定のための目標基準に関する決定
c)　これから取り組む作業の原則とスケジュールを規定する二つの決議

・乳製品に関する決議
　　・牛肉と砂糖に関する決議
　理事会は，当合意の審議に140時間以上を費やした。6カ国の閣僚によって取り組まれた任務で，これほど困難なものはなかった。
　ローマ条約は，第38条から第47条にかけて，農業に関する原則的な枠組みを規定している。しかしこれは実行する手続きを明確に定めたものではない。ゆえに，委員会と理事会の任務は，単純な文言を具体化することだけにあるのではない。両者の任務はむしろ，共同体の農業政策を定め執行する規則全体を練り上げることにあるのである。ここで採択された諸規則は，一方で，最も重要な農産物の共同市場組織の法的基盤を提供するものであり，他方で，競争規定と最低価格に関し，農産物・農業加工製品全体についての条約の規定を解釈したものである。つまりこれらの諸決議は，他のセクター（乳製品，砂糖，牛肉）の共同市場組織に関する最初のアウトラインであり，これらのセクターに関する規則はさらに練り上げる必要がある。
　　……
　理事会が採択したこれらの規則と決定によって，次の7月1日以降，共同体機構に多くの権限が委譲され，共通農業政策は移行期間（7年半）終了後共同体全体の問題となるだろう。
　これらの権限の大半は委員会に帰属することになる。理事会は最も重要な事項に関する決定権限を有する。その他の場合，理事会は，委員会に与えられている決定を修正する可能性を有している。また，規則の適用後，理事会決定の大部分は加重多数決制によって決されることになる。理事会の決定の全てが，第三期開始後には多数決制となるであろう。

　委員会組織* による決定は三つの範疇に分類することができる：
- いくつかの重要な問題，たとえば価格の近接化といったものに対しては，委員会の提案に基づき，理事会で決定が行われる。理事会における投票様式は，ローマ条約第43条に基づき，第二段階中は全会一致で，それ以降は加重多数決制によって行われる。
- 一定程度の重要性を有する実施決定 (les décisions d'application/Durchführungs-beschlüssen)，たとえば小麦の共同体間控除 (l'abattement intracommunautaire)，野菜・果物のなかの特定産品に関する品質保証基準の設定といったものにつ

いては，「管理委員会（comité de gestion）」と呼ばれる審議機関で協議された後，委員会に決定が委任されるが，理事会は決定に修正を加えることができる。
- 単なる実施的措置に関しては，委員会のみが決定権限を有する。

このような［権限の分立という］制度規定は，過度に厳密な投票様式によって想定された制度体系が機能しなくなることを回避したいという，恒常的な憂慮から決定された。これは，理事会は限定的に修正する権限を保持しているが，非常に多くの数の決定が委員会に委託されることを意味している。同様の理由から，共通農業政策が完全に共同体の管轄となる以前より，全ての決定は多数決制となるだろう。
……

＊フランス語版では「委員会組織（les institutions de la Commission）」と記されているが，ドイツ語版では単に「共同体組織（Gemeinschaftsorganen）」と記されている。

5-6　政治連合構想
A．ボン宣言（1961. 7）
B．第一次フーシェ・プラン（1961）
C．5カ国共同対案（1962）

A．"Déclaration dite de Bad Godesberg des chefs d'État ou de gouvernement des États membres de la CEE," Bad Godesberg, 18 juillet 1961, in Pierre Gerbet et al. (eds.), *L'Union politique de l'Europe, Jalon et textes*, La Documentation française, 1998, pp. 113-4.
B．"Première propositions françaises à la commission d'études en vue de la conclusion entre les Six d'un traité établissant une Union d'Etats (Plan Fouchet I)," Paris, 19 octobre 1961, in *ibid*., pp. 114-30.
C．"Contre-proposition des Cinq," Paris, 27 février 1962, in *ibid*., pp. 121-30.

ローマ条約の結果誕生した EEC は，名前が示すとおり当初経済的領域に活動が限られた機構だった。機能主義的な統合発展観に立つならば，統合は政治統合にいたって，初めてその目標を達成すると言える。実際 1960 年代に入る頃から，政治統合を求める声は上がっていた。ドゴールはこの政治統合を志向する EEC の雰囲気をうまく捉え，政治連合構想を打ち上げた。この構想は，共同体を政府間的な機構に組み替えつつ，NATO に抵触するような防衛機能

を有する「政治連合」の構築を目指すものだった。統合プロセスとこの「政治連合」構想との整合性を巡り，1960年から62年にかけて6カ国は，激しく議論をたたかわせる。政治連合は60年代を通じて幾度となく議論に上るが制度的な実現にはいたらず，EECは共同市場の充実化に向かうことになる。とはいえ，69年のハーグ会談で合意された欧州政治協力と，それに続くダヴィニョン報告の成立【6-3】は，このフーシェ・プラン的な政治連合構想のなかから登場したものだった。政治連合構想とその交渉は，EEC成立からハーグに向かう1960年代の統合プロセスにおいて，共同体と国際秩序の再編を問題化しつつも，その実現を見なかった重要な「失敗のプロセス」と位置づけられよう。

　ここで取り上げる史料は，政治連合に関する最も基礎的な史料である。史料Aは，1961年7月に政治連合構想を協議した6カ国首脳会談の共同声明，いわゆるボン宣言である。ボン宣言は，ヨーロッパ統合が新しい段階に進む期待を各国に与えることとなる。ボン宣言採択によってEECは政治連合の実現に向けて6カ国協議を開始する。その協議の場が，各国の専門家によって構成されたフーシェ委員会だった。委員会の議長であるフーシェ（Christian Fouchet, 1911-74）の名を冠するこの委員会で討議のたたき台として採用されたのが，史料Bのフランス案（第一次フーシェ・プラン）である。

　しかし防衛を守備領域に含め，ヨーロッパ安全保障秩序の再編の枠組みとして政治連合を設立しようとするフランスと，連邦主義的な政治統合を担う機構として政治連合を設立しようとする5カ国との間には，大きな溝があった。1962年1月に，フランスがそれまでの交渉で示した妥協を撤回した第二次フーシェ・プランの提示にいたり，フーシェ委員会は紛糾し，政治連合交渉は暗礁に乗り上げた。史料Cの5カ国共同対案は，袋小路に陥ったこの交渉を再開するために，2月の協議委員会の席上に提出された5カ国共通の修正案である。

　しかし2月の時点では，まだこの5カ国間でさえ不一致の点も多かった。続く3月と4月の協議において，フーシェ退任後に協議委員会の議長となったイタリアのカッターニ（Emilio Cattani）の仲介的補足規定の提案によって，5カ国の共同対案はようやく固まる。この共同対案は，5カ国が求めた考え，すなわち，主要な組織としてフランス案にはない司法裁判所を挙げ（ただし，この規定はカッターニ案では撤回される），連邦主義的な条項を設けつつ（第7条2），大西洋同盟と政治連合の共存を明言し，既存のEEC-NATO関係の現状維持を志向している。しかし，政治連合交渉は1962年4月以降協議が棚上げされ，挫折を迎えることになる。

　このような各国が政治連合という機構に求めた志向性の相違は，この時期に

おけるヨーロッパ統合の方向性をめぐる議論の激しさを明らかにしている。1960年代に入っても，まだ統合の方向性は，一つの方向へ収斂していたわけではなかった。

(川嶋)

A．ボン宣言

［6ヵ国の］政府首脳・国家元首は，

・各国の共通遺産を形成する精神的価値と政治的伝統を主張することを望み，

・……各国国民間の政治・経済・社会・文化的紐帯をヨーロッパ共同体の枠内で強化すること，そしてヨーロッパの連合（l'union de l'Europe）へと進むことを望み，

・アメリカ合衆国ならびに他の自由な諸国民と同盟を組んだ統合ヨーロッパのみが，今ヨーロッパに立ちふさがる脅威に対して対処できることを確信し，……

・ヨーロッパの連合に向けた政治的協調を発展させ，かつヨーロッパ共同体においてすでにもたらされた成果をさらに追求し，

・……他のヨーロッパ諸国が共同体に加盟することを望みつつ，以下のことについて合意にいたった：

1. ヨーロッパ共同体設立条約のなかですでに示唆されている政治連合の意思に対し形を与えること。この目的のために加盟国間の協調を組織化し，その発展に道筋を与えること。……
2. 見解を比較検討し，諸政策を集約することを目的とする会合を定期的に開催すること。このことで，ヨーロッパの政治連合を支持し，大西洋同盟を強化する共通の立場を築き上げること。……
3. 諸国民の連合の制度的特質をできるだけ早く確定するため，その方策に関する諸提案の討議を，［検討］委員会＊の任とする。……

＊のちのフーシェ委員会。

B．第一次フーシェ・プラン

前文

　……

第1部：ヨーロッパ人民の連合について

第1条

　当条約によって，国家連合［以下，「連合」］が設立される。「連合」は加盟国ならびに加盟国国民の人格（personnalité）への尊重，法と義務の平等に基づいている。「連合」は不可分である。

第2条*

　「連合」の目的は
- 加盟国にとって共通の利害として提起された問題に関し，共通の外交政策を採択すること
- 学術・文化領域における加盟国間の緊密な協調によって，加盟国に共通する歴史遺産の成熟を守り，文明の価値を保護すること
- 加盟国間において人権，基本的自由，民主主義を守ること
- 他の自由［主義］国家と協調しながら，共通の防衛政策を採用することで，あらゆる侵略に対して加盟国の安全保障を強化すること

第3条

　「連合」は法的人格をもつ。……

第2部：「連合」の機構について

第4条

　「連合」の機構は
- 理事会（le Conseil）
- ヨーロッパ議会総会（l'Assemblée parlementaire européenne）
- ヨーロッパ政治委員会（la Commission politique européenne）

である。

第5条

　理事会は，国家元首・政府首脳レベルのものを，4カ月に1度開催する。これらが開催される間に少なくとも1度，外相レベルの理事会を開催する。1もしくは複数の加盟国の要望があれば，いずれかのレベルでの例外的会合を開催することができる。

　国家元首・政府首脳会合のとき，理事会は，会合の前後それぞれ2カ月間任に当たる議長職を任命する。

　外相レベルでの理事会会合では，国家元首・政府首脳レベルで議長を務めた国の外相が議長を務める。

任期中に開催される例外的会合の議長は，任期を務める議長によって運営される。理事会は，会合の場所を選ぶ。

第6条

　理事会は，1ないし複数の加盟国から議事日程に要求された全ての問題を審議する。理事会は，全会一致で，「連合」の目的実現に必要な決定を行う。1ないし2カ国の欠席ないし棄権は，この決定を妨げるものではない。

　決定に参与した加盟国にとって，理事会決定は義務である。欠席ないしは棄権によって決定が義務とならない加盟国はいつでも決定に参与することができる。この決定は参与した瞬間より義務となる。

第7条

　ローマにて1957年3月25日に調印されたヨーロッパ共同体の共同機構憲章の第1条に規定されたヨーロッパ議会総会（Assemblée parlementaire européenne）［以下，議会］は，「連合」の目的に関係する事項について審議する。

　議会は，理事会に口頭もしくは書面で問題を照会することできる。

　議会は，理事会に対し，勧告（recommandation）を提出することができる。

第8条

　理事会は，議会からの問題を受けると，4カ月の期間内に回答を提出する。

　理事会は，議会からの勧告を受けると，6カ月の期間内に回答を提出する。

　理事会は，議会に対し，1年に1度，活動について報告する。

第9条

　ヨーロッパ政治委員会（Commission politique européenne）は，対外問題を管轄する各加盟国の高官によって構成される。本部はパリに置かれる。その議長職は，理事会議長職と同じ国家の代表が，同じ期間務める。

　同委員会は必要と思われる事務組織を設立する。

　同委員会は，その任務のために必要な人員を確保し業務を行う。

第10条

　ヨーロッパ政治委員会は理事会を助ける。委員会は理事会の審議事項を準備し実施する。委員会は，理事会が委任した任務を履行する。

第3部：加盟国の義務に関して

第11条

　加盟国は連帯し，相互に信頼し，協調し合わなければならない。加盟国は，

「連合」の目的の実現を阻害し遅滞させるようなイニシアティブを取ったり決定を行ったりしてはいけない。……

第4部：「連合」の財政について
第12条**
　理事会は毎年，「連合」の全支出入を含む予算を編成する。
　……

第5部：一般規定
第15条
　当条約は修正することができる。修正の要求は，加盟国によって，理事会に提起されなければならない。理事会は，修正草案を討議し，議会に意見を求めるかどうかについて決定しなければならない。
　理事会にて全会一致で採択された修正案は，議会が加盟国への批准に関する意見を表明した——理事会が意見を求めた場合であるが——後，加盟国の批准へと進む。修正案は，全ての加盟国が批准しなければ，発効しない。
　……

第17条
　「連合」は，上記第2条で定められた「連合」の目的を受け容れる欧州審議会加盟国に対し，加盟の余地を残している。
　新加盟国加入の賛意は，……理事会にて全会一致にて決定される。……
　……

　　＊第二次フーシェプランでは，「連合」の目的である政策領域として，対外政策，経済，文化，防衛の四つを簡潔に挙げることとなる。「防衛」も無論重要なポイントだが，「経済」もEECとの関係が不明確として問題となる点だった。
　　＊＊続く第13条には，加盟国の拠出金割合が定められているが，その数字は第一次・第二次を通じて同じであり，史料Cの5カ国共同対案においても同様である。

C．5カ国共同対案（傍点部分はカッターニによる仲介的補足規定）
　加盟国は，……
　各国の根幹的利害の統一を追求することを決意し，……
　大西洋同盟の強化に寄与するよう，防衛領域での共通行動によって安全保障が維持されなければならないことを認識し，

以下について同意した。
……

第2条
1. ヨーロッパ連合（Union européenne）は，加盟国間の政策を歩み寄らせ，協働し，統一することによって，ヨーロッパの統一（unité de l'Europe）を促進する任務を負う。
2. この任務を実現するため，ヨーロッパ連合は以下の目的を有する。
    - 共通外交政策を採用すること
    - 共通防衛政策を採用すること
    - 教育，学術，文化の領域において緊密に協調すること
    - 加盟国の法律（législation）を調和化し統一すること
    - 相互理解ならびに建設的な協調の精神に基づき，加盟国間に生ずるであろうあらゆる衝突を調停すること
3. 他の目的は，ヨーロッパ議会総会の審議を経た後，理事会で決定される。
4. 本条約は，ヨーロッパ共同体の管轄を侵害しない。
……

第5条*
1. ヨーロッパ連合の組織は
    - 理事会ならびに閣僚委員会
    - ヨーロッパ議会総会
    - 司法裁判所
   である。
2. 理事会と閣僚委員会は，政治委員会と事務総長を補助する。

第6条
1. 理事会は加盟国の代表によって構成される。……
2. 理事会は通常会合として1年に3回，原則として4カ月ごとに会合する。ヨーロッパ連合の1ないしは複数の加盟国の要求に基づき，議長のイニシアティブの下，いつでも例外会合を召集することができる。
3. 議長職は，加盟国が（6カ月もしくは1年）** の期間，持ち回り制で職務を果たす。
……

第7条

1. 理事会は，1ないし複数の加盟国もしくは事務総長が要求した議事日程に従う全ての問題を審議する。議事日程は議長によって採択される。

    理事会会合は外相による閣僚委員会によって準備される。理事会はヨーロッパ連合の目的の実現に必要な決定を，全会一致で決定する。

2. 理事会決定の実施の際，各加盟国の憲法規定に適合することが保障される。理事会は，特定問題に関し，全会一致で，全会一致原則からの逸脱を認めることができる。1ないし2カ国の棄権は，全会一致が求められる決定を妨げない。

3. 全会一致が求められる決定が，加盟国の反対によって採択されなかった場合，理事会は決定される期日まで審議を延期する。次の審議が開催される前に，理事会は議会の意見を得ることができる。

……

　　＊4月のカッターニ案では，理事会，閣僚理事会，政治委員会，防衛委員会，文化委員会，ヨーロッパ議会総会の6組織に変更される。
　　＊＊5カ国の共同対案が提出された2月27日の時点で，まだ具体的な期間につき5カ国間で合意されていなかったので，2月の段階で空白のまま提出され，後に1年間と合意された。

5-7　ディロン・ラウンド（1960-62）

"Memorandum from the Chairman of the Interdepartmental Committee on Trade Agreements (Walker) to President Kennedy," Washington, February 26 1962, in *FRUS*, 1961-1963, Vol. IX : Foreign Economic Policy, pp. 521-7.

　　ディロン・ラウンドは，戦後西側世界の国際貿易体制であるGATT枠内に，想定以上に巨大な関税同盟となるEECを，どのように組み込んでいくかを目的とした，最初のGATTラウンドである。1960年から始まり62年6月に終結するこのラウンドにおいて，EECは最初の共同体政策であるCAP導入を前提とした農業交渉をアメリカとの間で繰り広げた。争点は，創設される対外共通関税に見合った関税体系の再構築と，関税障壁の引き下げ，そしてCAPの保護的性格を弱めることであった。特に米欧間で問題となったのが，域外からの輸入に対しEECが課す可変輸入課徴金制度（variable import fee system）であった。この規定自体はGATTの規約上違反であったわけではなかったが，自国の過剰農産物の共同体地域への輸出アクセスを確保したいアメリカにとって，代償なしでの課徴金制度の容認はできなかった。EECはこのアメリカの

態度に対し，一定農産物に対する低関税率適用という譲歩を示し，ディロン・ラウンドを終結させる。可変輸入課徴金制度は，単に CAP の保護的性格を示すだけでなく，のちに共同体の固有財源の主要な柱となる重要な規定である。この規定をアメリカが容認したことで，CAP はその成立の対外的基盤を固めた。それは取りも直さず，EEC の共通市場が，戦後国際経済体制に登場し適合した瞬間であった。

(川嶋)

ウォルカー貿易協定省間会議議長よりケネディ大統領への覚書（ワシントン，1962年2月26日）

　貿易協定省間会議は，本覚書をもって，GATT 主催の下で1960年から61年にかけてジュネーヴで開催された関税会議交渉の結論に，大統領が賛成することを推薦する。

　交渉の射程とその複雑さのため，会議は二つに段階を分けて開催された。1960年9月1日から開始した第一の会議は，GATT の第24条6項に関する EEC との交渉に基本的にかかわるものであり，EEC 加盟国で別々にすでに定められている［関税譲許］表を，GATT 下の新しい単一の関税譲許表に置き換えるために行われた。

　第二の段階は1961年5月29日に開始し，関係ある締約国間の，もしくは新契約締結国が参加することに伴う，新譲歩の相互的交換（reciprocal exchange）に関する交渉である。

　両方の段階における主要な交渉において，GATT 第26条6項とその他の既定によりいくつもの再交渉が行われた。……

　……

24条6項交渉

第一段階における主な交渉は，共同市場の対外共通関税の設立に関連する EEC 委員会とのものだった。……

　26条6項交渉の結果は，以下の三点である：

　……

　第二に，対外共通関税の関税率がまだ決定されていない製品（基本的には大規模生産されたタバコ製品と精製された石油製品であり，合衆国の輸出量の3%を占める）については，……対外共通関税率が決定される時まで，既定の各国の関税が維持されるという点で合意された。

第三に，共通農業政策の可変輸入課徴金制度下に置かれる産物に対しては，合意に達したがその様式は最終交渉まで延期され，かついくつかの産品にセーフガードが与えられる。この合意がカバーするのは，小麦，コーン，米，穀実用モロコシ，家禽肉で，共同体地域への全輸出の1割に相当する。
……

5-8　ドゴール仏大統領のヨーロッパ
Ａ．フランスのグローバル政策：1958年メモランダム
Ｂ．ドゴールの冷戦構造認識：息子フィリップへの1960年5月の手紙
Ｃ．ドゴールのヨーロッパ認識：1960年9月5日の記者会見

Ａ．"Mémorandum," Paris, 5 septembre 1958, in *DDF*, 1958-II, p. 377.
Ｂ．Charles de Gaulle, "Lettre au Général Phillip de Gaulle," in idem, *Lettres, Notes, et Carnets, Vol. 8 : 1958-1960*, Plon, 1985, pp. 358-9.
Ｃ．De Gaulle, "Conférence de presse tenue au Palais de l'Elysée (5 septembre 1960)," in idem, *Discours et messages, Tome III : Avec le renouveau 1958-1962*, Plon, 1970, pp. 244-6.

　フランス第五共和制初代大統領であるドゴールは，国際政治秩序の再編を求める積極的な外交を，在任期間を通じて展開した。彼の外交が「フランスの偉大さ」の回復を求めたため，しばしばアメリカや西欧諸国から反感を呼び対立を引き起こした。
　ドゴールの外交政策は，時間軸を追って変遷することと，いくつかの考えが複合的に合わさって構成されている。ここでは1960年代前半の，政権復帰から「大構想」時代におけるドゴールの外交政策・ヨーロッパ政策を特徴づけるいくつかの史料を提示する。第一の史料は，ドゴールのフランスにおけるグローバルな役割付与を構想した覚書の文面である。ここでは，ドゴールにおける大国間協調主義と，NATO批判の両面がセットして提示されている。第二の史料は，彼の時代認識とヨーロッパが冷戦構造において果たすべき役割を簡潔に述べたものである。彼は，米ソの利害関係は対立的というよりも相互的であり，その狭間にヨーロッパが立たされていると考える。自立的なヨーロッパの創出は，冷戦構造の変容に対応する不可欠の目標であった。第三の史料は，ドゴールのヨーロッパ統合に対する認識である。ここでは，ドゴールの政治連合に対する考えや，超国家的統合に対する反対意見が述べられる。
　このように，ドゴールのヨーロッパ政策の特徴は，フランスの国益に沿いつ

つ，かつ既存のヨーロッパ共同体の枠に収まらないもう一つの「ヨーロッパ」の構築を目指したという点で，「やわらかい統合」の一変則版と言えるかもしれない。

(川嶋)

A．1958年メモランダム

近東と台湾海峡での最近の事件が示していることは，欧米の同盟の現在の組織が，自由世界全体にかかわる安全保障の必要条件には，もはや適合していないことである。西側同盟は連帯して危険を引き受けるが，決定に関しても責任に関しても，不可欠な協調が欠けている。以上の点を鑑み，フランス政府は次のように結論づけた。

(1) 大西洋同盟が構想され実行に移されたときに定められた潜在的活動範囲は，現在の政治的・戦略的現実に対応していない。現在の世界を鑑みれば，安全保障の範囲を北大西洋に限定したNATOという組織は，もはや目的に適っていないと考えざるをえない。なぜならば，例えば近東やアフリカで起こっていることがヨーロッパには直接の関心事ではないかのように捉えられ，フランスの不可分の責任が，アフリカ，インド洋，太平洋に及ばないかのようになっているからである。他方，船舶や飛行機の行動半径，ミサイルの飛行距離［の拡大］のため，限定された［防衛］体系は軍事的に時代遅れとなっている。確かに，決定的な核兵器の武装能力を当面の間アメリカが独占することは認めざるをえなかった。それは，世界規模の防衛問題に関する決定権をワシントンに事実上委ねたことを正当化してきたと言うこともできるだろう。しかしこのような従来は認められてきた事態も，もはや現実にそぐわなくなっていることを認めなければならない。

(2) したがってフランスは，NATOが現在の形態では自由世界の安全保障の条件にもNATO自身の条件にも適応していないと考えざるをえない。フランスが必要と思うことは，世界的規模での政治的軍事的次元における，フランスを含む機構を設立することである。この機構は，一方で世界大の安全保障に関する政治問題において共通の決定を下し，戦略的行動計画，特に核兵器の使用に関する計画を作成し，必要とあれば実行することになろう。そうすれば，以下のように一般機構に下属する作戦地区を予め想定し，組織化することができるだろう。

    A）北極

B）大西洋（ヨーロッパ，北アフリカ，中近東，ラテンアメリカ）
　　　C）太平洋
　　　D）インド洋（インド，マダガスカル，中南アフリカ）
(3) フランス政府は，このような安全保障機構が不可欠だと考える。以後，現在のNATOへのフランスの関与を発展させるにあたってはこの機構を通じて行い，そのために必要であれば，北大西洋条約第12条の修正手続きに訴える用意がある。
(4) この覚書で提起された問題をできるだけ早く英米仏の3カ国間で協議の対象とすることを，フランス政府は望む。この協議は，ワシントンで行い，その開始にあたっては，大使と常駐委員会［スタンディング・グループ］にて行うことを提案する。

B．息子フィリップへの1960年5月の手紙

［1960年5月のパリ会談がU2事件による米ソ間の対立の結果紛糾したのを受け］
　しかしながら，この敵対する両国のどちらもが戦争にいたることを望んでいないのだ。だから，いずれ［両国は］対話の席に戻るだろう。フランスがパリ会談から引き出した結論とは，われわれは自分自身の力で存在しなければならないということだ。特に，効力のある核戦力がわれわれには必要だ。……

C．1960年9月5日の記者会見

質問：
　大統領閣下，西ドイツ，オランダ，イタリアの指導者に過日説明したとされるヨーロッパ協調計画についてご説明願えますでしょうか。またできれば，マクミラン英首相とアデナウアー西独首相との会談を受けて，閣下がこのテーマに関してどのような希望と考えをおもちなのか，という点もお願いします。
ドゴール：
　……ヨーロッパを構築する（Construire l'Europe）とは，つまりヨーロッパを統合する（l'unir）ことであり，それはもちろん根本的な事柄だろう。こう言っては平凡な物言いとなってしまうが，なぜ文明の，武力の，理性の，そして繁栄の偉大なる暖炉の火を灰の中に消してしまう必要があるのだろうか。今述べた領域に限らず何ごとも物ごとは，夢に従って進めるのではなく現実に従って進めなければならないのだ。では，ヨーロッパの現実とは何なのか？　何を柱として打ち

立てればいいのか？　それは国家（États）である。無論，国家機構はそれぞれ異なっている。それぞれ独自の魂があり，独自の歴史があり，独自の言葉があり，不幸も，栄光も，野心もそれぞれ独自のものをもっている。しかし国家こそ，命令する権利と権威を有している唯一の実体（ler seules entités）なのだ。国家の外部やその上に，行動を効率的にする何かや人々から支持された何かを打ち立てることができると思い描くこと，それは妄想というものだ。確かに，ヨーロッパの問題に一体となって取り組むことで，程度はともかく国家からはみ出す性質をもつ何らかの機構を設立することができた。このような機構は固有の技術的価値がある。しかし権威をもたないしもつこともできない。権威をもたないのだから政治的効力もないのだ。さして問題がないときに限り，そういう組織はうまく機能する。だが何か大きな問題が起これば，「高等機関」のようなところはさまざまな国民階層に対し権威をもっているとは考えられないだろう。権威は国家だけがもっているのだ。これは近年の石炭危機の際に明らかになったことであり，農産物問題が提起された際の共同市場に関する事件で確認したことであり，アフリカ諸国への輸出に関する経済競争に関する問題や，共同市場と自由貿易圏との関係に関する問題で明らかになったことである。

……

繰り返しになるが，ヨーロッパ諸国が共通の諸問題を協議するために，また何かしらの準備のために，やむをえない場合は自らの決定を遂行するために特別の機構に委託を行うことは，全くもって当然のことである。しかし，その決定は国家に属するものである。決定がヨーロッパ機構に属することは不可能であるし，決定を執行するのは国家間の提携によってのみ可能となる。西欧の恒常的な協調体制を確保することは，フランスが望ましいと考えていることであり，可能と考えていることでもあり，実践的と考えていることでもある。そのような提携は，政治領域，経済領域，文化領域，そして防衛領域におけるものとなろう。これはつまり，責任ある諸政府の恒常的かつ組織化された協調を意味するのであり，また同時に，政府に従属しているが，共通領域それぞれに特殊化された機構の任務を意味している。

……

このような道を歩み始め，前に進もうとする望みを棄てなければ，［ヨーロッパの国々の］紐帯は多様化し，これまでやってきたことが当たり前となり，少しずつ，然るべき時間が積み重ねられたとき，ヨーロッパ統一（unité européenne）

に向けた新しい一歩を踏み出せるだろう．もう一度言うが，フランスが提案しているのは，こういうことなのだ．

5-9 マクミラン英首相の「大構想」——EEC 加盟の政治経済的意義：「首相覚書」（1961）

"Memorandum by the Prime Minister," 29 December 1960 to 3 January 1961 ('The Grand Design'). TNA, PREM 11/3325.

　イギリスの EEC 加盟申請は，二つの面で戦後イギリス外交の転換を意味していた．第一に，第二次大戦中に制定された帝国特恵制度と戦後の GATT という多角主義とのすり合わせの上に位置していたイギリスの貿易政策のなかに，EEC の共同市場を挿入したことであった．これは，当時のイギリスにとって，コモンウェルスという制度が，イギリス経済の地盤を提供できなくなってきていることを意味していた．と同時に，第二の転換点は，政治外交的なヨーロッパ共同体というパワーの勃興をイギリスが無視できなくなっていたことを顕していた．イギリスの EEC 加盟申請は，このようなイギリス政治経済の構造転換のなかでなされたものであった．イギリスの視点に立てば，ヨーロッパ統合の展開は，イギリスの世界帝国の地位の喪失との不可分一体な過程と言えよう．

　このようなイギリスが「帝国」を基盤としたグローバルな大国から（西）ヨーロッパを基盤とした大国へと転換する際に大きな問題となったのが，すでに西欧の「大国」を少なくとも自負していたドゴールのフランスとのバランスであった．ここで取り上げた英首相マクミラン（Harold Macmillan, 1894-1986）の「大構想」は，フランスの意図を探りつつ，ヨーロッパという枠内に英仏が両立する構想を模索していた彼の試みを明らかにしている．　　　　　　　（川嶋）

II．経済的問題
　……
(d) EEC と EFTA
13．今や［EEC と EFTA 間の］和解にいたることが可能である［強調原文，以下同］ことが明らかになった．……

　　……

　独伊などは試行的議論でのスキームの一つに同意するだろうが，フランスはし

ない。フランスとはつまりドゴールである。

しかし，より複雑なことは，ドゴールが消えれば，和解はより難しくなることである。［ドゴール失脚によって］フランスで何が起ころうとも，分裂も含めた大きな混乱となるだろう。フランスの連邦主義者（モネ）の見解が強くなるかもしれないし，肝の小さいフランス人はヨーロッパ連邦主義者の国に亡命を希望するかもしれない。ドゴールは扱いづらい人間だが，彼の政治的構造に対する見解（連邦ではなく国家連合）はわれわれのそれと近い。もし彼が［ヨーロッパ共同体の］政治制度にわれわれが加入することを望めば，彼が望む形態をとることは，われわれにとってより易しくなる。

もし解決が近い将来に達成されなければ，［EECとEFTA間の］分断は悪化し，（共産主義に対する共闘というわれわれの最重要目的からすれば，再び）危険となり，もしかすると致命的となろう。イギリスにとって経済的帰結は深刻となるかもしれない。いかに面の皮を厚くしようとも，文明国の最も強力な経済集団から排除される状況におかれることで，われわれは侵害を必ず受ける。

それは世界を傷つけることにならざるをえない。なぜなら，経済的排除によって，われわれは長期的に軍事的孤立主義と政治的中立主義にいたることになるからだ。

ヨーロッパの原理的連邦主義者の勝利は，遅かれ早かれ一極主義と中立主義の勝利を意味する。

14. ゆえに，ドゴールがフランスの権力を握っている間に，解決にいたるため，なんとしても努力しなければならない。……

　　……

VI. フランス

　　……

25. われわれは何を望んでいるのか？

　　ドゴールは何を望んでいるのか？

　　もしドゴールがわれわれを助けてくれるなら，どの程度彼を助けることに同意できるのか？

(A) <u>われわれは6カ国と7カ国が調停されることを望む</u>

　　　　われわれが言う意味をはっきりとフランスに分からせなければならない。つまり，もし解決にいたらなければ，ヨーロッパは政治的にも軍事的にも分

断されるだろう，ということである。

われわれは，WEU下での責任を破棄しなければならない。

……WEUへ導いた条件が消滅したのは明らかであるし，WEUで引き受けているイギリスの義務を支えるものも根本的に変化した。当時，フランスはイギリスの貿易を差別していなかった。また当時，フランスは復興ドイツの脅威に対しイギリスの支援を必要とした。最初の条件は消滅した。第二の条件［が消滅したこと］についてはフランスにとって幸せなことであろう。ではフランスは今どうなのか。フランスは判断しなければならない。

(B) <u>ドゴールはフランスを大国として，少なくともイギリスと同等として承認することを求めている</u>

彼はアングロサクソンを疑っている。

「アングロサクソン支配」が続く以上，彼はイギリスをヨーロッパではなくアメリカとして，アメリカのジュニアパートナーとして扱うだろう。

……

ドゴールは，NATOの最重要な決定はワシントンにて英米間で決められる――もしくは，そのような決定を行わない――と感じている。彼はこのクラブもしくはパートナーシップから排除されていると感じている。ゆえにドゴールは

(a) 「3カ国主義」を追求する。英米はこれを「原則として」限定的な範囲で受け容れたが，現実には一度も運用されていない。
(b) どれだけのコストがかかるにせよ，フランスが核保有国たらなければならぬと決意する。フランスが［英米の］核クラブから除外されていることが，フランスの不利な立場を意味しているからだ。ドゴールを特に苛立たせているのは，イギリスが独自の核能力を有していることだ。彼はアメリカについては別の範疇で捉えている。

26. 英仏の要求を調和させるにはどうしたらよいか。解決の基盤はあるのか？

イギリスはヨーロッパの事案に加わりたい一方で，フランスは英米の事案に加わりたい。合意にいたることはできるのか？　ドゴールは，フランスを世界大の一等国として認知させる政治的軍事的な［英仏間の］取り決めの返礼として，ヨーロッパの経済問題解決をそれだけで阻んでいるフランスの拒否を撤回させるだろうか？　彼が望むことは，3カ国主義であったり核に関することであったりする。われわれにできる申し出はあるのだろうか？　そしてわれわれはアメリカ

を説得することができるのだろうか？
……

5-10　ケネディ米大統領の大西洋共同体構想
A．独立記念日演説（1962. 7. 4）
B．大西洋共同体に関する記者会見（1962. 7. 5）

A．John F. Kennedy, "Adress at the Independence Hall," Philadelphia, July 4, 1962, in Office of Federal Register, *Public Papers of the Presidents of the United States, John F. Kennedy, 1962*, U.S.G.P.O., 1963, p. 538.
B．"The President's News Conference of July 5, 1962," in *ibid*., pp. 540-1. 邦訳に際しては『世界週報』第43巻30号、1962年を参考とした。

　1961年から政権の座に着いたアメリカのケネディは、大西洋共同体構想を提示し、西欧とアメリカとの新しい関係構築を追求した。それは、イギリスのEEC加盟を前提とした米欧間での自由貿易関係の強化、NATO軍事統合システムの強化と通常兵器重視による同盟戦略の転換、政治連合とのパートナーシップの構築など、ヨーロッパ統合とNATO、さらには東西関係のあり方の組み替えを追求するものだった。ここで取り上げたのは、1962年7月4日にケネディが行った独立記念日演説である。この演説では米欧が対等なパートナーシップにあることを訴え、両者が協調することの重要性を説いている。この演説は必ずしもケネディ政権の考えを詳細に述べてはいないが、独立記念日という極めて重要な場面において大西洋共同体を取り上げた点に、ケネディ政権が米欧関係の秩序再編を重視していたことがうかがわれる。　　　　（川嶋）

A．独立記念日演説

……

　もしも今日、世界を分けている問題が一つしかないとすれば、それは独立、つまりたとえばベルリンやラオスないしはヴェトナムの独立であり、鉄のカーテンの背後で燃え上がる独立への希求であり、またそういった困難を功績として活用しようとする新興地域における平和的移行である。……　今日、この国――革命のなかで生を受け、自由を糧として育ち、独立のなかで成人したこの国は、体系的に人間抑圧を行ういかなる国家や社会に対しても、独立を求める世界大の動きの指導権を譲り渡すつもりはないのである。

［アメリカ］独立宣言が今日適切でありかつ適用可能であるのと同じように，このホールで起草されたもう一つの歴史的文書，すなわち合衆国憲法に十分敬意を払うこととなるだろう。なぜならば，合衆国憲法が強調したのは独立ではなく相互依存であり，個々の自由ではなく全ての人の分け難い自由だからである。

……古き帝国が過ぎ去っていくことで，今日公式に「属領」と呼ばれる領域に住んでいるのは，世界の人口のうち20%を切っている。この独立を求める努力が──アメリカの独立宣言の精神によって吹き込まれたのだが──成功に近づくにつれ，新しい偉大な努力が，つまり相互依存を求める努力がわれわれの世界を変えつつある。そしてこの新しい努力の精神は，アメリカ合衆国憲法を生み出した精神と同じものなのだ。

この精神は大西洋を越えた彼方に最も明確に見出せる。西欧の諸国家は，13の植民地の間に存在したものよりも厳しい不和によって分断されていたが，かつてわれわれの祖先が求めていたように，多様性のなかに自由を，統一のなかに強さを見出すために一つにまとまろうとしている。

アメリカ合衆国は，この広範な試みを希望と尊敬の念をもって見ている。われわれは，強くかつ統一されたヨーロッパを，ライバルではなくパートナーと考えている。その発展を手助けすることは，ここ17年間のわれわれの外交政策の基本的目標であった。われわれは，統一ヨーロッパが，共同防衛のなかでより大きな役割を発揮する能力を備えていること，貧困国の要望に一層寛容に応えることができること，合衆国その他の国と一緒に貿易障壁を撤廃し，通貨・通商に関する問題を解決し，その他経済，外交，政治領域の全ての面において調整された政策を発展させる能力があることを信じている。そのようなヨーロッパを，自由諸国家の共同体を構築し防衛するという偉大で負担もかかる任務を果たす上で，完全に平等な立場に立つパートナーとみなしている。

このようなパートナーシップの形成を重視している以上のことを，今言及することは時期尚早というものであろう。今第一に行わなければならないことは，われわれのヨーロッパの友人たちが，このようなパートナーシップをやがて可能とするようなより完全な同盟の形成に向けて歩みを進めることである。

新しい大建築物は，一夜で建つものではない。独立宣言から憲法起草まででも11年の年月がかかっている。実際に運用できる連邦制を策定するのに，さらに一世代を要した。われわれの国家の創設者たちの最も偉大な業績は，文書や宣言のなかにあるのではなく，創意に満ち断固とした行動のなかにある。ヨーロッパ

の新しい家の建設も，同様に実際的で果断な道を辿ることになろう。大西洋のパートナーシップは，安上がりかつ容易に作り上げられるわけではないのだ。

　しかし，私は今ここで，この独立(インディペンデンス)記念日にあたり，相互依存(インターディペンデンス)宣言をアメリカが用意していることをはっきりと述べておきたい。つまりわれわれは統合されたヨーロッパと，具体的な大西洋パートナーシップを形成する手段と方法を協議する準備を行っているのである。大西洋パートナーシップとは，今形成されつつある新しいヨーロッパの同盟と，この地で180年以上前に設立された古いアメリカの同盟との間での，相互に利益をもたらすパートナーシップである。

　これら全てのことは，1年のうちに完了することはないであろう。しかし，それが今のわれわれの目標であることを，世界に知らせようではないか。……

B. 大西洋共同体に関する記者会見

Q： 相互依存宣言と具体的な大西洋共同体の結成に関する大統領の提案に関して尋ねるが，これらの目標を達成するための具体的な計画はどうか。どのくらいの期間が必要なのか。またこれは究極的に同盟あるいは何らかの政治的結合に基づかせるのか。

A： 昨日述べたように，最初の仕事はヨーロッパが独自の方法で，また自己の決定に従って，その組織を完成することである。イギリスの加盟について決定が下されたならば——この夏にもそれが下されることを望むが——もちろんこの仕事はより速い速度で進歩するだろう。私が昨日言わんとしたことは，この強大で次第に団結を強めつつあるヨーロッパをアメリカが競争相手と見ているとするようなヨーロッパのいかなる見解も，また報道も事実に反するということである。われわれはこれを提携仲間と見ており，また力の源泉と見ている。

　この統合されたヨーロッパが実現した暁には，もちろんわれわれとの関係は従来とは違うものとなるだろう。NATOは独立諸国の連合体だった。そして，アメリカに特別の責任を課したが，われわれは喜んでこれを負った。だが，もちろん［NATOにおける米欧間の関係と］単一かつ強力なヨーロッパ，もしくはヨーロッパ諸国の強力な連合体とアメリカの関係との間には，違いがある。われわれは経済問題で協力していかなければならない。

　ご存知の通り，われわれは世界各地で軍事的，経済的，政治的に大きな重荷を負ってきた。私はヨーロッパがその仕事を終えたならば，ヨーロッパと

アメリカが両者だけでなく，昨日述べたように外部の国にも恩恵を及ぼすような仕方で，その関係を完成，調和すべく努めることが出来るものと期待している。われわれは世界の他の諸国が貧しくなってゆく中での金持ちクラブになることを望まず，この種の連合の恩恵は分かち合うことになろう。第一の仕事はヨーロッパで，次いでヨーロッパとアメリカだ。

5-11　MLF 構想
A．MLF 構想における独仏の位置：「駐仏大使から国務省宛電報」・「国務省報告書」(1962)
B．ナッソー協定（1962. 12. 21）

A. "Telegram from the Embassy in France to the Departement of State," Paris, February 21, 1962, in *FRUS*, 1961-1963, Vol. 13, pp. 364-5 ; "Scope Paper Prepared in the Department of State," Washington, April 20, 1962, in *ibid*., p. 1066.
B. "Statement on Nuclear Defence Systems," 21 December 1962. TNA, PREM 11/4229. 邦訳に際しては『世界週報』第 44 巻 3 号，1963 年を参照した。

　1960 年代前半，米欧間における同盟交渉の一つの焦点は，ヨーロッパが独自の核防衛システムをもつかどうかという多角的核戦力（MLF：Multilateral Nuclear Force）問題だった。この MLF 構想の登場には，いくつかの要因が複合的に寄与している。第一に，フランスが現実に核保有を果たした以上，西ドイツが核武装を行えば，米欧間の安全保障秩序は一気に流動化するおそれがある。そのため，西欧の核戦略を NATO の枠内に閉じ込める意図から，NATO を核保有主体とするいくつかの構想が提起された。他方で，多角的核戦力構想は，ヨーロッパ統合の進展に対応した，安全保障政策上の西欧間の軍事統合を実現するという側面があった。ケネディ政権においては，イギリスを含めた政治連合が誕生すれば，それを受け皿にヨーロッパ独自核の保有を支援する考え方も存在していた。MLF 構想は，流動化する米欧関係において，核を軸として安全保障秩序の再編を求めるものだった。

　史料 A に挙げた 2 つの文書は，それぞれに MLF が米英仏独の 4 カ国に関係する問題であることを示唆している。実際この MLF 構想が意味するところは，西欧諸国にとってさまざまだった。フランスにとって MLF は自国の核戦力を NATO に統合することを意味した。それゆえ，フランスの核技術はアメリカと協働することで発達する可能性があったが，独自の核戦略を推進する政策には合致しない。他方西独にとって，MLF は独自核の保有を妨げるもの

だったが，MLFは西独のNATO内の政治的な地位を引き上げる可能性を秘めたものだった。最後に，イギリスにとって，MLF構想はアンビバレントなものだった。イギリスはアメリカに次ぐ核保有国であり，独自の戦略を推進することもできる。しかし，戦後アメリカと緊密な関係を築いていたイギリスにとってMLF構想は，NATOにおける自国役割の再確認とアメリカとの距離を測るものだった。その答えが出たのがナッソー協定だった。

　史料Bに挙げた「核防衛システムに関する声明」，いわゆるナッソー協定は，1962年12月に開催された英米首脳会談において合意された。ナッソー協定では，アメリカがイギリスの原子力潜水艦に搭載する（弾頭抜きの）ポラリス・ミサイルを提供することが合意された。しかし，MLF構想に関する取り決めには，英米間の妥協がにじみ出ていた。アメリカ側は，第7項および9項により，アメリカが最終的支配権を保持したNATOの核戦力であるMLF構想について，イギリスから形式的に合意をかち取ったことで，同構想を進めることが可能になったと判断した。他方，イギリス側は，第9項の規定により，「イギリス政府が，究極的な国益が危険にさらされていると判断した場合」，同国のポラリス艦隊をMLFから独立させて運用することによって，独自の核抑止力を維持できることになったのである。ナッソー会談後，アメリカ政府は，ヨーロッパの同盟国にMLF構想を受け入れるよう求めたが，ドゴールは拒否した。そして，MLF構想そのものも60年代半ば頃には立ち消えていくことになった。

　　　　　　　　　　　　　　　　　　　　　　　　　　　　　　（川嶋）

A．MLF構想における独仏の位置

西ドイツの核兵器アクセス

<u>アメリカ駐仏大使から国務省宛電報</u>

　昨日ドゴールとのNATOにおける核の状況に関する議論において，私はNATOの核兵力の強さ，多角的核戦力の最新の考え，そしてそのような多角的核戦力が非核保有国，たとえば西ドイツの核への渇望をどの程度まで満足させるかについて指摘した。

　ドゴールはこう返答した。「NATOはノースタッド将軍であり，ノースタッドはアメリカ人であり，アメリカの兵器をもっており，NATOを支援するためにたくさんの核兵器が使用できることを理解しており，そしてそれらはアメリカの兵器である。」……

　私個人が感じたことは，フランスが核能力を得て以後，核問題に関してフランスは徐々に御し難くなってきているということだ。アメリカが核兵器発

射の管理に関する拒否権を放棄しない限り，フランスは NATO 核戦力を真剣に考慮することはないだろう。……

MLF と独仏関係

マクミラン訪米を前にして国務省作成の報告書

　……核兵器は国際的パワーのステイタス・シンボルとなった。イギリスはこのシンボルを簡単に放棄するつもりはないだろう。しかしフランスは英米の NATO 内の核独占に憤然としており，イギリスが［大西洋］共同体のなかで特別の核保有国としての地位を得ていることは，大陸国家として容認できることではなかろう。長い目で見れば，多角的な NATO の核抑止を発展させる機能として，イギリスが自国の核抑止を共同体に寄与することは，西欧統合の目標として重要になるだろう。このような重要な時期においてわれわれは，NATO の多角的 MRBM ［Medium-Range Ballistic Missile：準中距離弾道ミサイル］戦力に対するイギリスの支援を求めることに専念し，その過程で独仏の核提携の危険性について指摘することになるだろう。
　……

B. ナッソー協定

核防衛システムに関する声明（1962 年 12 月 21 日）

1. ケネディ米大統領［以下，大統領］とマクミラン英首相［以下，首相］は，スカイボルト・ミサイルの開発計画を検討した。大統領はこの極めて複雑な兵器を開発開始時に想定された費用と時間の枠内ではもはや完成できないことを説明した。

2. 大統領は首相に対して，以上のような理由から，またスカイボルトに替わる兵器体系がアメリカにとって有益であることから鑑みて，大統領はアメリカ用のスカイボルトの生産計画を放棄することを決定したと通告した。しかしながら，大統領は，イギリスにとってスカイボルト計画が重要なものであることを認め，また 1960 年にスカイボルトの提供をイギリスに提案した目的がイギリス製 V 型爆撃機の実用期間の改善と延長を援助することにあったことを想起し，スカイボルト・ミサイルの開発を両国家間の共同事業として継続する用意があることを表明した。この場合には，両国が，完成にいたるまでの将来の費用を折半して負担し，完成後はイギリスがその必要に応じて生産を発注できる。

3. 首相はこの申し入れに価値があることを認めながらも，熟慮の末に，この兵器体系が成功するかどうかについて，表明されている疑念と計画の完成時期および費用の不確実性に照らし合わせ，この提案を受け容れないこととした。
   ……
5. 首相はここで，アメリカがイギリスに対してポラリス・ミサイルを提供できるかどうかという問題に話題を転じた。大統領と首相は慎重に検討した結果，大西洋同盟の将来の防衛および自由世界の安全という広い見地から，ポラリス・ミサイルに関する決定を考慮しなければならない点で，意見の一致を見た。両者は，この問題が西側防衛の組織と管理をめぐる新しくかつより緊密な体制を発展させる機会を生みだし，そのような体制が同盟諸国家間の政治的結束に大きく貢献しうるものであるとの結論に達した。
6. 首相は，差し当たっては既存戦力の一部を NATO に配属することにより，第一歩を踏み出すことができるであろうと述べ，大統領はこれに同意した。アメリカ戦略軍（United States Strategic Forces），イギリス爆撃司令部（United Kingdom Bomber Command）および現在ヨーロッパに配置されている戦術核戦力から［NATO へ］割り当てることによって，そのようなことが可能となるであろう。このような戦力は，NATO 核戦力の一部とされ，NATO の計画に基づき攻撃目標が指定される。
7. 大統領と首相は再びポラリスに関して，ポラリス・ミサイルの供与をめぐる両国政府の目的が，他の NATO 同盟国と緊密に協議しつつ多国間の NATO 核戦力を作り上げていかなければならないという点で合意した。両者はこの目的のために，最善の努力を払うであろう。
8. よって，大統領と首相は，アメリカがイギリスの潜水艦に対してポラリス・ミサイル（弾頭を除く）を継続的に供与することで合意した。またアメリカは，この種の潜水艦用に何らかの支援設備を供与する可能性について検討するであろう。イギリス政府は，これらのポラリス・ミサイルを装備する潜水艦を建造し，ポラリス・ミサイル用の核弾頭を提供する。この計画の下で開発されるイギリスの戦力は，第6項に述べた戦力と同じように配備され，使用される。
   ……

5-12 エリゼ条約

A．西ドイツ外務省報告書（1963. 1. 20）
B．独仏協力に関するフランス共和国とドイツ連邦共和国との間の条約（エリゼ条約）（1963. 1. 22）
C．エリゼ条約前文（1963. 5. 15）

A．"Deutsch-französisches Abkommen und die Krise in den England-Verhandlungen," Aufzeichnung, D-I-200-80. 11/101/63, 20. Januar 1963, in *AAPD*, Band I, 1963, pp. 108-9.
B．"Traité de coopération franco-allemand (Traité de l'Elysée)," Paris, 22 janvier 1963, in Pierre Gerbet et al. (sous la dir.), *L'Union politique de l'Europe, Jalon et textes*, pp. 141-4.
C．"Préambule à la loi portant ratification du traité franco-allemand, voté par le Bundestag," Bonn, le 15 mai 1963, in *ibid*., pp. 141-4.

BおよびCの邦訳に際しては，村瀬興雄編『現代独仏関係の展開』日本国際問題研究所，1970年を参照した。

　1963年1月に独仏間で調印された友好協力条約，いわゆるエリゼ条約は，単なる独仏2国間の友好を規定するだけでなく，政治連合の2国間的解決の模索，ドゴールのヨーロッパ秩序再編構想，イギリスのEEC加盟交渉との密接な関連，さらにはMLF構想の破綻と西側同盟内における「同盟」のありかたの変容など，さまざまなヨーロッパおよび西側国際関係の側面において，大きなインパクトを残すものだった。エリゼ条約の成立過程に見受けられる西欧国際関係と米欧関係の連結は，ヨーロッパ統合が米欧間の安全保障枠組みと有機的に連関しながら，ヨーロッパ共同体と大西洋同盟という重層的国際秩序が西欧で形成されていることを示している。

　その一方で，エリゼ条約の意義は，複合的な機能を発揮することにより，政治・軍事・文化の複合分野において分散的に現れる。ドゴールは，一本が枯れても全体として咲き続ける限り残っていく「バラ園」のようなものとエリゼ条約を評したが，そのとおりに独仏関係史に大きな影響を与えつづけている。

　ここでは，まずエリゼ条約成立に際する西独側の思惑をうかがわせるものとして，史料Aに調印直前の西独外務省の報告書，史料B，Cにエリゼ条約のテキスト（それぞれ本文と前文）を掲載した。史料Aは，同省の西欧局局長ヤンセン（Josef Jansen）が作成し外相シュレーダーに提出した覚書である。この報告書からは，友好条約の成立がそれ以外の国際問題との絡みで追求されていることがうかがえる。友好条約の成立は，決して2国間が友好な状態だから成立したわけではない。

（川嶋）

A．西ドイツ外務省報告書

「独仏協定とイギリス交渉における危機」

計画中の独仏協定（deutsch-französischen Abkommen）への署名は現在以下のような問題を惹起する：

1) アデナウアー首相がドゴールに対しイギリスEEC加盟問題に対する態度を変えさせることができるなら、パリでの会談は連邦首相にとって内政外交の双方で大きな結果をもたらすだろう。独仏協定への賛成は同意を得るだろう。

2) ドゴールがイギリス問題で譲歩しないとして、にもかかわらず独仏協定に署名するなら、西ドイツ国内で協定に対する極めて強い反対が沸き起こるだろう。

    西ドイツ連邦議会は、協定を拒否しなくとも、それを棚上げにする可能性がある*。

    協議を行う義務が協定の中心に定められているため、当該協定に対し実質的な価値がないと言われるだろうし、またそれゆえ、イギリス問題のような重要な問題について協定が誕生のときから適用の範囲外になっていると言われるだろう。もしくはさらに、ドイツ側がドゴールに対しただのイエスマンでしかないことは、協議［の履行義務］が片務的にしか定められていないことを証明している、とさえ言われるだろう。

    計画中の独仏協調にとって、このような状況は致命的ではないだろうか。

3) ドゴールがイギリス問題でこれまでの態度を保ち続けるならば、アデナウアー首相が協定にサインすべきではない［強調原文］のではないか、と問われるかもしれない。私見では、それは妥当でない。

4) これ以降、可能性のある選択肢は次のようなものでしかない。

    われわれは協定に署名をする。しかし同時に西ドイツ首相は、ドゴールがイギリス問題についてわれわれの意をより酌んだ態度を取るよう、はっきりと追求しなければならない。これが失敗に終わった場合、この点について西ドイツの態度はドゴールと違っていることを、明確に表明しなければならない。

    ……

    緊密な独仏協調にもかかわらず、NATOおよびヨーロッパ政策という重要な領域で意見の不一致が生じた。この緊張に耐えながら、ドゴールがわれ

われの意見に近づくように引き続き求めていかなければならない。加えて，われわれはさらなる発展を信じなければならない。関係が破綻すれば，それ以上の発展は存在しないからだ。

＊原文書には第一外務次官カルステンスによる「この危険は指摘されなければならないだろう」という手書きの書き込みがこの箇所にされている。

B．独仏協力に関するフランス共和国とドイツ連邦共和国との間の条約（エリゼ条約）

I．組織

1. 両国の元首および首相は，必要に応じて必要な指令を与え，常時，以下に定める計画の実施にあたる。両国の元首および首相は，この目的のため，必要があるごとに，および原則として，少なくとも年に2回会合をもつ。
2. 外相は，計画の実施全般を担当する。外相は，少なくとも3カ月ごとに会合をもつ。両国の外務省の政治，経済，文化関係をそれぞれ担当する外務官僚は，通常両国の大使館が行う連絡を妨げることなく，毎月交互にパリおよびボンにおいて，当面する問題の現状を確認しつつ，かつ，大臣の会合の準備を行うため会合をもつ。さらに，両国の外交使節団および領事館ならびに国際機関における常設代表部は，共通の利害関係ある問題に関し，必要な連絡を行う。
3. 両国の権限ある当局の間で，防衛，教育および青少年問題の分野において定期的に会合をもつ。……
   (a) 陸，海，空の三軍大臣および国防相は，少なくとも3カ月に1度会合をもつ。また，フランスの教育相は，同様の間隔で，文化領域における協力計画を遂行するため，ドイツ側が指定するものと会合をもつ。
   (b) 両国の参謀総長は，少なくとも2カ月に1度会合をもつ。……
   (c) フランス青少年・スポーツ長官は，少なくとも2カ月に1度，ドイツ連邦家族・青少年問題大臣またはその代理と会合をもつ。
4. 両国のそれぞれにおいて，各省間委員会が協力問題を担当することを委任される。この委員会は，全ての関係各省の代表者からなり，外務省幹部官僚が議長となる。
   ……

II．計画

A．外交
1．両国政府は，外交政策の全ての重要問題，特に両国が共通の利害関係を有する問題について，決定を行うのに先立ち，できる限り類似の立場に達するように，協議を行う。この協議は，特に次の事項を取り扱うものとする。

　ヨーロッパ共同体およびヨーロッパ政治協力に関する問題，政治計画および経済計画に関する東西関係，北大西洋条約機構ならびに両国政府が関係する各国際機関，特にヨーロッパ共同体理事会，西欧連合（WEU），OECDならびに国際連合およびその専門機関において取り扱われる問題。
……

B．防衛
1．この分野において追求される目的は以下のとおりである。
　(a) 戦略および戦術について，両国の権限ある当局は，共通の考えに到達するために，その理論を相互に接近させるように努力する。独仏共同作戦研究所を設立する。
　(b) 軍隊間の人事交流を促進する。この交流は，特に参謀学校の教員および学生について行う。……
　(c) 装備に関して，両国政府は適当な装備計画の作成および融資計画の準備段階から，共同作業を組織化するため努力する。
……

C．教育および青少年問題に関して，1962年9月19日および11月8日付の仏独覚書の提案を，上述の手続きに従って検討に付す。
1．教育の分野において，主として次の点について努力する。
　(a) 語学教育：両国政府は，それぞれの国における相手国の言葉の知識が独仏協力に重要な意義をもつものであることを認める。このため，両国政府は，ドイツ語を学ぶフランス人学生およびフランス語を学ぶドイツ人学生の数を増加するための具体的措置をとるよう努力する。
……
　(b) 同等性に関する問題：両国の権限ある当局は，学期，試験，ならびに大学の学位および卒業証書を同等のものとして取り扱う既定を至急制定する。
　(c) 学術研究に関する協力：学術研究の機関および団体は，より本格的な相互の情報交換をはじめとして，相互の連絡を促進する。共同研究計画

は，それが可能である専門部門に作られる。
2. 両国の青少年に対し，お互いの結びつきを緊密にし，かつ，相互の協力を強化するあらゆる機会を提供する。特に，集団交流を促進する。
……

III. 最終既定
……

C．エリゼ条約前文
ドイツ連邦共和国・フランス共和国間の独仏協力に関する共同宣言および条約（1963年1月22日）に付す法律　　　　　　　　　　1963年5月15日

　ドイツ連邦共和国とフランス共和国との間の1963年1月22日の条約が，ドイツ，フランス両国民間の和解と友好を深め，そして形成していくことを確信し，ドイツ連邦共和国により締結された多国間諸条約から生じる権利および義務が，この条約によって抵触しないことを確認しつつ，

　この条約の適用を通じて，ドイツ連邦共和国が，他の同盟国と連合しながら多年にわたって追求し，かつドイツ連邦共和国の政策を規定してきた以下のような重要な目標，すなわち：

- 自由諸国民の団結を維持し強化すること。とりわけ，ヨーロッパとアメリカ合衆国との緊密なパートナーシップを維持し強化すること。ドイツ国民の自決権を実現し，およびドイツ統一を再び実現すること
- 大西洋同盟の枠内での共同防衛，およびその加盟国の戦力を統合すること
- ヨーロッパ諸共同体の創設によって指し示された道程にしたがって，イギリスおよび加盟意思のある他の国々を含みながら，ヨーロッパを統一すること。およびこれらの諸共同体を引き続き強化すること
- GATT枠組みでの，EEC，イギリス，アメリカ合衆国ならびにその他の国々との交渉によって，通商障害を除去すること

を推し進めるとの意思を表明しつつ，これらの諸目標から導き出される独仏協力が，全ての諸国民に有益なものとなり，世界の平和を維持するのに役立ち，よって同時にドイツ・フランス両国民に利益をもたらすであろうことを自覚しつつ，連邦議会は以下の法律を批准した。

第1条　1963年1月22日にパリで署名された，ドイツ連邦共和国首相とフラン

ス共和国大統領の共同声明，および同時に署名された，独仏協力に関しての ドイツ連邦共和国とフランス共和国との間の条約には，同意が与えられる。……
……

5-13 ヤウンデ協定の成立（1963. 7. 20）

Walter Hallstein, hg. von Thomas Oppermann, *Europäische Reden*, Deutsche Verlags-Anstalt, 1979, pp. 434-7. (Online available : http://www.ena.lu/mce.swf?doc = 5779& lang = 1)

ヤウンデ協定は，1963年7月20日に，EECとアフリカ諸国間で結ばれた貿易に関する特恵協定である。この協定によって，EECとアフリカ諸国間における関税と数量制限が原則相互に撤廃されることと，EECからアフリカ諸国への開発援助が定められた。ただし，関税と数量制限の撤廃規定には例外条項が設けられ，相互に適用除外品目の設定が可能となっていた。EEC側の例外品目は共通農業政策で適用される農産物であり，これはヤウンデ協定の裏面にある，ヨーロッパのアフリカに対する植民地的な優越性をなお含意していたとも言えよう。援助額については，欧州開発基金と欧州投資銀行の二つが窓口となって，計7億3千万計算単位（UC：unités de compte）が定められた。なお，63年に締結されたこの協定は69年5月末までの規定として定められ，71年1月に締結される第二次ヤウンデ協定へと引き継がれたため，第一次ヤウンデ協定とも呼ばれる。第二次ヤウンデ協定の後に，ECと低開発諸国との間で定められたより包括的な貿易協定が，70年代に締結されるロメ協定【6-9】である。本史料は，このヤウンデ協定が締結された際に，EEC委員会委員長のハルシュタインが行った演説の抜粋である。このハルシュタイン演説には，以下のようなヤウンデ協定のもつ意味の複雑さが垣間見えていると言える。

ヤウンデ協定の意味は大きく分けて二つある。第一には，ヤウンデ協定がもつ，植民地主義的な意味合いの連続性と断絶性の性格である。そもそもヤウンデ協定は，ローマ条約の付属議定書で規定された，フランス，ベルギー，オランダの海外領土と共通市場間の自由貿易のための連合（Association）規定が1963年に失効するために，同様の規定を発展させる形で締結された（【4-29】参照）。ヤウンデ協定に調印したアフリカ諸国は，ソマリアを除けば全てフランスもしくはベルギーの旧植民地である。ヤウンデ協定は，フランス語圏のアフリカの旧植民地と本国の経済的政治的紐帯を損なわないために設けられたもの

であり，これらのヨーロッパ（仏・ベルギー）とアフリカ間における植民地と宗主国との関係を，脱植民地化後においても，ヨーロッパ共同市場の進展に合わせた形で再編させたという側面をもっている。

この意味でヤウンデ協定は，戦間期からヨーロッパ統合の一つのモデルであり続けた「ユーラフリック」が制度化した姿とも言えるのかもしれない。もちろん，ユーラフリック概念に対しては，植民地と宗主国の関係を隠蔽する「新植民地主義」の表れであるという厳しい批判が当時から寄せられていた。またヤウンデ協定はフランス・ベルギーのアフリカ利権に与するという批判は，EEC内部でも強かった。にもかかわらずこの「ユーラフリック」的考えがヤウンデ協定として実現にいたった理由は二つある。第一には，アフリカ諸国が独立した時点で「特別な関係」を破棄すれば，アフリカの独立に対するヨーロッパの制裁を事実上意味しかねなかったからであった。そして第二に，アフリカが西欧から離れて共産化する危険性をEEC加盟国は重視したからである。

史料内においてハルシュタインが触れているように，ヤウンデ協定実現には，1961年に欧州議会とアフリカ諸国の議員が合同で開催した会議が重要な役割を果たしたとされる。経済的格差や政治的問題に関する南北問題に対しヨーロッパ共同体も対処すべきだという問題意識は，ヤウンデ協定が実現にいたる重要な要因でもあった。実際，ヨーロッパ共同体は，その成立時から一貫して後発地域への開発援助を共同体の主要な任務として挙げ続けていた。

ヤウンデ協定の第二の意味は，この協定がもつコモンウェルス諸国への「開放性」である（*Le Monde*, 21 juillet 1963）。つまり，ヤウンデ協定は，同時期に進められたイギリス加盟交渉でも問題になった，コモンウェルス諸国がEECと締結関係を結ぶオプションとしても考えられた協定だった。実際，イギリスがECに加盟したのを受けて，ヤウンデ協定はロメ協定に衣替えすることとなる。

このように，ヤウンデ協定は，EEC（EC）がヨーロッパ外部世界との関係を構築する第一歩として成立したものであったが，そこに込められた意味は極めて重層的であった。

なお，ヤウンデ協定に参加したアフリカ諸国は以下のとおりである（順番は国名のフランス語順）。ブルンジ，カメルーン，中央アフリカ，コンゴ（ブラザヴィル），コンゴ（レオポルドビル），コートディボワール，ダホメ（現在のベナン），ガボン，オートボルタ（現在のブルキナファソ），マダガスカル，マリ，ニジェール，モーリタニア，ルワンダ，セネガル，ソマリア，チャド，トーゴ。

（川嶋）

新しい連合協定の調印にあたって，ヤウンデの［調印］式にEEC委員会が参加しましたことは，大変喜ばしく名誉なことであります。
……
この調印式には大いなる意義があります。
……
今日という日が，工業化諸国と発展途上諸国間の長い歴史のなかで，歴史的な画期をなしたことを強調しなければなりません。ローマ条約の頃より，EECの創始者たちは海外諸国の発展に貢献する努力をしてまいりました。そのような海外諸国のうち，いくつかの国家は当時において特別な関係がありました。そのような国の大半が独立した際に，共同体と平等なパートナーとして，……前例のない協定を締結することを望み，そしてできたことは極めて重要なことであり，大いなる政治的・人類的な価値をもつものであります。……

この新しい協定が締結されたことにより，［EECとアフリカ間の］現在の関係が公認されたと同時に，進歩への新しい展望がもたらされたのであります。……

共同体［EEC］にとってこの新しい連合協定の失効する5年後は，共同市場の移行期が終了しようとする時であります。共同市場の内的構築を推進させると同時に，［EECが］世界大の責任に取り組むことが大事なのです。……

この協定は活発な善意と関係各国と共同体機構によってもたらされた果実であります。この点について強調しなければならないのは，欧州議会が取ったイニシアティブがどれだけ大事だったかということであり，その欧州議会がアフリカ・マダガスカルの議会と緊密に連携しながら粘り強く振る舞った行動が大変重要だったということなのです。
……

［EECとアフリカ諸国間の共同利益に基づいて解決を図るという］このような精神に則り，委員会は共同体に対し行動計画を提案し，多くの農業産品に関する世界大の協約を締結するための努力を惜しまないことを勧告（recommandé）しました。このような分野は，EECが強い権限をもって仲裁しなければならない所であります。このような行動によって以下のようなことが達成されるのです。

 (a) 熱帯性産物の価格を利益が保たれる水準に安定させること
 (b) それゆえ，生産者に対して，より安定しより高い収入を確約すること
 (c) より適切な生産構造を生み出すこと

他方でヨーロッパは，このような産品を一層消費する何かしらの手段を取らな

ければなりません。

このような政策を取ることで、共同体は連合協定を結ぶ国々だけでなく、その他の発展途上にある多くの国々の境遇を改善させることとなるでしょう。

5-14 法統合の幕開け
A．ファンヘント・エン・ロース判決（1963）
B．コスタ対エネル判決（1963）

A．*Van Gend en Loos vs. Nederlands Administratie der Belastingen*, Case No. 26/62, 1963, ECR 1.
B．*Costa vs. ENEL*, Case No. 26/62, 1963, ECR 1.
解説および邦訳に際しては中村民雄・須網隆夫編『EU 法基本判例集』日本評論社，2006 年の当該判例箇所（特に 7, 16 頁）を参照した。

　　1960 年代の中盤、のちにヨーロッパ共同体法（以下、EC 法）の体系的構築の端緒となる判例が下された。それは、EC 法が独自の法体系を築くために不可欠な、加盟国国内への共同体法の直接効果原則と、EC 法の優位原則という二つの原則を提示した判例だった。

　　第一の、共同体法の直接適用原則を示したのが、オランダの輸入会社であるファンヘント・エン・ロース（以下、ファンヘント＆ロース）社とオランダ関税当局との間で争われた、ファンヘント＆ロース裁判における判決だった。この裁判は、1960 年 9 月にファンヘント＆ロース社が西独から尿素ホルムアルデヒドを輸入した際、オランダの関税当局は国内規定（正確にはベネルクスにおける関税協定）における関税率をかけたのに対し、同社が条約発効後の関税引き上げを禁じたローマ条約第 12 条の規定に基づいて、オランダ関税当局を訴えたものであった。

　　本件での重要な争点は、ファンヘント＆ロース社という私人が、EC 法に基づいて訴えることができるかどうか、という点にあった。つまり、EC 法が単なる国際条約とは異なり、国内法と同様、市民に対する直接的な法的影響力を発揮できるかどうかが争われたのである。そして欧州司法裁判所（ECJ）は、EC 法が共同体加盟国の私人に直接的に適用されるという判決を下した。つまり、ローマ条約の規定が明確かつ無条件の実体内容で、加盟国における実施措置を要しないものであれば、加盟国内に直接に法的効果を及ぼし、個人が国内裁判所で保護される権利を発生させる「直接効果（direct effect）」をもつことが初めて認められたのである。この判決はその判決文にあるように、欧州共同

体は政府間だけの関係によって構築されるのではなく市民によって担われているものであり，各加盟国の国内法の集合体でなくそれ以上の独自なものという意味での「新しい法秩序」を構築するものであることが謳われた。ヨーロッパ統合が単なる経済的存在だけではなく，また安全保障の次元だけに還元できるものでもない，独自のメカニズムをもつ存在へと深化する下支えとなる法統合の幕開けであった。

　第二の EC 法の国内法への優位原則を示したのが，イタリアのコスタ氏とイタリア国営電力公社（ENEL）との間で争われたコスタ対エネル裁判における判決だった。イタリアではエネルが設立される前は，地域的に展開する多数の電力企業が営業していた。そのような一企業の株主で電力会社の国営化に反発していたコスタ氏は，国営化による損益を主張して，イタリアの国営企業化措置はローマ条約違反であると訴えた。ここで重要となる争点は，国内法では許容される内容が EC 法では違反とされた場合，国内法と EC 法のどちらが優先するのか（正確には，その優先を国内法に基づいて裁定してよいのか，できないのであれば，その優先関係はどのように解釈するべきか）という点であった。そして ECJ は，優先は EC 法に基づいて決定され，その優先は抵触するあらゆる国内法に優先すると判断したのである。

　この EC 法の優位性原則は，EC 法が各国国内法と一体的に続いた存在であるのと同時に，その上に立って共同体全体の法体系を作り上げるという，EC 法の独自の憲法的体系の土台を提供した。先のファンヘント＆ロース判決における EC 法の直接効果原則とならび，この判決によって確認された EC 法の国内法に対する優位性原則は，EC 法の独自体系を確立する出発点となった。

(川嶋)

A．ファンヘント・エン・ロース判決

　共同市場を設立すべく定められた EEC 条約の目的が意味することは，……当該条約は，締結国間での相互的義務を創出するだけの合意以上のものであるということである。この考えは，政府だけでなく人民に対しても言及している［ローマ］条約前文から確認できる。同様に，より個別的にだが，加盟国に加えその市民に対しても効果を発することが，主権が付与された機構の確立によって確認できる。さらに，この共同体に加盟している国家の国民は，欧州議会と社会経済評議会を通じて共同体を共に機能させることが求められていることを記しておかなければならない。

　［ローマ条約］第 117 条によって欧州司法裁判所に託された任務に加え，各国内の裁判所や審判所（tribunals）によってローマ条約が統一的に解釈されること

を保障するという目的によって，加盟国は，共同体法が加盟国の国内裁判所・法廷より先に，加盟国国民によって訴えられることができるという権限（authority）を有しているということを，加盟国は承認していることが確認される。

以上のことから導かれる結論は，加盟国が自国の主権を限定的ではあるが制限されることによって，共同体［EEC］は国際法の新しい法秩序を構築するものなのだということであり，その共同体法の支配はその加盟国に対してだけでなく加盟国国民に対しても及ぶのだということである。……

B. コスタ対エネル判決

通常の国際条約とは対照的に，EEC条約は，条約が発効することで加盟国の法体系の不可分の一部となり，加盟国の国内裁判所が適用することを義務づけられる，独自の法体系を創出した。

……

共同体ならびにより一般的には条約の文言と精神から生まれた諸規定と各加盟国の法とを統合することによって，加盟国は当然の結果，相互主義的な基盤に基づいて加盟国によって受け入れられた法体系に一方的にかつその後にとられた法案への優先を合意することができるようになった。

……

これら全ての考察から，ローマ条約から生じる法は独立の法源（an independent source of law）であり，その特別で独自の本質ゆえに，いかなる形の国内法規定によっても優越されることはできないという結論が導かれる。その特別で独特な本質ゆえに，国内における法的条文によって優越されることはありえないということである。さもなくば，その法は共同体法という性質を剥奪され，また共同体の法基盤それ自体が疑いを差し挟まれるだろう。

加盟国が国内法体系からローマ条約から生じた共同体法体系へとその権利と義務を譲渡したことにより，自国の主権は永続的に制限されることとなる。共同体の観念とは相容れないその後の一方的な行為は，共同体の法体系に優位する（prevail）ことはできない。したがって，いかなる加盟国の国内法にもかかわらず，同条約の解釈に関する問題が生じるときは，常に第117条は適用される。

> 5-15　1965年3月の委員会提案
> A．CAPとEEC財政に対する委員会提案（1965. 3. 31）
> B．委員会提案に対する仏外務省経済財政局覚書（1965. 5. 25）
>
> A．"Financement de la Politique agricole commune — Ressources propres de la Communauté — Renforcement des pouvoirs du Parlement européen," Propositions de la Commission présentées au Conseil le 31 mars 1965, *Bulletin de la Communauté économique européenne*, 1965, n° 5, Supplément, pp. 2-11.
> B．"Propositions de la Commission relatives au financement de la politique agricle commune," 25 mai 1965. MAE, DECE, Vol. 1111.

　1962年のCAP三原則の合意以降，CAPが施行され関税同盟が実現すれば，域外からの輸入課徴金は共同体の独自収入としてEECに充填され，共同体固有の財源として位置づけられることが予定されていた。この固有財源の出現は，独自財源の運用・管理・民主的統制の必要性を惹起するものであった。史料Aで取り上げた1965年の委員会提案は，そのような共同体の重要な制度的変革に対応するために提出されたものであった。

　史料Aは，1965年3月に欧州議会に提出された「共通農業政策の財政拠出，共同体の独自財源，欧州議会権限の強化」と題する，以下の三点を要点とするEC委員会の提案である。第一に関税同盟のスケジュールを前倒して実施（1967年7月1日より）すること，第二に共同体独自財源を確立すること，第三に共同財源の権限をヨーロッパ議会に付与し，議会と委員会の連携を密にすることであった。この提案のポイントは第三点目である。なぜならば，第一点目は前年度にすでに委員会が閣僚理事会に提案していたことであり，第二点目は62年のCAP規定において確立されたCAPの三原則の一つを実行に移すというものだったからである。欧州議会の権限強化に関する委員会提案は，議会と委員会の権限を強化し，超国家的統合を飛躍的に進める野心的提案だった。とはいえ，この提案に対して，フランスだけが留保を加えた訳ではなく，ベルギー，ルクセンブルクもまた議会の権限強化について，慎重な議論を望んでいた。他方，委員会に先駆けて議会権限強化を主張していたオランダを筆頭として，西ドイツとイタリアは欧州議会の強化に賛成だった。

　フランスは委員会の野心的な提案を前にして，CAP財政・共同体独自財源・欧州議会権限強化が不可分の問題であることに気づく。Bに訳出したフランス政府の史料からは，フランスが固有財源の設立に大きな制約を設けていたことが読み取れるであろう。フランスはCAPを推進するにあたって，フランス有利の価格政策を進めていくうちに，CAPの深化によって共同体固有財源の問題に正面から取り組まなければならないことに気がついたのである。この

問題は，CAP 原則が成立する際には，それ程深刻に考えられていなかった。だが，固有財源問題は，ヨーロッパ統合の性質に極めて大きな影響を与えるものであった。フランスが大きな抵抗を示すも最終的には固有財源の存在を許容することは，経済統合を進めつつもヨーロッパ共同体が財源の確保と再配分を進めていくその出発点となる。　　　　　　　　　　　　　　　　　　（川嶋）

A．CAP と EEC 財政に対する委員会提案

［提案の］理由について
　……
3．農業にとって欧州農業指導保証基金（FEOGA）の重要性がますます強くなってきていることを鑑みるに，共同体予算の一部である CAP の財政に関する決定は，共同市場に向けての決定的な一歩となることを意味している。委員会はそれゆえ，CAP 財政に関するこの提案を，共同体の統合が発展する際の財政的・機構的バランスの達成という大きな文脈のなかに位置づけることとした。
4．1964 年 12 月 15 日に閣僚理事会によって採択された農業政策に関する決定は，共同体の発展に新しい局面が開始したことを記すものだった。しかし現在，この決定は 67 年 7 月 1 日から始まる特定のセクターにおける共同市場の達成を保証するだけのものである。すなわち，穀物，豚肉，卵，家禽肉および穀物由来製品については，加盟国間貿易の課徴金（prélèvements/levies）が撤廃され次第共同価格が導入され，同日に共同市場が実質的に実現するであろう。このような理由から，理事会は同時に，FEOGA 加盟国が行った穀物市場への介入に関する支出と，穀物，豚肉，卵，家禽肉などの非加盟国への輸出に対する償還金は，67 年 7 月 1 日より共同体によって全て負担されるべきである，という決定を行った。
　……
11．ローマ条約の精神と理事会規則第 25 番の規定に鑑み，以下の点を助言する。加盟国から共同体へ拠出される分担金に基づくシステムから，共同体が独自の収入を得るような段階へ漸進的に移行すべきである。最初に合意されなければならないことは，課徴金から得る収入は全て共同体に帰属しなければならないことである。この漸進的移行は以下を含まなければならない：
　(a) 課徴金と関税収入からの全収入
　(b) さまざまな加盟国に課される相対的負担

……

18. ゆえに，CAPの財政に関する委員会提案は，すでに理事会に提出されたか，もしくは程なく提出される他の領域における提案と密接に関連している。

　この提案の決定がなされなければならない日付は，CAP財政の継続を確保する必要性＊と，……ケネディ・ラウンド交渉＊＊における農産物輸入に関して議論ができるようにする必要性から定められるであろう。

　他方で，委員会は，単一市場段階＊＊＊でのCAP財政に関する規定と共同体への独自財源に関する規定は，どのような場合であっても，1967年7月1日に同時に効力を有さなければならないと考える。

19. 上記規定が1967年に発効した際，共同体は……その財源が主として加盟各国の分担金に由来していた存在から，全く異なる存在となるであろう。

　この来るべき変容によって，条約第203条に規定されている予算認可の手続きを再検討する必要性と，とりわけ欧州議会の予算権限を強化する必要がある。このような権限強化は，加盟国議会の統御が今後及ばなくなっていく［共同体］独自財源に由来する巨額の支出に対して，ヨーロッパレベルでの適切な議会的統制を確保するためには不可欠なことである。

　……

　　＊FEOGAの規定が1965年6月末日で期限が切れることに対し，継続的な規定を定めることを意味する。
　　＊＊1963年から67年まで開催。
　　＊＊＊ここでの単一市場とは，種々の農産物市場の全体が完成し，一つの農業市場が形成されることを指している。

B．委員会提案に対する仏外務省経済財政局覚書

　委員会は，共通農業政策の財政，共同体への固有財源，そして議会の権限に関する三点の提案を作成した。

　議論の火蓋が切られた後，この提案は現在以下のようなものとなっている：
［以下，委員会提案の財政既定に関する内容と固有財源，議会権限に関する内容についての報告］

　……

＊　　＊　　＊

他の加盟国の立場によって作られた状況を目の前にして，われわれは，二つの選択を迫られている。

　A．今後2年間に関する規定を主張すること。この場合，来る［1965年］6月30日には疑いなく合意にいたることが可能である。このような規定は，課税割当［の開始］の日付に関する問題を棚上げするものとなろう。他方で，加盟国の財政拠出に関する様式は，われわれの考えよりも，他国の考えが反映されることになる。実際，課税率の適用維持に関して，二つの無視できない議論がある。去年の12月15日に，今後2年の間，イタリアの拠出にシーリングを設けることが決定された。この規定は，ベルギーとルクセンブルクの拠出に関しては効力をもちえない。他方で，これまでの間，われわれが基金の最も主要な受益者であったことは疑いようがない。しかしながら，［2年間という］暫定的規定を仮に考えてみると，5カ国は基金の支出引き受けのリズムに関して，最終的にはわれわれに同調することになると，考えても良いと思われる。

　B．最終的規定を望むこと。この場合，交渉は困難なものとなり，交渉が6月30日までに合意にいたるかどうかは定かではない。この場合，……関税と議会の権限に加え，おそらく工業分野における関税同盟の実現に関しても，われわれは何らかの譲歩を行う用意があることを意味していよう。
　……

以上のような仮説を立てれば，考えなければならない原則は以下のようなものとなろう：

- 共同体［予算］への輸入課徴金の充当は，統一価格の実施に応じて，早くとも1970年1月1日以降に，効力を発揮させなければならない。
- 関税の［共同体予算への］充当は，より遅い時期に延期させられる。……
- 共同体の支出は，課徴金と加盟国の財政拠出によってカバーされる。
　……

5-16　空席危機におけるフランス
A．ドゴール仏大統領の記者会見（1965. 9. 9）
B．フランスの共同体参加条件（1965. 7. 5）

A．Charles de Gaulle, *Discours et messages*, *Tome IV : Pour l'effort (1962-65)*, Plon, pp. 377-81.
B．"Les conditions de participation française aux travaux de la Communauté européenne," 5 juillet 1965. CAC, SGCICEE, Ver. 900638, art. 25.

　1965年7月1日，CAP財政規定をめぐってEEC閣僚理事会が合意を得ないまま終了する。フランスはこれを不服として，委員会や理事会といった共同体機構からの人員撤退を発表した。このフランスの共同体機構に対するボイコットの発生，これが「空席危機」である。史料Aは，そのフランスの撤退から間もなく開かれたドゴールの記者会見である。ここでドゴールは，これ以上ないくらい直截にEECならびにその設立条約であるローマ条約の規定を非難し異議を唱えた。当時のヨーロッパ統合のあり方を，独裁者によるヨーロッパ征服と同義としてEECに反対するドゴールのフランスによって，ヨーロッパ統合は最大の危機を迎えることになる。
　ただ，このようなEECを真っ向から否定するドゴールの言説が，フランスの全ての思惑を語っているわけではない。史料Bは，フランスの欧州経済問題担当の省間会議（SGCI）にて，ブリュッセルのどの組織に対してボイコットを行うかについて検討した文書である。この報告書において，CAPなどの現在進行中の政策について技術的な問題については欠席するとフランスにとって不利益になると考えている点で，フランスが共同市場についてどのような考えをもっていたのかが興味深くうかがえる。また，共同体の政策の実際上の運営がこのような「技術的な事柄を検討する種々の専門家委員会」に依存していることは，CAPの執行過程がテクノクラットの集合である非開放的な小委員会（コミテ）によって担われる「コミトロジー」が，すでにこの時点で共同体のなかに根付いていることを示している。さらに，空席危機においても「コミトロジー」を手放すことがフランスの利益に反していると考えられていたことは，共同体が作り上げたメカニズムがすでに強靭に共同体加盟国の手足を縛り始めていたことを示唆している。海上では荒れ狂う空席危機という嵐の水面下では，共同体のメカニズムが静かに機能し続けていた。
（川嶋）

A．ドゴール仏大統領の記者会見

記者：大統領閣下，閣下のお考えでは，何が共同市場の危機の原因であり，その解決のためにはどうすればよいとお考えですか。

ドゴール：農業財政規定をめぐって［1965年］6月30日にブリュッセルで起こったことは，共通農業政策の実施に関していくつものパートナー国が頑迷に抵抗している様子に加え，EECの条約のなかで規定される原則に誤りと曖昧さが

あることを照らし出した。だから，危機は遅かれ早かれいずれ起こるものだったのだ。

……

さて，ヨーロッパ連邦なる考えには次のような種類のものがあると断言できる。つまり，国家は国民性を失い，連邦の統率者，西欧で言えばシーザーとその後継者たち，シャルルマーニュ，オットー大帝，シャルル五世，ナポレオン，ヒットラー，東欧で言えばスターリンが試みたように，専門官僚や無国籍者，無責任者による「最高審査会(アレオパゴス)」によって支配される連邦だ。フランスはこの現実とは乖離した計画に反対しているのだ。現実的な計画というのは，国家間で組織化された協調に基づくものであり，つまりは国家連合（confédération）へと発展するものである。……

……

ローマ条約で規定されたあれやこれやの条項を実際に適用させようとすると，わが国にどれほどの危険性を惹起させる状況となるのか，この出来事によってはっきりしたと付け加えたい。というのも，ローマ条約では，1966年1月1日より，理事会は多数決制によって決定を行うとされているのだ。つまり，フランスはあらゆる経済問題について，それゆえ社会問題について，ひいては政治問題について，特に農業政策で得られたものについて，常に再検討に付されることを強いられるのだ。さらに，同じ日付をもって，ブリュッセルの委員会が発議してきた提案は，……理事会が全会一致で修正案の文面を作成できない限り，採択しなければならなくなるのだ。委員会のメンバーは，かつては加盟国政府間の合意によって任命されていたが，今や彼らは責任を負わなくなっているし，任期が終了したとしても，6カ国が後任者を全会一致で任命しなくてはならないのだ。となれば，彼らはその座から離れることはない。こうしてわれわれは，自分自身のことを自由に定めることができなくなり，われわれの憲法が［EEC委員会の決定に］従属していることを知るのである。……

B. フランスの共同体参加条件

1965年7月5日

覚書　　　　　　　　　　　　　　　　　　　　　　　　　　　　機密扱い

ヨーロッパ共同体の業務へのフランスの参加条件

6月30日付での財政条項をめぐる交渉の決裂の後,ヨーロッパ共同体業務への,また6カ国枠内で組織されるさまざまな会合へのフランスの参加という問題は,

I：閣僚レベルでは,フランス政府は,来週予定されている6カ国の種々の閣僚会議に参加しないことは,すでに通知してある。……
……

これが対象となるのは,7月26日のEEC閣僚理事会,7月13日のECSCの閣僚理事会,7月19・20日にストレーザで予定されている6カ国の財務相理事会である。……フランス政府は,これらの会合には代表者を立てないであろう。
……

II：もし理事会が開催されなければ,コルペールもしくはルクセンブルクの調整委員会（Commision de Coordination de Luxembourg）の会合の開催も無駄なものとみなされよう。なぜなら,それらの通常の任務は理事会の討議を用意することだからである。これらの会合に参加しなければならないという問題が生じるのは,共同体の短期的な業務の運営に対して共同体の行政（予算もしくは関税の問題）,もしくは緊急の問題（救済条項の適用）が発生した場合のみである。……
……

III：官僚たちによる幾多ものグループや小委員会が,理事会や委員会といったさまざまな共同体組織の周りで,ブリュッセルやルクセンブルクで開催されている。

1. それらの多くは共同市場の経済構築に関する総合的な検討を行っており,関税・経済同盟の実現と共通政策の設立のための計画を準備している。たとえば,石油政策検討委員会,中期経済政策専門委員会（1965-70年のヨーロッパ開発プログラム）,財政調和化と共通交通政策検討委員会,が挙げられる。

   これらの諸委員会に対してフランスが欠席することで,不満を表明することになるが,それはヨーロッパ共同体の将来に対してわれわれが留保していることまでは意味しない。これとは別に同様の返答を,農業領域における後の決定（砂糖,油脂,果物,野菜の新規定もしくは共通価格）を準備するためのグループや委員会に対しても行わなければならない。

2. 同様に,対外関係と第三国とに関する進行中の交渉について,各加盟国は

第5章　大西洋同盟の動揺とEECの定着　1958-69年　397

さまざまな交渉委員会に代表者を配している。共同市場の将来に対するわれわれの疑念を表明する方法において，GATT に対するものであれモロッコやチュニジアといった第三国との対談に関するものであれ，これらの各種交渉委員会に参加することは不当であろう。われわれの代表は，したがって，同様にこれら各種会議から撤退することとなろう。

3. 最後に，共同体業務の日常的運営に極めて直接的にかかわる技術的な性格を有するいくつかの会合に関して。これは，根本的に，農業運営委員会 (Comités de gestion agricoles) に相当するが，他のヨーロッパ共同体の活動領域に対してもかかわる。

……

これら［運営委員会が活動している］全ての領域において，専門家の参加を拒否することはフランス経済の利害にとって，明らかに有害であろう。われわれの欠席は，まさにわれわれに対して直接に跳ね返ってくるし（CAP）——他の加盟国や共同体が，単独で市場の機能に関する実際上の条件を決定するだろう——，アフリカ・マグレブの協定国の利害を損なうであろうし，われわれの見解と対立的な予算決定や経済的な決定（予算委員会や関税問題）を許してしまう危険性があるだろう。

……

5-17　ルクセンブルクの妥協
A．「デカローグ」（フランス政府覚書）（1966. 1. 17-18）
B．ルクセンブルクの妥協（1966. 1. 29）

A．"Mémorandum du gouvernment français (Luxembourg, 17 et 18 janvier 1966)," *Bulletin de la Communauté économique européenne*, mars 1966, N°3, pp. 6-7.
B．"Communiqué de presse du Conseil sur les modalités de coopération entre le Conseil et la Commission," Luxembourg, 29 janvier 1966. MAE, DECE, Vol. 1114.

　　1965年6月末の理事会後にフランスが宣言した共同体機構からの一時的撤退は，翌年1966年1月から2月にかけてのルクセンブルクにおける特別理事会における合意によって収束した。この合意は，理事会の場でなされたことからうかがえるように，フランスと他の5カ国との間での合意である。合意文面は，史料Aのフランスの10カ条要求（当時「デカローグ」と呼ばれた）がまず

寄せられ，この要求に対する5カ国の対応とフランスの要求が摺り合わされる形で史料Bの合意が作成された（デカローグが5カ国にとって受け入れがたく，かつ合意の形成が難渋したことは，デカローグが提出された1月17-18日の特別理事会で合意が形成されず同月28-29日の第2回目の特別理事会まで持ち越されたことと，10カ条要求が7カ条要求に削減されたことに見て取れる）。「ルクセンブルクの妥協」として有名なこの合意の要点は，理事会と委員会の関係と，理事会における決定手続きにある。前者においては，理事会抜きの委員会の独創を制御することを念頭においた確認がなされ，後者においては加盟国が「極めて重要な利害」を有する事項については，通常理事会で決せられる加重多数決制ではなく，全会一致にて決することが定められた。この二重の確認事項は，直線的には進まなかった60年代の統合の道のりを象徴するものである。

「ルクセンブルクの妥協」の評価は，いまだに研究者の間でも分かれている。そのポイントはこの「妥協」がヨーロッパ統合の歩みに足かせをはめたものであるのか，それとも単なるエピソードにとどまるものなのか，という点にある。前者の立場を取る者は，ルクセンブルクの妥協によって，閣僚理事会における投票様式がローマ条約にて規定された移行期間終了後の加重多数決制の適用とならず，全会一致方式が続いたこと，その結果ヨーロッパ共同体における抜本的な制度改革が単一欧州議定書成立まで成されなかったことを挙げる。これに対して後者の立場を取る者は，アキ・コミュノテールのなかにルクセンブルクの妥協が組み込まれなかったことや，ルクセンブルクの妥協の成立を挟んでも閣僚理事会における投票行動には短期的な影響しか見受けられなかったことを挙げている。西ドイツにおける経済統合政策の責任者であったラール第二外務次官（Rolf Lahr, 1908-85）は，理事会における多数決制による票決は，危機以前においても「禁じ手」に近い方法と見なされており，「ルクセンブルク」以前より慣習的にコンセンサス方式が確立していたとのちに回顧している。

この妥協によって後退を余儀されなくなったものは，委員会主導の統合であろうが，のちの統合の展開を見れば，ルクセンブルクの妥協が何をブロックしたのかについて，より慎重な検討がこれから求められるだろう。　　　　（川嶋）

A．「デカローグ」（フランス政府覚書）
1. ［ルクセンブルクの妥協・第A項序文に相当］
2. ［同第1項に相当］
3. (a)［同第2項に相当］委員会はしばしば［閣僚］理事会に対し，決定を提案するが，それは提起された問題の内実を取り扱うのではなく，委員会にのちに行動する権限を与えるだけにすぎない。当該権限が付与された際に取

られる施策がどのようなものかは特定されない。……
(b) 委員会が規則を執行する理事会より権限を得ることができる場合も確かに存在する。この権限の移譲によって，委員会に信託されている任務が理事会の権限の外に置かれるわけではない。確かに，農業のような領域において，管理委員会 (comité de gestion/Management Committee) での代表によって，執行段階に理事会が介入することは可能である。しかし，われわれはこのやり方に満足しているどころか，委員会は運営委員会を，理事会が介在することのない単なる諮問委員会に置き換えようと努力している。……
(c) 重要なことは，このように委員会に付与された執行権限は正確にその範囲が定められなければならず，裁量の余地や自律的な責任が与えられてはならないことである。さもなくば，［ローマ］条約によって規定され共同体の制度的構造を特徴づける権限の均衡(バランス・オブ・パワー)が崩れることになろう。

4. ［ローマ］条約は「指令 (directive) は，達成すべき結果につき加盟国を拘束するが，その様式と手段については加盟国の管轄に留め置かれる」と規定している。しかし，実際は，実行される規約を詳細に定めた指令を，委員会は極めて頻繁に提出している。そうすると，加盟国に残された自由は，規約の内容が実現するようなその国それぞれの様式を選ぶことだけであり，また実行されるさまざまな施策を取ることだけである。

　　このような慣行は明らかに，委員会の一部によって企てられた，権限を加盟国の手から共同体に移行させる試みである。

　　このような手法は，放棄されるべきである。

5. 1959年，理事会は，共同体に派遣された外交使節に対する謁見に関する規則を暫定的に定めた。この規則は，理事会と委員会との間で［共同体における］最高権 (prérogatives) を共有する規定に等しい。特に，当該外交使節の信任状は委員会委員長に提示され，委員会委員長は国家間で用いられる典礼にしたがって，この儀式を準備している。しかし，ローマ条約での規定では，第三国に対して共同体を代表できるのは理事会のみと定められている。

　　現在の悪習 (errements) に終止符が打たれるべきであり，理事会の最高権全体が回復されなくてはならない。

6. ［ルクセンブルクの妥協の第5項に該当］
7. ローマ条約は，明確にそれぞれ個別の事例に相応するものとして，共同体が

他の国際機関と関係を維持する際の手続きを規定している。このようなことは，委員会によって忘れ去られている。委員会はこの領域において本当の決定権限を自分たちが保持していると考え始めている。設立される他の国際機関との関係のあり方とその性質は，共同体の利益だけに照らし合わせて，ケース・バイ・ケースに理事会が判断しなければならない。
8. 委員会の構成員は公的発表を行う際，加盟国政府が取る政策に関し，中立な立場を取ることが求められなければならない。
9. ［ルクセンブルクの妥協の第6項に相当］
10. ［ルクセンブルクの妥協の第7項に相当］

B．ルクセンブルクの妥協

理事会と委員会間の協調手法に関する理事会声明（1966年1月29日）
1月28-29日の会談において，6カ国は合意に達し以下の宣言が発された。

A）委員会と理事会との関係

理事会と委員会間の緊密な協調は，共同体を機能させ発展させるための要諦である。

この協調をあらゆる段階で促進し強化させるために，理事会は，以下のような協働の実践的な手法を適用しなければならないと考えている。これらの手法の適用にあたっては，EEC条約の第162条を基礎とする共同合意（common accord/joint agreement）によってなされ，［理事会と委員会の］二つの機構のそれぞれの管轄と権限を侵食してはならない。

1. 特別な重要性を有する提案を採択する前には，委員会は常駐代表（Permanent Representatives）を通じて，加盟国政府と適切な連絡を取らなければならないことが望まれる。その際，この手続きが条約に由来する委員会の［法案］発議権を侵してしまってはならない。
2. 委員会が理事会や加盟国に提出する提案やその他全ての公的な法令は，受け取り側がそれについて明白に知りその文面が手元に有されるまで，発表されてはならない。……
3. 非加盟国の使節団長が共同体に与える信任状は，当該目的のために開かれた機会において，理事会議長と委員会委員長に対して提出される。
4. 理事会と委員会は，根本的問題（questions de fond/fundamental questions）に

関する域外第三国の代表が理事会もしくは委員会に対して行った申し入れ（démarches/approaches）について，即急にかつ完全に相互に通知する。
5. 第162条の適用範囲内において，委員会が条約第229条に従い国際機関と結ぶ提携に関し，それが当を得ているのかどうか，その手続きについて，またその性質について，理事会と委員会は一緒に協議する。
6. 理事会と委員会間での，共同体の情報分野（domaine de l'information）に関係する協調が強化され，広報・情報計画が練り上げられ，後日決定される手続きに従って実行されることになろう。……
7. 共同体予算の策定・執行に関する財政規制の枠組みのなかで，理事会と委員会は共同体支出の分担，規約，支出に関する，より効果的な管理手段を決定することになろう。

於ルクセンブルク，1966年1月29日

B) 多数決投票手続き
I. 委員会提案に対して多数決をもって決定が行われる場合で，一つもしくはそれ以上の国家の極めて重要な利害（intérêts très importantes/very important interests）が問題となるとき，理事会構成員は，適切な期間に理事会構成員全員が採択できるような決議にいたるよう努力する。この際，条約第2条に基づき，理事会構成者相互の利害と共同体の利害を尊重する。
II. 前項に関し，フランス代表は，極めて重要な利害が問題となっている際，全会一致で合意が達成されない限り，協議は継続されなければならない，と考える。
III. 6カ国代表団は，完全な合意に達しなかった場合，どのようなことについて意見の不一致があったのかを明記する。
IV. しかしながら6カ国代表団は，この不一致が，共同体が通常の手続きに従って仕事を再開することを妨げるものではないと考える。

5-18 NATOの動揺
A. ブラント新東方政策の精神：バールのトゥッツィンガー演説（1963）
B. ドゴールのNATO批判とデタント政策（1966）
C. 同盟の将来的責務：アルメル報告（1967. 12. 13-14）

A. "Die Tutzinger Rede von Egon Bahr," Tutzing, 15 Juli 1963, in *Dokument zur Deutschlandpolitik*, IV Reihe, Band 9/1963, Zweiter Halbband, pp. 572-4.
B. Charles de Gaulle, *Discours et Messages*, Tome V, pp. 17-9, 57-8.
C. "The Future Task of the Alliance (Harmel Report)," Bruxelles, 13-14, December 1967, Report of the Council. NATO Archives, NISCA 4/10/6.

　1960年代後半，特に1966年から68年の間，NATOを政治的危機が襲った。この動揺によって，大西洋同盟内においてある種の変容が進むことになる。それは，大西洋間の安全保障を米欧間の軍事統合によって一体的に担っていた体制から，ヨーロッパにおけるデタントの制度化を目的としたヨーロッパ各国の安全保障政策が，アメリカの思惑から独立的に進展する構図への転換を指す。その主要要因は，大陸ヨーロッパの主要国フランスが軍事機構から脱退し，独自にソ連とヨーロッパ地域におけるデタント政策を推進したことと，西ドイツにおいても従来の再統一政策を見直し，東側との関係改善を図る動きが登場したことである。

　このように，西欧諸国が冷戦構造の客体ではなく主体としてヨーロッパにおける緊張緩和に自ら乗り出したことは，1960年代に西欧を取り巻く安全保障環境が変容していったことを示唆するものだった。そのような「ヨーロッパ・デタント」の筆頭といえる動きが，当時西ベルリン市長だったブラントが打ち出した「接近による変化」だった。分断の現状を否定するのではなく，むしろ一旦まず受け入れ，東側諸国との緊張緩和を図ることで，逆説的に分断解消への長い道のりへ向けて出発することが可能となるという構想である。そのエッセンスは，史料Aに挙げたブラントの懐刀であったバール（Egon Bahr, 1922-）によるトゥッツィンガー演説に見受けられる。実際にブラントとバールによる「新東方外交」が実を結ぶのは70年代のこととなる【6-1】。しかし，それは60年代に登場する欧州安全保障秩序の動揺なくして登場したものではなかった。

　他方でドゴールは，NATO軍事統合を1960年代初頭から繰り返し批判してきたが，60年代の中盤になると機構からの脱却を示唆する。史料Bで示したように，このドゴールの主張は，彼の独自の対ソ観が根底にある。ドゴールは東側の脅威の減退を主張し，東側との積極的な関係改善と東西ヨーロッパにおける安全保障秩序の一体的再編を訴えたのである。その頂点が66年におけるドゴールの行動だった。同年3月，ドゴールは米大統領ジョンソン（Lyndon B. Johnson, 1908-73）にNATOの統合司令本部からの脱退を通知し，6月にはソ連を訪問した。ドゴールはモスクワにおいて，「緊張緩和・協調・協力」の原則に従って東西関係の改善が進められる必要があることを訴える。彼のこの演説は，冷戦期における分断されたヨーロッパを乗り越える全欧的政治秩序の

模索という点で，NATOを基盤とした米欧関係におけるヨーロッパ秩序とは一線を画す国際秩序再編構想だった。

　このドゴールの「自主外交」によって正当性の危機に立たされたのがNATOであった。史料CのアルメルレポートReportは，そのNATOの危機を乗り越えるために，抑止と緊張緩和をNATOの任務と再定義したNATO報告書である。このアルメル報告の成立過程のなかで，NATOは軍事同盟的役割に加え，一層の政治的協調のアリーナとして新たな役割を獲得し始めることになる。この意味でアルメル報告書の成立は，NATO史の重要な画期となった。　　（川嶋）

A．トゥッツィンガー演説

1963年7月15日における，バール（ベルリン市広報局局長）のトゥッツィング・カトリックアカデミーにおける講演

　ここ最近誰もが［ドイツ］再統一について話題にしている。このような議論に屋上屋を重ねようと思わないが，すこし私なりの考えを述べさせていただきたい。……私の考えがどこから来ているかと言えば，これまで西ドイツが取っていた態度を続けても再統一政策は成果を全く上げることができなのではないかと疑っているからであり，今まさに可能な限り先入観に捉われることなく新たに熟考すべき時期に来ているからであり，そしてそれはわれわれの義務であることを確信しているからである。もちろんこのような考えにおいて，ベルリン問題だけでなくまさに東西対立の一部であるドイツ問題も，単独で解決することはできないということをまず考えなくてはならない。

　……

　再統一は外交問題である。外交問題は数多くの決議文通りに行くものではない。むしろ，現実的な状況を反映して，西ドイツにおいて再統一問題を担当するのは全ドイツ問題省ではなく外務省となっている。このような管轄のあり方に，いわゆるDDRがある意味承認されていることが示唆されていることを，誰も思いつかないようである。

　アメリカの平和戦略も，共産主義支配を消滅させるのではなく変更させるという様式を通じて定められているのだ。アメリカが望んでいる東西関係の変化は，現状をさしあたり維持しながら，現状維持の克服を目指すものである。これはパラドックスのようだが，従来の圧力と反発の政策を進めるだけでは，現状は硬直化していくだけである。……

……

　ドイツに平和戦略［の実行］を委ねることで起きる第一の結果は，「オール・オア・ナッシング」の政策は放棄されることである。自由選挙か無か，両ドイツの確定的な平和かその否定か，最初のステップとしての選挙かその拒絶か。こういった問いの全ては，絶望的で支持もされないし機能しないばかりか，平和戦略の観点からすれば無意味である。今日明らかになっているのは，再統一は……ただ一回の行為（ein einmaliger Akt）ではなく，多くの段階と多くの通過駅を有したプロセスであるということだ。対立陣営側の利害も承認し考慮しなければならないというケネディの発言が正しいとしても，西側の可能性を強化するためにゾーン［die Zone：東独］を西側に与えることは，ソ連にとっては絶対にありえない。ゾーンはソ連の同意の下で，変容しなければならない。そうなれば，それは再統一に向けた偉大な一歩を踏むことになろう。

……

　ベルリンの壁は［東側の］弱さの証である。と同時に，それは恐れの証でもあり共産主義体制の自己救済圧力の証とも言えるだろう。重要なのは，次のような可能性があるかどうかなのだ。つまり，［東側］体制にとって至極当然な懸念を徐々に取り払い，危険がコントロール可能であることを理由として［東側が］国境と壁［の管理］を緩和させることができるのかどうかなのだ。これ［東側の態度の変化を呼び込むこと］は政治だ。これを「接近による変化」というように呼ぶこともできるだろう。……奇跡を待つしかないというのであれば，それは政治ではないのだ。

B．ドゴールの NATO 批判とデタント政策
ドゴールの記者会見（1966 年 2 月 21 日）

……

　もし今日もう一度，フランスと西洋の安全保障にとって，共産圏諸国からの攻撃の場合に同盟国とアメリカを防衛するために，アメリカを筆頭とする一定の国家と同盟を組むことは有用であるとフランスが考えるとしても，また，この点について 1949 年 4 月 4 日にワシントンで調印した大西洋同盟条約の形をとってなされた宣言が今日も有効であったとしても，フランスは同時に，大西洋宣言に引き続いて採択された適用手段（les mesures d'application）が，新しい諸条件においてふさわしいとはもはや考えないのである。

今私は,「新しい諸条件」と言った。東側陣営の内外で展開されたことによって,アメリカの保護領としてヨーロッパがNATOにカバーされる形で組織化された時代とは異なり,東側陣営の脅威は,もはや存在していないことは明らかなことだ。しかし,[共産主義への]不安が霞んでいくのと同時に,アメリカの核兵器保有と侵略時における非制限的な核兵器の使用によってヨーロッパ大陸に与えた,絶対のものと言ってよい安全保障の確約もまた減っていったのだ。
......

他方で,ヨーロッパが原因となって世界戦争が勃発するという考え方は一掃されたのに対し,アメリカが世界の彼方此方で介入している紛争は,たとえばかつての朝鮮半島,近年のキューバ,今日のヴェトナムでの紛争は,悪名高きエスカレーションの名の下に,全面的な衝突にいたるまで拡大する危険性を帯びているのだ。この場合,NATOの下でアメリカと同一の戦略となるヨーロッパは,望んでもいない紛争に自動的に巻き込まれるであろう。……
......

したがって,大西洋同盟への加盟を取り消すことはないが,フランスは,ただ今から同盟の義務の終了が予定されている1966年4月4日の最終期限まで,フランスに関し現在適用されている諸規定を変更するように働きかけ続けるであろう。……要するに,主権の通常の状態に立ち戻ることが必要なのだ。主権はフランス人,土地,空,海,軍隊に及び,フランスにおけるあらゆる外国の要素 (tout élément étranger) は,フランスの権威だけに属さなければならない。

ドゴールのモスクワ演説（1966年6月30日）
......

今日の時代,この世界において,われわれ両国[フランスとソ連]は重要な多くのことを一緒に行う。それは,破滅的なものでも脅威を呼び起こすものでもなく,建設的で平和的な事柄だ。当座重要となることは,あらゆる領域における2国間のやり取りを増やしていきながら,それぞれの発展を前進させることである。もしフランスとソ連がお互いに共存していこうとすれば,お互いに助け合いながらより多くのものを獲得することは明らかである。同時に次のことを段階的に実施していくことが重要である。ヨーロッパ全体における,緊張緩和 (détente),協調 (entente),協力 (coopération),である。

C. アルメル報告

「同盟の将来的責務」

1. 1年前、ベルギー外相＊の主導により、［大西洋］同盟の15の加盟国政府は、「同盟が直面する将来的責務と、持続的平和の要因として同盟を強化させるために、その将来的責務を実行する手続きについて検討すること」を決意した。この報告書は、この同盟の将来的責務を検討するなかで生じた概略的趣旨と主要な原則について公表するものである。

……

5. 大西洋同盟には二つの主要な機能がある。第一の機能は、侵略やその他の圧力行為を抑止するための適切な軍事力と政治的な連帯を維持することであり、もし侵略が起こった場合、加盟国の領土を防衛することである。設立以来、同盟はこの任務を成功裏に満たしてきた。しかし、危機が起きる可能性は、ヨーロッパにおける中核的な政治的問題、すなわちドイツ問題が解決されない限り、除去されない。さらに、不安定で不確実に満ちた状況は、バランスの取れた軍事力の削減をいまだ阻んでいる。……

このような雰囲気のなかで、同盟国は第二の機能を実行することができよう。それは、より安定した関係に向けた進展を求めることである。そのような関係のなかで、政治的問題を解決することができるだろう。軍事的安全保障と緊張緩和(デタント)政策は相反するものではく、相互に補完するものである。集団防衛は世界政治における安定的要素である。緊張をより緩和させる志向をもつ効率的な諸政策にとって必要な条件なのである。ヨーロッパにおける平和と安定は、緊張緩和に関して同盟を建設的に用いることにある。ソ連とアメリカの参加は、ヨーロッパにおける政治的問題が解決にいたるために必要なことであろう。

……

7. 同盟国は、主権国家として、集団的決定に対し自らの政策を従わせるように強制はされない。……したがって、それぞれの同盟国は、問題に対する徹底的な知識や他国の目的に照らして、政策を決定することができる。このような目的のために、率直で時宜を得た実務的協議が深化され促進される必要がある。各同盟国は各自でもソ連や東欧諸国との関係を改善させることが必要だが、その際、デタントの追求が同盟を危うくさせることは許されない。……

8. 全ての利害ある国家によってなされる多大な努力なくして、ヨーロッパにおける平和な秩序は不可能である。……しかし、ヨーロッパにおける最終的で安定

ある解決は，ドイツ問題の解決なくして不可能である。ドイツ問題こそがヨーロッパに現存する緊張の中核に位置している。そのような解決によって，ドイツの分断によって最も明白に，そして残酷に明らかにされた東西ヨーロッパ間の不自然な障壁に，終わりを告げなければならない。

9．したがって，東西関係のさらなるデタントをもとめる現実的な手法によって，これらの目的に対してエネルギーを直接に注ぎ込むことを同盟国は決意した。緊張の緩和は最終的な到達地点ではない。それは，よりよい関係の促進とヨーロッパ的解決を育む，長期的な過程の一部分である。同盟の最終的な政治的目的は，適切な安全保障上の保障を伴う，ヨーロッパにおける正しくかつ持続的な平和秩序を確立することである。

……

15．北大西洋条約領域を，世界の残りの地域と分離して扱うことはできない。同盟が覆う領域外で起こる危機や紛争は，直接的にであれ，世界的なバランスを動揺させることであれ，同盟の安全保障を損なうものとなるだろう。同盟国は，国際連合やその他の国際機構のなかで，個々に，国際的平和・安全保障の保持や重要な国際問題の解決に寄与している。確立した慣例に従って，そのような目的を願う同盟国は，コミットメントなしに，また個々の事例に沿って，そのような問題について協議を続けるであろう。

……

＊ピエール・アルメル（Pierre Harmel, 1911-）：アルメル報告書の名は，彼が最初にイニシアティブを取ったことに由来する。

5-19　第二次イギリス加盟交渉（1967. 4）
CC（67），26th Conclusions, 30 April 1967. TNA, CAB 128/42.

　　1963年にドゴールによって加盟を拒否されたイギリスは，1966年以降再度EECに加盟する準備を開始する。英首相ウィルソン（Harold Wilson, 1916-95）は，63年以降の混乱するEECの状況を横目で見ながら，イギリスがEECに再度加盟する条件を探っていたのである。ウィルソンは，67年5月2日に，下院にて正式にEEC加盟申請をする予定であることを発表する。ここで取り上げた史料は，この加盟申請への議論について重要な場となった67年4月30

日の閣議におけるウィルソンの見解の要約である。訳出できなかった本史料の箇所に沿って述べるならば，加盟のメリットの多くは経済的なものであり，加盟しないデメリットは政治的なものである。加盟して得られる経済メリットもさることながら，加盟しないことで被るデメリットの大きさを，ウィルソンは問題視した。イギリスがEEC加盟を行う最大の理由は，経済的理由というよりも政治的な役割増大のためだったのである。「スエズ以東」から撤退を開始し，かつての帝国の座から転がり落ちたイギリスが，影響力ある役割を発揮する場として，EEC加盟を選択したのである。しかし，この第二次イギリス加盟も，またもやドゴールの拒否によって潰えることとなる。イギリスがヨーロッパ共同体の加盟国として統合に参画するには，まだ後もう少しの時間が必要だった。

(川嶋)

　たとえ……共同体に加盟した経済的帰結がバランスを欠くことになることが明らかとなっても，加盟による政治的好都合は決定的である。もし現在の立場を続けていくならば，国際政治におけるわれわれの影響力は著しく落ち込むことを認識しなければならない。たとえば，われわれは数多くの領域で，また旧保護領のガイアナに関しても，アメリカの政策に合わせることを強いられている。他方で，ここ最近のカシミール紛争において，ソ連はインドとパキスタンとの間の効果的な仲介者であった。……われわれはアメリカに完全に依存するようになってはならないし，また他方でソヴィエト陣営のなかに入ろうとすることはできない。世界政治のなかで次第に孤立し，無力になっていくことを避けるためには，共同体への加盟が必要不可欠なのだ。われわれは，共同体のメンバーにならないことで生じる危険性についても認識しなければならない。ドゴール仏大統領が没した後は，共同体は徐々に西ドイツに支配されることになろう。……実際，われわれがEECに加盟し損ねれば，共同体はアメリカから徐々に離れていくという深刻な危険性が持ち上がるだろう。アメリカ合衆国が民主主義的自由を維持する唯一の大国であるので，アメリカのヨーロッパ離れを阻止することが，われわれの根本的な利益となるのだ。EECは，その多様性にもかかわらず，実質的なパワーと影響力をもつ集団となった。このことは，国際通貨改革における議論とケネディ・ラウンドが良い例となろう。もしわれわれが共同体に加盟するならば，他の加盟国に対して，リベラルで内向きでない政策を取るように説得するための影響力を増すことができるだろう。かつては帝国としての役割を演じることによって得られていた政治的なリーダーシップの役割を，新しく獲得することが望

めるだろう。

5-20 エアバス開発合意（1967. 9. 26）

"Le Protocole d'accord du 26 septembre 1967," *Les avions civils, Tome II : Les programmes Airbus*, coordination : Bernard Latreille et Georges Ville, Paris, CHEAr/DHAr, août 2005. (Online available：http://www.chear.defense.gouv.fr/fr/pdef/histoire/nv_avions_civils_II_airbus.pdf)

　　かつては航空機の開発製造に関して，世界に冠たる立場にあったヨーロッパは，第二次大戦後もコメット（イギリスの世界初のジェット機）やコンコルド（英仏共同の世界初の超音速旅客機）を開発するなど，世界をリードする技術開発を進めてきた。しかしながら，冷戦期の巨大な防衛受注を背景としたアメリカの航空機産業が急激に民生旅客機の分野でも成長を遂げ，ヨーロッパの地位が危ぶまれるようになった。ヨーロッパ各国は，1960年代の半ばまでに乱立していた航空機産業を再編し，いわゆる「ナショナル・チャンピオン」政策を進めてきたが，アメリカの巨大な市場には参入できず，一国単位ではアメリカ企業に太刀打ちできない状況になった。そこで，コンコルド開発の枠組みを下敷きに，仏首相ポンピドゥー（Georges Pompidou, 1911-74）が主導して，ヨーロッパ各国の航空機産業が協力し，アメリカに対抗する枠組みとしてエアバス・コンソーシアムが設立された。エアバスは当初の予想を超えた大きな商業的成功を収め，ロッキード，マクドネルダグラスを市場から追い出し，ボーイングとの二強体制を作ることになるが，設立当初からの政府出資を巡って，ボーイングから不公正競争であるとの指摘を受け続けている。　　　　　（鈴木）

・提案された航空機は以下の性能要求に応えなければならない
　―エコノミークラスで250から300席の収容力がなければならない（スパルタ式）
　―航続距離は2000キロを満たさなければならない
　―ボーイング727-100型機の30％以下の価格でなければならない
　―1973年春には就航していなければならない
・商業的な見通しはプログラムを立ち上げ，政府の出資を回収するのに充分である
・機体の作業割当は以下の配分を尊重すること

—37.5％は主幹事であるスッド・アヴィアシオン社［仏］
—37.5％は共同契約者であるホーカー・シドレー社［英］
—25％は同じく共同契約者であるドイツ・エアバス社［独］
・エンジンの作業割当は以下の配分を尊重すること
—75％が主幹事であるロールス・ロイス社［英］
—12.5％が共同契約者であるスネクマ社［仏］
—12.5％が共同契約者であるMAN社［独］
……

> 5-21　関税同盟の達成とその後のヨーロッパ統合路線
> A．関税同盟達成の際の委員会コミュニケ（1968. 7. 1）
> B．西ドイツの同盟後の統合戦略：西ドイツ外務省覚書（1968. 9. 19/25）
>
> A．"Declaration by the Commission on the occasion of the achievement of the Customs Union on 1 July 1968," *Bull. EC*, July 1968, No. 7, pp. 5-8.
> B．"Deutsche Initiative in den Europäischen Gemeinschaften," Bonn, 19/25 September 1968. PAAA, B2. Vol. 181.

　　1968年7月1日，1年前にEECとEURATOM，そしてECSCの機構合併（Fusion）の結果成立したECは，関税同盟を完成させた。関税同盟の完成は，共同体における大きな中期目標の達成であり，それは6カ国において共同市場が定着したことを意味していた。この関税同盟の完成の時期は，実のところイギリス加盟交渉の決裂と同時進行していたため，むしろ共同体の政治的危機が注目されていた。しかし，60年代の統合プロセスを振り返ると，関税同盟の完成は，地域統合において不可欠であり，それが現実に達成できたことの現実的な重みは考慮されて然るべきであろう。
　　ただし，ECという組織に一本化されたとしても，それほど大きな制度的変化を遂げたのではないことには注意を払う必要がある。というのも，ECSC・EEC・EURATOMの三共同体を一つの組織にまとめるという考え方自体は，行政機構の効率化の視点から，1960年代初頭から存在していたものだったからである。加えて，60年代後半にもなればEECの委員会の影響力が他の二共同体と比べて圧倒的に強く，EECの衣替え程度の認識しかもたれなかったからである。
　　とはいえ，関税同盟の完成は，ネガティブ統合の達成だけでなく，それ以降

の統合の新しいステップを構想し，プランとして提案するという，統合への活力を呼び起こした。1968年11月に西独首相キージンガー（Kurt Georg Kiesinger, 1904-88）は，ドイツ連邦議会で，ヨーロッパ政治統合の再活性化を訴えた。この演説は，同年夏から外務省を中心とした西ドイツの次官級省間会議で準備され，関税同盟成立後のヨーロッパ共同体のアジェンダを提示するものだった。その内容は，農業政策以外の共同体政策（特に通貨政策）の早期実施，域外国との関係改善（新規加盟の推奨），農業政策の完成，という翌年のハーグ会談の内容を先取りしていた。

　ここで提示される史料は，関税同盟の完成の際に発表された委員会のコミュニケと，キージンガー演説の土台となった，1968年9月の西ドイツ政府のヨーロッパ統合深化構想のテキストである。両者の史料から，通貨統合の取り組みという経済統合の推進と，政治連合模索の再活性化，そして共同体の拡大，つまりはイギリスの加盟を求めるという点で，70年代のヨーロッパ統合路線を早くから確定していたことが読み取れるだろう。　　　　　　　　（川嶋）

A．関税同盟達成の際の委員会コミュニケ

I．1968年7月1日の意義とは何か？

　1968年7月1日は，確実にヨーロッパの歴史における画期となるであろう。この日，ヨーロッパ大陸が経済的統一にいたる道の，最初にして枢要な段階が達成されるだろうからだ。ローマ条約の当初の目的の一つである関税同盟が達成されるのである。条約で規定されていたスケジュールより18カ月も早く，関税が共同市場のなかでは消滅することであろう。同時に，この同じ日に，われわれ6カ国のばらばらに並立していた関税率が，共同体の単一な対外関税率に取って代わるであろう。最後に，ケネディ・ラウンドとして知られる昨年ジュネーヴで交渉された最初の関税引き下げが，実行されるであろう。

　このような初期形態でヨーロッパ地域での統一が始まったことにより，6カ国は大陸の経済の歴史に決定的な一歩を記したことになる。

　しかしヨーロッパとは関税だけではない。ヨーロッパは製造業者や農業者やテクノクラートだけのものではない。またヨーロッパとは，共同体に住む1億8千万のヨーロッパ人だけから成るものではない。ヨーロッパとは，政府や議会，また行政だけから成るものではない。ヨーロッパとは，人々，労働者，若者，もしくは人間そのものから成るヨーロッパでもなければならないのだ。これら全てのことが——もしくはほとんど全てのことが——まだ達成されていないのである。

II. 目的
・・・
ヨーロッパが取り組まなければいけないことは山積みである ［強調原文］

(A) 経済同盟

関税同盟は完成にいたるが，経済同盟の実現に向けた作業は続けられなければならない。つまり，関税同盟領域を経済的に組織化された大陸へと変容させる共通経済政策が，打ち立てられ完遂されなければならないということである。すでに実行されている共通農業政策を最後まで完遂させることが必要である。またローマ条約で規定されている通商，財政，社会，交通，その他の領域における調和あるいは統一を目的とした政策を完成させなければならない。われわれは旧来のナショナルな政策を徐々に共同体政策に置き換えていかなければならない。その際，大陸大に構想され構築される全般的な経済政策を通じて，ヨーロッパ地域は組織化されたヨーロッパ社会（société européenne organisée/organized European Society）へと変わるだろう。

これらの政策のなかから特に以下の三点について言及する。第一に，共同体内での関税国境が消滅した後，税的国境が漸進的に撤去され，人とモノが国境検問や審査を受けることなく自由に移動できるようにならなければいけない。さらに，通貨同盟の領域でも進歩する必要がある。これはまず 6 カ国間での通貨政策を調和させ，その上で，加盟国間で一定の通貨的連帯（solidarité monétaire/monetary solidarity）を創設することである。通貨的連帯によって，段階を追って，旧来のナショナルな通貨に取って代わる共通通貨という経済的業績の極致が導かれることとなろう。最後に，研究と技術の分野において著しい進歩が遂げられなければならない。そうすることで，世界経済における他の強力な地域と同じ足場に立つことができるのである。

(B) 政治連合（Political Union）

……ヨーロッパは，政治的に組織化された大陸へといたることができる制度をもたなければならない。経済的な制度――これについては達成への道を歩みつつある――だけでなく，1950 年 5 月 9 日の宣言［【4-2】］でヨーロッパ連邦と呼んだものとなるような政治的制度を備えなければならない。

もしこれらのことを完成させるならば，ヨーロッパは，純粋な連邦的制度を手に入れる必要があるだけではない。ヨーロッパは統一されなければならないし，同じ権利と義務を果たす用意のある他のヨーロッパ諸国が，6 カ国のヨーロッパ

を核として結集しなければならない。同時に政治統合が東西間の緊張緩和(デタント)と協調を促進させなければならない。そのことでヨーロッパにおける平和的秩序の構築に対し根幹的な貢献を行うのである。

(C) ヨーロッパと世界の他の地域
……

III. 手段
……

(a) われわれは政治連合の領域に歩みを進めなければならない。新しい段階に向かって進みだせるような単一の条約によって，パリ条約（1951年）と二つのローマ条約（1957年）という，現在の三欧州共同体を設立した条約が置き換えられる必要がある。共同体閣僚理事会は，多数決制が取れるように正常に機能する組織として再編される必要がある。拒否権という時代遅れのシステムは［共同体の］活動を麻痺させる。これは消し去らなければならない。単一委員会は共同体の発展に主導権を発揮するだけでなく，共同体を真に運営するための執行能力が与えられなければならない。このような運営任務によって，新しい共同体政策が徐々に実行に移されることになるだろう。

同時に，ヨーロッパ組織に委任された執行機関は，より広範な民主主義的な基盤を即急に与えられる必要がある。欧州議会に対し，より大きな予算と立法権限が与えられなければならない。ヨーロッパの人々は直接選挙やその他全ての適切な手法を通じて，ヨーロッパレベルでの共同体生活に徐々に参加する必要がある。

(b) これより数年の間に，経済同盟を構築する段階に入らなければならない。すでに得た成果に，特に農業における成果に刺激されながら，ヨーロッパ委員会はスピードアップを図り，多くの提案を理事会に提出するつもりである。そのことで，経済，通貨，財政，社会，その他の政策を実施するための決定的な進歩を共同体が即急に遂げられるようにする。これらの諸政策は，以後5年の間，その目的の大半を達成する必要があるだろう。

(c) 共同体を拡大しヨーロッパ大陸を統一する努力を再開しなければならない。共同体諸国を問わずいくつかの国家において深刻な社会経済上の危機が勃発したことは，どの程度までヨーロッパの諸国家の運命が共有され始めたかを示している。……

……

B. 西ドイツ外務省覚書

ボン，1968年9月19/25日

1968年7月1日の関税同盟の完成によって，ヨーロッパ共同体の最初の大きな目標が達成されることになる。今や緊密なヨーロッパ域内市場設立の堅固な基礎が構築されたのである。ヨーロッパ統合は新しい段階に入った。今や関税同盟を経済同盟に発展させ，そのことで条約の目標を達成することが重要なのだ。

ドイツ政府は，ヨーロッパ統合の進展に新しい刺激を与えるに間違いないであろう諸提案を他の加盟国政府に提出する。ここで重要なのは，以下の三つの領域である：
- 共同体の拡大
- 共同体の内的発展
- 条約の融合

これらの三つの領域はそれぞれ関連し合う。

5-22 マンスホルト・プラン（1968. 12）

"Mansholt Plan," *Bull. EC*, November 1970, in Peter M. R. Stirk and David Weigall (eds.), *The Origins and Development of European Integration: A Reader and Commentary*, Pinter, 1999, pp. 180-1.

1968年12月にEC委員会副委員長であるマンスホルトは，共通農業政策（CAP）の実行にあたり，従前の政策では行き詰まりを見せるとして，構造政策にポイントを当てた改革案を提示した。それまでのCAPが主として価格支持政策を主にしていたのに対し，農作物の生産過剰の問題が明らかになってきたことで，農業セクターの合理化（農業セクター従事者の削減と大規模農家への再編）を主とした構造政策の充実を，マンスホルトは訴えたのである。このマンスホルト・プランは，（加盟国ではなく）共同体機構こそがEECにおける共同体政策の主体となっていることを強く印象づける一方で，CAPがEECのなかで非常に強いプライオリティを有していることと，EECのリソースの大半が農業政策に割かれている現状を明らかにした。他方，マンスホルト・プランは数年でほぼ機能しなくなる。また農民に痛みを強いるこの計画に対し，各国の農業従事者・農業団体・農業関連省は強く反対する（特に農民の強硬な抗議行動が盛んとなった）。マンスホルト・プランは，CAPがヨーロッパ統合に

もたらした成果と負荷をその原初的段階から明らかにしていた。

なお本史料は，イギリスの歴史家スタークとヴァイガルが編纂した史料集に収録された，1970年刊行のヨーロッパ共同体広報に掲載された，このプランに対するマンスホルト自身の回顧的記述である。史料自体の日付は70年11月であるが，記述の対象が68年12月のことであるので，ここに掲載した。

(川嶋)

1968年12月10日に，私［マンスホルト］は欧州共同体閣僚理事会に共同体農業の改革に関する覚書を提出した。これまでの間，EECで追求されてきた政策は，不条理な状態を作り出してきた。膨大な額の予算が，これまで加盟国政府によって構造的な改善のために支出されてきた。しかし，これらはわれわれの農業が抱える本当の問題――農場が小さすぎること，農業従事者の収入と生活水準が他の人々より益々遅れをとっていること――を改善しなかった。

これらの問題を解決するために，私は「1980年の農業」と題する計画を委員会に提出した。この計画は以下のことを規定していた。
1. 市場と価格トレンド（price trends）との間の正常な関係を再構築することを目的とする，さまざまな価格政策
2. 農場を生育可能な規模に再編し，農業従事者が他の人々と同様の快適な生活を過ごせるような，抜本的な農地改革の提案

この計画の基本的前提は，共同体の農業人口を現状の1000万人から500万人に減らすべきである，ということである。この集団的置換（エクソダス）は，財政的支援の提供や新しい職の創出といった必要なあらゆる手段を伴って，秩序だった方法で実行される必要があった。……

この報告書は国民に衝撃を与え，政治家からの批判が雨あられのように沸き起こった。……しかしこの覚書は，議論のたたき台にすぎなかった。……報告書に対する好感度の高い反応もあったが，批判の多くはまだ不明確だったいくつかの点を突いていた。……

われわれがこのような計画を，もっと早くに提出しなかったのはなぜであろうか。主としてその理由は，加盟国政府が聞く耳をもたなかった点にある。1960年のいわゆる「緑の聖書」と呼ばれる最初の覚書において，委員会は価格政策と市場組織だけでなく，理事会が取り組んでこなかった構造的改革をカバーする包括的な政策を提案した。CAPが成立したとき，価格政策と市場組織しかカバー

されなかった。加盟国政府は構造政策の側面を，自らの専管事項として嫉妬深くも留保してきた。それゆえ，農場政策からその成功のための最重要要素が奪われたのである。

価格政策は，経済［的合理性］に基づくというよりも，政治的な合意に基づいている。この価格政策によって，天文学的な量の構造的余剰生産物を伴いながら，われわれは道路の終点にまでたどり着いた。乳製品工場は市場のニーズに関係なく，補助金まみれのバターを大量に作り出している。誰もこのバターを包装することについて頭を悩まさない。なぜなら，それが購入されようが，備蓄され安く販売されようが，もしくは廃棄されようが，生産者は保障された価格を手に入れるからである。

5-23　バール・プラン（1969. 2）

"Commission Memorandum to the Council on the co-ordination of economic policies and monetary co-operation within the Community (12 February 1969)," *Bull. EC*, March 1969, No. Supplement 3/69, pp. 5–12.

EC委員会は1969年2月に，「共同体内部における経済政策調整と通貨協力に関する理事会へのメモランダム」と題する提案を行った。この提案において，前年度から欧米各国を襲っている通貨危機に対応するため，共同体加盟国の中央銀行間の短期的協調と，中期的経済政策の収斂をECの政策目標とすることが提案された。その上で，ヨーロッパ通貨協力機構を設立し，短期的には通貨維持支援と中期的には加盟国の財政補助を進めていくことを提案したのである。この委員会提案は，プレゼンテーションを行ったフランス出身の委員会副委員長のバール（Raymond Barre, 1924-2007）から，バール・プランと呼ばれる。このバール・プランは，同年7月17日に，財務閣僚理事会において採択された。

共同体における経済・通貨政策については，これまでも1960年代初頭から幾度もさまざまなアクターから提案がなされていたが，EC委員会による新しい共同体通貨メカニズムを設立することを目的としたバール・プランは，ポンド，フランといった西欧における主要通貨の危機という，具体的な危機に対する対応策という意味で，従前の通貨政策とは異なる重要性を有していた。また共通農業政策の展開の結果登場した「グリーン・マネー」という考えも，通貨統合の必要性を後押しした。

第 5 章　大西洋同盟の動揺と EEC の定着　1958-69 年　417

　このようにバール・プランは，この年の 12 月に開催されたハーグ首脳会議のなかで再び取り上げられ，通貨統合への取り組みを本格化・加速化した提案であった。
　　　　　　　　　　　　　　　　　　　　　　　　　　　　　　　（川嶋）

共同体内での経済政策調整，通貨協調に関する覚書

I．委員会イニシアティブの連続性
1．EC 委員会［以下，委員会］がまず第一に指摘しなければならないのは，本覚書で推奨している施策は，［EC 発足以前の］EEC 委員会が幾度にもわたって決定しかつ望んできた政策の方向性に沿っていることである。
　……
3．委員会は，1968 年 9 月 9-10 日のロッテルダムでの財政閣僚理事会で初めて，通貨委員会（Monetary Committee）に対し，中央銀行総裁委員会と協調しながら，EEC での通貨関係の領域において進展を図る任務を継続させるとの命令が与えられた。
　他方で，これまで多くの発展がなされた。また 1968 年 11 月の出来事［仏フラン危機のこと］によって，委員会は理事会に通告し，提案を提出した。委員会の考えは，1968 年における混乱によって，また何も行動を起こさなければ共同体の将来を脅かすおそれがあるため，共同体機構は自らの立場を明確にすることを強いられるようになった，というものである。……
4．このような点を考慮しつつ，委員会は，受理されたばかりの，1969 年 1 月 15 日付の通貨委員会による中間報告書を高く評価したい。委員会は，通貨委員会が提出した経済政策の調整に対する一般見解を完全に支持する。
　……
　［域内為替］変動幅の廃止は技術的な問題を提起するし，変動幅廃止は加盟国によって追求される独自の通貨政策に縛りをかけるものとなろう。このことを委員会は十分承知している。しかしながら，技術的な問題は乗り越えられないものではない。共同体における経済・通貨政策の同調によって，通貨領域における各国政策の独自性に基づく異議が，相当弱体化することになるだろう。現在の見通しの不明瞭さ加減によって，通貨委員会における上記の全ての点に関する詳細な検討が，これまで以上に重要となっていると，委員会は断固として考える。

II．共同体の現状と必要な措置

5. 共同体は現在，国民国家的な要素(ナショナル)と共同体的な要素(コミュノテール)の両方から構成されている，独自で複雑な実体である。

……

6. 近代経済学の本質を知っていれば，工業生産品に関する関税同盟，共通の農業政策，そして税分野における何らかの調和措置に基づくだけで，マルチナショナルな共同体を組織することができると信じる者は誰もいないだろう。

フランスとドイツ連邦共和国において1968年11月に取られた課税措置によって，不均衡を緩和すべく［各国間の］経済政策の調整がうまく機能しない限り，間接課税の調和は持続できないし不可能でもあることが，遂に明らかになった。

7. したがって，共同体は現在までに到達した地点で立ち止まることはできない。共同体においてはさまざまに異なる圧力があるが，関税同盟が多大な努力の後に達成されたまさにこの時，また技術的進歩の急激な向上によって巨大な単一市場の有利さが常に高められているこの時，この圧力は逆説的に共同体の統一を緩めることもありうる。もしくは，既存の制度の枠内で加盟国の国内経済政策を十分に収斂させることで，あらゆる加盟国にとって利益となるように獲得された帰結をより強固なものとして，さらに発展させることもありえるだろう。……

ゆえに，共同体はきわめて重要な選択をしなければならない。そしてこの問題を取り組む際に，……浪費できる時間はない。

加盟国の中期的目標の収斂が，まず何よりも重要なことなのである［強調原文，以下同］。

8. 第一次中期経済政策の計画書が理事会に提出されてから，EEC委員会は，各国の計画には「隔たりと矛盾」があることと，「将来の最善の準備に向けて断固として努力する必要があること」を強調してきた。ある程度の技術的かつ政治的な困難がいまだ残っているが，相互互換性を確保するために従わなければならない中期政策の基本的方向性がどの程度まで収斂できるのかを，より正確に定めることが今や可能になった。

中期政策の主要な目的は，加盟国が同調的な手法で定めなければならないが，それは生産と雇用の成長率，物価，経常収支，総合収支の均衡に関することである。

……

11. **中期的な各国経済政策の方向性の収斂**は，同調された短期経済政策がこの方向性の枠内で実施されることを伴わなければ，決して達成されないだろう。……

14. ……最近のさまざまな発展を鑑みれば，共同体のなかに通貨協調メカニズムを立ち上げることが望ましいと，委員会は考える。この通貨協調は，共同して立案された短期ならびに中期経済政策がもつ目的の枠組みのなかで役割を発揮するであろう。また通貨協調は，発生した危機に対処するためというよりも，不均衡を悪化させないためのものである。

15. ……委員会の見解としては，共同体的なメカニズムの創設は，加盟国が関税同盟によって，または，共同であるか調整された経済政策によって結びついている事実から正当化される。したがって，互恵的義務と経済政策の調整のなかで推奨された進展を考慮した共同体の加盟国が，加盟国間の連携のなかで，相互的な支援に同意するために必要な手段を確立することは当然のことである。……

III. 必要な行動

I. ［委員会イニシアティブの連続性］で振り返ったように，これまで委員会は，共同体の経済的・通貨的結束を強化するための活動を幾度も指し示してきた。特に1968年2月の覚書を支持する。しかしながら，委員会の見解として，現在の状況は，中期経済政策の同調，短期経済政策の最良の同調，通貨協力の共同体メカニズムの設立を，特に緊急的に実行に移すことを要求している。

A. 中期経済政策の同調（Concerting）

16. ……委員会は，以下の場合，中期経済政策委員会の諮問を受けた後，当該問題に関する覚書を理事会に提出することとする。すなわち，生産，雇用，物価，経常収支，総合収支に関する加盟国の今後数年間の見通しが，共同体にとって問題となる場合である。委員会は，適用されることとなる選択肢を1969年初秋には理事会が討議することを提案する。

　……

B. 短期政策の収斂（co-ordination/Convergence）

19. 景気政策に関して最も実現すべき進歩は，加盟国が経済政策を最終的に実施する前に効率的な協議手続きを実行し強化することであると，委員会は考える。

　……

C. 通貨協調の共同体的メカニズム（Community machinery for monetary co-operation/mécanisme commuanutaire de coopération monétaire）

24. 委員会が創設を望むメカニズムは短期通貨支援（Short-term monetary support/un soutien monétaire à court terme）を保証し，加盟国のための中期金融支援

(medium-term financial assistance/un concours financier à moyen terme) を認めるものでなければならない。

……

27. ここで述べたメカニズムの全般的な特徴は，委員会が通貨分野で従う以下の諸原則に合致するものである。
   1) 経済政策のより強い同調と通貨協調のための共同体的メカニズムとの間で，緊密な結びつきを確立すること。
   2) ……加盟国間の通貨協調が，ローマ条約で指し示された方向性に沿って強化される必要性があること。
   3) 通貨協調の共同体的メカニズムは，国際通貨協調メカニズムに代替するものではないこと。むしろ，予定されている方式では，難なく国際メカニズムにはまり込むことができる。

……

5-24　ハーグ首脳会議コミュニケ（1969. 12. 2）

"Communique final du somment de la Haye (2 décembre 1969)," *Bull. EC*, janvier 1970, No. 1, pp. 12, 15-7.

　　1969年12月に開かれたEECのハーグ首脳会議は，完成・深化・拡大の三原則を採択し，ヨーロッパ統合を再活性化させることに成功した。本史料は，このハーグ首脳会議で発表された共同声明の文面である。ここで表明された，CAPの完成，共通通貨政策への本格的取り組みの開始，共同体メンバーシップの拡大承認，という三つの合意は，1960年代に「停滞」していた共同体を再発進させ，EMS（欧州通貨制度）とイギリス加盟に道を開いたものとして，同時代的には「第二のメッシーナ」という高い評価を受ける。ハーグ首脳会議への道のりは，60年代の「停滞」を打ち破ったものというよりは，むしろそれまで積み重ねられたものへの公式的承認プロセスと言った方が適切であろうが，それでも同首脳会議における共同声明は，70年代の統合の出発点となる重要な合意である。

(川嶋)

加盟国の政府首脳会議共同声明　　　　　1969年12月1-2日　於ハーグ

1. フランス共和国政府のイニシアティブとオランダ政府の招待により，ヨーロッパ共同体加盟国の国家元首・政府首脳および外相は 1969 年 12 月 1-2 日に，ハーグにて会談した。ヨーロッパ共同体委員会も会議 2 日目の会合に参加するよう招待された。
2. 今や共同市場が最終［移行］段階に入ろうとしていることを鑑みれば，これまでに達成した仕事のバランスシートを作成し，共同市場継続の決意を示し，未来に向けた基調的な方向性を確定することは，それぞれの加盟国で最も高度な政治的責任をもつ者の義務と考える。
3. これまで来た道を振り返り，かつていかなる独立国家もこれほどまでの国際協調を推進しなかったことを鑑みると，これまでヨーロッパ共同体が達成した進歩は，その歴史のなかの折り返し地点に達したと，加盟国は満場一致で考えている。……共同市場が最終段階に入ることは，単にヨーロッパ共同体によって達成された業績が後戻りできない性質であることを承認するだけではない。それは統一された一つのヨーロッパ（une Europe unie）への道を開くことを意味している。ヨーロッパの統一によって，明日の世界における責任を引き受けることができ，そして伝統と使命に見合った貢献をなすことができるだろう。……
5. 共同体の完成に関して，国家元首・政府首脳は，ヨーロッパ共同体が移行期間から最終段階へと移行し，1969 年末までに共通農業政策のための最終的な財政規定を提示する意思を再確認した。

   国家元首・政府首脳は，この財政規定の枠組みのなかで，問題となっている全ての利害を考慮に入れた上で，加盟国分担金から共同体固有財源へと漸次転換することを合意した。その目的は，EEC 設立条約第 201 条で規定されている手続きに沿いながら，共同体予算の財政拠出を達成し，欧州議会の予算権限を強化することである。

   直接選挙の方法に関する問題は，現在閣僚理事会で検討中である。
6. 国家元首・政府首脳は，各国政府に対し，予算上の負担に歯止めをかけられるような農業生産政策によって，より適切な市場管理を，閣僚理事会の枠内で，確実に行う努力を引き続き遅滞なく進めることを求めた。
7. 最終段階に向けた財政規定の受諾は，当該規定の原則は侵害されないという条件の下，拡大共同体における全会一致投票の適用を除外しない。
8. 国家元首・政府首脳は，共同体の強化に必要な今後の発展をより速く進める

用意があることと，当該発展を経済同盟に昇華させる用意があることを再確認した。また，統合のプロセスは，安定的で成長的な共同体へといたらなければならないという見解も共有している。この目的のため，1969年2月12日に委員会から提出された覚書［【5-23】］を基礎として，また委員会と緊密に協同しながら，理事会において，経済通貨同盟の創設を目的とした段階的な計画が1970年内に練り上げられるだろうということを，国家元首・首脳は合意した。通貨協力の発展は経済政策の調和化に依拠しなければならないであろう。

　国家元首・政府首脳は，欧州準備基金を設立する可能性について調査を進めることについて同意した。この基金［の実現］は，共通経済通貨政策によって生み出されるものでなければならない。

……

12. 国家元首・政府首脳は，社会政策に密接に関連する枠組みのなかで，社会基金の改革が望まれていることについて認識した。

13. 国家元首・政府首脳は，ローマ条約第237条に規定されている共同体の拡大原則について同意していることを再確認した。

　加盟申請国が，共同体条約，共同体の政治的最終形態，条約発効以後に取られた諸決定，そして発展的な領域のなかで取られた選択肢を受容した場合，共同体と加盟国間との間で交渉が開始されることについて，国家元首・政府首脳は同意を示した。

　また［加盟］交渉の基盤を打ち立てる基本的な準備作業はできるだけ実務的に，かつできる限り即急に行われることに同意した。共通の了解の下，この準備作業は最大限の積極的な精神に基づき行われる。

……

15. 国家元首・政府首脳は，外相に対し，拡大を視野に入れつつ，政治的統一 (unification politique) における進歩を実現する最善の方策について検討するよう指示した。1970年末までに，この点につき外相による報告書［【6-3】参照］が提出されることが期待される。

……

第6章

デタントのなかのEC　1969-79年
ハーグから新冷戦へ

橋口　豊

【史料リスト】

6-1　西ドイツの「新東方政策」：ブラント首相の施政方針演説（1969. 10. 28）
6-2　ウェルナー報告（1970. 10. 8）
6-3　ルクセンブルク報告（ダヴィニョン報告）（1970. 10. 27）
6-4　EC加盟条約調印に際してのヒース英首相の演説（1972. 1. 22）
6-5　パリ首脳会議の声明（1972. 10. 19-21）
6-6　「ヨーロッパの年」演説（1973. 4. 23）
6-7　「ヨーロッパ・アイデンティティ」宣言（1973. 12. 14）
6-8　パリ首脳会議のコミュニケ（1974. 12. 10）
6-9　第一次ロメ協定に関するオルトリEC委員会委員長の声明（1975. 2）
6-10　欧州宇宙機関憲章（1975. 5. 30）
6-11　ヨーロッパ・デタントの成立
　A．CSCEに関する欧州理事会の声明（1975. 7. 17）
　B．ヘルシンキ宣言についてのモロ伊首相・欧州理事会議長の声明（1975. 7. 30）
6-12　ティンデマンス報告（1975. 12. 29）
6-13　EC法の絶対的優位性の確立：シンメンタール（II）判決（1978. 3. 9）
6-14　EMS設立決議（1978. 12. 5）
6-15　相互承認の原則：カシス・ド・ディジョン判決（1979. 2. 20）
6-16　NATOの「二重決定」（1979. 12. 12）
6-17　アフガニスタン侵攻に対するECの宣言（1980. 1. 15）

「新東方政策」とハーグ・コミュニケ

1960年代半ば以降徐々に進展していたヨーロッパにおけるデタント（緊張緩和）は，70年代に入り本格化した。このヨーロッパ・デタントのプロセスで中心的な役割を担ったのが，69年10月に首相に就任して「新東方政策」を推進した西ドイツのブラント（Willy Brandt, 1913-92）である。ソ連や東欧諸国に対する「接近による変化」【5-18-A】という政策に基づいたブラントの東方政策は，ヨーロッパの分断という現状を受け入れた上で，東西間のデタントを目指すものであった【6-1】。

他方，1969年1月に就任したアメリカのニクソン（Richard Nixon, 1913-94）大統領は，キッシンジャー（Henry A. Kissinger, 1923-）大統領補佐官（のちに国務長官）とともに，西欧諸国，中国，日本などが国際的な影響力を強めていく「多極」的な世界の出現を視野に入れながら，超大国間で米ソ・デタントを実現するための外交を進めた。ニクソン政権は，72年5月，モスクワで米ソ首脳会談を開催して第一次戦略兵器制限交渉（SALT I）を妥結し，また「米ソ関係の基本原則に関する宣言」を発表するなど，米ソ・デタントの成立を確認した。

EC加盟国とアメリカがそれぞれ進めるデタントは，東側諸国との関係の安定化を求める点では共通していた。しかし，EC-NATO体制の枠組みのなかでは，ヨーロッパ・デタントの下で対米自立を強めることを目指すEC加盟国と，米ソ・デタントによって覇権的な地位を堅持しようとするアメリカとの間で次第に対立が深まっていくことになった。

このようにデタントが進むなかで，1969年12月にはハーグ首脳会議が開催され，統合の「完成，深化，拡大」を謳ったコミュニケが出されていた【5-24】。このハーグ・コミュニケには，ヨーロッパ統合そのものをさらに進展させようとする側面とは別に，もう一つの側面があった。それは，西ドイツによる東方政策への対処である。EC加盟国は，西ドイツが東方政策によって一方的に東側諸国に接近し，EC-NATO体制を内側から揺るがすことを警戒した。そのため，ハーグ・コミュニケによって統合の「完成，深化，拡大」を打ち出すことで，西ドイツをEC-NATO体制内により一層深く取り込もうとしたのであった。このように，改めてドイツ問題への対処がヨーロッパ統合の一つの推進力になったのである。

ポスト・ハーグの統合過程と独仏の確執

　1969年12月のハーグ・コミュニケを受けて，これを具体化するポスト・ハーグの統合過程が開始された。まず「完成」とは，ECが共通農業政策（CAP）への融資を大幅に拡張し，そのために独自の財源をもつ体制に移行することであった。69年のEC委員会提案を経て，70年4月21日に理事会で独自財源導入の決議，そして，翌22日にEEC条約の財政規定変更のための条約（第一次予算条約）の署名がなされた。

　次に「深化」に関しては，経済分野の統合として，ルクセンブルクの首相兼財務相のウェルナー（Pierre Werner, 1913-2002）を長とする委員会が，1970年10月8日付の最終報告書において，三段階を経て10年間で経済通貨同盟（EMU）を完成させることなどを提言した【6-2】。また，政治外交分野の統合については，ベルギー外務省の政務局長ダヴィニョン（Viscount Etienne Davignon, 1932-）が，各国外務省の政務局長から成る専門委員会の議長として欧州政治協力（EPC）に関する報告書をまとめあげた。同報告書は，70年10月27日のEC外相会議でルクセンブルク報告として採択された（ダヴィニョン報告とも言う）。EPCは，ECとして共通の外交政策を策定するものではなく，加盟各国が協調して外交政策の調整にあたるための基本的枠組みとなるものであった【6-3】。

　「拡大」に関しては，1970年6月からイギリス，アイルランド，デンマーク，ノルウェーの4カ国とECとの加盟交渉が再開された。イギリスは，親ヨーロッパ主義者であるヒース（Edward Heath, 1916-2005）首相の下で交渉に臨んだ。他方，ドゴールの後任のポンピドゥー（Georges Pompidou, 1911-74）大統領は，東方政策を推進する西ドイツがEC-NATO体制内で影響力を強め，さらには同体制をこえて東側に接近することを危惧した。そのため彼は，独仏枢軸を基本としながらも，西ドイツの影響力を抑えるためにイギリスのEC加盟に対して前向きな姿勢を示したのであった。

　またポンピドゥーは，ポスト・ハーグの統合のあり方について話し合うパリ首脳会議の開催にあたってイニシアティブを発揮した。1972年10月19日から開催された首脳会議では，地域政策や社会政策といった新たな次元での統合の進展，東欧諸国に対するデタント政策の追求などが表明された。なかでも注目されるのは，「ヨーロッパ連合」を70年代末までに設立するという構想を初めて明らかにしたことであった【6-5】。

　他方，ポスト・ハーグの統合過程は，ECを取り巻く国際経済環境が悪化する

なかで進められていくことになった。1971年8月にアメリカ政府が金とドルとの交換を一時停止するなどの新経済政策を打ち出したことで，戦後西側の国際経済体制であるブレトンウッズ体制は崩壊することを余儀なくされ，ECが進める経済通貨同盟も大きな影響を受けたのであった。

EC-NATO体制の変容とヨーロッパ・デタント
　1973年1月1日にEC加盟条約は発効し，イギリス，アイルランド，デンマークが加盟を果たした【6-4】。ノルウェーもEC加盟条約に調印していたが，国民投票の結果，加盟を断念するにいたった。
　他方，独自性を強めるECの動きを警戒したニクソン政権は，キッシンジャーが中心となって，9カ国に拡大したECとの関係の再定義に乗り出した。1973年4月23日，キッシンジャーは，73年を「ヨーロッパの年（the Year of Europe）」と位置づけた上で新大西洋憲章を策定することを提案した【6-6】。しかし，皮肉にもこの年は，かつてないほど米欧関係が緊張した。EC加盟国は，新大西洋憲章の策定に際して，経済・通貨問題と安全保障問題との「リンケージ」などを求めたニクソン政権の姿勢に反発したのである。さらに，10月に勃発した第四次中東戦争とその直後の石油危機をめぐって，米欧間では新たな対立が引き起こされた。
　石油危機への対応に関してはEC加盟国内でも足並みが乱れたが，それでも加盟国は，覇権の再強化を目指すアメリカに対抗するために団結を強めた。12月14日，コペンハーゲンで開催された首脳会議において「ヨーロッパ・アイデンティティ」宣言を採択した加盟国は，米欧関係は対等であるべきと表明したのである【6-7】。
　以上のようにEC-NATO体制が変容した背景には，同体制内の米欧間の主導権をめぐる対立関係が存在した。すなわち，アメリカが，ヨーロッパ・デタントを米ソ・デタントの枠内に押さえ込むことでEC-NATO体制内での影響力を再強化しようしたことに対抗し，EC加盟国は，欧州安全保障協力会議（CSCE）の交渉過程を支えることなどでヨーロッパ・デタントを進め，それらを基盤として対等な米欧関係を求めたのである。
　しかし，1974年になると米欧関係は，EC内の主要3カ国における首脳の交代を大きな契機として，表面上は安定化していくことになった。3月にはイギリスでウィルソン（Harold Wilson, 1916-95）が首相に返り咲き，5月には西ドイツで

シュミット（Helmut Schmidt, 1918-）が首相に，またフランスではジスカール・デスタン（Valéry Giscard d'Estaing, 1926-）が大統領に就任した。3 カ国の首脳は，そろって前任者よりもアメリカとの外交的な協調を重視するとみられていた。

そして，懸案であった米欧関係の再定義に関する問題も決着した。6 月 26 日，ブリュッセルで同盟諸国の首脳は，大西洋関係に関する宣言に署名した。しかし同宣言は，北大西洋条約調印 25 周年にあたってその目的と意義を再確認し，防衛，政治および経済分野での米欧間協力の必要性を謳ったものにすぎなかった。

ところで西側諸国は，EC-NATO 体制内で対立を抱えながらも，東側諸国とのデタントを進めていた。まず，ブラントによる東方政策は，東西ヨーロッパの現状を安定化させる成果をもたらした。また，1967 年のアルメル報告【5-18-C】を受けて，68 年 6 月にレイキャビックで開催された NATO 閣僚理事会は，中部欧州相互均衡兵力削減（MBFR）交渉の開始をワルシャワ条約機構側に正式に呼びかけた。そして，73 年 10 月から中部欧州相互兵力削減（MRFA）と改称して本格的な交渉が開始された。

さらに，CSCE に関しては，当初大西洋同盟内で対応の違いがあったものの，消極的だったアメリカも巻き込みながら，EC 諸国は EPC の枠組みを用いて，協調して外交を展開することによって交渉を支えた【6-11-A】。そして，1975 年 8 月 1 日，アルバニアを除く全ヨーロッパ諸国とアメリカおよびカナダを加えた 35 カ国の首脳が，最終合意書，いわゆるヘルシンキ宣言に署名した。加盟国が CSCE の交渉過程においてできるだけ共通の立場で外交を行うことによって，EC は国際政治における一つの独立したアクターとして自らの存在を示しえた【6-11-B】。

統合の停滞と再生の試み

1973 年の石油危機を契機として，EC 加盟各国は深刻な不況に直面していた。スタグフレーションに陥り経済危機に苦しむ EC 各国が，EC レベルではなく各国レベルで経済成長戦略を追求したために，ポスト・ハーグの統合過程は停滞していった。

このような困難な状況のなかで，ジスカール・デスタンとシュミットは，独仏協調を復活させ，統合の再生のためにリーダーシップを発揮した。ジスカール・デスタンがイニシアティブを取って 1974 年 12 月 9 日から開催されたパリ首脳会議では，共同体の首脳会議を正式に欧州理事会とするとともに，欧州議会選挙を

実施し，地域間の不均衡是正のために欧州地域開発基金を執行することなどが決定された【6-8】。なおジスカール・デスタンは，首脳会議の制度化を他の西側先進工業諸国にも提案し，75年11月にイギリス，フランス，西ドイツ，イタリアとともにアメリカと日本も参加するサミット（先進国首脳会議）を開催した。

　他方，1975年12月29日，ベルギー首相のティンデマンス（Leo Tindemans, 1922-）は，前年のパリ首脳会議の求めに応じてまとめた「ヨーロッパ連合」構想に関する報告書を欧州理事会のメンバーである各国首脳へ送付した。報告書では，欧州理事会が定義すべき「ヨーロッパ連合」の目的や内容，またその諸機関などについても提言された。この時期には，ジスカール・デスタンとシュミットによって統合の再生の試みもなされていたが，経済危機が続くなかで加盟国は，統合を深化させるインセンティブに欠けていたことなどもあって，同構想は実現するにはいたらなかった【6-12】。

　「ヨーロッパ連合」構想の実現は時期尚早だったものの，経済通貨統合に関しては，シュミットとジスカール・デスタンが，ヨーロッパに通貨安定圏を形成することを目指す欧州通貨制度（EMS）構想を提案した。EMSは，1978年12月5日のブリュッセルの欧州理事会で，翌年1月1日に設立することが決議された（実際には3月13日に設立）。しかし，イギリスのキャラハン（James Callaghan, 1912-2005）政権は，EMSのなかの為替相場メカニズム（ERM）に参加しないという適用除外（オプト・アウト）をEC加盟国のなかで1国だけ選択した【6-14】。

　さらにイギリスは，ウィルソン前政権下でも1975年に国民投票によってEC残留を確認しなければならないなど，ヨーロッパ統合に積極的に関与できないでいた。それでも，コモンウェルス諸国との関係を維持するイギリスが加盟したことが一つの契機となり，ECは75年2月に46カ国のアフリカ・カリブ海・太平洋諸国（ACP）と第一次ロメ協定を調印するにいたった【6-9】。

「静かなる革命」

　1970年代のヨーロッパ統合は，政治経済的な統合を強力に推し進めるためのダイナミズムには欠けていた。しかし70年代は，「共同体の暗黒の時代」と言われるような80年代半ばにいたるヨーロッパ統合の単なる停滞の時代ではなかった。70年代には，ヨーロッパ統合を80年代半ば以降加速化させていく社会経済思想が現れ，ヨーロッパ次元の法制度や行政機構も深化するなど「静かなる革

命」が進行していたのである。

　まず、ダヴィニョン報告に基づいて、EPC が EC 諸国が協調して外交に当たるための基本的枠組みとして成立し、各国外務省間の日常的な接触を緊密化させた【6-3】。また、EC の行政や法律分野でも、拡張と深化が進行していた。行政分野では、具体的な政策実施過程でコミトロジー（comitology）の手続きが拡大し、加盟国行政官の間の協力関係を水面下で促進させた。さらに EC 加盟各国は、1979 年 6 月に欧州議会選挙を実施した。これ以降、この議会は、人民が直接選ぶ EC/EU 内の唯一の機関となった。そして最後だが重要な点として、欧州司法裁判所は、シンメンタール（II）判決【6-13】やカシス・ド・ディジョン判決【6-15】などといった判例を確立することでヨーロッパ建設を支えた。これらの目に見えにくい動きが 70 年代に EC の足腰を強化し、80 年代半ばからの統合ダイナミズムを準備するのである。

　付言すれば、1970 年代の注目すべき動きとして、ヨーロッパ内で民間航空機エアバスの共同開発・生産【5-20】や宇宙開発協力【6-10】の進展があった。こうした産業協力の進展は、EC の枠外であってもさまざまな多国間協力が成立することを示すものであり、また、いわゆる「やわらかい統合」の一つの事例でもあった。

デタントの後退、そして新冷戦へ

　1970 年代半ば以降、米ソ両超大国は、アンゴラをはじめとする第三世界問題などをめぐって関係を悪化させていた。そして、アメリカのカーター（Jimmy Carter, 1924-）政権は、レーガン（Ronald Reagan, 1911-2004）政権の誕生以前にすでに、カーター・ドクトリンとも呼ばれる対決姿勢をあらわにした政策により、ソ連の脅威をレトリックとして EC-NATO 体制内の再結束を図ろうとした。その象徴的な事例が、西欧諸国への戦域核戦力（TNF）配備問題であり、79 年 12 月 12 日に NATO 外相・国防相会議は、いわゆる「二重決定（two-track decision）」を打ち出すにいたった。

　この「二重決定」に関しては、西欧諸国内でも西ドイツとベルギー・オランダとの間で TNF 配備をめぐる立場の違いが現れたが、米欧間でも重大な思惑の違いが存在した。すなわち西欧諸国は、TNF を配備するという強硬姿勢を取ることで交渉上の立場を固め、中距離核ミサイル SS-20 を東欧諸国に配備したソ連との間で軍備管理交渉を開始しようとした。これに対してアメリカは、交渉では

なく西欧諸国へのTNF配備のみを進めることによって，逆に東西対立を煽ろうとしたのであった【6-16】。

　1979年12月24日のソ連によるアフガニスタン侵攻は，米ソ・デタントの崩壊を決定的なものとし，新冷戦への道を開く直接的な契機となった。ただし上記のような米欧間の思惑の違いは，1979年12月のソ連によるアフガニスタン侵攻への受け止め方の違いとしても表れた。確かにEC諸国は，アフガニスタン侵攻直後は，ソ連を厳しく非難し，アメリカ政府に同調する姿勢を示した【6-17】。その一方でEC諸国は，エネルギーの供給の一部をソ連に頼っていたこともあり，事態に冷静に対応することでソ連との全面対決を回避し，ヨーロッパ・デタントを堅持しようとしたのである。

　しかし，米ソ関係が悪化する状況下で，ヨーロッパの安全保障をアメリカに依存せざるをえないEC諸国の対米自立化の動きは抑えられていくことになった。加えて，深刻な経済危機を抱えていたEC諸国は，1970年代終わりから80年代前半にかけて「欧州悲観主義（Europessimism）」のなかにあり，ヨーロッパ統合も停滞を余儀なくされた。しかし次章で詳述されるように，EC諸国は，80年代半ば以降，この「欧州悲観主義」を乗り越えてヨーロッパ統合を再活性化させていくのである。

6-1 西ドイツの「新東方政策」：ブラント首相の施政方針演説（1969.10.28）

"Statement by Chancellor Brandt before the Bundestag on the Goals of the New West German Government Respecting Germany and European Security, October 28, 1969," in United States Department of State *Documents on Germany 1944-1985*, U. S. G. P. O., pp. 1049-50. 解説および邦訳に際しては佐瀬昌盛『西ドイツの東方政策』日本国際問題研究所，1973年，94-9頁，ならびに『世界週報』1969年11月18日号，46-52頁を参照した。

　ブラント西独首相は，1969年10月28日の施政方針演説のなかで「新東方政策」について明らかにした。まず彼は，はじめてドイツ民主共和国（GDR）という正式呼称を用いた上で，GDRに対して政府間レベルでの交渉を提案した。また，GDRとの間でも相互の武力行使あるいは威嚇を放棄する協定を締結する用意があることを表明するなど，ヨーロッパ・デタントを進展させる意思を示したのであった。他方でブラントは，「たとえドイツ内に二つの国家が存在しているにしても，それらはお互いに外国ではなく，その相互関係は特別な種類のもの」であり，連邦共和国がGDRを国際的に承認することは問題外であるとした。さらに彼は，ベルリン問題に関して，米英仏3カ国が，ソ連との交渉を継続するように要請することを明らかにしたのであった。加えて注目すべきことは，歴代の西ドイツの政権が施政方針演説のなかで常に強調してきたドイツ再統一の必要性について，ブラントが全く言及しなかったことであった。ブラントは，再統一を断念したわけではなかったが，演説では，ドイツ人も他の民族と同様に自決権を保持しているという信念を何人も揺るがすことはできないと述べるにとどまったのである。

(橋口)

　淑女ならびに紳士の皆さま，政府は，第二次世界大戦，そしてヒトラー政権による民族的背信からドイツ国民に生じた諸問題は，結局のところヨーロッパの平和的秩序のなかにしか回答を見出せない，ということを出発点とします。しかし何人も，ドイツ人が他のあらゆる民族と同様に自決権を保持しているというわれわれの信念を揺るがすことはできないのです。

　今後何年かのわれわれの現実的な政策の目標は，ドイツの二つの部分の間の緊張関係を緩和することによって，民族の一体性を保持することにあります。ドイツ人は，言語や，栄光と苦悩の全てを伴った歴史によってのみ結びついているのではありません。母国ドイツがわれわれドイツ人を結びつけているのです。そして，さらにわれわれは，われわれの間とヨーロッパにおいて平和を保障するため

の共通の課題と共通の責任をもっているのです。

　ドイツ連邦共和国とドイツ民主共和国（GDR）の建設から20年が経つなかで，われわれは，ドイツ民族の二つの部分がさらに離間することを阻止しなければなりません。すなわち，規制された並存に到達し，そこから共存へと向かわなければならないのです。

　このことは，ドイツの利益になるだけではありません。なぜなら，ヨーロッパの平和と東西関係のためにも重要なことだからです。GDRの国際関係に対するわれわれ自身と友好国の立場は，東ベルリン自体の立場にかかっています。要するに，国際貿易や文化交流からわれわれの同胞が得た諸利益を少なくしてしまうことは，われわれの意図するところではありません。

　連邦政府は，キージンガー首相ならびに同政権が1966年12月に開始した政策を継続し，再びGDRの閣僚会議に対して双方に差別なく政府レベルで交渉を行うことを提案します。このことは，契約上合意された協調を導くことになるでしょう。連邦共和国によるGDRの国際的な承認は問題外です。たとえドイツ内に二つの国家が存在しているにしても，それらはお互いに外国ではなく，その相互関係は特別な種類のものでしかありえないのです。

　前政権の政策を継続して，連邦政府は，GDRにも同様に適用される，武力の行使あるいは威嚇を相互に放棄する協定を締結する用意があることを表明します。

　連邦政府は，アメリカ，イギリス，フランス各国に，ベルリンの状況を緩和し改善することに関して，ソ連との間で開始された交渉を精力的に継続するよう要望します。4カ国の特別な責任の下にあるベルリン市の地位は，変更されるべきではありません。ただしこのことは，ベルリン内およびベルリンへの交通の便利さの追求を妨げるものであってはなりません。

　われわれは，ベルリンの存続を保証し続けるでしょう。西ベルリンは，ドイツの二つの部分の間の政治，経済，文化的関係の改善の助けになる場に位置づけられなければならないのです。

　われわれは，内ドイツの貿易が再び増加していることを歓迎します。これは，1968年12月6日の合意によって実施された緩和措置によるものでもあります。連邦政府は，これら双方の貿易関係のさらなる拡大は望ましいものと考えます。

第 6 章　デタントのなかの EC　1969-79 年　　433

> 6-2　ウェルナー報告（1970. 10. 8）
>
> "Report on the realisation by stages of economic and monetary union (8 October 1970)," *Bull. EC*, 1970, No. Supplement 11/70, pp. 26-7. 解説および邦訳に際しては日本経済調査協議会訳「共同体における経済通貨同盟の段階的実現に関する対理事会および対委員会報告（ウェルナー報告）」『日経調資料』1971 年，27-8 頁，ならびに権上康男「ヨーロッパ通貨協力制度『スネイク』の誕生（1968-73 年）——戦後国際通貨体制の危機とフランスの選択」『エコノミア』第 56 巻 1 号（2005 年），39-88 頁を参照した。

　　1969 年 12 月のハーグ・コミュニケ【5-24】を受けて，ルクセンブルクの首相兼財務相のウェルナーを長とする委員会は，70 年 10 月 8 日付の最終報告書において，三つの段階を経て 10 年間で経済通貨同盟を完成させるとの考えを打ち出した。このウェルナー報告は，西ドイツ，オランダといった通貨統合の前提として経済政策の収斂を主張する「エコノミスト派」とフランス，ベルギー，ルクセンブルクといった通貨統合の実現後に経済政策の収斂を主張する「マネタリスト派」との対立を調整しながらまとめられたものであった（ただし，この対立の図式は，フランスに関するかぎりあてはまらないとする研究もある）。ウェルナー報告では，第一段階（71-73 年）の説明に多くが割かれたが，最終段階では「単一通貨」の採用や「経済政策決定機関」ならびに「共同体中央銀行制度」の創設なども提唱された。経済通貨同盟の第一段階は，戦後西側の国際経済体制であるブレトンウッズ体制が崩壊してスミソニアン体制に移行するなかで，72 年 3 月の閣僚理事会の決議に基づく 4 月のバーゼル協定によって導入された「トンネルの中のスネーク」により実質的に開始された。この「スネーク」は，対ドル 4.5％の為替変動幅のトンネルの中で域内変動幅を 2.25％とするものであった。なお，この考え方そのものはすでに，ウェルナー報告に付属文書として添付されたアンショー報告のなかで示されていた。「トンネルの中のスネーク」は，早くも 72 年 6 月にポンドが離脱するなど脆弱性を見せていたが，さらに，73 年にはスミソニアン体制が崩壊し，変動為替相場制へ移行するという国際経済状況に EC は直面した。そのため，3 月の閣僚理事会は，対ドル共同変動相場の採用を決定した。この決定により，対ドル 4.5％の為替変動幅が外され，域内変動 2.25％だけになった対ドル共同フロート，すなわち「トンネルを出たスネーク」が発足するにいたったのであった。（橋口）

VII．結論

　理事会が 1970 年 6 月 8 日と 9 日に本グループが提出した中間報告の結論を採択したことを念頭に置きつつ，本グループは，理事会が今回の報告の内容に同意

し，以下の結論を承認するように提案する。
A．経済通貨同盟は，ハーグ会議で厳粛に宣言されたように，この目的を実現するための加盟国の政治的意思が存在する場合のみ，今後10年のうちに実現しうる目標である。この同盟は，共同体内に成長と安定を保証するとともに，世界に経済および通貨の均衡をもたらす共同体の貢献を強化し，そのことで共同体を一つの安定した極にすることを可能にするであろう。
B．経済通貨同盟は，経済政策の主要な諸決定が共同体レベルで行われ，それゆえ，必要な権限が，各国から共同体レベルに移譲されるということを意味する。これらの責任の移譲およびそれに対応した共同体の諸機構の創設は，政治協力の漸進的な発展をもたらす重要な政治的意義をもつ過程を表している。こうして経済通貨同盟は，政治同盟の発展のための誘因となるものと見られ，長期的には政治同盟なしには機能しえなくなるであろう。
C．通貨同盟は，その内部においては，各国通貨の完全かつ不可逆的な交換性，為替相場の変動幅の消滅，平価の絶対的固定化，そして資本移動の完全な自由化を意味する。通貨同盟では，各国通貨の呼称を維持し続けてもよいが，心理的政治的局面を考慮に入れると本計画の不可逆性を保証する単一通貨の採用が望ましい。
D．機構面では，最終段階において二つの共同体の組織が不可欠である。すなわち，経済政策決定機関と共同体中央銀行制度である。これらの機構は，それぞれ独自の責任を保持しながらも，効率的な決定権限を付与され，また同じ目的を実現するために協力しなければならない。経済政策決定機関は，政治的には欧州議会に責任を負うことになる。
E．全過程を通じて，進展が見られることにつれて，加盟国の諸機関による活動を代替し，あるいは補完するために共同体の諸機関が創設されることになろう。全ての分野において，とられるべき活動は，相互に依存的で，相互を強化するものになろう。特に，通貨統合の発展は，経済政策の調和，そして最終的には統一へと向かう進展と平行したものでなければならない。
F．現段階においては，いくつかの段階からなる計画全体の正確で厳密な予定表を定めることは不可能であろう。第一段階で得られる経験が示唆する適応策を可能にするためには，柔軟性をもった措置を維持していることが実際に必要である。そのため，具体的な措置が全て提示される第一段階が，特に重要性をもつであろう。最終段階の詳細と将来の予定表に関する決定は，第一段

階の最後になされるべきであろう。
G．第一段階は，1971年1月1日から始まり，3年の期間続くであろう。1970年6月8日と9日の理事会決定によって承認された行動に加え，第一段階では，以下の諸措置がとられることになろう。
……

6-3 ルクセンブルク報告（ダヴィニョン報告）(1970. 10. 27)

"Report by the Foreign Ministers of the Member States on the problems of political unification (Luxembourg, 27 October 1970)," *Bull. EC*, November 1970, No. 11, pp. 9-14. 解説および邦訳に際しては田中俊郎『EUの政治』岩波書店，1998年，182-3頁を参照した。

　　　1969年12月のハーグ首脳会議【5-24】で，ECの政治的統一に関する問題の検討を指示された加盟各国の外相は，ベルギー外務省の政務局長ダヴィニョンに報告書の作成を依頼した。ダヴィニョンは，専門委員会の議長として，欧州政治協力（EPC）に関する報告書をまとめあげた。そして同報告は，70年10月27日のEC外相会議でルクセンブルク報告として採択された。EC加盟各国は，EPCによって協調して外交政策の調整にあたるものの，外交上の主権は，依然として各国が保持したままであった。またEPCでは，EC委員会は意見を求められるのみで，発議権は認められていなかった。それでもEPCは，ヨーロッパ統合やヨーロッパ・デタントを進めていく上で重要な役割を果たした。
　　　　　　　　　　　　　　　　　　　　　　　　　　　　　　　　　　（橋口）

第1部

1. EC加盟各国の外相たちは，1969年12月1日と2日にハーグで開催された首脳会議によって，ECの「拡大を視野に入れつつ，政治的統一における進歩を実現する最善の方策について検討するよう」指示された。
……

第2部

各国外相は以下のことを提案する。
政治的統一に向けた進展を求めて，加盟各国政府は，対外政策の分野において協調することを決定すべきである。

I. 目的

この協調には二つの目的が存在する。

　　(a) 定期的な情報交換と協議によって，国際政治の主要な諸問題に関するより一層の相互理解を確保すること。

　　(b) 見解の整合，立場の調整，そして実行可能で望ましい場合には共同行動をとることで，連帯を強化すること。

II. 外相会議

1.

(a) 各国外相は，議長のイニシアティブの下，少なくとも6カ月ごとに会談する。

　……

III. 政治委員会

1. 各国外務省政務局長から構成される当委員会は，外相会議のための基礎的作業を行い，また各国外相によって委任された職務を遂行するために，少なくとも年4回開催する。特別な状況の場合，議長は，他の委員との協議の後，自らのイニシアティブ，あるいは加盟国の内の1カ国の要請により，当委員会を招集することができる。

　……

IV. 協議の対象となる諸問題

各国政府は，対外政策の全ての主要な諸問題について相互に協議する。加盟各国は，自らが望む政治協議の議題を自由に提案できる。

V. EC委員会

委員会は，ECの活動が加盟国外相の任務によって影響を受ける場合，意見を求められる。

　……

6-4　EC加盟条約調印に際してのヒース英首相の演説（1972. 1. 22）

"Speech by Edward Heath (Brussels, 22 January 1972)," *Bull. EC*, February 1972, No. 2, pp. 25-7.

イギリスはヒース政権の下で，1973年1月1日にEC加盟を果たした。マクミラン政権と第一次ウィルソン政権に続く3度目の挑戦で，ようやく加盟を認められたのであった。親ヨーロッパ主義者であったヒース首相は，72年1月22日のブリュッセルでの加盟条約調印に際して行ったこの演説のなかで，ヨーロッパ建設の新たな段階の始まりを高らかに謳うとともに，イギリスも貢献していく意思を示した。しかし，イギリスはその後，ヨーロッパ統合の進展に自ら積極的にかかわることはできずにいた。第二次ウィルソン政権は，75年6月にEC加盟の是非を問うイギリス史上初の国民投票を行うことで残留をかち取らねばならなかった。またキャラハン政権は，79年3月に欧州通貨制度（EMS）【6-14】が設立されたときに，加盟国の中で1国だけ為替相場メカニズム（ERM）に参加しなかったのであった。　　　　　　　　　　　　　（橋口）

われわれは本日，このセレモニーをもって，10年以上にもわたる困難な交渉の終結をしるします。この交渉によって，西欧内の分裂を解消する方向へさらに大きな一歩を踏み出しました。……

まさに本日われわれが祝う業績が定められていたものではなかったように，ヨーロッパ建設における次の段階についても必然的なものは何もないのです。

……

ECは，障壁をつくるどころか，東西間の貿易や他の交流を拡大する役割を果たしてきました。イギリスは，このプロセスに大いに貢献しなければなりませんし，また共同体の加盟国として，われわれはよりよくそうすることができるでしょう。そして，コモンウェルスとのつながりをもったイギリスは，ヨーロッパが負う普遍的な責任に対して，より貢献しなければならないのです。

……

新たなヨーロッパのためにわれわれはどのような構想を描くべきでしょうか。それは自らのなかに強さと自信のあるヨーロッパでなければなりません。さらに，東西間の緊張を漸進的に緩和し除去することに取り組み，友邦とパートナーの利害を意識し，よりよい生活を目指した人類共通の努力のなかで大きな責任を自覚するヨーロッパでなければならないのです。

こうして，このセレモニーは，一つの終わりと一つの始まりをしるします。すなわち，何世紀にもわたってヨーロッパを苦しめてきた分断の終わりと，新たな，そしてより偉大なヨーロッパ建設におけるさらなる段階の始まりです。これこそがヨーロッパにおけるわれわれの世代の責務なのです。

6-5　パリ首脳会議の声明（1972. 10. 19-21）

"Statement from the Paris Summit（19 to 21 October 1972）." (Online available：http://www.ena.lu/mce.swf?doc = 6178&lang = 2) 解説および邦訳に際しては田中素香『欧州統合——EC発展の新段階』有斐閣，1982年，385-91頁を参照した。

　　1972年10月19日からのパリ首脳会議の開催にあたってイニシアティブを発揮したのは，フランスのポンピドゥー大統領であった。その背景には，EC-NATO体制内で影響力を強めつつある西ドイツへ対抗するということもあった。新規加盟を予定されている諸国も参加したパリ首脳会議の声明では，経済通貨同盟を実現させることが再確認されたことに加え，地域政策，社会政策，環境政策，エネルギー政策など新たな次元での統合の進展も謳われた。また，欧州安全保障協力会議（CSCE）を通して，東欧諸国とのデタントを追求していく決意も表明された。そして，「ヨーロッパ連合」を70年代末までに設立するということが初めて明確に示されたのであった。　　　　　　　　　（橋口）

　フランス大統領の招待によって，パリで［1972年］10月19日と20日に初めて会談した拡大共同体の加盟国の元首ならびに首相は，厳粛に次のように宣言する。

　条約によって定められた規則に基づき，また原加盟6カ国がすでに成し遂げたことを尊重しながら決定された拡大が現実となり，共同体に新たな次元を付与する時にあたり，

　　……

以上の目的のために，

　　……

2.　加盟国は，安定と成長の保証，団結の基礎，そして社会的な進歩のために不可欠な基盤である経済通貨同盟の設立，ならびに地域間の不均衡の解消によって，共同体を強化することを決意する。
3.　経済発展は，それ自体が目的ではない。その第一の目的は，生活条件の不均衡を改善できるようにすることである。経済発展は，全ての社会パートナーの参加によって進められなければならない。それは，生活の質とともに生活水準の改善をもたらすものでなければならない。ヨーロッパの精神に則り，進歩が真に人類に奉仕するものになるために，非物質的な価値と環境の保護

に特別な注意が払われる。
4. 共同体は，世界の継続的な低開発によって引き起こされた問題を十分に認識している。共同体は，開発途上諸国に対する世界大の政策の枠内で，最も貧しい人々に対する援助と技術的な支援に一層努力していく決意をはっきりと表明する。また，地理的歴史的理由，そして共同体が引き受けた義務によって特別な責任をもつ国々の要望を特に重視する。
……
6. 共同体の加盟国は，いかなる体制であろうとも全てのヨーロッパ諸国の間に存在すべき良好な近隣関係のために，東欧諸国に対してデタントおよび平和のための政策を追求する決意を，とりわけ欧州安全保障協力会議の開催にあたり表明する。またあわせて，より幅広い経済および人道的な協力のための確かな基盤を築く決意を表明する。
7. ヨーロッパ建設は，その最終的な政治目的と一致する形で，次のことを可能にするであろう。すなわち，ヨーロッパの伝統的な友好関係と加盟各国の結びつきに忠実であり続ける一方でその個性を肯定すること，また，国連憲章の諸原則を尊重しつつ，よりよい国際的な均衡を促進する自立的な存在として世界情勢のなかでその地位を確立することである。ヨーロッパ建設の推進力である共同体の加盟国は，1970年代末までに，その関係全体をヨーロッパ連合に転化させる意思を明言する。
……

6-6 「ヨーロッパの年」演説（1973. 4. 23）

"The Year of Europe: Address by Henry A. Kissinger before the annual meeting of the Associated Press Editors, New York, April 23, 1973," *Department of State Bulletin*, United States Department of State, May 14, 1973, pp. 593-8. 邦訳に際してはヘンリー・キッシンジャー，読売新聞・調査研究本部訳『キッシンジャー激動の時代』第1巻，小学館，1982年，191-4頁を参照した。

　　アメリカのニクソン政権は，米ソ・デタントを成立させ，さらにベトナム戦争からの撤退が1973年1月の和平協定調印によって目処がついたことを受けて，9カ国となったECとの関係の再定義に乗り出した。4月23日，キッシンジャー国家安全保障問題担当大統領補佐官は，ニューヨークで開催されたAP

通信の昼食会における演説で，73年は「ヨーロッパの年（the Year of Europe）」であるとの考えを表明した。そして彼は，西欧の再生や東西間の戦略的軍事バランスのほぼ均衡状態への移行などといった「新たな現実」に直面するなかで，新大西洋憲章を策定することを提案したのであった。キッシンジャーは，統合を進めるEC加盟国が大西洋関係における立場を強めることに歯止めをかけ，他方で，経済的にアメリカの対抗者となりつつある加盟国に対して防衛の公平な負担などを求めようとしたのである。このように，アメリカの求める大西洋関係の諸原則は，対等な関係を前提とするものではなく，自国の覇権を再強化しようとするものであった。 (橋口)

1973年はヨーロッパの年である。なぜなら，一世代前の諸決定によって形成された時代が，終わろうとしているからである。それらの政策の成功は，新しいアプローチを必要とする新たな現実を生み出している。
——西欧の再生は，経済的統一へ向けたその動きの歴史的な成功と同様に，既定の事実である。
——東西間の戦略的軍事バランスは，アメリカの優位からほぼ均衡状態に移行し，それに伴い，われわれの共通の安全保障上の要請について新たな了解を必要としている。
——世界の他の地域が重要性を増してきている。日本は，一つの主要な力の中枢として台頭してきている。多くの分野において，「大西洋的な」解決が有効であるためには，日本を含めなければならない。
——われわれは，緊張緩和の時期にある。しかし，過去20年間の堅固な分断が弱まったことで，新たな国家的アイデンティティの主張や国家間の対立が現われている。
——一世代前には予想できなかった諸問題が生じており，新たなタイプの協調行動を必要としている。工業諸国へのエネルギー供給の確保はその一例である。
……

本年の終わり頃に大統領がヨーロッパを訪問する時までに，われわれが将来のための目標を定めた新大西洋憲章をまとめ上げるであろうということを，アメリカは，大西洋のパートナーに提案する。
……

大西洋関係における諸問題

……

　—外交は，頻繁な協議の対象であるが，本質的には伝統的な国民国家によって行われる。アメリカには，全世界的な利害と責任がある。われわれのヨーロッパの同盟諸国には，地域的な利害がある。これらは，必ずしも対立するものではないが，この新たな時代においては，自動的に一致するわけではない。

……

将来の課題

経済

……

　アメリカは，ヨーロッパ統合を支持し続けるであろう。われわれは，強力に構築を手助けしてきたものを壊すつもりはない。われわれにとって，ヨーロッパ統合は，常に目的それ自体ではなく，西側を強化するための手段である。われわれは，より大きな大西洋パートナーシップの構成部分としてヨーロッパ統合を支持し続けるであろう。

……

アメリカの貢献

……

　—われわれは，ヨーロッパ統合を支持し続けるであろう。パートナーシップの原則に基づいて，われわれは，そのさらなる成長のために譲歩するであろう。われわれは，相互性の精神で迎えられるものと期待している。

　—われわれは，同盟国に対する厳粛な公約を撤回することはしない。われわれは，アメリカ軍の駐留を継続するつもりであり，ヨーロッパから一方的に撤退することはしない。その代わりにわれわれは，各同盟国が共通の防衛のための共通の努力について公平に分担することを期待する。

……

6-7 「ヨーロッパ・アイデンティティ」宣言（1973. 12. 14）

"Declaration on European Identity (Copenhagen, 14 December 1973)," *Bull. EC*, December 1973, No. 12, pp. 120-1. 解説および邦訳に際しては柳沢英二郎「"新大西洋憲章"の運命」『愛知大学法経論集』法律篇第91号（1979年），20-2頁も参照した。

1973年12月14日にコペンハーゲンで開催されたEC9カ国首脳会議において，「ヨーロッパ・アイデンティティ」宣言が採択された。4月23日にキッシンジャーが提案した新大西洋憲章構想【6-6】に対して，EC加盟各国は，ニクソン政権が経済問題と安全保障問題とを「リンケージ」させていることなどに反発したが，その対応は必ずしも一致していなかった。そのため，加盟各国は，「ヨーロッパ・アイデンティティ」を確認することでECとしての立場を固め，「一つの声で」アメリカとの交渉に臨もうとした。すなわち，9カ国の団結を強調することによって，対等な米欧関係を求めたのである。「ヨーロッパ・アイデンティティ」は，60年代にすでにその萌芽が見られていたが，EC加盟各国は，アメリカと対立するなかで，そのアイデンティティを再確認したのであった。
　　　　　　　　　　　　　　　　　　　　　　　　　　　　　　　　　　（橋口）

6. 過去においてヨーロッパ諸国は，個別的に国際舞台で重要な役割を果たすことができたが，現在の国際問題は，9カ国のいずれの国にとっても単独で解決することは困難である。国際情勢の展開とごく一部の大国の手中に権力と責任が集中しつつあるということは，もしヨーロッパが世界のなかで自らの意思を表明し，適切な役割を果たそうと望むならば，ヨーロッパがますます一つの声でまとまり，発言しなければならないということを意味する。
……

10. 共同体は，第三国との関係では共通の政策に向けて進むため，以下のような諸原則と一致するように行動する。
    (a)単一の統一体として行動する9カ国は，第三国と調和的で建設的な関係を促進するよう努力する。……
……

14. アメリカと9カ国のヨーロッパ――共通の伝統を基礎として価値と目標を共有する――との間の緊密な結びつきは，相互にとって利益となるものであり，保持されなければならないものである。これらの結びつきは，9カ国が他と異なった独自の統一体を設立しようとする決意と対立するものではない。9カ国は，平等を基礎とし，かつ友好の精神をもってアメリカとの間で建設的な対話を維持し，協調関係を発展させていく意思がある。
……

6-8 パリ首脳会議のコミュニケ（1974. 12. 10）

"Communiqué of the meeting of the Heads of Government of the Community (Paris, 10 December 1974)," *Bull. EC*, December 1974, No. 12, pp. 7-12. 解説および邦訳に際しては田中素香『欧州統合――EC発展の新段階』有斐閣，1982年，391-6頁も参照した。

  1974年12月9日からのパリ首脳会議の開催にあたってイニシアティブを発揮したのは，フランスのジスカール・デスタン大統領であった。彼は，西ドイツのシュミット首相との間で独仏協調を復活させ，石油危機後に停滞していたヨーロッパ統合を再生させようとした。このパリ首脳会議では，加盟国の政府首脳が統合のリーダーシップをとるための欧州理事会の創設，66年の「ルクセンブルクの妥協」【5-17】の見直し，欧州議会選挙の実施，欧州地域開発基金の執行などが決定されたことに加え，75年末までに「ヨーロッパ連合」に関する包括的な報告書を作成するためベルギー首相ティンデマンスを招請すること【6-12】も合意されたのである。
                            （橋口）

1. フランス大統領の招待を受けてパリに会した共同体9カ国の政府首脳，外務大臣ならびにEC委員会委員長は，ヨーロッパが直面するさまざまな問題について討議した。
……
3. 政府首脳たちはそれゆえ，外務大臣とともに，年3回，そして必要な時はいつでも，共同体理事会で，また政治協力の枠内において会合することを決定した。
……
6. 共同体理事会の機能を改善するために，首脳たちは，1966年1月28日にルクセンブルクで確定された結論に関する加盟各国の立場がどのようなものであろうとも，全ての問題の合意が各国の全会一致を条件にしている方式を放棄する必要があると考える。
……
12. 政府首脳たちは，条約で規定された目的の一つである欧州議会の普通選挙ができるだけ早く実現されるべきであるということを確認する。……
13. 政府首脳たちは，1972年10月にパリでなされた決定に沿った形で，加盟国間関係全体の転換の過程がすでに始まっていることを確認する。首脳たちは，この方向へのさらなる進展を決意している。

このことに関連して，首脳たちは，ヨーロッパ連合の全体的な概念について，できるだけ早く9カ国で合意すべき時が来たと考える。したがって首脳たちは，72年10月のパリ首脳会議の求めに一致する形で，共同体の諸機関によって作成される報告に重きを置くことを確認する。首脳たちは，欧州議会，委員会，そして欧州裁判所に対して，75年6月末までに報告書をそれぞれ提出するように要請する。首脳たちは，75年末までに包括的な報告書が提出されるために，ベルギー首相のティンデマンス氏を招請することに合意した。この報告書は，上記機関からの報告，そして諸政府や共同体内の幅広い世論と彼との対話を基礎とするものである。

経済通貨同盟

14. 政府首脳たちは，国内外の困難によって1973年と74年には経済通貨同盟への期待された進展の達成が妨げられたことを認識しているが，この分野において，彼らの意思は弱まっていないし，また彼らの目的もパリ会議以来変化していないことを確認する。

　……

地域政策

22. 政府首脳たちは，欧州地域開発基金が1975年1月1日から共同体の諸機関によって執行されることを決定する。同基金は，農業への偏重，産業の変化，構造的な低就業から主に生じる共同体内の重大な地域不均衡を是正することを目的とするものである。

23. 基金は，1975年に3億u. a.，76年と77年にそれぞれ5億u. a.，すなわち13億u. a.の資金を備える。

24. この総額13億u. a.の内，現在は使われていないEAGGF（指導部門）からの資金によって1億5000万u. a.まで融資される。

　基金の資金は，委員会によって定められた基準に従って分配される。

　ベルギー：1.5%；デンマーク：1.3%；フランス：15%；アイルランド：6%；イタリア：40%；ルクセンブルク：0.1%；オランダ：1.7%；西ドイツ：6.4%；イギリス：28%。

　アイルランドは，追加分としてさらに600万u. a.融資される。この融資は，イタリアを除く他の加盟諸国への配分を削減することによって充てる。

　……

6-9　第一次ロメ協定に関するオルトリ EC 委員会委員長の声明（1975. 2）

"Commission president François-Xavier Ortoli on the first ACP-EC Convension (Lomé, February 1975)," in A. G. Harryvan and J. van der Harst (eds.), *Documents on European Union*, Macmillan, 1997, pp. 184-6. 解説に際しては大隈宏「EEC と開発途上国」細谷千博・南義清共編著『欧州共同体（EC）の研究——政治力学の分析』新有堂，1980 年，275-309 頁も参照した。

　1975 年 2 月 28 日，EC9 カ国は，46 カ国のアフリカ・カリブ海・太平洋諸国（ACP）との間で第一次ロメ協定を調印した。63 年に域外の開発途上諸国との間ですでにヤウンデ協定【5-13】が結ばれていたが，コモンウェルス諸国との特恵制度を享受してきたイギリスが 73 年に EC に加盟したことは，新たな協定を締結する一つの契機となった。ロメ協定では，ヤウンデ協定で規定されていた相互特恵の廃止，EC 諸国から ACP 諸国に対する一方的な貿易上の特恵の供与，ACP 諸国からの一次産品の輸出所得安定化制度（STABEX）などが合意された。そして，79 年 10 月 31 日には，58 カ国の ACP 諸国との間で第二次ロメ協定が調印されたのであった。　　　　　　　　　　　　（橋口）

　こうして，ロメ協定に調印し，長期間の困難な交渉を正式に終わらせる時が来ました。この交渉は，20 カ月以上前に，アフリカ，カリブ海，および太平洋諸国の諸政府を一方の当事者とし，EC を他方の当事者として始まったものでした。
　……
　したがって，次のことが明らかになり，またそのことは，ロメ協定から得られた最初の大きな教訓の一つなのです。すなわち，地域的にまとまれば，各国家が単独で行動することによって達成できるレベル以上に，一層効果的で，よくバランスもとれ，かつより公平な国際的な協調が可能になるということです。各国家による行動は，法的には平等であっても，実際には平等を達成することはたいてい困難なのです。
　また，これらの諸条件の下での進展が，やはり閉鎖された国際的ブロックを生じさせていないということは強調するに値します。われわれが本日終えた交渉が，ACP 諸国を他の開発途上諸国から孤立させることは決してありません。そしてさらに，これらの交渉は，特に効率的な方法で，われわれが望むように，工業諸国と開発途上諸国との全ての関係に利益を徐々に拡大していく新たな考えを

もたらしたのです。

　ヨーロッパの場合ではまた，この交渉は結束と連帯を意味するのです。アフリカ，カリブ海，太平洋諸国の国民との結びつきを築くことで，全体として共同体は，非工業諸国の発展に効果的に貢献する全般的な政策を引き受けることができることを示しているのです。なぜなら，ECは，ロメ協定をACP諸国との協調の手段としてだけではなく，全ての開発途上諸国との協調の基本的な要素とみなしているということは，言うまでもないことだからです。

6-10　欧州宇宙機関憲章（1975. 5. 30）
"Convention for the Establishment of a European Space Agency (Paris, 30 May 1975)."
(Online available: http://www.esa.int/convention/)

　　1960年代初頭から始まっていたヨーロッパにおける宇宙開発協力は，これまでESRO（欧州宇宙研究機関）とELDO（欧州ロケット開発機関）にわかれ，二つの異なるルートで発展してきた。しかし，60年代後半から通信衛星をはじめとする実用衛星の開発が焦眉の課題となり，実利用分野での欧州協力が必要となった。また，米ソ宇宙競争により，米ソの技術水準が飛躍的に向上する一方で，ヨーロッパは完全に立ち遅れていた。そのようななか，仏独で開発した実用通信衛星を打ち上げるため，アメリカに打ち上げを依頼したところ，実利用衛星の独占を狙うアメリカに拒否され，ヨーロッパが完全にアメリカに依存していることが大きな問題となった。その結果，ヨーロッパの自律性を高めつつ，ECの枠組みからは離れた組織として欧州宇宙機関（ESA）が設立された。このESAでは，科学分野の支払いは加盟国のGDP比による義務的拠出にしているが，それ以外のプログラムは加盟国が自由に参加できるという仕組みになっており，意思と能力のある国でプロジェクトを進めるという「柔軟な制度」を導入することによって成功した。ECの枠組みから離れながらも，ヨーロッパを単位とした協力体制が出来上がったが，ECの法体系とは異なるため，ESAとEUの協力が困難になる原因ともなった。こうしたEC外の協力がのちのEUREKA（欧州先端技術共同体構想）などに引き継がれるモデルとなった。

（鈴木）

第II条
目的

機関の目的は，もっぱら平和的目的のため，宇宙研究・技術と宇宙アプリケーションの分野におけるヨーロッパ諸国間の協力関係を，それらが，次の手段を通じて，科学的な目的と宇宙アプリケーションシステムの運用のために利用されることを視野に入れながら，促進することである。

　a．長期的な欧州宇宙政策の策定・実施，加盟国に対する宇宙開発目標の推奨，その他の国内・国際機関や制度と関連した加盟国の政策の調和。

　b．宇宙分野における活動やプログラムの策定・実施。

　c．欧州宇宙プログラムと国内のプログラムの間の調整，後者を漸進的にかつ可能な限り完全な形で欧州宇宙プログラムに統合していくこと。これは，とりわけ実用衛星の開発においてなされるべきである。

　d．そのプログラムに適合的な産業政策の策定と実施，各加盟国に整合性のとれた産業政策の実施を推奨すること。

……

第Ⅴ条

活動およびプログラム

1. 機関の活動は，義務的（mandatory）活動——これには全加盟国が参加する——と，選択的（optional）活動——これには全加盟国が参加可能だが，参加する意思がないことを公式に宣言した国を除く——を含むべきである。

　a．義務的活動に関して，機関は，

　　ⅰ．基本的な活動——たとえば教育，文書化，将来的なプロジェクトの研究や技術的な研究作業——の実施を確実なものとする。

　　ⅱ．衛星やその他の宇宙システムを含めた科学的プログラムの策定と実施を確実なものとする。

　　ⅲ．関連情報を収集して加盟国に伝達し，ギャップや重複に対する注意を喚起し，国際的・国内的プログラムを調和させるための助言と援助を提供する。

　　ⅳ．宇宙技術の利用者と定期的な連絡をとり，彼らの要請に関する情報を把握する。

　b．選択的活動に関しては，機関は，付属書Ⅲの規定に従い，プログラムの実施を確実なものとする。これらのプログラムは，具体的には，以下のものを含みうる。

　　　　i. 衛星および他の宇宙システムの設計，開発，製造，打ち上げ，軌道への配置，管制。
　　　　ii. 宇宙輸送システムと打ち上げ施設の設計，開発，製造，運用。
2. 宇宙アプリケーションの分野において，機関は，その機会が発生した場合，全加盟国の間の過半数によって理事会で決定される条件の下，選択的活動を実施できる。
　　……
3. 第II条cにおいて言及されたプログラム間の協調と統合に関連して，機関は，加盟国から新しい宇宙プログラムに関するプロジェクトの情報を受け取り，加盟国間の協議を促進し，必要な評価を行い，全加盟国の全会一致による理事会によって採択される適切なルールを策定すべきである。プログラムの国際化の目的と手続きについては，付属書IVに提示されている。
　　……

第VII条
産業政策
1. 第II条dに基づいて機関が策定・実施すべき産業政策は，とりわけ，次の目的のために構想されるべきである。
　a. 欧州宇宙プログラムおよび協調的な国内宇宙プログラムそれぞれの要件を，効率の良い方法で満たすこと。
　b. 欧州産業の世界的な競争力を向上させること。これは，宇宙技術の維持と開発，市場の要請に適合的な産業構造の合理化と開発の促進を通して実現されるべきである。これはまた，全加盟国の産業の既存の潜在能力を活用することを優先して行われる。
　c. 各加盟国の財政的貢献を考慮に入れつつ，欧州宇宙プログラムの実施や関連する宇宙技術の開発に全加盟国が平等な条件の下で参加できることを保証すること。具体的には，機関は，プログラムの実施に際して，全加盟国の産業に対して可能な限り広範囲の優先権を与えるべきである。それにより，全加盟国の産業は，機関が実施する技術的メリットのある作業に参加する最大限の機会を提供されるべきである。
　d. 全ての事例において，自由競争入札が提供する優位な条件を活用すること。これは，その他に定められた産業政策の目的と矛盾する場合を除く。

その他の目的は，全加盟国の全会一致により，理事会で決定することができる。これらの目的を達成するための詳細な取り決めは，付属書Vおよび全加盟国の3分の2の多数によって理事会で採択されたルールに基づいて提示され，定期的に再検討される。

2. プログラムの実施のため，機関は第VI条1項に言及された内部の能力維持と整合性のある形で，外部の委託業者を最大限に活用すべきである。

……

6-11　ヨーロッパ・デタントの成立
A．CSCE に関する欧州理事会の声明（1975. 7. 17）
B．ヘルシンキ宣言についてのモロ伊首相・欧州理事会議長の声明（1975. 7. 30）
A．"Statement by the European Council on the CSCE (Brussels, 17 July 1975)," *Bull. EC*, July/August 1975, No. 7/8, pp. 11-2.
B．"Statement by Italian Prime Minister A. Moro, during the third stage of the Conference for Security and Cooperation in Europe, Helsinki, 30 July 1975," in Christopher Hill and Karen E. Smith (eds.), *European Foreign Policy : Key documents*, Routledge, 2000, pp. 257-8.

　史料 A は，1975年7月17日，ブリュッセルの欧州理事会において EC9 カ国が，30日から開催予定の欧州安全保障協力会議（CSCE）の第三ステージを前に，最終合意書（ヘルシンキ宣言）への強い支持を表明したものである。CSCE において EC 加盟各国は，大西洋同盟の結束を前提としながら，EPC の枠組みを用いてできるだけ協調して交渉に臨んだ。さらに加盟各国は，CSCE を支えることでヨーロッパ・デタントを進展させようとしたのであった。

　また，1975年8月1日，ヘルシンキ宣言に署名する際に，イタリアのモロ（Aldo Moro, 1916-78）首相は，自国の政府代表と欧州理事会議長という二つの肩書きで署名した。このことは，EC が国際政治における一つの独立したアクターとして自らの存在を示した象徴的な出来事であった。なお，史料 B は，ヘルシンキ宣言に署名する直前の7月30日にモロ首相が出した声明である。

（橋口）

A. CSCEに関する欧州理事会の声明

1. 欧州安全保障協力会議（CSCE）の最終ステージに際し，欧州理事会は，2年間にわたる交渉ののち，欧州ならびに北米の35カ国が，その将来的な関係のためのガイドラインを定めることができたことに満足する。

2. CSCEは，共同体加盟各国によってなされた調和のとれた貢献によって特徴づけられた。それは，ヘルシンキで協議が開始される直前の1972年10月22日にパリ首脳会議において表明された意思と一致するものである。ヘルシンキならびにジュネーヴでの交渉は，建設的な協調のすぐれた事例となる共通の任務をなす機会を9カ国に与えた。また，それらの交渉は，歴史に対する責任を十分に自覚しながら，共同体加盟国が取り組んできた連帯を強化する過程が，今や成熟した段階に達したことを示している。

......

4. 欧州理事会は，最終合意書の内容がデタントの道筋をつける画期的なものであると確信する。その真の重要性は，各参加国が，再確認された全ての諸原則や合意された行動を効果的に適用する点からのみ評価しうる。9カ国としては，CSCEで表明された諸原則を遵守すること，また，9カ国に関する限り，諸決定の遂行を保証するために自らの権限において方策を講じることを決定する。こうして，諸国民をより緊密にまとめ上げるために，障壁を取り除く相互信頼の雰囲気が作られることになるであろう。

　CSCEの諸決定の実行が参加各国間の関係に真の改善をもたらすという強い希望に突き動かされ，9カ国は，そのような基礎の上に，CSCEによって制度化された多角的な対話を継続することが将来価値あるものになると考える。9カ国は，同会議の作業への貢献を促す前向きな精神で協調することをすでに決意したことを表明する。

......

B. ヘルシンキ宣言についてのモロ伊首相・欧州理事会議長の声明

......

　したがって，私は，［欧州安全保障協力］会議の最終合意書を二重の立場で署名します。すなわち，イタリアの代表として，そして欧州理事会議長としてのそれぞれの立場です。

　それゆえ，第三国は，この会議の諸決定は，ECの権限内，あるいは将来のそ

の権限内の全事項に関して，EC によって適用されるということを確信するでしょう。

　これらの諸事項に関して，最終合意書で言及された「参加各国」という表現は，その結果として，EC にもまた適用可能なものとみなしうるのです。

　会議の諸決定の履行についての EC の見解は，ある事項が EC の権限に関わることであれば，内部の規則に一致する形で表明されるでしょう。

　……

　EC9 カ国の結束は，会議の成果において有効であったことが明らかであり，またこのことは，参加各国と共通の合意点を見出そうとする上で，実際に建設的な貢献をなすものです。事実それは，デタント，平和，そして協調という目的のために，多角的な対話を継続しようとするこれらの国々がもつ寛大な精神の証なのです。

6-12　ティンデマンス報告（1975. 12. 29）

"Report on European Union (29 December 1975)," *Bull. EC*, 1976, No. Supplement 1, pp. 11-35. 解説および邦訳に際しては片山謙二「欧州同盟に関するティンデマンス報告——報告の全貌とその意義」『福山大学経済学論集』第 1 巻 2 号（1976 年 6 月），158-223 頁を参照した。

　　「ヨーロッパ連合」構想は，1972 年のパリ首脳会議で初めて公式に表明され【6-5】，74 年のパリ首脳会議で同構想に関する包括的な報告書を 75 年末までに作成するためにベルギー首相ティンデマンスを招請することが決定されていた【6-8】。これを受けて，ティンデマンスが加盟国政府などとの協議を経てまとめた報告書が，75 年 12 月 29 日に欧州理事会を構成する各国首脳へ送付された。この報告書では，欧州理事会が定義すべき「ヨーロッパ連合」の目的や内容に加え，共通の対外政策，経済・通貨政策などの追求，さらには「ヨーロッパ連合」の諸機関についても提言された。しかし，当時の各加盟国は，石油危機後の深刻な不況に苦しんでいたことなどから統合を深化させるインセンティブに欠け，また依然として国家主権の保持に固執していた。そのため，「ヨーロッパ連合」構想は，76 年 11 月にハーグで開催された欧州理事会で，事実上棚上げにされるにいたった。こうして「ヨーロッパ連合」構想は，70 年代半ばの時点では実現しなかったのであった。なお，以下の史料の引用部分は，原文ではイタリック体で書かれている。　　　　　　　　　　　　（橋口）

私は，欧州理事会がヨーロッパ連合のさまざまな構成部分を次のように定義すべきであると提言する。

(1) ヨーロッパ連合は，われわれが外部世界に対して一つに結束していると示すことを意味する。われわれは，外交政策，安全保障，経済関係，あるいは開発援助のいかんを問わず，対外関係の全ての主要な分野において，共同して行動するようにしなければならない。われわれの行動は，自らの利益を守るためだけではなく，世界的な討議に際して法と正義を守る上で集団的な力を行使するためのものでもある。

(2) ヨーロッパ連合は，加盟国の経済的繁栄の相互依存性を認識し，また，このことによる帰結を受け入れる。すなわち，それらは，経済的繁栄をコントロールするための共通の経済・通貨政策，将来を保証するための産業・農業部門およびエネルギーや調査研究に関する共通政策である。

(3) ヨーロッパ連合は，われわれ国民の結束が効率的かつ適切であることを求める。地域政策は，発展の不均衡を是正し，成果が産業社会に集中することを緩和するであろう。社会行動は，所得の不平等を軽減し，より公正で思いやりのある形で自らを組織化するために社会を動かすであろう。

(4) ヨーロッパ連合は，人々の日常生活のなかで意識されるものである。それは，人々の人権を守り，生活様式を改善するのに役立つ。

(5) ヨーロッパ連合には，これらの課題を実現するために，共通で一貫した包括的な政治目的を決定するために必要な権限，行動のために必要な効率性，そして，民主的統制のために必要な正統性をもった諸制度が備えられる。全ての加盟国の平等性の原則は，政治的な意思決定に参加する各国の権利によって，連合の枠内で尊重されていく。

(6) ヨーロッパ連合は，その目的を追求し，その成果を保全する共同体のように，漸進的に建設されるであろう。ヨーロッパ建設を遅滞なく再出発させ，また信頼性を高めるため，ヨーロッパ連合の基礎は加盟各国の政治的コミットメントに始まる。このコミットメントは，各国がその重要性と成功の機会に応じて選択した特定の行動をそれぞれの分野で実行するためのものである。

……

6-13　EC法の絶対的優位性の確立：シンメンタール (II) 判決（1978. 3. 9）

Amministrazione delle Finanze dello Stato v. Simmenthal Spa, ECJ, Case No. 106/77, ECR629. 解説および邦訳に際しては中村民雄・須網隆夫編著『EU法基本判例集』日本評論社，2007年，15-24頁；山根裕子編著『ケースブックEC法――欧州連合の法知識』東京大学出版会，1996年，134-7頁；伊藤洋一「EU法の国内法に対する優越 (2)」『法学教室』第265号（2002年11月号），117-8頁を参照した。

　　フランスからイタリアに食肉を輸入していたシンメンタール社は，イタリアの国内法に従い検疫料を課したイタリア財務当局をEC条約違反としてスーザの法務官裁判所（イタリアの第一審裁判所）に訴えた。条約違反を認めた欧州司法裁判所の先決判決（Case No. 35/76）に従い，スーザ法務官裁判所はイタリア政府に課金の返還を命じた。しかし，イタリア政府は，憲法裁判所以外の国内裁判所には法律を無効とする権限がなく，憲法裁判所による違憲判決が下されるまでは国内後法の適用は排除されない，として抗弁した。これに対し，シンメンタール社は，EC法により個人に認められた権利は国内法に優位する，と主張した。

　　そこでスーザ法務官裁判所は，欧州司法裁判所に再び先決判決を求めた。判断を求められたのは，EC条約によって同条約が認める個人の権利が実効的に救済されるか，そして，直接適用性のある共同体法が国内後法と両立しない場合，新たな国内立法や憲法裁判所による違憲判決がなされる以前にも，当該の国内法は無効であるか，ということであった。欧州司法裁判所での審理中にイタリアの憲法裁判所が当該国内法の違憲判決を下したが，欧州司法裁判所はEC法解釈一般にかかわる本件の重要性に鑑みて審理を継続し，国内裁判所は，国内の立法，憲法裁判所などの判断を待たず，欧州司法裁判所の先決判決を実施できる，との判決を下した。

　　この判例は，EC法の国内後法に対する優位性を確立したコスタ対エネル【5-14-B】の判例に続き，EU法と抵触する各国憲法を含むあらゆる国内法を自動的に不適用とすべきとし（判決文第17段），EC法の絶対的優位性を確立したことに意義がある。ただし，この原則を国内法上も常に絶対的に認められるかどうかについては，この判決の後も各国裁判所からの異論が少なくなかった。

(八十田)

14. そのような［国内後法が共同体法と矛盾する］状況下における直接適用性とは，共同体法の法規が，全ての加盟国において，その発効時から，その効力の続く限り，完全かつ統一的に適用されなければならないことを意味する。

15. したがって，そのような規定は，加盟国であれ，個人であれ，共同体法のもとで法的関係の当事者となり，その規定の影響を受ける全ての者の，権利および義務の直接の法源である。
16. このことは，また，加盟国の一機関である，いかなる国内裁判所も，その管轄下の事件について，共同体法が個人に与える権利を保護する義務を負うことをも意味する。
17. さらに，共同体法の優位性の原則により，共同体設立条約の規定および共同体機関の直接適用可能な措置を一方とし，加盟国の国内法を他方とする関係においては，当該規定および措置は，その発効によって，抵触するあらゆる現行の国内法の規定を自動的に不適用にするだけでなく，それらが共同体法が各加盟国の領土内に適用される法秩序の不可欠の一部となり，かつそれに優位する範囲で，それらと抵触するあらゆる国内立法措置を新たに有効に適用することもまた，排除する。
18. そもそも，共同体が立法権限を行使する分野を侵害するような国内立法措置や，その他何らかの点で共同体法の規定と一致しない国内立法措置の法的効力を認めることは，加盟国が共同体設立条約に従って負った無条件かつ取引不可能な義務の実効性を否定することになるのであって，ひいては共同体の基礎そのものを揺るがすものとなるのである。

……

20. もし国内裁判所が，欧州司法裁判所の判決または判例法に従って共同体法をただちに適用することを妨げられるならば，同条［EEC条約第177条，国内裁判所から欧州司法裁判所への先決問題の移送手続きを規定］の実効性は損なわれてしまうであろう。
21. したがって，全ての国内裁判所は，その管轄内の事件において，共同体法を完全に適用し，共同体法が個人に対して保証する権利を保護しなければならず，そのために，共同体法と抵触するいかなる国内法の規定をも，当該の国内法の制定が共同体の制定に［時間的に］先行するか否かにかかわらず，不適用としなければならない。
22. したがって，共同体法の適用にあたり，国内法の適用を管轄する国内裁判所が，共同体法の完全な効力と効果を妨げうる国内法の規定を排除するために必要な全てのことをなす権限を奪うことによって，共同体法の実効性を損なうような国内法制度および立法，行政，司法上の実行は，共同体法の本質を

なす要請と矛盾する。
……

24. したがって，第一問［後法である加盟国の国内法と抵触する場合に，共同体法の直接適用性からいかなる効果が生じうるか］には，共同体法の規定の適用を要請された国内裁判所は，その管轄内において，必要ならば自らの判断によって［共同体法と］矛盾する国内法が［共同体法の］事後の制定によるものであっても，その［国内法の］規定の適用を拒否することにより，共同体法の規定を完全に適用する責務を負う。そして，当該の国内裁判所は，そのような［国内法の］規定が立法的または憲法の定める方法によって先行的に破棄されることを請求または待機する必要はない，と答えるべきである。
……

6-14　EMS 設立決議（1978. 12. 5）

"Resolution of the European Council of 5 December 1978 on the establishment of the European Monetary System (EMS) and related matters," *Bull. EC*, December 1978, No. 12, pp. 10-3. 解説および邦訳に際しては田中素香編著『EMS：欧州通貨制度——欧州通貨統合の焦点』有斐閣，1996 年，54-110，367-71 頁を参照した。

　　ヨーロッパに通貨安定圏を形成するための欧州通貨制度（EMS）構想は，1978 年 4 月にコペンハーゲンで開催された欧州理事会で，フランスのジスカール・デスタン大統領と西ドイツのシュミット首相によって提案された。そして，7 月のブレーメン欧州理事会においてその大枠が合意され，12 月 5 日にブリュッセル欧州理事会で 79 年 1 月 1 日に EMS を設立することが決議された（実際には 3 月 13 日に設立）。ところで，経済通貨同盟の第一段階の実質的な始動と言える「トンネルの中のスネーク」【6-2】は，イギリス，アイルランド，イタリアの離脱，また 73 年 3 月には対ドル共同フロートへの移行を余儀なくされていた。さらに，74 年 1 月にフランスが離脱したことで「ミニ・スネーク」と呼ばれるにいたり，事実上「マルク圏」化していた。そのため EMS は，離脱した 4 カ国を復帰させて共同フロートを EC の機構に引き戻し，また，加盟国の深刻な経済危機からの脱出の手がかりとすることなどを目指したのであった。EMS では，欧州通貨単位（ECU）が制度の中核の一つをなすものとして創設された。また，ERM の導入により，参加国通貨の為替相場の変動幅が中心相場の上下各 2.25％に固定された。さらに，EMS の設立にあ

たっては，EC 内の富裕度の劣る国々の経済を強化するための措置をとることが定められた。このような配慮から，アイルランドとイタリアには借款供与などの措置がとられ，両国とも EMS への参加を決定したのであった。　　　（橋口）

A

欧州通貨制度

1. 序論
1.1 ブレーメンにおいてわれわれは，「ヨーロッパにおける通貨安定圏の形成へ導くより緊密な通貨協力を行うための制度」について議論した。われわれは，そのような通貨安定圏を「非常に望ましい目的」とみなし，また，「持続的で有効な制度」に関して考察した。
1.2 本日，理事会と他の共同体機関によってなされた準備作業を注意深く検討した後，われわれは次の点で一致をみた。

・欧・州・通・貨・制・度・（EMS）・は・，1979 年 1 月 1 日・に・設・立・さ・れ・る　［強調原文］。

1.3 われわれは，内外でのより一層の安定に貢献する諸政策によって，EMS の持続的な成果を赤字国と黒字国の双方に対して保障することを固く決意する。
1.4 以下の章では，何よりもまず EMS の始動段階を扱う。

われわれは，EMS の始動後 2 年以内に，始動段階との関連で創設された規定や手続きを最終的な制度に統合すると依然として固く決意している。この制度は，1978 年 7 月 6 日と 7 日のブレーメンにおける欧州理事会の会議の結論のなかで公表されたように，欧州通貨基金の創設とともに，準備資産および決済手段としての ECU の無制限の適用をもたらす。この制度は，共同体レベルでも各国家レベルでも適切な法規定に基づくものとなる。

2. ECU とその諸機能
2.1 欧州通貨単位（ECU）は EMS の中核となるものである。ECU の価値と構成は，EMS の始動の際には，欧州計算単位（EUA）の価値と等しくなる。
2.2 ECU は，以下のように用いられる。
    (a) 為替相場メカニズムの表示単位（ニュメレール）として
    (b) 乖離指標の基礎として
    (c) 介入および信用メカニズムにおける諸操作の計算単位として
    (d) EC の通貨当局間の資産決済の手段として

……

3. 為替相場と介入メカニズム
3.1 各国の通貨は，ECU 表示の中心相場をもつ。これらの中心相場は，双務的な為替相場の格子の固定に役立つ。

為替相場の変動幅は，中心相場の上下各 2.25％に固定される。現在自国通貨をフロートさせている EC 加盟国は，EMS の始動時には，より大きな上下各 6％までの変動幅を選択できる。これらの変動幅は，経済的な条件が許せば直ちに，段階的に縮小されなければならない。当初，為替相場メカニズムに参加しない加盟国は，後日参加することが認められる。

……

4. 信用メカニズム
4.1 EMS の始動段階では，現在の適用規則をもつ現行の信用メカニズムがそのまま利用される。それらは，EMS の最終段階では，単一の基金に統合される。

……

B

富裕度の劣る EMS 参加国の経済を強化するための諸措置

1. われわれは，経済発展の展望を改善することを目的とし，また全ての参加国の均衡のとれた権利と義務に基づくより広範な基盤に立った戦略の文脈の枠内で，一層の安定に向けて経済政策の収斂を促進させていくことが最も主要な関心事である，と強調する。われわれは，理事会（経済相および財務相）に対して，そうした収斂度を高めるために協調措置を強化することを求める。
2. 経済政策と経済活動をこのように収斂させることは達成が困難であることを，われわれは自覚している。それゆえ，共同体の富裕度の劣る諸国の経済的な潜在力を強化する措置がとられなければならない。このことは，まず第一に当該加盟国の責任である。共同体の措置は，それを支援する役割を果たすことができるし，また果たさねばならない。

……

> **6-15　相互承認の原則：カシス・ド・ディジョン判決（1979. 2. 20）**
> *Rewe-Zentral AG v Bundesmonopolverwaltung für Branntwein*, Case No. 120/78, 1979, ECR, p. 649.

　　欧州裁判所は，判例によりヨーロッパ建設を推進した。この判決も，シンメンタール（II）判決【6-13】などと同様に，その証左となるようなものである。本判決が取り上げた事案は，カシス・ド・ディジョンという有名なリキュールの製造販売について，輸入業者と独当局との間で争われたもので，他の加盟国で認められているアルコール性飲料の販売が西独で認められない事態を，ECにおける物の自由流通の原則に反すると断じた。この含意は，どこかの加盟国で合法に製造販売されているのならば，（健康や安全の基準に触れない限り）他の加盟国はそれを認め，お互いに承認しあうべきとする，いわゆる「相互承認の原則」を導入した点にある。従来，ヨーロッパ次元で統一の基準をクリアしたものがヨーロッパ全体で認められるとしてきた立場があったが，これは統一基準の決定に困難を伴い，結果的に市場統合を推進し損ねていた。この判決に言及することにより，加盟国次元での多元的な法規制が共存しつつ，製品その他の自由流通が進む余地が生じた。これが1980年代の市場統合完成の起爆剤となったのである（【7-6】参照）。　　　　　　　　　　　　　　　　　（遠藤）

14.　これまで述べてきたことから以下が明白である。アルコール性飲料の最小アルコール含有物に関する要請は一般利益となるような目的に資するとは言えず，［欧州］共同体の根本的規則の一つをなす物の自由移動の要請に対して優位するようなものでもない。

　　……したがって，それが一加盟国において合法的に生産され市場に出回っている限り，アルコール性飲料が他の加盟国に導入されてはならないという妥当な理由はない。そのような製品の販売は，各国の規則で定められた限度より少ないアルコールしか含まない飲料の商品化に関する法的な製造販売禁止措置に服すべきでない。

　　……

6-16　NATOの「二重決定」(1979. 12. 12)

"Special Meeting of Foreign and Defence Ministers (Brussels, 12 December 1979)."
(Online available : http://www.nato.int/docu/basictxt/b791212a.htm)

　　1979年12月12日，ブリュッセルで開催されたNATO外相・国防相会議は，ソ連が中距離核ミサイルSS-20を77年から東欧諸国に配備したことに対処するため，「二重決定」を打ち出した。「二重決定」とは，第一に，ソ連のSS-20配備に対抗して，西ドイツなどにアメリカ製の巡航ミサイルやパーシングIIミサイルを配備，第二に，これらの戦域核戦力（TNF）配備中止を梃子にソ連と新たな軍備管理交渉を行うというものであった。しかし，西欧諸国内ではミサイルの配備をめぐって，西ドイツとベルギー・オランダとの間で，立場の違いが現れた。加えて，アメリカと西欧諸国との間でも，重大な思惑の違いが存在した。すなわち，第二の「決定」を重視する西欧諸国は，TNFの配備という強硬姿勢を取ることで交渉上の立場を固めてソ連との間で軍備管理交渉を行おうとしたのに対し，アメリカは，もっぱら第一の「決定」を根拠にTNFを配備することに固執したのであった。　　　　　　　　　（橋口）

6．　各国の大臣は，これらの最近の展開は，もしNATOの柔軟反応戦略の信頼性を維持しようとするならば，［西側］同盟の側で具体的な行動を必要とすることを確認した。他のアプローチの長所を含めて真剣に考慮し，また特定の加盟国の立場に配慮した後，各国の大臣は次のような結論に達した。すなわち，同盟の全体的な利益は，TNFの近代化と軍備管理という並行的かつ相補的な二つのアプローチを追求することによって，最も確保されるということである。

7．　したがって，各国の大臣は，アメリカ製の既存のパーシングI-Aに代わる108基のパーシングII型ランチャーと全て単弾頭の464基の地上発射巡航ミサイル（GLCM）からなるアメリカ製の地上発射システムのヨーロッパ配備によって，NATOのLRTNF［長距離戦域核戦力］を近代化することを決定した。……

8．　各国の大臣は，東西間のより安定した軍事関係に貢献し，またデタントのプロセスを進める上で，軍備管理の役割に一層の重要性をもたせる。このことは，1980年代に軍備管理とデタントの道筋を拡大するために同盟内で検討されている広範な一連のイニシアティブに反映されている。彼らは，加盟国

の安定した安全保障を確保し，また，東西間の戦略的状況をより低い軍備のレベルで一層安定的かつ予見可能で，さらに管理可能にするための同盟の努力の不可欠な一部として軍備管理をみなす。この点において，彼らは，SALTII［第二次戦略兵器制限交渉］による条約がこれらの諸目的の達成のために果たす貢献を歓迎する。

……

11. 各国の大臣は，ソ連のTNFの増強によって引き起こされたヨーロッパにおける軍備競争を押さえ込むために，並行的かつ相補的な二つのアプローチを追求することを決定した。しかし他方で，NATOの抑止および防衛戦略の有効性は維持し，そのことによって加盟国の安全保障を維持する。

    A．配備へのコミットメントを含む近代化の決定は，NATOの抑止と防衛上の要請を満たし，一方的なソ連のTNF配備に有効な対応をし，そしてTNFに関する重要な交渉を追求する基礎を提供するために必要である。

    B．ソ連の増強を抑える軍備管理が成功することは，同盟の安全保障を高め，NATOが必要とするTNFの規模を縮小し，そして，アルメル報告で表明された抑止，防衛，デタントに関するNATOの基本政策と一致する形でヨーロッパにおける安定とデタントを促進させることができる。NATOが必要とするTNFは，交渉を通して合意された具体的な結果に照らして検討される。

6-17 アフガニスタン侵攻に対するECの宣言（1980. 1. 15）

"Declaration by the Nine on political cooperation (15 January 1980)," *Bull. EC*, January 1980, No. 1, pp. 7-8.

EC9カ国の外相は，1980年1月15日に，79年12月のソ連のアフガニスタン侵攻を強く非難する宣言を出した。確かに，このアフガニスタン侵攻を契機としてヨーロッパ・デタントは後退を余儀なくされたが，一方で，EC諸国はその後もデタントを堅持しようとした。こうしたEC諸国の対応は，米ソ・デタントから新冷戦へと突き進むアメリカとは異なった独自のものであった。しかし，米ソ間の対立が深まるなかで，ヨーロッパにおいてアメリカの安全保障

第 6 章　デタントのなかの EC　1969-79 年

上の関与を必要とする EC 諸国は，対米自立化の限界をも認識させられたのであった。　　　　　　　　　　　　　　　　　　　　　　　　　　　（橋口）

　9 カ国外相は，アフガニスタンにおけるソ連の軍事介入によって作り出された危機に関して，深い憂慮の念を再確認する。この軍事介入は，国連憲章に定められた国際関係の諸原則への深刻な違反である。
　……
　9 カ国外相は，圧倒的な多数をもって国連総会で採択されたアフガン危機に関する決議にしたがって行動することを，ソ連に対して強く求める。この決議は，アフガニスタンから全ての外国の軍隊が即時かつ無条件に撤退することを要求するものである。
　EC9 カ国は，デタントのために継続的な努力を傾注してきており，またこのプロセスが国際的なコミュニティの全メンバーの利益になることを確信し続けている。しかし 9 カ国は，デタントは分割できないものであり，世界的な広がりをもつものであるということを確信する。それゆえ 9 カ国は，国連憲章の基準と原則に一致する形で，アフガニスタン国民が外国の干渉なしに自らの将来を決定できるよう，ソ連に対して強く求める。

第7章

ヨーロッパ統合の再活性化　1979-91年

遠藤　乾

【史料リスト】
7-1　1980年代前半の欧州悲観主義
　A．デッケル欧州産業人円卓会議会長「ヨーロッパ1990年」（1984, 1989）
　B．「テクノロジー・ショック」：アルベール『ヨーロッパの賭』（1983）
　C．新冷戦とヨーロッパ：サッチャー英首相『ヨーロッパ——その将来』（1985）
　D．欧州社会モデルの危機：ドロールEC委員長回顧（1989）
7-2　クロコダイル・イニシアティブ（1980-84）
7-3　ゲンシャー・コロンボ・イニシアティブ（1981）
7-4　エスプリ（ESPRIT）計画（1984. 2. 28）
7-5　フォンテーヌブロー欧州理事会議長総括（1984. 6）
7-6　域内市場白書と単一欧州議定書への道
　A．域内市場白書（1985. 6）
　B．ミラノ欧州理事会議長総括（1985. 6. 28-29）
7-7　欧州地方自治憲章（1985. 6）
7-8　ユーレカ（EUREKA）（1985. 7. 17）
7-9　単一欧州議定書（1986. 2）
7-10　ドロール・パッケージⅠ：ブリュッセル欧州理事会議長総括（1988. 2）
7-11　通貨統合の胎動：ハノーファー欧州理事会議長総括（1988. 6）
7-12　経済通貨同盟に関するドロール報告をめぐって
　A．パウエル英首相外交顧問回顧
　B．ペール西独連銀総裁回顧
　C．ローソン英蔵相回顧
　D．ペール西独連銀総裁回顧
　E．スキオッパ委員回顧
　F．ローソン英蔵相回顧

G．ドロール EC 委員長回顧
　H．マドリッド欧州理事会議長総括（1989. 6. 26-27）
7-13　EC 将来像の衝突――ドロール vs サッチャー
　A．ドロール EC 委員長の欧州議会発言（1988. 7）
　B．サッチャー英首相のブルージュ演説（1988. 9）
　C．ドロール EC 委員長のブルージュ演説（1989. 10）
　D．サッチャー英首相のイギリス庶民院演説（1990. 10）
7-14　G7 アルシュ・サミット政治宣言（1989. 7）
7-15　EC 社会憲章（労働者の基本的社会権に関する共同体憲章）（1989. 12）
7-16　コール西独首相十項目計画（1989. 11. 28）
7-17　ドイツ統一過程における「2＋4」方式の確立：オタワ外相会議コミュニケ，オープンスカイ交渉（1990. 2. 12-13）
7-18　独仏政治統合イニシアティブ（1990. 4. 19）
7-19　ロンドン NATO 首脳会議（1990. 7. 5-6）
7-20　統一ドイツの NATO 帰属の実質的な承認：コール西独首相記者会見発言，ゴルバチョフ・ソ連大統領とのスタブロポリ会談後（1990. 7. 16）
7-21　欧州安保協力会議パリ憲章（1990. 11. 19-21）
7-22　ドイツ統一をめぐるヨーロッパ国際政治
　A．パウエル英首相外交顧問回顧
　B．ドロール EC 委員長演説（1989. 10. 17）
　C．テルチク西独首相外交顧問回顧
7-23　EC 対外関係の変化
　A．EC-US 大西洋共同宣言（1990. 11）
　B．日 EC ハーグ共同宣言（1991. 7）
7-24　ラルミエール欧州審議会事務総長記者会見発言（1991. 11）
7-25　マーストリヒト条約（1992. 2）

1980年代前半の欧州悲観主義

　1980年代前半，ヨーロッパは三重の根深い「欧州悲観主義（Europessimism）」に覆われていた【7-1】。それはまず第一に，西欧経済情勢の悪化によるものだった。景気は82年半ばにボトムに達し，その後80年水準に戻るまで5-6年を要した。これは，第二次石油危機から早めに脱した日米と好対照をなした。またハイテク分野における日米との技術格差は大きかった（いわゆる「テクノロジー・ショック」）。これらは雇用にも響き，ヨーロッパには1千万人以上の失業者があふれていた。

　第二に，この経済状況の悪化が，戦後広くヨーロッパにおいて受容されていた政策体系や社会モデルへの疑念までをも呼び起こした。とくにそれは，処方箋としてのケインズ主義，国家による市場介入，手厚い社会保障などへの深刻な見直しを迫るものであった。

　第三に，国際政治環境の悪化も「欧州悲観主義」に寄与していた。1979年末のソ連によるアフガニスタン侵攻を契機に，東西関係は急速に冷え込んだ。いわゆる新冷戦である。またレーガン（Ronald Reagan, 1911-2004）政権による対決姿勢，とりわけアフガン侵攻後のソ連，戒厳令施行後のポーランド，そして「テロ支援国家」リビアに対する制裁問題は，これらの国と西欧諸国との間の貿易およびエネルギー資源上の相互依存関係とも相まって，欧米間の軋轢を生んだ。さらに83年3月に発表されたSDI（戦略防衛構想）は，ヨーロッパの頭越しに核の「恐怖の均衡」を不安定にするものとして疑問視された。

　こうして1980年代前半のヨーロッパは，（国際）経済・欧州社会・国際政治にまたがる三重の「欧州悲観主義」の只なかにいたのである。これに対し，EC域内市場は非関税障壁で各国ごとに分断され，有効な市場ダイナミズムを創出できないでいた。同時に政治的な意思決定も66年の「ルクセンブルクの妥協」以来の全会一致原則に縛られ，また79年のサッチャー（Margaret Thatcher, 1925-）英首相の登場以来予算問題が先鋭化していたから，ECは充分に対応できないでいた。しかも81年のギリシャのEC加盟に加え，86年にはスペインとポルトガルが加盟を予定しており，12カ国への拡大が全会一致をさらに難しくさせると考えられた。

方法的革新およびイデオロギー的収斂

　ただしこの悲観主義の影に隠れて，統合の歴史に大きな影響を与える水面下の

変化も起きていた。

まず、統合の方法的な転回となった相互承認の原則である。これは、1979年の欧州裁判所によるカシス・ド・ディジョン判決によって、明示的に求められた【6-15】。これによれば、域内市場に張りめぐらされた非関税障壁を前にして、基準や規制を統一することに多大なエネルギーを使うことなく、各国で用いられている基準をお互いに認め合うことになる。80年代半ば以降の市場統合は、この方法を体系的に利用したものであった。

次に、市場の自由化に親和的な方向で主要国の政策が収斂していた。新自由主義は、政府介入を抑制し、可能な限り市場の流れに任せようとする経済社会思想である。1979年に成立したイギリスのサッチャー政権は、国営企業の民営化、労働法制などの規制緩和、金融ビッグバンなどを推し進め、アメリカのレーガン政権とともに、その象徴となった。のみならず、相互依存やグローバル化の進展の下で、多くの左派勢力も市場と折り合いをつけざるをえなくなった。なかでもミッテラン（François Mitterrand, 1916-96）仏社会党政権のUターンは、フランスが域内の大国であることも手伝って、大きな影響を及ぼした。彼が政権をとった直後の81年には、一国ケインズ主義的な施策を次々と打ち出した。それが資本流出、フラン安、インフレなどを招いたのを見て取ったのち、83年春に同政権は、市場の論理に寄り添う形で、緊縮財政、高金利低インフレ、強いフラン維持政策の方向に決定的に舵を切った。と同時に、自国の通貨政策を自縛しつつ域内為替変動を抑える欧州通貨制度（EMS）の存続を受け入れた。ここで市場とヨーロッパ統合の双方に親和的な方向に足を踏み出したのである。

最後に付け加えれば、前章で見たように、ECでは、1970年代を通じて、表面的なダイナミズムの欠如にもかかわらず、加盟国政府の間に外交面における日常的な協議の慣行が確立していた。またコミトロジーというEC独特の政策実施メカニズムが深化拡張していた。これらによる行政官の間の協力や交流が、ECの足腰を強くしていたのである。

政治的イニシアティブ

このような流れのなかで、上記の悲観的状況に危機感をもった複数のアクターが、政治的なイニシアティブを取った。これは、1985年末に合意された単一欧州議定書に象徴される、ヨーロッパ統合の再活性化につながっていく。具体的には、92年末までの市場統合の完成を目指し（「1992年計画」と呼ばれる）、それに

必要な条約改正と機構改革を実施すること，とりわけ加盟国全会一致の原則にメスを入れ，多数決を導入するというものであった。

1980年代前半は，この改革に向けて，徐々に荷車を押すアクターが増えていく過程でもあった。スピネッリ（Altiero Spinelli, 1907-86）に主導された欧州議会によるヨーロッパ連合条約イニシアティブ【7-2】，欧州産業人円卓会議（ERT）に代表される欧州産業人による域内市場キャンペーン（同様に欧州議会内で域内市場推進を説く「カンガルー・グループ」）などがそれにあたる。

これらのイニシアティブを，ダヴィニョン（Viscount Etienne Davignon, 1932-），コーフィールド卿（Francis Cockfield, 1916-2007），ドロール（Jacques Delors, 1925-）などのEC委員会のリーダーシップ【7-4, 7-6】，そしてミッテラン，ゲンシャー（Hans-Dietrich Genscher, 1927-），コール（Helmut Kohl, 1930-）などによる政府間リーダーシップが拾い上げたというのが，1980年代半ばの基本的な構図であった【7-3, 7-5】。

「1992ブーム」――単一欧州議定書からドロール・パッケージまで

1985年は，一つの分水嶺となった。この年，ドロールがEC委員長になり，6月に域内市場白書が採択され【7-6】，9月から始まった政府間会議の末，12月には本格的な条約改正である単一欧州議定書に合意を見た【7-9】。

これにより，1992年末までの市場統合の完成に向けて多数決制を導入することが確認され，66年の「ルクセンブルクの妥協」【5-17-B】以来の全会一致原則に風穴が開いた。また立法メカニズムにおける欧州議会の関与を若干引き上げ，理事会との「協力手続き」を導入した。さらに，環境や通貨協力，あるいは外交面における政治協力などの新たな分野においてもECの権能を引き上げ，EC委員会の関与を強化していた。

付言すれば，1985年は，欧州地方自治憲章【7-7】が欧州審議会において採択され，また政府間レベルで，欧州先端技術共同体構想（EUREKA，ユーレカ計画）【7-8】などのイニシアティブが取られるなど，引き続きECの枠外でもヨーロッパ建設が試みられた時期だったと言えよう。

再びECに話を戻すと，1987年の単一議定書発効を経て，88年2月，その予算的な裏づけとして「ドロール・パッケージ」が合意された【7-10】。これは複数年にまたがる初めてのEC予算案であり，以降それが常態となった。同時にこの予算改革は，域内外へECの改革が本格化するというシグナルを送った。

「1992年計画」が80年代後半のヨーロッパ再生の象徴となり一大ブームとなったのもこの頃からである。その可視的なサインは，88年頃から殺到し始めた直接投資であり，「ヨーロッパの要塞」論である。つまり，単一市場が完成した暁にECは巨大市場から域外勢力を排除するのではないかという懸念が生まれ，日本を含めた域外からの投資が激増したのである。さらに，89年7月のオーストリアなどを皮切りに，EC加盟申請が相次ぐのもこの頃からであった。こうして勢いを増すECは，他方で，サッチャーとドロールの間の対立に見られるように，その将来像についての議論を誘発し始めていた【7-13】。

1988年6月のハノーファー欧州理事会は，「域内市場はもはや後戻りできない」と宣言した【7-11】。これは同時に，80年代の初めから語られ半ばに興隆した域内市場というテーマから，新しいアジェンダ，つまり通貨統合へと移行することをも示唆していたのである。

通貨統合の胎動

同じハノーファー理事会で再任されたドロールEC委員長は，中央銀行総裁や専門家からなる，経済通貨同盟への具体的な提案作成を委任された委員会の議長を兼任し，通貨統合を主導した。背景として，各国金融政策の独立性を保ちながら資本移動の自由化を進めていたECには，通貨統合（固定相場制）かあるいは完全変動相場に移行するかどうかという選択を迫る経済的な圧力が生じていた。また政治的に言うと，フランスやイタリアなどが西ドイツ（連邦銀行）による通貨政策決定の独占に批判を強めており，ヨーロッパ次元での意思決定の共有を求める声が高まっていた。

通貨統合に関するこの委員会の報告書は，議長の名をとって「ドロール報告」と呼ばれる。これをまとめる作業はイギリスなどの反対や西ドイツの抵抗などもあり困難であったが，ともあれ1989年6月のマドリッド欧州理事会でドロール報告は採択され【7-12】，その内容はのちのマーストリヒト条約に踏襲される。同理事会は，90年7月にドロール報告の言う第一段階（資本移動の自由化）を実施し，さらに通貨統合に必要な条約改正を討議する政府間会議召集への準備を進めることで合意した。

1989年末のストラスブール欧州理事会では，その政府間会議の開始を90年末と定め，またイギリスを除く11ヵ国がEC社会憲章にも合意した【7-15】。ただしそのとき，ヨーロッパは大きな動乱のなかにいた。戦後ヨーロッパ統合を支え

た基盤が地殻変動を起こしていたのである。

東欧革命とドイツ統一

　1989年11月9日のベルリンの壁の崩壊とその後の東欧革命は，ドイツ統一や冷戦終結が視界に入ることを意味した。これは，91年12月のソ連崩壊と並んで，大西洋同盟とヨーロッパ統合の融合を基本とする戦後の西欧国際政治秩序を基底部分から揺さぶることになる。というのも，アメリカが西欧防衛にコミットし東側に対抗するとともに，ドイツを分断したまま抑え込むという冷戦期の基本構造の下で，ヨーロッパ統合は，領域的に西欧に限定され，また機能的には経済を中心に発展してきたのであり，ここでそのような前提が崩れたためである。

　「壁」が崩れた直後にはまだ先のことに思えたドイツ統一だったが，1989年11月末のコール西独首相によるドイツ統一への十項目計画【7-16】や東独市民の運動の急進化を契機に，事態は統一の方向へ動き出す。この後，抵抗や摩擦を伴いながらも，三つの主要問題をクリアしながら，90年10月3日の両独統一にいたる。一つ目の問題は，誰（ないしどのフォーラム）が統一にゴーサインを出すのか，というものである。これは，東西ドイツに加えて，第二次大戦の連合国である米ソ英仏とが，独統一について話し合うフォーラムとして「2＋4」方式が採用された【7-17】。いま一つの問題は，国境の確定である。これについては，近隣諸国から厳しい批判はあったものの，90年3月初旬には，オーデル・ナイセ国境を認める両独議会決議により決着する方針がほぼ確定していた（ただし実際の決議は6月）。最後で最大の問題は，統一ドイツのNATO帰属である。これは，独ソ戦の記憶や東独駐留軍などの問題を抱えるソ連が最後まで抵抗した争点となった。しかし，2月上旬に統一を認めていたゴルバチョフ（Mikhail Gorbachev, 1931-）政権は，統一ドイツの主権を認知することの帰結として同盟選択権を恒久的に否定することはできず，何よりドイツの中立化を恐れていた。また，7月のロンドンNATO首脳会議でその軍事対決色が薄まるのを見て取り【7-19】，11月開催予定のCSCEパリ首脳会議で全欧安保が確保されることに期待をかけ【7-21】，さらにソ連軍撤退までの時限措置や保証，最後に西ドイツなどからの対ソ援助の約束によって，ソ連はついに折れ，90年7月の独ソ首脳会談（スタブロポリ）において，統一ドイツのNATO帰属を認めるにいたった【7-20】。

　他方，この間独仏枢軸は揺れに揺れた。ミッテランは1989年末に東独を公式訪問し，ドイツ統一に否定的なイギリスのサッチャーとの連携を探っていた【7-

22】。迷走したフランスが本格的な独仏共同イニシアティブを再開するのは，90年4月，ミッテランとコールが連名で，従来の通貨統合に加え，政治統合に関する新たな政府間会議の開催を求めたときである【7-18】。それにより統一ドイツを，上記のNATOだけでなく，通貨統合に加え政治統合されたEUの枠内でつなぎとめることを期待したのである。

マーストリヒト条約

こうした地殻変動を背景にしながら，政治統合，通貨統合に関する二つの政府間会議（IGCs）が1990年末に始まり，91年末に合意を見るマーストリヒト条約へと流れ込む。これはポスト冷戦期における最初の条約改正となり，大変動へのひとまずの対応をなしたのである。

マーストリヒト条約【7-25】は，欧州連合（EU：European Union）の設立を宣言し，1999年までの通貨統合や欧州市民権の誕生を謳った画期的なものとなった。EUは，それらによって深化したECを一つの柱とし，その枠の外で共通外交安保政策（CFSP）と司法内務協力（JHA）の二つの柱がいわゆる政府間主義に基づいて運営されるという三本柱を基本としていた。

マーストリヒト条約では意思決定メカニズムも大幅に見直された。ECの枠内では，特定多数決の導入分野の大幅拡張と，欧州議会と理事会との間の共同決定が導入され，補完性原理【2-13, 8-14】が適用されることとなった。他の二本柱では，それまでに積み上げてきた慣例を条文上で確認した傾向が強く，政府主導の色彩が濃厚で，委員会や議会の関与は最小限に抑えられていた。

> 7-1　1980年代前半の欧州悲観主義
> A. デッケル欧州産業人円卓会議会長「ヨーロッパ1990年」（1984, 1989）
> B. 「テクノロジー・ショック」：アルベール『ヨーロッパの賭』（1983）
> C. 新冷戦とヨーロッパ：サッチャー英首相「ヨーロッパ――その将来」（1985）
> D. 欧州社会モデルの危機：ドロールEC委員長回顧（1989）
>
> A. (1) Wisse Dekker, "EUROPE 1990," Speech to be given at the Centre for European Policy Studies in Brussels, 13 November 1984, on occasion on the presentation of the programme "Europe 1990 — an agenda for action," n. p.: Philips, Corporate External Relations, n. d.
> (2) Nan Stone, "The Globalization of Europe: An Interview with Wisse Dekker," *Harvard Business Review*, May-June 1989, p. 92.
> B. Michel Albert, *Un pari pour l'Europe*, Editions du Seuil, 1983 からの再引用。邦訳は千代浦昌道訳『ヨーロッパの賭』竹内書店新社、1985年、62頁に依拠した。
> C. "Europe: The Future," *Journal of Common Market Studies*, Vol. XXIII, No. 1, 1984, pp. 73-81, at 76-7.
> D. Jacques Delors, "Europe: Embarking on a new course," in "'1992' and After," *Contemporary European Affairs*, Vol. 1, No. 1/2, 1989, p. 17.

　1980年代前半のヨーロッパは，三重の「欧州悲観主義」の只なかにあった。①経済成長回復のみならずテクノロジー革新が日米に比べて遅れ，②新冷戦とそこからの脱却過程のなかで政治軍事的に米ソ間に埋没し，③社会（の主要構成体）と国家との協調を基調とする「ヨーロッパ的」な合意の政治が崩壊した。その三重苦からの解放，飛躍の対象としてヨーロッパ統合が浮上した。

　以下の史料は，ヨーロッパの各界指導者の主観的な危機イメージを示すものである。影響力のある産業人とオピニオンリーダーによる史料AとBは，上記①の経済的悲観主義をうまく表現している。成長セクターにおける日米とのギャップ認識は，こうして市場統合と結びついた。史料Cは，サッチャー英首相が1984年フォンテーヌブロー欧州理事会に提出した文書。アメリカに対するヨーロッパの政治的脆弱性を見て取り，対外的に政治統合する必要を強調している。これが，英米の「特別な関係」を自認する同首相によるものであったことを考えると興味深い。最後の史料Dは，80年代以降の統合を主導した仏社会党員のドロールEC委員長によるものである。これは，西欧諸国が従来依拠し社会的に合意されてきた政策体系に向けられた疑問をよく表している。

　1980年代半ば以降のヨーロッパ統合の再活性化は，これらの悲観的な見解をバネに立ち上がってきたのである。
　　　　　　　　　　　　　　　　　　　　　　　　　　　　　（遠藤）

A．デッケル欧州産業人円卓会議会長「ヨーロッパ1990年」

(1) アメリカは世界に食糧を供給し，日本は工業品をもたらし，そしてヨーロッパは彼らの遊び場となるだろう。

(2) ［30年前のヨーロッパ統一運動と比べて，今回の単一欧州市場への駆動の背後にはどういった力が働いているかと尋ねられ］

　……情報産業は，西側世界において最も成長の早い，ビジネスと産業活動の領域です。間違いなくそれは，少なくとも今世紀末に向け経済成長の駆動力となるでありましょう。しかしながら情報産業は，根本的に競争の性質を変えたために，企業にある要求を課すのです。ハイテクにおける技術革新のコストと周期は，両方とも驚くほど増加しています。すぐさま世界市場のシェアを獲得し，そこに押し入って，次のラウンドの技術革新で投資するべき資金を稼ぎださねばならないのです。これをし損ねた企業が次の機会を得ることはほぼないでしょう。すなわち，永遠に競争から降りることを強いられるわけです。われわれが共通の技術的基準を有した単一欧州市場を求めたのは，このためなのです。それなくして，最適規模も実現しえないし，われわれが世界大で競争できるために必要なより低廉なコストも達成されえない。また，われわれの競争者である日米の企業がもっているような，世界市場に参入するための発射台ももちえないのです。

B．アルベール『ヨーロッパの賭』

　ヨーロッパで売られているパソコンの10台のうち8台が，アメリカから輸入されている。ヨーロッパで売られているテープレコーダーの10台のうち9台が，日本からやって来る。ヨーロッパの対外依存度は，エネルギーについてよりも，エレクトロニクスについてのほうがさらに大きい。ヨーロッパは，《石油ショック》の怖さにも勝るとも劣らない，ほんとうの《テクノロジー・ショック》に襲われているのだ。

C．サッチャー英首相「ヨーロッパ──その将来」

世界のなかのヨーロッパ

14. 政治的協力を通じた共通通商政策を超えて対外問題への共通方式へ向けた努力をすることが，われわれの目標でなければならない。そのような政策は漸進的な形でのみ達成しうる。……

16. 合衆国は引き続き，ヨーロッパの安全保障と東西関係の対処に際して，そして世界経済貿易上の問題を処理する上でも，重要な地位を占めるだろう。われわれの課題は，これらの全ての点について，ヨーロッパが単に一翼を担うだけでなく中心的役割を担うのを確実にすることである。共同体の共通行動ならびに10カ国のそれによって，たとえば技術移転，域外管轄権，合算課税，そしてとりわけ自国産業の保護といった合衆国の単独行動が，同盟の協議と協調関係をリスクに晒すであろうことを，ヨーロッパは合衆国に認識させねばならない。……
……

D. ドロール EC 委員長回顧

1980年代の前半に関して最も顕著なことの一つは，失業が，米日で減ったり低水準のままにもかかわらずヨーロッパで増え続けたことではない。そうした事態が，[早期退職といった]労働年齢人口を減らすための考え抜かれた努力が15年以上にわたって続けられてきたにもかかわらず，起こってきたということなのである。

7-2 クロコダイル・イニシアティブ (1980-84)

"Extracts from the First Issue of the 'Crocodile,'" in Marina Gazzo (ed.), *Towards European Union : From the Crocodile to the European Council in Milan* (*28-29 June 1985*), Agence Europe, 1985, pp. 11ff.

1980年代前半にはヨーロッパ統合の再活性化に向けていくつかのイニシアティブも見られた。

1979年に初めて直接選挙され正統性を強化した欧州議会は，制度改革を求める声をあげた。これを主導したのは，レジスタンス期のヴェントーネ宣言【2-22】以来，ヨーロッパ統合をライフワークとしてきたスピネッリである。80年10月1日，彼は，イッポーリト (Felice Ippolito, 1915-97)，ダストリ (Pier Virgilio Dastoli, 1949-) らと「欧州議会メンバー宛の手紙」として「クロコダイル」を創刊し，制度改革を主導した。このイニシアティブの最初の成果は，議会内の制度問題委員会の立ち上げであった。ここでの議論は，84年のヨーロッパ連合条約草案に結実し，80年代後半の機構改革に少なからぬイン

パクトを与えた。 (遠藤)

　われわれはいまや次の疑問に答えるのに必要な全ての情報をもっている。ヨーロッパにおける EC および準 EC の制度は，ヨーロッパの意思を表現する手段を提供しているだろうか。そしてその手段は，成功する十分な見込みをもって，われわれが直面する主要な共通問題に対処できるのだろうか？
　……
　理事会や理事会のような機関を通じて行う決定過程は，その性格上非効率で，遅滞を伴い，満足のいかないものであり，その継続性は保証されない。それは麻痺し，麻痺させる手法なのである。
　……［国政の指導者や大臣たちは］交渉の場に現れる際，すでに純粋にナショナルな手続きに従って「政治的意思」を準備してきている。
　……
　当初は 6，現在は 9，すぐに 10 に，後には 12 カ国になる，国ごとに別々の政策決定過程は，大臣たちが集まる前に行われているのだ。
　……
　したがって，以下のようになっても，ほとんど驚くにあたらない。
　―政府間でなされる議論の出発点が，通常非常に異なる，
　―妥協可能性が非常に限られ，しばしば存在しない，
　―提案がテーブルを 2, 3 度回った後，大臣たちが常任代表委員会もしくは政治局長に差し戻すことを決める，
　―これらの外交上の決定中枢が，明らかに同意が得られそうもない箇所全てを除去し始め，提案を最小公分母に削り込み，さもなければどこかの引き出しにゴミとして放り込む，
　―政府首脳による当初の意思表示と，提案が専門家，外交官，大臣によって薄められた後に出てくる最終的な所産との間に恐ろしい隔たりがある，
　―政府間主義に基づく「諮問委員会」によって悩まされ，委員会が結局ほとんど何も実現することができない，
　―決定の実施を委ねられると，加盟国はただ単に好きなように振る舞う。
　……
　このヨーロッパにおける現在の制度システムの分析に照らして，EC が直面する主たる挑戦の一覧を今一度見直してみよう。われわれは次のように留意する。

すなわち，域内経済政策はいまだ離陸していない。社会政策はいまだ未成熟である。ACP 諸国との関係を別にすると，真の南北政策を創りだすのは不可能であることがわかってきた。世界政治におけるわれわれの役割は不十分であり，また偶然に左右される。アメリカとの関係は，正しい方向へ発展し損なった。スペインとポルトガルの加盟は無期限に延期されている。EC は新たな財源を与えられないままである，等々。

　本章の初めにわれわれが立てた問題への答えに疑いの余地はありえない。目下のところ，ヨーロッパの諸制度は，われわれが直面している問題に十分に対処できない。

……

　もし現在のヨーロッパ統合の大君主たちが思うように振る舞えるのならば，これは大臣が自由に行使できる拒否権をもったままのヨーロッパであり，そうであり続けよう。たとえもし，これがポーランドの自由拒否権と同様の運命を被る危険性があることを意味していても。

　しかし今，政府間主義に基づく正統性をもった理事会および理事会的な機関と並んで，ヨーロッパはまた，民選議会のなかに民主的正統性の種をもちあわせている。

……

　選出された議会は，今，その政治的生において決定的な転換点にたどりついた。

　最初の 1 年間で，EC 機関と政策の全て，政治協力，通貨制度を評価し，これらの制度をより良く機能させるあらゆる方途を探求し，現制度枠内には改良の余地が実質的にないことを発見した後，欧州議会はもはやおざなりの議論を続けるわけにはいかない。今後，議会は，ヨーロッパが必死に求めている制度改革案について議論し，起草し，投票するという責任を負わなければならない。

……

　欧州議会は制度改革の過程は段階的にならざるをえないという事実と，一人前の EC の憲法は長い憲法制定の手順を経て初めて現れるという事実に気づかなければならない。しかし，議会はまた，最初からそうした改革は EC の権力，財源，立法上および執行上の機能の相当な強化を意図せねばならないこと，その結果，EC が，継続性および民主的手段の使用という精神にのっとって，共同体政策を形成し，執行し，必要ならば修正しやすくなることにも気づくだろう。

欧州議会は，自らが着手しなければならない広範で複雑な議論の途上で，大臣，専門家，理事会，委員会に対して当然助言を求めるだろう。しかし，彼らに何らかの憲法制定上の仕事を遂行してもらおうなどと期待してはいけない。なぜなら，選挙によって議会に賦与された民主的正統性と，議会がわれわれの国々に存在する主要な政治勢力を全て包括しているという事実のおかげで，議会はそのような提案をするのに必要な権威をもった唯一の政治機関となっているからである。

……

したがって，法案の起草や承認を助けた全ての政治勢力と協調し，議会は，形式的には条約であっても実質的には憲法であるこれらの諸提案が，批准に向けて，各国の権限ある憲法的機関に付されるべきだと主張しなければならない。それはある時は国会であり，またある時は国民投票であろう。

現実的に言うと，このイニシアティブが実行に移されるとすれば，それは，遅滞なく，かつ議会集団の全ての同意を得た上で，憲法作業部会を設立するよう数百人の議員が正式に議長に依頼しなければならないことを意味する。その憲法作業部会は，秩序正しくかつしっかりと情報に基づき，それゆえに最大の権威をもつようなやり方で議会が議論し投票できるよう，必要な準備作業を遂行する。

そうすることにおいてのみ，議会はヨーロッパの未来を手中に収めることだろう。

7-3　ゲンシャー・コロンボ・イニシアティブ（1981）

"Rede des F. D. P. -Bundesvorsitzenden Hans-Dietrich Genscher auf dem Dreikönigstreffen in Stuttgart (6. Januar 1981)," *FDK : Freie Demokratische Korrespondenz*, 06. 01. 1981, No. 2.

　　外交上の政治協力の分野でも動きがないわけではなかった。新冷戦のさなか，1981年10月13日にロンドン欧州理事会は報告書を採択し，当時の10加盟国による政治協力の強化を目標に掲げた（"Report on Political Cooperation adopted by the 'Ten'," *Bull. EC*, 1981, No. Supplement 3, pp. 14-7）。ここでは，政治協力の分野で1970年代以来積みあがってきた慣行を文書化し，確認する作業が行われた。そのなかには，前現および次期議長国が協力しながら一貫性を

確保する試みである「トロイカ」などが含まれる。また、サッチャー政権下のイギリスが議長国のときに採択された点にも留意してよい。

　より大胆な政治統合・制度改革を説いたのが西独外相ゲンシャーであった。彼は、上記のロンドン報告に先立つ1981年1月6日、シュトゥットガルトにおいて演説を行い、政治協力の強化を説いた。そのゲンシャーの演説を受けて、イタリア外相コロンボ（Emilio Colombo, 1920-）が、同月末、同様の主張を公にした。両外相は、81年11月、加盟国および欧州議会へ共同提案し、同月末のロンドン欧州理事会にはヨーロッパ議定書草案が提出された。このいわゆる「ゲンシャー・コロンボ・イニシアティブ」は、ヨーロッパ連合へ加盟国をコミットさせる宣言へと動かし、共通外交を強化することを企図した。これは、83年6月の「ヨーロッパ連合に関する厳粛なる宣言」("Solemn Declaration on European Union (Stuttgart, 19 June 1983)," *Bull. EC*, 6-1983, pp. 24-9) につながったが、制度改革にはいたらなかった。以下はその端緒となったゲンシャー演説。

（解説遠藤、翻訳板橋）

ハンス＝ディートリヒ・ゲンシャー演説（シュトゥットガルト、1981年1月6日）

……

　われわれは自分たちの安全保障を西側同盟と欧州共同体から得てきた。

　もっぱらここに、東側に対するわれわれの政策の基盤も存在する。

　われわれが西東関係と両独関係において達成しえた全ての進歩は、われわれがその二つの西側共同体の構成員であったにもかかわらず達成されたのではなく、まさにそうであったがゆえに、達成されたのである。

　この結合とメンバーシップを揺るがそうとする者は、われわれの重要性が――西東関係においても――西側共同体におけるわれわれの重要性に左右されているということを理解しなければならない。

……

　1946年9月6日にこの場所で、アメリカの国務長官バーンズがドイツの経済的再建への道を開いた。

　当時の国務長官バーンズの演説に導かれた決断は、経済的・社会的・政治的に安定したヨーロッパのためには欠かせない構成要素の一つであった。

　新年の冒頭に、そして世界平和への大きな挑戦を前にして、われわれはこの場所で次のことを意識すべきである。今後もヨーロッパとアメリカは互いに緊密な関係にある、と。

ドイツ人とアメリカ人が，そしてヨーロッパ人とアメリカ人が，自由と民主主義のための，自決と人権のための，自分たちの共通の責任を意識して行動したときにのみ，われわれは平和を守ることができるだろう。

自己の安全保障のために必要なことは全て敢行するヨーロッパのみが，自分自身に対する，ヨーロッパ人とアメリカ人の大西洋横断的な共通の安全保障のための義務を果たす。……

それ［ヨーロッパ］は，外交的に行動能力をもち，合衆国と共同して東西対話や軍縮対話における具体化能力をもとうとするならば，合衆国と共同して，自己の防衛意思と防衛能力を立証しなければならない。

合衆国は，最小限の費用で発注可能なヨーロッパのための警備会社（Wach- und Schließgesellschaft）ではない。

われわれの時代の大きな挑戦に対する回答を，ヨーロッパ人は，明白に重要な農業市場改革のなかだけでなく，市場秩序をめぐる争いや，共同体の組織間対立のなかにも，探し求めてはならない。

そこでのみ理解されるヨーロッパは，停滞によって崩壊への道を歩むだろう。

それは国際政治から去るだろう。

ヨーロッパは新しい政治的刺激を必要としている。

ヨーロッパ連合（die Europäische Union）を目指した明白な歩みを必要としているのである。

私は問う。ようやくヨーロッパ連合についての条約の時が来たのではないか？

欧州共同体内と加盟10カ国の間にすでに存在する結合を，より強力に連合へ向けて導くために。

共同体が内的なまとまりを強化し，1981/82年に残された困難な内部の問題を精神的にも解決するために。

共通の外交活動の基盤を固め，それによって，アメリカ合衆国のパートナーとして，ともに国際政治において共同体の重要性を強化するために。

ヨーロッパ連合の目標は以下のものでなければならない。共通欧州外交政策の発展，パリとローマの条約に応じた共同体政策の拡充，安全保障政策の領域における調整，文化的な領域における緊密な協働，そして立法の調和。

これらの要求は全て目新しいものではなく，多くの文書に見出すことができるが，しかし，それらを現実へと移す時が熟したのである。

7-4 エスプリ（ESPRIT：欧州情報技術研究開発戦略）計画（1984. 2. 28）

"Council Decision of 28 February 1984 concerning a European programme for research and development in information technologies (ESPRIT)," *OJ*, L 067, 09/03/1984, pp. 54-9.（Online available：http://europa.eu.int/eur-lex/lex/LexUriServ/LexUriServ.do?uri = CELEX:31984D0130:EN:HTML）

　1970年代の経済不況，アメリカのレーガン政権の規制緩和や日本の集中豪雨的輸出によって，ヨーロッパ産業の地盤沈下は目に余る状態となった。そうしたなか，82年にダヴィニョン産業担当EC副委員長が加盟国の産業界の代表を招いて円卓会議を開催し，ヨーロッパの産業競争力の強化にECが乗り出すことになった。

　そこで誕生したのが，以下に紹介するエスプリ（ESPRIT：European Strategic Programme for Research and Development in Information Technology）計画である。このほかにも BRITE（Basic Research of Industrial Technologies for Europe），RACE（Research in Advanced Communications in Europe）などの計画が立ち上がり，後に統合されて枠組計画（Framework Programme）としてヨーロッパの研究開発政策の中核をなすとともに，ヨーロッパにおける産業競争力に対する認識が変わる一つの契機となった。また政治的にも，このエスプリ計画を契機に産業人の間にヨーロッパ・レベルでの協力の回路が醸成され，市場統合への支持層が創り出された。ダイナミックに市場統合が動いたのは次のドロール委員長時代（1985-95）であるが，80年代前半のこの時期にその胎動は始まっていたと言えよう。そして，単一欧州議定書以降，EC/EUの中核的政策分野として研究開発が加わることになった。　　　　　　　　　　　　　　　（鈴木，遠藤）

第1条
1. 欧州経済共同体の情報技術の研究開発を目的とするエスプリ（ESPRIT）計画は，付属文書が記す通り以下「プログラム」と表記され，1984年1月1日より5年の期間採用される。
2. プログラムは，共同体内の中小企業も含めた会社，大学やその他の機関と締結された契約に基づき執行される前競争的［基礎研究のこと］な研究開発計画（以下「プロジェクト」）と，共同体および加盟国の諸計画の下で行われる研究開発活動の調整とにより構成される。
3. プロジェクトは原則として，EC官報に掲載された公開の招聘への返答として提出され，また同一加盟国に設立されていない少なくとも2社の独立した

産業パートナーと提携することとする。各契約者はプロジェクトへ重要な貢献をもたらすことが期待される。

　契約者は経費の相当な割合を負担することが期待され，通常その50％はECにより負担される。……

第2条

　共同体はこのために予定されたEC歳出予算内でプログラム遂行に貢献すべきである。

　プログラム遂行のために必要な共同体による歳出予算額は5年間で合計7億5千万ECUと見積もられており，それは共同体支出の4.5％を上回らない人件費への支出を含む。

　このプログラムの下で開始される新プロジェクトに共同体が支出した全額の最高25％までは，初年度は下記の第6条(2)の第3インデントが言及する限界額［1984年1月1日価格で500万ECU］以下の新プロジェクトへ割り当てられてよい。この割合数値は，第3条が言及するとおり年間作業計画の準備枠組のなかで毎年改定される。

第3条
1. 委員会はプログラムが適切に施行されるよう配慮し，適切な履行基準やインフラを確立する。特に，第7条が規定する手順に則り，委員会は，詳細な目的や着手すべきプロジェクトの種類ならびにそれに対応する財政計画を示した作業計画案を毎年制定し必要に応じて更新する。
2. 作業計画は理事会の特定多数決による決議において採択される。そのため委員会は，年間作業計画の案を理事会に毎年10月31日までの期限内に提出する。
3. 当規約の第1段落目と第2段落目および第6条(2)の特例により，最初の作業計画は委員会が提出した起草案を基に特定多数決により理事会が採択する。
　……

付属文書

活動領域

　プログラムは研究，開発活動およびインフラ活動の領域を含む。

想定される研究と開発活動領域は以下のとおり。
1. 高度マイクロエレクトロニクス能力（略）
2. ソフトウェア技術（略）
3. 高度情報処理（AIP）（略）
4. オフィスシステム（略）
5. コンピュータ統合生産（CIM）（略）
6. インフラ活動（略）
……

7-5 フォンテーヌブロー欧州理事会議長総括（1984. 6）

"Fontainebleau European Council, Conclusions of the Presidency," *Bull. EC*, 6-1984, pp. 11-2.

　史料【7-2, 7-3, 7-4, 7-5】などのさまざまなイニシアティブにもかかわらず，1980年代前半のヨーロッパ統合が進展しなかった一つの大きな原因は，予算問題，とりわけイギリス予算還付金問題の先鋭化であった。

　3度の申請を経て1973年にECに加盟したイギリス（連合王国）は，農業への支出が大半を占めるEC予算から産業構造的に不利益を被ることになった。そこで70年代から予算問題が争点となっていたのだが，79年に首相となったサッチャー氏は有名な「Our Money Back（私たちのお金を返して）」キャンペーンを張り，80年代前半における「欧州悲観主義」を深めた。

　その予算問題に一応の決着をつけたのが，1984年6月のフォンテーヌブロー欧州理事会であった。議長国がフランスであった同年前半期には，農相ロカール（Michel Rocard, 1930-）や蔵相ドロールらが尽力し，また，大統領ミッテランが30回以上にわたって各国首脳との会談を重ねるなど，統合の前進に向けて大いにリーダーシップを発揮した。その結果，農業支出を一定水準に抑え，イギリスへの予算還付を明文化して認め，この問題を片付けてしまう。

　同時に，同理事会は，「民衆のヨーロッパ」を前面に押し出した。そこでは歌や旗などの象徴を創出し，疎遠なECのイメージを緩和しようと試みた。また，かねてより争点化していた制度改革への意思を表明し，統合を前進させようと試みている。これらについてはそれぞれ特別委員会を組織し，議長の名前を取って「アドンニーノ報告」「ドゥーグ報告」（"Report from the ad hoc Committee on a People's Europe," "Report from the Ad Hoc Committee on Institutional

Affairs," *Bull. EC*, 3-1985, pp. 111-7, 102-10) として，翌1985年3月のブリュッセル欧州理事会に提出された。特に，50年代半ばのスパーク委員会【4-23, 4-28】にならって設立されたドゥーグ委員会の報告は，同年末における単一欧州議定書の合意につながっていった。その意味でも，フォンテーヌブロー理事会は，80年代の重要な節目をなしている。　　　　　　　　　　　　　　（遠藤）

1. 予算の不均衡
    1. 歳出に関する政策は，予算の不均衡という問題を解決するために，最終的に不可欠な手段である。
        しかし，相対的な繁栄ゆえ過剰な予算の負担を維持している加盟国は，適切な時期に修正を行い利益を得ることが決議された。
        その修正の基準となるのは，付加価値税の分担金と現行基準に従って割り当てられている歳出の分担金との不均衡である。
    2. 連合王国に関しては，以下の取り決めが採択された。
        (i) 1984年は，総額10億ECUで一括固定される。
        (ii) パラグラフ1において規定される1985年以降の不均衡（修正の基準）は，パラグラフ4で言及される期間，毎年66％に修正される。
    3. パラグラフ2において予見される修正は，その修正が承認された翌財政年に，イギリスの付加価値税の負担金から差し引かれる。他の加盟国は，結果として自分たちの支出となった金額を，各々の付加価値税の負担金にしたがって分担し，ドイツ連邦共和国の付加価値税の分担金を3分の2に減らすために調整する。
    4. パラグラフ2（第2インデント）において予見される修正方式は，付加価値税の上限を1.4％に上げる決定の一部をなしており，期間はそれに連関している。……

2. 固有財源と拡大
    付加価値税の最高限度率は，1986年1月1日には1.4％とする。この割合の上限は全ての加盟国に適用され，批准手順が完了し次第，遅くとも1986年1月1日までに施行される。
    この割合の上限は，理事会の全会一致の決議を経て，また国内手続きにしたがって合意された後，1988年1月1日に，1.6％に上がってもよい。

欧州理事会は，スペインおよびポルトガルの加盟交渉を遅くとも1984年10月30日までに完了すべきであると確認している。……

3. 1984年予算の資金調達（略）

4. ドイツ連邦共和国における積極的共通農業政策の廃止（略）

5. 社会政策（略）

6. 民衆のヨーロッパ

　欧州理事会は，共同体がヨーロッパの人々の期待にこたえ，そのためにヨーロッパ・アイデンティティおよびイメージを強化促進する施策を採択する必要があると考えている。

　この活動を準備し調整するため，特別委員会を立ち上げる。本委員会は，国家首脳もしくは加盟国政府の代表者で構成される。

　欧州理事会は，欧州統一パスポート作成の原則に関する協定を承認し，遅くとも1985年1月1日までに加盟国の国民が実際にそのパスポートを利用できるよう必要な決定をする。

　欧州理事会は，閣僚理事会および加盟国に，近い将来，ともかく1985年半ばまでに，以下の具体策に関する報告書を遅滞なく提出するよう求める。

(i) 物流のための定式文書
(ii) 域内越境する人たちに対する全ての警備および関税手続きの廃止
(iii) ECにおいて社会的制度の自由を実現するために，大学卒業証書の互換性を保証する一般システム

本委員会は，とりわけ以下の提案について検討する。

(i) 旗および歌といったECの象徴
(ii) ヨーロッパのスポーツチームの編成
(iii) 国境における手続きの簡略化
(iv) 欧州貨幣，すなわちECUの鋳造
……

7. 制度問題特別委員会

　欧州理事会は，「スパーク委員会」にならい，加盟国・政府首脳の個人的代表から成る特別委員会を立ち上げることを決定した。

本委員会の目的は，ECの分野および政治協力（あるいは他のいかなる協力）の両方においてヨーロッパ協調の運用改善策を提案することにある。

欧州理事会の議長は，その決議を履行するために必要な策を講ずる。

……

7-6　域内市場白書と単一欧州議定書への道
A．域内市場白書（1985. 6）
B．ミラノ欧州理事会議長総括（1985. 6. 28-29）

A．Commission des Communautés européennes, "L'achèvement du marché intérieur, Livre blanc de la Commission à l'intention du Conseil européen," Bruxelles, juin 1985. 邦訳は基本的に日本貿易振興会海外経済情報センター訳編『EC域内市場の完成に向けて——EC委員会「域内市場白書」』日本貿易振興会，1988年に依拠した。

B．"Conclusions of the Presidency," European Council, Milan, 28-29 June 1985, *Bull. EC*, 6-1985, point 1. 2. 2, pp. 13ff.

　　フォンテーヌブロー欧州理事会【7-5】において予算問題から解放されたECは，1985年には委員長にドロールを迎え，前後期ともにイタリア，ルクセンブルクと統合推進派の議長国を得，リーダーシップの配置は統合に有利だった。

　統合のアジェンダとしても，1983年のUターン以来，仏社会党政権も市場自由化に寛容になり，全体として加盟国政府の選好がEC域内市場統合に好意的となった。85年3月のブリュッセル欧州理事会で委任を得たEC委員会は，6月，副委員長コーフィールド卿の尽力の下で，「域内市場白書」（A）を提出した。92年末までに単一市場を完成するという目標は，この有名な白書で詳細に規定され，300以上の指令案と行程表にまとめられた（「1992年計画」とも言う）。

　また，このアジェンダの実行のために理事会における多数決の導入が必要だとする点でも，多くの加盟国が足並みをそろえつつあった。この多数決導入は，1966年の「ルクセンブルクの妥協」【5-17-B】以来事実上有効であった全会一致原則の突破を意味した。やや単純化すると，この市場統合とそれに必要な限りの制度改革が，85年末に締結された単一欧州議定書【7-9】にて合意されたと言ってよい。以下の史料Bに掲げるのは，この条約改正のための政府間会議召集を多数決で決めた85年6月のミラノ欧州理事会の議長総括であ

る。

　なお，この欧州理事会は，制度問題についてだけでなく，フォンテーヌブローで設置が決まったアドンニーノ委員会【7-5】の報告をうけ，ヨーロッパ・アイデンティティの推進を目標に掲げた。また翌月に合意に達するヨーロッパ大の研究開発プロジェクト「ユーレカ（EUREKA）」【7-8】についても好意的に言及している。

（遠藤）

A．域内市場白書
序文
1. 「この市場（人口3億2千万人）の統合は，あらゆる種類の障壁の廃止，規則の調和，法律と租税構造の接近，通貨協力の強化，およびヨーロッパ企業の協力を促進するのに必要な側面的措置について，EC加盟諸国が意見の一致を見ることを前提としている。それは，われわれが過去の失敗と遅延から教訓を学ぶならば，到達可能なところにある目標である。EC委員会は欧州理事会に対し，完全に統合した域内市場を1992年までに完成することを誓約し，現実的で拘束力のある時間表とともに必要な計画を承認するよう，申し入れることになっている。」
2. EC委員会はその課題を，「1985年委員会計画」のなかで以上のように明らかにし，これを3月6日に欧州議会に提出した。欧州理事会は3月29日と30日にブリュッセルでこの考え方を広く支持し，「1992年までに単一大市場を実現し，これによって企業，競争および取引を活発ならしめるための，より有利な環境をつくりあげることを目的とした活動を特に重視し，EC委員会に対し，次の会合までに具体的な時間表を伴う詳しい計画を作成するよう，申し入れた。」
3. 本白書は，この計画と時間表を詳しく説明することを目的としている。欧州理事会がはっきりと繰り返して，共同市場完成への支持方針を堅持しているので，EC委員会は本白書において，これまでしばしば共同市場という結論の論拠となった経済，政治面の主張を繰り返すつもりはない。その代わりEC委員会は，欧州理事会の基本方針と目的に衷心から共鳴して，この基本方針を受け入れる場合の論理的かつ本質的な結論，ならびにこの目標を達成するための行動計画をここに記述する。

……

8. ……域内市場の完成には三つの側面があることを想起するのは有益なことである。
   (1) 加盟10カ国の，間もなく12カ国からなる個々の市場を融合し，3億2千万人の単一市場とすること。
   (2) この単一市場が同時に拡大する市場——静止した市場でなく成長する市場であるようにすること。
   (3) この目的のために，この市場が弾力的なものであって，人と物の両方の資源および資本と投資の資源が経済利点の最大の分野に流れるようにすること。
9. したがって本白書での議論は主としてこれらの目的の第一に向けられるけれども，他の二つの目的をも常に念頭において，採択する措置がこれらの目的に寄与するように取り計らうことが必要であろう。
10. 便宜上，採択する必要のある措置を本白書では，次の三つの項目に分類した。
    第1部　物理的障壁の撤廃
    第2部　技術的障壁の撤廃
    第3部　財政的障壁の撤廃
11. 第一のカテゴリーの最もはっきりした実例は，国境における税関である。事実，市民の大半は国境の税関をもって，共同体の分割が続いている最も見えやすい実例であるとみなし，これが撤廃されるならば，これこそ共同体を統合して単一の市場としたことの最も明白なしるしと考えるであろう。しかし税関は相変わらず存在し続けている。これは主として，加盟諸国間の技術的な分割と財政面の分割のためである。われわれがこれらの障壁を取り除いてしまい，公共の安全，出入国管理と麻薬の取り締まりなどの他の関連ある問題に対処する他の方法を見つければ，物理的障壁の存在理由は消滅していることであろう。
12. 加盟諸国間の物理的規制やその他の規制をすっかり廃止することが必要なのは，神学や見かけのためではなく，域内の国境規制を維持していると，分割された市場のコストと不利益を恒久化することになる，という厳然たる事実のためである。そうした規制の必要がなくなればなくなるほど——全面廃止とまではいかなくとも——それだけいっそう，国境と分割された市場を維持してゆくコスト，経費，不利益が不釣り合いなものになってくる。
13. 物理的障壁の撤廃は，特に所定の手続きの廃止および国境での手間の解消を

通じて，貿易業者に恩恵をもたらすが，産業をして規模の経済を可能ならしめ，したがって競争力の強化を可能ならしめることにより，共同体がこの大きな市場に経済と産業の次元を付与することになるのは，技術的障壁の解消を通じてである。この第二のカテゴリー――技術的障壁――の一例は，別々の加盟国において保健あるいは安全上の理由で，あるいは環境や消費者保護のため採択する個々の商品への異なる規格である。……この分野での委員会のやり方の全般的眼目は，調和化をはかるという考え方から離れて，相互承認および同等という考え方へ向かうことにある。しかし EEC 条約第100条で定めているような，加盟諸国の法律と規則の接近化には，継続的な役割があるだろう。もし閣僚理事会が，前進を阻むことになる恐れのある全会一致の規定により前進を妨げることを許さないということに意見が一致するならば，第100条に基づく活動がもっと速やかで効果的となることは，明らかである。

14. 財政的障壁の撤廃には異論がありそうである。条約で定めた諸目標がはっきりしており，接近化の道に沿ってすでに重要な措置がとられているという事実にもかかわらず，異論があるかもしれない。そうであるならば，財政的規定の接近化が，域内市場完成のいかなる計画においても絶対に必要であるのはなぜか，その理由を本白書の第3部で詳しく説明する。間接税の接近化は若干の加盟国においてきびしい問題を招来するだろう。したがって義務免除の規定が必要かもしれない。
……

16. 委員会は昨年，強化（コンソリデーション）計画（1984年6月13日のCOM (84) 305 final）を提出し，閣僚理事会が1984年と85年に採択すべき一連の提案を示した。本白書はもっと広い視野から，92年までに域内市場を完成する目的をもって，この努力を続けるものである。……
……

23. 物理的・技術的・財政的障壁を撤廃するための措置に関する委員会提案の計画を実施する詳しい時間表は，本白書の付属文書のなかにある。
……

B. ミラノ欧州理事会議長総括

制度問題

　欧州理事会は，フォンテーヌブローにおいて立ち上げられた制度問題特別委員

会の提案，イタリア議長国の委任草案，また特に理事会の意思決定手続きの改善，欧州議会の役割と委員会の行政権の拡大，ヨーロッパ連合への移行という一般的文脈における政治協力の強化に関して，幅広い議論を行った。

　欧州理事会は，自ら定めてきた方針を具体化するため，ECの活動を改善する必要性を確認した。これは，特に1992年までの域内市場の統合および「科学技術のヨーロッパ」を促進する政策に関して言える。

　欧州理事会は，理事会議長が，早期採択を目指して，決定手続き，委員会の行政権行使および欧州議会の諸権限の改善のための提案をすることに留意した。

　欧州理事会は，ECに関する具体的な進展を遂げることを視野にいれ，以下を解決する会議の招集について詳細な議論を行った。

　(i)　独仏および連合王国の草案に基づく共通外交安全保障政策に関する条約
　(ii)　第236条に従ったEEC条約の改正。これは，以下の制度変更の実施に必要である。すなわち，理事会の意思決定手続き，委員会の執行権および欧州議会の諸権限，そして新たな活動領域への拡張である。これらは，他で明確にされているドゥーグ委員会とアドンニーノ委員会の提案に従い，また，人の移動の自由に関する委員会提案の特定の側面を配慮したものとなる。

　議長国は，同会議の召集に対し，条約236条において規定されている必要な過半数が得られたことに留意した。ポルトガルおよびスペイン政府が同会議へ招かれている。ベルギー，ドイツ，フランス，アイルランド，イタリア，ルクセンブルク，オランダの代表団は，同会議の開催を支持した。

　そのため議長国は，必要な措置を取って同会議を召集し，ルクセンブルク欧州理事会における加盟国・政府首脳による決定に向けて成果を提出する。

民衆のヨーロッパ

　欧州理事会は，第一次報告およびミラノにおいて最終報告を提出した民衆のヨーロッパに関する特別委員会に感謝を示した。両報告は，ヨーロッパの市民がEC建設により一層参画することをねらった多数の具体的措置を含むものであった。

　後者の報告書に関して，欧州理事会はその提案を承認した。提案は，とりわけ市民の権利，文化，若者，教育，スポーツに関するものであった。欧州理事会は委員会および加盟国に各権限内で必要な実施措置を取るように指示し，理事会には12月の会議で進展を報告するよう指示した。

……

経済および社会状況（略）

域内市場の完成

　理事会は，われわれの要請により委員会が提出した域内市場完成白書を歓迎した。

1. 欧州理事会は，同白書および関税同盟が成立した条件に基づいて，理事会に明確な行動計画を開始するように指示した。それにより，以前に決議された優先順位および拘束力をもつ予定表との関連で定められた段階にしたがい，遅くとも1992年までにEC単一市場のための諸条件を徹底的かつ効率的に整備する。

　……

　以下の分野および政策は，最優先事項であると考えられた。

　(i) EC域内の商品の自由な移動に対する物理的障壁の除去

　(ii) EC域内の商品の自由な動きに対する技術的障壁の除去（特に，公共調達を開放し，経済的要求を満たすため，主たる新技術に対する共通もしくは両立可能な基準の採用）

　(iii) 財政サービスおよび輸送部門における自由な市場の構築

　(iv) 専門的職業に対する完全に自由な社会的制度の創設

　(v) 資本移動の自由化

　……

2. 方法については以下のとおりである。すなわち，一つには，状況が許せばいかなるときでも加盟国の立法目的がひろく同等のものであるという原則とその必然的な帰結の適用である。これには，最低限の基準設定，相互承認および原産地国による監視が挙げられる。いま一つは，計画実施の間じゅう，加盟国が，以上の目的をECが達成するのを遅らせる影響を及ぼす政策をとらないという保証である。

　……

科学技術

　……

　欧州理事会は，ヨーロッパにおける科学技術の協力強化に関する委員会報告を

承認し，支持した。

欧州理事会は，「科学技術のヨーロッパ」をつくりだすプロジェクトであるフランス発案のユーレカ，および委員会による同方向の建設的な提案を支持し，すでにヨーロッパの数社が同協定へ署名していることにも注目した。

欧州理事会は，すでに参加への関心を示している非加盟国にユーレカを開放するという希望を表明した。

……

7-7 欧州地方自治憲章（1985. 6）

"European Charter of Local Self-Government," Council of Europe's European Treaty Series, No. 122, 1985. 邦訳は東京都企画審議室『ヨーロッパ地方自治憲章と EC 統合』東京都企画審議室調査部，1999（平成4）年3月，41-8頁（Online available：http://www.bunken.nga.gr.jp/frame.html）をベースとし，一部改訳した。

　　この欧州地方自治憲章は，欧州審議会（CE）閣僚委員会にて1985年6月に採択され，10月15日より署名に付され，88年9月1日に発効した。これまでにも見てきたように，CE は，欧州の社会イメージの具体化に力を入れてきており，典型例としては60年代の欧州社会憲章【5-4】や欧州地方自治体会議憲章【5-3】が挙げられる。本憲章は，欧州地方地域自治体会議（Standing Conference of Local and Regional Authorities of Europe）による長らくの努力が実る形で成立したもので，地方自治の原則と自治体の権利を公的に再確認したものとなっている。このような市民に近い次元における分権的な民主主義を，ヨーロッパ建設の一部として認識している点に留意する必要がある（補完性原理に関する史料【7-25，8-1-A，8-14】もあわせて参照）。　　　　　　（遠藤）

前文

　本憲章に署名した欧州審議会加盟国は，欧州審議会の狙いが，共通の遺産である理想と原理を守り実現するという目標に向かって，加盟国間のより密接な統一を達成することにあることに鑑み，この狙いを達成する方法の一つが，行政分野における協定の締結であることに鑑み，地方自治体があらゆる民主主義的国家形態の本質的基盤の一つであることに鑑み，公共的事項の運営への市民の参加権が，欧州審議会の全加盟国に共通の民主主義原理の一つであることに鑑みて，こ

の権利が地方のレベルにおいて最も直接的に行使されることを確信し，真の権限をもった地方自治体の存在が，効果的で市民に身近な行政を供給しうることを確信して，多様なヨーロッパ諸国における地方自治の擁護と強化が，民主主義と分権の原理に基づくヨーロッパの建設に対する重要な貢献であることを意識して，これには，民主的に構成された意思決定機関をもち，権限，権限行使の方法と手段，およびその実現に要する財源に関して広範な自律性をもつ地方自治体の存在が必要であることを強調して，下記のとおり合意した。
……

第2条［地方自治体の憲法および法律上の基礎］
　地方自治の原則は，自国の法律において，また実行可能な場合は憲法において承認される。

第3条［地方自治の概念］
1．　地方自治は，地方自治体が自らの責任において，地域住民のために，法律の範囲内において，公共的な事項のかなりの実質的な部分を規制・運営する権利と能力を意味する。
2．　この権利は，評議会ないし集会によって行使される。評議会ないし集会は直接・平等・普通選挙に基づく秘密投票によって自由に選出された者で構成され，その構成員に対して責任を負う執行機関をもちうる。この規定は，法律が許す範囲内で，市民集会，住民投票，その他の直接的市民参加の方法をとることに，何ら影響を及ぼすものではない。

第4条［地方自治の範囲］
1．　地方自治体の基本的権限および責務は，憲法または法律により規定する。
……
2．　地方自治体は，法律の範囲内で，その権限から除かれていない事項，または他の自治体に付与されていない事項に関して，自らの発意に基づいて行動する完全な決定権をもつ。
3．　公的な責務は，一般に，市民に最も身近な地方自治体が優先的に履行する。他の地方自治体への権限配分は，仕事の範囲と性質および能率と経済の要求を考慮して行われる。
4．　地方自治体に付与される権限は，通常，十分にしてかつ独占的でなければな

らない．この権限は，法律の規定する場合を除き，他の中央または広域政府が侵害または制限してはならない．
5. 中央または広域政府が地方自治体に権限を委任する場合，権限の行使を地方の実態に適合させるため，地方自治体にはできる限り裁量の自由が認められる．
……

第9条［地方自治体の財源］
1. 地方自治体は，国の経済政策の範囲内において，十分な自主財源を付与され，その権限の範囲内において，その収入を自由に用いることができる．……
……
3. 地方自治体の財源の少なくとも一部は，法律の範囲内において，地方自治体が率を決定する権限を有する税ないし料金から得るものとする．
4. 地方自治体が利用しうる財源の基礎となる財政体系は，地方自治体がその任務の遂行に要する費用の現実的変動に実際に可能な限り対応しうる，十分に多様かつ弾力的なものでなければならない．
5. 財政的に弱い地方自治体の保護は，潜在的財源の不均一な分布およびこれら地方自治体が担わなければならない財政負担の影響を是正するよう工夫された，制度的な財政均衡化の手続きあるいはこれと同等の手法を必要とする．これらの手続きないし手法は，地方自治体がその権限の範囲内において行使しうる決定権を制約してはならない．……
……
7. 地方自治体に対する補助金は，可能な限り，特定の事業に使途を限定してはならない．補助金の交付は，地方自治体がその権限の範囲内で政策決定権を行使する基本的な自由を奪ってはならない．
8. 資本投資のための借款を目的として，地方自治体は，法律の範囲内において，国の資本市場に参入することができる．

第10条［地方自治体の連合権］
1. 地方自治体は，その権限の行使にあたり共同し，また法律の範囲内において，共通の利益にかかわる任務を遂行するために他の地方自治体と連合組織を設ける権利を有する．
2. 地方自治体が共通の利益の保護および促進のために連合組織に所属し，およ

び地方自治体の国際連合組織に所属する権利は，いかなる国においても認められねばならない。
3. 地方自治体は，法律の規定する条件の下で，他の国における地方自治体と共同する権利を有する。……
……

7-8　ユーレカ（EUREKA：欧州先端技術共同体構想）（1985.7.17）
"Declaration of Principles relating to EUREKA, Ministerial Council, Hannover, 17 July 1985." (Online available：http://www.eureka.be/files/:80279)

　　ECがESPRITをはじめとする研究開発プロジェクトを立ち上げるなか【7-4】，ヨーロッパ各国はECプロジェクトの限界を認識していた。第一に，ECは基礎研究など，市場から遠い技術に重点を置き，産業競争力に直接資する技術に投資をしていなかったためである。第二に，1983年にレーガン政権によって打ち出されたSDI構想（いわゆるスターウォーズ計画）が，すでに大きな開きになりつつある米欧の技術ギャップをさらに大きくするとの懸念を高めていた。しかしECの研究開発プロジェクトは，軍事技術を含むアプリケーションに弱いこともあり，市場に近い研究を推進する枠組みが必要となった。そんななか，ミッテラン大統領がイニシアティブを取り，85年に政府間機構として設立することが決まったのがEUREKAである。ここではEC加盟国に限定しない18カ国が参加し，各国が拠出した分だけ研究開発補助金を得るという，*juste retour*（公正な返金の原則）の仕組みがとられた。ヨーロッパ・レベルで異なる加盟国に属する複数の研究団体による多国籍プロジェクトを進めつつも，その研究ノウハウの帰属と資金の配分は原則として国家単位で行うという仕組みを導入したため，当初はさまざまな問題もあったが，EUが枠組計画（framework programme）を進めるなかでも一定の役割を果たし，現在でもEUREKAプログラムはEUのプログラムと連動して稼動している。ヨーロッパ諸企業，研究機関にとってみれば，資金の獲得先がもう一つ増えただけという結果になったわけだが，加盟国政府から見ると，少しでも自国の戦略的研究開発目標を実現できるという点で，EUの枠組計画とは異なる存在価値を見出したのである。

(鈴木)

EUREKA関連の原則に関するハノーファー宣言

目的

　EUREKA の目的は，先端技術分野における企業と研究機関のより緊密な協力によって，世界市場におけるヨーロッパ産業と各国経済の生産性と競争力を向上させ，その結果として，繁栄と雇用の持続的な基盤を強化することである。EUREKA は，ヨーロッパがその将来にとって重要な技術を極め，活用し，重要分野における能力を向上することを可能にするであろう。

　これは，世界市場を対象とする潜在能力をもち，先端技術に基づく製品，プロセスやサービス開発のためのプロジェクトにおける一層の産業，技術，科学的協力を推奨し，促進することによって達成されるであろう。

　EUREKA のプロジェクトは民生用目的に奉仕し，民間および公共部門の市場を対象とする。

焦点と条件

1. EUREKA のプロジェクトは，その初期段階においては，主に次の分野の先端技術，すなわち情報通信，ロボット工学，材料，製造，バイオ技術，海洋技術，レーザー，環境保護，輸送技術における製品，プロセスやサービスに関連するものとする。

    EUREKA はまた，重要な先端技術の研究開発プロジェクトを採用する。これは，現代的なインフラと越境的な問題の解決策を提供するための技術的要件の創出を目的としたものとする。

2. EUREKA は革新的な技術上の製品やプロセスの多くが開発される，中小を含めた企業およびより小規模な研究機関がもつあらゆる効率的な能力に開放されている。

3. ヨーロッパ企業や機関の間の技術の交換は，ヨーロッパ産業の高度な技術的スタンダードの必須条件である。EUREKA のプロジェクトはこの交換を奨励し，拡大することに寄与する。

4. EUREKA のプロジェクトは次の条件を満たすものとする。
    ―上記の目的の遵守
    ―2 カ国以上のヨーロッパ諸国における参加者（企業，研究機関）同士の協力
    ―協調的な基準の下でプロジェクトを実施することによって獲得されることが予想される利益が存在し，それが何らかの形で特定されること

―先端技術の利用

―関連する製品，処理あるいはサービスにおいて重大な技術的先端性を確保することを目的とすること

―参加者が技術面・経営面で適当な資格を有し，参加企業が充分な財政上のコミットメントを行うこと

一般条件

1. EUREKA は参加国政府および欧州共同体から，適切な支援を受けるものとする。

   ……

5. EUREKA の枠組内における行動は，国際的な自由競争の原則に基づいて遂行される。

プロジェクトの実施と連携

1. プロジェクト

   ……

2. 組織

   2.1 調整組織は，EUREKA 閣僚会議である。そのメンバーは，参加国の政府代表および欧州共同体の委員会の代表とする。

   各会合の最後に，閣僚会議は次期会合の議長を選出する。議長は作業の継続を確実なものとする。

   ……

   2.3 小規模で柔軟性のある EUREKA 事務局あるいは特別作業班が，EUREKA 閣僚会議の責任の下，EUREKA の透明性と効率性を向上させるために設置される。

   ……

EUREKA，欧州共同体およびヨーロッパ・レベルの協力協定の間の関係

1. EUREKA のプロジェクトは，ヨーロッパ・レベルの技術協力，たとえば欧州共同体によって主催されているプログラム，COST［欧州科学技術研究協力］，CERN［欧州原子核研究機構］，ESA プロジェクト，2 国間・多国間の協力プロジェクト，あるいはそれらのさらなる発展のための代替的な手段とはみなされない。その目的は，むしろ，それを拡大，補完することである。

2. 欧州共同体は，たとえば，自身の研究能力，研究開発プログラムや金融機関を通して，EUREKAにおいてパートナーとして参加することができる。
3. 欧州共同体および参加する関連諸国における適切な一般条件や技術協力に資する環境の創出は，EUREKAイニシアティブの成功において，とりわけ重要な必要条件である。

……

7-9 単一欧州議定書（1986. 2）

"Single European Act," *OJ*, L 169/1, 29. 8. 87, pp. 1–29. 邦訳は金丸輝男編『EC——欧州統合の現在』第2版，創元社，1989年の付録をベースとし，一部改訳した。

　1985年12月に合意され，86年2月に正式締結され，87年7月1日に発効した本議定書は，80年代半ばのヨーロッパ統合の再活性化を象徴し，また実際に推進した歴史的文書である。第Ⅰ・Ⅱ編のEC関連規定と，第Ⅲ編のEPC（欧州政治協力）という出自の違う二つの部分を同一文書にしたことから「単一」欧州議定書と呼ばれる。
　その新基軸は，域内市場白書（1985年6月，【7-6】）に基づき，1992年末までの市場統合の完成を目標に掲げ，その実現のために66年の「ルクセンブルクの妥協」【5-17】以来の全会一致原則を法的に放棄し，特定多数決の導入を決めた点にあった。他にも，欧州首脳理事会やEPCを正式に条約で位置づけ（それぞれ第2条，第Ⅲ編），通貨協力（経済・通貨同盟），環境，社会地域的連帯などの新領域における統合に乗り出したことが特記に値しよう。なお130条R (4) はいわゆる「補完性原理」を早くから適用した例として記憶され，また130条Dは後日「ドロール・パッケージ」予算案採択【7-10】に際しドロール委員会が最大限利用することになるものである。　　　　　　　　　　（遠藤）

第Ⅰ編　共通規定

……

第2条
　欧州理事会は欧州共同体の加盟国首脳および委員会委員長で構成される。外務大臣および委員会の1名の委員がこれを補佐する。
　欧州理事会は少なくとも年2回会議を開催する。

……

第II編　欧州三共同体設立条約を修正する規定

……

第13条

EEC条約に以下の規定を追加する。

「第8条A

共同体は，本条ならびに第8条D，第8条C，第28条，第57条(2)，第59条，第70条(1)，第83条，第99条，第100条Aおよび第100条Bの規定に従って，また，本条約の他の規定を損うことなく，1992年12月31日に終わる期間内に域内市場を漸進的に確立するための措置をとる。

域内市場は，本条約の規定に従って，物，人，役務および資本の自由な移動が確保された，域内に境界のない領域で構成される。」

……

第18条

EEC条約に以下の規定を追加する。

「第100条A

1. 第100条にかかわらず，かつ，本条約に他に規定する場合は別として，以下の規定が第8条Aに定める目的の達成のために適用される。理事会は，委員会の提案に基づき，欧州議会と協力して，かつ，経済社会委員会と協議ののち，特定多数決により，域内市場の確立および運営を目的とする加盟国の法律，規則および行政措置の接近に関する措置を定める。

……

第2款　通貨に関する権能

第20条

1. EEC条約第3部第2編に新たに以下の第1章を追加する。

「第1章　経済・通貨政策に関する協力（経済・通貨同盟）

第102条A

1. 共同体のより一層の発展に必要な経済および通貨政策の接近を確保するため，加盟国は第104条の目的に従って協力する。この協力を行うにあたって，加盟国は，欧州通貨制度（EMS）の枠内における協力において，および，ECUを発展させる上で得られた経験に考慮を払う。またこの分野における既存の権限を尊重する。

2. 経済・通貨政策の分野におけるより一層の発展が機構改革を必要とする場合には，第236条の規定が適用される。通貨分野における機構改革については，通貨委員会および中央銀行総裁委員会は等しく協議を受ける。」

……

第130条D

単一欧州議定書の発効後，委員会は，既存の構造基金（欧州農業指導補償基金指導部門，欧州社会基金，欧州地域開発基金）に関し，理事会に対し包括的な提案を行う。この提案は，第130条Aおよび第130条Cで定められた目的の達成に寄与し，構造基金の効率を高め，構造基金の活動を構造基金相互間あるいは他の金融手段の活動との関係において整合させるために，構造基金の役割を明確にし，かつ，合理的なものとするのに必要な基金の構造および運営に関する規定の改正をその目的とする。理事会は，欧州議会および経済社会委員会と協議をした後，1年以内にこの提案について，全会一致で決定を行う。

……

第6款　環境

第25条

EEC条約第3部に以下の第7編を追加する。

「第130条R

……

4. 共同体は，第1項に定める目的が個々の加盟国においてよりも共同体においてよりよく達成されうる限りにおいて，環境に関する行動をとる。共同体的性質をもつ一定の措置を損なうことなく，加盟国はその他の措置について財政負担をし，かつ，実施する。

……

第III編　外交政策の分野における欧州協力に関する規定

第30条

外交政策の分野における欧州協力は以下の規定により規律される。

1. 共同体の加盟国である締約国は，共同して欧州外交政策を策定し，実施することに努力する。

……

3. (a)外務大臣および委員会の1名の委員は，欧州政治協力の枠内において少なくとも年4回会合する。これらの外務大臣および委員は，欧州共同体理事会の

会合に際しても，欧州政治協力の枠内において外交政策事項を討議することができる。

(b)委員会は政治協力の手続きに全面的に関与する。

……

7-10　ドロール・パッケージⅠ：ブリュッセル欧州理事会議長総括（1988. 2）
"Making a success of the single European Act—Consolidated conclusions of the European Council," Text forwarded by the Council of the European Communities, following the Meeting of the European Council of 11 and 12 February 1988, Note from the President, *Bull. EC*, 2-1988, point 1. 1. 1.

　1988年2月のこのブリュッセル欧州理事会は，西独首相コールの議事の下で行われ，EC史上初めて複数年度予算（いわゆる「ドロール・パッケージ」）を採択した。これは，GNP比例の新政府拠出金により予算規模を増やし，再分配機能をもつ構造基金を倍増し，向こう数カ年の予算問題を片付けた画期的なものであった。

　その直前まで合意は難しいように見えた。理事会当日も，イギリス政府が農業予算の削減を求め紛糾していたが，農業支出にシーリングを設けることで夜半に合意に達した。予算案の決定には常に困難が伴うが，域内市場の完成を目標に掲げ，単一議定書が前年に発効したこの段階で，仮に予算による裏づけができなければ，統合モメンタムは失われていたかもしれない。合意を見たことで，逆に，生産要素の集中化傾向に対し地域・社会政策を打ち出すことが可能となり，そのことで域内市場の完成を後押しした。これを大きなきっかけとし，「1992年計画」は一大ブームとなった。

　またこれ以降の共同体「予算」のあり方は根本的に変わった。多年度計画の策定が常態化し，毎年の予算編成時における混乱が解消された。さらに当面予算が増えるなか，共通農業政策（CAP）への支出を制限する動きもここから本格化する。

　この予算案を終始主導したドロールEC委員長は，合意を見たその日を「わが人生最良の日」と呼んだと伝えられる。　　　　　　　　　　　　　　（遠藤）

予算の規律と管理

　序

1. 予算規律はブリュッセル理事会（1987年6月29-30日）での結論に沿ったものとなる。

シーリング
2. 共同体独自財源の制度に関する決定は，支払予算に関しては，独自財源全体の新シーリングを規定する……。その決定はまた，締結予算の1992年段階のシーリングとその後の秩序だった進化を規定するだろう。そしてそれは，締結予算と支払予算の間の厳密な関係を維持しながらなされるだろう……。

　1988-92会計年度の各年度予算については，理事会もこれらのシーリングの範囲内で収めることとする。

農業支出
（参照枠組み）
3. 以下で定義されるように，欧州農業指導保証基金（EAGGF）の保証金支出の年度増加率は，共同体のGNP成長率の74％を超えることはない。
……

側面援護する政策

構造基金の改革
　加盟国は，EC委員会が構造基金改革にアプローチする際の全般的方針については概ね共有している。すなわち，加盟国は基金の目的の合理化，共同体の基準に準拠した方法への集中，特定の地域や産業衰退地域の後進性の説明，そして，計画方式のための財源に関する，ブリュッセル欧州理事会の一連の結論を確認している。
（目的）
1. 構造基金下での共同体の活動に関しては，もう一つの金融機関である欧州投資銀行が，当条約の第130a条および第130c条に規定されている全般的な目的の達成を，以下の五つの優先目的達成に貢献することで支援するだろう。
    (i) 後発開発地域の発展および構造調整の促進（「目的1」）
    (ii) 産業衰退の深刻な影響下にある全地域，境界地域もしくは部分地域（雇用領域や都市共同体を含む）の改革（「目的2」）
    (iii) 長期失業への対処（「目的3」）
    (iv) 若者の職業統合の促進（「目的4」）

(v) 共通農業政策の改革に鑑みた,農業構造調整の加速と農村地帯の発展促進(「目的5」)

(目的1および2に関係する地域の選定方法)

2. 理事会は,包括的規則のなかで目的1の当事者たる構造的後発地域のリストを策定するだろう。

　　以下の地域がこのリストに含まれることになろう。

(i) 過去3年間の数値で一人当たりのGDPが共同体平均値の75％を下回る地域

(ii) 北アイルランドおよびフランスの海外県

(iii) 一人当たりのGDPが(i)で言及された地域のそれに近く,かつ,リストに含まれる特別の理由があるその他の地域

　　この地域のリストは5年間有効である。5年間経過後,理事会は,委員会案に基づき特定多数決に拠って,新規リストを作成するだろう。

3. 理事会は包括的規則のなかで,目的2の当事者たる,全地域,境界地域,雇用領域および都市共同体の選択法を取り決める社会経済基準を策定する。この基準は,3年後に,委員会案に基づき特定多数決に拠って改正されることもある。

　　EC委員会は,諮問委員会の手続きの下で,そのような全地域,境界地域,部分地域(雇用地域と都市共同体を含む)のリストを作成する。

三つの基金の役割

4. 構造基金はそれぞれ,自身の活動を統制する特定条項に従って,以下で示されるような区分を基本として,目的1から目的5の達成に寄与するだろう。

(i) 目的1　欧州地域開発基金(ERDF),欧州社会基金(ESF),欧州農業指導保証基金(EAGGF)指導部門

(ii) 目的2　ERDF, ESF

(iii) 目的3　ESF

(iv) 目的4　ESF

(v) 目的5　EAGGF指導部門, ESF, ERDF

……

(共同体支出の差別化)

6. 委員会提案第1条に規定された相異なる目的をもつ構造基金からの共同体援

助は，以下の限界に服する。
 (i) 目的1の行動に向け定義された地域に適用される措置には，総費用の最大75％まで，および一般規定として最低でも公的支出の50％以上
 (ii) 他の地域に適用される措置については，総費用の最大50％まで，および一般規定として公的支出の最低25％以上
……

独自財源の制度

1. 独自財源に関する決定は，1987年6月29-30日に開かれたブリュッセル欧州理事会での結論に沿った形でなされる。

財源のレベル

2. 独自財源に対する全体シーリングは，支払予算については共同体の総GNPの1.20％で固定される。締結予算については，共同体の総GNPの1.30％という値の全体シーリングで固定される。共同体に割り当てられる独自財源の総額は相互に，1988-92年の間でその年度の共同体の総GNPの一定率を超過しえない。……

　　1991年の末までに，EC委員会は，独自財源制度の実施および予算規律の適用に関する報告書を提出する。

　　欧州開発基金は予算外で資金調達し続ける。

　　予算不均衡の是正は，共同体政策が利用できる独自財源の総額に影響を与えない方法によってなされる。

独自財源の出所

3. 以下に挙げるものによる歳入は，ECの予算に組み込まれる独自財源を構成する。
 (i) 徴収費用として加盟国に差し引かれる10％を含む，農業課税，砂糖・イソグルコース税
 (ii) 徴収費用として加盟国に差し引かれる10％を含む，共通関税とECSC条約の下でかかる製品への関税
 (iii) 共同体の規則に依拠して統一的に決定された付加価値税の査定ベースに対して，全加盟国に1.4％という税率が適用される。この付加価値税の査定ベースは，各加盟国の市場価格でのGNPの55％を超過してはならない。

(iv) 市場価格でのGNP総額を表している追加的なベースに対しては，他の全ての歳入の総額に照らし，予算手続きの下で適用レートが決定される。

連合王国の補償的支払いは，現行の方法（すなわち付加価値税という手法）に準拠して取り扱われると想定される。

……

予算不均衡の是正

予算不均衡の是正に関する1984年6月25-26日の欧州理事会の結論は，独自財源に関する新たな決定が効力をもつ限り，適用され続ける。

フォンテーヌブローで決定された方式は，連合王国の付加価値税のシェアと，配分された支出シェアの間の差に，配分された支出を乗じたものに基づいていた。その補償値は66％であった。

……

7-11　通貨統合の胎動：ハノーファー欧州理事会議長総括（1988.6）

"Conclusions of the Presidency," Hanover European Council (27 and 28 June 1988), *Bull. EC*, 6-1988, point 3. 4. 1.

4カ月前に開催され予算を改革したブリュッセル欧州理事会【7-10】以上に，1988年6月のハノーファー欧州理事会は，統合アジェンダがシフトしたという意味で画期をなした。

この1988年前半は，「1992年計画」が一大ブームとなり，域内企業のEC統合ダイナミズムへの関心が喚起され，EC委員会とドロール委員長へ注目が集まり（*Newsweek*誌は彼を「ブリュッセルの皇帝」と呼んだ），保護主義化する「ヨーロッパの要塞」への域外諸国からの警戒心が高まった時期であった。

そうしたなかで開かれたハノーファー理事会は，市場統合は「もはや後戻りできない」と宣言した。のみならず，統合推進派のコール首相やゲンシャー外相が主導し，以下の二つのことを決定している。①ドロールEC委員長の再任，②各国中央銀行総裁などを集め，通貨統合に関する委員会を設立し，ドロールをその議長に任命，翌89年6月のマドリッド欧州理事会までに報告書をまとめる，ということである。

まとめられた報告書は「ドロール報告」と俗称され，1991年末に合意されたマーストリヒト条約における通貨統合部分の骨格をなした。つまり，市場統

合から通貨統合へ，この時期にギアチェンジがなされたのである。　　（遠藤）

単一欧州議定書の実施
……
1. 域内市場の完成

　欧州理事会は，単一議定書に定められたこの主要目的が，もはや後戻りできないところまで達成され，経済社会生活に従事する人々にとって受け入れられた事実となったと考えている。

　単一市場の便益評価に関する研究結果によると，それを達成すると共同体には相当の成長と雇用増の可能性をもたらすことが確認されている。

　欧州理事会は，EC委員会の域内市場白書に計画された施策の3分の1強がいまや合意されたことに留意している。欧州理事会は，以下のような戦略的領域で決定がなされたか，あるいはなされつつあることを好意的に受け止めている。すなわち，資本移動の完全自由化，学位免状の相互承認，公的調達の開放，保険問題，陸上および航空輸送である。

……
5. 通貨同盟

　欧州理事会は，単一議定書の締結の際，加盟国が経済通貨同盟を漸進的に実現するという目的を確認したことを想起する。

　それゆえ，加盟国は，1989年6月にマドリッドで開催される欧州理事会会合にて，経済通貨同盟を実現するための手段について検討することを決定した。

　この目的のため，加盟国は，経済通貨同盟にいたる具体的な段階について研究し提案する職務を委員会に信託することを決めた。

　その委員会は，ジャック・ドロール欧州委員会委員長を議長とする。

　各国政府の長は，各国の中央銀行頭取または総裁に，個人的な資格でその委員会の議事に参加するよう求めることを合意した。これはまた，もう一人の欧州委員会委員，および各国政府の長全員により指名される3名の人物を含むだろう。各国政府の長たちは，以下の3人に参加を求めることに合意した。
- ニールス・ティゲッセン氏，経済学教授，コペンハーゲン
- ラムファルッシ氏，国際決済銀行総局長，新カトリックルーヴァン大学金融経済学教授
- ミゲル・ボワイエ氏，スペイン対外銀行総裁

委員会は，経済財政大臣たちが，マドリッドでの欧州理事会の会合の前に成果を検討できるよう，十分な時間的余裕をもってその議事を完了させていなければならない。

……

7-12　経済通貨同盟に関するドロール報告をめぐって
A．パウエル英首相外交顧問回顧
B．ペール西独連銀総裁回顧
C．ローソン英蔵相回顧
D．ペール西独連銀総裁回顧
E．スキオッパ委員回顧
F．ローソン英蔵相回顧
G．ドロール EC 委員長回顧
H．マドリッド欧州理事会議長総括（1989. 6. 26-27）

A, B, D, E, G. Cited in Charles Grant, *Delors : The House That Jacques Built*, N. Brealey, 1994, pp. 120-4.
C, F. Nigel Lawson, *The View From No. 11 : Memoirs of a Tory Radical*, Corgi, 1992, pp. 903, 908.
H. "Presidency Conclusions," Madrid European Council (26 and 27 June 1989), *Bull. EC*, 6-1989, point 1. 1. 11.

　マーストリヒト条約の核心部分は，通貨統合である。三段階にわたる通貨同盟の青写真を描いたのが，各国中央銀行総裁などを集めドロールを議長とした通貨同盟に関する委員会（通称，ドロール委員会）であった【7-11】。その三段階とは，①各国の経済・金融政策協調の強化と全 EC 通貨の EMS 全面参加，②欧州中央銀行制度の創設と各国通貨の為替相場の変動幅の縮小，③固定相場制・単一通貨の採用と単一通貨政策への移行であった。マーストリヒト条約は，特に②において若干記述を弱めたが，これを基本的に踏襲した。
　1988-89 年に活動したこのドロール委員会の設立，議事進行，結果に関して，興味深い発言や史料が残っている。A，C，F は，当時のイギリスの政策決定の中枢にいた高官や大臣が，このドロール委員会についてどのように考えていたか回顧している。特に F はドロールが議長となること（に反対しなかったサッチャー首相）へ異議を唱えたローソン（Nigel Lawson, 1932-）蔵相の率直な述懐として興味深い。また，報告書作成過程における鍵を握っていたペール

(Kahl Otto Pöhl, 1929-)西独連銀総裁の感想，E，Gは他の参加者の印象を表している。

　こうして作成にこぎつけたドロール報告は，1989年6月のマドリッド理事会で受理され，条約改正のための政府間会議の開催に向けて動き出した(H)。

　実際の条約締結までには，数カ月後に始まるドイツ統一などの地殻変動を経なければならなかったが，それ以前の段階で通貨統合の方向に着実に動いていた点には留意が必要である。　　　　　　　　　　　　　　　　　　（遠藤）

A．パウエル英首相外交顧問回顧

　［通貨統合のための］ドロール委員会は，通貨統合という考えを周辺に押しやるうまいやり方だと考えていた。われわれは，中銀総裁たちが懐疑的になり，EC委員会のうぶな役人どもを締め出すことを期待した。しかし，彼らは期待を裏切った。それは一委員会にすぎないと，コールは述べていた。われわれは，敵方を過小評価していたのだ。

B．ペール西独連銀総裁回顧

　私は直感で，この異質な委員会の一員にはならないだろうと思った。なぜドロールが議長なのか？　彼は専門家ではないし，ローマ条約はEC委員会に通貨政策に関する権限を与えてはいない。私は，この委員会に二人ものEC委員がいることに反対だった。

C．ローソン英蔵相回顧

　ペール［独連銀総裁］こそが鍵を握っていた。彼は経済通貨同盟に疑念を抱いていることで知られていたし，ドイツ連邦銀行の消滅を好んでもいなかった。さらに，ロビン［英総裁ロバート・リー＝ペンバートン］とペールが共闘したら，他の何人かもそれに加わる可能性が十分にあった。特に，デンマーク中央銀行の総裁を長く務めているエリック・ホフメイヤーがそうだ。

D．ペール西独連銀総裁回顧

　ドロール委員会に参加したことは間違いだった。私はドイツの利益を守ることができなかったのだ。もしボイコットをしていたら，その進行を止めることはで

きなくとも遅らせることはできただろう。そして私はドロール報告をもっと自由に批判できたはずだ。

E. スキオッパ委員回顧

中銀総裁たちは，政治家やEC委員会に対し本来的に懐疑的だった。しかし，ドロールは彼らのプロ意識に働きかけ，そうした不信をうまく利用した。委員会が終わる頃には，彼らは車の設計を依頼されたエンジニアを自任し，いい仕事をしたいと熱心になっていた。

F. ローソン英蔵相回顧

少なくとも彼女［サッチャー］は，ドロールを委員会の議長にする惨劇を，あるいは委員の一人にすることさえ避けられたはずだ。中立的な専門家たちの方が彼よりも好ましかっただろうし，他の誰であれ彼よりはよかったであろう。……これはただ単に，彼の経済通貨同盟に対する，他ならぬかの経済通貨同盟に対する有名な献身のためだけではない。彼はEC委員会の委員長職の任期を更新されたばかりである。その彼が新たに［通貨］委員会の議長に指名されれば，その委員会の報告書は必然的にEC内で，そうでなかったら決してもちえないような権威を享受することになるのである。

G. ドロールEC委員長回顧

それは最後の瞬間までサスペンスだった。ペールは非常に扱いにくかった。彼が非妥協的なときにはわれわれの障害になると思ったが，時に協力的にもなるのだった。……私はペールを孤立させようとはせず，時として彼の言うことは極めて有益で，それを考慮した。

H. マドリッド欧州理事会議長総括

経済通貨同盟

欧州理事会は，単一議定書において規定され，ハノーファー欧州理事会で確認された経済通貨同盟を徐々に達成していく決意を改めて表明した。経済通貨同盟は域内市場の完成という展望および経済社会的結束の文脈において認識されなければならない。

欧州理事会は，ジャック・ドロール議長の下の委員会の報告が，経済通貨同盟

に段階的にいたるような進展を定義し，ハノーファーにおいて付与された委任を遂行したと考えた。欧州理事会は，その実現には経済的ならびに通貨的側面の間にある釣り合いを考慮しなければならず，補完性原理を尊重し，多様な具体的状況を許容する必要があると考えている。

欧州理事会は，経済通貨同盟を実現するための第一段階が，1990年7月1日に開始されることを決議した。

欧州理事会は，権限をもつ組織（経済財政相理事会ならびに一般理事会，EC委員会，中央銀行総裁委員会および通貨委員会）に以下を求めた。

(a) 1990年7月1日に第一段階を開始するのに必要な規定を採択すること，

(b) その後の段階を定める政府間会議の開催に向け準備をすること，そして政府間会議は，第一段階が始まったら開催され，それ以前に完全で適切な準備がなされねばならないということである。

……

7-13　EC将来像の衝突──ドロール vs サッチャー

A．ドロールEC委員長の欧州議会発言（1988. 7）
B．サッチャー英首相のブルージュ演説（1988. 9）
C．ドロールEC委員長のブルージュ演説（1989. 10）
D．サッチャー英首相のイギリス庶民院演説（1990. 10）

A．Jacques Delors, *OJ*-EP, No. 2-367, 6. 7, 1988, p. 140.
B．Margaret Thatcher, "Britain & Europe : The text of the speech delivered in Bruges by The Rt. Hon. Mrs Margaret Thatcher, FRS, on 20th September 1988." (Online available : http://www.brugesgroup.com/mediacentre/index.live?article = 92 # britain)
C．Delors, "Réconcilier l'ideal et la nécessité : Devant de Collège d'Europe à Bruges, le 17 octobre 1989," in idem, *Le Nouveau Concert Européen*, Editions Odile Jacob, 1992, pp. 316, 321-2.
D．Prime Minister (Thatcher), on European Council (Rome), Column 873, Oral Questions and Debates, House of Commons Debates, Hansard Volume, 30 October 1990.

　以下の史料は，再活性化したECの将来像をめぐるドラマチックな論争のハイライト部分と言える。そこでは路線の違いは，個人，社会，国家などの主要

なカテゴリーに関する世界観の相違に基づいていた。たとえば，サッチャーは，「社会などというものは存在しない」とし個人と国家が対置されるとしたが，逆にドロールは，ムーニエ流の共同体的人格主義者として，「（社会から隔絶した）個人など存在しない」と考え，家族・地域・国家・ECなどの共同体が多層にわたり連鎖する世界像を有していた（例として史料C）。

両者の本格的な論争の端緒は，1988年7月にドロールが史料Aのように，EC立法が主流となる旨の発言をしてからだと言われる。そのA発言を明示的に批判して，サッチャーは，翌々月，のちに反統合主義者のバイブルともなるブルージュ演説を行い，国民国家の優位性，永遠性を格調高く謳いあげる。ドロールは，翌89年，東欧革命のうねりが誰の目にも明らかになる頃，「歴史は加速する。われわれも加速しなければならない」という有名な演説Cを行った。その際，同時に体系的な統合ヴィジョンを明らかにしたのだが，その演説地に選んだのは，ほかのどこでもなくブルージュであった。最後の史料Dは反統合の旗色を鮮明にしたサッチャーの英下院演説の一部であり，彼女が首相職から凋落する端緒となったものである。　　　　　　　　　　　　　（遠藤）

A．ドロールEC委員長の欧州議会発言

……10年後には，経済立法の，そしておそらく財政や社会立法ですらも，その80％までが欧州共同体起源のものになるだろう。……

B．サッチャー英首相のブルージュ演説

私が最も大事にしている指導原理はこうである。つまり，お互いに独立した主権国家が自らの意思で積極的に協力することこそが，欧州共同体を成功裡に建設する上で最善の道となる，ということだ。

国民性を抑圧し，ヨーロッパの集合体の中枢に権力を集中しようと試みれば，たいへんに有害で，われわれの目的達成を危うくするだろう。

ヨーロッパは，フランスがフランスで，スペインがスペインで，イギリスがイギリスであり，それぞれの国が，自らの慣習，伝統，アイデンティティを保つからこそ，強力になるのである。愚かなのは，それらを何かモンタージュ合成のようなヨーロッパの個性に合わせようとすることだ。

欧州共同体建設の父祖のなかには，アメリカ合衆国が共同体のモデルであると考えたものもいた。

しかし，アメリカの歴史は全くヨーロッパのものと異なる。人々は，かの地へ

ヨーロッパにおける不寛容や生きるうえでの制約から逃れるために向かったのだ。彼らは自由と機会を求めた。その強烈な目的感覚は，2世紀以上を貫くものであり，アメリカ人であるという新しいまとまりやプライドを創造する手助けとなったのだ。そして，それはちょうど，われわれのプライドがイギリスやベルギーやオランダやドイツにあるのと同じように。

私は，真っ先にこう言う人間である。多くの大事な争点において，ヨーロッパ諸国は一つのまとまった声で話そうとすべきだ，と。自分たちがもっと緊密に，一国でよりも共同でしたほうがいいような事柄について，協力するようになればと望む。そうしたときにヨーロッパはより強くなる。それが，貿易であろうと，防衛であろうと，はたまた域外諸国との関係においてだろうと。

しかし，より緊密に共同して当たるということは，なにもブリュッセルに権力を集中したり，選挙の洗礼を受けない官僚機構が決定することにならない。

実に皮肉なことである。全てを中央からの指令で動かそうとしてきたソ連のような国がちょうど，成功の秘訣は権力と決定を中央から分散させることだと学習しつつあるまさにそのときに，欧州共同体では正反対の方向に動きたがっているものがいるように見える。

われわれがイギリスにおいて国家の境界線を成功裡に押し戻したのは，それがヨーロッパ・レベルで再び課され，ブリュッセルからヨーロッパの超国家(Super-State) が新たに支配するためではないのである。

C. ドロール EC 委員長のブルージュ演説

……私はよく方法としての連邦主義に訴えることがあるが，そこには補完性原理も含まれている。ここには，多くのものにとって折り合いつかないことを折り合わせる発想が見て取れる。統一ヨーロッパの出現と自分の母国への忠誠，現代的な問題への対処から出てくるヨーロッパ権力の必要性といわば根っこにある国民や宗教を保持する死活的要請，あるいは，小さな単位によってできることを決して大きな単位に委託しないようにさまざまな責任を分権的に組織することなど。これをまさに補完性原理と呼ぶのである。

私自身エマニュエル・ムーニエの影響を受けた人格主義者（personnaliste）として，彼の輝きは再び非常に重要になると確信しているのだが，それは，ヨーロッパが狂信的な個人主義の行き詰まりを意識し，また同時に集産主義やそのソフトな形態であらゆる事象を監督するような国家を拒絶するにつれて，ますます

そうなるだろう。

……

そう，いまこそ理想に戻るときである。それが政治・経済・社会・文化の領域におけるわれわれの行為を貫いて，こう自問し続けるように。つまり，各人が，権利だけでなく他者や社会への義務を意識しながら，人格を開花できるかどうか，と。絶えず人間的な共同体を再建するように努めよう。そこでは，人格が生き生きと輝き，他者との協力ややり取りから形づくられていくのだ。

D. サッチャー英首相のイギリス庶民院演説
　……ドロール氏は先日記者会見で欧州議会を欧州共同体の民主的機関とし，欧州委員会を執政府とし，閣僚理事会を上院とすると述べた。ノー！　ノー！　ノー！

7-14　G7アルシュ・サミット政治宣言（1989.7）

"Déclaration sur les relations Est-Ouest," Déclations politiques, Sommet de Paris, 14-16 juillet 1989. Service de Documentation de l'Institut d'Etudes politiques de Lyon (I. E. P.) ; France, Ministère des Affaires Etrangères. (Online available : http://www. g8.utoronto.ca/francais/1989paris/politique.html）邦訳は「第15回主要国首脳会議における政治宣言——東西関係に関する宣言　於アルシュ　1989年7月15日」『外交青書』33号，330-1頁（外務省仮訳）に依拠した。

　1980年代後半，ソ連のゴルバチョフ共産党書記長がペレストロイカを進めるなか，東欧において民主的な改革や運動が進行する。とりわけ，ポーランドでは，労働組合「連帯」が80年代初頭以来の民主的改革を加速させ，ハンガリーにおいては89年3月に自由選挙が実施され，西側諸国はこれらの動きに対し，89年7月のG7アルシュ・サミットにて，支援を表明した。同年後半に全面化する東欧革命の前夜のことである。
　以下はアルシュ・サミット議長総括からの抜粋である。特にヨーロッパ統合との関連で注目すべきなのは第6項である。ここにおいて，サミット首脳は，EC委員会に対し，ポーランドやハンガリーへの具体的な支援策を取りまとめるよう委託した。この委託は，2期目に入って間もない当時のドロールEC委員会の権威を上昇させた。のみならず，国際政治におけるアクターとして，ECやEC委員会が認知されてゆく大きな契機となったのである（【7-23】も参

照)。　　　　　　　　　　　　　　　　　　　　　　　　　　　　（遠藤）

1. 我々7ヵ国の首脳及び欧州共同体の代表は，我々が自由，民主主義及び人権の推進に普遍かつ至高の重要性を於ていることを再確認する。
2. 自由と民主主義の拡大を我々と同様に希求する徴候が東側においてみられる。東側の人々は，若い人々も含め，これらの価値を重ねて主張しており，多元的民主社会を要求している。東側の指導者の中には，自由と民主主義の拡大が彼らの国の近代化のために積極的な貢献をなしうることを理解し，法律，慣習及び制度の変革に着手している者もいる。他方，我々が強く非難する被圧的な施策を講ずることによって，今なおこうした動きに対し抵抗を試みている指導者もいる。
3. 我々は，自由が拡大され，民主主義が強化されること，そしてこれによって数十年の軍事的対立，イデオロギー上の反目と不信に代わり，対話と協力の増進のための基礎が形成されることを希望する。我々は，現在進められている改革と，ヨーロッパの分断が縮小していく見通しとを歓迎する。
……
6. 我々は，ポーランドとハンガリーで進められている改革の過程を歓迎する。我々は，これら両国において起きている政治的変革が経済的発展なくしては持続し難いものと考える。我々各自は，この過程を支援し，両国の経済を後戻りしない形で変化され開放させることを目指した経済的支援を適宜かつ調整した形で考慮する用意がある。我々は，各自が，これら両国に対し対内投資，合弁事業，経営技術の移転，職業的訓練及びより競争的な経済を発展させることを助長するような他の事業を通じて改革のはずみを維持するように，支援の手を差しのべるべきものと考える。

　我々各自は，経済改革を勧奨し，より競争的な経済の実現を促進し，貿易の新たな機会を提供するため，具体的なイニシアティブをとりつつある。

　我々は，ハンガリーとポーランドで進められている改革の過程に対する我々の支援策が一層効果を上げ，かつ，相互に補強し合うようにするため，関心を有する他の諸国及び多国間機構と協調しつつ，支援を調整していくことに合意した。我々は，関心を有する政府，公共部門及び民間部門が，改革の過程を支援するため，創造的な一層の努力を傾けるよう勧奨する。

　我々は，ポーランドとハンガリーにおける改革を協調して支援することに

関し，今後数週間のうちに，関心を有するすべての諸国との会議を開催することを求める。我々は，現下の情勢でポーランドが緊急に食糧を必要としていることを強調する。

我々は，これらの目的のため，欧州共同体委員会に対し，欧州共同体の他の構成国と合意した上で所要のイニシアティブをとるよう，また，サミット参加国に加え関心を有するすべての諸国と連携を図るよう要請する。

……

7-15　EC社会憲章（労働者の基本的社会権に関する共同体憲章）（1989.12）

Commission of the European Communities, "Community Charter of Fundamental Social Rights (Draft)," COM (89) 471 final, Brussels, 2 October 1989, pp. 2-5. (Online available : http://aei.pitt.edu/3724/01/000254_1.pdf)

「労働者の基本的社会権に関する共同体憲章」（通称「EC社会憲章」）は，経済統合中心で進んできたECが，市民レベルへの接近を図り，社会政策をも包摂したヨーロッパ統合像を明示した宣言である。そのため，「ソーシャル・ヨーロッパ」の定義とも，欧州社会モデルの起源であるとも評される。（ヨーロッパ・レベルでの社会政策の起源としては，「欧州審議会　欧州社会憲章」【5-4】も参照）。

オイルショック以降，EC各国は長期不況と高失業にあえぎ，イギリスではサッチャーが規制緩和や自由化，さらに福祉国家の見直しを進めていた。労働市場の規制緩和が進むなかで，ソーシャル・ダンピングを防止し，労働者の基本的権利を定め，その侵害や弱体化を防ぐために，1989年12月9日，ストラスブール欧州理事会においてイギリスを除く11加盟国により採択されたのが，本憲章である（以下に訳出したのは委員会提案の前文）。

サッチャーの猛烈な反対に対し，EC委員長のドロールは基本的社会権の保障をECの「アイデンティティの問題」と認識し，ECレベルでの社会政策の発展を目指し，その成立に尽力した【7-13】。その背後には，サッチャーらの描くネオリベラリズムに対し，フランスを中心とする大陸諸国の社会民主主義モデルの擁護，という二つの路線の相違が存在する。

とはいえ，EC社会憲章に強く反対するイギリスへの配慮から，ここで規定される権利は，「労働者」に限定され，一般「市民」には適用されず，またイギリスを除く11カ国の政治宣言にとどまり，法定拘束力をもたない。この

EC社会憲章は，EU基本権憲章に受け継がれていくが，EUレベルでの社会政策そのものは，ネオリベラリズムへのシフトをますます強めるなかで，次第に形骸化し，ソーシャル・ヨーロッパの支持者に失望を与えることとなる。

(上原)

　EEC条約117条に従い，加盟国は労働者の生活・労働条件について，改善が維持されると同時に加盟国間の調和が可能になるよう，改善を促す必要性があることについて合意したことに鑑み，
　ハノーファーおよびロードスでの欧州理事会の結論に引き続き，マドリッド欧州理事会において，単一欧州市場の確立にあたって経済的側面と同様に社会的側面も重要であるべきこと，それゆえ両者は均衡のとれた発展をとげなければならないということが考慮されたことに鑑み，
　1989年3月15日と89年9月14日の欧州議会決議と89年2月22日の経済社会委員会の意見を考慮し，
　域内市場の完成が共同体において雇用を創出し，最大限の福利を保証する最も効果的手段であること，また，雇用の開発・創出が域内市場の完成にあたって絶対的な優先権が与えられること，そして特に地域的な不均衡を考慮しながら，経済的競争力獲得への未来への挑戦を行うことこそ共同体の役割であることに鑑み，
　社会的な合意が，企業，ひいては経済全体の競争力の強化と，雇用の創出に貢献すること，またこの点において持続的な経済発展への本質的条件であることに鑑み，
　域内市場の完成は，競争力を低下させることなく生活・労働条件の改善と，共同体内の経済的・社会的結束とが，同等の改善をとげるよう促すべきであることを鑑み，
　域内市場の完成が，特に移動の自由，生活・労働条件，職場の衛生安全，社会保護，職業教育および訓練において，ECの労働者にとっての社会面での改善につながらなければならないことに鑑み，
　平等な待遇を保証するためには，性，皮膚の色，人種，意見，信条における差別を含むあらゆる形態の差別と戦うことが重要であり，連帯の精神により社会的排除と戦うことが重要であることに鑑み，
　ECの加盟国に合法的に居住している非加盟国の労働者とその家族が，関係加

盟国の国民である労働者が生活・労働条件において享受しているのと同等の待遇を享受できるよう保証するのは加盟国の役割であることに鑑み，

　ILO 諸条約および欧州社会憲章の考え方を尊重すべきであることに鑑み，

　単一欧州議定書によって修正された条約が，特に労働者の自由移動（7条，48-51条），開業の自由（52-58条），117-122条に定められた社会分野，特に労働力環境における安全衛生の改善（118a条），ヨーロッパ・レベルでの労使間の対話の発展（118b条），同一労働男女同一賃金（119条），共通職業訓練政策の実施のための一般原則（128条），経済的社会的結束（130a-e条），さらに一般的には，立法の接近（100条，100a条，235条）に関して，共同体の権能を定めている条文を含んでいること，および憲章の実施が，条約に定められた共同体の権能の拡大を伴うべきでないことに鑑み，

　本憲章の目的が，社会分野における進歩，特に共同体行動を通じて実現した進歩の足固めにあることに鑑み，

　その目的はまた，単一欧州議定書の実施が共同体の社会的側面を十分考慮に入れるべきこと，また共同体労働者，この文脈で特に雇用労働者と自営業者の社会権の発展を適切なレベルまで保証することが必要であることを厳かに宣言することでもあることに鑑み，

　マドリッド欧州理事会の結論に従い，共同体法，国内法制，団体協約のおのおのの役割が明確に確立されなければならないことに鑑み，

　補完性の原理により，これらの社会権の実施においてとられる発案の責任が，加盟国，またはその構成地域および権能の範囲内で EC にもあることに鑑み，そしてその実施は，多様かつ適切なレベルで法，団体協約，もしくは既存の慣行の形をとるであろうこと，そして，多くの局面で労使の積極的なかかわりを必要とすることに鑑み，

　EC レベルでの基本的社会権の厳かなる宣言が，実施時に加盟国の現状と比較して，いかなる後退の根拠となってはならないことに鑑み，

　「労働者の基本的社会権に関する共同体憲章」を制定する以下の宣言を採択した。

> 7-16 コール西独首相十項目計画 (1989. 11. 28)
> *Verhandlungen des Deutschen Bundestages, 11. Wahlperiode, Stenographische Berichte, Plenarprotokoll*, 177. Sitzung, 28. November 1989, S. 13510-4.

　本史料は，ベルリンの壁が崩れて1カ月余りの1989年11月末にコール西独首相が連邦議会で発表したドイツ統一への十項目計画（若干瑣末な部分を省略したが，ほぼ全文）である。各国首脳はおろか，外相ゲンシャーにも相談せず，首相府外交顧問テルチク（Horst Teltschik, 1940-）などのごく少数と起草したこの提案は，当時の東独首相モドロウ（Hans Modrow, 1928-）が提唱していた東西ドイツ間「条約共同体」構想を超えて，「国家連合」ひいては「連邦」による再統一への道筋を示した点（特に第5項），およびアメリカのホワイトハウスのみと若干の希薄な了解をしただけで，西ドイツ自身がほぼ一方的にドイツ統一へのイニシアティブを取ったという意味で，衝撃的なものであった。
　もとよりドイツ統一に否定的であったイギリスだけでなく，フランスやソ連も態度を硬化させたが，（特に東独）民衆による統一要求，米の支持やソ連の態度軟化などにより，この後1年ほどの間に事態は劇的に展開し，両独間の通貨統合，東独の西独への編入という形で戦後40年強の分断に終止符を打ち，ヨーロッパの戦後秩序を根幹から揺さぶることになる。　　（解説遠藤，翻訳板橋）

　ドイツ統一への道は，われわれ全員が認めるように，机上の知識によって計画できるものでもなければ，日程表を片手に計画できるものでもない。抽象的なモデルはおそらく論争には役立つかもしれないが，それ以上の助けにはならない。
　しかしわれわれは，もし望みさえすれば，この目標［ドイツ統一］へと導く諸段階を，すでに今用意することができる。
　私はこの目標を十項目計画に基づいて説明したい。
　第一。何よりもまず緊急措置が必要であり，それはここ数週間の出来事，特に［東独住民の］流出の動きと旅行者の往来の新展開の結果として生じるものである。連邦政府は，援助が今必要とされているところに，早急に具体的な援助をする用意がある。……
　われわれは，DDR［東ドイツ］からの全ての訪問者に対して年1回支払っている歓迎金が，旅行資金の解決になりえないことを承知している。……
　しかしわれわれは，移行期として外貨基金に貢献する用意がある。ただしそのための前提は，DDRへの旅行の際の［東独マルクとの強制的］最小両替を取り止

め，入国を大幅に緩和し，DDR 自身がそのような基金に対して実質的に貢献することである。

われわれの目標は，双方向における旅行の往来を可能な限り妨げないことであり，そうであり続ける。

第二。連邦政府は従来どおり，全ての領域におけるDDRとの協働を継続するが，このことは双方の人々にとって有益であろう。これは特に，経済的・科学技術的・文化的な協働について当てはまる。特に重要なのは，環境保護の領域における協働の強化である。……同様のことは……DDRとの電話の接続やDDRの電話網の可能な限り迅速で包括的な拡張にも当てはまる。

……われわれは，ドイツ連邦共和国とDDRにおける交通・鉄道路線について一度根本的に話し合う必要がある。

第三。もしDDRにおける政治・経済システムの根本的変革が拘束力をもって決定され，不可逆的に進行するならば，私は，われわれの援助と協働を包括的に拡大することを提案する。「不可逆的」とは，われわれにとって，とりわけ私にとって，DDRの国家指導部が，憲法改正と新しい選挙法について反対派集団と合意するということを意味している。

独立した政党，つまりもちろん非社会主義政党も参加した，DDRにおける自由・平等・秘密選挙の要求を，われわれは支持する。SED［ドイツ社会主義統一党］の権力独占は放棄されねばならない。求められている法治国家的環境の導入は，とりわけ政治的な刑法の廃止と，その結果としての全ての政治犯の即時釈放を意味する。

大統領閣下，そして皆さん，経済的援助は，経済システムの根本的改革が成功した場合にのみ，実効的でありうる。このことはコメコン諸国の経験が示している。このことは，われわれの側からの忠告とは何の関係もない。官僚的計画経済は廃止されねばならない。

われわれは持ちこたえられなくなった状態を安定化させようとは思わない。もしDDRが西側の投資に門戸を開き，市場経済の条件を作り出し，私的な経済活動を可能にするならば，経済的な飛躍が起こりうるということを，われわれは知っている。

……

第四。モドロウ首相は，その政府声明のなかで条約共同体（Vertragsgemeinschaft）について演説した。われわれはこの提案に着手する用意がある。という

のは，ドイツの両国間の近さと関係の特別性が，あらゆる領域とレベルにおける，より緊密な協定網を必要としているからである。

　この協働は，ますます多くの共同の諸制度も必要とするだろう。既存の諸委員会は新しい課題を担いうるし，さらなる委員会が形成されることもあるだろう。その際，私は特に，経済，交通，環境保護，科学技術，保健，文化の領域を考えている。われわれにとって，今行われねばならない全てのことにおいて，ベルリンが完全に含まれねばならないということは言うまでもない。このことはわれわれの政策であったし，今後もそうあり続ける。

　第五。しかし，われわれはさらに決定的な一歩を踏み出す用意もできている。つまり，ドイツの両国家間の国家連合的構造を，ドイツに一つの連邦（eine Föderation），すなわち一つの連邦国家的秩序を創出するという目標をもって，発展させる用意がある。しかしこれは，DDRが民主的に正当化された政府を備えることを絶対的に前提としている。

　その際，自由選挙の後すぐに，以下の諸制度の設立が想定されよう――恒常的な審議と政治的調整のための共同政府委員会，共同専門委員会，共同議会審査会。そして，全く新しい発展に対して，さらに別の多くの制度が必要とされよう。

　DDRに対するこれまでの政策は，西側における状況を考慮して，小さな歩みに限定されねばならなかったが，それによってわれわれはとりわけ，人々のために分断の帰結を緩和し，国民（Nation）の統一の意識をいきいきと保ち，鋭敏にすることを試みてきた。もし将来，民主的に正当化された，つまり自由選挙で選ばれた政府がパートナーとしてわれわれに向き合うならば，全く新しいパースペクティブが開かれる。段階的に，制度的協働の新しい形式が生まれ，展開されうるのである。

　大統領閣下，そして皆さん，このような融合は，ドイツ史の連続性に位置している。われわれの歴史のなかで，ドイツの国家編成は，ほとんど常に国家連合か連邦であった。われわれはこの歴史的経験に遡ることができるのである。

　再統一されたドイツが最終的にどのようになるのかは，今は誰も分からない。しかし，ドイツの人々が望めば，統一が達成されるだろうということを，私は確信している。

　第六。ドイツ間関係の展開は，全ヨーロッパ的プロセスに埋め込まれ，西東関係にも埋め込まれ続ける。将来のドイツの構築は，将来の全ヨーロッパの構築に

適合しなければならない。このために西側は，永続的で公正なヨーロッパの平和秩序という概念を携えてペースメーカーの任務を果たしてきた。

　ゴルバチョフ最高会議議長と私は，すでに引用した今年6月の共同声明のなかで，「ヨーロッパ共通の家」の基盤について演説している。私は，それぞれの国家の不可侵性と安全保障に対する無条件の尊重を，そのための模範とみなしている。全ての国家は自己の政治的・社会的システムを自由に選ぶ権利を有している。私は国際法の原則と規範に対する無条件の尊重，特に民族自決権の尊重を模範とする。私は人権の実現を模範とする。私は，歴史的に成長してきたヨーロッパ諸民族の文化に対する尊重と育成を模範とする。それら全てによってわれわれは，歴史的に成長してきたヨーロッパの諸伝統と結びつき，ヨーロッパの分断の克服に寄与することを望むのである——そうゴルバチョフ最高会議議長と私は確認した。

　第七。ヨーロッパ共同体の魅力と影響力は，全ヨーロッパ的発展の決定的な不変的要素であるし，そうあり続ける。われわれはそれをさらに強化することを望むし，強化しなければならない。ヨーロッパ共同体は今，開放性と柔軟性をもって，改革を目指す中欧・東欧・南東欧の諸国に歩み寄ることを要求されている。……

　この点にDDRが含まれるのは当然のことである。そのために連邦政府は，1992年の展望に関係するが，DDRの共同市場への入り口を拡大するDDRとの通商・協力協定の即時締結を支持する。われわれは，改革を目指す中欧・南東欧諸国の国民経済をECに接近させ，それによってわれわれの大陸における経済的・社会的格差の解消を助ける，将来のための非常に明確な提携の形式を想定することができる。ヨーロッパが明日から共通のヨーロッパであろうとするならば，これは非常に重要な問題の一つである。

　大統領閣下，そして皆さん，ドイツ統一の奪回のプロセスを，われわれは常にヨーロッパの関心事であると理解している。それゆえ，このプロセスはヨーロッパ統合との関係でも見なければならない。私はそれを以下のように単純に定式化しよう：ECはエルベ川で閉じられてはならず，東側に対しても開かれていなければならない。

　この意味でのみ——われわれは12カ国のヨーロッパを常に部分的なものとしてのみ理解しており，総体とみなしてはいない——ヨーロッパ共同体は，真に包括的なヨーロッパ統一の基盤となることができるのである。この意味でのみ，そ

れは全ヨーロッパ人のアイデンティティを擁護し，主張し，発展させるのである。皆さん，このアイデンティティは，ヨーロッパの文化的多様性だけでなく，とりわけ自由・民主主義・人権・自決という基本的価値にも基礎づけられている。

中欧・南東欧諸国が必要な前提条件を満たし，彼らがヨーロッパ審議会と，特に人権と基本的自由の保護に関する協定［欧州人権条約］にも加わるならば，われわれはそのことも歓迎するだろう。

第八。CSCEプロセスは，この全ヨーロッパ的構築の中心部である。われわれはその準備作業をし，目前に迫ったフォーラムを活用することを望む……。そこでわれわれは，全ヨーロッパ的な協働の新しい制度的形式についても熟慮するだろう。われわれは，西東間の経済的協働を調整するための共同制度や，全ヨーロッパ的な環境審議会の設立を想定することができよう。

第九。ヨーロッパの分断とドイツの分断の克服は，軍縮と軍備管理における広範で円滑な歩みを必要とする。軍縮と軍備管理は，政治的な展開に歩調を合わせねばならず，もし必要ならば，加速されねばならない。このことは特に，ウィーンでのヨーロッパにおける通常戦力削減交渉や，信頼醸成措置の協定や，1990年に取り決められることを私が望んでいる，化学兵器の世界的禁止に当てはまる。

……

第十。この包括的な政策によって，われわれはヨーロッパの平和的状態を目指すのであり，そうすれば，ドイツ民族（das deutsche Volk）は自由な自決権によって統一を取り戻すことができるだろう。再統一，つまりドイツの国家的統一性の奪回が，連邦政府の政治的目標であり続ける。

……

皆さん，ドイツ統一への道には多くの困難な問題があり，それに対して今はまだ誰も適切な最終的解答を与えることができないということを，われわれは自覚している。

そのなかでも特に——私はそれを強調するが——ヨーロッパにおける包括的な安全保障構造という困難かつ決定的な問題が存在する。

全ヨーロッパ的展開および西東関係と，ドイツ問題との結合は——今まさに私が十項目にわたって説明したように——，全ての関係国の利害に配慮し，ヨーロッパにおける平和で自由な発展——これがわれわれの目標であるが——に道を

切り拓くような，有機的な発展を可能にする。相互に信頼しあう雰囲気のなかでのみ，われわれは，ドイツの分断でもあるヨーロッパの分断を，平和的に克服することができるのである。

このことは，われわれには全ての面において慎重さと理性と判断力が求められているということを意味しており，そうしてのみ，現在始まっている——非常に希望に満ちた——展開が安定して平和的に進行し続けるのである。このプロセスを妨げるものは，改革ではなく，その拒絶である。不安定をもたらすのは，自由ではなく，抑圧なのである。

全ての成功した改革への歩みは，ヨーロッパ全体にとって，安定性の増加と，自由と安全保障の獲得を意味する。

大統領閣下，そして皆さん，あと数週間で，今世紀，つまり実に多くの不幸と流血と苦しみを経験した一つの世紀の最後の10年が始まる。こんにち，90年代は，ヨーロッパとドイツにおける平和と自由へのチャンスをもたらすのではないかという，多くの希望に満ちた兆しが存在している。その際——全ての人が感じていることだが——，われわれの，ドイツの貢献が決定的に重要である。われわれ全員が，この歴史の挑戦に立ち向かうべきであろう。

［CDU/CSU，FDPの鳴り止まぬ激しい拍手喝采，SPDの拍手喝采——CDU/CSU議員が起立］

7-17　ドイツ統一過程における「2+4」方式の確立：オタワ外相会議コミュニケ，オープンスカイ交渉（1990. 2. 12-13）

"Kommuniqué der Außenminister der Bundesrepublik Deutschland, der Deutschen Demokratischen Republik, Frankreichs, des Vereinigten Königreichs, der Sowjetunion und der Vereinigten Staaten von Amerika, abgegeben am Rande der »Open Skies« Konferenz in Ottawa am 13. Februar 1990," in Karl Kaiser, *Deutschlands Vereinigung : Die internationalen Aspekte*, mit den wichtigen Dokumenten bearbeitet von Klaus Becher, Bastei-Lübbe, 1991, p. 194.

　　　コール西独首相による十項目計画【7-16】ののち，事態はさらに加速した。以下で取り上げるのは，この過程のなかで画期をなす二つの出来事である。一つは，いわゆる「2+4」方式の確定，もう一つは，ソ連による統一ドイツのNATO帰属の承認である。ここでは，前者を取り上げ，後者に関しては，【7-

20】で取り扱う。

　「2+4」方式とは，東西ドイツに加えて，第二次大戦の連合国である米ソ英仏の4カ国とが，両独統一について話し合うフォーラムとして浮上したものであった。しかしこれは当然に成立したものではなかった。ソ連を始め，当初英仏も，戦勝4大国が主導してドイツ統一問題を討議し，影響力を保持する方策を捨てていなかった。他方，国境問題を抱えるポーランドなど，4大国と両独だけの狭いフォーラムに反対し，参加を志向する他国も存在した。さらに，強化される予定のCSCEなどの場において，ドイツ統一と絡めて恒久的平和条約の締結を目指す意見も根強かった。しかし，ドイツは，統一を民族自決権の行使という自国の問題として捉え，統一する主体が討議の場から外されるのはありえないとし，アメリカの支持を得た。この背後には，4大国方式でドイツを疎外することで独ソが接近するのをアメリカが恐れ，また両独も統一に当たり何らかの国際的な是認を必要としていたという事情があった。その結果浮上したのが「2+4」であり，伊ポーランドなどの反対を強行突破してその路線が確定したのが，オタワで1990年2月にオープンスカイ交渉のために開かれたNATO・ワルシャワ条約機構合同外相会議のコミュニケであった。

　なお，オーデル・ナイセ国境問題についても，3月初旬には，両独議会決議により決着する旨の方針がほぼ確定していた（実際の決議は6月21日）。それによりポーランドなど近隣諸国の最大の懸念を払拭し，同時に同問題を「2+4」の議題から外し，4大国以外にドイツ統一の国際的側面について介入ができないように企図したのである。その結果，国境問題は，統一を左右する主要争点ではなくなっていった。

（解説遠藤，翻訳板橋）

　ドイツ連邦共和国［西ドイツ］，ドイツ民主共和国［東ドイツ］，フランス，イギリス，ソ連，アメリカ合衆国の外相はオタワで会談を行った。

　ドイツ連邦共和国とドイツ民主共和国の外相が，フランス，イギリス，ソ連，アメリカの外相とともに，隣国の安全保障問題を含む，ドイツ統一確立の外的側面について協議するために会合を開くことが合意された。

　そのための事務レベルの予備協議を近く開始する。

7-18　独仏政治統合イニシアティブ（1990. 4. 19）

"Letter by the German federal chancellor Helmut Kohl and French president François Mitterrand to the Irish Presidency of the EC, 19 April 1990," *Agence Europe*, 20 April

1990.

　1989年秋のベルリンの壁の崩壊後の半年間，独仏枢軸は機能しないまま漂流していた（裏返せば対独「英仏同盟」（チャールズ・パウエル卿（Charles Powell, 1941-），サッチャー外交顧問【7-22-A】）の様相を呈していたとも言える）時期であった。これに終止符を打った歴史的なドキュメントが，1990年4月に出された以下のミッテラン＝コール独仏首脳による共同書簡である。

　直接にはEC議長国であるアイルランド首相にしたためられたこの書簡は，通貨同盟に並行して政治連合の設立を求めていた。これ以降ミッテラン政権は，通貨同盟と政治連合の下で統一ドイツを飼いならそうとする。このイニシアティブは，のちのマーストリヒト条約の政治連合部分につながっていく。

(遠藤)

　甚大な影響をもたらすヨーロッパの変動に照らして，また単一市場の完成と経済通貨同盟の実現とに鑑みて，われわれは，欧州共同体12ヵ国の政治的な建設を加速することが必要だと考える。単一議定書にあるように，「加盟国間関係全体を欧州連合へと転換する」時がやってきたと信じる。このことを念頭に，4月28日の欧州理事会が以下について決めることを希望する。

(1) 欧州理事会がしかるべき機関に経済通貨同盟に関する政府間会議の準備を強化するよう求めること。その政府間会議は，ストラスブール欧州理事会の決定に従って，イタリア議長国の求めで1990年末までに開始される予定のものである。

(2) 欧州理事会は政治連合に関する政府間会議への準備を開始すること。とりわけ，その目的は以下にある。
- 連合の民主的正統性を強化し，
- 諸機関をより効率的にし，
- 連合の経済・通貨・政治的な行動の統一と一貫性を確固とし，
- 共通外交安全保障政策を定義し実施する。

外務大臣たちは，6月の欧州理事会会合に当初案を準備し，12月の欧州理事会に最終案を提示するよう指示されるべきである。われわれは，政治連合の政府間会議が経済通貨同盟のそれと並行して開催されることを希望する。

　われわれの狙いは，これらの（経済通貨同盟および政治連合といった）根本的な

改革が，各国議会による批准を経て1993年1月1日に発効することにある。

　仏共和国および独連邦共和国の両外相，ローラン・デュマとハンス＝ディートリッヒ・ゲンシャーは，4月21日の一般閣僚理事会の非公式会合における議論に，これらのアイディアを提出する。

7-19　ロンドンNATO首脳会議（1990. 7. 5-6）

"London Declaration on A Transformed North Atlantic Alliance, 5-6 July 1990," Issued by the Heads of State and Government participating in the meeting of the North Atlantic Council. (Online available : http://www.nato.int/docu/basictxt/b900706a.htm)

　　　　以下に掲げるのはNATOの「歴史のなかで最も重要なサミット」とブッシュ（George Herbert Walker Bush, 1924-）41代大統領に言わしめた1990年7月の首脳会議決議文である。この時期は，40年代末の冷戦初期の国際秩序形成に匹敵する一大変動期であり，米ソ冷戦とドイツ分断の終わり方を左右する決断の連続であった。

　　このNATO首脳会議では，1990年6月上旬のワルシャワ条約機構サミットにおける改変決議を受けて，共産党大会を前にソ連指導者ゴルバチョフ氏へのソ連邦内強硬派からの批判を和らげ，統一後のドイツがNATOにフルメンバーとして所属できるよう側面援護するため，アメリカ発政治主導で，以下の決議案がまとめられた。

　　その内容は，ソ連敵視政策の中止とNATOの機能変容とを盛り込み，ECの共通外交安全保障政策を後押しし，CSCEによる全欧安保枠組みの強化を強調していた。画期的だったのは，そのことで，機能的にドイツの中立化（つまり，防衛における自立）の阻止を方向づけた点である。このいわば「薄められた」NATOへの統一ドイツの帰属が決まるのが，次に紹介する【7-20】である。

（遠藤）

北大西洋同盟の変革についてのロンドン宣言（1990年7月6日）
北大西洋理事会会合に参加した各国・政府の長が発表した

1.　ヨーロッパは新しい将来性のある時代へと突入した。中東欧は今や自由化している。ソ連は自由な社会への長い道のりを歩み始めた。かつて人々や思想を制限抑圧していた壁は崩壊しつつある。ヨーロッパ人は自分たち自身の運

命を決めている最中なのだ。彼らは解放を，経済的自由を，平和を，ヨーロッパが一つになり自由であることを選択している。彼らは分断なき自由なヨーロッパ（Europe whole & free）を選択している。したがって，この同盟は順応を成功させなければならず，また実際成功するだろう。

2. 北大西洋同盟は歴史上最も成功した防衛同盟であった。同盟が結成50年を経て，新たな世紀を見すえる際，それは共通防衛を提供し続けなければならない。この同盟は新しいヨーロッパを完成させるために数多くのことをなしてきた。しかしながら，誰一人将来のことがはっきりと分かる者はいない。われわれは，ともに立ち続け，過去40年間にわたり享受してきた長い平和を引き続き保っていく必要がある。しかし，われわれの同盟は単なる変化の主体以上のものにならなければいけない。それは，われわれが共有している民主主義の信念のもつ力，個人の人権，そして紛争の平和的解決という強みをもって，安全保障と安定を支えながら，より統一したヨーロッパ大陸の諸機構を打ち立てる手助けをすることができる。われわれは，安全保障と安定が軍事的な次元のみに存しえないことを再確認する。そして条約の第2条に規定されているように，われわれの同盟の政治的な要素を高めるつもりである。

3. ドイツ統一はヨーロッパの分裂が克服されたことも意味する。自由民主主義の北大西洋同盟下にあり，そして政治的経済的統合の進むECの一部分をなす統一ドイツは，安定にとって必要不可欠の要因となるだろう。そして，その安定は，ヨーロッパの中心部において必要なものである。安全保障の領域におけるヨーロッパのアイデンティティの発展を含む，政治連合に向けたEC内の動きは，大西洋の結束と全欧州にまたがる公正で長続きする平和秩序の確立にも貢献するだろう。

4. われわれは，新たなヨーロッパにおいては，各国の安全保障は近隣の安全保障と不可分なものであると認識している。NATOは，ヨーロッパ人，カナダ人，アメリカ人が共通防衛のためだけでなく，ヨーロッパの全ての国家との新たな協力関係を構築するために協働する組織とならなければならない。大西洋共同体は，冷戦当時敵対国だった東側諸国にも手を差し伸べ，友好関係の輪を広めなければならない。

5. われわれは，軍事同盟であり続け，全ての加盟国の全ての領土を防衛し続けるだろう。われわれには侵略的意図はなく，全ての紛争において平和的解決

を誓約する。われわれはいかなる状況においても，軍事力行使の口火を切ることは決してない。

6. 北大西洋同盟の加盟国はワルシャワ条約機構の加盟国に対して共同宣言に参加するよう提案する。この共同宣言では，われわれはもはや敵対者ではないということを厳粛に言明し，いかなる国家の領土統合や政治的独立に対しても脅迫や武力行使を控え，あるいは行動の際には，国連憲章やCSCEの最終条項の目的や原理に反する方法でのあらゆる行動を差し控えることを再確認する。われわれは他の全てのCSCE加盟国に対してわれわれのこの非侵略へのコミットメントに加わるよう求める。

7. この精神の下，そして同盟の変化し続ける政治的役割も反映して，今日，われわれはソヴィエト連邦を代表するゴルバチョフ大統領とその他の中東欧諸国の代表者をブリュッセルに招聘し，北大西洋理事会にて演説するように求める。また，われわれはソヴィエト社会主義共和国連邦政府，チェコスロヴァキア連邦共和国政府，ハンガリー共和国政府，ポーランド共和国政府，ブルガリア人民共和国政府およびルーマニア政府をNATOへと招待するが，それは単に訪問するためではなく，NATOとの継続的な外交関係を打ち立てるためである。これは，われわれの志向や配慮をこの歴史的転換期において彼らと共有することを可能たらしめるだろう。

……

12. ……われわれは，一度CFE［欧州通常戦力］条約が調印されたなら，調印後の交渉は，同じメンバーで同一の権限をもって，ヨーロッパ内の兵力制限を含む追加手段に関する現在の合意の増強という目標の下に開始されるべきであると提案する。この目標を念頭において，誓約は，統一ドイツの兵力レベルに関するCFE条約の署名時になされるだろう。

……

14. ソヴィエト軍隊が東欧から撤退し，通常兵器を制限する条約が発効したとき，同盟の統合された軍事構造およびその戦略は以下の要素を含むものへと根本的に変化するだろう。

　・NATOは，縮小し編成し直した活動部隊を配備する。これらの部隊は機動性に富み，高度の対応力を有するので，同盟の指導者は，どのように危機に応じるか決定する際に最大限の柔軟性をもつ。NATOは各国部隊で構成される多国籍軍への依存度を高める。

- NATOは，訓練要求事項と演習回数を減らすことで，出動可能な活動部隊を縮小する。
- NATOは必要とあらば，その時に，巨大な軍隊を編成する能力により重点を置くことになろう。

……

17. ヨーロッパにおける政治的，軍事的変化とさらなる変化の見通しにより，今や関係同盟国はさらに先へと進むことが可能になる。それゆえ，同盟は規模を変更し，核抑止力の課題を状況に適応させようとするだろう。……

……

20. これらの防衛および軍備管理に関する修正された計画の文脈のなかで，そしてNATO軍事当局と全ての関係する加盟国の勧告を受けて，NATOは新たな軍事同盟戦略を用意するだろう。そこでは，核兵器依存の減少を反映させるために，適切な場面で「前衛防衛」から規模を縮小した前衛プレゼンスへと移行し，「柔軟対応」を修正する。これに関連して，NATOはヨーロッパの革命的変化に対応した新たな軍事計画を考案する。NATOは，また，短距離核兵器についての来るべき交渉に関する同盟の協議のための公開討論の場を提供する。

21. 欧州安全保障協力会議（CSCE）は，ヨーロッパと北米の諸国を結び付けながら，ヨーロッパの将来に関してより中心的な存在となるべきである。……

22. われわれは次のようにさらに提案する。すなわち，パリ首脳会議において，CSCEは，より結束したヨーロッパにおいて幅広い政治的対話のための公開討論の場が設けられるように，どう組織化されうるかを決定しなければならない。われわれは，CSCEが以下のことを確立することを勧める。

- 加盟国政府間の定期協議の計画。これは，国家の長あるいは大臣レベルで，少なくとも年1回，またこれらの協議を準備し補充する他の定期高官会合とともに，開くべきである。
- CSCE再検討会議の予定表。これは，2年に1回開かれ，ヨーロッパの統一および自由に向けての進捗状況を査定するためのものである。
- 小規模のCSCE事務局。これらの会合と会議の調整を行う。
- コペンハーゲン文書に基づいた，すべてのCSCE国の選挙を監視するCSCEの制度。
- CSCE紛争予防センター。これは，軍事情報の交換，異常軍事活動につ

いての討議，そして CSCE 加盟国を巻き込む紛争調停のための公開討論の場として機能しえよう。
- ストラスブールにおける欧州審議会の既存の議員集会に基づき，かつ CSCE の全加盟国の代表者を包括する，CSCE の代議制機関としての，欧州集会。

……

7-20 統一ドイツの NATO 帰属の実質的な承認：コール西独首相記者会見発言，ゴルバチョフ・ソ連大統領とのスタブロポリ会談後（1990. 7. 16）

Helmut Kohl, *Ich wollte Deutschlands Einheit*, dargestellt von Kai Diekmann und Ralf Georg Reuth, Propyläen, 1996, pp. 438-40.

　統一ドイツの NATO 帰属は，ソ連が最後まで抵抗した争点となった。1990年2月上旬には，統一自体にはゴーサインを出していたゴルバチョフ政権も，第二次大戦の記憶，保守派の突き上げ，現に東独に駐留しているソ連軍（と核兵器）など多くの問題を抱え，NATO については簡単に首肯するわけにいかなかった。しかしながら，ソ連にとっても，統一ドイツの主権を認知することの当然の帰結として同盟選択権を恒久的に否定するのは難しかった。また，ソ連は統一ドイツの中立化を何よりも恐れていた。そして，7月のロンドン NATO 首脳会議で NATO それ自体の軍事対決色が薄まり【7-19】，11月開催予定のパリ首脳会議に向けて CSCE による欧州安保の確保への期待が高まるなか【7-21】，ソ連軍撤退までの時限措置や保証，最後に西ドイツなどからの援助の約束によってついにソ連は折れた。結局，モスクワに引き続きゴルバチョフのダーチャ（別荘）を舞台に繰り広げられた独ソ首脳会談（スタブロポリ）において，90年7月16日，統一ドイツの NATO 帰属を認めるにいたる。その議事録は *Deutsche Einheit : Sonderedition aus den Akten des Bundeskanzleramtes 1989/90*（*Dokumente zur Deutschlandpolitik*），bearbeitet von Hanns Jürgen Küsters und Daniel Hofmann, R. Oldenbourg, 1998, Nr. 353, pp. 1355-67. 以下は，会談後の国際記者会見においてコールが合意内容について説明したもの。この歴史的発言に記者会見場は騒然となったという。　　　　（遠藤，板橋）

一，統一ドイツは，ドイツ連邦共和国［西ドイツ］，ドイツ民主共和国［東ドイ

ツ］，そしてベルリン全体を含む。

二，統一の完成時に，4大国の権利と責任は完全に解消される。これにより，統一ドイツは統一の時点で完全かつ無制約な主権を獲得する。

三，この無制約の主権の行使にあたり，統一ドイツは，同盟に属するか否か，また，いかなる同盟に属するのかについて，自由にみずから決定することができる。これは，CSCE最終文書に対応する。私［コール］は，西ドイツ政府の見解として，統一ドイツは大西洋同盟の加盟国となることを望むと表明した。これは，東ドイツの意図にも沿うものであると私は確信している。

四，統一ドイツはソ連との間で東ドイツからのソ連軍撤退に関する2国間条約を締結する。撤退は3年ないし4年の間に完了することを見込む。同時に，この3年ないし4年の間に東ドイツへのドイツ・マルクの導入の影響についての移行条約をソ連と締結する。

五，NATOの諸機構は，旧東ドイツ地域にソ連軍が駐留しているかぎり，同地域には拡大されない。ただし，NATO条約5条と6条の即座の適用はこれによって当初から影響を受けない。

六，NATOに統合されていないドイツ国防軍部隊は統一直後から現東ドイツ地域とベルリンに配備されうる。旧東ドイツ地域にソ連軍が駐留する間は，統一後も西側3国の軍隊がベルリンに駐留しつづけることをわれわれは想定している。西ドイツ政府はその旨を西側3国に要請し，駐留について個々の政府と条約によって定める。

七，西ドイツ政府は，現在進行中のウィーン［軍縮］交渉において，統一ドイツの戦力を3年ないし4年以内に兵力37万人にまで削減するとの声明を発表する。その削減は，ウィーン第一次協定の発効とともに開始される。

八，統一ドイツはABC兵器の製造，所有および使用を放棄し，核不拡散条約の加盟国でありつづける。

7-21　欧州安保協力会議パリ憲章（1990. 11. 19-21）

"Charter of Paris, CSCE, Paris, 19-21 November 1990," *Bull. EC*, 11-1990, point 2. 2. 1.
(Online available : http://www.osce.org/documents/mcs/1990/11/4045_en.pdf)

ベルリンの壁の崩壊，ドイツ統一，ワルシャワ条約機構と東欧圏の事実上の消滅を経て，NATOとECの双方が機能的に変容を余儀なくされるなか，ながらく対峙していた両軍事機構に取って代わり，欧州安保協力会議（CSCE）が全ヨーロッパの安保協力を担うものとして期待され浮上してきた。

その流れを受け1990年11月の首脳会議で採択されたCSCEのパリ憲章は，いくつかの点でヘルシンキ・プロセス（【6-11】参照）に始まるCSCEの歴史の転換点をなした。まずCSCEは，冒頭のCがConference（会議）であることに示されるように，討議の場として発展してきたが，この憲章を期に，OSCE，つまりOrganisation（機構）として脱皮し，より緊密な制度化に乗りだすことになる。実際のOSCEへの衣替えは95年になるが，本憲章はすでに，閣僚理事会，高級事務レベル委員会，事務局の3主要機関の整備を掲げている。また，ウィーンに紛争予防センター，ワルシャワに自由選挙管理局，プラハに事務局を設置し，90年代以降の人権や選挙監視に関する多くのミッションにつながっていく。

ただし，1990年当時すでに30カ国以上の加盟国を抱えていたCSCEへ期待することの中身は，最も積極的なソ連から，懐疑的だった英米にいたるまで，相当にばらつきがあったのも確かである。結果的に，ワルシャワ条約機構が解体されたのに対し，NATOは生き延び，それへの統一ドイツの帰属が明確になった後は，若干ソ連へのリップサービスとして提示された感も否めない。

(遠藤)

新たなヨーロッパのためのパリ憲章：民主主義，平和，統合の新たな時代

われわれ，欧州安全保障協力会議に出席している政府の長は，重大な変革が起き歴史的な期待が高まるこの時期に，パリに集った。ヨーロッパにおける対立と分断の時代は終わりを迎えた。われわれはここに，今後われわれの関係が尊重と協調の基に築かれることを宣言する。

ヨーロッパは自己を過去の遺産から解き放つのだ。男たち女たちの勇気，諸国民の意思の強さとヘルシンキ条約の構想の力が，ヨーロッパにおける民主主義，平和，統合の新たな時代を切り開いた。

われわれの人民が数十年間心に抱き続けてきた希望と期待を満たす時は，今われわれの手中にある。人権および基本的自由の上に打ち立てられた民主主義への揺らぐことのない誓約，経済的自由と社会正義を通じた繁栄，そしてわれわれの全ての国々の平等な安全保障を果たす時が来た。

ヘルシンキ条約の10の原則は，これまで15年間にわたりわれわれをより良好

な関係へと導いてきたように，この望みある未来へとわれわれを導いてくれるだろう。……

人権，民主主義，法の支配（略）
経済的自由と責任（略）
参加国間における友好関係（略）
安全保障（略)
統一

　分断から解き放たれ自由となったヨーロッパは新たな始まりを要求する。そしてわれわれは人々をこの偉大な試みへと誘う。

　われわれは，1990年9月12日にモスクワで調印されたドイツに関する最終和解条約に非常に満足している。そして，CSCEの最終条項の原則に従って，また隣国の完全な賛成の下で，ドイツ国民が統一して一国家となった事実に，衷心より歓迎の意を表す。ドイツにおける国家統合の達成は，安定，平和，そして協調への責任を自覚した民主的な統一ヨーロッパにとっての，公正で持続的な平和的秩序に対する重要な貢献となる。

　……

CSCEと世界（略）

未来への指針

人間性の次元（略）
安全保障（略）
経済協力（略）
環境（略）
文化（略）
出稼ぎ労働者（略）
地中海沿岸地域（略）
非政府組織（略）
CSCE過程の新たな機構と制度

　人権，民主主義，法の支配への尊重を強固なものにし，平和を揺るぎないものにし，そしてヨーロッパ統合を促進するためのわれわれの共同の努力は，新たな性質の政治的対話と協力を要求するものであり，それゆえCSCE組織の発展が

必要となる。

あらゆるレベルにおける協議の強化が、われわれの今後の関係を形成していく上で最重要である。そのためにわれわれは以下の点につき決定する。

われわれ、国・政府の長は、1992年にヘルシンキで開かれるCSCEのフォローアップ会合を、次に集う機会とする。その後も引き続きフォローアップ会合の機に集うこととする。

外務大臣は理事会として、定期的に少なくとも年に1度会合をもつこととする。これらの会合はCSCE過程内における政治的協議にとって、中心的な討議の場を提供するだろう。そして理事会は、欧州安全保障協力会議に関連する諸問題について検討し、然るべき決定を下す。

最初の理事会の会合は、ベルリンで行われる。高級事務レベル委員会は理事会の全ての会合の準備をし、理事会の決定を執行する。当委員会はその時々の諸問題を再審理するほか、理事会に対する勧告という形態も含む然るべき決定を下すこともある。

参加国の代表者たちの追加会合が、緊急懸案事項について討議するために開かれることがありうる。

理事会は、緊急事態における高級事務レベル委員会会合を召集するための対策を練り上げることを検討する。他の大臣の会合をもつこともまた、参加国の同意が得られるかもしれない。これらの協議の運営面での支援を目的として、プラハに事務局を設立する。

参加国によるフォローアップの会合は、加盟国に進展を再評価し、自国の誓約実行を再検討し、そしてCSCE過程におけるさらなる行動を考慮検討するための時間を与えるため、原則として2年に1度開かれるだろう。

われわれは、理事会が紛争リスクの減少を促すために、ウィーンに紛争防止センターを設立することを決定する。

われわれは、加盟国間における選挙に関する情報交換や連絡を円滑、容易にするために、ワルシャワに自由選挙管理局を設置する。

CSCE過程において討論に長けた議員が果たすことのできる重要な役割を認識して、われわれは、CSCE過程に議会のより一層の関与を要求する。とりわけ、全ての参加国からの議員が携わるCSCE議員集会の創立を通じた関与である。この目的のために、われわれは、以下の事項について討議できるよう、連絡が議会レベルで行き交うことを強く求める。すなわち、活動の場、このようなCSCE

の議会構造の手続きに関する作業方法および規則，既存の経験およびこの分野においてすでに開始されている作業について討議するためである。

新たなヨーロッパのためのパリ憲章に規定されている一定の条項に関する手続きおよび組織様式については，憲章とともに採択された補遺文書のなかで規定されている。

……

7-22 ドイツ統一をめぐるヨーロッパ国際政治
A．パウエル英首相外交顧問回顧
B．ドロール EC 委員長演説 (1989. 10. 17)
C．テルチク西独首相外交顧問回顧

A, C. Cited in Charles Grant, *Delors : The House That Jacques Built*, N. Brealey, 1994, pp. 133, 141.
B. Jacques Delors, "Réconcilier l'ideal et la nécessité : Devant le Collège d'Europe à Bruges, le 17 octobre 1989," in idem, *Le Nouveau Concert Européen*, Editions Odile Jacob, 1992, pp. 335-6.

ベルリンの壁の崩壊後，ヨーロッパ内の外交戦は熾烈を極めた。コール西独首相の十項目計画【7-16】の前後，サッチャー英首相は，ドイツ統一に明瞭に否定的であり，コールら西独指導者が統一をあおっていると考えていた。ミッテラン仏大統領も，公式的な発言と裏腹に，統一に対し非常に懐疑的であり，また恐れてもいた。両国の間に，つかの間ではあれ，1989年末から90年春まで，ドイツ統一に反対する提携があったとしても，驚くにあたらない（以下の史料 A はそれを示すパウエル英首相外交顧問の発言である）。

一方ドロール EC 委員長は，ドイツ統一を不可避だと早くから認めた一人であり，統一を認めつつヨーロッパ統合（とりわけ単一通貨と共通外交）への譲歩をドイツから引き出そうと考えていた。彼は壁の崩壊からわずか数週間で（すでに決まっていた通貨統合に関するものに加えて）二つ目の政府間会議の可能性をほのめかしている。史料 B は，地政学上の大変動をヨーロッパ統合で乗り切ろうとする彼の戦略が垣間見える有名なブルージュ演説の一部。また，史料 C はボンの首相府外交顧問テルチクの発言で，この間のドロール EC 委員会の役割を認めたものである。

フランス外交の漂流に一応の終止符が打たれるのは，1990年4月の独仏首脳の共同書簡において，政治統合に関する政府間会議を，通貨統合のものと並

行して開催するよう求めたときである【7-18】。　　　　　　　　　　（遠藤）

A．パウエル英首相外交顧問回顧

　1989年9月から90年3月まで，英仏同盟が存在した。それは，ドイツ統一を遅らせようと試みたのである。われわれは，ドイツ統一を勢力均衡の観点から見つめていた。したがって，（政治連合を通じて）統一ドイツを縛りつけようとはしていなかった。むしろ支配的な力を行使し続けるような枠組みを構築したかったのだ。

B．ドロールEC委員長演説

　欧州共同体は，明日，状況に対処しうるだろうか？　今日問わねばならぬのは，そのような問いである。……その瞬間が来たとき，ドイツ問題に対応しなければならない。つまり，民族自決権の適用の問題である。……

　もし欧州共同体の連邦主義的な特徴を強化するのでなかったら，いかにして解決策を準備などできようか。……そこに，ドイツ問題に対する唯一受け入れ可能な満足のいく答えがある。……

　歴史は加速する。われわれも加速しなければならない。

　われわれがこの新しい所与に適応するためには，経済通貨同盟についてぶつぶつ文句を言う余裕はない。……時がわれわれを重んずるとするなら，それは政治的決断をするときである。それは，政府間会議の際，われわれの対外的責務に関連した諸要請に応えるのに必要なダイナミズムを生み出すだろう。すなわちそれは，迅速な決定，効果的な行動，必要な手段の付与，そして民主的正統性を高め支持を得ることである。

　……

　今まで私は漸進的にやってきた。ヨーロッパ再発進の際の計画を見ればわかるだろう。しかしいまや，そのアプローチから距離をとりつつある。時代がわれわれを求めているからだ。質的な飛躍が求められている。それは，欧州共同体の観念について，またわれわれの外部世界への対処法について，の両面においてである。

C．テルチク西独首相外交顧問回顧

　コール＝ドロール＝ミッテランの三角関係が枢要だった。ドロールは，コール

とミッテランの間を取りもち，自論を強力に展開するのを決して恐れずに，実際にそうしながら彼らへの影響力行使を試みた．彼はわれわれの国内問題を理解し，ミッテランもそうするように手助けした．たとえば，通貨統合に関する政府間会議の開催を 1990 年 10 月の総選挙以降にずらしたかったときなどである．

7-23　EC 対外関係の変化
A．EC-US 大西洋共同宣言（1990. 11）
B．日 EC ハーグ共同宣言（1991. 7）

A．"Transatlantic Declaration on Relations between the European Community and the United States," *Bull. EC*, 11-1990, point 1. 5. 3. (Online available : http://ec.europa.eu/comm/external_relations/us/economic_partnership/declaration_1990.htm)
B．邦訳は「日本国と欧州共同体及びその加盟国との関係に関するヘーグにおける共同宣言」『外交青書』35 号，463-5 頁（外務省仮訳）に依拠した．(Online available : http://www.mofa.go.jp/mofaj/area/eu/sengen.html)

　「1992 年ブーム」やアルシュ・サミットなどを契機に【7-14】，EC の国際政治におけるその重要性が増すにつれ，域外関係も変容してきた．ブッシュ（父）政権の明確な指針の下で重視された EC と EC 委員会は，90 年 11 月 22 日にアメリカ政府と採択にいたった史料 A により，一段と国際アクターとして認知されたと言えよう．それを受け，日本政府も，外務省における小和田ペーパーの作成を経て，EC 重視の立場を打ち出し，91 年 7 月 18 日，ハーグにおいて史料 B にいたる．これらにより首脳同士の定期的会談などが制度化され，外交上の新たな回路が開かれた．

　EC・EU の対外関係の文脈で言うと，これらは，1990 年代半ばにおける域外諸国や地域との連携強化につながっていく．中南米との自由貿易協定 FTA や，アジア欧州会議 ASEM などがその例である．なお，地中海諸国との関係については，次章の【8-10】を参照されたい．

　EU と日米との関係は，1995 年に米欧行動計画「新大西洋アジェンダ」，あるいは 2001 年の日 EU 行動計画の策定などを経て，具体策の実施に局面が移っている．
　　　　　　　　　　　　　　　　　　　　　　　　　　　　　　　　　　（遠藤）

A．EC-US 関係に関する宣言
　アメリカ合衆国ならびに欧州共同体およびその加盟国は，
　　共通の文化的遺産や歴史的，政治的，経済的，文化的に緊密な双方の絆に留意

し，
　大西洋を挟む双方において，幾世紀にもわたって発展してきた人類の尊厳，知的自由，市民的自由に対する価値観，そして民主的制度の信仰に導かれ，
　大西洋間の連帯は平和と自由の保持，そして自由で繁栄する経済，またヨーロッパ統一への回復といった近年の状況に不可欠であったことを認識し，
　分裂のない民主主義的な新たなヨーロッパの足固めをすることを決意し，
　CSCE および他の討議フォーラムの枠組みにおいて，ヨーロッパにおける安全保障，経済協力，人権を強化することを決意し，
　大西洋同盟とその原則ならびに目的にかかわるアメリカ合衆国と EC 加盟国の確固たる義務責任に留意し，
　何十年にもわたる協力関係にのっとり，対等関係に基づいたこのパートナーシップの強化・拡大をもって，両者がヨーロッパならびに世界の安定性の持続や政治的経済的な発展に多大に貢献するであろうことを確信して，
　さらなる共通の関心のみならず全人類の幸福にかかる国境横断的な課題への対応という共通の責任を自覚しつつ，
　欧州共同体が経済通貨問題，外交や安全保障領域において一体性を得る過程が加速することを考慮し，
　多様な国際関係を通じて大西洋横断的な連帯をさらに強化することを決意し，
　二者間関係に長期的な展望を付与することを決めた。

共通の目標
　アメリカ合衆国ならびに欧州共同体およびその加盟国は，以下の事項を達成するべく，双方にかかるパートナーシップをさらに強化するとの決議を厳かに再確認する。
―民主主義，法の支配，人権の尊重，個人の自由を支持し，世界的な繁栄と社会の向上を促進させること。
―他国と協力して侵略や強制と闘い，世界の紛争の解決に貢献すること，国連および他の国際機関の役割を強化することにより，平和を保守し，国際安全保障を促進すること。
―国際的な安定性の枠組みに基づき，低インフレ下の持続的経済成長，高雇用率，公正な社会条件により特徴づけられた健全な世界経済の達成を目指す政策を追求すること。

―保護主義を排し，多角的貿易体制を拡大・強化し，またさらに開放させ，市場原理を促進すること。

―政治的経済的改革に努める開発途上国に対して援助するとした決議を必ず完遂すること。

―他国や他の機関と協力して，経済的政治的改革に着手する東欧・中欧の国々に対して，十分な支援を提供し，また国際貿易および財政の多角的制度への参加を奨励すること。

US-EC パートナーシップ原則

　共通の目標を達成すべく，欧州共同体およびその加盟国ならびにアメリカ合衆国は，それぞれの独立性を損なうことなく，可能な限りお互いの立場を近づけることを考慮し，共通の関心にかかわる政治，経済の主要な問題を通報し合い協議する。国際組織においては特に緊密な協力関係を追求する。……

経済協力

　双方は，多角的貿易体制強化の重要性を認識した。自由化や透明化，商品とサービスの貿易および投資に関する GATT ならびに OECD 原則の実施に向けたさらなる行動を支持する。

　工業と農業部門での貿易，サービス，競争規則，運輸規則，標準，テレコミュニケーション，先端技術および他の関係する分野における技術や無関税に関する障壁などの他の問題について，すでに進行中の相互対話をさらに発展させる。

教育，科学，文化における協力

　欧州共同体ならびにその加盟国とアメリカ合衆国との間のパートナーシップは，双方の市民の現在および将来的な福利に直接的にかかわる他のさまざまな分野における相互協力を強化するための継続的な努力に基づく。具体的には，とりわけ，医療研究，環境保護，公害予防，エネルギー，宇宙，高エネルギー工学，および核と他の軍事装置の安全を含む科学技術や学術交流や青少年交流を含めた教育や文化における交流や共同企画など。

国境横断的な課題

　アメリカ合衆国ならびに欧州共同体およびその加盟国は，自国および世界の人民の関心事である国境横断的な課題に取り組む責任を果たす。特に，次の諸点において努めて協力する。

―テロ行為と闘い，防止すること。
―麻薬の違法な生産，運送，消費，およびマネー・ロンダリングなどの麻薬に関係する犯罪行為を撲滅すること。
―国際犯罪に対して協力して闘うこと。
―環境に関する目標と経済に関する目標の統合により，国内および国際的に環境を保護すること。
―核兵器，化学兵器，生物兵器，ミサイル技術の拡散を防止すること。

協議のための制度的枠組み
　双方は，定期的で集中的に行われる協議のために枠組みが必要であることに同意する。双方は，1990年2月28日に欧州理事会議長とアメリカ合衆国大統領により定められた手続きを含む既存の手順を最大限に活用し，またさらに強化させる。すなわち，
―年2回の協議が，アメリカ合衆国とヨーロッパにおいて，一方で欧州理事会議長・欧州委員会委員長と他方でアメリカ合衆国大統領との間で，執り行われること。
―年2回の協議がEC側の外相および委員会と，アメリカ国務長官との間で，大西洋の両岸で交替に開催されること。
―必要に応じた協議が，議長国外相あるいはトロイカ，ならびにアメリカ国務長官との間でなされること。
―年2回の協議が委員会と閣僚級のアメリカ合衆国政府との間で行われること。
―欧州政治協力EPC会合に関する報告は，現行と同様に，閣僚レベルで，アメリカ合衆国代表に対して議長国が行う。
　……

B．日EC ハーグ共同宣言
1. 前文

日本国ならびに欧州共同体およびその加盟国は，
―双方が共に自由，民主主義，法の支配および人権を信奉するものであることに留意し，
―双方が共に市場原理，自由貿易の促進および繁栄しかつ健全な世界経済の発展を信奉するものであることを確認し，

―双方の間の関係がますます緊密になりつつあることを想起するとともに，世界的な相互依存が増大しつつあり，その結果として国際協力の強化の必要性が生じていることを認識し，
―世界の安全保障，平和および安定に対する双方の共通の関心を確認し，
―世界平和の確保，国連憲章の原則と目的に従った公正かつ安定した国際秩序の構築および国際社会が直面する世界的な課題への対処に向けて共同の貢献を行うために，双方の間の対話を深化させる重要性を認識し，
―欧州共同体が経済および金融，外交政策ならびに安全保障の分野においてその主体性を確立していく過程が加速化されていることに留意し，
―将来の課題に対応するため，双方の間の対話を活発化し，協力およびパートナーシップを強化することを決定した。

2. 対話および協力の一般的原則

　日本国ならびに欧州共同体およびその加盟国は，双方が共通の関心を有する政治，経済，科学，文化その他の主要な国際的問題に関して，相互に通報し，協議するよう，確固たる努力を行う。双方は，適切な場合にはいつでも，立場の調整に努める。双方は，双方の間および国際機関において，協力および情報交換を強化する。

　双方は，同様に，国際情勢および地域的事項について，特に緊張緩和をもたらし，また，人権の尊重を確保するために共同の努力を行うとの観点から，協議する。

3. 対話および協力の目的

　双方は，可能な協力（適切な場合には共同の外交的行動をとることを含む）の分野を共に探求することに着手する。双方は，双方の間の関係のあらゆる分野を全体としてとらえ，そのようなすべての分野において，公正かつ調和的な方法で，特に次の諸点について，協力の強化に努める。
―国際的なまたは地域的な緊張の交渉による解決および国連その他の国際機関の強化を促進すること。
―自由，民主主義，法の支配，人権および市場経済に基づく社会制度を支持すること。
―核兵器，化学兵器および生物兵器の不拡散，ミサイル技術の不拡散ならびに通常兵器の国際的移転などの国際的安全保障にかかる問題を含む世界の平和およ

び安定に影響を及ぼしうる国際的問題に関する政策協議および可能な場合における政策調整を強化すること。
― 世界経済および貿易の健全な発展の実現を目的として，特に保護主義および一方的措置への逃避を排し，また，貿易および投資に関するGATTおよびOECDの原則を実施することにより，開放的な多角的貿易制度をさらに強化するための協力を追求すること。
― 相応の機会を基礎に，相互の市場への衡平なアクセスならびに貿易および投資の拡大を阻害する障害（構造的なものであるかどうかを問わない）の除去を実現するための決意を追求すること。
― 貿易，投資，産業協力，先端技術，エネルギー，雇用，社会問題および競争規則などの分野における双方の間の多面的関係における種々の側面に関する対話および協力を強化すること。
― 開発途上国，特に最貧国が人権尊重を真の意味における開発にとっての主要な要素として促進しつつ持続的な開発ならびに政治面および経済面での進歩を実現するために行う努力に対して，国際機関により定められた目的を十分に考慮しつつ支援を与えること。
― 環境，資源およびエネルギーの保存，テロリズム，国際犯罪ならびに麻薬および麻薬に関係する犯罪行為（特に犯罪による利益の洗浄）などの国境を越えた課題に対応するにあたって共同で努力すること。
― 全人類の将来の繁栄にとって不可欠な科学的知識の促進に貢献するとの観点から科学技術分野における協力を強化し，適切な場合に共同プロジェクトを促進すること。
― 知識を増大し双方の国民の間の理解を増進するために，学術，文化および青少年交流の計画を拡充すること。
― 自国の経済を安定させ，世界経済への完全な編入を促進するための政治・経済改革に取り組む中欧・東欧諸国に対して，他の諸国または国際機関との協力を通じた支援を与えること。
― アジア・太平洋地域諸国との関係において，同地域の平和，安定および繁栄を促進するために協力すること。

4. 対話および協議の枠組み

　双方は，本宣言に実質を付与するため継続的対話に取り組むことを決意する。

このために，双方は，既存の定期的協議メカニズムの十分な活用に加え，地球的規模のおよび双方の間の諸問題に関する協議のメカニズムおよび実質的協力を強化することを決定した。
―特に，双方は，日本国またはヨーロッパにおいて，日本国総理大臣と欧州理事会議長およびEC委員会委員長との間の年次協議を開催することを決定した。
―日本国政府とEC委員会との間の閣僚級の年次会合が引き続き開催される。
―日本国の外務大臣と欧州共同体加盟国の外務大臣およびEC委員会の対外関係担当委員（トロイカ）との間の半年ごとの協議が引き続き開催される。
―日本国の代表は，欧州政治協力の議長国から閣僚級の政治協力会合について報告を受ける。また日本国は，欧州共同体の代表に対して，日本国政府の外交政策について通報する。

双方は，本宣言に実質を付与するため，本宣言の実施を定期的に検討することおよび日・EC関係の発展に新たなる活力を間断なく付与していくことを目的として，既存のおよび前記の協議の場を活用する。
1991年7月18日　ハーグにおいて。

7-24　ラルミエール欧州審議会事務総長記者会見発言（1991. 11）
"Le Conseil de l'Europe doit acquérir un poid politique," *Le Monde*, 26 novembre 1991.

　　　　欧州審議会（CE）は，冷戦終結とともに，CSCEなどと並んで注目された機関であった。それは，冷戦下では基本的に西欧の国際機関であったが，冷戦終結後，いわゆる人権や民主主義の学校として，東側諸国に真っ先に手を差し伸べた西側機関であった。
　1990年に民主化の進行するハンガリーが加盟したのを皮切りに，ポーランド（91），ブルガリア（92），エストニア，リトアニア，スロヴェニア，チェコ，スロヴァキア，ルーマニア（93），アンドラ（94），ラトヴィア，モルドヴァ，アルバニア，ウクライナ，マケドニア（95），そして96年にはロシアやクロアチアをメンバーに迎え入れ，2007年末現在47カ国となっている。
　CEには，人権規範や民主的慣行への地ならし，各国指導者層の社会化，そして新興民主国の平等な取り扱いの保証など，いくつかの積極的な機能が見られる。EUが本格的な東方拡大を開始し，人権についての権能を拡張し始める

と，少しずつ役割分担が不明確になりつつあるが，CEの下の欧州人権裁判所は，人権に関する判定権を保持している。

以下は，冷戦終結時のCE事務総長ラルミエール女史（Catherine Lalumière, 1936-）が自負をもってCEの積極的効能を説いた発言の記録である。　（遠藤）

質問者：

旧大陸の再編過程における欧州審議会の臆病さをどのように説明されますか？

ラルミエール女史：

もし仮に欧州審議会が存在していなかったら，われわれはそれを創らねばならなかったでしょう。というのも，鉄のカーテンやベルリンの壁の消滅から生じたヨーロッパの現状に欧州審議会が対応するからです。いくつかの必要性から出発する必要があります。そのような必要性は，中東欧諸国が明瞭に表現しています。これらの国々は，民主的な体制作りの過程で，助けを必要としています。そして，徐々に，ヨーロッパのなかでパートナーとなってゆく必要があります。最後に，これらの国々は政治的な場を求めています。そこでは，西欧諸国との平等が表現できるでしょう。欧州審議会は，これらの機能を果たせるヨーロッパで唯一の機関です。経験と開放の意志を同時に兼ね備えているのです。

7-25　マーストリヒト条約（1992. 2）

"Treaty on European Union, together with the complete text of the Treaty Establishing the European Community," *OJ*, C 224, 31/8/92, pp. 1-29. 邦訳は金丸輝男編著『EUとは何か』ジェトロ，1994年をベースとし，一部改訳した。

オランダのマーストリヒトにおいて1991年12月に合意，92年2月に締結，93年11月に発効した欧州連合設立条約（マーストリヒト条約）は，統合史に残る歴史的な合意文書である。締結から批准完了までの間には，デンマーク国民投票による否決と再投票による可決，仏国民投票における僅差での是認，EUの「民主主義の赤字」批判の噴出など，さまざまな混乱を伴った【8-1】。その批准も，ドイツ連邦裁判所がEUにおける民主主義や「権限配分権限」の欠如を指摘しながら同条約の合憲性を判決することでやっと確定したものであった【8-2, 8-7】。しかしながら，ドイツ統一による動乱を乗り越え，欧州連合（EU）を設立し，のちの単一通貨ユーロへの道筋をつけ，政治統合の強化を図

るなど，文字通り画期的なものであった。より具体的にその骨子をあげると，①ECをEUへと発展させ，②補完性原理を定式化し，③欧州市民権を確立し，④共同体機関，とりわけ理事会との共同決定方式を採用することで欧州議会を強化し，⑤共通外交安全保障政策（CFSP）や司法内務協力（JHA）の確立を掲げ，そして何よりも⑥1999年までの通貨統合の発足を法的に確約した。そしてその際，諸加盟国の経済が単一通貨に参加するにふさわしいかどうかを確認するための一連の収斂基準，とりわけGDPの3％以上に相当する財政赤字およびGDPの60％以上に相当する公的債務を抱えないという条件が書き込まれた【8-11】。なお，最終規定には，96年における政府間会議を約しており，のちのアムステルダム条約【8-12】へとつながってゆく。　　　　　　　　（遠藤）

II編　欧州共同体を設立するために欧州経済共同体条約を修正する規定
……
3b条
　共同体は本条約によって与えられた権限およびそこで課された目的の範囲内で活動を行う。
　共同体はその排他的権能に属さない分野においては，補完性の原理に従い，提案されている行動の目的が加盟国によっては十分には達成されず，それゆえ，当該行動の規範もしくはその効果の点から考えて，共同体による方がよりよく実現されうる場合にのみ，またその限りで，活動を行う。
　あらゆる共同体の活動は本条約の目的を達成するために必要な範囲を超えてはならない。
……

第2部　連合市民権
　8条
1．連合市民権はこれにより確立した。加盟国の国籍をもつものはみな，連合市民となる。
2．連合市民は，本条約により付与された諸権利を享受し，それにより課される義務に従う。
　8a条
1．本条約で規定され，本条約を発効させるために採択される措置による制限および条件に従い，連合の全ての市民は，加盟国の領域内を自由に移動し居住

する権利を有する。
　……

　8b条
1. 自国以外の加盟国に居住する全ての連合市民は，居住国の国民と同じ条件の下で，居住国の地方選挙において投票し，かつ，候補者となる権利を有する。……
2. 138条 (3) の規定およびその履行のために採択された規定を侵害しない限りで，自国以外の加盟国に居住する全ての連合市民は，居住国の国民と同じ条件の下で，居住国の欧州議会選挙において投票し，かつ候補者となる権利を有する。……

第3部　共同体の政策
　……

　103条
1. 加盟国は経済政策を共通の関心事項とみなし，102a条の規定に従い，理事会において経済政策を調整する。
2. 理事会は委員会からの勧告に基づき，特定多数決で，加盟国および共同体の経済政策の一般的指針の草案を作成し，その結果を欧州理事会に報告する。
　　欧州理事会は，理事会の報告に基づき，加盟国および共同体の経済政策の一般的指針に関する結論を討議する。
　　理事会は，この結論に基づき，特定多数決でこれらの一般的指針を述べた勧告を採択する。理事会はその勧告を欧州議会に報告する。
3. 加盟国の経済政策のより密接な協調および経済実績の持続的な格差是正を確保するために，理事会は委員会が提出した報告に基づき，各々の加盟国および共同体の経済的発展および2項にふれられた一般的指針と経済政策との整合性を監視し，全般的な評価を定期的に行う。
　　この多角的監視のために，加盟国は経済政策の分野で採択した重要な措置に関する情報および必要と考えるその他の情報を委員会に送付する。
4. 多角的監視が確立された場合には，3項に述べられた手続きの下で，ある加盟国の経済政策が2項にふれられた一般的指針と整合しない場合，あるいは経済通貨同盟の正常な運営を危機にさらす恐れのある場合には，理事会は，委員会からの勧告に基づき，特定多数決で，当該国に必要な勧告を行うこと

ができる。理事会は，委員会からの提案に基づき，特定多数決で，その勧告を公表することを決定できる。

　理事会議長および委員会は，多角的監視の結果について欧州議会に報告する。理事会がその勧告を公表した場合には，理事会議長は欧州議会の所管の委員会に出席するように招聘されうる。……

……

104c条

1. 加盟国は過剰な政府財政赤字を回避すること。
2. 委員会は，過大な過誤を確認するために，加盟国の財政状況および政府負債の累積額の状況を監視する。特に委員会は，次の二つの基準に基づき，財政規律が守られているかどうかを検討する。
   (a) 計画された，または実際の財政赤字の国民総生産比が基準値を超えているかどうか。さもなければ
       ―その比率が実質的，かつ，継続的に減少し，基準値に近いレベルに達しているかどうか。
       ―あるいは，基準値を超える事態が例外的，かつ，一時的であり，比率が基準値に近い状態を維持しているかどうか。
   (b) もし，国民総生産に対する政府負債の比率が十分に減少しつつあり，かつ，基準値に満足のいく進捗度で接近していないならば，その比率が基準値を超えているかどうか。

　基準値は，本条約に付属する過剰赤字手続きに関する議定書において特定される。

3. ある加盟国がこれらの基準の一方または両方の要求を満たしていないならば，委員会は報告を準備する。委員会の報告は当該国の財政赤字が政府の投資歳出を超過しているかどうかを考慮し，かつ，加盟国の中期の経済的および財政的立場を含む全てのその他の関連要素も考慮に入れる。

　委員会はまた，この基準の要求が満たされているかどうかにかかわらず，ある加盟国で過剰な赤字が生じる危険性があるという意見があるならば，報告を準備することができる。……

……

7. 6項に従い，過剰な赤字が存在すると決定された場合には，理事会は一定期間内にその状態を終了させるために，当該加盟国に対して勧告する。8項の

規定に従い，これらの規定は公表されない。
8. 定められた期間内に勧告に対して効果的な行動がとられないことが確定した場合には，理事会はその勧告を公表することができる。……
……
11. 加盟国が9項に基づく決定を守ることができない場合には，理事会は状況に応じて次の措置の一つ以上を適用し，あるいは強化することを決定することができる。
　―債権および証券を発行する前に，理事会の定めるところにより，当該加盟国に追加的な情報を公開するように要求する。
　―欧州投資銀行に当該加盟国への貸付け政策の再考を促す。
　―理事会の見解で財政赤字が是正されたと判断されるまで，当該加盟国に適当な額の無利子預金を共同体に行うように要求する。
　―適当な額の罰金を課す。
　理事会議長は，採択した決定について欧州議会に報告する。
……
109j条
1. 委員会とEMI [欧州通貨機構] は，加盟国が経済通貨同盟の達成に関して負う義務をどれだけ果たしているかを，理事会に報告する。これらの報告は，当該国中央銀行の定款を含む各加盟国の法律と，本条約107条および108条および欧州中央銀行制度定款とが，両立するかどうかの検討を含む。報告は，以下に掲げる基準を各加盟国が満たしているかどうかに言及することによって，高度な持続的格差是正の達成についても検討する。
　―高度な物価安定の達成。これは物価安定の点で最も良好な実績をもつ，多くとも3加盟国のインフレ率に近いインフレ率から明らかになる。
　―政府の財政状況の持続性。これは104c条 (6) に従い決定される過剰な財政赤字のない政府予算状況の達成から明らかになる。
　―他のいかなる加盟国の通貨に対しても最低2年間為替平価切り下げを行わず，欧州通貨制度の為替相場メカニズムによって定められた正常変動幅の遵守。
　―長期利子率水準に反映される，加盟国によって達成された収斂の持続性および欧州通貨制度の為替相場メカニズムへの参加の持続性。
　本項において述べられた四つの基準およびそれらが尊重されなければならな

い各期間は，本条約に付属する議定書でさらに詳細に規定されている。委員会およびEMIの報告は，ECUの展開，市場の統合の結果，経常収支の状況と展開，そして単位労働コストとその他の物価指数の展開の検討をも考慮する。
2. これらの報告を基礎として，理事会は，委員会からの勧告に基づき，特定多数決で，以下のことを評価する。
　—各加盟国についてその国が単一通貨の採用に必要な条件を満たしているかどうか。
　—加盟国の過半数が単一通貨の採用に必要な条件を満たしているかどうか。そして，国家あるいは政府の首脳の構成において会合する理事会にその評価の結果得られた点につき勧告する。欧州議会は協議を受け，その意見を国家あるいは政府の首脳の構成において会合する理事会に送付する。
3. 1項にふれられた報告，および2項にふれられた欧州議会の意見を考慮して，国家あるいは政府の首脳の構成において会合する理事会は，特定多数決で，1996年12月31日までに，
　—2項にふれられた理事会の勧告に基づき，加盟国の過半数が単一通貨の採用に必要な条件を満たしたかどうかを決定する。
　—共同体が第三段階に入るのが適切かどうかを決定する。
　そして決定がなされた場合には，
　—第三段階の開始日を設定する。
4. 1997年末までに，第三段階の開始日が設定されていない場合には，第三段階は1999年1月1日に開始される。1998年7月1日までに，国家あるいは政府の首脳の構成において会合する理事会は，2項の第2文を除いて，1項および2項に規定された手続きを繰り返した後，1項にふれられた報告および欧州議会の意見を考慮して，特定多数決で，かつ，2項にふれられた理事会の勧告に基づき，どの加盟国が単一通貨の採用に必要な条件を満たしているかを確定する。
　……

E-5部　共同体の機関
　……
　138a条

ヨーロッパ・レベルの政党は，連合内部における統合のための一つの要素として重要である。それらの政党はヨーロッパ意識を形成し，連合の市民の政治的意志を表現することに貢献するものである。

……

138e 条
1. 欧州議会は，司法裁判所および第一審裁判所の司法的役割における活動の場合を除いて，共同体の主要機関もしくはその他の機関の活動における瑕疵ある行政の事実に関して，連合のあらゆる市民あるいは加盟国内に居住もしくは登録された営業所をもつあらゆる自然人もしくは法人からの苦情を受け付ける権限を付与されたオンブズマンを任命する。

……

158 条

……

2. 加盟国政府は，欧州議会と協議したのち，共通の合意により，委員会の委員長として任命しようとする人物を指名する。

加盟国政府は，委員長に指名された人物と協議し，委員会の委員として任命しようとするその他の人物を指名する。

以上のようにして指名された委員会の委員長および他の委員は全体として，欧州議会による承認投票を受けなければならない。欧州議会による承認ののち，委員会の委員長および他の委員は，加盟国政府の共通の合意により任命される。

……

189b 条
1. 本条約のなかで，行為を採択するために本条へ言及がある場合には，以下の手続きが適用される。
2. 委員会は，欧州議会および理事会に提案を提出する。

理事会は欧州議会の意見を得たのち，特定多数決で，共通の立場を採択する。共通の立場は欧州議会に伝達される。理事会はその共通の立場を採択するにいたった理由について十分に欧州議会へ通知する。委員会はその立場を欧州議会に十分に通知する。

前記の伝達後 3 カ月以内に，欧州議会が，
(a) 共通の立場を承認した場合，理事会は，当該行為をその共通の立場に従

い最終的に採択する。

(b) 決定を行わない場合，理事会は当該行為をその共通の立場に従い採択する。

(c) 総議員の絶対多数決により，理事会の共通の立場を拒否する意向を示した場合，欧州議会は直ちに理事会に通知する。理事会はその立場をさらに説明するために，4項にふれられる調停委員会の会合を招集することができる。その後，欧州議会は，以下のいずれかの行動をとる。欧州議会は，総議員の絶対多数決により共通の立場に対する欧州議会の拒否を確認する。この場合，提案された行為は採択されなかったこととなる。また，欧州議会は，本項の (d) に従い，修正を提案することができる。

(d) 総議員の絶対多数決により，理事会の共通の立場に対する修正を提案した場合，修正案は理事会と委員会に送付され，委員会はこれらの修正について意見を述べる。

3. 前記の伝達の3カ月以内に，理事会が特定多数決で，欧州議会の全ての修正を承認した場合，理事会はそれに従い共通の立場を修正し，当該行為を採択する。しかしながら，理事会は，委員会が否定的意見を述べた修正については全会一致で行為する。理事会が当該行為を承認しない場合，理事会議長は欧州議会議長との合意の下にただちに調停委員会の会合を開催する。

4. 理事会の構成員もしくはその代表およびそれと同数の欧州議会の代表により構成される調停委員会は，理事会の構成員もしくはその代表の特定多数決および欧州議会の代表の多数決で，共同草案についての合意にいたることを使命とする。委員会は調停委員会の手続きに参加し，欧州議会と理事会の立場を調停するという観点から全ての必要な発議を行う。

5. 調停委員会の開催から6週間以内に，調停委員会が共同草案を承認した場合，その承認から6週間以内に，欧州議会は投票の絶対多数決で，理事会は特定多数決で，共同草案に従い，当該行為を採択するかどうかを決定する。欧州議会と理事会のうち一方の機関が提案された行為を承認することができない場合には，当該行為は採択されなかったこととなる。

6. 調停委員会が共同草案を承認しなかった場合，調停委員会に与えられた期間の満了する6週間以内に，理事会が特定多数決で，欧州議会によって提案された修正に可能な限り沿うかたちで，調停手続きが開始される前に理事会が合意した共通の立場を確認しない限り，提案された行為は採択されなかった

こととなる。理事会が確認を行った場合，理事会による確認の日から6週間以内に，欧州議会が総議員の絶対多数決により，その草案を拒否しない限り，当該行為は最終的に採択される。欧州議会により拒否された場合には，当該行為は採択されなかったこととなる。
7. 本条にふれられた3カ月および6週間の期間は，欧州議会および理事会の共通の合意により，それぞれ最大限1カ月および2週間延長することができる。2項にふれられた3カ月の期間は，2項(c)が適用された場合には，自動的に2カ月延長される。
8. 本条の下での手続きの範囲は，遅くとも1996年までに委員会によって理事会に提出される報告書に基づき，欧州連合条約N条(2)に規定された手続きに従い，拡大されることができる。
……

4章　地域委員会
　198a条
　以下で「地域委員会」と言及される委員会は，地域および地方の組織の代表により構成され，本条により，諮問的地位をもって設立される。
　……

V編　共通外交および安全保障政策に関する規定
　J条
　ここに共通外交・安全保障政策が確立され，以下の規定による。
　……
　J.3条
　外交および安全保障政策に関する事項における統一行動を採択する手続きは，以下のとおりである。
1. 理事会は，欧州理事会の一般的指針に基づき，統一行動の対象となる事項を決定する。
　　理事会は，統一行動の原則に関する決定を行うにあたり，統一行動を実行する場合の特定の範囲，連合の一般的および個別的目標を定め，また必要な場合には，その期間および実施のための手段，手続きならびに条件を定める。
2. 理事会は，統一行動を採択する場合，およびその発展のあらゆる段階におい

て，特定多数決により決定される事項を定める。
……

J. 4条
1. 共通外交および安全保障政策は，連合の安全保障に関する全ての問題を包含し，将来最終的に共同防衛にいたるやも知れぬ共通防衛政策の策定を含む。
2. 連合は，連合発展の不可欠の一部である西欧同盟（WEU）に，防衛にかかわる連合の決定および行動を策定し，かつ実施することを求める。理事会は，WEU機関との合意により，必要な実際的な取り決めを行う。
……
4. 本条に従う連合の政策は，若干の加盟国の安全保障および防衛政策の特殊な性格を損なわない。また，連合の政策は，北大西洋条約の下における若干の加盟国の義務を尊重し，北大西洋条約の枠内で確立される共通の安全保障および防衛政策と両立する。
……

VI編　司法および内務分野における協力に関する規定

K条
司法および内務分野における協力は以下の規定により行われる。

K. 1条
連合国の目的，特に人の自由移動を達成するために，および欧州共同体の権限に反することなく，以下の分野を共通の利益をもつ事項とみなす。
(1) 難民政策
(2) 加盟国の域外国境の人の通過およびその管理に関する規則
(3) 移民政策および第三国国民に関する政策
　(a) 入国および加盟国領域内の第三国国民の移動についての条件
　(b) 家族の呼び寄せ，就業を含め加盟国の領域内における第三国国民の居住についての条件
　(c) 加盟国領域内における第三国国民の無許可の移民，居住および労働との闘い
(4) 7-9に入らない麻薬常習との闘い
(5) 7-9に入らない不正行為との闘い
(6) 民事問題における司法協力

(7) 刑事問題における司法協力
(8) 税務管理の協力
(9) 欧州警察機構（Europol）内における情報交換のための全連合的体制の組織との関連における，必要ならば税務管理協力の一定の側面を含め，テロリズム，違法な麻薬取引，およびその他の重大な形態の国際犯罪の防止およびそれらとの闘いを目的とした協力
……

VII編　最終規定

……

N条
2. 本条約の修正について定められている規定をA条およびB条に設定された目的に従って検討するために，1996年に加盟国政府代表者会議が招集される。
……

過剰財政赤字是正手続きに関する議定書

第1条
本協定における104c条 (2) に関する参照価値基準は以下のとおりである。
- 計画中か現在の財政赤字の市場価格における国内総生に対する比率の3%。
- 国務財政赤字と市場価格における国内総生産との比率の60%。

……

第8章

冷戦後のヨーロッパ統合　1992-98年

遠藤　乾

【史料リスト】
- 8-1　1992＝最悪の年（Annus Horribilis）
  - A．デンマーク・ショックとバーミンガム欧州理事会：バーミンガム宣言（1992.10）
  - B．ポンド通貨危機：メイジャー英首相とラモント英蔵相の発言（1992.9）
  - C．ユーゴ危機の深化と EC の無力：ポース外相理事会議長の発言（1991.6）
- 8-2　「民主主義の赤字」論
  - A．ドロール欧州委員長（1994）
  - B．哲学者ハーバーマス（1992）
- 8-3　GATT ウルグアイ・ラウンド交渉とマクシャーリー農業改革（1991.2）
- 8-4　WEU ペータースベルク宣言（1992.6.19）
- 8-5　ドロール・パッケージ II：エディンバラ欧州理事会議長総括（1992.12）
- 8-6　東方拡大過程の開始：コペンハーゲン欧州理事会議長総括（1993.6.21-22）
- 8-7　ドイツ憲法裁判所によるマーストリヒト判決（1993.10.12）
- 8-8　成長・競争力・雇用に関する白書（「ドロール白書」）（1993.12）
- 8-9　地域委員会の発足：ブラン地域委員会委員長の演説（1994.3.10）
- 8-10　欧州地中海パートナーシップの成立：バルセロナ宣言（1995.11）
- 8-11　通貨統合と財政規律：安定成長協定に関する欧州理事会決議（1997.6）
- 8-12　アムステルダム条約本文（1997）
- 8-13　シェンゲン・アキの統合：アムステルダム条約付属第2議定書（1997.10）
- 8-14　補完性原理の実施：アムステルダム条約付属第7議定書（1997.10）
- 8-15　東方拡大プロセスの本格化と EU 予算問題
  - A．アジェンダ 2000（1997）
  - B．ベルリン合意（1999）
- 8-16　経済通貨同盟第三段階（単一通貨の導入）移行国の決定（1998.5.2）

8-17 英仏サンマロ宣言 (1998. 12. 3-4)

冷戦終結とヨーロッパ統合

1991年は，ヨーロッパ統合史における一つの画期をなしていよう。同年末に合意されたマーストリヒト条約【7-25】は，通貨統合と政治統合とともに欧州連合（EU）の設立を宣言した。また，1989年以降2年にわたり続いていた動乱も，91年末のソ連の解体（ロシアの誕生）により一段落し，東西対立とヨーロッパ分断は終結した（【7-16, 7-17, 7-19, 7-20, 7-22】参照）。この結果，北大西洋条約機構（NATO）をはじめとした安全保障関連の諸組織はメンバーシップと役割の変更を迫られ，他方EUや欧州審議会（CE）は広義の安全保障に関する「機会の窓」を手にした。それとともに，それまで西側に限定されていたこれらの組織のメンバーシップの「拡大」が政治日程に上ることとなった。こうした変化は，安全保障と経済統合の調和的分業を基調とした戦後の「EU-NATO-CE体制」を根幹から揺るがすのである。

ポスト・マーストリヒトの迷走

マーストリヒト条約はこうした状況への一つの応答でもあったのだが，その後のヨーロッパ政治は混迷を極めた。安全保障をめぐる構図は迷走し，一時，東側諸国の期待を背に輝いて見えた欧州安保協力会議（CSCE）は，欧州安保協力機構（OSCE）に再組織化されるとまもなく後景に退いた。西欧同盟（WEU）も，幾度目かの再活性化を果たしたが【8-4】，EUとNATOの橋渡しをするトンネル会社のようだった。NATOはソ連という圧倒的な敵を失い，アメリカもヨーロッパにおける軍事的プレゼンスの縮小を志向したことから，一時不要論が盛んになった。期待を集めたEUは，加盟国がユーゴ紛争に際し，できたばかりの共通外交安全保障政策（CFSP）にそっぽを向いてばらばらに行動し，アメリカ抜きに何もできなかった【8-1-C】。この過程でNATOは息を吹き返した。結局，EUが安全保障に本格的に乗りだすのは，再度コソボ紛争で同様の悲劇を味わい，軍事革命でNATOの足腰が弱まり，イギリスのブレア（Anthony Blair, 1953-）が政策転換をした1990年代末（「サンマロ宣言」）を待たねばならない【8-17】。

1990年代前半の混迷は，GATTウルグアイ・ラウンド交渉におけるEU委員会内部や各国政府間の対立など他の分野でも見られたが，最も顕著だったのは，マーストリヒトの目玉である政治・通貨統合の分野においてであった。

「民主主義の赤字」

　マーストリヒト条約の政治統合についてまず見ると，そこでは，欧州議会が理事会との共同立法者の立場に押し上げられ，欧州市民権の誕生が高らかに謳われているにもかかわらず，EU中心のヨーロッパ建設はエリート主導で，市民に縁遠いものとして観念された。自治意識の強いデンマークは，同条約の批准を1992年の国民投票で拒否し，数年来の通貨統合・政治統合プロジェクトに危機をもたらした。このいわゆる「デンマーク・ショック」は，「民主主義の赤字」といわれる一群の問題を前面に押し出した。デンマークの批准問題に関しては，直後のバーミンガム欧州理事会における合意に基づき【8-1-A】，市民権やCFSPからの適用除外を新たに認め，翌年に再度の国民投票を経て，同国は批准を完了した。より広い意味での「民主主義の赤字」の議論は，97年のアムステルダム条約（における市民のヨーロッパ，透明性，説明責任，補完性関連の条項）につながっていく【8-2，8-12，8-14】。しかしながら，これらにより問題が解決したわけでなく，のちの統合プロセスにも問題は引き継がれている（例えば【9-27，9-30】参照）。またこれとの関連で，非常に大きな影響力をもったのは，93年に下されたドイツ連邦裁判所のマーストリヒト判決である【8-7】。同判決は新条約を是認したが，深化する統合と国民主権の論理との間の拡がり行くギャップをも明らかにした。ともあれ，この判決により，最後まで残ったドイツの条約批准も完了し，93年11月，EUが正式に誕生した。また時は前後するが，92年末には，2度目の複数年度予算である「ドロール・パッケージⅡ」【8-5】が合意され，抑制気味の7カ年予算の執行が翌年から始まった。

通貨危機から通貨統合へ

　他方，マーストリヒト条約が1999年までの実現を宣言した通貨統合プロジェクトも，92-93年の通貨危機と欧州通貨制度（EMS）の大幅見直しによって，致命的な打撃を受けたとみなされた【8-1-B】。投機筋による狙い撃ちは，92年，為替相場メカニズム（ERM）からのイギリス・ポンドの離脱をもたらし，同国保守党政権は大きな打撃をこうむった（いわゆる「暗黒の水曜日」）。93年になると，フランなども投機売りの対象となり，ヨーロッパ各国の中央銀行・大蔵当局はERMの変動枠の大幅見直しで，なんとか切り抜けた。が，そのような大混乱のなかで経済通貨同盟（EMU）が実現するとは到底思えなかったのである。この空気が変わるのは，サンテール（Jacques Santer, 1937- ）新EU委員会が誕生

し，EMUに向けて粛々と条約の条項実現のステップを踏みはじめた90年代半ば以降のことである。94年には欧州通貨機構（EMI）が誕生，96-97年にかけて財政安定協定【8-11】が合意され，EUが各国に緊縮財政を課して通貨統合への準備を整えた。98年には，EMU参加国が絞られ【8-16】，欧州中央銀行（ECB）がEMIを母体に設立され，同年末，通貨統合が11カ国（英・デンマーク・スウェーデン，ギリシャを除くEU加盟国）で発足，2002年より単一通貨ユーロが流通を始める。この通貨統合の実現過程においてEUが行使した財政上の規制力はきわめて強いもので，「ヨーロッパ化」の言説を広める原動力となった【8-11】。

これとの関連で付言すれば，通貨統合が市場の論理に寄り添う新自由主義的な形で構想実施される一方，雇用などの社会的な問題に関してもイニシアティブがとられた。1993年の「成長，競争力，雇用のための白書」（いわゆる「ドロール白書」【8-8】）は，構造的な失業問題に取り組み，後の2000年のリスボン戦略【9-7】とは少なからず異なる方向性を打ち出していた。

アムステルダム条約

マーストリヒト条約の付属議定書【7-25】は，1996年に政府間会議の開催を約していた。加盟国は，ポスト冷戦期のヨーロッパにおいて中心的な存在となったEUの制度的な再編を推し進めるべく，95年のウェステンドルプ（Carlos Westendorp, 1937-）報告などの準備作業を経て，政府間会議を招集し，97年6月にアムステルダムにて条約改正の大筋合意にいたった。同年10月に正式調印され，99年5月1日に発効したアムステルダム条約【8-12】は，①人権規定とそれに違反した加盟国への制裁措置を規定，②建設的棄権の制度を採用しWEUのペータースベルク機能【8-4】を包摂，理事会事務総長がEU対外代表を兼ねることで，共通外交安全保障を強化，③司法内務協力を強化し（シェンゲン条約体系をEUに取り込み）【8-13】，④欧州議会の権限強化に努め，⑤社会雇用政策や消費者保護などに積極的に取り組み，⑥一部の国が先行して統合を深化させるのを許容する柔軟性原則を制度化，⑦補完性原理の実施規定を設け【8-14】，先のマーストリヒト（1992年），のちのニース条約（2001年）【9-11】とともに，現在のEUの骨格を形作っている。

EUの域外関係・外交安全保障

このアムステルダム条約の一つの柱が，外交安全保障上のEUの強化であっ

た。その一つの背景をなしていたのは、1990年代におけるEU域外関係の変化である。まず、90年のEC-US共同宣言に引き続き、91年の日欧ハーグ共同宣言によって、首脳会談の定期化などが合意されていた【7-23】。90年代半ば以降も、域外の大国や地域との関係整備が進み、地中海地域の「バルセロナ・プロセス」【8-10】をはじめ、中南米・アジア諸国とも関係構築の試みが見られた。この時期、EU自身が外交上のアクターとして認知され始めてきたと言えよう（その起点は、89年G7アルシュ・サミットにおいて、対東欧援助の調整がEC委員会に委任されたことにある【7-14】）。こうした動きとともに、ベルリンにおける96年のNATO首脳会議で、欧州安全保障防衛アイデンティティ（EDSI）が認められ、この分野におけるEUの役割強化に資する環境が出来つつあった。ただし、安全保障の分野でEUが本腰を入れるのは、前述のようにサンマロ宣言【8-17】以降のことであった。EUはこれを契機に、軍事安全保障上の協力を本格的に推進する。

東方への拡大

さて、EUの域外関係の変化を何よりも物語るのが、旧東側諸国への「拡大」であろう。EUへの加盟申請国では、「連合協定（Association Agreement）」や「欧州協定（European Agreement）」をEUと合意するや否や、それでは不十分だとみなされた。1993年のコペンハーゲン理事会は、加盟を望む東側諸国について、一定の条件を満たせば、加盟を認めるという原則を打ち出した【8-6】。いわゆる「コペンハーゲン基準」とのちによばれるものである。これは、加盟申請国に対して、やがて8万頁に上る「アキ・コミュノテール（EU法令慣行の束）」の履行を求め、経済法制はもちろん、人権や民主制のあり方を指示するものとなった。この拡大過程において、EUは、加盟申請国に対し、強大な権威として立ち現れたのである。

他方、1997年にEU委員会が発表した「アジェンダ2000」【8-15-A】は、拡大に伴う包括的な予算・農業改革を志向し、99年のベルリン欧州理事会はそれに基づいて拡大への内的な準備を何とか整えた【8-15-B】。また2000年のニースにおける欧州理事会および政府間会議は、拡大に必要とされる制度改革を試みた【9-11】。次章で見るようにその後、2003年に10カ国（ポーランド、チェコ、ハンガリー、エストニア、ラトヴィア、リトアニア、スロヴァキア、スロヴェニア、マルタ、キプロス）への拡大が決定され、各国における批准を経て、2004年5月、

EU は東側にウィングを伸ばして 25 カ国となり, 冷戦期とは隔絶した体制として再出発したのである【9-21】。

　この間 CE は,「民主主義の学校」を目指して積極的に東側にメンバーシップを拡大しており, 人権保護などを通じて広義の安全保障を担おうとしていた【7-24】。他方, NATO は, 自らのミッションを拡大再定義しながら, 2 度にわたってメンバーシップを拡大した。1995 年頃からアメリカの後押しもあり拡大が本格的に政治日程に上り, 97 年にポーランド, チェコ, ハンガリーの 3 国, 2004 年にはバルト 3 国, ブルガリア, ルーマニア, スロヴァキア, スロヴェニアにも門戸を開いた。こうしていくつかの国を除き, EU と NATO のメンバーシップはほぼ重複し続けているが, 背後では, 主権意識や軍事技術における米欧間格差が広がり始めており, それぞれの組織の機能変容も始まった。ここに 21 世紀に入ってさらに加速化する EU-NATO-CE 体制の終焉が胚胎していた。

「やわらかい統合」

　拡大した EU では, 全ての争点領域において同様の同水準の統合を実施できるわけではなく, 政策争点や機能ごとに参加国の組み合わせや協力のレベルが異なる様式の協力や統合が進行することとなる。「ヨーロッパ・ア・ラ・カルト」「柔軟性の原則」「高次の協力」といった一群のことばで言い当てられる, いわばこの「やわらかい統合」は, この時期すでに通貨 (ユーロ 11 カ国), 内務司法 (シェンゲン), 軍事 (Eurocorp) などの領域で明瞭に観察できる (【8-13, 8-16】参照)。

第 8 章　冷戦後のヨーロッパ統合　1992-98 年　559

8-1　1992＝最悪の年（Annus Horribilis）
A．デンマーク・ショックとバーミンガム欧州理事会：バーミンガム宣言（1992. 10）
B．ポンド通貨危機：メイジャー英首相とラモント英蔵相の発言（1992. 9）
C．ユーゴ危機の深化と EC の無力：ポース外相理事会議長の発言（1991. 6）

A．"Birmingham Declaration: A Community close to its Citizens," The European Council, Birmingham, 16 October 1992, *Bull. EC*, 12-1992, Annex I, point I-8.
B．(1) John Major, "Prime Minister's Speech to a Dinner of the Scottish Confederation of British Industry at the Forte Crest Hotel, Glasgow, 8 September 1992 (Press Office, 10 Downing Street, 10 September 1992)," cited in Philip Stephens, *Politics and the Pound*, Macmillan, 1996, pp. 236-7.
(2) Norman Lamont, "Chancellor's Statement (HM Treasury, 16 September 1992)," cited in *ibid*., pp. 254-5.
C．Jacques Poos, cited in *Financial Times*, 1 July 1991, p. 1.

　1992 年は，さまざまな悪条件が重なり，最悪の年（Annus Horribilis）と称された。80 年代後半以降ダイナミックな展開が一息つき，以下のいくつかの点でヨーロッパ統合にとって長期的かつ深刻な問題を提起した年となった。
　まず，1992 年 6 月のデンマーク国民投票におけるマーストリヒト条約の否決は，それまでのエリート主導の EU 統合に冷水を浴びせ，ナショナルな正統性の強靭さを改めて見せつけた。また，フランスにおいても 9 月に国民投票が行われ，僅差で否決を免れた。これらを契機に，「民主主義の赤字」に関する議論が噴出し，EU における民主主義，透明性，補完性に関する政治哲学的な議論が提起された【8-2-B】。史料 A はデンマーク・ショックの直後に開かれた欧州理事会での「市民に近い共同体」に関する宣言文で，のちのアムステルダム条約の議定書【8-14】に引き継がれた。
　他方，1992 年は違う意味においても「危機」であった。9 月の通貨危機では，投機筋からイギリスやイタリアが狙われ，欧州通貨制度（EMS）の為替相場メカニズム（ERM）からの離脱を余儀なくされた。同年末にスペインやポルトガルなどの通貨も標的となったが，より深刻だったのは翌年 8 月におけるフラン危機であった。ERM の変動幅が 15％まで拡大され EMS は制度的にかろうじて守られたが，通貨統合の実現は遠のいたように見えた。以下の B で紹介するのは危機の前と後にイギリス首相メイジャー（John Major, 1943-）と蔵相ラモント（Norman Lamont, 1942-）が出した対照的なコメントである。
　さらに，ユーゴスラヴィアの内戦が激化した。その際，条文上謳われた共通外交安保政策（CFSP）のレトリックと，内戦の過程で現に EC が見せた無力

さとの間のギャップが際立った。以下のCはその象徴としてしばしば引用される，91年6月末のルクセンブルク外相兼EC外相理事会議長ポース（Jacques Poos, 1935-)の発言である。この発言に反して，翌年にかけ，アメリカなしに何もできぬECの無力さが露呈した。

最後に，ここでは史料の引用はないが，1992年には，GATTの交渉の際に，EC加盟国間，あるいは委員会内部の対立もあらわになった。　　　　　　　（遠藤）

A．バーミンガム宣言
A．市民に近い共同体
1. われわれはマーストリヒト条約へのコミットメントを再確認する。共同体が，この四半世紀の成功に基づき，急変する大陸において安定と繁栄の要であり続けるためには，同条約を批准しEUへ向け発展する必要がある。
2. 民主主義国からなる共同体として，われわれは市民の支持によってのみ前進することができる。われわれは，最近の公論のなかで提起された懸念に応えることを決意している。われわれは，
　―共同体とマーストリヒト条約がもたらす利益を市民に示さねばならない。
　―その活動について質の高い公論を保証するよう共同体をより開かれたものにしなければならない。
　―各国の歴史，文化，伝統に敬意を払い，各加盟国と共同体がそれぞれ何をすべきか，より明確に理解する必要がある。
　―連合市民権が市民に新しく付加的に権利と保護を与えるのであって，彼らの国民としての市民権をいかなる方法であれ奪うことがないことを明確にしなければならない。
3. 外務大臣たちは，エディンバラ理事会の前に，共同体諸機関における仕事の透明性を担保する方策を提案する。これは，たとえば将来のプログラムに関する理事会の公開議論の可能性を含んでいる。われわれは，全ての加盟国との協議や協議文書（緑書）のより体系的な利用といった，法案提示前により幅広い協議を行うという委員会の提案を歓迎する。……われわれは共同体の立法が単純かつ明確になることを望んでいる。
4. われわれは共同体の民主主義において欧州議会がもつ重要な役割を強調する。また各国議会と欧州議会の間の接触が増大することを歓迎する。……
5. われわれは，決定は可能な限り市民に近いところでなされなければならない

ことを再確認する。過度な集権化がなくとも統一は達成できる。それぞれの権力を国内的にどのように行使すべきなのかを決めるのは各加盟国である。共同体は，加盟国が条約で付与した権限の限りでのみ行為できる。共同体レベルでの活動は適切かつ必要なときにのみなされるべきだ。マーストリヒト条約はこの点について正しい枠組みと目標を提供している。「補完性」もしくは「近接性」というこの原理を生きたものとすることが，共同体が市民の支持を受けて発展しようとする際に不可欠となる。……

6. 補完性原理は，全ての共同体諸機関の相互のバランスに影響を与えることのないように，優先して実施されるべきだ。われわれは，この点について欧州議会と合意を試みる。
……

B. ポンド通貨危機：メイジャー英首相とラモント英蔵相の発言

(1) メイジャー英首相

成人して以来ずっと，私は歴代イギリス政府が市場の問題や政治的な圧力によって低インフレの高尚な追求から逸脱させられるのを見てきた。私はポンドをERM に加盟させたとき何の幻想ももち合わせていなかった。当時私は，加盟はソフトな選択肢ではないと言った。ソフトな選択肢というのは，切り下げ屋による高インフレの選択肢であり，将来を裏切ることになろう。だからそれは，政府の政策ではないのだ。［ポンドの平価調整がもたらすのは］輸入価格の高騰，賃金の上昇，そしてイギリスの競争力の長期的な悪化であり，短期的な利益を帳消しにしてしまう。……われわれは，アンチ・インフレの薬を飲むか，さもなくば永遠にヨーロッパで二流にとどまるのを受け入れねばならない。

(2) ラモント英蔵相

今日はきわめて困難で動乱に満ちた1日だった。巨大な投機的流入が為替相場メカニズムを混乱させ続けた。EC 蔵相理事会議長として，私はブリュッセルの通貨委員会を開催し，今晩緊急に外国為替市場の安定性をどう回復するか検討するよう求めた。

他方，政府はイギリスにとって最も利益にかなうのは ERM メンバーシップの中断であるという結論に達した。その結果，今日私が認可した二つの利率アップのうちの2番目が明日実施されることはない。最低貸出金利は，状況が収まるまで12％となる。

明日内閣に報告し，閣僚たちと情勢について討議する。その後，さらに声明を出すことになるかもしれない。それまで当面何も言うことはない。ありがとう。

C．ユーゴ危機の深化

これは，アメリカのでなくヨーロッパの時間である。

8-2 「民主主義の赤字」論
A．ドロール欧州委員長（1994）
B．哲学者ハーバーマス（1992）

A. Jacques Delors, *L'Unité d'un homme*, Editions Odile Jacob, 1994, pp. 225-6.
B. Jürgen Habermas, "Citoyenneté et identité nationale : Réflexions sur l'avenir de l'Europe," in J. Lenoble et Nicole Dewandre (eds.), *L'Europe au soir du siècle : Identité et démocratie*, Esprit, 1992, p. 31.

マーストリヒト条約批准過程で噴出した批判は，EC・EUの民主主義の問題に向けられた。それはエリート主導のヨーロッパ建設に対する自省をうながし，統合の方法の変化に関するドロール欧州委員長の再検討や（A），ハーバーマスら知識人による民主政それ自体についての再考をもたらした（B）。1992年末のエディンバラ理事会は，決定をできるだけ市民に近いところで行うよう補完性原理の実施体制を明文化し，透明性の向上を目標に掲げた。これは，のちにアムステルダム条約付属議定書における補完性実施の規定につながった【8-14】。しかしこの問題は，簡単に決着のつく性質のものではなく，のちの欧州憲法条約の批准過程などでも再提起されることになる。　　（遠藤）

A．ドロール欧州委員長

［機能的に次のイニシアティブを要請するような施策を提案し，加盟国首脳を説得し，期限を切って実行に移すという］この方法は，以下のようなときにしか有効でない。つまり，ヨーロッパ建設が，世論からも各国の政治エリートによっても，各国の政治世界と並行してそれ自体独自の現象として進行し，それと交錯して弁証法的な関係にならないと認識されているときにのみである。ヨーロッパの新たな危機は，ヨーロッパ・レベルにかかっていることが各国政治のなかに侵入し，市民による討議事項として考えられるようになったその日から，生じたことなので

ある。……マーストリヒト条約以来，ヨーロッパ建設は，人目を忍んだこの状態から脱し，あるものには大きな驚きとして，またあるものには偉大な希望として，各国の政治世界に浮上してきた。その瞬間から——そしてこれはまだ実現してはいないのだけれども——世論と政治指導者が，ヨーロッパ建設を自国の将来に関する大議論から分離できない一要素として繰り込むことを要請しているのである。

B. 哲学者ハーバーマス

　国民国家が問題なのは，それが超克不能な主権を有していると自惚れているからというよりも，むしろさまざまな民主的プロセスがその国境のなかでしか機能しないためである。一言で言うならば，公共空間は今までのところ国民国家のレベルで分断されたままである。

8-3　GATT ウルグアイ・ラウンド交渉とマクシャーリー農業改革（1991. 2）

Commission of the European Communities, "The Development and Future of the Common Agricultural Policy — Proposals of the Commission," *Green Europe*, 2/91, p. 3. Cf. MacSharry's "The Development and Future of the CAP : Reflections Paper of the Commission" (1. 2. 1991), COM (91) 100 final, *Agence Europe* (Documents), 8 February 1991.

　1989年1月，第2期ドロール委員会の農業担当委員に就任したマクシャーリー（Ray MacSharry, 1938-）は，それまでEC予算の8割ほどを割いていた共通農業政策（CAP）の改革に乗り出す。背景には，厳しい予算上の制約，GATTウルグアイ・ラウンドの交渉，およびアメリカなどの圧力があった。91年2月1日，マクシャーリーは農相理事会に「CAPの発展と将来」と題する文書を提出した。内容的には，農産品価格支持の引き下げによる生産調整，その代償としての中小農家に対する直接所得補償，環境に優しい農法などを骨子としていた。その後同年7月9日の委員会第二案の作成を経て，激しい交渉と駆け引きの末，92年5月22日の農相理事会においてようやくCAP改革は決着を見た。これは，ウルグアイ・ラウンドの交渉締結に向け，一つの必要条件をなしたと言えよう。同時にそれは，EC予算の構造的な転換に寄与することになる。以下は，EC委員会農業総局のパンフレットにおける同文書の簡潔な内容紹介から抜粋した。

（遠藤）

序

1. 1991年2月1日のコミュニケーション COM (91) 100 において，欧州委員会は共通農業政策の現状と根本的変革の必要性について，熟慮の上，意見発表を行った。

    欧州委員会は以下のように結論づけた。

    ―生産に直結する既存の価格保証は，さらなる生産増加につながる。

    ―この超過生産を続ければ，すでに過剰な水準にある介入貯蔵をさらに増やすか，すでに過剰供給されている世界市場へ輸出するかのどちらかでしか調整できない。

    ―現在の仕組みには生産高増大への意欲向上と誘引がすでに組み込まれているが，これにより環境リスクへとますます晒される。

    ―急速に増幅している予算支出は，その大部分が少数の農家に充てられているが，全般として農家の収入問題を解決するものではない。

2. この分析に照らして，欧州委員会は将来の政策のための目標と指針を提案した。すなわち，価格について継続的に行動することを通じて成り立つ，より競争力のある農業が必要不可欠だと考えられた。また，次のような認識があった。つまり，農家には，価格低減に対する補償がなされるべきであるということ。これには，生産量を減少させ，環境への懸念をより強力に反映する方法として利点があるだろうということ。特定の生産者・地域の困難を考慮に入れた上で，農家支援金のよりよい分配法があるはずだということ。環境に優しい農法に対する，より具体的な誘因が導入されるべきだということ。農家には食物生産と田園部管理という二重の役割がある点がもっと認知されるべきだということ。農産物の非食用利用が奨励されるべきだということ。そして，農家の早期退職へのよりよい誘因が利用可能であるべきだという認識である。

……

8-4　WEU ペータースベルク宣言（1992. 6. 19）

Western European Union Council of Ministers, *Petersberg Declaration (Bonn, 19 June 1992)*, Bonn, 19 June 1992, Press and Information Service, 1992, pp. 1-11. (Online available : http://www.weu.int/documents/920619peten.pdf）

　ながらく周辺的な存在であった西欧同盟（WEU）は，冷戦終結後，EC諸国が安全保障の領域にウィングを伸ばし始めようとする際，一時期有効と見なされた。ボン郊外のペータースベルクで1992年6月に開かれたWEU閣僚理事会は，前年末のWEUマーストリヒト宣言を受けて，当時同様に期待されたCSCEを支援し，またEUの防衛部門を成すことにより大西洋同盟のなかの「ヨーロッパの柱」を強化する形で，WEUとして危機管理，紛争予防，平和維持活動などの課題に積極的に関与することを決議した。これらの課題は，のちにペータースベルク任務ないしミッションと呼ばれるようになる。伝統的な領域防衛以外の広大な安全保障の分野に足がかりを求めたと言えよう。これらの課題は，アムステルダム条約【8-12】を経てEUに吸収されていく。（遠藤）

I．WEUと欧州安全保障
欧州の安全保障情勢の展開，軍備縮小，軍備管理
1．WEU加盟国閣僚は，重要な変化について再検討した。それは，ヨーロッパの安全保障情勢に，1991年11月の前回の定期会合以来起こっているものである。彼らは，ヨーロッパの平和と安全保障のためにCSCEの役割と制度を強化することの重要性を強調した。彼らは，ヘルシンキで新しい交渉の開始が決定されることを心待ちにしていた。それは，軍備管理と軍備縮小の方策および安全保障問題に関する定期協議と協力の改善について話し合うものだ。安全保障協力に関するCSCEの新しいフォーラムの設立に照らして，紛争予防，危機管理，紛争の平和的解決についてのCSCEの能力を向上させるという決定が最も重要であると彼らは考えている。彼らは，ヘルシンキの継続会合で検討中のある提案を支持している。それは，CSCEが国連憲章第8章に基づく地域枠組みであると自ら宣言するというものである。閣僚たちは，CSCEは自己の責任に基づいてPKO活動を開始追求する権限をもつべきだと考えた。
　……

マーストリヒト宣言の実行
　……
10．閣僚たちは，WEUがマーストリヒト宣言に従って，EUおよび大西洋同盟と緊密な連携を発展させることが重要であると再確認した。彼らはWEUがこれらの関係を発展させるために必要な現実的方策に関する報告書を採択した。

彼らは，常設理事会に，EU 理事会および北大西洋理事会に対してそれぞれの事務局間の緊密な協力の発展を促す具体的な方策を提案するように求めた。
……

12. 閣僚たちはドイツの参謀総長から参謀総長会議についての報告を受けた。彼らは参謀総長たちが年に2回，閣僚理事会に先行して会合を行うべきで，また必要なときにはいつでも会合をすべきという点で合意した。また，彼らは理事会と事務局のブリュッセルへの移転の後，各国代表団が軍事代表団を加え理事会補佐を補強し，参謀総長たちの見解を作戦司令室につなげ，後者の職業的な水準を監督しうるよう合意した。……

13. WEU 閣僚は……加盟国がマーストリヒトで設定した，WEU 欧州軍備調達機構を創立するという目標に向かって，軍備調達の分野における協力強化について検討する……。
……

作業部会の活動（略）
WEU 安全保障研究所（略）

II. WEU の作戦役割の強化
……

4. ワシントン条約第5条項と修正ブリュッセル条約第V条項のそれぞれに従って，共通防衛に貢献することとは別に，WEU 加盟国の軍事部隊は WEU の権限の下で次のような場合に使われうる。
―人道支援および救助活動
―平和維持活動
―平和創造を含む，戦闘部隊が危機管理の際にもつ課題
……

9. 作戦司令室は，理事会の指揮の下，さまざまな実際上の考慮を経て，1992年10月1日に設立される……。同室は以下のことに責任をもつ。
―WEU 監督下の部隊を使う非常事態対応計画の準備
―指揮，統制およびコミュニケーションの必要な枠組み作りに向けた勧告の用意
……

III．WEU と EU や大西洋同盟に加盟している他のヨーロッパ諸国との関係について

A．欧州連合条約との関連で 1991 年 12 月 10 日にマーストリヒトで発表された宣言に引き続き，WEU 閣僚が，加盟国と準加盟国の関係が基づくべき根本的な原理を再確認した。

　　―相互の相違点については平和的な手段で解決すること。これは，修正ブリュッセル条約，北大西洋条約および国連憲章に由来する義務，ヘルシンキ最終議定書とパリ憲章から生じる誓約，およびその他の国際法上一般に認められている原理と規則に一致する。

　　―相互の関係において，国連憲章に従い，武力による脅迫やその行使を控える。

　　また彼らは，以下の点についても強調した。WEU 加盟国を拘束する条約上の安全保障や防衛コミットメントと，大西洋同盟のそれとは，お互いに強化しあう性質のものであり，両組織のどちらかに所属する国同士の間の紛争において，このペータースベルク宣言の第 III 部に服する当事者により引き合いに出されることもない。

B．1991 年 12 月 10 日のマーストリヒト宣言で，WEU 加盟国は次のような提案をした。すなわち，修正ブリュッセル条約 11 条で言う条件の下，EU 加盟国は WEU に加盟することができ，あるいはそれが望みならオブザーバーになることができる。同時に，他の NATO の欧州加盟国は，WEU 準加盟国になることができる。そして，WEU の活動に全面的に参加することができる。

　　ペータースベルク宣言の第 III 部に従って，閣僚たちは，加盟国，オブザーバーまたは準加盟国になることに関心をもつ各国に対しては，下記の点が明確にされるべきだと合意した。つまり加盟国および EU 加盟国で WEU 加盟を受諾した国は，次のことを受け入れる。

　　―WEU 全加盟国が守る原理と価値に従い，1954 年 10 月 23 日に修正された 1948 年のブリュッセル条約，その議定書，関連文書，そして条約にあわせて加盟国間で結論を出した合意事項を尊重すること。

　　―条約に合致する形で採択された協定，決定および規則と 1984 年 10 月 27 日のローマ宣言で始まった一連の宣言を承認すること。

　　―EU の防衛部門として，また大西洋同盟内のヨーロッパの柱を強化するための手段として WEU を発展させること。……

……

> 8-5　ドロール・パッケージⅡ：エディンバラ欧州理事会議長総括（1992.12）
> Edinburgh European Council (11 and 12 December 1992), "Conclusions of the Presidency," *Bull. EC*, 12-1992, Part C, pp. 27-36.

　　1992年末のエディンバラ欧州理事会では，かねてからの懸案であった予算案について合意を見た。ドロールEC委員会が作成した原案に基づいており，88年に策定された多年度にまたがる最初の予算案（ドロール・パッケージⅠ）【7-10】に引き続き，「ドロール・パッケージⅡ」と呼ばれる。これ以降，予算の複数年計画が常態となる。
　　通貨統合を謳ったマーストリヒト条約を踏まえて，予算の再分配への要望がスペインなどの相対的後進国から強まるなか，英独をはじめとする持ち出し国の政府は予算規模の増大に反対し，委員会提案より削減された規模ながら，スペインなどへの再配分を増やす折衷案として，7カ年予算が採択された。
　　このほか，エジンバラ欧州理事会では，補完性原理の実施に関する宣言やEC立法の簡素化について合意し，またデンマークの再度の国民投票を可能にする三つの適用除外（欧州市民権，共通防衛政策，通貨統合の第三段階への参加義務の解除）を決めた。　　　　　　　　　　　　　　　　　　　　　　　　（遠藤）

パートC：共同体の将来の資金調達――ドロール・パッケージⅡ

―共同体がその政策遂行にあたり使用可能で適切な財源をもつ必要
―共同体の全ての支出に，支出上の優先順位の定義を含む予算上の規律を適用する必要
―個々の加盟国が貢献しうる能力
―マーストリヒトおよびリスボンの理事会でなされた約束を実施する必要

これらの点に鑑みて，欧州理事会は1993年から99年までの共同体財政に関して以下の結論に達した。

A．歳入
i．独自資源のシーリング

支払予算用の独自財源の年ごとのシーリングは以下のとおりで，これを超えることはいかなる事情であれない。

(%, EC GNP)

1993	1994	1995	1996	1997	1998	1999
1.20	1.20	1.21	1.22	1.24	1.26	1.27

締結予算と支払予算との間の割合は正確に維持されるべきで，それによりそれらの互換性を保証し，上で述べた支出シーリングが遵守されよう。

したがって1993年から99年の期間にわたって共同体の総予算に組み入れられた締結予算は，少しずつ着実に増えることで，99年に共同体GNPの1.32%を超えない総額に落ち着かねばならない。

ii. 独自財源の構造

1988年の独自財源決定2条に規定されている独自財源の構造は次のように修正される。

a) 2条4 (a) で特定された統一レートのシーリングは，1995年から99年の間，一定の割合で1.4%から1.0%まで下げられる。

b) 一人あたりGNPが共同体の平均の90%以下の国々については，2条1 (c) で言う第三財源の評価基準が現在の当事国GNP55%から50%に制限される。これは95年から実施され，その他の国々についても，1995年から99年の間で段階的に一定の割合で変更される。

……

B. 歳出（略）

8-6　東方拡大過程の開始：コペンハーゲン欧州理事会議長総括（1993. 6. 21-22）

The European Council, Copenhagen, 21-22 June 1993, "Conclusions of the Presidency," SN 180/1/93 Rev. 1 (EN). 以下に再録。*Bull. EC*, 6-1993, point I. 13.

EU加盟国は2004年5月に15から25カ国に拡大し，総人口は4億人を突

破し,地理的領域は34%拡大した(07年1月にはさらに2カ国が加盟した)。この歴史的なプロセスの端緒となったのが,1993年6月のコペンハーゲン欧州理事会である。ここでは,中東欧諸国への拡大の原則が打ち立てられ,また加盟希望国は,一定の政治的経済的基準を満たすことが求められるとされた。いわゆる「コペンハーゲン基準」の誕生である。90年代のEUは,特に加盟申請国に対して,経済法制をはじめ民主制や市民社会のあり方までをも指示する権力として立ち現れることになる。

なお後日の拡大との関係で付言すれば,2005年春に欧州憲法条約の批准が頓挫した後に強調された「[新規加盟国を]吸収する能力」という文言も,すでにこの文書に見られる。

(遠藤)

7. 連合協定国
……

iii) 欧州理事会は,本日,加盟を望む中東欧の協定各国がEUの加盟国となることで合意した。加盟は,協定国が要求される経済的・政治的条件を満たし,メンバーとしての義務を引き受けることができ次第なされるだろう。

欧州連合加盟に必要なのは,候補国が,民主主義,法の支配,人権,少数者の尊重と保護を保障する安定した制度,機能する市場経済の存在,連合内の競争圧力や市場原理に対応する能力を実現していることである。加盟はまた,候補国が政治,経済,そして通貨の連合という目標を固守することを含め,メンバーとしての義務を担う能力をもち合わせていることを前提としている。

連合がヨーロッパ統合の勢いを保ちつつ新規加盟国を吸収する能力(capacity to absorb)は,EUと候補国の双方にとって一般利益になるような重要な考慮事項である。……

iv) 欧州理事会は,いまや確立した加盟の目標に向けて協定国との今後の協力を連動させることに合意した。この文脈で以下を承認した。

―共同体は,協定国がEUの機関と,構造化された関係をもつよう提案した。これは,共通利益の事柄に関する強化拡張された多国間対話協議枠組みの中で行われるべきだ。付属文書IIに結論として書かれている取り決めには,幅広い主題についてのいくつかの場における対話や協議が含まれている。欧州委員長と協定国におけるカウンターパートとの定期的な会談に加えて,必要とあらば,全ての各国首脳からなる合同会議を開き,事前に決められた特定の問題について討議することもできよう。

―欧州理事会は，市場経済へ移行する際の貿易の死活的重要性を認識しており，共同体の市場開放努力を加速させることに合意した。この歩みとともに，協定国相互間の貿易，また従来からの貿易相手との貿易がさらに発展することを期待する。6月8日の一般理事会で定められた貿易上の譲許に賛成する。同理事会に必要な法律文書を夏休みまでに準備するよう求めた。

―共同体は対外活動に見込まれる予算のかなりの部分を，特にPHARE計画を通じて，中東欧諸国に振り分け続けるだろう。またECは，EIBの一時貸付制度の下で予見される可能性を最大限に利用して，中東欧諸国を含んだ欧州横断ネットワークに資金援助をするだろう。必要ならば，PHARE計画の下で利用可能な資源の一部は，6月8日の一般理事会で合意された取り決めに従って，主要なインフラ改善のために利用されるだろう。

―欧州理事会は，協定国が欧州協定に基づいて共同体プログラムに参加できることを歓迎する。そして委員会に対して，年末までに，すでにEFTA諸国による参加に道が開けているプログラムを出発点とし，協定各国に対してさらに共同体プログラムを開放する提案をするよう求めた。

―欧州理事会は，協定国の法律をECで適用されている法律へ接近させることの重要性を強調する。まずは競争の歪曲についての，加えて加盟の観点からすると，労働者，環境，消費者の保護に関連した法律である。協定国の官僚は，EC法と慣行の訓練が提供されるべきだと合意し，加盟国と委員会の代表から構成されるタスクフォースを設立し，その調整指揮を委ねることが決められた。

……

8-7 ドイツ憲法裁判所によるマーストリヒト判決 (1993. 10. 12)

1993年10月12日連邦憲法裁判所第二法廷判決，連邦憲法裁判所判例集第89巻155頁以下。BverfGE 89,155 Urteil des Zweiten Senats vom 12, Oktober 1993. 邦訳はドイツ憲法判例研究会「ドイツ憲法判例研究 (20)」『自治研究』第70巻8号，1994年，116頁以下の訳文を，原文ならびに *Common Market Law Review*, 57/1 (1994) における英文の紹介（[1994] 1 C. M. L. R. 57 1993L 965303 (BverfG (Ger)) とを照らし合わせ，一

部加除改訳した。

EUに関する1990年代以降の議論のなかで非常に大きな影響力をもった重要判決。

1992年2月7日のマーストリヒト条約締結を受けて，ドイツ連邦議会と連邦参議院は，それぞれ同年12月2日，18日に同意法律を可決，同法律は28日に認証された。一方，EUに関する新しい基本法23条などを盛り込んだ基本法改正法律が12月25日に施行され，同意法律は12月31日に施行された。しかし，この同意法律と基本法改正法律に対し，いくつかの憲法訴願が提起された。本判決は，そのうちの二つに答え，却下した。連邦大統領は，この憲法訴願に対する連邦憲法裁判所の却下判決が出てはじめて批准文書へ署名した。最後まで残ったドイツの批准を経て，1993年11月1日に同条約は発効したのである。

この判決のなかで提起された論点は多岐にわたる。とくに留意すべきなのは，主権的な存在であり続ける国家が「条約の主人」であり，「権限配分権限 (Kompetenz-Kompetenz)」はEUにはなく，「補完性原理」は国家からEUへの限定的な授権を意味し，最後に「民主主義」は「国民的同質性」が確保された国民国家のなかで存立し，欧州議会は補助的な正統性のみを提供するとした点であろう。これらが，基本権の保障とあわせて，統合のあり方を根底から規定するわけである。

この判決は，EU条約の有効性を認め，その法的正統性を補強した。またそれは，さらなる統合の可能性までをも否定するものではなかった。が他方，裁判官キルヒホフ (Paul Kirchhof, 1943-) の影響の下，同質的な国民国家を主体とする伝統的な議論を再提起し，統合に一定の歯止めをかけるよう試みた。付言すれば，公法理論的にも，EC法が国内法に対し，欧州裁判所の言うように絶対的に優位するのか，それとも本判決の言うように（基本権保証との関係で）条件付きで優位するのか，難しい問題を突きつけたものとなっている（あわせて【5-14-B，6-13】を参照）。

(遠藤)

判決

1. 1992年2月7日の欧州連合条約に関する1992年12月28日の［同意］法律に対する訴願人の第1の憲法異議を棄却する。1992年12月21日の基本法改正法律に対する憲法異議は，これを却下する。

2. ［1992年2月7日の欧州連合条約に関する1992年12月28日の法律に対する］訴願人の第2の憲法異議は，これを棄却する。

判決理由

Part A（事実，主張，手続き）（略）

Part B

本ケースで唯一適法なのは，基本法38条に対する侵害を理由とした，EU条約同意法律に対する第1の憲法訴願のみである。その他の点に関しては，憲法訴願は不適法である。……

1. （略）
2. 憲法訴願は，基本法1条1項，2条1項，5条1項，12条1項，14条1項の基本権の侵害を主張する限りでは，不適法である。
   ……

   b) 訴願人の基本権が，……ヨーロッパの基本権として異なった内容になるとの訴願人異議は，不適法である。……基本権の水準の著しい低下はない。連邦憲法裁判所は，ECなどの高権的行為に対してもドイツの住民に基本権の効果的な保護が一般的に確保され，そしてこの基本権保護も基本法上不可欠とされるものと本質的に同様のものとして尊重され，特に基本権の本質内容が一般的に守られることを保障している。……加盟国の国家権力から切り離された，超国家的組織の特別な公権力の行為も，ドイツの基本権主体に影響をもつ。したがってそうした行為は，ドイツにおいて，ドイツの国家権力に対してだけでなく，基本権保護を対象とする連邦憲法裁判所の任務にかかわる。もっとも，連邦憲法裁判所も，ドイツにおけるECの派生法の適用可能性については，欧州裁判所との「協力関係」のなかで裁判権を行使するが，その協力関係のなかでは，欧州裁判所はあらゆる個別の事例に関してヨーロッパの全領域について基本権保護を保障し，そのために連邦憲法裁判所は不可欠な基本権の水準を一般的に保障することに任務を限定できる。

3. 基本法38条に基づいて1992年12月21日の基本法改正法律に対してなされた最初の訴願人の憲法異議は，新23条および28条第3文の挿入に関する限り，不適法である。

   a) 基本法23条1項は，統一ヨーロッパの実現を目指してEUの発展に協力するための特別の授権である。しかしこの授権は，明文でもって，憲法改正権の制約を規定する基本法79条3項の限界に拘束されている。……そのため，基本法38条の民主的な核心内容と新しい基本法23条の分裂は，ありえない。

……

5. 第2の訴願人の憲法異議は，総体として，不適法である。これは，基本法20条4項にその異議が依拠する限りすでに説明されてきた。さらにEU条約同意法律が修正しえない基本法79条3項の憲法核心を侵害するために生じる，基本法38条の下の国民投票権を侵害したとする異議も，不適法である。……この条項は，改正されてはならない基本法の核心を侵害する憲法改正が国民投票で正統化されることを排除している。

Part C

適法な限りでも，この憲法訴願には理由がない。連邦憲法裁判所は，EUと，そこに属するECなどに対する高権的権限の承認を，ここでは基本法38条の保障内容を基準に審査することしかできない。この保障内容は，EU条約の内容から明らかになるように，同意法律によって侵害されてはいない。EU条約は，加盟国に支えられ，加盟国のナショナルなアイデンティティを尊重するような，国家結合（Staatenverbund）を基礎づける。このEU条約は，超国家的な組織のなかの加盟国たるドイツの地位にかかわり，ヨーロッパ国家への帰属にかかわるわけではない。EUの任務と，その任務の執行のためにEUに認められた権限は，限定的な個別的授権の原理が守られ，EUに対する権限配分権限（Kompetenz-Kompetenz）を基礎づけはせず，EUやECなどの今以上の任務と権限の行使が条約の追加修正あるいは改正に依存するようにされ，したがって，それぞれの国の議会の同意決定が留保されていることを通じて，十分に予見可能な形で規範化されている。現在のところ，EUやEC諸機関に認められた任務と権限の範囲，およびEU条約で規律された政治的意思決定の手段により，ドイツ連邦議会の決定権・監督権が，基本法79条3項が不可侵と宣言した限りにおいて民主制原理を侵害するような形で空洞化されているということはない。

I.

1. 基本法38条によって保障される，選挙によって国家権力の正統化に参加し，国家権力の行使に影響力を行使するという権利は，基本法23条の適用領域において，連邦議会の任務と権限を委譲することによって，基本法20条1，2項との関係で基本法79条3項が不可侵とする民主制原理を侵害するほどにまでその中身を空洞化することを禁じている。

2. 基本法79条3項の下で言う民主制原理の不可侵の内実とは，国家的任務の

実行と国家権限の行使が国民に由来し，そのような活動に従事する者は原則として国民に対して責任を負う点にある。……決定的なのは，十分に効果的な民主的正統化の内実，つまりある特定なレベルにまで正統化が達成されることである。

　a) ドイツ連邦共和国が，自ら高権的行為を行う能力を与えられた国家間共同体の加盟国となり，この国家間共同体が独立の高権的権限を認められる場合——この二点とも，統一ヨーロッパを実現するために，基本法（23条1項）によって明文で許されているが——，その民主的正統化は，国家憲法により統一的・完結的に規律されている国家秩序の内部における場合と同じ形で造り出すことはできない。……

　国際的な法的共同体における義務を受け入れる用意があるということは，……国際機関に平等な加盟国として参加することを希求する民主国の性質の一部をなしており，とりわけ欧州連合においてはそうである。……

　高権を［国際機関に］授けるということは，結果的にその行使がもはや一加盟国の意思だけに常に拠るわけにいかないことになる。その点に基本法の民主制原理に対する侵害を見るならば，統合に対する基本法の開放性と矛盾するし，……そこで全会一致を貫徹することは……そのような国際共同体を構造的に危うくする。……

　b) したがって民主制原理は，ドイツ連邦共和国に対して——超国家的に組織された——国家間共同体の加盟国になることを妨げてはいない。しかし，加盟国となるための前提条件は，国民に由来する正統化と影響力がその国家結合内部でも確保されることである。

　(b1)　EUは，ヨーロッパ諸国民の連合としての自己了解（EU条約A条2項）からすれば，動的発展を目指す，民主的国家の結合である（EU条約B条1項，C条1項）。EUが高権的任務を執行し，そのために高権的権限を行使するのなら，これをナショナルな議会を通じて民主的に正統化しなければならないのは，まず第一には，加盟国の国民である。

　同時に，EC権能が発展するにつれてますます必要になってきていることがある。それは，ナショナルな議会による民主的正統化と影響力に加えて，欧州議会を通じて加盟国国民の代表団がそれに伴い，それによりEU政策の補助的な民主的支持を提供することであろう。マーストリヒト条約によって確立された連合市民権とともに，個々の加盟国国民を結ぶ持続的な法的紐帯が形成さ

れ，……すでに事実上存在している共同体に対し法的拘束力をもつ表現を与えている。EU市民に由来する影響力は，やがて欧州機関の民主的正統化の一部になりうるのである。……

(b2) それゆえ，EUにより形成された国家結合において，民主的正統性は，欧州機関の行為を加盟国の議会にフィードバックすることによって必然的に生ずる。そこに──ヨーロッパ諸国が一つに発展していく程度にしたがって──，EUの制度的構造のなかで，加盟国の市民により選挙された欧州議会による民主的正統化の媒介が付け加わる。……決定的なことは，EUの民主的な基礎が，統合と足並みをそろえて整備され，そして統合の進展するなかでも加盟国において生きた民主制が維持されることである。……

(b3) 現在のように諸国民がその国の議会を通じて民主的正統化を媒介している場合には，ECなどの任務と権限の拡張に対しては，民主制原理から限界が設定されている。それぞれの国民が，その国民に関する国家権力の出発点である。国家は，十分に意義のある固有の任務領域を必要としており，そのなかで，それぞれの国民が自ら正統化し統制する政治的な意思形成の過程のなかで展開し意思を明らかにできる。そうすることで，それぞれの国民を──相対的に同質なものとして──精神的・社会的・政治的に結びつけているものを法的に表現することができるのである (H. Heller, Politische Democratie und soziale Homogenität, *Gesammelte Schriften*, Vol. 2 (1971), pp. 421, 427 et seq. 参照)。

ここから，ドイツ連邦議会に対しては，かなりの比重の任務と権限が残っていなければならないという帰結が出てくる。

c) EUのような国家結合による高権的権限の行使は，主権的なままであり続けている国家による授権の上に成り立つが，その国家は，国際的な事柄においては通常は政府を通じて行為し，それにより統合を統御している。したがって，第一義的には政府が決定しているのだ。もしそのような共同体権力が政治的意思形成に依拠しており，それは各国家の国民によりもたらされるとすると，それが前提としているのは，権力が加盟国政府代表からなる存在によって行使されるということであろう。ヨーロッパの法規制の公布権限もまた，──政府を民主的に統制する必要を損ねることなく──加盟国の政府の代表者，つまり執行権の側の人からなる機関にあり，それが個別国家のレベルで憲法上受け入れられるよりも広範な範囲で許されることはありえよう。

3. 選挙権のあるドイツ人は，高権的権力の行使を委ねられた機関の民主的正統

化に参加する権利を本質的にはドイツ連邦議会の選挙を通じて行使するため，連邦議会は，EU に対するドイツの加盟国たる地位や，EU の存続，発展に関して決定しなければならない。

　それに従えば，以下のような場合，基本法 38 条違反が生ずる。つまり，ドイツの法秩序に対して超国家的な EC などの法の直接の妥当性と適用可能性に道を開くような法律が，移植されている権限内容や企図されている統合計画に関して十分特定可能な形で確定していない場合である。……

　もっとも，国際法上の条約の条文が条約当事国間で交渉の対象とならざるをえないことに配慮すれば，条約の明確性や濃密性に対しては，法律に関して議会の留保が通常の場合に設定するのと同様の要請はできない。決定的なことは，加盟国としてのドイツ連邦共和国の地位と，そこから生じる権利と義務——特に，国内の法領域における EC などの，法的拘束力をもつ直接の活動——が，立法者にとり予見可能な形で条約のなかに規定され，立法者によって同意法律のなかに十分特定可能な形で規範化されていることである。このことは同時に，EU 条約で規定された統合計画や EU の行為の授権が，後になって本質的な変更をされても，この条約に対する同意法律がもはやそれをカバーしていないことを意味する。たとえば欧州諸機関が，ドイツの同意法律の基礎に置かれた EU 条約がカバーしないようなやり方で EU 条約を利用し，あるいは発展させ続けた場合，そこから生じてくる法的行為は，ドイツの高権領域では拘束力をもたない。ドイツの国家機関は，憲法上の理由から，そうした法的行為をドイツで適用できない。それに対応して連邦憲法裁判所も，欧州諸機関の法的行為がそうした機関に認められた高権的権利の限界内にあるのか，それともそうした限界を逸脱するものなのかを審査するのである。

II.

　現在の手続きで審査しなければならない限りにおいては，EU 条約は，そうした要請を満たしている。……

1. ……EU 条約は，EU に加盟国のナショナルなアイデンティティを尊重するよう義務づけ（EU 条約 F 条 1 項），限定的な個別的授権の原理に従って EU や EC などに特定の権限のみを与え（EU 条約 E 条），そして補完性原理を EU（EU 条約 B 条 2 項）と EC（EC 条約 3b 条 2 項）において拘束的な法的原則とすることを通じて，加盟国の独立性と主権性を尊重している。……

　　……ドイツは，「時期の限定なく」締結された EU 条約（EU 条約 Q 条）の拘

束性を長期的に加盟国となる意思に基づいて基礎づけはしたが，この帰属を最終的には反対の行為により再び無効化することができる「条約の主人」のうちの一人である。……

Part D（略）

8-8 成長・競争力・雇用に関する白書（「ドロール白書」）(1993. 12)

European Commission, "White Paper on growth, competitiveness, and employment : The challenges and ways forward into the 21st century," COM (93) 700 final, Brussels, 5 December 1993. (Online available : http://europa.eu.int/en/record/white/c93700/contents.html)

　1990年代前半におけるEU雇用創出戦略の鍵文書。この過程を主導したのが10年にわたり欧州委員長を務めたドロールであったことから，「ドロール白書」と別称される。1993年の間じゅう失業と競争力の欠如を争点化することに努めたドロールは，首脳レベルでの説得に努め，同年末のブリュッセル欧州理事会における白書の採択にこぎつける。世紀末までに1500万人の雇用を創出するとしたこの白書は，内容的には，非熟練労働者に関する規制緩和を志向する一方，職業訓練の推進や会社レベルでの自発的な労働共有を重視し，またマクロ経済の安定とともにヨーロッパ大のインフラ（とりわけ欧州横断ネットワーク）への大規模支出，情報集約型産業へのシフトと研究開発などを説いた。のちの2000年のリスボン戦略【9-7】と比べると，より社会民主主義的な要素を含んでいたと言える。　　　　　　　　　　　　　　　　　　　　（遠藤）

前文
　この白書には，ヨーロッパ経済の持続可能な発展を基礎づけるため，欧州共同体や国あるいはより分権化されたレベルでの議論を促し意思決定を助けるよう形作られている。それにより，国際競争のなかでもちこたえ，必要な何百万もの雇用を創出することができる。
　ヨーロッパ経済には将来性があると確信している。繁栄と競争力の伝統的な基盤を見れば，ヨーロッパはその発展機会を維持してきたのがわかる。ヨーロッパには活用しさえすればよい資源がある。たとえば，豊富な非物理的資源（教育，技能，技術革新の能力，伝統），有用な金融資本，高度に能率的な銀行制度，健全

な社会モデル，効果的な労使協力である。

満たされるべき必要性の規模からすると，EU であれ他の世界中のどこであれ，再生は基本的にマルサス主義的な解決法を支持することによってではなく，仕事や雇用の開発によって達成されるべきである。そう，雇用を創出することは可能であり，将来を守りたいのならそうしなければならない。その将来は，われわれの子供の将来であり，彼らは経済的，社会的活動に参加したり住んでいる社会に関与したりする展望のなかで希望やモチベーションを見つけることができなければならない。その将来とはまた，社会保護システムの将来にかかわるものでもあり，それは短期的には不十分な成長に，長期的には不労人口に対する就労人口の割合の低下に脅かされている。

換言すれば，われわれはヨーロッパを特徴づけ象徴してきた理想に忠実でありつつも，巨大な責任に直面している。つまり，社会が求める目標（社会統合の一要素としての仕事や機会均等）と経済の要求（競争や雇用創出）との新たな総合を見出すという責任である。

われわれはみなこの大きな挑戦に直面している。それゆえ，なによりも統合ヨーロッパを建設し続ける必要を説いてきたわけで，その統合ヨーロッパは，協力を通して，またいかなる種類の国境もない規模の利益を通して，われわれの力強さを増進するであろう。そうだからこそ，政治的な意思決定者や企業の指導者だけでなく全ての人に対し，新しい世界を理解しようと努めかつ共同の試みに参加することで，この努力に力を合わせて貢献するよう求めているのである。

ヨーロッパにとって，諦め，誓約を拒否し，また受動性を育むような構造や習慣を維持することほど危険なことはないであろう。再生には市民によって突き動かされる社会が必要である。市民は，自らの責任を自覚し，豊富な歴史と共通の帰属意識をもつ地方や国の共同体をともに形成する人に対して，連帯の精神をもちあわせている。

したがって，EU が寄与できるのはこの動きを支援することであり，それはわれわれの歴史的な忠誠心と，いま生まれつつある新しい世界に自分たちの場所を確保したいという希望を調和させることにあろう。

Part A　21 世紀に向けた挑戦と方策［一部要約］
なぜ「白書」なのか？

ただ一つの理由による。それは，失業である。われわれは，その規模とともに

帰結について自覚している。経験に拠れば，困難なのは，いかにしてそれに立ち向かうかを知ることにある。

……

雇用について優先すべき行動
- 教育と職業訓練への投資：生涯を通じた知とノウハウ
- 労働市場における二重の柔軟性：既雇用層向けと非雇用層向け
- 分権化し先導することのメリット（差異化した公的職業訓練と企業レベルの労働共有）
- 非熟練および半非熟練労働の相対的費用の削減
- 徹底した雇用政策の見直し（長期失業の防止に焦点を合わせた）
- 新しい必要性を満たす努力（例：ライフスタイルの変化，家族構成や関係の変容，女性就労の増加，高齢者の新しい願望，環境保護，都市再生など）

……

Part B　成長，競争力，雇用創出の条件（略）

8-9　地域委員会の発足：ブラン地域委員会委員長の演説（1994. 3. 10）

"Discours enthousiaste du premier président du Comité des régions, Jacques Blanc, lors de la session constitutive du Comité des régions, le 10 mars 1994, à Bruxelles," *Procès-verbal de la session constitutive du Comité des régions, Séance du 10 mars 1994 (premier exercice quadriennal) 1994-1998*, DI CdR 25/94 (2ème partie), annexe 4, Comité des régions des Communautés européennes, 24. 03. 1994. (Online available: http://www.ena.lu/mce.swf?doc = 8933&lang = 1)

　EU 発足直後の 1994 年に，地域委員会が設置された。下に掲げる史料は，同委員会発足の際に初代委員長ブラン（Jacques Blanc, 1939-）が行った演説の一部である。議会制を補完する職能代表制としては，すでに経済社会評議会が存在していたが，同じ諮問的組織として，地域委員会を経由してヨーロッパの各地域の声を EU の政策過程に接合することが実現したのである。
　EC/EU における地域政策は，従来構造基金を通じて格差の是正，再分配機能を果たしてきた。一方，この委員会は，EU の「民主主義の赤字」や官僚支配に対し，地域の声を EU に伝えることにより民主主義を補完し，「市民のヨーロッパ」の形成を促すことを目的としている。

地域とヨーロッパとの関係については，すでに欧州審議会（CE）の枠内で，1950年代より議会，憲章などが設置・採択されてきた。前出の欧州地方自治体会議憲章【5-3】にあるように，ヨーロッパの自治体は地域の声を政策過程に組み入れることこそ民主主義である，という考え方の下，自治体とヨーロッパとの接合を試みてきた。欧州審議会の自治体政策に大きな影響を与えた欧州地方地域自治体会議（欧州地方自治体評議会の後継団体）は，1985年の欧州地方自治憲章【7-7】の制定に引き続き，この地域委員会設立においても大きな役割を果たした。この背景としては，80年代以降加盟国の国内政治において分権化が進展してきたことがあげられる。そしてマーストリヒト条約において「補完性原理」【7-25】（【7-13】も参照）が採択されたことは，こうした国家より下位の主体が参加するマルチレベルガバナンスを実現する好機であった。国際政治学のなかでは，連邦主義の分析は国際機関と各国政府との関係の分析にとどまることが多い。しかし国内の諸アクターも含めた重層的な空間として地域共同体を重視する視点は，ヨーロッパの連邦主義の一つの側面でもある（【2-15, 2-32】参照）。　　　　　　　　　　　　　　　　　　（上原）

　われわれは小さな自治体出身であるだけに多様な名士を集めた多様性ある議会を開設したことに，みな，望外の誇りを感じている，と申しました。私自身小さな自治体と中間自治体の首長であり，フランスの県とレジオン（地域）の経験があり，現在レジオン議長を務めております。こうした多様性こそが，われわれの切り札なのです。つまり国民国家の枠内において，全地方自治体の役割を尊重しながら，ヨーロッパのそれぞれの土地の豊かさを伝えているからなのです。実際われわれは，国家と地方自治体との補完性を信じておりますし，こうした地方自治体こそ，われわれの民主主義にプラスをもたらすことができるのです。……
　私は，今夜，三つの均衡，すなわち，レジオンと地方自治体，地理的均衡，政治的均衡という三つの均衡の能力こそ，効果的な作業と，われわれの議会の信頼性のまさに基礎であるということを確信しております。……
　確かにテクノクラシーによるネガティブな逸脱を避ける事が時として必要です。現実，つまり日常生活から一定の決定を下すことが不可欠である，というのもその通りです。……われわれこそが，おそらくこうした原則，そして経済的社会的結束の要請に，真の意味を与えることができる存在なのです。……
　……われわれは，補完性の原理に定義を与えることを望む存在でもありますが，それは補完性の原理の真の適用方法を見つけなければならないからです。な

ぜなら，われわれのくに（pays）の人々が必要としているのは，女でも男でも，決定がその最も近いところで行われていると感じることなのです。彼らには二つの期待があります。地方の人々の根っこを深部から守ること，また同時に，みなヨーロッパ次元なしでは何もなしえない，ということもよく知っているのです。

……地域委員会は，日常のヨーロッパ，市民のヨーロッパの新しい標識であらねばならないのです。……

8-10 欧州地中海パートナーシップの成立：バルセロナ宣言（1995.11）

"Barcelona Declaration, Final Declaration of the Barcelona Euro-Mediterranean Ministerial Conference of 27 and 28 November 1995 and its work programme." (Online available: http://www.euromed-seminars.org.mt/archive/ministerial/i-barcelona.htm)

　　欧州地中海パートナーシップ，通称バルセロナ・プロセスは，1995年11月27-28日にバルセロナで開催された欧州地中海外相会議においてスタートした。EUの東方拡大に対抗して，スペイン，フランス，イタリアが中心となり「南」の重視を訴え実現にいたった。EU加盟国および地中海の非EU加盟国により構成されるこの枠組みは，EUのような確固とした制度ではなく，「政治・安全保障」「経済・財政」「社会・文化・人的領域」の三つのパートナーシップからなる柔構造の集合体である。当初は，移民問題やパレスチナ問題が主要な課題であったが，「9.11」，特にイラク危機後は，「ソラナ・ペーパー」【9-19】に代表される包括的な安全保障政策の手段として，紛争予防，人権・民主化政策，対テロ・大量破壊兵器対策の受け皿となる。特に非軍事的措置に力点をおき，アラブ諸国との「文明間の対話」を積極的にすすめている。2国間でのプロジェクトに加え多角的プロジェクトが並存している点がその特徴であるが，東方拡大後は，「ENP（欧州近隣諸国政策）」【9-22】が2国間援助を供与し，両者は補完的な関係にある。　　　　　　　　　　　　　　　　（上原）

政治・安全保障パートナーシップ：平和・安定の共通圏の確立

　　参加国は，地中海地域の平和・安定・安全保障が共通の資産であり，あらゆる利用可能な手段を通じて誓ってこれを促進強化するという信念を表明した。この目的のために，国際法の最重要の原則の遵守に基づき，定期的な政治対話を強化すること，また内外の安定にかかわる諸問題について共通の諸目的を再確認する

ことを合意した。……

経済・財政パートナーシップ：繁栄共有圏の創設
　参加国は，繁栄共有圏の創設を目的とした持続可能かつ均衡した経済的社会的発展の意義を最重視している。
　パートナー諸国は，債務問題が地中海諸国の経済的発展に対して生みだす諸問題を認識している。この関連性の重大さを考慮し，実効力あるフォーラムにおいて前進のために対話を継続することで合意している。
　パートナー諸国は，たとえ程度の差があるにせよ，共通の挑戦へ立ち向かうべきであることを強調し，参加国は以下の長期目的を設定した。
- 持続的な社会経済の発展の加速
- 住民の生活水準の改善，雇用レベルの向上，ヨーロッパ地中海地域内での成長格差の縮小
- 地域協力と統合の促進

　これらの目的を達成するために，参加国は，経済・財政パートナーシップの結成に同意するが，発展段階が異なることを考慮し，以下の三点を原則とする。
- 自由貿易圏の漸進的設置
- 適切な経済協力と関連領域での協調行動の履行
- パートナー諸国に対するEUの財政支援の大幅な増額

……

社会・文化・人の問題におけるパートナーシップ：人的資源の発展，諸文化間の理解の促進，市民社会間の交流
　参加国は，地中海全域の文化および文明の伝統と，諸文化間の対話，人的・科学・技術レベルでの交流は，人々の関係を密にし，相互の理解を促し，相互の認識の改善に不可欠な要素であることを認めている。
　こうした精神の下で，参加国は，社会，文化，人的問題におけるパートナーシップを確立することを合意する。この目的のために，
―諸文化間および諸宗教間の対話と尊敬は，人々のより緊密な関係の強化のために必要な前提条件であることを再確認する。……
―人的資源の発展は，特に若者の教育・職業訓練，および文化の両面において，本質的な活力であることを強調する。……
―社会発展の重要性を認識しているが，それは，参加国の見解では，経済発展と

相伴って進む必要がある。特に，発展の権利を含む，基本的社会権の尊重を重視する。
―欧州地中海パートナーシップの発展プロセスにおいて，市民社会は不可欠の貢献を果たしており，人々の間の理解と緊密さを促す不可欠の要素であると認識する。
―したがって，分権的協働に必要な手段を強化・導入することに合意するが，これは，国内法の枠組み内で活発化している下記のアクターの間の交流促進を目的としている。そのアクターとは，政治・市民社会，文化および宗教世界，大学，研究共同体，メディア，諸組織，労働組合，および公共および民間企業のリーダーたちである。
―この交流を基礎として，分権的協働のプログラムを通じて，若者間でのコンタクトおよび交流の促進の重要性を認識する。
―民主的諸制度，および法の支配と市民社会の強化のための支援活動を促進するであろう。
―非合法移民の分野において，より緊密な協力の確立を決定した。
……

8-11　通貨統合と財政規律：安定成長協定に関する欧州理事会決議（1997. 6）

"Resolution of the European Council on the Stability and Growth Pact," *Bull. EU*, 6-1997, Annex I to the conclusions of the Presidency, 1-27.

マーストリヒト条約で謳われた通貨統合の実施は，1990年代半ば以降本格化する。それとともに強く意識されたのが，諸加盟国の経済が単一通貨に参加するにふさわしいか否かを確認するための一連の収斂基準である。これは，すでに同条約交渉時から争点化し，実際に条約に書き込まれた。その議定書には，諸加盟国はGDPの3％以上の財政赤字およびGDPの60％以上の公的債務を抱えないことが明記されていた（以下の協定文書で引用される条項を含め，マーストリヒト条約については【7-25】をあわせて参照されたい）。

しかしそれだけでは通貨価値の安定には不十分であると考えたドイツを中心に，通貨同盟参加国が健全な財政運営を堅守するようルールと違反時の罰則を明確にすべきだとする動きが強まった。1996年12月ダブリン欧州理事会は，

その原則と要点について合意し，さらに詳細を詰めることとした。

　その後，1997年6月に成立した仏ジョスパン（Lionel Jospin, 1937-）政権などが，通貨価値の安定だけでなく，雇用や経済成長をも優先事項とすべきと主張し，（新条約改正が行われたのと同時期の）アムステルダム欧州理事会において，妥協が成立し，「成長雇用決議」と抱き合わせで「安定成長協定」として採択されるにいたった。

　この協定は，結果として通貨統合入りを目指す諸国の経済運営を相当に拘束し，1990年代末に「ヨーロッパ化（Europeanisation）」の言説が広まる原動力ともなった。実際，通貨統合の実現過程では，放漫財政を指摘されるアイルランドのような例も生まれ，財政という国家の中心的な機能に切り込んだEU基準の強大さを示す一方，通貨統合完了後は，緊縮財政への不満も高まり，独仏のような中心国の財政について，大目に見る傾向も見られた（【8-16】【9-18】参照）。
　　　　　　　　　　　　　　　　　　　　　　　　　　　　　　　　（遠藤）

議長総括への付属文書 I

　……

III. 予防と抑止を提供する安定成長協定は，本決議と二つの理事会規則から構成される。理事会規則の一つは財政政策の監督および経済政策の監督と協調を強化するものであり，あと一つは超過赤字手続きの実行を早め，明確にするものである。

IV. 欧州理事会は，全ての当事者，すなわち各加盟国，EU理事会，EU委員会に対して，この条約および安定成長協定を厳密かつ時宜にかなった方法で実施することを厳粛に要請する。この決議は，安定成長協定を実行しようとする当事者に対して，しっかりとした政治的目安を提供する。この目的に沿って欧州理事会は以下の指針について合意した。

加盟国は
1. それぞれの安定・収斂計画で設定された均衡もしくは黒字に近い中期の予算目標を尊重すると誓約する。
2. 率先して，103条(4)に従い，自国に対してなされた理事会勧告を公表することが要請される。
3. 103条(4)に基づく理事会勧告の形式で早期警告を受けたら，安定・収斂計画の目的を満たすのに必要と考える予算上の是正措置をとることを誓う。

4. 過度の赤字のリスクを示す情報を受け取ったときには，必要と考える予算上の調整措置を遅滞なく開始する。
5. 過度の赤字が生じたら，できる限り速やかにそれを是正することになるだろう。この措置は，特別な事情のない限り過度の赤字の発覚から1年以内に終了しているべきである。
6. 率先して104条c (7) に従ってなされた勧告を公表するよう求められる。
7. 著しい景気後退局面にある場合を除いて，超過赤字手続きの迅速化および透明化に関する理事会規則の2条 (3) の利益を求めないことを誓う。

EU委員会は
1. 条約に沿って提案権を行使する。それは，安定成長協定が厳密で時宜にかない，かつ効果的に機能するのを促進するように行使されるだろう。
2. 遅滞なく必要な報告，意見，および勧告を公表し，103条および104条cに基づく理事会決定の採択を可能にするだろう。これによって，早期警告制度が効果的に機能し，超過赤字手続きの速やかな発動と厳密な適用が促進される。
3. 超過赤字のリスクが存在するとき，または計画的もしくは事実上の財政赤字がGDPの3%を超えるときはいつでも104条c (3) に基づく報告を準備するようにする。これによって，104条c (3) の手続きが発動される。
4. もしもGDPの3%を超える赤字が過度でないと委員会が考えたとき，そしてこの委員会の意見が経済金融委員会の意見と異なっているときには，理事会に対してその立場をとる理由を書面で提出することを誓う。
5. 109条dに基づく理事会の要請を受け，104条c (6) に言う過度の赤字が存在するかどうかの理事会決定へ向けた勧告を常に作成するようにする。

理事会は
1. その権限の範囲内で安定成長協定の全ての要素を厳密で時宜にかなった形で実行することを使命とする。103条および104条cに基づいて可能な限り速やかに必要な決定を下すだろう。
2. 超過赤字手続きの適用の最終期限をシーリングとみなすよう強く要請される。特に，欧州理事会は104条c (7) の下で行為する際，過度の赤字が生じたのち可能な限り速やかに，特別な事情のない限り発覚後1年以内にこれを是正することを勧告するだろう。
3. 参加加盟国が理事会勧告に従い過度な赤字を終わらせるのに必要な処置をと

りそこねたときには，常に制裁を科すことを要請される。
4. 104条c (11) に従って参加加盟国に制裁を科すことを決断したときには，無利子の供託金を要求するよう常に促される。
5. 104条c (11) に基づいて制裁を科す決定が下されてから2年が経過したときには，理事会から見て過度な赤字が是正された場合を除いて，この供託金を罰金へと転換するよう促される。
6. 過度の赤字や予算状況の監督がどのような段階にあっても，理事会が委員会の勧告にもかかわらず行動しなかったときには，その不作為を正当化する理由を文書にて明言すること，およびそのような場合，各加盟国の投票結果を公表することが常に求められる。

8-12　アムステルダム条約本文（1997）

"Treaty of Amsterdam Amending the Treaty on European Union, the Treaty Establishing the European Communities and Related Acts," *OJ*, C 340, 10 November 1997. 邦訳は金丸輝男編著『EUアムステルダム条約』ジェトロ，2000年をベースとし，一部改訳した。

　　アムステルダム条約は，マーストリヒト条約の最終規定において求められた条約見直し条項に基づき，1995年のウェステンドルプ報告，政府間会議などの討議を経て，97年6月のアムステルダム首脳会議にて大筋合意を見，同年10月2日に調印，99年5月1日に発効したものである。骨子としては，①人権規定とそれに違反した加盟国への制裁措置を規定，②建設的棄権の制度を採用し，理事会事務局長がEU対外代表を兼ねるなどの施策を通じ，共同外交安全保障を強化，③司法内務協力を大幅に拡張し（シェンゲン条約体系をEUに取り込み），④欧州議会が理事会と共同決定できる政策領域を拡大することで，その権限を強化し，⑤社会雇用政策や消費者保護などに積極的に取り組み，⑥一部の国が先行して統合を深化させるのを許容する柔軟性原則を制度化，⑦補完性原理の実施規定を設けた。
　　上記合意事項のほかにも，将来の拡大をにらんで，欧州委員の削減や理事会の票の配分などの相互に密接に絡んだ争点について討議されたが，首脳間で意見が割れ，後のニース条約にもち越されることになった。なお，シェンゲン協定の統合と補完性原理の実施に関する付属議定書は【8-13，8-14】で別途取り扱った。

付言すると，条約に合意した1997年6月のアムステルダム首脳会議は，ブレア英新首相，ジョスパン仏新首相と左派指導者が政権を奪取した直後に行われた。同時に開催した欧州理事会ではフランスが雇用面でイニシアティブを発揮し【8-11】，またイギリスが89年に合意された社会憲章【7-15】に初めて加わった。

(遠藤)

I編　共通規定

6条（旧F条）

1. 連合は，加盟国に共通の原則である自由，民主主義，人権と基本的自由の尊重および法の支配に基づいて設立される。
2. 連合は，1950年11月4日ローマで署名された「人権と基本的自由を保護するための欧州規約」が保障している基本的権利および加盟国に共通の憲法的伝統から生じる基本的権利を，共同体法の一般原理として尊重する。
3. 連合は加盟国国民の一体性を尊重する。
4. 連合はその目的を達し，政策を成し遂げるために必要な方法を自ら整える。

7条（旧F. 1条）

1. 国家元首または政府首脳によって構成される理事会は，加盟国の3分の1もしくは委員会の提案に基づき，欧州議会の同意を得た後，全会一致により決定を行い，6条（旧F条）(1)に掲げられた諸原則に対する加盟国による重大かつ継続的な違反の存在を，当該加盟国政府に意見の提出を促した後に確認する。
2. そのような決定がなされた場合，理事会は，特定多数決により，理事会における当該国の政府代表の投票権を含め，本条約によって当該加盟国に適用される権利のいくつかを一時停止する決定を行うことができる。この実施に際して，理事会は自然人および法人の権利義務のこのような一時停止から起こりうる結果を考慮する。

　本条約の下で当該加盟国に課せられる義務は，いかなる場合においても当該国を拘束し続ける。

V編　共通外交安全保障政策に関する規定

13条（旧J. 3条）

1. 欧州理事会は，防衛にかかわる事項を含む，共通外交安全保障政策の原則および一般的指針を策定する。

2. 欧州理事会は，加盟国が共通の重要な利益を有する領域において，連合により実施されるべき共通の戦略を決定する。

　　共通の戦略は，その目標，期間，および連合および加盟国により利用されることのできる手段を提示する。
3. 理事会は，欧州理事会によって策定される一般的指針に基づき，共通外交・安全保障政策を策定し，かつ実施するために必要な決定を行う。

　　理事会は，欧州理事会に対して共通の戦略を勧告し，特に統一行動および共通の立場を採択することによって，その戦略を実施する。

　　理事会は，連合による行動の統一性，一貫性ならびに有効性を確保する。

14条（旧J. 4条）
1. 理事会は，統一行動を採択する。統一行動は，連合による作戦行動が必要と考えられる具体的な条件を特定する。統一行動は，目標，範囲，連合にとって利用することのできる手段，必要な場合には，その期間および実施のための条件を定める。

15条（旧J. 5条）
　理事会は，共通の立場を採択する。共通の立場は，地理的または主題的性質をもつ特定の問題に対する連合のアプローチを策定する。加盟国は，自国の政策が共通の立場と一致することを確保する。

　　……

23条（旧J. 13条）
1. 本編の下における決定は，理事会により全会一致で行われる。構成員自身またはその代理による棄権は，このような決定の採択を妨げない。

　　投票を棄権する場合，理事会の構成員は，本段の下における公式の宣言を行うことにより棄権を認められる。その場合，その構成員はその決定を適用することを義務づけられないが，その決定が連合を拘束することを認めなければならない。相互的団結の精神において，当該加盟国は，その決定に基づく連合の行動と矛盾し，あるいはその行動を損なうおそれのある行動を差し控える。また，他の加盟国は，その立場を尊重する。このようにして棄権を認められた理事会の構成員が，欧州共同体設立条約205条（旧148条）(2) に従い加重投票の3分の1以上に達した場合，決定は採択されない。
2. 本条1項の規定を逸脱して，理事会は特定多数決により議決する。

　　―統一行動，共通の立場ないし共通の戦略に基づくその他の決定を採択する場

合
　　　　―統一行動または共通の立場を実施する決定を採択する場合
　　　　　理事会の構成員が，国家政策の重要かつ公表された理由により，特定多数決によって決定の採択が行われることに反対する意思のある場合，投票は行われない。理事会は，全会一致で決定を行う欧州理事会にその事項が付託されることを，特定多数決の議決により要求することができる。
　　　　　理事会構成員の投票は，欧州共同体設立条約205条（旧148条）(2)に従って加重される。その採択にあたり，決定は10カ国を含む，少なくとも62票の賛成票を必要とする。
　　　　　本項は，軍事または防衛にかかわる決定には適用されない。
3.　　手続き的問題については，理事会はその構成員の多数決により議決する。
……

26条（旧J. 16条）
　　共通外交・安全保障を担当する上級代表である理事会事務総長は，共通外交安全保障政策の範囲に属する事項において，特に政策決定の形成，準備ならびに実施に貢献することにより，また適当とみなされる場合，議長職の要請により理事会のために行動する場合は，第三国と政治対話を行うことにより，理事会を援助する。
……

VI編　刑事問題における警察・司法協力に関する規定
29条（旧K. 1条）
　　欧州連合の目的は，欧州共同体の権限を侵すことなく，刑事問題における警察・司法協力に関して加盟国間での共同行動を発展させることにより，また人種差別や外国人排斥を阻止し，これらと闘うことによって，自由，安全，および司法の分野における高いレベルの安全を市民に提供することにある。
　　本編の目的は，組織犯罪であるか否かにかかわらず，特に，テロリズム，人身売買や子供に対する虐待，不法な薬物や武器の売買，汚職や詐欺を阻止し，以下の活動を通じて犯罪と闘うことによって達成される。
　―30条（旧K. 2条）および32条（旧K. 4条）の規定に従い，欧州警察機構（ユーロポール）を通じて，あるいは直接，加盟国の警察，税務当局，およびその他の管轄権を有する官庁との間で一層緊密な協力を行うこと

―31条（旧 K. 3 条）(a) – (d) および 32 条の規定に従い，加盟国の裁判所，その他の管轄権を有する官庁との間で一層緊密な協力を行うこと
―31条 (e) の規定に従い，必要があれば加盟国における刑事問題に関する規則の接近を図ること
……

8-13　シェンゲン・アキの統合：アムステルダム条約付属第2議定書（1997. 10）

"Treaty of Amsterdam Amending the Treaty on European Union, the Treaty Establishing the European Communities and Related Acts," *OJ*, C 340, 10 November 1997. 邦訳は金丸輝男編著『EU アムステルダム条約』ジェトロ，2000 年，211 頁以下をベースとし，一部改訳した。

先に取り上げたアムステルダム条約【8-12】には，本文のほかに重要な議定書がいくつか付属している。ここで取り上げるシェンゲン協定は，狭義のヨーロッパ統合の枠外で成長してきたもので，人の域内移動の自由に付随する司法警察協力や国境管理に関するものである。遡ってすでに，1970 年代半ばからトレヴィ・グループのような形で英独を中心に警察行政協力が組織化されてきたが，85 年，独仏ベネルクスの 5 カ国の間で，ルクセンブルクのシェンゲンという田舎町において国境検問廃止の協定が締結され，90 年にはさらにその実施協定が結ばれ，警察当局間の協力を促進するための犯罪情報網などが整備された。92 年締結のマーストリヒト条約において欧州警察機構（ユーロポール）が設置され，第三の柱として，司法警察協力が体系化された。その上で，アムステルダム条約は，シェンゲン協定の下で蓄積されてきた既存の成果（Schengen Aquis, シェンゲン・アキ）を EU に編入し，EC・EU 法と抵触しない限りでそれを適用する旨，議定書に盛り込んだ。イギリスとアイルランドを除く 13 の EU 加盟国と，域外のアイスランドおよびノルウェーが参加しており，いわば「やわらかいヨーロッパ統合」の典型例をなしている。　　　　（遠藤）

欧州連合条約および欧州共同体設立条約付属議定書
2.　シェンゲン・アキ（シェンゲン協定により蓄積された成果）を欧州連合の枠内に統合する議定書

　締約国は，

1985年6月14日および1990年6月19日にシェンゲンで欧州連合加盟諸国によって調印された共通の国境での検問の段階的廃止に関する協定は，これらの協定を基にして採択された関連の協定および規則と同様に，ヨーロッパ統合を強化し，特に欧州連合が自由，安全，正義の分野へとさらに迅速に発展できるよう目指していることに注目し，

　欧州連合の枠内に上記の協定や規則を取り入れることを切望し，

　シェンゲン・アキの諸規定は，欧州連合や共同体法と抵触しない限り適用できることを確認し，

　デンマークの特殊な立場を考慮し，

　アイルランドと大ブリテンおよび北アイルランド連合王国は締約当事者ではなく，上記の協定に調印していないが，それらの加盟国がこれら諸規定の一部もしくは全部を受け入れることができるように規定が設けられるべきであるという事実を考慮し，

　結果として，加盟諸国間のより緊密な協力に関する欧州連合条約および欧州共同体設立条約の規定を適用する必要があり，それら規定は最後の手段としてのみ適用すべきであることを認識し，

　アイスランド共和国およびノルウェー王国の両国は，1996年12月19日にルクセンブルクで調印された協定に基づき，上記の規定により拘束を受けることになる意思を確認しているので，両国との特別な関係を維持する必要を考慮し，

　欧州連合条約および欧州共同体設立条約に付属する以下の規定に同意する。

1条

　ベルギー王国，デンマーク王国，ドイツ連邦共和国，ギリシャ共和国，スペイン王国，フランス共和国，イタリア共和国，ルクセンブルク大公国，オランダ王国，オーストリア共和国，ポルトガル共和国，フィンランド共和国，およびスウェーデン王国は，シェンゲン協定に調印し，以下に「シェンゲン・アキ」として言及する本議定書の付属書で示された協定や関連規定の範囲内で諸国家間の一層緊密な協力を確立することを承認する。この協力は，欧州連合の機構と法的枠内で，欧州連合および欧州共同体設立条約の関連規定を尊重して行われる。

2条

1. アムステルダム条約の発効の日から，この日以前に採択されたシェンゲン協定により設置された執行委員会の決定を含むシェンゲン・アキは，1条に定

める13加盟国に本条の2項の規定に抵触しない限り，1条に定める13加盟国にただちに適用される。この発効の日から，理事会は，前記の執行委員会にとってかわる。

　理事会は，1条に定める加盟国の全会一致により，本項の実施のために必要なあらゆる措置をとる。理事会は，条約の関連規定に従い，シェンゲン・アキを構成する規定や決定のおのおのを法的基礎にして全会一致で決定する。

　そのような規定や決定に関して，またその決定に従って，欧州共同体司法裁判所は条約の適用可能な関連規定により付与された権限を行使する。いずれにせよ同裁判所は，法と秩序の維持および国内の安全の確保に関する措置や決定には管轄権をもたない。……

……

7条

　理事会は，シェンゲン事務局を理事会事務総局へと統合するための詳細な取り決めを特定多数決により採択する。

8条

　欧州連合への新規加盟国との加盟交渉のために，シェンゲン・アキ，およびその範囲内で諸機関によって取られるさらなる措置は，新規加盟申請国との交渉の目的から，全ての加盟申請国に完全に受け入れられるべき蓄積物であるとみなされる。

……

8-14　補完性原理の実施：アムステルダム条約付属第7議定書（1997. 10）

"Treaty of Amsterdam Amending the Treaty on European Union, the Treaty Establishing the European Communities and Related Acts," *OJ*, C 340, 10 November 1997. 邦訳は金丸輝男編著『EUアムステルダム条約』ジェトロ，2000年，226頁以下をベースとし，一部改訳した。

　アムステルダム条約【8-12】の付属議定書には，補完性原理の実施に関する詳細な規定が設けられていた。補完性原理自体は，1992年締結のマーストリヒト条約の3b条（現第5条）【7-25】にて規定されたが，その批准過程のなか

で，当時のECに対する反発が噴出し，加盟国に権限の一部を返却するなど，統合にとっては逆風が続いた。そのとき，争点となったのが，補完性をいかに実施するかというもので，92年末のエディンバラ欧州理事会において，その実施に関する宣言が採択された【8-5】。以下に紹介する議定書は，ほぼそれを踏襲したものとなっている。　　　　　　　　　　　　　　　　　　　　　（遠藤）

7. 補完性の原理および比例性の原則の適用に関する議定書

　締約国は，……欧州共同体設立条約に付属される以下の規定について合意する。

(1) 各機関は与えられた権限の行使において，補完性の原理に合致していることを確保する。また，共同体によるいかなる行動も，条約の目的を達成するために必要な範囲を超えることはないという比例性の原則の遵守を確保する。

(2) 補完性の原理と比例性の原則の適用は，条約の一般規定と目的，特に共同体の蓄積された成果（アキ・コミュノテール）および諸機関相互間の均衡を完全に維持することを尊重する。国内法と共同体法の関係に関して，司法裁判所が発展させた諸原則に影響を与えることなく，「連合は，その目的を達成し，政策を遂行するために必要な手段を自ら整える」とする欧州連合条約の6条4項（旧F条4項）を考慮に入れなければならない。

(3) 補完性の原理は，条約によって欧州共同体に与えられ，司法裁判所によって解釈された権限を疑わしめるものではない。欧州共同体条約の5条（旧3b条）の第2段に示された基準は，共同体が排他的権限をもたない分野に関するものである。補完性の原理は，これらの権限が共同体レベルでどのように実施されるべきかという指針を用意するものである。補完性の原理は，動態的な概念であり，条約に規定された諸目的に照らして適用されるべきである。それは，権限を限定されている共同体の行動が，状況が求める場合に拡大されることを認めるものである。反面，それがもはや正当化されない場合は制限されるか，継続されない。

(4) 全ての提案された共同体の立法も，補完性の原理と比例性の原則に従って正当化されるべく，その根拠が示されねばならない。共同体の目的が共同体によってよりよく達成できることを結論づける理由が，質的な，または可能であれば量的な指標で実証されなければならない。

(5) 共同体の行動が正当化されるためには，補完性の原理の二つの側面が満たさ

れなければならない。すなわち，提案された行動の目的が加盟国の憲法制度の枠組みのなかでの加盟国の行動によっては十分に達成できないこと，したがって共同体による行動によってよりよく達成できることである。

　上記の条件が満たされているかどうかを審査するために，以下の指針を用いることとする。

―考慮中の問題が国境横断的な要素をもち，加盟国の行動によっては十分に調整できず，

―加盟国のみの行動あるいは共同体の行動を欠いては，条約の要請（たとえば，競争の歪みを是正し，隠された貿易障壁を排除し，あるいは経済・社会的結束を強化する必要性など）と相容れない場合，またはそうでなければ加盟国の国益を著しく損ねる場合，

―共同体レベルの行動が，加盟国レベルの行動と比較して，その規模または効果の点で明らかな利益を生むこと。

(6)　共同体の行動の形式は，その措置の目的の十分な達成と効果的な実施のための必要に反しない限りで，できるだけ単純であるものとする。共同体は，必要の範囲でのみ立法をするものとする。他の点が同じであれば，規則よりも命令が，また詳細な措置を規定するよりも枠組みを定めた命令が望ましい。欧州共同体条約249条（旧189条）に規定された命令は，その名宛人である各加盟国に対して，達成するべき結果について拘束しても，国内の担当機関にその形式と手段を選択する余地を残すものである。

(7)　共同体の行動の性質と範囲に関して，共同体による措置は，その措置の目的を維持し条約の要請を遵守しつつ，可能な限り国家による決定に裁量の余地を残さねばならない。共同体法を尊重しつつ，十分に確立された国家取り決め，加盟国の法制度における機構と機能を尊重すべく配慮するものとする。適正な執行のための必要性に適えば，またその必要性を条件として，共同体による措置は，加盟国に対し，その措置の目的を達成するための代替的方法を用意することとする。

(8)　（略）

(9)　委員会は，その提案権を侵害しない限りで，

―特に緊急あるいは極秘の場合を除き，法案を提出する前に広く諮問を行い，適切な時期に，諮問のための文書を公表する。

―補完性の原理に照らして，提案が適切であることを示す。すなわち，必要な

時期に，提案に説明のための覚書を添えてこの点を詳細に説明する。共同体の行動の全体または一部への，共同体の財源からの支出は説明を必要とする。

―共同体，各国政府，地方自治体，企業，および市民にもたらされる財政上または行政上のあらゆる負担の必要性を正確に考慮し，最小限かつ達成されるべき目的に応じたとものとする。

―欧州理事会，欧州議会および理事会に対し，欧州共同体条約5条の適用に関する年次報告書を提出する。この年次報告書は，地域委員会および経済社会委員会にも送付される。

(10)–(13)（略）

8-15　東方拡大プロセスの本格化と EU 予算問題
A．アジェンダ 2000（1997）
B．ベルリン合意（1999）
A．"Agenda 2000," *Bull. EU*, 7/8-1997, point I. 1. Cf. COM (97) 2000, *Bull. EU*, Supplement 5/97.
B．"Table 1: Agenda 2000. Financial perspective for the period 2000/06," *Bull. EU*, 3-1999, point II. 1.

　1990年代後半，のちの2004年の東方拡大に向けた準備が進行した。97年は特にその準備過程が本格化した年と言える。アムステルダムにおける政府間会議の終結直後の同年7月，サンテール欧州委員会は，拡大に向け，包括的な改革案を「アジェンダ2000」(A)として発表した。膨大な量のこの改革案は，EU諸政策の包括的見直し，とりわけCAP，構造基金と予算の改革，および制度改革を含むものであった。この背後には，東方に拡大するEUが，加盟国数の増加により意思決定の上で麻痺し，また農業を基盤とする比較的貧しい国を受け入れるにあたり，農業政策や地域政策を見直さなければEU予算が崩壊するという危機感があった。

　1997年12月のルクセンブルク欧州理事会で，加盟国はEU拡大の必要性をより一層明確に示したものの，ドロール・パッケージIIに替わる2000年以降の新予算とそれに密接に絡む農政改革をめぐって翌年じゅう紛糾した。最終的には，独仏首脳による農業関係支出の妥協を経て，1999年3月のベルリン欧州理事会は，アジェンダ2000と予算について合意をみた。末尾のBはその概

要を示す表である。　　　　　　　　　　　　　　　　　　　　　　　　（遠藤）

A．アジェンダ 2000
I.1.「アジェンダ 2000——より強い拡大ヨーロッパのため」と題された欧州委員会コミュニケーション

　これは 7 月 15 日に欧州委員会により採択された。このコミュニケーションは，10 の中東欧諸国による加盟申請についての意見提出と同時期に採択されたのだが（→ point 1. 4. 73），これは欧州委員会からの，1995 年 12 月のマドリードの欧州理事会によってなされた要請への応答となっている。単一の枠組みのなかで，欧州委員会は，世紀をまたいだ EU とその政策の発展，EU に対する拡大のインパクト，そして 2000 年以降の財政枠組みの将来について，発展の大まかな展望を描いている。

　欧州委員会は，まず導入部で，機構の強化のいかなる遅れも，EU の拡大を危うくすることにしかならないであろうと強調する。アムステルダム条約草案に付された将来の機構に関する議定書の下では，EU が 6 カ国以上の新規加盟国を受け入れる前に，機構の構成と機能についての条約の各条項をより包括的に再検討する必要があるとされる。欧州委員会は，それゆえ政府間会議が 2000 年以降に可能な限り早急に召集されるべきだと提案する。

連合の政策の発展

　EU の政策は，連合が現在直面している挑戦の観点から強化され，改善されなければならない。その挑戦とはすなわち，人口統計学上の制約，新たなテクノロジーの登場，構造改革，諸経済体の間のより深い相互依存，そして EU の国際的なプレゼンスを増大させる必要である。

　欧州委員会は，共同体の域内政策に関して，四つの主目標を採択した。すなわち，継続的成長のための条件を確立すること，成長を知識に基づいたものにすること，雇用体系の綿密な現代化に着手すること，そして，連帯に基づき，共通の利益を考慮に入れ，環境を尊重する安全な社会を促進することである。

　これらの指針を実施するため，欧州委員会は，EU の共同体予算における域内政策の相対的占有率を増やし，研究開発，訓練，そして主要ネットワークといった優先事項に焦点を当てなければならないと提案する。欧州委員会はまた，自身の役割を再考し，その運営，調整，監督の能力を改善する必要があると考えてい

る。政府間会議で発表されたように，欧州委員会は，その課題を再整理，再定義し，それに対応する形で部局の再編成を行う予定である。

欧州委員会は，経済的社会的結束のための，三つの明確な優先事項を設定する。すなわち，地域間格差の減少，経済変革に乗りだす地域への支援，そしてEU全域にわたる人的資源の開発である。この三つは，三つの対応する目標に反映されていなければならない。[あわせて]七つの目標を三つに減らすなかで，EUはその構造的活動の効率性と可視性を高めるだろう。欧州委員会はまた，最大限可能な地理上の集中を唱えている。すなわち，現在，EU人口の半分以上が構造的援助を受ける資格を取得しているが，欧州委員会は，この比率を40%以下に減らすよう提案している。このアプローチは，GNPにして1999年水準の結束基金の総支出を維持するという決定と相まって，現在のEUの構造的援助の要請を満たし，拡大により課される新たな形態の連帯を考慮に入れることを可能にする。とりわけ，構造基金と結束基金への割当額は，2000-06年の間，現15加盟国向けで2300億ECU（1997年価格），新規加盟国には加盟前援助の形での70億ECUを含めて450億ECUとなる見込みである。加盟申請国に対する資金移転は，加盟国の吸収能力を考慮に入れて，徐々に増加させる。そして，構造基金と結束基金からの総移転は，現在の，あるいは将来の加盟国のGDPの4%を決して超えるべきではない。欧州委員会は，ユーロ圏を構成し，一人当たりGDPが共同体平均の90%以下の国は，結束基金への資格を保有し続けるが，基金の申請資格の中間審査がなされるべきだと提案している。

欧州委員会は1992年の共通農業政策改革を継続し，直接収入補助との抱き合わせで世界市場価格への移行を追求することが，さまざまな理由から必要であると考えている。すなわち，市場のさらなる不均衡化の危険，貿易交渉の新たなラウンドの展望，より環境に優しく品質重視の農業への要望，そして拡大の見込みである。とりわけ，欧州委員会は，穀物，牛肉，子牛の公定価格の相当な低減と，割当制の下で牛乳の若干の削減を計画している。これらの削減は，収入割増の追加によって相殺されるだろう。それゆえ，消費者は，この新方式によって直接に利益を得られる。価格の下落から生ずる所得喪失を過剰に補填しないよう，欧州委員会は100%未満の補償を企図しているが，これは，市場価格が公定価格よりも高いレベルで維持されると予測されるためである。欧州委員会はまた，一農家当たりのシーリングが共同体による全ての直接収入援助に対して設けられるべきと示唆した。

十分な農村開発政策が必要なのは，ますます明白となっている。このため，欧州委員会は既存の農村政策手法を改良するつもりである。その方法は，欧州農業指導保証基金保証部による構造的支持策を重視し，農環境保護策に割り当てられる予算財源を増加させ，そして環境規則の遵守を条件とする直接支払いを加盟国ができるようにするというものである。

拡大の挑戦

　拡大が EU の政策に及ぼす影響，とりわけ農業と構造基金に及ぼすそれを分析してみると，拡大はかなりの政治的経済的利益をもたらし，共同体政策を前進させるかもしれないことが確認される。しかし，同時に，拡大は連合をさらに異質化するであろう。すなわち，ある種の部門上および地域的な調整の問題を引き起こし，そしてその解決のために適切な準備が必要になるだろう。そのため，欧州委員会は，加盟前期間を最大限に活用することが，加盟申請国に，加盟時あるいは加盟終了後合理的な経過期間を経てアキ・コミュノテールを適用することを促すために，決定的に重要だと考えている。

　1993 年のコペンハーゲン欧州理事会で規定された政治的経済的基準に照らして多様な加盟申請国の状況を分析した上，欧州委員会は，各申請と交渉過程の始動についての詳細な勧告を行う。すなわち，加盟交渉は，ハンガリー，ポーランド，エストニア，チェコ共和国，スロヴェニア（加盟申請の提出順）に対して開始するべきと勧告する。欧州理事会は，すでにそれよりも早い段階で，キプロスの加盟交渉は，政府間会議終了後 6 カ月後に始まるだろうとすでに判断しており，これは 1993 年に出された欧州委員会の好意的な意見を受けている。欧州委員会の分析とそれぞれの申請の長短に基づいて，欧州委員会は，もし事前準備の努力を継続し一層強化していくのであれば，これらの国々はいずれも，中期的には全ての条件を満たすだろうと考えている。欧州委員会は，全ての国々の加盟交渉をいちどきに開始するという決定が，必ずしも交渉が同時に終了することを意味しないと強調する。終了の時期は，申請についての意見のなかで要求されている努力を，各国がどれだけ続けられるかに拠るところが大だということである。欧州委員会はまた，準備が最も遅れている国々は，将来の交渉をしっかりと見据えるべきだと考えており，そして，各申請国間で加盟に向けての協調関係が構築されるべきだと提案する。この協調関係は，三つの構成要素から成る。すなわち，アキ・コミュノテールの漸進的採用，共同体プログラムと作業方法への習

熟，そして 2000 年からの加盟前財政援助である。このため，欧州委員会は，中東欧の申請国全体の合計額を提案する。共同体によるあらゆる形態の援助を加えた場合，2000-06 年の間における申請前援助の合計額は，1997 年価格で 210 億 ECU 程度になるはずである。その内訳は，1 年単位に換算すると，PHARE 計画から 15 億 ECU，農業開発に 5 億 ECU と構造的援助に 10 億 ECU である。その主眼目は，申請国が共同体のインフラストラクチャー，とりわけ輸送と環境についての基準を少しでも充足できるよう手助けすることにある。欧州委員会は，毎年欧州理事会に進捗状況を報告する予定である。交渉がまだ始まっていない国々に対しては，この客観的な評価を通じて，欧州委員会がじきに加盟過程の始動を勧告することを可能にすることであろう。……

財政枠組み

　2000 年から 06 年の間に適用される新たな財政枠組みは，三つの関心事項を反映している。すなわち，十分に長い期間にわたること，共同体政策の「深化」と拡大の両方に財源を確保すること，そして，公的財政の健全な運営を保証することである。欧州委員会は，1999 年の独自財源のシーリング，すなわち，EU-GNP の 1.27％という制約の範囲内でそれらの要件を満たすことは，ゆとりをもってみても，可能なはずだと考えている。

　欧州委員会は，数々の要因を考慮に入れている。とりわけ，経済成長の成果はもちろん，農業指針の下で得られうる余裕と構造基金の一層の集中的支出の効果，現行の財政枠組みの下で守られている予算規律から来る利益といった要因である。

　アジェンダ 2000 がもつ財政上の含意を示す数字は以下のとおりである。やがてなされる共通農業政策の改革は，期間終了時に，毎年正味およそ 40 億 ECU かかるだろう。それにもかかわらず，農業指針の下で，依然として 47 億 ECU のゆとりがあるだろう。これは，農業市場の不測の変化へ対応し，新規加盟国を完全に統合するのを確実にし，そして将来の新規加盟国に向けて準備するのに必要不可欠である。2000-06 年の間の，経済的社会的結束に利用可能な合計金額は 2750 億 ECU になると予想され，そのうち 450 億 ECU が新規加盟国に充てられる分である。さまざまな形態の加盟前援助と共同体政策への新規加盟国の統合にかかる出費の合計は，当該期間で 750 億 ECU になるだろう。

　欧州委員会は，資金調達制度が十分うまく機能してきたことに留意する。その

ため，EU加盟国の予算上の立場におけるこの重要な側面について，1994年10月31日の自主財源に関する決定によって定められたこの資金調達メカニズムを作り直すのが必要なほどの調整を行う予定はない。自主財源の抜本的改革は，EUが予算シーリングを引き上げなければならなくなったときに，速やかに企図されるべきものである。そこで加盟国の予算上の地位に大きな変化が生じた場合には，全般的な是正システムの導入が検討されうるだろう。

B．ベルリン合意

アジェンダ2000，2000-06年における財政展望

(1999年価格，単位：10億EUR)

	欧州委員会提案	ベルリン欧州理事会
項目1（農業）	302.430	297.740
項目2（構造的活動）	239.400	213.010
項目3（域内政策）	49.270	42.350
項目4（対外活動）	41.000	32.060
項目5（運営支出）	35.070	33.660
項目6（留保）	3.700	4.050
項目7（加盟前援助）	21.840	21.840
総締結予算（EU15カ国）	692.710	644.710
総支払予算（EU15カ国）	684.070	640.470
加盟に利用可能な分（支払予算）	41.200	45.400
2006年支払水準(EU15カ国)(対GNP比)	1.03%	0.97%
(EU21カ国)(対GNP比)	1.18%	1.13%
独自財源シーリング(対GNP比)	1.27%	1.27%

8-16　経済通貨同盟第三段階（単一通貨の導入）移行国の決定（1998. 5. 2）

"2088th Council meeting — Economic and Financial Affairs — Heads of State or Government (1998. 5. 2)." (Online available: http://ue.eu.int/ueDocs/cms_Data/docs/pressData/en/ecofin/08170-R1.EN8.htm)

　　マーストリヒト条約で規定された経済通貨同盟の第三段階への移行（単一通貨の導入）は単年度財政赤字の対GDP比3%以内，累積政府債務の対GDP比60%という基準をクリアすることが条件であったが，この時点においても，基準をクリアできない加盟国は多数であった。しかしながら，単一通貨の導入を

遅らせることはヨーロッパ統合の歩みを止めることとなり，1992-93年時のような通貨危機を引き起こす恐れもあったため，基準の適用を緩めることとなった。98年5月，政府首脳が集まった財務相理事会では，欧州中央銀行制度(ESCB) の設立に必要な法制度を整え，インフレ率が低く，長期金利が安定している国については，財政構造が不安定な国であっても，理事会で非難決議の対象となっていないことをもって，基準をクリアしたという措置が適用されることとなった。また，政府の累積債務に関しては，マーストリヒト条約第104c条2 (b) を基礎に，基準値に近づきつつあると政治的に判断することで第三段階への移行が認められた。その結果，ベルギー，イタリアといった過剰債務国も単一通貨への参加を果たし，基準に満たなかったのはギリシャ一国のみとなった。自ら単一通貨に参加しないことを表明していたスウェーデンは，ERMから離脱していたため，最低2年間ERMに参加しなければならないという条件を満たさなかった。その結果，EU15加盟国のうち，すでにオプトアウトしている英・デンマークとスウェーデン・ギリシャを除く11ヵ国により通貨統合が発足する運びとなった（【8-11】参照）（なお，ギリシャは2001年の紙幣・硬貨流通と同時に参加した）。　　　　　　　　　　　　　　　　(鈴木)

単一通貨への参加国に関する決定

　昨日承認された理事会勧告に基づき，また，午前中に届けられた欧州議会の意見を受けて，理事会は——政府首脳から成る会合において——全会一致で11の加盟国，具体的には，ベルギー，ドイツ，スペイン，フランス，アイルランド，イタリア，ルクセンブルク，オランダ，オーストリア，ポルトガルおよびフィンランドが1999年1月1日の単一通貨の導入に必要な条件を満たしているということを決定した。これらの国々は，したがって，経済通貨同盟の第三段階に参加することになる。

　全ての政府首脳によって歴史的な一歩として歓迎されたこの決定は，1992年にマーストリヒトで締結された欧州連合に関する条約に提示されたタイムテーブルに沿った経済通貨同盟の成果を特徴づけるものである。

　欧州通貨機構および委員会の報告書に基づき，理事会は財務相理事会による11ヵ国に関する肯定的な結論を追認した。それらは以下のように要約される。

—国内法は，国内中央銀行の法規も含めて，欧州中央銀行制度（ESCB）に関する条約および法規と矛盾しない，あるいは，条約が要請するように，ESCBの設立時にはそのような状態になるよう，全ての必要な手続きはとられた。

―1998年末における平均インフレ率は基準値を下回っている。
―これらの国々は過度の財政赤字の存在による理事会決議の対象となっていない。
―これらの国々は，過去2年間ERMの加盟国であり，その通貨は重大な緊張の下に置かれていない。イタリア・リラおよびフィンランド・マルッカは1996年10月および11月にそれぞれERMに加盟したばかりである。加盟以来，これらの通貨は重大な緊張の下に置かれていない。
―1998年1月末において，これらの国々の長期金利は基準値以下である。

理事会はまた，ギリシャとスウェーデンが現段階では必要条件を満たしていないと述べた。

理事会はイギリスおよびデンマークが条件を満たしたかどうかについての評価を行っていない。これは，関連する条約の条項に従い，イギリスは1999年1月1日EMUの第三段階に移行する意志がないと理事会に伝えたこと，そして，デンマークはEMUの第三段階に参加しない旨を理事会に通知したということを受けた結果である。

8-17 英仏サンマロ宣言（1998. 12. 3-4）

"Joint Declaration Issued at the British-French summit," St-Malo, France, 3-4 December 1998. (Online available : http://consilium.europa.eu/uedocs/cmsUpload/French-British%20Summit%20Declaration,%20Saint-Malo,%201998%20-%20EN.pdf)

戦後イギリスの歴代首相の中でヒース（Edward Heath, 1916-2005）に並んで最も親ヨーロッパ的なブレア首相の下で，イギリスが防衛政策をヨーロッパ寄りに転換したことを象徴する文書。1998年12月3-4日，西北フランスのサンマロにて開催された英仏首脳会談は，NATOへのコミットメントを損ねることなく，EU諸国が防衛政策の共通化，独自の軍事能力の獲得，欧州防衛産業の競争力強化に向け真摯な努力をするよう呼びかけた。この背景には，アメリカにおいて軍事革命が進行する一方，ヨーロッパ各国軍が旧式となり，ヨーロッパ軍事産業がとりのこされることで，大西洋同盟内でヨーロッパが軽んじられるというブレアの懸念があったと言われる。同時に，旧ユーゴやコソボでアメリカの空軍力や作戦計画遂行能力抜きでヨーロッパ諸国がなにもできず，後者の存在感が薄くなることの危惧があったこともまた否定しがたい。このサ

ンマロ宣言の後，軍事・安全保障の分野におけるより野心的な宣言や提案が矢継ぎ早に続いた。
(遠藤)

共同宣言
フランスおよび連合王国の政府の長は以下の点につき合意した。
1. EUは国際的な舞台でその役割を十分に果たせる地位にある必要がある。これは，アムステルダム条約を現実のものとすることを意味し，それはEUによる行動にとって必要不可欠の基盤を提供するだろう。共通外交安全保障政策（CFSP）に関するアムステルダム条約の条項を完全かつ迅速に実施することは重要だろう。これは，CFSP枠内で共通防衛政策の漸進的構築に関して決定する欧州理事会の責任を含む。欧州理事会は，政府間ベースで決定できなければならず，これはEU条約の第V章で明記されている活動の領域を全て包含する。
2. この目的に照らし，EUは自主的な行動能力をもたねばならない。これは，信頼の置ける軍事力，その行使を決定する手段，そのような決定をする準備によって支えられているべきで，それにより国際的な危機に対応するのである。

　われわれの目標達成を追求する際には，加盟国が誓約している集団防衛（ワシントン条約第5条やブリュッセル条約第V条で言う）が保持されなければならない。EU加盟国間の結束を強化しながら，NATOにおける各々の義務に従って行動しつつ世界情勢のなかでヨーロッパの発言を聞き入れてもらうことで，われわれは加盟国の集団防衛の礎をなしている現代化された大西洋同盟の活力に貢献しているのである。

　ヨーロッパ人は，EU（欧州理事会，外相理事会，そして国防大臣の会議）の制度的枠組みのなかで行動するだろう。

　ヨーロッパの連帯を強化する際には，ヨーロッパ国家のさまざまな立場を考慮しなければならない。

　NATOに関する国家ごとの状況の相違は尊重されなければならない。
3. 大西洋同盟が全体として関与していない場面で，EUが決定をし軍事行動を承認するためには，西欧同盟（WEU）の現存する資産とWEU-EU関係の進展を考慮に入れながら，EUは適切な組織と状況分析力，情報源，的確な略的計画立案能力を，不要な重複なしに備えてなければならない。この点に関して，EUはまた目的にかなった軍事手段に頼る必要があるだろう（NATOにお

けるヨーロッパの柱という枠内であらかじめ指定されたヨーロッパの軍事能力か，NATO の枠組み外においてヨーロッパに利用可能な各国あるいは多国家間の諸手段）。
4. ヨーロッパは，新たなリスクに即応できる強化された軍隊が必要であり，そしてその軍隊は強力で競争力のあるヨーロッパの防衛産業とテクノロジーによって支えられたものでなければならない。
5. われわれは，EU がこれらの目標を具現化できるように力をあわせることを決意している。

第9章

21世紀のヨーロッパ統合
EU-NATO-CE体制の終焉？

鈴木一人

【史料リスト】
- 9-1　欧米諸国によるコソボ紛争への介入調停（1999. 2. 23）
- 9-2　欧州議会によるサンテール委員会罷免決議（1999. 3. 23）
- 9-3　ベルリン・プラス（1999. 4. 24）
- 9-4　制度改革に向けての賢人提言（デハーネ・レポート）（1999. 10. 18）
- 9-5　ソクラテスII（教育）（2000）
- 9-6　Culture 2000（2000）
- 9-7　リスボン戦略（2000. 3. 23-24）
- 9-8　フィッシャー演説（2000. 5. 12）
- 9-9　コトヌー協定（2000. 6. 23）
- 9-10　オーストリアの人権状況に関する三賢人報告（2000. 9. 8）
- 9-11　ニース条約（2000. 12. 11）
- 9-12　基本権憲章（2000. 12. 7）
- 9-13　北大西洋条約第5条発動（2001. 12. 6）
- 9-14　欧州憲法条約起草
  - A．欧州憲法条約起草コンヴェンション設立決議（2001. 12. 15）
  - B．欧州憲法条約草案の提出（2003. 6. 20）
- 9-15　ジスカール・デスタン元仏大統領のトルコEU加盟否定論（2002. 11. 9）
- 9-16　新規加盟国との加盟交渉終了（2002. 12. 13）
- 9-17　イラク戦争とヨーロッパ
  - A．ケーガン『ネオコンの論理』（2003. 1. 28）
  - B．ラムズフェルド米国防長官「旧いヨーロッパ」発言（2003. 1. 22）
  - C．イラクへの武力攻撃をめぐる8カ国声明（2003. 1. 30）
  - D．ドヴィルパン仏外相演説（2003. 2. 5）
- 9-18　仏独の安定成長協定違反

A．仏独の安定成長協定違反に関する理事会決定（2003. 11. 25）
　B．安定成長協定に関する理事会決定に対する欧州司法裁判所差し戻し判決（2004. 7. 13）
9-19　ソラナ・ペーパー（2003. 12. 12）
9-20　サービス自由化指令（ボルケシュタイン指令）（2004）
9-21　EU拡大に対する委員会の見解
　A．新規加盟国の総合評価（2003. 11. 5）
　B．EU拡大に対する委員長の祝辞（2004. 5. 4）
9-22　欧州近隣諸国政策戦略ペーパー（2004）
9-23　欧州防衛庁の創設
　A．ヘルシンキ・ヘッドライン・ゴール（1999. 12. 11）
　B．欧州防衛庁設立（2004. 7. 12）
9-24　欧州憲法条約（2004. 10. 29）
9-25　欧州議会議員による欧州憲法条約反対運動（2005. 1. 11）
9-26　安定成長協定の基準緩和（2005. 3. 23）
9-27　国民投票による欧州憲法条約否決と批准手続き延期
　A．フランスでの国民投票による条約批准否決（2005. 5. 29）
　B．条約批准手続き延期（2005. 6. 17）
9-28　シュレーダー元独首相演説（2005）
9-29　ベルリン宣言（2007）
9-30　リスボン条約：ブリュッセル欧州理事会議長総括（2007. 6. 23）

グローバルプレーヤーとしてのヨーロッパ

1) EU-NATO 安全保障体制の変容

1998年以降のヨーロッパ統合を概観すると、それ以前からの変化として、グローバルな社会と市場を意識したプレーヤーとしての意識の向上があるだろう。ヨーロッパ諸国は、ボスニア紛争においてその力の限界を認識し、デイトン合意によってヨーロッパ周辺の安全保障に果たすアメリカの役割の大きさを理解した【9-1】。ここで明らかになったアメリカとの「テクノロジー・ギャップ」ないしは「能力ギャップ」は、アメリカ政府から指摘されるまでもなく、ヨーロッパ各国の共通認識として受け止められた。

それがサンマロ英仏首脳会談以降の欧州共通防衛政策の構想に流れ込んでいく。1999年のヘルシンキ欧州理事会では、欧州共通防衛安全保障政策の主たるテーマとして、「ペータースベルク任務」と同時に、ヘルシンキ・ヘッドライン・ゴールと呼ばれるヨーロッパの軍事能力の向上がアジェンダに掲げられた【9-23】。

こうしたアメリカとの「能力ギャップ」を決定的に意識づけたのは、やはり2003年のイラク戦争であろう。01年の同時多発テロと、それに続くアフガン戦争では、ヨーロッパ各国は史上初めて北大西洋条約第5条を起動させ、集団的自衛権を発動してアメリカとの連帯を強調したが【9-13】、ブッシュ（George W. Bush, 1946-）政権は「有志連合」によるアフガニスタン攻撃を開始し、その後、イラク攻撃への機運が高まっていくにつれ、米欧間の関係は次第に悪化した【9-17】。05年にはNATOは大西洋同盟の一義的な機関ではないとシュレーダー（Gerhard Schröder, 1944-）首相が退陣直後に演説することで、米欧間の調和的関係の終焉は決定的となった【9-28】。

とはいえ、NATOに裏付けられた米欧関係が即座に対立構造に変化したわけではない。1999年4月のNATOワシントン理事会では96年のベルリン合意を充実化させるベルリン・プラス合意（NATOのアセットをEUが利用することができる）がまとめられた【9-3】。

2) 自律的なプレーヤーとしてのヨーロッパ

ここで明らかになってくるのはヨーロッパがアメリカへの依存から相対的に自律的になり、ヨーロッパ自身がグローバルなプレーヤーとして自らを認識する過程である。それが明白に現れてくるのがソラナ・ペーパーであろう。これは抑止を基礎とする安全保障観を捨て去り、ヨーロッパがグローバルに関与することで

安定した国際秩序を構築し，ヨーロッパにとっての安全保障を作り出すという多角的・人道主義的性格をもつものに変えるものであった。特にソラナ・ペーパーでは，軍事力の行使による安全保障から警察力を含む危機管理と秩序安定に重点が置かれていることが特徴である【9-19】。

グローバルなヨーロッパの役割は安全保障の面だけにとどまらない。2000年のコトヌー協定で，ロメ協定【6-9】以来の非互恵的貿易協定から発展した地域貿易協定の締結を目指すとともに，グッド・ガバナンスや人権条項といった政治的コンディショナリティをつけることで，途上国（ACP諸国）に対して，より積極的な政治的介入を行うことを目指すこととなった【9-9】。経済的なパワーだけでなく，道義的な主張を前面に出すことで「ソフトパワー」を備えた存在としてグローバルな場での存在感を増している。ここにもグローバルプレーヤーとしてのヨーロッパの役割が見えてこよう。

一つのヨーロッパ？：拡大と深化

1) EU拡大の帰結

1998年以降のヨーロッパにおいて，もう一方で重要な問題として挙げられるのが，EUの拡大と深化に伴う問題である。2002年のコペンハーゲン理事会でポーランドの抵抗にあいつつも政治的な妥協が成立し，03年の加盟条約の締結を経て拡大は粛々と進められた。

地中海からバルト3国にまで広がったEUが抱える問題は二つある。一つは新規加盟国が加盟するためにEUの規制を受け入れざるをえず，そのために厳しい規制改革を行わなければならなかったことである。各国の事情を無視して画一的に規制を押しつけるEUは，まさに「規制帝国」であり，加盟への熱気が冷めた新規加盟国では改革への不満をEUにぶつけるようになってきている【9-21】。

もう一つの問題が，27カ国に膨れ上がった加盟国による意思決定手続きの問題である。ニース条約では「強化された協力（enhanced cooperation）」といった概念が埋め込まれたが，それが積極的に利用されたことはない【9-11】。域内市場を統一するためには全加盟国が同時に同じルールを適用することが不可欠であるが，加盟国の能力と意思の差異が大きくなればなるほど，同一ルール，同一政策の適用が困難になるケースが増えるであろう。

2) 経済通貨同盟の変容

その困難さを如実に表しているのが通貨問題である。ユーロは1999年に導入

されているが，現在（2008年），EU27カ国中，15カ国のみに通用している。新規加盟国は別としても，イギリス，デンマーク，スウェーデンの3カ国が自らの意思でユーロに参加していない状況は，事実上，加盟国の意思による「自由参加（アラカルト）」状況になっていると言えよう。こうした統合の「柔軟性」は今後もヨーロッパのあり方を見ていくうえで不可欠なものとなろう。

また，通貨問題は別の「柔軟性」問題を孕む。それは単一通貨ユーロの価値を安定させるための「安定成長協定」に定められたルールの適用に関する「柔軟性」である。2001年以来，独仏は協定が定める罰則の対象となっているが，財務相理事会（Ecofin）において，その罰則の発動を政治的に阻止してきた。それに対し，欧州司法裁判所は，Ecofinでの決定を無効とした【9-18】。その結果，2005年には協定の適用基準の緩和が決定される【9-26】。

3）リスボン戦略

このように，新規加盟国に限らず，既存の加盟国においても，単一市場のなかでちぐはぐな財政経済政策を取っていることによって，統合のメリット（シナジー）が充分に生まれていないことに対する懸念が高まっている。それに対する一つの答えが「リスボン戦略」と言えよう【9-7】。リスボン戦略は一方で産業競争力の強化，特にハイテク産業，サービス産業への特化をイメージしつつ，同時に雇用と社会的連帯，持続的発展といった福祉国家体制を保持した経済政策をヨーロッパ各国が共同で推進することを目的としている。しかし，サービス自由化指令（ボルケシュタイン指令）に見られるように，競争的側面の強化による雇用不安から各国の抵抗も大きくなっている【9-20】。

リスボン戦略の進展は同時にヨーロッパにおける社会経済問題に対する権利の確立の必要性を強く認識させることとなった。2000年のニース理事会において「EU基本権憲章」が採択されたが【9-12】，この憲章は既存のヨーロッパ・レベル，各国レベルの人権法規範に含まれているものであり，目新しさが特にあるわけではない。2004年の欧州憲法条約では，第2部に基本権憲章が組み込まれ，初めて法的拘束力をもつものとして期待されたが，フランス，オランダの国民投票によって否決され，その正当性が疑問視される結果となっている。

4）欧州憲法条約

拡大と深化を同時に進行させようとするヨーロッパにおいて，総仕上げとなるべき位置にあるのが欧州憲法条約である。27カ国に拡大し，安全保障領域にまで権限（competence）を拡大するEUは，一般市民には理解不能になるほど複雑

で，不明瞭で，エリート主義的なものに映る【9-14】。ゆえに，明快で簡潔で民主的な憲法条約作成を目指したが，結果としては，EU条約の諸規定をまとめあげ，少々すっきりさせたという印象を超えるものにはならなかった【9-24】。ヨーロッパはまだ政治的に多元的な存在であり，「一つのヨーロッパ」としての連帯感とアイデンティティは充分には育っていない。そんななかで「一つの憲法」を求めること自体，無理があったのであろう【9-25，9-27】。将来のヨーロッパの明確なヴィジョンを示しきれず，憲法そのものの複雑さも加わり，国民にとって「なぜ憲法が必要なのか」「憲法を批准すれば何が変わるのか」ということを明確に伝え切れなかったことも憲法条約が否決された原因の一つと言える。

　結局，仏蘭の国民投票による否決から2年の「反省の期間（period of reflection）」を経て，「憲法」の概念を捨て去った，欧州連合条約の改正となる「リスボン条約」が2007年12月に締結された【9-30】。しかし，2008年6月のアイルランドでの国民投票によってリスボン条約が否決されたことで，欧州統合の歴史は行き場を失っている。連邦主義的な政治体制を目指してきた狭義の「統合」はここにきて限界を迎えている。半世紀を超えた欧州統合は，深化と拡大を繰り返してここまでたどりついたが，ここからの統合はこれまでの「統合」とは異なるものになっていくのであろう。しかし，新たな統合の歴史を作り出すヴィジョンはまだ存在しない。

9-1 欧米諸国によるコソボ紛争への介入調停 (1999. 2. 23)

"Interim Agreement for Peace and Self-Government in Kosovo" (Ch. 7, Appendix B), United Nations Security Council, S/1999/648, pp. 79-84, 23 February 1999. (Online available: http://www.un.org/peace/kosovo/99648_4.pdf)

1998年に武力闘争へと発展したユーゴスラヴィア連邦のコソボ自治州の独立運動は新たな大規模民族紛争へと発展する恐れを強く含んでいた。そのため、英仏主導の和平交渉がフランスのランブイエで進められていた。1年半を超える交渉の末、中間合意が成立し、コソボには一定の自治権が与えられた。しかし、この合意は背後でアメリカが武力行使の脅しを含んで成立したものであった。それを明らかにしたのが、この史料である。本文中では「通過 (passage)」という表現が使われているが、これはNATOがユーゴ連邦全体に展開することが可能となる、ということを意味した。このランブイエ交渉はNATOが地域紛争に介入する主体として機能し、冷戦後秩序におけるNATOの位置づけを明確にするものであった。アメリカが武力行使をオプションとしてちらつかせたことが和平の強制を可能にしたということで、米欧間のギャップの大きさを感じさせる出来事でもあった。　　　　　　　　　　　(鈴木)

付属書B：多国籍軍和平実施部隊の位置づけ

　……

3. 当事国は，NATO要員の迅速な出国と入国の手続きの必要性を認識している。当該要員はパスポートや査証規制，外国人に適用される登録義務を免除されるべきである。ユーゴスラヴィア連邦共和国 (FRY) の全ての入国および出国地点において，NATO要員は出身国証明書 (ID) の発行によってFRYへの入国またそこからの出国を許可されるべきである。NATO要員はFRY当局によって発効が求められる可能性のある出身国証明書を携帯すべきであるが，こうした要請による作戦，訓練，移動の妨害や遅延が許されるべきではない。

　……

6. a. NATOは民事，行政，刑事にかかわらず，全ての法的手続きを免除されるべきである。
   b. NATO要員は，いかなる状況やいかなる時であっても，FRY内において犯す可能性のあるいかなる民事，行政，刑事，懲罰的な違反行為に関

連した当事国の司法権の管轄から免除されるべきである。当事国は作戦に参加している国々が，その国の管轄権を自国民要員に行使することを支援すべきである。

　c．上記の規定にかかわらず，各ケースにつき NATO 司令官が合意を表明する場合は，FRY 当局は特例としてこうした問題に関する司法権を行使することができるが，それは当該人物が市民権をもつ国の管轄に属さない契約要員に限ることとする。

7．NATO 要員は FRY 当局によるいかなる形の逮捕，捜査，拘留をも免除されるべきである。誤って逮捕，拘束された NATO 要員は，ただちに NATO 当局に引き渡されるべきである。

8．NATO 要員は車両，船舶，航空機と機材に加えて，領空と領海を含めた FRY 領域内の自由で無制限な通過とスムーズなアクセスを許可されるべきである。これは野営，作戦行動，兵士用宿舎，支援，訓練，作戦に必要なあらゆる施設の利用を含むが，これらに限られないものとする。

9．NATO は作戦を支援するための人員，車両，船舶，航空機，機材，補給品の FRY 領域内への入荷，出荷，通過する食料にかかる関税，税金その他の料金や検査，税関規制を，在庫一覧表またはその他所定の税関書類の提出も含めて免除されるべきである。

……

9-2　欧州議会によるサンテール委員会罷免決議 (1999. 3. 23)

The European Parliament, "Resolution on the resignation of the Commission and the appointment of a new Commission," 23 March 1999, *Bull. EU*, 3-1999, point 2.3.1, pp. 145-6. (Online available : http://europa.eu/bulletin/en/9903/p203001.htm#anch0531)

　マーストリヒト条約によって欧州議会に与えられた委員会の罷免権が初めて影響力をもったケースであり，長らく「民主主義の赤字」と揶揄された，EC/EU の民主的コントロールが部分的にではあるが実現した事件。サンテール委員会で科学技術担当委員を務めたクレッソン (Édith Cresson, 1934-) が知人を高級官僚として雇用したというネポティズムに関する独立調査委員会（この委員会はクレッソン以外の職権濫用のケースも扱った）の報告が 1999 年 3 月に出さ

れ、それに基づいて欧州議会が EC 条約第 206 条に基づいて罷免権を行使しようとした。といっても、採決される前にサンテール委員会は自ら総辞職したので、正確には罷免権の行使ではないが、欧州議会が委員会の不正に対し行動を取りうることを示したことは間違いない。しかし、委員会を罷免するには出席議員の 3 分の 2 かつ全議員の過半数を必要とし、個別の委員（たとえばクレッソン委員のみの罷免）ではなく、委員会全体を罷免することしかできないなど、制度としての運用も難しいということを明らかにした事件でもあった。（鈴木）

委員会の総辞職および新委員会の任命に関する決議

……

2. 独立専門家委員会の報告書に含まれた批判の性質と規模からして（総辞職は）不可欠であり、それに見合う行為であるということ、そして、政治的責任と民主的な説明責任の必要性を認める行為であるという観点から、総辞職するという委員会のメンバーの決定を尊重する。

……

5. この制度上の危機が、議会に対する委員会の説明責任を強化し、新しく、堅固で、政治的な責任を負い、効率的な委員会を構築する機会を与えることによって、EU の政治的・民主的な側面を再強化する機会を表象するものであると考える。

……

9-3 ベルリン・プラス（1999. 4. 24）

NATO (North Atlantic Council) Washington Summit Communiqué, "An Alliance for the 21st Century," 24 April 1999, NATO Press Release, NAC-S (99) 64. (Online available: http://www.nato.int/docu/pr/1999/p99-064e.htm)

サンマロ英仏首脳会議を受け、EU の共通防衛安全保障政策の展開が進む前にアメリカが先手を打って NATO と EU の関係を整理した文書。ここで定義された NATO の資産を EU が利用することができるという取り決めは、以降「ベルリン・プラス」の名で再三にわたり参照されることとなった。また、ヨーロッパにおける能力改善プログラムを NATO が主導し、緊急対応部隊の設置などについても先手を打とうとしている。NATO を通じた欧米関係の変

化が読み取れる文書であろう。　　　　　　　　　　　　　　　　（鈴木）

　新しい安全保障上の脅威に同盟関係を適応させるために，われわれはその戦略構想をこの新しい安全保障環境に完全に適合的なものとなるよう更新した。新しい戦略構想は，集団防衛および米欧関係に対するわれわれの専心を再確認するものであり，現在同盟が直面しているさまざまな挑戦を考慮に入れ，ヨーロッパ―大西洋地域の安全保障と安定を増進するための準備とあらゆる種類の能力を備えている同盟を提示し，同盟内で欧州安全保障防衛アイデンティティ（ESDI）の構築に専心することを再確認し，協力関係と対話の役割の増大に注目し，同盟の任務の範囲に対応するため，防衛能力を，展開可能で持続的，生き残り可能，かつ効果的に利用可能な武力を含めた形で最大限に発展させる必要性を強調し，この目標に向かって NATO の軍事専門家にガイドラインを提供する。
　……
　われわれは，アムステルダム条約によって安全保障および防衛に関する共通ヨーロッパ政策の強化に加えられた新しい推進力と，それ以降 WEU およびサンマロ宣言後の EU において討議されたことを，ウィーン欧州理事会の声明を含めて歓迎する。これは同盟国全てにかかわるプロセスである。われわれは，より強力なヨーロッパの役割が，21 世紀におけるわれわれの同盟の活力――これは加盟国の集団防衛の基盤であるが――に寄与することを確認する。この点から，

a．われわれは，欧州連合が，同盟全体が従事していない軍事作戦を承認し，決定することができるような自律的な行動の能力を備える決定を下したことを認識する。
b．NATO と EU は，既存の NATO と WEU の間のメカニズムを基礎として，効果的な相互対話，協調と透明性を発展させる。
c．われわれは，EU 加盟国およびその他ヨーロッパの同盟諸国の決意――防衛能力強化のため，特に新しい任務に備え，不要な重複を回避しながら必要な段階を踏もうとする決意――を称賛する。
d．われわれは，WEU 内の協議に関する既存の取り決めを発展させる形で，非 EU 欧州 NATO 諸国が EU 主導の危機対応作戦へ最大限関与できることを確実にすることを最重要視する。われわれはまた，こうした作戦に適切な手続きを通してカナダが参加した際の同国の利益に留意する。
e．われわれは，1996 年にベルリンで行われた決定が，分割可能だが統合され

たNATOの資産と能力を，WEU主導の作戦のために利用するというコンセプトを含めて，さらに発展させられるべきであると確信している。

上記の原則を基に，またベルリン決議を発展させる形で，われわれは同盟全体が同盟として軍事的に従事していない作戦を遂行する際に，欧州連合が同盟の共同の資産と能力にアクセスするために必要な取り決めを定義し，採用する態勢を整えた。常設理事会（Council in Permanent Session）はこれらの取り決め——これらはNATOの作戦の必要条件と司令構造の一致を尊重するはずだが——を承認し，以下のことに言及する。

- EU主導の軍事作戦の策定に貢献することを可能にするようなNATOの計画能力へのEUのアクセスを確実にすること。
- EU主導の作戦における利用がまだ明確にされていないNATOの能力と共通の資産がEUに提供可能であるという見込み。
- DSACEUR（NATO欧州連合軍副司令官）がヨーロッパにおける自身の責任を充分かつ効果的に判断できるよう，彼の役割をさらに発展させながら，EU主導の作戦におけるヨーロッパによる指揮の選択肢の幅を特定すること。
- EU主導の作戦のために，より包括的な武力提供の可能性を組み込むよう，NATOの防衛計画システムをより一層適合させること。

われわれは，EUにおける関連の取り決めの展開を考慮に入れながら，これらの措置を継続的に対処することを常設理事会に課す。理事会は，次の閣僚級会談に際し，会談の検討材料となるよう，助言を行う。

われわれは，現在，そして予測可能な将来の安全保障環境における同盟の任務の全範囲にわたる将来の多国籍オペレーションの有効性を確実なものとするため，同盟諸国の（適用可能な場合には，同盟とパートナー諸国の）部隊間における相互運用性を向上させることに特に留意しつつ，同盟の防衛能力を向上させるための防衛能力イニシアティブを開始した。防衛能力は，同盟部隊の展開能力と機動力，持続性と兵站業務，生存性と有効交戦能力，そして情報システムの指揮命令系統の改善を通して増大される。これに関連して，われわれは，国内システムとの相互運用を可能にする同盟の中核的能力を統合する基盤を整備するための多国間共同兵站センター構想の実行を1999年末までに開始し，C3システム［指揮，命令，通信］の構造を2002年までに構築するという委員会の決定を承認する。われわれは，暫定的なハイレベル運営グループ（High-Level Steering Group）

を創設した。これは，防衛能力イニシアティブの実施を監督するとともに，能力と相互運用性の改善の持続的な効果を得るために，同盟軍が関与する部隊計画を含めた関連計画分野の間の協力と調和の必要条件に対応するためのものである。相互運用性および重要な能力の改善は，NATOにおけるヨーロッパの柱を強化するだろう。

……

9-4 制度改革に向けての賢人提言（デハーネ・レポート）(1999. 10. 18)

"The Institutional Implications of Enlargement," Report to the European Commission, 18 October 1999. (Online available : http://www.esi2.us.es/~mbilbao/pdffiles/repigc99.pdf)

　アムステルダム条約で制度改革が進まなかったことを受け，元ベルギー首相であるデハーネ（Jean-Luc Dehaene, 1940-）を中心に設立された賢人会議のレポート。ここで提起された問題の多くはニース条約に組み込まれたが，基本権憲章が条約に含まれないなど，必ずしも全てが受け入れられたわけではない。また，よりわかりやすく，こまめな変更を必要としない条約を作る，ということが提言されているが，結果的にニース条約は拡大のための機構改革にとどまり，ニース条約が発効する前から欧州憲法条約の議論が進むこととなった。欧州憲法条約でもリスボン条約でも同じことが繰り返されているところを見ると，ヨーロッパ各国はどうしても細かいところまで文書で合意しなければ制度として機能しないと考えているのかもしれない。　　　　　　　　　　（鈴木）

2．制度の効率性

2.1　変更の理由

　近年，連合の制度構造に歪みが生じてきたことは事実である。全ての人が，理事会がうまく機能していないということを認めている。緩慢な意志決定，冗長な議論，あまりにも多くの理事会間の連携欠如，無数の運営上・立法上の問題が政府首脳の決定に委ねられることで，彼らが戦略的なリーダーシップの発揮に集中することを妨げている。

　制度上の手続きの効率性も，委員会の不充分なパフォーマンスによって明らかに足をひっぱられている。政策運営の脆弱性は，物議を醸した独立専門家の報告

書［【9-2】参照］によって分析されたことだが，委員会も認めている。

　欧州議会自体も一連の条約によってその権限を増幅させてきたが，選出された議会が本来及ぼすべき相応の影響力を世論に及ぼしているとは言えない。

　機関間のバランスは，システムの安定性と効率性に不可欠な要素であるが，これもまた，批判にさらされている。

　加盟国数の大幅な増大は意志決定および政策運営上の問題を自動的に増幅させる。利害関係は多様化し，議論は緩慢となり，決定はより困難になり，政策運営はより複雑になる。欧州制度の機能性の問題は今日すでに明らかであり，基本的な制度上の三角形——委員会，理事会そして議会——の機能にも影響を及ぼしている。これらの問題を解決するため，制度上の改革が必要である。

　……

　拡大し，より多様化した連合においては，制度枠組みにおける柔軟性は現在以上に重要となってくる。拡大は多様性を増幅させる。これは，加盟国が選択するどの政策領域に関してもオプト・アウトできるようになることを意味するべきではない。連合における義務を加盟国が自由に選択することが可能になれば，欧州連合は生きながらえないだろう。しかし，より多様な加盟国の集合体においては，いくつかの国は他国よりも遠く，早く進むことを望むだろう。これらの国々は，連合の共通政策，目標と到達点を構築したいだろう。そのため，これらの国々は，その間でより緊密な協力関係を追求することを望むだろう。これは，正当かつ不可欠な展開だと思われる。

　こうした可能性がない状態では，加盟国は連合の外で協力するように（シェンゲン），あるいは連合の制度枠組みの外で協力するように（ユーロ11）なるだろう。これらの解決策は，連合の制度上のバランスに影響を与えるとともに，制度枠組みが加盟国とその市民に提供する民主的・司法上の保障を奪い去るものである。

　柔軟性は，加盟候補国に不利益をもたらすような形で行使されることはなく，彼らの加盟を阻むものではない。その反対に，もし，より困難ないくつかの問題に関して，一層緊密な協力関係が実際的な選択肢として有効性を発揮するならば，加盟交渉が加速される余地は充分にある。必要な条件を満たした柔軟性のイニシアティブは全ての加盟国に開放されるという原則は，欧州連合においては，常に標準的なルールとなってきた。必要とあらば，それは再確認されるべきである。

対外関係における欧州制度の効率性と代表制はより検討され，強化されなければならない。数十年の間，世界の舞台において主要なプレーヤーとして振る舞える能力は，ヨーロッパ統合の原動力の一つとなってきた。グローバリゼーションの力はこの願望を強化する。拡大された欧州連合は，現在以上に，グローバル化した経済における主要なプレーヤーとして活動するより多くの能力と，願わくば意志ももつことになるだろう。それこそ，実のところ，その主要な目標の一つとなるべきである。

2.2 提言
2.2.1 委員会
　アムステルダム条約の交渉終結以来，一連の拡大と並行して，欧州委員の数を増やすことが暗黙の了解となっている。理解できる理由から，加盟国は自国の代表が送られないような委員会の在り方を容認しない。しかし，委員会は，加盟国代表の集合ではないし，そうなるべきではない。それは欧州制度における偉大な創造的存在であり，意志決定と政策運営において重大な役割を果たすものである。そのため，委員会は有効性と運営能力を維持し，充分に尊重されなければならない。当グループは，これらの特性をより大きな体制において保護するには，委員長の権限の強化と委員個人の責任の所在を明確にすることが不可欠であると考える。この二つのポイントは，欧州理事会の声明ですでに言及されている委員会の規模と構成の問題に加えて政府間会議（IGC）の議案となるべきである。
　……

2.2.2 特定多数決
　拡大した連合において意志決定が効果的に行われ続けるためには，特定多数決が標準ルールにならなければならないということは自明のことである。もし全会一致が求められる場合には，参加者の数と多様性に応じて決議妨害のリスクが高まる。その反対に，共同体の経験自体は，たとえごくわずかな投票しか実際に行われなくても，特定多数決がダイナミックな意志決定過程を創出し，コンセンサスを導くということを示している。

　特定多数決の拡大は共同体の問題（第一の柱）に適用されるべきであることは明らかであるが，その他二つの柱においても重要である。

　欧州理事会議長総括に言及された三つの側面（拡大，投票数加重のやり直し，可否分岐票数）は互いに連関している。いかなる解決策も連合の意志決定能力を強

化するために充分にバランスをとって計算されなければならない。

　特定多数決が第一の柱の立法上の問題に適用される場合にはいつでも，当グループは欧州議会が共同決定の権限をもつべきであると信じる。そのため，ある分野における特定多数決の拡大は，共同決定手続きの拡大の並行を意味するものであるべきである。これは民主的な要請であり，拡大し，それがためにより遠い存在となる潜在性をもつ連合に適している。それはまた，意志決定手続きに求められている単純化と透明性の向上に貢献するだろう。

　……

2.2.4　理事会

　理事会は連合の意志決定手続きの中心に位置する。事実上，全ての政府と外部観察者は理事会がうまく機能していないということを認めており，もし何の変化も生じなければ，参加者の増加が当該制度の効率性をさらに低下させることは避けられない。理事会事務総長が提示した重要なもの（Trumpf-Pirisレポート）も含めて，多数の改革案が検討されている。これらのほとんどの提案は，たとえば理事会編成数の削減あるいは理事会同士の効果的な連携メカニズムに関するものであり，条約改正を要するものではない。したがって，当グループはこれらの解決案がIGCと並行して積極的に追求されるべきであると確信している。しかしながら，時間の経過とともに，たとえば議長国の役割の再組織化や理事会の立法および執行の区分の明確化のため，条約修正が必要であることが判明するかもしれない。こうした修正は，理事会の効率性の向上と理事会の機能に関する世論の理解を深めるのに役立つことが充分予想される。こうした措置を導入する可能性は開かれておかれるべきである。

2.2.5　議会

　欧州共同体設立条約第189条は，欧州議会議員の数を700名までに制限している。これは拡大による議員数の増加から制度を効果的に保護している。しかしながら，議員数が定員に達したときに備えて，その問題が喫緊のものとなる前に，加盟国への議席配分に関するルールを制定しておくことは有益だろう。

　本報告書の別の箇所で行われた提言は，共同決定手続きの拡大による議会の立法上の役割の発展を示唆している。

　議会は，その他の制度と同様，その明快性と透明性を最大化するため，その作業方法を再検討すべきである。

　……

2.2.7 対外関係

今日の法的状況は，グローバルな交渉においてヨーロッパの利益を集約して代表することをモノの貿易に関する交渉（たとえばウルグアイ・ラウンド）においてのみ保証している。共同体が世界の舞台におけるその他の経済・金融上の討論に単体として活動する法的な能力が設立される必要がある。それは，経済および金融統合の論理的な帰結である。

そのため，サービス貿易や国際金融問題の分野における連合の対外的な代表性の問題は，IGCにおいて再び取り上げられるべきである。これに関連して，連合の法人格もまた問題となる。

2.2.8 柔軟性

アムステルダム条約は欧州法に緊密な協力というコンセプトを導入した。当グループは，これまでそれを実施するための時間や見通しがほとんどなかったことを自覚しており，これらの条項に判断を下すのは早計かもしれないと考えている。しかし，当グループはまた，制度の内外のほとんどの観察者が，条約の当該条項があまりにも複雑で，厳しい条件や基準の下に置かれているため，実行不可能であると考えているということも自覚している。拡大された連合において制度的な柔軟性の重要性が増すことから，また，それ自体が実際に拡大を促進する可能性がある事実から，当グループはこれらの問題を再び取り上げるべきであると考える。

こうした協力関係は特定多数決あるいは特別特定多数決，すなわち，どの加盟国による拒否権も認められないが，非参加国の利害も尊重する決定方法によって起動させることが可能だろう。共通外交安全保障政策はより緊密な協力の視野に入れられるべきである。そのプロセスは，必要条件を満たす全加盟国に開かれたものであるべきである。柔軟性は連合の業績を構築し，強化する方法であり，加盟国を結びつける連関を緩めるためのものではないという原則は維持されるべきである。

……

3.2 提言

当グループは，既存の条約文書を次の二つの部分に分割することを提案する。

- 基本条約は，目標，原則，一般的な政策の方向性，市民権および制度枠組みのみを含む。これらの条項は，現状と同じく，IGCにおける全会一致と各

加盟国における批准によってのみ修正可能とする。こうした修正はおそらく頻繁なものにはならないだろう。
- これとは別の文書（あるいは複数の文書）は既存の条約のその他の条項――特定の政策にかかわるものも含めて――を含む。これらは理事会の決定（主題に応じ，新たな特別特定多数決か全会一致によって）と欧州議会の賛同（最終的には，特別多数決による）により修正されることが可能となる。

こうした変更は以下の優位性をもつと考えられる：
- 現在のような，欧州条約の絶え間ない修正の必要性を大いに減少させること。
- 基本的な制度構造が一般市民にとって読みやすく，理解しやすく，親しみやすくなること。
- 部分的にではあるが，欧州議会の介入を伴う多数決制による変更の手続きを導入すること。

……

9-5　ソクラテスⅡ（教育）(2000)

"Decision No. 253/2000/EC of the European Parliament and of the Council of 24 January 2000 establishing the second phase of the Community action programme in the field of education 'Socrates'," *OJ*, L 28, 03/02/2000, pp. 1-15. (Online available : http://eur-lex.europa.eu/LexUriServ/LexUriServ.do?uri = OJ:L:2000:028:0001:0015:EN:PDF)

　　ECの教育政策は，1987年のERASMUS計画（各国の高等教育間の留学システム）から本格化した。初期の段階では，留学システム，教育交流を通じた加盟各国間の相互理解と，ヨーロッパアイデンティティの形成が政策の中心であった。しかし，SOCRATES II (2000-06年) のプロジェクトは，EUが推進する「知のヨーロッパ」を実現するため，初等教育から，高等教育，生涯教育，また加盟各国の言語の習得から最新のテクノロジーの習得までを対象とするようになった。さらにこれらの政策は，生涯教育プログラム (Lifelong Learning Programme 2007-13) へと引き継がれる。こうした政策の展開の背景には，中東欧の新規加盟国の増大とグローバリゼーションにより厳しい国際競争にさらされたことから，EUが競争力強化を重視し，より高度な人材育成が求められるようになったことがある。　　　　　　　　　　　　　　　　　　（上原）

第1条　プログラムの制定
3. このプログラムは，正規および非正規の教育・職業訓練を基礎とした生涯教育の促進により，教育・職業訓練のヨーロッパディメンションの発展を通じて，知のヨーロッパ（Europe of knowledge）の促進に貢献する。市民活動を活性化させ，雇用可能性を高める，知，スキル，専門的能力の形成を支援する。
4. このプログラムは，加盟各国が計画・実施する活動を支援・補足するが，教育内容，教育・職業訓練システムの組織，および各国の文化的・言語的多様性に対する，各国の責任を最大限尊重する。

第2条　計画の目的
　良質な教育の発展および生涯教育の促進に貢献すると同時に，加盟各国の責任を完全に尊重するために，以下をプログラムの目的とする。
　　(a) 教育のあらゆるレベルで，ヨーロッパディメンションを強化し，ヨーロッパの教育資源への幅広いトランスナショナルなアクセスを容易にし，また教育のあらゆる分野での機会の平等を促進する。
　　(b) EU言語に関する知識の量的質的改善を促すが，特に話者が少なく，修得機会の限られた言語を重視し，これらをEUの人々の間の理解および連帯の拡大へとつなげ，教育の文化交流に関する側面を発展させることを目的とする。
　　(c) 教育分野における協力と流動性を促進する。
　……

9-6　Culture 2000 (2000)

"Decision No. 508/2000/EC of the European Parliament and of the Council of 14 February 2000 establishing the Culture 2000 programme." *OJ*, L 63, 10/03/2000, pp. 1-9. (Online available: http://eur-lex.europa.eu/JOIndex.do?year = 2000&serie = L&textfield2 = 063&Submit = Search&_submit = Search&ihmlang = en)

　　　経済統合を中心に出発したEC/EUであったが，ヨーロッパ統合にもっぱら関与したのはエリートにすぎず，その存在と重要性が非エリートの市民レベルで共有されていたわけではなかった。またECとはブリュッセルのエリート官

僚支配にすぎない，という反感も常に存在した。1970年代のティンデマンス報告【6-12】の頃より，「ヨーロッパアイデンティティ」の重要性が指摘されていたが，マーストリヒト条約批准におけるデンマークの否決【8-1】，フランスでの僅差での可決といった「ショック」に直面し，ヨーロッパ統合への支持を形成するために「市民」レベルでの「ヨーロッパアイデンティティ」「ヨーロッパ意識」の共有が重視されるようになった。「カレイドスコープ（万華鏡）」(1996-99年)，「アリアン」(97-99年)，「ラファエロ」(97-99年)の3プロジェクトを引き継ぎ，2000年から始まった「Culture 2000」プログラムでは，文化遺産，芸術，文化，映像，歴史におよぶ，より包括的な文化政策を展開した。「多様性のなかの統一」の標語にあるように文化政策の推進により，ヨーロッパとしての一体性を促すと同時に，国家，地域の「多様性」，さらに少数派の言語や文化の保護の重視，そして2007-13年の新プログラムに向けて，新しいヨーロッパ文化戦略が定められた。これは文化の多様性と異文化対話と国際協力に加え，グローバリゼーションの時代において国際競争力を向上させる手段として想像力を育むことを掲げている点が新しい。　　　（上原）

(1)　文化がヨーロッパの全ての人々にとって重要な固有の価値を備えていることはヨーロッパ統合の本質的な要素であり，ヨーロッパの社会モデルへの支持を強固にし，その活力を高め，さらに国際舞台における共同体の影響力の拡大に貢献している。
(2)　文化とは，経済的な要素であると同時に，社会統合および市民権にかかわる要素である。こうした理由から，文化は共同体が直面する，グローバリゼーション，情報化社会，社会的結束，雇用創出といった新しい挑戦に対処するにあたって，重要な役割を担っている。
　……
(5)　もし，市民がヨーロッパ統合を最大限に支持し，十二分に参加するのであれば，自由，民主主義，寛容，連帯を基礎とした社会へのアイデンティティおよび社会参加の重要な要素として，共通の文化的価値と起源があるということがさらに強調されねばならない。……
(6)　条約が欧州連合に付与した責任とは，ヨーロッパの人々の間にかつてないほど緊密な連合を創出し，加盟国のそれぞれの文化の開花に貢献しつつ，ナショナルおよびリージョナルな多様性を尊重し，同時に共通の文化的遺産を前面で展開することである。またヨーロッパの小規模文化および少数話者言語の位置が保護

されるよう特別に配慮されるべきである。

(7) その結果，共同体はヨーロッパの人々に共通の文化領域を発展させることにコミットする。この領域は開放的かつ多様で，補完性の原理にしたがい，文化部門にかかわる全関係者協働する領域である。また文化活動を伝導し，文化的多様性を尊重する，法的枠組みを促進すること，さらに条約第151条4項で規定されているように文化的次元を共同体の諸政策に統合することである。

(8) ヨーロッパの人々に共通の文化領域を活性化するために重要なことは，創造的活動を奨励し，ヨーロッパ次元での文化遺産を推進し，ヨーロッパの人々のさまざまな文化と歴史の相互認識を促し，知識の普及向上と，協力的かつ創造的諸活動への刺激を目的とした文化交流を支援することである。

……

9-7 リスボン戦略 (2000. 3. 23-24)

"Presidency Conclusions," Lisbon European Council, 23 and 24 March 2000, *Bull. EU*, 3-2000, point I.3-I.5, pp. 7-17. (Online available: http://europa.eu/bulletin/en/200003/i1003.htm)

　　　ヨーロッパ各国はすでにグローバル化が進む世界において，福祉国家体制を見直し，市場と国家のバランスを再検討しながら，各国別に経済社会政策を進めてきた。しかし，2004年に大きな経済格差のある新規加盟国が10カ国も同時に加盟することになったため，EU全体を調整し，戦略的な目標に基づく包括的な経済社会政策が求められるようになった。それがリスボン戦略である。ここでは2010年までに雇用，社会的連帯を保ちながら，持続的発展と競争力をもつ知識集約型経済を目指すと目標設定している。このリスボン戦略は欧州委員会の政策決定における引照基準となり，政策形成に大きな影響を与えることとなったが，目標が曖昧なだけでなく，2004年の拡大以降，多くの加盟国で社会政策をめぐる不満が噴出したため，長期的なリスボン戦略の諸目標よりも，短期的な景気対策のための社会経済政策を展開する加盟国が多く，2005年には「リスボンMark2」と呼ばれる戦略目標の修正を迫られることとなった。　　　　　　　　　　　　　　　　　　　　　　　　　　　　　　(鈴木)

I. 雇用，経済改革と社会的連帯
今後10年間における戦略目標
新しい挑戦

1. 欧州連合は，グローバリゼーションと新しい知識経済の挑戦により，画期的な転換点に直面している。こうした変化は人々の生活のあらゆる側面に影響を与えており，ヨーロッパ経済の大胆な転換を必要としている。連合は，社会の価値観やコンセプトに整合的な方法を用いて，また，来るべき拡大への視野を含めた形でこうした変化を生成しなければならない。

2. 急速かつ加速的な変化の速度は，われわれに提供されている機会から得られる全ての利益を連合がただちに身につけなければならないことを示している。したがって，連合は，新たな知的インフラを構築し，イノベーションと経済改革を促進し，社会福祉と教育制度の近代化を実現するための明確な戦略目標を設定し，挑戦的なプログラムに合意する必要がある。

連合の長所と短所

3. 連合は，約30年間，最も良いマクロ経済状態を経験している。節度ある賃金設定（wage moderation）下における健全な財政政策によって支えられた安定重視の金融政策の結果，インフレと金利は低く抑えられ，公的部門の赤字は著しく削減され，EUの経常収支は健全な状態にある。ユーロは成功裏に導入され，ヨーロッパ経済に期待された利益をもたらしている。域内市場の大部分は完成し，消費者とビジネス双方に具体的な利益を生み出している。来るべき拡大は成長と雇用の新しい機会を創出することだろう。連合は，知識集約型社会への転換にかかわる構造変化を成し遂げるのに必要な，全般的に教育の行き届いた労働力と社会的保護の制度の安定的な枠組み——その本質的な価値ははかり知れないが——を擁している。成長と雇用の創出は再開された。

4. こうした長所があるからといって，いくつもの短所に対する目を背けるべきではない。1500万人以上がいまだに失業中である。雇用率はあまりにも低く，それは女性や高齢者の労働市場への不十分な参加に特徴づけられている。長期にわたる構造的な失業と地域間の失業状態の際立った不均衡は連合の地域の一部では風土病と化したままである。サービス部門は，特に電気通信およびインターネットの分野で開発が遅れている。特に，ますます多くの

求人が充足されないままになっている情報技術分野に関して，技能の格差は拡大している。現在の経済状況の回復は，競争力と社会的連帯を組み合わせたポジティブな戦略の一環として経済的・社会的改革の両方を実施に移すのに適した時期が訪れたことを示している。

将来に向けて

5. 今日，連合は今後10年間における新しい戦略目標を設定した。それは，より多くの質の高い仕事の創出と一層の社会的連帯による持続的な経済成長が可能で，世界で最も競争力があり，活気のある知識基盤経済になることである。この目標を達成するには，以下のような事柄を目指した包括的な戦略が必要である。

   - 情報化社会と研究開発に対するより質の高い政策，競争力の向上とイノベーションのための構造改革のプロセスを促進すること，そして域内市場の完成によって知識集約型経済および社会への転換を準備すること。
   - ヨーロッパ社会モデルを近代化し，人材に投資し，社会的疎外と戦うこと。
   - 適切なマクロ経済のポリシー・ミックスを適用することによって，健全な経済見通しと良好な成長予測を維持すること。

6. この戦略は，連合が完全雇用のための条件を回復し，欧州連合内の地域間の連帯を強化することが可能になるよう，企図されている。欧州理事会は，男女の個人的な選択により一層適合的な新しい社会が勃興するなかで，ヨーロッパにおける完全雇用のための目標を設定しなければならない。以下に示された手法が健全なマクロ経済の下で実施に移された場合，平均約3％の成長率というのが今後数年の間，現実的に予測される数値だろう。

7. この戦略の実施は，戦略的方向性の緊密化と進捗状況の効果的なモニタリングを確保するため，欧州理事会の指導と調整の役割の強化を伴う，既存のプロセスの改善とあらゆるレベルにおける開かれた調整方式の新規導入 (introducing new open method of coordination) によって達成される。毎年春に開催予定の欧州理事会は，これに関連した指令を定め，それらの追跡調査が確実に行われるよう，監督する。

   ……

9-8　フィッシャー演説（2000. 5. 12）

Joschka Fischer, *Vom Staatenverbund zur Föderation — Gedanken über die Finalität der europäischen Integration*, Edition Suhrkamp, 2000. (Online available : http://www.europa.clio-online.de/site/lang_de/ItemID_17/mid_11373/40208215/default.aspx) 邦訳は中島大輔訳「国家連合から連邦へ——ヨーロッパ統合の最終段階に関する考察」鹿児島大学経済学会編『経済学論集』第53号，2000年，269-82頁を一部改訳した。

　20世紀最後のヨーロッパ統合ヴィジョンであり，かつ現時点までに出された最後のヨーロッパ統合のヴィジョンである。フィッシャー（Joschka Fischer, 1948-）の問題意識の出発点は欧州憲法条約と共有しているが，その手法，ヴィジョンに関しては決定的な違いがある。ここでは現状の欧州諸機関の現状から出発するのではなく，あくまでも演繹的統合，すなわちヴィジョンから統合のあり方を論ずるという視点を徹底している。提言の中心には，上下院からなる二院制議会の設置と欧州委員会・理事会の権限の再規定がある。特に民主主義の赤字の解消に強い問題意識があることがうかがえる。また，ヨーロッパ統合の段階は加盟国全てが共に前進するのではなく，個別の政策ごとの協調と中核グループの構築による「統合の柔軟性」の適用が論じられている。この中核グループが「欧州憲法条約」を結ぶことを想定されているが，その中核になると思われていたフランスで同じく「憲法」の名をもつ条約を国民投票で否決したことは皮肉である。なおフィッシャーは当時ドイツの外務大臣であったが，この演説はドイツの対欧州政策の表明というよりはフィッシャー個人の理念と見るべきである。
　　　　　　　　　　　　　　　　　　　　　　　　　　　　　　　　（鈴木）

　私たちに課せられた課題は決して易しいものではなく，それは私たちの全精力を要求することになるでしょう。なぜなら私たちは今後10年間にEUの東方・南東方への拡大を基本的な部分で実現しなくてはならないのです。これは実質的に加盟国数の倍増をもたらします。また同時に，EUの行動能力を本質的に危機にさらすことなく，この歴史的課題を克服し，新たな加盟国を統合させるため，ヨーロッパ統合という建物に最後の要石を組み込まねばなりません。すなわち政治的統合という要石です。
　この二つのプロセスを併行して企画運営する必要性は，おそらく欧州連合創立以来の最大の課題と言えます。しかしどの世代もそれぞれの歴史的課題を選り好みすることはできません。今回も同じです。ほかならぬ冷戦とヨーロッパの強制的分断の終結が欧州連合およびそれに属す私たちにこの課題を課したのです。そ

れゆえ今日でもこの課題には，ジャン・モネとロベール・シューマンが第二次世界大戦後に示したようなヴィジョン構想力と実務的実行能力が要求されるのです。そして他のほとんどのヨーロッパ戦争と同じく独仏間の戦争でもあった最後のヨーロッパ大戦終結後の当時と同様，欧州連合の最後の建築段階，すなわち東方拡大と政治的統合の完成においても，フランスとドイツが決定的な鍵を握ることになるでしょう。

……

ソヴィエト帝国主義の崩壊後，EUは東方に門戸を開かねばなりませんでした。さもなくばヨーロッパ統合の理念はおのずと空洞化し，最終的には解体してしまったことでしょう。なぜでしょうか。かつてのユーゴスラヴィアに目を向けてみれば，たとえいつどこでも同様の過激な展開を見せるわけではないにせよ，一つの必然的帰結が見えてきます。西欧に限定したEUならば，ヨーロッパの分裂した国家システムと絶えずかかわり合わねばならなかったことでしょう。すなわち，かたや西欧は統合，かたや東欧はたえざる国家志向，連立の強制，古典的利害政治および国家主義的イデオロギーと対立という永遠の危険をともなう旧来からの勢力均衡システムです。上部秩序のない分裂したヨーロッパの国家体制はヨーロッパを絶えず不安定な大陸にすることになるでしょう。そして中期的視点では東欧のこの伝統的な対立線が再びEU内に移されることになるのです。そうなればほかならぬドイツこそ最大の敗北者です。地政学的現実は1989年以降欧州諸機構の東方拡大に代わる真摯な対案を許しませんでした。この事情はグローバル化の時代にあってはなおさらのことです。

……

私たちはこれによりヨーロッパで今，二つの大プロジェクトを並行して企画運営するというきわめて難しい課題に直面しているのです。すなわち，

1．できるだけ速やかなEU拡大。これは加盟候補諸国およびEU自身にとっても難しい適合問題を投げかけます。加えてEU拡大は私たち市民の間に不安や懸念を引き起こしています。自分たちの職場が危うくなるのだろうか？　拡大によりヨーロッパは市民にとってますます見通しのつかない，理解できないものになるのだろうか？　いかにこうした疑問に真剣に対処せねばならないとしても，私たちは不安視するあまり，決して東方拡大の歴史的次元を忘れるようなことがあってはなりません。なぜならこれは，数世紀にわたり戦争に翻弄されたわれわ

れの大陸を平和と安定と民主主義と繁栄のうちに統一する，またとない機会であるからです。

……

2．ヨーロッパの行動能力。EUの諸機構は6カ国を基準に創設されたものです。15カ国の現在でもすでに機能するのに困難をきたしています。EU拡大の開始にあたり，たとえ多数決決定の拡大という最初の改革手段が間近の政府間会議においていかに重要な議題となろうとも，この施策だけではEU拡大全体に対し長期的には不充分でしょう。27カ国から30カ国に及ぶEU拡大が旧来の機構とメカニズムを抱えたEUの吸収能力を超え，深刻な危機を招来するという点に危険性があるのです。しかしこの危険は速やかな拡大に反対する根拠にはならず，むしろ，拡大の条件下でも行動能力が維持されるよう，諸機構の断固たる適切な改革を促すものであることを忘れてなりません。それゆえ，不可避のEU拡大の帰結は侵食または統合のいずれかになるのです。

……

EU拡大は欧州連合の諸機構の抜本的改革を不可避のものと迫るでしょう。そもそもどうしたら30カ国の元首・首相を含む閣僚理事会を想像できるでしょうか。また30カ国によるEU議長国のもち回りも。そうなれば閣僚理事会の会議はどのくらい時間がかかるでしょうか。数日でしょうか，あるいは数週間でしょうか。どうしたら今日のEUの機構組織で30カ国もの利害を調整し，決定を下し，なおかつ政策を遂行できるというのでしょうか。それによりEUが決定的に不透明になり，妥協がいよいよ不可解で奇妙なものになり，EU市民の間でEUの承認度がはるか氷点下に下がるのを，どうやって回避しようというのでしょうか。

疑問に次ぐ疑問ですが，これに対してはきわめて簡単な答えがあります。欧州連合が国家連合から，ロベール・シューマンがすでに50年前に求めた欧州連邦の完全な議会制度に移行することです。これは連邦内で実際にそれぞれ立法，行政の権限を行使できる欧州議会および欧州政府を意味します。この連邦は憲法条約に基づかねばなりません。

……

無論この単純な解決案に対してはただちに，実現の可能性がないとの批判があがることでしょう。「ヨーロッパは新しい大陸ではなく，さまざまの民族，文化，言語および歴史を抱えているのだ。国民国家は無視できない現実であり，グロー

バル化とヨーロッパ化が市民からかけ離れた超組織と顔のない俳優を生み出せば生み出すほど，人々は安定と庇護を仲介する国民国家にしがみつくことになろう。」

さてこうした異論の全てに私も同意します。なぜならそれは正しいからです。それゆえ，既存の国家の諸機構と伝統に対抗して，またそれらを取り込むことなしに，政治的統合の完成を試みるならば，修復できない機構上の欠陥が生じることでしょう。そのような企てはヨーロッパの歴史的・文化的条件の前に挫折せざるをえないでしょう。ヨーロッパ統合が国民国家を先述のような連邦に取り込んだ場合にのみ，また国家の諸機構が価値を奪われたり消滅したりしない場合にのみ，このようなプロジェクトは，多大の困難にもかかわらず，実現可能なものとなるでしょう。言い換えれば，旧来の国民国家およびその民主主義に取って代わる新たな主権者としてのこれまでの欧州連邦国家（europäischer Bundesstaat）の考えは，ありのままのヨーロッパの現実からかけ離れた人工的な構築物だったのです。欧州統合の完成は，ヨーロッパと国民国家の主権分割の基盤の上に行われる場合においてのみ，うまく構想できるのです。まさにこの事実こそが，現在いたるところで論議されながらもほとんど誰にも理解されていない「補完性（Subsidiarität）」の概念の背後にあるのです。

さてそれでは「主権分割」という概念はどのように考えればよいのでしょうか。申し上げたように，ヨーロッパは空（から）の政治的空間に成立するわけではありません。現在のヨーロッパのもう一つの事実を成すのは，さまざまな国民文化であり，それぞれの国の民主的な大衆です。場合によってはさらに言語境界で分かたれていることもあります。それゆえ欧州議会は常に二つの領域を代表せねばなりません。すなわち国民国家のヨーロッパと市民のヨーロッパです。これが可能になるのは，この欧州議会が実際にさまざまな国の政治的エリートを一つに束ね，なおかつさまざまな国の大衆を束ねられる場合に限られます。

私の考えでは，これはこの欧州議会が二院制を敷く場合にのみ実現できるでしょう。第一院は選挙で選ばれた議員で占められます。この議員は同時にそれぞれの国会の構成員でもあります。こうすればそれぞれの国会と欧州議会の間，すなわち国民国家とヨーロッパの間に対立が起こることはないでしょう。第二院は，直接選挙によって加盟国から選出された上院議員による上院か，あるいはわが国の連邦参議院と類似の国家議院のいずれかを選択することになるでしょう。アメリカ合衆国ではどの州も二人の上院議員を選出します。これに対しわが国の

連邦参議院では州ごとに票数が異なります。

ヨーロッパの行政機関，すなわち欧州政府についても同様に二つの案があります。閣僚理事会を欧州政府に発展させる案，つまり各国の政府から欧州政府を形成する案と，もう一つは今日の欧州委員会の構成から出発し，広範な行政上の権限を備えた大統領の直接選挙に移行するという案です。しかしこれに関してはほかにも種々の中間形態が考えられます。

このように述べると，ヨーロッパはすでに現在でもあまりに複雑で，欧州連合の市民にとって見通しのきかないものになっているという批判があがることでしょう。しかし意図しているのはまさにその反対なのです。欧州連邦と国民国家の主権分割は，どの事項をヨーロッパが，またどの事項を今後も国家が規制するかを明確に定める憲法条約を前提とします。EUレベルの規定の多数はモネの手法による帰納的共同体化の成果であり，今日のEU国家連合（EU Staatenverbund）の国家間の妥協の表現です。欧州憲法条約における欧州連邦と国民国家の間の明確な権限規定は，中核的主権および必ずヨーロッパ・レベルで規定しなくてはならない必須事項のみを欧州連邦に委ねることになります。しかしそれ以外は国民国家の規定事項となります。これはスリムでありながら行動能力のある欧州連邦をつくります。連邦は完全に主権を保持しながらも，連邦の構成要素としての自覚的な国民国家に依拠するのです。さらにこれは市民にとって見通しがきき，理解できる連邦を意味します。なぜならこの連邦は民主主義の欠陥を克服しているからです。

しかしこれらのことが国民国家の廃止を意味するわけではありません。最終的な連邦の主体にとっても，文化的および民主的伝統を備えた国民国家は，人々から完全に受け入れられる市民・国家連合を正当化するためには，かけがえのない存在であるからです。このことを私はほかならぬイギリスの友人を視野に入れて語っています。なぜなら私は「連邦（Föderation）」という概念が多くのイギリス人にとって神経を逆撫でする言葉であることを承知しているからです。しかし今日まで私には別の概念が思いつきません。この言葉で誰かを刺激しようと考えているわけではないのです。

ですからヨーロッパの最終段階においても，私たちはイギリス人でありドイツ人でありフランス人でありポーランド人です。国民国家は存続し，ヨーロッパ・レベルではドイツにおける連邦州の役割を遥かに越える重要な役割を保持することになるでしょう。そして補完性の原則はこのような連邦において将来は憲法の

ような地位を占めることになるでしょう．

　三つの改革，すなわち民主主義の問題の解決，ならびに水平方向および垂直方向における抜本的な権限再規定の必要性，つまり水平方向はヨーロッパの諸機構の間であり垂直方向はヨーロッパと国民国家と地域の間ですが，これらの三つの改革はヨーロッパの機構上の新設によってしか成功しないと思われます．すなわち，基本権，人権，市民権の保証，ヨーロッパの諸機構間の均等な権力分立の保証，およびヨーロッパ・レベルと国民国家レベルの厳密な権限分割の保証を中核とする欧州憲法プロジェクトの実現です．その場合，そのような欧州憲法の主軸を成すのは欧州連邦と国民国家の関係となるでしょう．誤解されないように申し上げておきますが，これは国民国家への権限返還などとは何の関係もありません．その反対です．

聴衆のみなさん

　さてこうなると次のような質問がいよいよ緊急に問われることでしょう．この連邦構想はこれまでの統合の手法で実現可能なのか，それともこの手法自体，これまでの統合プロセスの中心的要素として，問い直されねばならないのだろうか？

　　……

　東方拡大という不可避の課題の前に，EUの進む道が実際に侵食されるか，あるいは統合かという二者択一であるならば，また国家同盟に固執することがありとあらゆる否定的結果をともなう停滞を意味するとしたら，現在の状況とそれによって引き起こされる危機を圧力に，EUは次の10年以内にいつか次のような二者択一に迫られることでしょう．加盟国の多数が完全な統合へと踏み出し，欧州連邦を創設するための欧州憲法条約に合意するのか，あるいは，これが実現しない場合，加盟国の比較的小さなグループが先駆者としてこの道を先行する，つまり数カ国が重力の中心を形成し，ヨーロッパに対する強い確信から政治的統合を先導する準備と条件を整えているかのいずれかでしょう．あとはそのための正しい時期はいつか，どの国が参加するのか，そしてこの重力の中心は条約の枠内あるいは枠外で形成されるのか，という問題のみです．ただ一つだけ確かなことがあります．ドイツとフランスの緊密な協力なくしては今後ともいかなる欧州プロジェクトの成功も望めないであろう，ということです．

　このような状況を踏まえて，ヨーロッパのさらなる発展をはるか10年以上の

先を見越し二つないしは三つの段階で想像できるかもしれません。

　第一の段階は，すでに経済通貨同盟やシェンゲン協定で実現しているように，他の国以上の密接な協力を望む国々の間における高次の協力関係の構築です。これにより私たちは多くの領域で前進が望めます。すなわち，ユーロ11カ国の経済政治同盟への発展，環境保護，犯罪の撲滅，共同の移民・難民政策の発展，無論外交・安全保障政策の分野も然りです。その際きわめて重要なのは，高次の協力を統合からの離反と捉えてはならないということです。

　政治的連合の完成へといたる，考えられる中間段階は，重力の中心の形成かもしれません。このような国家グループは欧州連邦の憲法の細胞核となる新たな欧州基本条約を結ぶことになるでしょう。そしてこの基本条約に基づいて独自の機構制度を創設することになります。すなわち，EU内にあってできるだけ多くの問題に関してグループの加盟国の声を一票で代表する政府，強い権限をもった議会，直接選挙による大統領です。このような重力の中心は先駆者，すなわち政治的統合の完成を導く牽引車となり，のちの欧州連邦のあらゆる要素を先取りすることになるでしょう。

　さて私は現在のEUに鑑みて，このような重力の中心がもたらすであろう機構上の諸問題をよく理解しています。それゆえ，EUの成果を危うくしないこと，EUを分裂させないこと，またEUを一つにまとめている紐帯を政治的にも法的にも損なわないようにすることが決定的重要性をもちます。大きなEUにおいて摩擦損失を生じずに重力の中心の協力が認められるようなメカニズムが考案されねばなりません。

　どの国がこのようなプロジェクトに参加するのか，EUの創設国かユーロ加盟11カ国かそれとも別のグループなのか，という問いには今日の時点では回答不可能です。しかし，どのように重力の中心という選択を考察しようとしても，一つのことは明白です。この先駆グループは決して排他的であってはならず，全てのEU加盟国と加盟候補国に対し，これらの国々がある時点で加盟を希望した場合には開かれていなくてはならない，ということです。加盟を希望するもののそのための条件に欠ける国に対しては支援策が取られねばなりません。全てのEU加盟国と加盟候補国に対し，透明性と協力の選択を保証することも，このプロジェクトの承認度と実現性を高めるための重要な要素となります。これはとりわけ加盟候補国に対しても適用されねばなりません。なぜならヨーロッパがようやく再び統一されようとするまさにこの時，新たなヨーロッパの分断を招けば，歴

史的に不合理であるばかりか，途方もなく愚かなことでもあるからです。

　ですからこのような重力の中核は拡大に積極的な関心をもち，他の国々を引きつける魅力を放射しなくてはなりません。どの加盟国に対してもその能力や希望以上に先に進むことを強いてはならない，しかし先に進む意思のない国もまた他の国を阻むことがあってはならない，というハンス＝ディートリヒ・ゲンシャーの原則に従えば，この重力も条約の枠内で形成できることになります。それができない場合でも条約の枠外で作られるでしょう。

　それに続く最後のプロセスは欧州連邦における統合の完成です。誤解を避けるために申し上げますが，重力の中心という形であれ欧州連合加盟国の多数が即時に参加する形であれ，高次の協力から自動的にそこにいたるわけではありません。高次の協力は現実の圧力とモネの手法の弱点に鑑み，まずはとりわけ高次の共同政府化（Intergouvermentalisierung）を意味することになるでしょう。これに対し，高次の協力から憲法条約——これこそが完全な統合の前提となるのですが——にいたるプロセスは意識的なヨーロッパの政治的新設行為を必要とします。

　聴衆のみなさん，これが私の個人的な未来のヴィジョンです。強化された協力から欧州憲法条約へ。またロベール・シューマンの偉大な欧州連邦理念の完成へ。これが将来の道程かもしれません！

9-9　コトヌー協定（2000. 6. 23）

"Cotonou Agreement, 23 June 2000," *OJ*, L 317, Vol. 43, 15 December 2000, pp. 3-286.
(Online available : http://ec.europa.eu/development/icenter/repository/agr01_en.pdf)

　ロメ協定【6-9】の後継協定として ACP 諸国との間に結ばれた協定。非互恵制度に基づき，ACP 諸国に市場の自由化を要求する一方で，「民主主義条項」と呼ばれる政治的コンディショナリティをつけているところがロメ協定との大きな違い。特に第1部第2編の「政治的領域」においては，EU と ACP 諸国が対等のパートナーシップを結ぶとしながらも，第12条で欧州共同体政策との整合性が取られるべきであり，EU は協定の目的を達成するためであれば，その権力を行使し，ACP 諸国に不満があれば書面にて異議申し立てを行う，という取極めがなされている。つまり，この協定はかなり EU に優越的な権限を与えているということになる。この「協定の目的」とは経済的なもの以上に平和と安全保障，安定と民主主義，人権と基本的自由といったことが盛り込ま

れており，極めて政治的な要素が強い。「規制帝国」としての EU の特徴がよく現れているのではないだろうか。 (鈴木)

第1部：一般規定
第1編：目的，原則およびアクター
　第1章：目的および原則
第1条
パートナーシップの目的
　共同体とその加盟国すなわち第一のグループおよび ACP 諸国すなわち第二のグループ——以下「当事国」と呼ぶ——は，平和と安全保障への貢献，安定的な民主政治の環境発展の促進というヴィジョンの下に，ACP 諸国の経済・文化・社会の発展を普及・促進するため，ここに本協定を締結する。
　このパートナーシップは貧困の縮小とその最終的な撲滅を中心課題とすべきである。それは，持続可能な発展と ACP 諸国の世界経済への漸進的な統合という目的に合致するものである。
　これらの目的および当事国の国際的なコミットメントはあらゆる開発戦略を活用し，開発の政治・経済・社会・文化・環境に関する側面を考慮に入れた統合的なアプローチを通して取り組まれるべきである。このパートナーシップは各 ACP 諸国によって採用された開発戦略のための一貫した支援枠組みを提供するものとする。
　持続可能な経済成長，民間セクターの開発，雇用の増加と生産資源へのアクセスの改善は全て，この枠組みの一部を成すものとする。援助は，個人の人権の尊重と基本的ニーズを満たすため，社会開発と成長の果実の平等な配分の促進のために行われるものとする。貿易と民間投資の側面で ACP 諸国の世界経済への統合を育む地域的・準地域的統合のプロセスを奨励・支援する。民主的社会と市場経済の機能性，そして活動的で組織化された市民社会の勃興を実現するため，開発途上にあるアクターの能力開発と社会的一体性に必要な制度枠組みの改善はこのアプローチの不可欠な要素を成す。女性の状況およびジェンダー問題に関しては，政治，経済，社会のあらゆる分野において体系的な対応がとられるべきである。天然資源と環境の持続可能な管理の原則はあらゆるパートナーシップのレベルにおいて適用され，一体化されるべきである。
　……

第 2 編：政治的側面

……

第 9 条

不可欠な要素および基本的な要素

1. 協力は開発の主役であり受益者である人間中心の持続的発展に向けて行われる。これは全ての人権の尊重と促進を伴う。

    全ての人権と基本的自由の尊重は，基本的な社会権，法の支配と透明性があり，説明責任を有する統治に裏づけられた民主主義を含めて，持続的発展に不可欠な要素である。

2. 当事国は人権の尊重に関する国際的な義務とコミットメントを参照する。両者は人間の尊厳と人権という，個人と人々の正当な願望に対する深い愛着を改めて強調する。人権は普遍的で，不可分であり，かつ相互に関係しているものである。当事国は，市民・政治・経済・社会・文化に関するものであれ，全ての基本的自由と人権の保護を促進する。これに関連して，当事国は男女の平等を再確認する。

    当事国は民主化，開発および基本的自由と人権の保護が相互に関連し，相互に強化しあう関係にあるということを再確認する。民主的原則は，普遍的に認められた原則である。それは，国家の組織を支えるものであり，国家の権威，憲法・立法・規制のシステムに表された国家の行動の合法性，そして参加のメカニズムの存在を正統化する働きをもつ。普遍的に認知された原則を基盤として，各国はその民主的文化を育む。

    政府の構造と異なる権力がもつ特権は法の支配の下に築かれるべきである。法の支配とは，具体的には実効性がありアクセス可能な法的救済の手段，法の前の平等を保証する独立した法的システム，法律の完全な適用対象となる行政官の存在を伴うものとする。

    人権の尊重，民主主義的原則と法の支配は ACP-EU パートナーシップを支えるものであるとともに，当事国の国内・国際的な政策の基盤となり，本協定の不可欠な要素を構成するものとする。

3. 人権，民主主義的原則と法の支配を掲げる政治的・制度的環境の文脈においては，グッド・ガバナンスとは，公平かつ持続可能な開発のための人的・自然・経済・金融資源の透明性と責任ある管理を意味する。それは，公的機関のレベルにおける明快な意志決定手続き，透明性と責任ある制度，資源の管

理と分配における法律の優位，腐敗の防止・腐敗との戦いを目的とした措置を計画し，導入する能力開発を包含する。

　グッド・ガバナンスは，ACP-EU パートナーシップを支えるものだが，当事国の国内・国際的な政策の基盤となり，本協定の不可欠な要素を構成するものとする。当事国は第97条に規定された腐敗につながる賄賂などの行為も含めた深刻な腐敗の事例のみがこの違反に当たると同意する。

4. パートナーシップは人権の促進，民主化，法の支配の強化，そしてグッド・ガバナンスのプロセスを積極的に支援すべきである。

　これらの分野は政治対話の重要な主題となる。この対話の文脈において，当事国は変化の途上にある事柄および達成された進歩の継続性に特に注意を払うべきである。この定期的な評価は各国の経済的・社会的・文化的・歴史的文脈を考慮に入れるだろう。

　これらの分野はまた，開発戦略支援における焦点ともなる。共同体は，当該国と共同体の間で共同合意にいたった戦略枠組内で，政治的・制度的・法的改革に加え，公共，民間のアクターと市民社会の能力開発のための支援を提供するだろう。

……

第12条
共同体政策の一貫性と本協定の実施に対するそのインパクト

　第96条を侵害することなく，共同体は，その影響力を行使するにあたって，ACP 諸国の利益に影響を与えうる手段を行使する用意がある。その際，協定の目的に関する限りにおいて，共同体は上述の国々にその意図を適当な時期に通告するものとする。この目的のため，委員会はこうした手段の提案について ACP 諸国の事務局長と同時並行的にコミュニケーションをとるものとする。必要な場合には，ACP 諸国の要請に応じて，情報請求がなされることもあるだろう。

　彼らの要請に応じて，これらの手段のインパクトに対する彼らの懸念が，最終決定が行われる前に考慮に入れられるよう，速やかに協議が行われるものとする。

　そうした協議が行われてから，ACP 諸国は，追加的に，共同体に対しその懸念を文書によって速やかに伝達し，彼らの懸念がどのように対処されるべきか，変更のための助言を提出することができる。

　もし共同体が ACP 諸国の提案に同意しない場合，共同体は ACP 諸国に対し

その旨を理由を添えて速やかに伝達するものとする。

　ACP 諸国はまた，こうした決定の行使に関する充分な情報を，可能な場合にはいつでも事前に知らされるものとする。

……

9-10　オーストリアの人権状況に関する三賢人報告（2000. 9. 8）

"Report by Martti Ahtisaari, Jochen Frowein and Marcelino Oreja," Paris, 8 September 2000. (Online available : http://www.austrosearch.at/pdf/reportwisemenaustria.pdf)

　2000 年 2 月にオーストリアで極右民族主義政党である自由党（FPÖ）が連立政権に入り，ナチス礼賛を隠さないハイダー（Jörg Haider, 1950-）が入閣することで，他の加盟国は大きな衝撃を受けた。フランス，ベルギーはオーストリアが内閣改造をして自由党を閣外に出さない限り，EU の会議をボイコットすると宣言し，他の 12 カ国も外交断絶などの制裁を加えることを宣言した。加盟国は EU の枠組みで制裁を行うことを想定していたが，条約上の規定が確立していなかったため（アムステルダム条約で人権侵害を行う加盟国に対して制裁することが可能になった。【8-12】参照），2 国間の措置として EU の枠外で制裁を行うこととなった（これも「やわらかい統合」か？）。こうした事態を受けて，欧州人権裁判所が EU 議長国であるポルトガルに書簡を送り，それに基づいて元フィンランド大統領のアハティサーリ（Martti Ahtisaari, 1937-）を代表とする賢人委員会が組織され，この報告書が提出された。この報告書はオーストリアにおける人権状況や政府の姿勢を調査したが，自由党入閣後も人権状況の悪化はそれほどない，という結論を導き出し，多くのメディアは落胆した。しかし，そのおかげでこの報告書はオーストリア政府にも受け入れられ，報告書の提出直後，内閣改造を行い，自由党との連立を解消したことで事態が収拾された。また，この事件を契機にニース条約での基本権憲章【9-12】の採択に弾みがついた。この事件は EU と CE の建設的な協調の好事例であるとともに，EU が拠って立つ価値が明確にされたという意味でも重要な出来事であったと言えよう。

（鈴木）

III．一般的な結論

1．オーストリア政府のヨーロッパ共通の価値，とりわけ少数民族，難民，移民の権利に関する価値に対するコミットメントについて

本委員会の任務と包括的な調査を通じて，熟慮したわれわれの見解は，オーストリア政府はヨーロッパ共通の価値にコミットしている，ということである。オーストリア政府の少数民族，難民，移民の権利の尊重は他の EU 加盟国と比較して遜色ない。上記の三領域における法的状況は他の EU 加盟国に適用される基準を超えている。いくつかの領域，特に少数民族の権利に関して，オーストリアの基準は他の多くの EU 加盟国以上のものがある。

　オーストリア政府は，2000 年 2 月 3 日に連立政権のリーダーによって調印された宣言を含む，これらの価値や基準の遵守を改善する現実的な措置を採っている。新しいオーストリア政府が人種主義，排外主義（Xenophobia），反ユダヤ主義に抗する特定の活動を継続ないし導入していることは，オーストリア政府が国内に特殊な問題があることを認識している証左である。ここも同様だが，政府は過去の自己批判的省察を効果的に行い，オーストリア政府の国家社会主義体制ないしはあらゆる種類の直接的，間接的差別と排外的偏見が犯した犯罪と戦うための活動の基準は，ヨーロッパ共通の価値を反映している。

2．自由党の政治的性格の発展について

　自由党の概略が過激な要素をもつ右翼ポピュリスト政党であるとする根拠はある。自由党は排外的感情を選挙キャンペーンで活用し，強化した。これにより，外国人に対する直接的な表現が受け入れられる雰囲気が醸成され，不安を煽っている。

　われわれの意見として，連邦政府は大統領が排外主義ないしは中傷的な表現を非難するのと同様の措置を採るべきである。

　また自由党は名誉毀損手続きを継続的に利用することで批判を抑圧しようとしてきた。

　過去の自由党の行動と他の自由党幹部の発言と異なり，ここまでのところ，自由党の閣僚は政府活動を実践する政府のコミットメントに準じて活動している。時が経てば政党のなかに新たな方向性が生まれることも否定すべきではない。それが実際に起こるかどうかは今後の推移を見るしかない。

3．他の 14 カ国が採択した措置について

　14 カ国によって採択された措置の合法性について発言するのは，われわれの任務ではない。

　14 カ国の EU 加盟国によって採られた措置は，オーストリアに限らず，他の

加盟国においてもヨーロッパ共通の価値の重要性への意識を高めた。疑うことなく，14カ国によって採られた措置がオーストリア政府の努力を強化した。また14カ国はこれらの価値を守るため市民社会を活性化した。

しかしながら，われわれの見解としては，14カ国によって採られた措置が継続されるのであれば，非生産的であり，したがってこれらの措置は終了されるべきである。これらの措置はオーストリアの愛国主義的感情をかき立てており，オーストリア市民に対する直接の制裁であると誤って理解されているケースもある。

4. 本報告書から導き出される提言

われわれは，個別加盟国のヨーロッパ共通の価値に対するコミットメントとパフォーマンスを監視し，評価するメカニズムを発展させることを推奨する。したがって，われわれは，EU条約の第7条に予防・監視手続きを導入し，現在のオーストリアのような状況が起こった場合，EU内部で最初から対処できるようになることに賛成である。これはEUがヨーロッパ共通の価値に本源的にコミットしていることを強調する。このようなメカニズムは問題となった加盟国との開放的で対立的でない対話を最初から可能にする。

この監視手続きを通じて，理事会は加盟国の特定の状況の発展をフォローし，評価し，行動することが可能になる。監視手続きの他，情報提供と教育措置によって，いかなる直接・間接の差別や排外主義をも廃す予防システムを導入すべきである。

これらの目標を達成する共同体制度のなかに制度的措置を確立することは重要である。これは欧州理事会に報告する人権事務所の創設，委員会に人権問題に責任をもつ委員の設置，そして特にウィーンに設置されている既存のEU人種主義・排外主義監視所（EU Observatory on Racism and Xenophobia）の活動，予算，地位を拡充し，EU人権庁（EU Agency on Human Rights）の設立を可能にする。

9-11 ニース条約（2000. 12. 11）

"Treaty of Nice: Amending the Treaty on European Union, the Treaties Establishing the European Communities and Certain Related Acts", *OJ*, C 80, 10 March 2001, pp. 1-87.
(Online available: http://eur-lex.europa.eu/en/treaties/dat/12001C/pdf/12001C_EN.

pdf）邦訳は鷲江義勝監訳，久間宏子・山内麻貴子・山本直共訳「ニース条約（翻訳）(1)」『同志社法学』53 巻 2 号，688-713 頁；同「ニース条約（翻訳）(2・完)」『同志社法学』53 巻 3 号，422-71 頁をベースとし，一部改訳した。

　　　マーストリヒト，アムステルダムと続いた条約改正の続編とも言うべき条約（調印は 2001 年 2 月 26 日。発効は 2003 年 2 月 1 日）。拡大を前にして，追いつめられる形で制度改革が実現することとなった。そのため，条文の多くが「高次の協力（enhanced cooperation）」に割かれている。また，1998 年以来進んできた防衛安全保障分野における政策協力に対する関心も高く，欧州安全保障防衛政策（ESDP）の法的根拠となる条文も入った。

　　　しかし，この条約で最も重要であったのは，条約本文ではなく，議定書に付された各国の理事会における票数と欧州委員の数，欧州議会議員の数であり，また最終規定で定められた，拡大後の新規加盟国の票数であった。フランスは議長国の立場を利用（濫用？）し，ドイツと同じ理事会持ち票数となるまで会議を終わらせなかったため，本来 3 日で終わるはずのニース欧州理事会は結局 5 日かかることとなった。ここから明らかになるのは，ニース条約は拡大を前提にしつつも，結果的には既存の加盟国間の駆け引きに終始した内向きな条約であり，拡大後のヨーロッパにヴィジョンを与えるようなニュアンスは弱かった，ということである。

（鈴木）

欧州連合条約，欧州諸共同体設立条約および関連諸規定を改定するニース条約

第 1 部　改定内容

第 1 条

欧州連合条約は本条の規定に従って改定される。

　……

　第 17 条は以下に置き換えられる。

「第 17 条

1. 共通外交安全保障政策は，連合の安全保障に関する全ての問題を包含し，欧州理事会が決定した場合は，共同防衛にいたる可能性のある共通防衛政策の漸進的な策定を含む。その場合，欧州理事会は，加盟国に対して，各加盟国の憲法上の要件に従い，そのような決定の採択を勧告する。

　　　本条に従う連合の政策は，若干の加盟国の安全保障および防衛政策の特殊な性格を損なわない。また，連合の政策は，北大西洋条約の下での NATO における共同防衛が実現される場合，若干の加盟国の義務を尊重し，北大西洋条約

の枠内で確立される共通の安全保障・防衛政策と両立する。

　共通防衛政策の漸進的な策定は，加盟国が適切と考える限りにおいて，軍備の分野における加盟国間の協力により支持される。

2．本条に言及される問題は，人道的・救助的任務，平和維持の任務，および危機管理における平和執行を含む実戦部隊の任務を含む。

3．本条において扱われる防衛にかかわる決定は，本条第1項第2節に言及される政策および義務に抵触しない限り行われる。

4．本条の規定は，WEUおよびNATOの枠組みにおいて，双務的レベルにおける2カ国以上の加盟国間の強化された協力が発展することを妨げない。ただし，その協力は，本編に定める協力に違反したり，またはその妨げとなってはならない。

5．本条の目標を推進することを目的として，本条の規定は第48条に従い再検討される。」

……

5．第25条は以下に置き換えられる。

「第25条

　欧州共同体設立条約第207条に抵触しない限り，政治安全保障委員会は，共通外交安全保障政策に包含される領域における国際情勢を監視する。また政治安全保障委員会は，理事会の要請により，または自らの提案に基づき，理事会に対して意見を述べることにより，政策の策定に寄与する。またこの委員会は，議長国および委員会の責務を損なうことなく，合意された政策の実施を監視する。

　政治安全保障委員会は，本編の範囲内でかつ理事会の責任の下，危機管理の実践についての政治的な統制を行い，かつ戦略上の指揮を執る。

　理事会は，自らが決定した危機管理を実践し，かつその実践を継続させるために，第47条を侵害することなく，その実践についての政治的な統制および戦略上の指揮と関連する決定を政治安全保障委員会が行うことを承認することができる。」

6．以下の条が挿入される。

「第27a条

1．本編に言及されているあらゆる領域における高次の協力は，国際舞台における結束した力としての連合の一体性を主張することにより，全体として

の連合の価値を保護しかつその利益に奉仕することを目的とする。強化された協力は，次のものを尊重する。

―共通外交安全保障政策の原則，目的，一般的な指針および一貫性ならびにその政策の枠内においてなされた決定

―欧州共同体の権限

―連合の全ての政策とその対外的な活動との間の一貫性

2. 高次の協力には，第27c条および第43条から第45条に定めるその他の事柄を留保しつつ第11条から第27条および第27b条から第28条までが適用される

第27b条

本編に基づく高次の協力は，統一行動または共通の立場の実施に関係する。それは，軍事もしくは防衛にかかわる事項とは関係しない。」

11. 第43条は以下に置き換えられる。

「第43条

相互に高次の協力を確立しようとする加盟国は，以下の条件に従って，本条約および欧州共同体設立条約に用意された機関，手続きおよび機構を用いることができる。提案されている協力が，

(a) 連合および共同体の目的を達成し，それらの利益を守り，それらの利益に奉仕し，かつそれらの統合過程を強化するためのものであること，

(b) 上記の条約と連合の単一の枠組みを尊重すること，

(c) アキ・コミュノテールおよび上記の条約の他の規定の下で採択された措置を尊重すること，

(d) 連合あるいは共同体の権限内にとどまっており，かつ共同体の排他的権限に属する領域と関連していないこと，

(e) 欧州共同体設立条約14条 (2) で定義された域内市場あるいは欧州共同体設立条約XVII編に従って確立された経済的および社会的結束を侵さないこと，

(f) 加盟国間貿易における障壁あるいは差別を設けず，かつ加盟国間の競争をゆがめないこと，

(g) 少なくとも8カ国の加盟国を含んでいること，

(h) それに参加しない加盟国の権限，権利および義務を尊重すること，

(i) シェンゲン・アキを欧州連合の枠組みに統合する議定書の諸規定に影響

を及ぼさないこと，
  (j) 第43b条に従い，全ての加盟国に開かれていること。」
12. 以下の条が挿入される。
  「第43a条
    高次の協力は，そのような協力の目的が諸条約の関連規定を適用することにより適切な期間内に達成することが不可能であると理事会が確認した場合に，最後の手段としてのみ実施されることができる。
  第43b条
    高次の協力が確立された場合，その協力は全ての加盟国に開かれている。その協力はまた，本条約第27e条および第40b条と欧州共同体設立条約第11a条に従い，かつ基本的な決定ならびにこれらの条約の枠内でなされた決定と適合する形で，常に全ての加盟国に開かれている。委員会および高次の協力に参加する加盟国は，可能な限り多くの加盟国が参加を奨励されることを確保する。」
  ……

議定書
A．欧州連合条約および欧州諸共同体設立条約付属議定書―欧州連合の拡大に関する議定書
  締約国は，欧州連合条約および欧州共同体設立条約に付属する以下の規定に合意した。
  ……

第2条　欧州議会に関する規定
1. 2004年1月1日に，2004年から09年の期間の最初から効力をもって，欧州共同体設立条約第190条(2)および欧州原子力共同体設立条約第108条(2)の一段は，以下に置き換えられる。
    各加盟国で選出される議員の数は，次のとおりとする。
    ベルギー22　デンマーク13　ドイツ99　ギリシャ22　スペイン50　フランス72　アイルランド12　イタリア72　ルクセンブルク6　オランダ25　オーストリア17　ポルトガル22　フィンランド13　スウェーデン18　連合王国72
2. 3項に従い，2004年から09年の期間の欧州議会議員の総数は，遅くとも

2004年1月1日までに調印される加盟条約による新規加盟国の議員数を加えて，欧州共同体設立条約第190条 (2) および欧州原子力共同体設立条約第108条 (2) に特定された議員数に等しくなる。

3. 2項の議員総数が，732名以下の場合，比率に応じた改定が，各加盟国で選出される議員数に適用される。その結果，各加盟国で選出される議員数を決定するそのような改定が，欧州共同体設立条約第190条 (2) および欧州原子力共同体設立条約第108条 (2) に規定された1999年から2004年の任期の議員総数を越えることがない限り，732名に可能な限り近づけられる。

　　理事会は，以上の内容の実施のための決定を採択する。

4. 欧州共同体設立条約第189条第2段および欧州原子力共同体設立条約第107条第2段にかかわらず，本条の第3項の第2段に規定された理事会の決定の採択の後，加盟条約が発効した場合には，欧州議会の議員総数は，当該理事会決定が適用されている期間，一時的に，732名を越えることができる。本条の第3項の第1段に言及されたのと同じ改定が，当該加盟国で選出される議員数に適用される。

第3条　理事会における加重投票に関する規定

1. 2005年1月1日に，
   (a) 欧州共同体設立条約第205条および欧州原子力共同体設立条約第118条において
      (i) 第2項は以下に置き換えられる。

「2. 理事会が特定多数決によって議決することを求められる場合，構成員の投票は，次の割合で行われる。
ベルギー12　デンマーク7　ドイツ29　ギリシャ12　スペイン27　フランス29　アイルランド7　イタリア29　ルクセンブルク4　オランダ13　オーストリア10　ポルトガル12　フィンランド7　スウェーデン10　連合王国29

　本条約に従い委員会の提案に基づいて採択しなければならない場合には，理事会の採択にあたり，理事会の行為は構成員の過半数による投じられた少なくとも169票の賛成票を必要とする。

　その他の場合には，理事会での採択のためには，理事会の行為は少なくとも構成員の3分の2により投じられた，少なくとも169票の賛成票を必要とする。」

      (ii) 以下の第4項が加えられる。

「4. 決定が特定多数決により，理事会により採択される場合には，理事会の構成員は，特定多数を攻勢する加盟国が連合の全人口の少なくとも62％を代表していることの確認を要求することができる。この条件が満たされていないことが明らかになった場合には，当該決定は，採択されない。」

(b) 欧州連合条約第23条 (2) において，第3段は，以下の文章に置き換えられる。

「理事会の構成員の票数は，欧州共同体設立条約第205条 (2) に従って加重される。採択にあたっては，決定は，少なくとも構成員の3分の2により投じられた，少なくとも169票の賛成票を必要とする。決定が特定多数決により，理事会により採択される場合には，理事会の構成員は，特定多数決を構成する加盟国が連合の全人口の少なくとも62％を代表していることの確認を要求することができる。この条件が満たされていないことが明らかになった場合には，当該決定は，採択されない。」

(c) 欧州連合条約第34条において，第3項は，以下に置き換えられる。

「3. 理事会が特定多数決によって行為することを求められた場合，構成員の票数は，欧州共同体設立条約第205条 (2) に規定されたのと同様の加重をされる。理事会での採択のためには，少なくとも構成員の3分の2により投じられた，少なくとも169票の賛成票を必要とする。決定が特定多数決により，理事会により採択される場合には，理事会の構成員は，特定多数決を構成する加盟国が連合の全人口の少なくとも62％を代表していることの確認を要求することができる。この条件が満たされていないことが明らかになった場合には，当該決定は，採択されない。」

2. 新規の加盟国がある場合には，欧州共同体設立条約第205条 (2) 第2段および欧州原子力共同体設立条約第118条 (2) 第2段に言及された閾値は，投票において示される特定多数決の境界が，ニース条約を採択した会議の最終規定に含まれる「欧州連合の拡大に関する宣言」の票の結果として生ずる閾値を越えないような方法で計算される。

第4条　委員会に関する規定

1. 2005年1月1日に，この日以降の最初の委員会がその責務を始めたときから効力をもって，欧州共同体設立条約第213条 (1) および欧州原子力共同体設立条約第126条 (1) は，以下に置き換えられる。

「1．委員会の委員は，全般的能力を基準として選ばれ，その独立性に疑いのないものとする。

委員会は，各加盟国の1名の国民を含む。

委員会の委員数は，理事会の全会一致によって変更することができる。」

2. 連合が，27の加盟国により構成される場合には，欧州共同体設立条約第213条（1）および欧州原子力共同体設立条約第126条（1）は，以下に置き換えられる。

「1．委員会の委員は，加盟国の数よりも少ないものとする。委員会の委員は，平等原則に基礎を置く輪番制度に従って選ばれ，その輪番制度の実施協定は，理事会が全会一致によって採択する。

委員会の委員数は，理事会の全会一致によって設定する。」

本修正は，連合の27番目の加盟国が加盟した日以降の最初の委員会がその責務を開始した日より適用される。

3. 理事会は，連合の27番目の加盟国の加盟条約が署名されたのち，全会一致で，以下のものを採択する。

―委員会の委員の数

―以下の原則に基礎を置きつつ，自動的に後継委員会の構成を決定するために必要な全ての基準および規律を含む，平等原則に基礎を置く輪番制度のための実施協定

(a) 加盟国は，委員会の委員の国籍の順序および在職期間の決定に関して，厳格な平等の基盤に基づいて扱われる。したがって，あらゆる一定の加盟国の組み合わせの国籍をもつ人物による在職期間の総数の間の相違は，1を越えてはならない。

(b) (a)項に従って，各後継委員会は，連合の全ての加盟国の人口分布および地理的な広がりを十分に反映するように構成される。

4. 第2項が適用されるまでは，連合に加盟する全ての国は，その加盟の時点で，その国民の1名を委員会の1名の委員とする権利を与えられる。

……

最終規定

欧州連合条約，ならびに欧州共同体，欧州原子力共同体および欧州石炭鉄鋼共同体のそれぞれの設立条約および関連諸規定について成された修正を共通の合意

によって採択するために 2000 年 2 月 14 日にブリュッセルに召集された加盟国政府代表の会議は，以下の文章を採択した。
……

20．欧州連合の拡大に関する宣言

　欧州議会の議席の配分，理事会での票数の加重，経済社会委員会の構成および地域委員会の構成に関して，加盟に関する会議において加盟国によって採択される共通の立場は，27 の加盟国から成る連合のための以下の表に合致する。

1．欧州議会

加盟国	議席数	加盟国	議席数	加盟国	議席数
ドイツ	99	チェコ共和国	20	フィンランド	13
連合王国	72	ベルギー	22	アイルランド	12
フランス	72	ハンガリー	20	リトアニア	12
イタリア	72	ポルトガル	22	ラトヴィア	8
スペイン	50	スウェーデン	18	スロヴェニア	7
ポーランド	50	ブルガリア	17	エストニア	6
ルーマニア	33	オーストリア	17	キプロス	6
オランダ	25	スロヴァキア	13	ルクセンブルク	6
ギリシャ	22	デンマーク	13	マルタ	5

合計　　　732

理事会における票数の加重

構成員	加重票数	構成員	加重票数	構成員	加重票数
ドイツ	29	チェコ共和国	12	フィンランド	7
連合王国	29	ベルギー	12	アイルランド	7
フランス	29	ハンガリー	12	リトアニア	7
イタリア	29	ポルトガル	12	ラトヴィア	4
スペイン	27	スウェーデン	10	スロヴェニア	4
ポーランド	27	ブルガリア	10	エストニア	4
ルーマニア	14	オーストリア	10	キプロス	4
オランダ	13	スロヴァキア	7	ルクセンブルク	4
ギリシャ	12	デンマーク	7	マルタ	3

合計　　　345

本条約に従い委員会の提案に基づいて採択しなければならない場合には，理事会の採択にあたり，理事会の行為は構成員の過半数による投じられた少なくとも258票の賛成票を必要とする。

その他の場合には，理事会での採択のためには，理事会の行為は少なくとも構成員の3分の2により投じられた，少なくとも258票の賛成票を必要とする。

決定が特定多数決により理事会により採択される場合には，理事会の構成員は，特定多数決を構成する加盟国が連合の全人口の少なくとも62%を代表していることの確認を要求することができる。この条件が満たされていないことが明らかになった場合には，当該決定は，採択されない。

9-12　**基本権憲章**（2000. 12. 7）

"Charter of Fundamental Rights of the European Union," 2000/C 364/01, *OJ*, C 364, 18. 12.2000. (Online available: http://eur-lex.europa.eu/LexUriServ/LexUriServ.do?uri = OJ:C:2000:364:0001:0022:EN:PDF)

冷戦期のECの活動の中心は経済活動にあり，各国の憲法における基本的人権（基本権）については，ヨーロッパレベルで法的に条約のなかで明確に定義をしてこなかった。なぜなら冷戦期においては，全体主義体制と確かに対抗していたが，東西の境界に特に動きはなく，民主主義の定義そのものを問われることはなかったからであった。そのため，基本権は「構成国に共通の憲法的伝統」と欧州審議会の下にある欧州人権条約を源とするEC法への一般的原則の適用を通して保護されてきた。

しかしながら，冷戦終焉後，中東欧諸国が民主化し，EUへの加盟をはたし，また民主主義と人権の擁護がCFSP（共通外交安全保障政策）や開発政策の政治的コンディショナリティの主要な目的となった。そこで，EU自身が基本権目録を作成して人権と民主主義を明確に定義し，EU法のなかに統合することが必要となってきた。こうした試みは，1993年のマーストリヒト条約に始まり，99年のアムステルダム条約を経て，2000年12月のニース欧州理事会における「EU基本権憲章」の採択につながる。これにより，EU市民としての人権・民主主義アイデンティティの基礎が定められた。つまり，EUの民主主義をめぐる基本原理が明確となったのである。しかしこの憲章は，政治宣言にすぎず法的拘束力は付与されなかった。2004年に調印された欧州憲法条約は【9-24】，「EU基本権憲章」を法的拘束力ある規範として取り入れる予定で

あったが，条約が否決されたため未だに法的拘束力は持ちえていない。（上原）

厳粛なる声明
　欧州議会，欧州理事会，欧州委員会は，以下に掲げる文書をEU基本権憲章として厳粛に布告することを宣言する。……

前文
　ヨーロッパの人々は，かつてないほど緊密な連合を創りだすなかで，共通の価値に立脚した平和な未来を共有することを決意している。
　精神的道義的遺産を意識する連合は，人間の尊厳，自由，平等，連帯といった不可分かつ普遍的な諸価値に立脚し，民主主義および法の支配の原則を基礎としている。連合は，EU市民権を確立し，自由かつ安全で公正な地域を創設することにより，個人をその活動の中核に位置づける。
　連合はこれらの共通の価値の遵守と発展に貢献すると同時に，ヨーロッパの人々の文化と伝統の多様性に加え，加盟国のナショナル・アイデンティティとナショナル，リージョナル，ローカルの各レベルでの公共機関も尊重している。つまり均衡ある持続可能な発展の推進と，人・財・サービス・資本の自由移動と，創業の自由の保証に努める。
　こうした目的のために，社会の変化や社会進歩および科学技術の発展を鑑みて，基本権を憲章においてより可視化することにより，これらの権限の擁護を強化することが必要である。
　憲章は，共同体および連合の権限と職務，そして補完性の原理を十分考慮し，特に加盟国に共通の憲法的伝統および国際義務に起因する諸権利とEU条約（TEU），共同体諸条約，欧州人権条約，共同体および欧州審議会により採択された社会憲章，欧州司法裁判所および欧州人権裁判所での判例を再度承認する。
　これらの諸権利の享受は，他者，人間共同体，そして未来の世代に対する責任と義務を伴う。
　したがって連合は，下記に述べる権利，自由，原則を承認する。

> 9-13　北大西洋条約第5条発動 (2001. 12. 6)
> "NATO's Response to Terrorism, Statement issued at Ministerial Meeting of the North Atlantic Council, Held at NATO Headquarters, Brussels, on 6 December 2001," NATO Press Release M-NAC-2 (2001) 159, 6 December 2001. (Online available : http://www.nato.int/docu/pr/2001/p01-159e.htm)

　　2001年9月11日のアメリカ同時多発テロに対し，NATOが史上初めて北大西洋条約【3-10】に基づき集団防衛機能を発動させたケース。冷戦期の集団防衛機構として機能させるために規定された第5条が，冷戦後の安全保障の中心的課題となるテロリズムに対して発動されたのは皮肉というべきか。とはいえ，ここでは，NATO機によるアメリカ領空のパトロールと東地中海における警戒程度の行動しか決定されず，NATOが実質的なアフガン戦争における米軍支援を行ったわけではない（イギリスなど少数の加盟国を除く。戦後の平和構築ではNATOが中心となった）。しかし，この第5条の発動によって，冷戦後のNATOのあり方がテロ対策，対テロ戦争の手段として位置づけられることとなったことの意義は大きい。ただ，アフガン戦争に引き続くイラク戦争において，NATOとしての行動はとられず，アメリカが「有志連合」を選択したことで，冷戦後のNATOの意義も再考されることとなった。　　　（鈴木）

テロリズムに対するNATOの対応
ブリュッセルのNATO本部で2001年12月6日に開かれた北大西洋条約機構理事会の閣僚会議で発表された声明

1. 9月11日のテロ攻撃は全世界に対する暴挙であった。われわれはこれらの犯罪の責任者を法の下で裁き，彼らが将来罪のない人々の生命を奪うことがないよう取り組んでいく。
2. テロリズムはわれわれの市民の生命，人権と市民的自由を脅かす。それはまた，民主主義的な制度の発展と機能，国家の領土的一体性，国家間の平和的な関係，国際の平和と安全を脅かすものである。いかなる形であってもテロ行為を正当化することはできない。われわれはあらゆる形式，発現によるテロリズムを断固として拒絶し，それを決然として非難する。われわれ，NATOの19の同盟諸国は，この惨劇と断固として戦っていく。われわれの安全のためにはまさにそれが必要だからだ。
3. われわれは，9月11日に生じた出来事は同盟国1カ国に対する武装攻撃で

はなく，われわれ全加盟国に対する攻撃だとみなす。そのため，われわれはワシントン条約の第5条を発動した。それに従い，われわれは個別および共同で，9月11日の暴挙を犯したテロリストと彼らを保護する者に対してアメリカが主導して行っている軍事作戦を支援することを決定した。NATOの偵察機が，史上初めてアメリカの領空内を巡回している。NATOの連帯と決意を示すため，同盟の海軍が東地中海に展開している。バルカン半島にあるわれわれの平和維持部隊は，当該地域の諸国の支援を受けて，テロリスト集団がバルカン半島内およびそこから活動を展開するのを防止するために活動している。個々の同盟諸国はテロリズムに対する軍事作戦と人道援助のための部隊と軍備の提供を申し出ている。われわれは，これらのテロリストに対するアメリカ主導の軍事作戦がその目的を達成するまで，アメリカに対する支援を継続する。われわれは，われわれの決定と国際法および関連する国連憲章の条項に対するコミットメントに従い，上記の支援を行っていく。

4. われわれの戦いはイスラムに対するものでも，アフガニスタンの罪のない人々に対するものでもない。同盟諸国が行っているのは，タリバン政権の残酷な統治の下で苦しんできたアフガニスタン人に対する人道援助の支援である。われわれの戦い——国際社会の戦い——は，国連安全保障理事会決議第1368号に明示されているように，テロリストとそのネットワーク，そして彼らをかくまう者に対するものである。

5. われわれは必要な限りテロリズムの脅威に対抗していく決意があることを改めて表明する。ワシントン条約に基づく義務に従い，われわれはテロ攻撃を含め，国外から行使されるあらゆる武装攻撃から同盟諸国の人々，領土と部隊を保護するため，国家単位の，そして集団的な能力を強化し続けていく。われわれはワシントン首脳会議で採択された戦略概念において，この課題を認識した。そして，その際，同盟諸国の領土に対するいかなる武装攻撃に対しても——それがいかなる方角から行われたとしても——ワシントン条約第5条に従って行動するものとし，特にテロリズムを同盟の安全保障の利益に対するリスクとして明示した。この課題に取り組むことは，われわれの安全保障の根本的な問題である。

……

> ## 9-14　欧州憲法条約起草
> A．欧州憲法条約起草コンヴェンション設立決議（2001. 12. 15）
> B．欧州憲法条約草案の提出（2003. 6. 20）
> A．"Laeken Declaration on the Future of the European Union: Annex I of Presidency Conclusions, Laeken European Council, 15 December 2001," *Bull. EU*, 12-2001, point I. 27, pp. 19-23. (Online available: http://europa.eu/bulletin/en/200112/i1027.htm)
> B．"Oral Report Presented to the Thessaloniki European Council by V. Giscard d'Estaing; Chairman of the European Convention, 20 June 2003." (Online available: http://european-convention.eu.int/docs/speeches/9604.pdf)

　EUの東方拡大がほぼ既定の路線となり，新規加盟国が10カ国増えることが想定されるなか，より簡潔で，透明性が高く，民主的で効率的な組織へと組み替えることを目指し，ラーケン欧州理事会で欧州憲法条約の起草過程に入ることが決定された。フランス元大統領で熱心なヨーロッパ統合主義者であるジスカール・デスタン（Valéry Giscard d'Estaing, 1926-）を議長とした起草会議（コンヴェンション）を設置し，各国政府の代表だけでなく，各国議会，欧州議会，欧州委員会，加盟予定国からの参加者を含めた100人を超えるメンバーで構成されることとなった。これまでの条約改定作業は政府間会議（IGC）で行われていたことに比べると，格段に民主的な手法による起草作業と思われたが，この民主的な意思決定手続きが錯綜する利害の調整を困難にさせ，簡潔な憲法条約を目指したものの，結果としては極めて複雑なものとなってしまった。ジスカール・デスタンのスピーチで繰り返し加盟国と欧州諸機関との「バランス」を重視したことが強調されているが，これはコンヴェンションにおけるさまざまな利害を何とか調整し，全員のコンセンサスが取れるものを目指した結果，極めて微妙なバランスの上に成り立つ複雑な憲法条約案になったことを示唆している。こうした憲法条約の複雑さは，「市民が求める明快で，開かれていて，効率的で，民主的にEUをコントロールする」憲法とは程遠いものになってしまった。これがフランス，オランダにおける国民投票による憲法条約否決の一つの原因になったことは否めないだろう。　　　　　（鈴木）

A．欧州憲法条約起草コンヴェンション設立決議
欧州連合の将来に関するラーケン宣言
　　……

II．刷新された連合における課題と改革

連合はより民主的でより透明性があり，より効率的になる必要がある。連合はまた，次の三つの基本的な課題を解決しなければならない。市民，主に若者をヨーロッパのデザインとヨーロッパの制度にどのように近づけていくか，拡大した連合における政治とヨーロッパ政治空間をどのように組織化するか，新しい多極化した世界においてどのようにすれば連合を安定化要因として発展させられるのかという問題である。これらの問題に対処するためには，いくつもの具体的な質問が提示されなければならない。

欧州連合の権限（competence）のより良い区分と定義

市民は欧州連合に期待を抱いているが，その全てが常に充足されるわけではない。そしてその逆も真である。彼らは時に連合がその介入が必ずしも不可欠ではない領域にかかわりすぎるという印象をもつ。したがって，重要なのは，連合が直面する新しい課題に照らし合わせて，その権限の区分を明確にし，単純化し，適合させることである。これは加盟国の仕事を復活させ，連合に新しい任務を課すという両方の側面をもつだろう。あるいは，加盟国の平等と相互の連帯を常に念頭におきながらも，既存の権力の拡大につながるだろう。

初めに提示されなければならない一連の質問は，権限の区分をどうすればより透明性が高くなるかという問題にかかわっている。われわれは三つの種類の権限——連合の排他的権限，加盟国の権限，そして連合と加盟国の間で共有されている権限——をより明確に区別できるだろうか。権限はどのレベルにおいて最も効率的に行使されるのだろうか。補完性の原則はどのように適用されるべきなのだろうか。各条約によって連合に委託されていない権限は加盟国の排他的権限の領域に属することを明らかにすべきではないだろうか。それはどのような帰結を招くだろうか。

次の一連の質問は，この新しい枠組内で，「アキ・コミュノテール」を尊重しながら，権限の再組織化自体が必要かどうかを判断することを目的とすべきである。ここでは，市民の期待をどのように反映させるべきであろうか。これは連合にどのような任務を生み出すのであろうか。逆に，どのような仕事が加盟国に残されるべきか。種々の政策に関してどのような条約内の修正がなされるべきだろうか。たとえば，より緊密な共通外交防衛政策はどのように築かれるべきなのだろうか。ペータースベルク任務は更新されるべきなのか。警察および刑事の協力に関して，より統合されたアプローチの採用を希望するのか。経済政策の調整は

いかにして前進されるのだろうか。いかにして社会的一体性，環境，健康と食糧安全という分野における協力を緊密化できるのだろうか。しかし，連合政策の日常の行政と施行は断固として加盟国に，あるいはその憲法に従い，地方にとどめられるべきではないのか。彼らの権限の範囲が侵されないという保証が与えられるべきではないのか。

最後に，再定義された権限の区分が連合の権限の緩やかな拡大，あるいは加盟国ないしはその規定のあるところでは地方の，排他的な権限の領域の侵害につながらないことをどのように確保できるのかという問題がある。われわれは，どうすればヨーロッパのダイナミックな動きが中断されないことを確保できるのだろうか。将来において，連合は新たな挑戦と展開に対応し続け，新たな政策領域を開拓できるようにしなければならない。条約第95条と308条はこの目的のために「アキ・ジュリスプリュデンシエル（acquis jurisprudenciel：これまで積み重ねられてきた管轄権限の体系）」に照らし合わせて見直されるべきなのだろうか。

連合の手段の単純化

誰がどのような活動を行うのか，というのは重要な問題である。と同時に連合の活動の性質とそれがどのような手段を使うべきかという問題は等しく重要である。一連の条約の修正は，その時々において手段の増設へと結びつき，指令は徐々により詳細な立法へと進化していった。したがって，重要なのは連合のさまざまな手段がより明確に定義されるべきかどうかということと，その数が削減されるべきかどうかという問題である。

言い換えれば，立法手段と執行手段は区別されるべきなのだろうか。立法手段——直接適用可能なルール，枠組みの法律（framework legislation），より詳細な法律，そして非強制的手段（意見，勧告，開かれた協力）——の数は削減されるべきなのだろうか。政策目標を達成するにあたって加盟国により大きな裁量権を与える枠組みの法律をより多用すべきなのか，そうすべきでないのだろうか。開かれた協力と相互承認が最適な手段を提供するのはどの権限分野だろうか。比例制の原則は問題の出発点であり続けるのだろうか。

欧州連合における民主主義，透明性および効率性の向上

欧州連合の正統性は，それが提示する民主的価値，その目標とそれが保持する権力および手段に由来している。しかしながら，ヨーロッパのプロジェクトの正統性は，民主的で，透明性が高く，効率的な機関にも由来している。各国議会も

また，ヨーロッパのプロジェクトの正統性に寄与している。ニース条約の付属書となっている連合の将来に関する宣言は，ヨーロッパ統合における各国議会の役割を吟味する必要性を強調した。より一般的には，ヨーロッパの公共空間を建設するために，われわれはどのようなイニシアティブが取れるのかという問題がある。

したがって，第一の問題は，既存の機関の民主的正統性と透明性をいかにして向上させることができるのかという，三つの機関に共通する問題である。

どうすれば欧州委員会の権限と効率性を向上させることができるだろうか。委員長はどのように任命させるべきだろうか。欧州理事会なのか，欧州議会なのか，それとも市民によって直接選出されるべきなのだろうか。欧州議会の役割は強化されるべきだろうか。共同決定の権利の範囲を拡大すべきなのか。欧州議会議員を選出する方法は見直されるべきだろうか。ヨーロッパ選挙区というものが設置されるべきなのだろうか，それとも選挙区は各国ごとのものにとどまるべきなのだろうか。二つのシステムは混合されるべきだろうか。理事会の役割は強化されるべきだろうか。理事会は立法および執行能力において同様の姿勢を取るべきだろうか。透明性を向上させるとすれば，理事会の会合は，少なくともその立法能力に関して，公開されるべきなのだろうか。市民は理事会文書によりアクセスできるようにすべきだろうか。最後に，各機関の間のバランスと相互統制はいかにして確保されるべきだろうか。

第二の問題は，民主的正統性に関連するが，各国議会の役割に関するものである。それらは理事会と欧州議会と並んで，新しい機関によって代表されるべきなのだろうか。それらは欧州議会が権限をもたないヨーロッパ大の活動領域において何らかの役割を果たすべきなのだろうか。それらは，たとえば補完性原理の遵守に関する事前検査というように，連合と加盟国の間の権限の区分に焦点を当てるべきなのだろうか。

第三の問題は，約30の加盟国からなる連合内の意志決定と各機関の運営の効率性をいかに向上させることができるかという問題に関するものである。連合は，どうすればその目標と優先順位をより効果的に設定し，それらが今まで以上に確実に履行されるようにできるだろうか。特定多数決によって決定されるべき事柄を増やす必要があるのだろうか。理事会と欧州議会の間の共同決定の手続きはどのようにして簡略化され，迅速化されるだろうか。連合の議長国の6カ月ごとの交代制についてはどうだろうか。欧州議会の将来的な役割は何だろうか。

ヨーロッパの外交政策の統一性はどのように強化されるべきだろうか。CFSP 上級代表と対外政策担当委員の間のシナジーはどのようにして強化されるだろうか。国際的な場における連合の対外的な代表性はさらに拡大されるべきなのだろうか。
　……

III. ヨーロッパの将来に関するコンヴェンションの招集

　次の政府間会議のために可能な限り広く，開放的な道を切り開くために，欧州理事会は連合の将来に関する議論の主な提唱者から成るコンヴェンションを招集することを決定した。上述の事柄を参考に，連合の将来の発展に関して浮上してきた主要な問題について検討し，それらに対するさまざまな可能な対応を特定するのは，会議の任務となる。

　欧州理事会は V・ジスカール・デスタン氏をコンヴェンションの議長に，G・アマート氏と J・L・デハーネ氏を副議長に任命した。

構成

　議長と副議長に加えて，当コンヴェンションは加盟国の国家元首または政府首脳（各加盟国から1名）の代理人15名，各国議会議員30名（各加盟国から2名），欧州議会議員16名，委員会の代表者2名から成る。新規加盟候補国は会議の議事進行の全過程に参加する。これらの国々は現在の加盟国と同様に代表され（政府代表者1名と各国議会議員2名），議事進行に参加できる。しかしながら，加盟国の間で形成される可能性のあるコンセンサスを妨害することはできない。

　コンヴェンションのメンバーは当人が欠席の場合にのみ，代理のメンバーによって代替が可能である。代理のメンバーは正規のメンバーと同様に指名される。

　コンヴェンションの幹部会（Praesidium）は議長，副議長，会議のメンバーから9名（コンヴェンション開催中に理事会議長国である加盟国の代表者，各国議会議員2名，欧州議会議員2名および委員会の代表者2名）から成る。

　経済社会評議会の代表者3名と欧州社会パートナーの代表者3名，地域委員会からは6名の代表者（地域，都市，および立法権をもつ地域から地域委員会によって任命される），欧州オンブズマンはオブザーバーとして招待される。欧州裁判所所長および会計検査院院長は幹部会から発言を求められるかもしれない。

……

B．欧州憲法条約草案の提出
ジスカール・デスタン欧州コンヴェンション議長がテッサロニキ欧州理事会で行った口頭報告
2003年6月20日
　……
議長，
紳士淑女の方々，

　本日私が皆様方に提出する文書は，16ヵ月間にわたるわれわれの共同作業の果実であります。
　それは首尾一貫した，明確な全体を成す単一の文書であります。多くの人々が，こうした成果を獲得することは不可能であると考えていました。もしわれわれがこの試みに成功したとすれば，それはわれわれ一人一人が，自身が好む解決策が必ずしも他の人々にとって受け入れ難いものではないことを認めることに合意したからだと言えるでしょう。
　われわれの提言は，誰一人として可能であるとは思わなかったことをさらに踏み越えているという点で，野心的なものです。
　この憲法条約の原案は，一つの体系を成していると同時に，バランス感覚を重視したものです。
　それは，2002年10月28日にわれわれの構築的なプロジェクトが提出されて以来組み立てられてきた部分を含む，首尾一貫した全体を成しているという意味で，一つの体系であると言えます。
　それは，われわれが連合と加盟国の役割の間の最適なバランスを実現しようと注意深く試みながら，不連続性やリスクの高い冒険を伴わずに一連の均衡関係を基盤とした将来的な発展の余地を残しているという点でバランス感覚に基づいているものであると言えます。
　われわれのプロジェクトの将来を担う責任を引き継ぐのはあなた方です。そして，このプロジェクトは今やあなた方の手に託されているということ，あなた方のレベルすなわちヨーロッパ首脳のレベルに到達したということ，そして問題はもはや技術的な議論に関することではなく，憲法の運命に関するものなのだとい

うことを私が強調するのをどうかお許し下さい。

　私はまた，個々の規定を問題にすることでバランスを崩し，体系の堅固さを崩壊させることは許されないのだということを強調したいと思います。

　最後に，われわれコンヴェンションのメンバーが先週6月13日の金曜日に，ヨーロッパの連合がもしかすると——もしかすると！——われわれの手に届くところに来たのかもしれないというわずかな可能性を垣間見たときに感じた激しい感情をあなた方の今後の任務においても引き継いでいただきますよう，お願いいたします。

　この報告を終えるのに，私が初めに言うべきであった次の言葉以上にふさわしいものはないと思います。

　「われわれの憲法が民主主義と呼ばれるゆえんは，権力が少数者ではなく最大多数の者の手にあるからだ。」（トゥキディデスⅡ，37）［ギリシャ語でのスピーチ］

　議長，欧州コンヴェンションのメンバーを代表し，われわれの熟考と成果をあなたに提示する時がやってきました。

　われわれはこのテキストがヨーロッパの憲法を制定する将来の条約の基礎を築くことを期待しています。

　ありがとうございました。

9-15　ジスカール・デスタン元仏大統領のトルコEU加盟否定論（2002.11.9）
"Pour ou contre l'adhésion de la Turquie à l'Union européenne," *Le Monde*, 9 novembre 2002.

　トルコは1963年にEECと連合協定を結び，87年にECへの加盟を申請，99年にEU加盟候補国として承認され，2005年にはEUとの間で加盟交渉を始めていた。人口約6800万人を抱え，その住民の多くがイスラム教徒であるトルコは，EUの拠って立つ基盤・アイデンティティに厳しい問いを投げかける。それは，キリスト教徒のクラブなのか，人種や宗教にかかわらず成立する人権民主共同体なのか。同時にまた，EU域内には多くのトルコ系（およびイスラム系）移民が存在し，加盟の是非をめぐる論議は差別のあり方とも深く関連する。したがって，このトルコ加盟は，EUの価値・理念あるいは境界線の問題を突きつけ，時にヨーロッパ統合のもつ「暗い遺産」を再浮上させる争点ともなりうるのである。

この問題に対し，フィッシャー元独外相は，文明の衝突の回避や隣国の安定という観点から，またベック（Ulrich Beck, 1944-）やハーバーマス（Jürgen Habermas, 1929-）のような知識人はEUの価値を開放性・多元性と位置づけることで，積極的にトルコ加盟を支持する。しかし他方で，EUの理念をキリスト教に求める者は，当然トルコ加盟に否定的にならざるをえないし，また，EUの価値を法の支配・人権に求めた場合，トルコ内の人権問題を前に，ある者は加盟を拒否し，ある者は「帝国」的に自らの価値・規範をトルコに押しつけようとするだろう。経済的合理性への判断から加盟に否定的な者も多い。注意すべきは，リベラルや左派においても，トルコ加盟否定論者は数多く存在するということである。この問題は単にトルコ加盟をめぐる是非にとどまらず，EUとは何か，ヨーロッパとは何かを問う問題となっているのである。

　そうした多くの議論のなかで，ここに引用したのは，「ヨーロッパの将来に関するコンヴェンション」議長ジスカール・デスタンの『ルモンド』紙上における有名な発言である。リベラル・共和派で熱心なヨーロッパ統合主義者であり，EUの将来設計を担っていた彼のこの発言は，ライシテ（政教分離）を国是とするフランスから出てきたということもあり，大きな反響を呼んだ（なお現在にいたるまで，彼のトルコ加盟に対する態度は変わっていないようである）。

（遠藤，板橋）

［2002年11月7日，トルコのEU加盟の是非をめぐるジスカール・デスタンの見解］
トルコはヨーロッパに近く，真のエリートを擁する重要な国ではあるが，ヨーロッパではない。……首都がヨーロッパにはなく，人口の95％がヨーロッパ外に住んでいる国は，ヨーロッパではない。
　……
私の意見では［トルコのようなヨーロッパ外への拡大は］欧州連合の終焉である！
　……
われわれが検討するのは，25＋2カ国［ルーマニア，ブルガリア］のヨーロッパである。それだけだ！

9-16　新規加盟国との加盟交渉終了（2002.12.13）

"Presidency Conclusions, Copenhagen European Council, 12 and 13 December 2002," *Bull. EU*, 12-2002, points I.3.3–I.15.18, pp. 8–12. (Online available: http://europa.eu/

bulletin/en/200212/i1003.htm

　　1993年のコペンハーゲン欧州理事会を経て，中東欧諸国の加盟に向けての動きが活発化し，中東欧諸国は既存のアキ・コミュノテール（アキ）を順次受け入れていくこととなった。そんななかで1997年のルクセンブルク欧州理事会では，ついに加盟交渉の開始を宣言し，中東欧諸国の10カ国（ブルガリア，ルーマニアを含む）とキプロスが加盟交渉に入った（1999年のケルン欧州理事会でマルタが追加され，同年ヘルシンキ欧州理事会でトルコが加盟候補国として認められるが交渉には入らず）。加盟交渉国の絞り込みは，既存のEU加盟国がそれぞれの候補国に対してさまざまな利害をもっているため（たとえば北欧諸国はバルト3国，イギリスはキプロス，マルタなど），かなり政治的に決定されたとも言える。この交渉過程が終盤に近づいた2001年のラーケン欧州理事会では，アキの達成に遅れが見えるルーマニア，ブルガリアの加盟を07年を目標にすると設定し，それ以外の国においては一応のアキ導入が達成されているとみなして，10カ国の交渉をまとめることが決定された。長年の交渉をようやく妥結したコペンハーゲン欧州理事会における議長総括では，拡大したヨーロッパが平和と民主主義，安定と繁栄をもたらすとして，10カ国の拡大を積極的に評価し，拡大が実現することへの安堵感と将来への楽観が見られる。このプロセスにおいて，EUは非対称的な権力を行使し，自らの規制を中東欧諸国に受け入れさせるという「規制帝国」の姿をいかんなく発揮し，テキストの各所にEUのルールとその規範を受け入れることを要求し，それを常に審査・評価するという姿勢を見せている。　　　　　　　　　　　　　　　（鈴木）

コペンハーゲン欧州理事会
2002年12月12-13日　議長総括文書
　　……

I. 拡大
　　……
3. 1993年のコペンハーゲン欧州理事会はヨーロッパにおける紛争と分断の遺産を乗り越えるための野心的なプロセスを開始した。本日キプロス，チェコ共和国，エストニア，ハンガリー，ラトヴィア，リトアニア，マルタ，ポーランド，スロヴァキア共和国とスロヴェニアとの加盟交渉の終了によってこのプロセスが完成したことは，前代未聞で歴史的にも画期的な出来事である。連合は，これらの国々を2004年5月1日に歓迎することを楽しみにしている。こ

の偉業は今やわれわれの大陸の平和，民主主義，安定と繁栄の原動力となった連合に結集しようというヨーロッパの人々の共通の決意を証明するものである。連帯に基づいた連合の完全な加盟国として，これらの国々はヨーロッパ・プロジェクトのさらなる発展を形作る際に，その役目を存分に果たすだろう。

4．連合は，文書第21000/02に示されたように，これらの交渉の結果を承認する。拡大の財政面への影響は付属書Iに示されている。その包括的でバランスのとれた結果は，拡大した連合の効果的な機能を保護しつつ，新規加盟10カ国の円滑な統合のための堅固な基盤を提供する。達成された合意は，加盟する国々が加盟に伴う全ての義務に成功裏に対処するために必要な過渡的な枠組みを提供するだろう。加盟交渉で獲得された結果は，将来の改革を想定することなく，域内市場に加え，さまざまなEUの政策の機能の継続を確実なものとする。

5．加盟までに種々のコミットメントが実行されたかを監視することで，加盟予定国には加盟に伴う責任を果たすための努力に対する支援が与えられ，現加盟国に対しては必要な保証が与えられるだろう。委員会は監視報告書に基づいて必要な提言を行う予定である。セーフガード条項は，加盟後最初の3年間に予期せぬ出来事が生じた場合に対処するための手段を提供するものである。欧州理事会はさらに，既存の経済政策調整手続きの枠内において，候補国内の経済，財政および構造に関する政策の進捗状況の監視を継続していくというコミットメントを歓迎する。

……

9-17　**イラク戦争とヨーロッパ**

A．ケーガン『ネオコンの論理』（2003. 1. 28）
B．ラムズフェルド米国防長官「旧いヨーロッパ」発言（2003. 1. 22）
C．イラクへの武力攻撃をめぐる8カ国声明（2003. 1. 30）
D．ドヴィルパン仏外相演説（2003. 2. 5）

A．Robert Kagan, *Of Paradise and Power*, Alfred A. Knopf, 2003, pp. 3-4. 邦訳は山岡洋一訳『ネオコンの論理──アメリカ新保守主義の世界戦略』光文社，2003年，7-8頁をベースとし，一部改訳した。
B．"Secretary Rumsfeld Briefs at the Foreign Press Center, Washington, DC, 22 January 2003." (Online file：http://www.pentagon.mil/transcripts/2003/t01232003_

t0122sdfpc.html) no longer available
C. "Europe and America Must Stand United : Joint Letter by Jose María Aznar, José Manuel Durão Barroso, Silvio Berlusconi, Tony Blair, Vaclav Havel, Peter Medgyessy, Leszek Miller and Anders Fogh Rasmussen," *The Times*, 30 January 2003. (Online available : http://www.uknow.or.jp/be/ukview/speeches/speeches/SP000197_1_e.htm)
D. Dominique de Villepin, "Address to the U. N. Security Council, 5 February 2003," in idem, *Toward a New World*, Melville House Publishing, 2004, pp. 39-45.

　イラク戦争を間近に控えた2003年1月の記者会見のラムズフェルド (Donald Rumsfeld, 1932-) 発言は, しばらく「旧いヨーロッパ」が流行語となる現象が起きたほどの衝撃を与え, 米欧関係の新たな時代が到来したとの印象を与えた。この発言は, イラク戦争, テロ対策, 世界秩序に対する米欧間の価値観の相違は埋めがたいレベルに到達し, 冷戦後の世界におけるNATOの位置づけ, 同盟のあり方が再度問われることを意味した。それをより強く印象づけたのがケーガン (Robert Kagan, 1958-) の『ネオコンの論理 (原題は「楽園と力」)』であった。そのセンセーショナルな表現はマス・メディアに乗って人口に膾炙するようになった。ラムズフェルド発言とケーガンの議論にはさまざまな賛否両論があったが, 当時の時代状況を反映した一文として史料的価値は高い。なお, ラムズフェルド発言は記者会見の議事録に記載されていたが, 彼の退任とともにウェブ上からは撤去されている。しかし実際のやりとりの文脈を理解する上で重要であるため, この議事録史料をとりあげる。
　こうした米欧対立を何とか修復すべく, ベルルスコーニ (Silvio Berlusconi, 1936-)・ブレア (Anthony Blair, 1953-) 両首相の発案で,「親米」8カ国の首脳が共同で声明を出し, 世界各国の新聞社説に掲載した。これにより, アメリカは国際的な支持を得られたと確信し, イラク攻撃に対する自信を増すことになった。しかし, 大量破壊兵器の開発の証拠が見つからず, イラク戦争が泥沼化していくなかで, 英西伊はアメリカに荷担する国家として国際世論の非難を受け, 政権運営が困難な状況を生み出すことになった。
　他方, 2003年2月5日の国連安保理会合は, 世界的に注目されるなかで行われ, アメリカ国務長官であるパウエル (Colin Powell, 1937-) が傍受した電波情報や衛星写真などを用いて, イラクが極秘に大量破壊兵器の開発・製造を続けているとの主張を行った。アメリカが安保理公式会合を通じて諜報情報を公開し, 行動の正当性を訴えるのはキューバ危機以来の常套手段であったが, パウエル演説に続くドヴィルパン (Dominique de Villepin, 1953-) 演説が会場の拍手で迎えられることにより, アメリカの主張は完膚なきまでに否定された。後にパウエル演説で使われた情報が政治的に歪曲された情報であったことが明

らかになったこともあり，改めてドヴィルパン演説を見直す価値もあるだろう。　　　　　　　　　　　　　　　　　　　　　　　　　　　　　　（鈴木）

A．ケーガン『ネオコンの論理』

　ヨーロッパとアメリカが同じ世界観を共有しているという幻想にすがるのは止めるべき時期がきている。同じ世界に住んでいるとすら考えるべきではない。力という決定的な点についての見方，つまり軍事力の有効性，道義性，妥当性についての見方が，アメリカとヨーロッパとで違ってきている。

　ヨーロッパは軍事力への関心を失った。少し違った表現を使うなら，力の世界を越えて，法律と規則，国際交渉と国際協力という独自の世界へと移行している。歴史の終わりの後に訪れる平和と繁栄の楽園，18世紀の哲学者，イマヌエル・カントが『永遠平和のために』に描いた理想の実現に向かっているのだ。これに対してアメリカは，歴史が終わらない世界で苦闘しており，17世紀の哲学者，トマス・ホッブズが『リヴァイアサン』で論じた万人に対する万人の戦いの世界，国際法や国際規則があてにならず，安全を保障し，自由な秩序を守り拡大するにはいまだに軍事力の維持と行使が不可欠な世界で，力を行使している。主要な戦略問題と国際問題で現在，アメリカ人が戦いの神，火星から，ヨーロッパ人が美と愛の神，金星から来たとされているのは，そのためだ。両者が合意できる点はきわめて少なくなり，相互の理解も希薄になってきた。そして，この状態は一時的なものではないし，アメリカの政権交代や悲劇的な事件の結果でもない。欧米の違いをもたらした原因は根深く，長年にわたって形作られてきたものであり，今後も長く続く可能性が高い。国益の優先順位を設定し，脅威を認識し，課題を明確にし，外交政策と国防政策を策定し実行するにあたって，アメリカとヨーロッパは別の道を歩むようになった。

B．ラムズフェルド米国防長官「旧いヨーロッパ」発言

ラムズフェルド国防長官の記者会見（於フォーリン・プレス・センター）
2003年1月22日（水）午後1時半（東部時間）
　……

質問：国防長官，ヨーロッパの同盟諸国の間に広がっている空気に関する質問です。先ほどイスラム世界のことについて話されていましたが，今度はヨーロッパの同盟諸国に関してです。たとえば，フランス，ドイツ，そしてわが国の多くの

人々は——ちなみに私はオランダのテレビ局の者ですが——ヨーロッパの多くの人々は，ブッシュ大統領よりもサダム・フセインは疑わしくないと思っているようです。これらはアメリカの同盟諸国ですが，どのようにお考えになりますか。
　……

ラムズフェルド：
　……

　どう思うかって？　まあ，皆の意見が一致するのを望まない人などこの世に存在しないけれど。というか，君はいつでも「アメリカいいぞ！　よくやった」と皆が喝采することを願ってるのかもしれないが。

　今日，世界では意見の一致などほとんど見られない。私は昔 NATO 大使だったが，何か提案をしても皆の意見が一致することはなかった。理解し合うということすらなかった。だからわれわれは説得的でなければならなかった。理由を提示し，事実も提示して論理的根拠を示さなければならなかった。でもまあ，ヨーロッパというのは，何か重大なイシューで，リーダーシップを発揮して，こちらが正しいことを言って，説得的な事実を示すことができれば，彼らはそれに応えてくれるということに私は気づいた。彼らは常にそうだった。

　しかし，君が考えているヨーロッパというのはドイツやフランスのことだ。私は違う。私は，それは旧いヨーロッパだと思う。もし今日のヨーロッパの NATO 全体を鳥瞰してみれば，その重心は東へ移っているはずだ。新しい加盟国もたくさんいる。そしてもし NATO の全加盟国のリストと最近加盟した国々の一覧を見てみれば——ええと，何カ国かな？　26 くらいかな？——うん，そう。ドイツは常に問題だったし，フランスもそうだ。

C．イラクへの武力攻撃をめぐる 8 カ国声明
ヨーロッパとアメリカは立場を一つにすべきである

ホセ・マリア・アスナール，ホセ・マニュエル・デュラオ・バローゾ，シルヴィオ・ベルルスコーニ，トニー・ブレア，ヴァーツラフ・ハヴェル，メッジェシ・ペーテル，レシェク・ミレル，アナス・フォー・ラスムセン

2003 年 1 月 30 日

　合衆国とヨーロッパの真の絆は，われわれが共有する価値である，民主主義，

個人の自由，人権，法の支配である。これらの価値はヨーロッパから旅立ち，アメリカ合衆国の建国発展に貢献した人たちが大西洋を越えて運んだものである。今日，これらの価値がかつて無いほど危機にさらされている。

9月11日のテロは，われわれの共有価値の敵であるテロリストが，いかにこれらの価値を破壊する準備が整っているかということを示した。これらの残虐行為はわれわれ全てに対する攻撃である。これらの原則を真摯に擁護する立場に立ち，合衆国とヨーロッパの政府と人民は彼らの確信の強さを示してきた。今日，かつて無いほど大西洋の絆がわれわれの自由を保障しているのである。

……

イラクの政権とその大量破壊兵器は，世界の安全保障に対する明白な脅威である。この脅威は国連によっても明示的に認定されている。われわれは全会一致で採択された安保理決議第1441号に拘束されている。ヨーロッパにいるわれわれは繰り返し決議第1441号を支持し，プラハNATO理事会やコペンハーゲン欧州理事会においても，国連を通じた解決と安保理への支持を明らかにしてきた。

そのなかで，われわれはサダム・フセインの大量破壊兵器によって生じる危険な世界を排除するという，明確で，強固で，率直なメッセージを送ってきた。われわれは彼の政権が武装解除されることを共に強調していかなければならない。国際社会の連帯と結束，確固たる意志は，武装解除を平和的に行うための最大の希望である。われわれの強さは団結にある。

大量破壊兵器とテロリズムの組み合わせは予想できない帰結をもたらす脅威である。これはわれわれが全て懸念しなければならないことである。決議第1441号はサダム・フセインが平和的な手段で武装解除をする最後のチャンスである。より大きな対立を避けるチャンスが彼に与えられている。残念ながら，今週，国連の大量破壊兵器査察団は彼の長期にわたる欺瞞，否認，国連安保理決議の不履行というパターンが継続していることを確認した。

ヨーロッパはイラク人民と争うつもりはない。事実，彼らはイラクの暴力的政権による第一の犠牲者なのである。われわれのゴールはこの政権が大量破壊兵器を放棄することで世界の平和と安全を守ることなのである。われわれの政府はこの脅威に直面する共通の責任をもつ。この責任を全うしないことは，われわれの市民とより広い世界に対する怠慢である。

国連憲章は安全保障理事会に国際の平和と安全を守る任務を与えている。それを実践するため，安保理はその決議の完全な履行を保証することで，信頼性を維

持しなければならない。われわれは独裁者が組織的にこれらの決議に違反することを許すわけにはいかない。決議が履行されなければ，安保理は信頼性を失い，その結果として世界平和が傷つくのである。

われわれは安保理がその責任を果たすであろうことを信じている。

D．ドヴィルパン仏外相演説

われわれは，全会一致で決議第1441号を採択したことによって，査察を通して行動することを選択しました。この方針は次の三つの基本的な趣旨に基づいています。われわれが妥協することができない明確な目的，すなわち，イラクの軍備縮小。方法，すなわち，イラクの積極的な協力を要請し，各段階における安全保障理事会の中心的な役割を確約する厳格な査察のシステム。条件，すなわち，われわれの結束。これが，われわれが満場一致でこの問題に全力投球していくというメッセージをバグダッドに伝えたのです。私は本日の会合がこの結束を強化するものであることを願います。

……

それでもなお，イラク側の協力体制に関しては不透明な部分が残っています。査察官は非常な困難が生じていることを報告してきています。1月27日の報告書において，ブリクス氏は弾道ミサイル，化学，生物兵器の領域における未解決の問題のいくつかの例を示していました。これらの不確定要素は受け入れられるものではありません。フランスは引き続き手元にある情報の全てを，それらの意味がより明確になるよう，共有していきます。現時点において，われわれの注意は第一に生物化学兵器の領域に向けられなければなりません。それこそわれわれのイラクに対する推測のなかでも最も重要な部分なのです。化学兵器の領域に関しては，われわれは彼らがVXおよびイペリットガスを生産する能力があるという証拠を摑んでいます。生物兵器の領域においては，彼らが炭疽菌やボツリヌス毒素のかなりの蓄えを所持していた可能性，また，それらの生産能力をもっていた可能性を証拠が示唆しています。今日，長距離運搬システムが存在しないことで，これらの潜在的な脅威は縮小されています。しかし，われわれはイラクが自国に許可された150kmの範囲を超える弾道ミサイルを入手しようという決意を継続して抱いているという懸念すべき状況にあることを察知しています。核の領域では，われわれは特に，イラクによるアルミ管の入手にかかわるあらゆる企てを明らかにしなければなりません。

したがって，決議第1441号に根ざしたこの困難な政策は，われわれが結束して遂行しなければならないものなのです。もしこの方法が失敗し，行き詰まった場合，われわれは最終的にはこれまで始終言及してきた武力行使という方法も含めて，いかなる選択肢をも排除しないでしょう。

……

査察のレジームは決議第1441号に支持されていますが，いまだ充分に活用されていません。したがって，当分はそれを強化していく必要があります。武力行使は最終手段にしかなりえません。決議第1441号にいまだ活用されていない部分が存在するのなら，なぜ戦争に行く必要があるのでしょうか。

この決議の論理に従い，われわれは新しい段階へと足を踏み入れ，査察をさらに強化していかなければなりません。軍事介入とイラク側の協力不足による不十分な査察レジームという二つの選択肢があるのなら，われわれは査察の手段を断固として強化していくことを選択しなければなりません。今日フランスが提起するのはこのことです。

そのためには，われわれはブリクス氏とエル・バラダイ博士とともに彼らの運営能力を増すのに必要な条件を明らかにしていかなければなりません。査察官の数を2倍あるいは3倍にし，より多くの地方部局を開設しようではありませんか。さらに，すでに査察を終えた施設や地域を監視下に置くための特殊組織を創設しようではありませんか。

イラクの領域内における監視と情報収集能力を飛躍的に向上させようではありませんか。フランスは全面的な支援をする用意があります。すなわち，ミラージュIV型偵察機を配備する用意があります。

われわれが協力し，情報処理センターを共同で創設することで，ブリクス氏とエル・バラダイ博士に彼らが必要とする可能性のある全ての諜報資料をリアル・タイムで，かつ調整された方法で供給することを可能にしようではありませんか。

軍備縮小に関する未解決の問題をリスト・アップし，その重要度に応じてランク付けをしようではありませんか。

査察チームのリーダーたちの同意を基に，それらの問題の評価と廃絶を前進させるための厳格かつ現実的な時間設定を明示しようではありませんか。イラクの軍備縮小の進捗状況に関する定期的な追跡調査がなされなければなりません。

……

議長，これこそわれわれが新しい段階に進むために結束して取り組まなければならない厳しい手段なのです。その成功は，今日も明日も変わらず，国際社会の結束と動員を前提としているのです。

平和的に，また法の支配と正義に従って，まずはイラクの軍備縮小にわれわれの全てのエネルギーを注ぐことがわれわれの道徳的・政治的な任務なのです。フランスはわれわれが結束と団結を維持する限り，この困難な道を成功に導くことができると確信しています。これこそ集団責任の選択なのです。

ありがとうございました。

9-18　仏独の安定成長協定違反
A．仏独の安定成長協定違反に関する理事会決定（2003. 11. 25）
B．安定成長協定に関する理事会決定に対する欧州司法裁判所差し戻し判決（2004. 7. 13）

A．"2546th Council meeting : Economic and Financial Affairs, 14492/1/03 REV 1 (en), Brussels, 25 November 2003." (Online available : http://ue.eu.int/ueDocs/cms_Data/docs/pressData/en/ecofin/78051.pdf)
B．*Commission of European Communities v. Council of the European Union*, Court of Justice of the European Communities, Case C-27/04, 13 July 2004, *OJ*, C 228, pp. 16-17. (Online available : http://eur-lex.europa.eu/LexUriServ/LexUriServ.do?uri = OJ:C:2004:228:0016:0017:EN:PDF)

1999年，経済通貨同盟は，マーストリヒト基準に満たない国々を多数含みながらも，政治的判断によって半ば強引に開始されることになった。しかし，通貨同盟の実現は，各国の経済状況や景気循環による好不況の釣り合いを無視して，いわゆる"one-size-fits-all（単一金利を全員に押しつける政策）"の金融政策をとることを意味しており，しばしば「（景気対策の）拘禁服」とまで言われるほど，制約が強く，柔軟性に欠けているものであった。他方で，通貨への信頼を維持するため，安定成長協定の厳格な適用は重要であったが，各国ごとの景気状況の食い違いが大きくなっていくことによって，単一の金融政策を継続することが政治的に困難となった。2000年以降の景気悪化と洪水などの自然災害による歳出増を受け，フランスとドイツは4年連続して安定成長協定が定める財政赤字対GDP比3％の枠を超過し，EU条約第104c条に基づく制裁が科される状況となった。しかし，ヨーロッパ経済の中心的存在である仏独両国に対して制裁を科すことに対するためらいと，仏独の政治力により，制裁を

発動することを見送ることが決定された。これに対し，委員会は厳格な安定成長協定の規定の適用を求め，欧州司法裁判所に提訴し，裁判所は理事会決定を無効にする判決をだした。これを受けて2005年に安定成長協定の適用基準の緩和がなされることとなった【9-26】。　　　　　　　　　　　　　（鈴木）

A．仏独の安定成長協定違反に関する理事会決定

第2546回理事会

経済財政問題

於ブリュッセル　2003年11月25日

安定成長協定の履行

理事会は，次の声明を全会一致で採択した。

「理事会は，
- 2003年春の欧州理事会での総括に従い，力強い経済成長と雇用増加の基盤としての健全な国家財政に対する強いコミットメントを確認する。
- EUの全体的な財政状況の改善を確保し，加盟国に健全かつ持続可能な財政政策の発展を促すための安定成長協定の中心的な役割を再起する。
- 欧州連合内の財政政策における協調枠組みとしての安定成長協定に対するコミットメントを，特にビジネス・サイクルを通した均衡に近い，または黒字財政と長期的に持続可能な国家財政の達成という目的を特に重視しつつ，再確認する。
- これらの目的を達成するために，条約と協定によって示された監視手続きに基づいて，加盟国における財政の展開過程の監視を強化する。
- 各加盟国に対する平等な措置と当該分野における委員会の役割を確実なものとすることで，安定成長協定の規定を履行するという決意を再確認する。
- 協定の中期目標に到達するために多大な改善を要する財政状況を抱える加盟国によって示された堅固なコミットメントが，監視枠組み内で完全かつ時宜に適して履行されるよう，とりわけ注意を払う。
- （景気）循環を通して財政規律を再び強化し，成長の潜在能力を増進させるための構造改革を促進させることにより，協定の履行の強化に着手する。」

　……

委員会は理事会の議事録に次の声明を挿入した。
「委員会は，第104条第8項に基づく委員会のフランスとドイツに対する勧告が，安定成長協定に関する欧州理事会決議に定められているような十分な説明がなされることなく理事会に拒絶されたことに留意する。したがって，委員会は，理事会の勧告が第104条第7項に基づき，まだ有効であると考えている。

委員会は，全加盟国によって全会一致で合意された安定成長協定の精神とルールに理事会が従っていないことを非常に残念に思っている。ルールに基づいたシステムだけが，コミットメントが実行され，全加盟国が平等な待遇を得ることを保障できるからである。

委員会は引き続き条約を適用し，これらの理事会の声明の含意を吟味し，今後実行可能な行動を決定する権利を保持し続けるものとする。」

B. 安定成長協定に関する理事会決定に対する欧州司法裁判所差し戻し判決

裁判所の判決（大法廷）
2004年7月13日
……

欧州共同体委員会　対　欧州連合理事会
　2003年11月25日の理事会措置の取り消しを求める申し立て，具体的には，
- フランス共和国およびドイツ連邦共和国にEC条約第104条第8項および第9項に準ずる理事会勧告に含まれる正式な手段を適用しないとする決議
……

裁判所は
……

2．2003年11月25日のフランス共和国およびドイツ連邦共和国に対する，過度の赤字手続きを停止する決定，そしてEC条約第104条第7項に基づいて理事会が過去に採択した勧告を修正する決定をした理事会声明を無効とする。
……

9-19　ソラナ・ペーパー（2003. 12. 12）
A Secure Europe in a Better World : the European Security Strategy, Brussels Eur-

opean Council, The European Institute for Security Studies, L'Alençonnaise d'Impressions, December 2003. (Online available : http://consilium.europa.eu/uedocs/cmsUpload/78367.pdf)

　ESDP の進展，ならびにイラク戦争をめぐる加盟国間の対立が明確になったこと，また EU としての外交安全保障政策の軸足が明確でなかったために新規加盟候補国の間にも動揺が走ったことなど，大きな時代的状況の変化を受けて，外交上級代表のソラナ（Javier Solana, 1942-）がまとめたペーパー。大量破壊兵器の不拡散，治安回復，秩序安定を主眼としつつ，組織犯罪なども含まれた広範な安全保障戦略となっている。ヨーロッパに差し迫った軍事的脅威がないなかで，従来の軍事的安全保障に限定せず，警察力も含めた安全保障戦略になっているのが特徴。またヨーロッパがグローバルなリーダーシップを取るべきと明示している点は，統合が向かう次の段階を示唆しているようにも見えるが，他方でイラク戦争の分断を乗り越えるためのスローガンとも見える。

(鈴木)

より良い世界における安全なヨーロッパ：欧州安全保障戦略

　ヨーロッパが現在ほど豊かで，安全で自由であったことはない。20世紀の前半の暴力は，ヨーロッパの歴史上，かつて無いほどの平和と安定の時代に取って代わられた。
　欧州連合の創設はこの発展の中心を成してきた。それはわれわれの国家間関係，そしてわれわれの市民の生活を変化させた。ヨーロッパ諸国は紛争を平和的に処理し，共通の制度を通して協力することにコミットしている。この期間，法の支配と民主主義の漸進的な広がりによって，権威主義体制は安全で，安定的かつダイナミックな民主主義体制へと変化した。一連の拡大は，統合された平和な大陸というヴィジョンを現実のものとしつつある。
　ヨーロッパ統合とヨーロッパの安全保障において，アメリカは，特に NATO を通して重要な役割を果たしてきた。冷戦の終結は，アメリカに支配的な軍事アクターの地位を付与した。しかしながら，どの単一の国家も，今日の複雑な問題に単独で取り組むことは不可能である。
　ヨーロッパはいまだ安全保障上の脅威や挑戦に直面している。バルカン半島における紛争の勃発は，われわれの大陸から戦争が消滅していないということをわれわれに思い出させるものだった。過去10年の間に，世界のどの地域も軍事紛

争に巻き込まれなかったところはなかった。これらのほとんどの紛争は国家間ではなく国内で生じたものであり，その犠牲者のほとんどは一般市民であった。

　25カ国，4億5千万人以上の人口を抱え，世界のGNPの4分の1を生産し，行使可能な広範な手段を保有する連合として，欧州連合は疑いもなく，グローバルなプレーヤーである。過去10年の間に，欧州部隊は遠くアフガニスタン，東チモール，そしてコンゴ民主共和国に配備された。ヨーロッパの利益のさらなる収斂とEU内の相互連帯の強化は，われわれをこれまで以上に信頼のおける，実行力のあるアクターにしている。ヨーロッパはグローバルな安全保障の責任とより良い世界を構築する役割を共有する準備ができているはずである。

9-20　サービス自由化指令（ボルケシュタイン指令）（2004）

"Directive of the European Parliament and of the Council on Services in the Internal Market," COM (2004) 2 final/3, Brussels, 5 March 2004. (Online available : http://eur-lex.europa.eu/LexUriServ/LexUriServ.do?uri = COM:2004:0002:FIN:EN:PDF)

　リスボン戦略が遅々として進まないなか，より自由化された単一市場の形成を通じてヨーロッパ経済をダイナミックに再編することを目的としたサービス自由化指令を委員会が提案した。この立役者となったのが，委員会のなかでも最も新自由主義的発想の持ち主と言われるボルケシュタイン（Frits Bolkestein, 1933-）委員（域内市場担当）であり，この指令は別名「ボルケシュタイン指令」とも呼ばれる。そもそもサービス産業は各国の文化や商慣行が色濃く反映される産業であり，ヨーロッパで単一のルールを形成し，自由化を進めることには反対が強かった。また，いくつかのサービス産業は国営事業として雇用の受け皿としての機能も果たしていただけに，一方的とも言えるサービス自由化の動きは各国，特にフランスからの反発を招き，欧州憲法条約の国民投票による否決も手伝って立場を強硬にした。他方，新自由主義的立場を取るイギリスなどは，市場統合の次のステップとして，ヨーロッパの労働人口の7割を占めるサービス産業の自由化は不可欠と主張し続けた。特に問題となったのはサービスの生産国原則の適用であった。これが適用されると，賃金の低い加盟国の企業が安い労働力を連れて他の加盟国に進出することが可能となり，賃金の高い国にとっては脅威となる。結果として，この指令は度重なる理事会での修正，欧州議会での修正を経て2005年に成立することになったが，サービスの生産国原則は大幅に制約されることとなった（本史料は提案された原案）。グ

ローバル化が進む世界において，ヨーロッパは新自由主義的な市場経済システムを強化していくことで競争力をつけるべきなのか，それとも雇用を守り，社会秩序を維持する方向性を選ぶのか。このボルケシュタイン指令が提起した問題は，ヨーロッパにおける経済システムのあり方をめぐる問題に直結し，いみじくもリスボン戦略が包含する曖昧さが浮き彫りにされたケースとなった。

(鈴木)

域内市場のサービスに関する欧州議会および理事会指令の提案

1．この指令の提案は，リスボン欧州理事会によって開始された経済改革のプロセスの一部をなすものであり，2010年までにEUを世界で最も競争力があり，ダイナミックな知識基盤経済に育て上げるというヴィジョンを備えたものである。この目標を達成することは，純粋な域内サービス市場の設立が不可欠であることを意味している。これまでは，域内市場におけるサービス活動の発展の妨げとなる多数の障害のため，サービス部門によって提供される潜在的な経済成長と雇用創出の大きな可能性を活用することができなかった。この提案は，これらの障害を取り除くため委員会によって採択された戦略の一部を成すものであり，これらの障害の広がりと重要性を明らかにした域内サービス市場の状況に関する報告の結果として出されたものである。

2．この指令の提案の目的は，サービス供給者のための自由の確立と加盟国間のサービスの自由な移動を妨げる障害を取り除く法的枠組みを提供し，条約に明記されたこれら二つの基本的自由の行使に必要な法的保証をサービスの供給者と受給者双方に付与することである。この提案は広範な経済サービス活動を扱う——金融サービスなどのいくつかの例外を除く——加盟国内に設立されたサービス供給者のみに適用される。

3．設立の自由に対する障害を取り除くため，本提案は次のことを提唱する。

- 行政手続きの簡素化措置，とりわけサービス提供者が彼らの活動に関連する行政手続きを完了することができ，これらの手続きを電子的手段によって完了可能にする義務を伴う「単一連絡窓口」の設立。
- サービス活動に適用される認定枠組みが尊重しなければならないいくつかの原則，とりわけ認定授与の条件と手続きにかかわるものについて。
- いくつかの加盟国でいまだ有効である，特に制限的ないくつかの法的要件の禁止。

- その他の法的要件が指令に明記された条件と矛盾しないかどうかを評価する義務，特に比例性に関する条件について。

4．サービスの自由な移動を妨げる障害を排除するため，本提案は次のことを提唱する。

- 生産国原則の適用に従い，サービス提供者はその業者が開設している国の法律のみの管轄下にあり，加盟国は他の加盟国で開設した供給者によるサービス供給を制限できない。この原則は一般的，一時的またはケース・バイ・ケースで適用される特例措置を伴うものである。
- 受給者が，居住国によって課される制限的措置あるいは公共機関や民間事業者の差別的態度によって妨げられることなく，他の加盟国からサービスを受給する権利。患者の場合には，本提案は，加盟国が，認定対象となる他の加盟国によって提供された医療措置の費用の払い戻しを行える条件を明確にする。
- 他の加盟国で設立された事業者によって提供されるサービスを利用する受給者に支援を提供するメカニズム。
- サービス規定に関連して就業者を登録する場合には，出身加盟国と供給先加盟国の間の業務の配分および適用可能な監督手続き。

5．これらの障害を取り除くために必要な加盟国間の相互信用を確立することを目的として，本提案は次のことを提唱する。

- 重要な問題に関する一般利益の平等な保護，たとえば消費者保護，とりわけサービス供給者の情報，職業保険，複数の専門分野にわたる活動，紛争処理，サービス提供者の質に関する情報の交換を保証するための法律の調和。
- 加盟国間の役割の明確な配分と協力義務を基盤とした，サービス活動の効果的な監督を目的とする国内当局間の相互援助の強化。
- サービスの質の向上促進のための措置。たとえば，活動の自主的認証制度，品質証明または商工会議所と職人会議所の間の協力によるもの。
- とりわけ規制された職業による広告や宣伝などを含む，いくつかの問題に関する共同体レベルの利害関係者によって作成された行動準則の推奨。

……

9-21　EU拡大に対する委員会の見解
A．新規加盟国の総合評価（2003. 11. 5）
B．EU拡大に対する委員長の祝辞（2004. 5. 4）

A. "Comprehensive monitoring report of the European Commission on the state of preparedness for EU membership of the Czech Republic, Estonia, Cyprus, Latvia, Lithuania, Hungary, Malta, Poland, Slovenia and Slovakia," COM (2003) 675 final, Brussels, 5 November 2003. (Online available : http://eur-lex.europa.eu/LexUriServ/LexUriServ.do?uri=COM:2003:0675:FIN:EN:PDF)

B. "Speech of Romano Prodi, President of the European Commission, Accession Day Press conference," Dublin Castle, 1 May 2004, Speech/04/221. (Online available : http://europa.eu.int/rapid/pressReleasesAction.do?reference=SPEECH/04/221&format=HTML&aged=1&language=EN&guiLanguage=en)

　2002年のコペンハーゲン理事会において加盟が決定した新規加盟10カ国は，一定程度のアキ・コミュノテール（アキ）を達成したと評価されてはいたが，しかしこれは同時に何とかして拡大を成功させるという政治的意図が働いたことも大きく寄与していた。実際のところは，委員会による評価に見られるように多くの領域（アキ全体から見ればごく一部で微細な問題が多いが）におけるアキが達成されておらず，委員会は加盟交渉終結後も継続して新規加盟国の国内法制度整備に注力する必要を認識していた。ここから見られるのは，拡大のイニシアティブを取ってきた委員会が，実際の加盟が決定されたことで，EUの諸規制を徹底して新規加盟国に実施させるという「規制帝国」的姿勢である。こうした拡大後も続く規制の締め付けに対する反発が新規加盟国のEUに対する反発を招き，EUのガバナンスを不安定にしているのは皮肉である。プロディ委員長の祝辞では拡大はヨーロッパ大陸にとどまらず，世界にヨーロッパの価値を広めることを強調している点で興味深い。　　　（鈴木）

A．新規加盟国の総合評価

チェコ共和国，エストニア，キプロス，ラトヴィア，リトアニア，ハンガリー，マルタ，ポーランド，スロヴェニア，スロヴァキアのEU加盟の準備状態に関する欧州委員会による総合評価報告書——COM（2003）675最終版

　……

深刻な問題分野

委員会は，速やかで決然とした行動が採られなければ，当該国が加盟の期日までにアキを適用できないことになるほど深刻な加盟準備における多数のギャップを

特定した。これは 10 カ国にかかわる 39 のイシューであるが，類似したギャップはいくつかの国にも見られる。
　……

　チェコ共和国，エストニア，ラトヴィア，リトアニア，ポーランドとスロヴェニアでは保健医療の専門職を含めた多数の専門職のための最低訓練要件と相互承認ルールの導入が著しく遅れている。その結果，最低要件を満たさないこれらの国々からの専門家は，このギャップが埋まるまで，他の加盟国で自身の専門的能力を発揮する権利を享受できなくなるだろう。
　マルタの船舶修理と造船産業の構造改革の深刻な遅れは，2008 年までマルタが構造改革補助金を付与できる条件に従っていない。スロヴァキアは遅くとも 2009 年末までの鉄鋼部門における財政援助を行うために満たされなければならない生産制限条件を履行していない。これら二つの違反事例は問題となっている企業に不公正な優位を与えるものであり，マルタとスロヴァキアには改善措置が求められる。もし十分な措置が採られない場合は，委員会は必要な措置を採るよう求められる可能性があり，これら 2 カ国および問題となっている企業は加盟交渉において彼らが獲得した過渡的取り決めの利益を失うリスクを負う。
　リトアニアとポーランドは漁業船舶の検査と統制，そして資源と船舶管理に関する EU のルールの採用を確実にするために必要な措置を採っていない。一つの加盟国における適切な統制の欠如は，その国の漁船が，他国の漁船が許されていない魚種や多量の魚の引き上げを行うことにつながるため，共通漁業政策全体を掘り崩すことになる。もしこれが加盟時にも継続することが許される場合は，単一市場を保護するための措置が必要となる可能性がある。
　エストニアは労働法と男女平等待遇の分野における EU のルールの採用をしきりに遅らせてきた。これに関しては，ただちに改善措置が求められる他，必要な制度的（統制）構造の立ち上げおよび加盟後の新しいルールの確実な適用を可能にするための経済運営者の新しいルールの習熟に対しても同様の取り組みが求められる。これらのルールの適用に失敗した場合には，エストニア市民は労働条件や男女に平等の機会を与えることを目的としたこれらのルールの利益を享受できなくなり，エストニアの企業とその他の加盟国の企業との間に不平等な競争条件が生じるだろう。
　ラトヴィアでは，関税同盟の正確な運営，特に関税とコンピュータ化された輸

送システムの正確な運営を危機に陥れるようなコンピュータ化と EC システムとの接続性に関する深刻な遅延がある。同様のことが税制にも当てはまり，ここでは，現在の状況では加盟までに付加価値税情報交換システムの接続性が完全に運営可能にはならない可能性がある。これに関しては，知識と経験をただちに移転させ，人材の強化が行われる必要があり，機器の調達については一切の遅延が生じてはならない。加盟時における EU の関税および税制の円滑な運営を崩壊させるという深刻なリスクを回避するための改善措置がただちに採られない限り，適切な改善措置が要請されるだろう。

　家畜と植物検疫規制の分野では，ポーランドにおける必要な家畜立法の採用と実施がただちに必要である。今日までに，ポーランドの全般的な家畜規制システムの枠組内で，生きた動物の移動規制の組織化に関する進展が不十分であった。これはポーランドの家畜部門の域内市場への統合を危うくするだろう。TSE［伝染性海綿状脳症］と家畜廃棄物に関するアキの導入はポーランドとラトヴィアに対する深刻な懸念の原因となっている。また，マルタでは，家畜廃棄物に対処するための基盤がいまだ設置されておらず，加盟までに間に合わない可能性がある。これらの対策の欠如が EU 市場における食糧安全と家畜の健康を害するのを防止するために特定の処置を行うことが求められる可能性がある。チェコ共和国，ハンガリー，ポーランドとスロヴァキアでは，現在の改善の速度ではこれら諸国の農業食品類の全てを加盟交渉で合意された義務に従わせることはできないだろう。これらの国々の製品生産，マーケティングを制限するといった遵守しない生産者に課す特定の措置が採られるであろう。ポーランドはじゃがいも輪腐れ病およびこぶ病に対する必要な措置を採っていない。この状況が改善されなければ，その他 EU 諸国をこの深刻な植物病から防護する措置を採る必要が生じるだろう。

　チェコ共和国は専門職と市場，労働，運転と休憩時間，速度制限機器，運転免許証，危険物質の輸送のための安全アドバイザー，車両登録書類そしてとりわけ沿道検査を含めた道路輸送に関する社会的・技術的アキを十分に導入し，適用していない。不十分な行政能力，組織と訓練，運転に関する検査と休憩時間があまりにも少なく，これらの検査の検討も不十分である。その結果，是正措置が採られない限り，チェコの運送業者は安全に運営しておらず，チェコの経営者は EU のその他諸国の競争者よりも好ましい条件を享受することになるだろう。こうした場合には，安全を保証し，公平な活動の場を再設定するための適切な措置が求

められるだろう。

B．EU拡大に対する委員長の祝辞

ロマーノ・プロディ欧州委員会委員長　拡大の日の記者会見　2004年5月1日　於ダブリン城

首相，コックス（欧州議会）議長，来賓の皆様，紳士淑女の方々，

　本日は実に歴史的かつ幸福に満ちた日であります。この日，ここダブリンにおいて私の欧州委員会委員長としての最大の目標達成をあなた方と共に祝えることを光栄に思います。

　長年の間，われわれは中東欧および地中海の10カ国の欧州連合への加盟を可能にするための素地を準備してきました。われわれが行った交渉は，時には困難な時もありましたが，われわれの大陸を統合し，半世紀以上もの間，鉄のカーテンによって強いられてきた人工的な分断を遂に終わらせるという共通のコミットメントを証明するものです。

　初めに，私は本日われわれの仲間となるヨーロッパの人々に敬意を表したいと思います。スターリニズムの最も暗い日々にでさえ，彼らは決して希望を失いませんでした。ベルリンの壁が崩壊して以来，彼らは今日のわれわれの共通遺産である民主主義的な価値に基づいた静かな革命を実行してきました。

　私はまた，これらの国々の指導者たち——ベルリンの壁の崩壊以来続いてきた政府と議会——に敬意を表したいと思います。あらゆる種類の困難にもかかわらず，彼らは自身の国々の人々全体を動かし，勇気ある改革を実行することに成功しました。私はまた，すでに加盟している15カ国の人々が新規加盟国を歓迎し，自身の繁栄と安全を彼らと共有することに同意したことに敬意を表したいと思います。

　これらの改革は，今や新規加盟国が堂々と，平等の権利と責務をもってわれわれの制度に参加することができるということを意味しています。

　……

　この拡大をもって，連合は地理的には3分の1，人口の面では5分の1の成長を遂げました。しかし，われわれはその栄誉に満足して立ち止まることはできませんし，そうすべきではありません。

　加盟への強い希望を十分に考慮されなければならない候補国が他にもいるから

です。10カ国の新規加盟が達成されたことで，委員会はクロアチアと交渉を開始することを勧告しました。

ブルガリアとルーマニアとの交渉も首尾よく進展しています。理事会はこの秋委員会が提出する勧告に基づいて，今年末にはトルコとの加盟交渉を開始するかどうかを決断する予定です。

連合はまた，今日この日から，われわれが5000キロ以上にわたって国境を接するその他近隣諸国に対してもその責務の範囲を広げなければなりません。これはわれわれの戦略的志向に新たな次元をもたらすものです。

この課題に対処するため，私が率いる委員会は新近隣諸国政策（New Neighbourhood Policy）を提案しました。そして，私はそれが加盟国から強い支持を受けているということをここで喜んで強調したいと思います。その目標は，ロシアからモロッコにかけて，政治面でも経済面でもわれわれと同じ問題関心を共有する友人を作り，ヨーロッパを横切り，地中海の境界に沿って走る新たな分断線が生じるのを防止することです。

これは，ある意味において，拡大の別のコンセプトだと言えます——われわれの制度を共有しないかたちでの拡大であるという意味で。

……

ますます複雑になる世界において，拡大した連合は，民主主義的価値と開放的な経済，そして強固な社会モデルに基づき，あらゆる国が一国では決して達成できないようなことを成し遂げることができます。

それは南米やアフリカ，アジアにおいて自らの道を歩もうとしている全ての人々が参照可能な材料を提供することができます。

これは，ヨーロッパ人が他の人々に自身のモデルを押しつけたいということを意味するのではありません。とりわけ，われわれの「モデル」が多様性を認識し，それを保護することに基づいているからには。

しかし，ヨーロッパはパートナーシップ，公平さと正義という原則に基づいた世界を構築するのを助けるという大きな責任を担っています。

9-22　欧州近隣諸国政策戦略ペーパー（2004）

Commission of the European Communities, "European Neighbourhood Policy : Strategy

Paper," COM (2004) 373 final, Brussels, 12.5.2004. (Online available : http://eur-lex.europa.eu/LexUriServ/LexUriServ.do?uri = COM:2004:0373:FIN:EN:PDF)

　2004 年の中東欧諸国への東方拡大により，EU と域外との境界線が大きく変わった．しかも 9.11 のテロ以降，アラブ／イスラム世界との関係の有り様が国際関係の大きな課題となりつつあるなかで，2003 年 12 月のソラナ・ペーパー【9-19】でも重視されている近隣諸国との安全保障の構築は死活的な重要性をもつようになった．

　2004 年 5 月から実施された欧州近隣諸国政策（ENP）の対象となるのは，新しく隣国となったロシア，ベラルーシ，ウクライナ，モルドヴァ，およびバルセロナ・プロセス【8-10】の参加国であるアルジェリア，チュニジア，モロッコ，リビア，エジプト，ヨルダン，レバノン，イスラエル，パレスチナ暫定統治機構，さらに，南コーカサスのアルメニア，グルジア，アゼルバイジャンである．近隣諸国政策は，東方拡大の結果，新しく隣国となる国々が，加盟は前提とされないものの，特権的な関係として EU の諸活動に参加する機会を提供することを目的としている．新しい境界線が新たな亀裂を生み出さないように，法の支配，グッド・ガバナンス，少数民族保護を含む人権の尊重，近隣諸国との友好関係，市場経済，持続可能な成長といった「共通の諸価値」を共有すべく，幅広い領域に対して援助を行う，EU とのバイラテラルなプロジェクトである．しかし，これらの EU の価値がどこまで普遍性と対等性をもちうるのかは，今後の課題でもある．
　　　　　　　　　　　　　　　　　　　　　　　　　　　　　　　（上原）

　ENP は，近隣諸国とともに，EU の 2004 年拡大の果実を分け合うことにより全ての関係諸国の安定，安全保障，福祉を強化することを目的としている．これは拡大 EU と近隣諸国との間の新たな分断ラインの出現を阻止し，また政治・安全保障・経済・文化にわたる協力の拡大を通じて，近隣諸国に多様な EU の諸活動への参加の機会を提供することが構想されている．……
　近隣諸国との特権的な関係は，共通の価値に相互にコミットメントすることにより構築されるであろう．その価値とは主に，法の支配，グッド・ガバナンス，マイノリティの権利を含む人権尊重，よき隣人関係の促進，市場経済と持続可能な発展の諸原則といった分野におよぶ．また，このコミットメントには EU の対外活動の本質的要素である問題，特に対テロ闘争，大量破壊兵器の拡散，また同様に国際法の遵守と紛争解決努力が含まれる．……
　ENP は，EU の基本的価値と諸目的を共有し，漸進的に緊密な関係を構築し，

協力を超えて経済・政治統合といった重要な措置を採ることができる諸国家をリング（輪）でつなぐヴィジョンを有している。これは，全ての関係諸国に対し，安定，安全保障，そして福祉に関して計り知れない利益をもたらすであろう。

9-23　欧州防衛庁の創設
A．ヘルシンキ・ヘッドライン・ゴール（1999. 12. 11）
B．欧州防衛庁設立（2004. 7. 12）

A．"Helsinki Headline Goal, 11 December 1999." (Online available : http://www.consilium.europa.eu/uedocs/cmsUpload/Helsinki%20Headline%20Goal.pdf)
B．"Council Joint Action, 2004/551/CFSP, 12 July 2004," *OJ*, L 245, pp. 17-28. (Online available : http://eur-lex.europa.eu/LexUriServ/LexUriServ.do?uri = OJ:L:2004:245:0017:0028:EN:PDF)

　1998年のサンマロ英仏首脳会談以来展開してきた欧州共通防衛安全保障政策は，一方でソラナ・ペーパー【9-19】の形でヨーロッパの安全保障戦略を生み出したが，他方で，英仏を始めとする大国においてはアメリカとの軍事技術・能力ギャップが大きな問題として意識され，ヨーロッパ・レベルでの技術研究開発・防衛調達を進めることが求められた。その結果が欧州防衛庁（防衛調達庁と呼ぶべき組織）の設立である。ヨーロッパにおける防衛産業と能力の問題にとどまらず，アメリカとのギャップが増しつつあるIT分野などのハイテク部門における国際競争力を強化することも目標とされている点に注目すべきであろう。
　　　　　　　　　　　　　　　　　　　　　　　　　　　　　　　　　　　（鈴木）

A．ヘルシンキ・ヘッドライン・ゴール
　ヨーロッパの能力を発展させるため，加盟国はヘッドライン目標を設定した。2003年までに自発的な協力によって，加盟国は部隊レベル（15旅団あるいは5万から6万の人員までの）作戦遂行に際して，アムステルダム条約に提示されたペータースベルクの全ての任務を，その最も要求度の高いものも含めてこなす能力のある部隊を速やかに配備し，維持させることができるようになるだろう。
　これらの部隊は必要な指揮，統制と諜報能力，兵站その他の戦闘支援サービスに加え，適切な航空・海上要素を備えた軍事的に自律的な存在であるべきである。
　加盟国は60日以内にこのレベルの配備を完全に行い，比較的小規模だが速や

かな即応部隊を即座に用意し，配備する能力を備えるべきである。加盟国はこうした配備を最低1年間は維持できなければならない。これは初期の部隊を引き継ぐ部隊として，より緩やかな準備態勢をとる追加的な部隊（およびその支援サービス）を必要とするだろう。

B. 欧州防衛庁設立

欧州防衛庁の設立に関する2004年7月12日の理事会共同行動
2004/551/CFSP

欧州連合理事会は，
欧州連合条約，そして特にその第14条を考慮に入れつつ，
(1) 2003年6月19日から20日にかけてテッサロニキで行われた欧州理事会は，「理事会内の適当な組織に2004年の間に防衛能力開発，研究，調達と軍備の分野における政府間機関を創設するために必要な行動をとるよう」任務を課した。
(2) 欧州理事会によって承認された欧州安全保障戦略は，防衛機関の設立をヨーロッパの軍事資源のより柔軟かつ効率的な開発に向けた重要な要素であるとみなしている。
(3) 欧州防衛庁（以下，EDA）は，理事会の権限の管轄下に置かれ，全加盟国が自由に参加可能であることとし，危機管理分野における防衛能力の開発を目指すことで，ヨーロッパの軍備協力を促進・強化し，欧州防衛産業技術基盤（DTIB）を強化し，競争力のある欧州防衛装備市場を創出するとともに，必要に応じて共同体の研究活動と連携しながら，未来の防衛・安全保障能力のための戦略的な技術におけるリーダーシップを確保することを目標とした研究を推進し，同分野における欧州産業の潜在的能力を強化する。
(4) 関連する政策や戦略は，必要に応じて委員会および産業との協議により，加盟国の産業能力の強弱を考慮に入れながら欧州DTIBを均整の取れた形で開発するため，提案されなければならない。
(5) EDAの設立は共通外交安全保障政策（CFSP），とりわけ欧州安全保障防衛政策（ESDP）の実施に貢献しなければならない。
(6) 同様の機関は，欧州憲法条約の草案にもまた言及されている。
(7) EDAの構造は，欧州連合および加盟国の要請に応えるものであるとともに，その機能を果たすために必要な場合は，第三国や第三者的機関，団体と協力

することも可能になるような構造でなければならない。

(8)　EDA は，必要な場合には，関連する原則や慣行の同化あるいは結合を行うことも視野に入れつつ，既存の取り決め，団体や組織，たとえば［軍備協力］趣意書（LoI），軍備問題協力組織（OCCAR），西欧軍備グループ（WEAG）/西欧軍備機関（WEAO）と緊密な協力関係を発展させなければならない。

(9)　事務局長/上級代表（SG/HR）は，欧州連合条約（TEU）第26条に従い，EDA の組織内で先導的な役割を果たし，EDA と理事会の間に本質的な連携を提供しなければならない。

(10)　政治的監督と政策決定の役割行使にあたって，理事会は EDA のガイドラインを発行しなければならない。

(11)　EDA の任務に関するガイドラインや決定を採択する際，理事会は防衛大臣による会合をもたなければならない。

(12)　EDA の任務に関するいかなる理事会のガイドラインまたは決定も，欧州共同体設立条約第207条に従って採択されなければならない。

(13)　理事会の準備・諮問機関，具体的には欧州共同体を設立する条約第207条に基づく常任委員会，政治安全保障委員会（PSC）および EU 軍事委員会（EUMC）の権限は影響を受けないものとする。

(14)　各国軍備担当者（NAD）は，今後指定される方法で，報告を受け，EDA に関する理事会決議の準備に，彼らの権限が及ぶ問題の範囲内で貢献する。

(15)　EDA は，理事会との緊密な連携を維持し，欧州連合とその制度が課す責任を完全に尊重しつつ，その機能を果たし，目標を達成するために必要な法人格を保有すべきである。

(16)　EDA が執行する予算は，ケース・バイ・ケースの原則によって，欧州連合の一般予算から非行政的費用に対しても出資を受けることを可能とする。その場合，TEU 第28条第3項を含めた，それに適合するルール，手続き，意思決定過程を完全に尊重することとする。

(17)　EDA は，全加盟国の自由な参加を認めるものの，特定の加盟国のグループが臨時プロジェクトやプログラムを設立する余地も提供しなければならない。

　……

(21)　欧州連合設立条約および欧州共同体設立条約の付属書にあるデンマークの地位に関する議定書第6条に従い，デンマークは防衛関連の欧州連合の決定や活動の計画，導入に参加しない。デンマークは，したがって，この共同行動の計画と

採用に参加しておらず，それに拘束されない．

……

9-24　欧州憲法条約（2004. 10. 29）

"Treaty establishing a Constitution for Europe, Rome, 29 October 2004," *OJ*, C 310. (Online available : http://eur-lex.europa.eu/JOHtml.do?uri = OJ:C:2004:310:SOM:EN:HTML) 邦訳は中村民雄「欧州憲法条約——解説および翻訳」衆憲資第 56 号（委託調査報告書），平成 16 年 9 月，衆議院憲法調査会事務局（http://www.shugiin.go.jp/itdb_kenpou.nsf/html/kenpou/shukenshi056.pdf/\$File/shukenshi056.pdf）をベースとし，一部改訳した．

　　コンヴェンションと政府間会合を経て最終的に調印された欧州憲法条約．ニース条約までの「三本柱の神殿構造」を何とか一つの樹木構造にするべく，さまざまな努力がなされたが，外交安全保障防衛分野に関しては完全に共同体化することができず，中村民雄の言うように「相生の松」構造になっている．特筆すべき点としては，欧州理事会常任議長（日本のメディアでは「EU 大統領」と表記されることも多いが，適訳とは言えない）と EU 外相の設置であろう．これにより，少なくとも属人的に EU が個人に代表され，対外的な関係において EU の存在感が明確になっていくであろう．

　　大きな話題となったのは第 I-2 条における連合の価値をめぐる問題でキリスト教に基づく価値を EU に付すか，という点であったが，最終的には政教分離を国是とするフランスなどの抵抗によって，宗教的な要素は排除された（第 I-52 条には教会の地位は加盟国法によって決定される，とされている）．

　　第 3 編の EU の権限については，関税同盟，共通通商政策などを排他的権限とする一方，かなり多くの政策領域を共有的権限（加盟国と EU が共に権限をもつ）領域として定められた．ここでは補完性の原則，比例性の原則とともに，協議性の原則（Principle of conferral）の概念が打ち出され，加盟国と EU の権限の分割にさらなるルールを加えた．ただし，憲法条約が規定していない政策領域に関しては，EU が独自の立法を行い，自らの権限を強化することを可能にするとしている．また「憲法」の名を冠した条約であるにもかかわらず，欧州議会の抜本的な権限強化に踏み込まず，「民主主義の赤字」の問題を解決しきれなかった点も特徴的と言えよう．ただし，加盟国議会の役割が「比例制の原則」の下で初めて「条約」のなかに記された点は大きな変化であるが．

　　第 5 編の第 2 章において，外交安全保障防衛分野における詳細にわたる規定が示されたが，そのなかでも注目すべきは第 I-41 条第 7 項における，加盟国

が武力攻撃を受けた場合には他の加盟国はあらゆる手段をもって支援する義務があると規定された点であろう。これは第I-43条の連帯条項とも関連し、EUが軍事同盟的な性格をもつことを示唆するとして大きな議論となったが、その背景には2001年の同時多発テロのイメージがあったということも指摘できるであろう。

最後に、自発的脱退条項が初めて挿入されたという点も興味深い点である。これまでは加入の手続きしか明示されていなかったが、初めて脱退条項が入れられたことで、EUが連邦的な性格ではなく、あくまでも国際機関であるとの印象を強める結果になっている。ただし、連邦国家であっても分離独立するケースはあるため、単純に比較はできないが。

いずれにせよ、仏蘭の国民投票によって否決されたことで、ここに掲載したテキストがそのまま批准されることはなくなり、「リスボン条約」では欧州憲法条約をほとんど踏襲した条文になったが、「否決された」欧州憲法条約原案がどのようなものであったかを史料として残しておく価値はあるだろう。

(鈴木)

第1部
第1編　連合の定義と目標
第I-1条〔連合の設立〕
1. この憲法は、共通の未来を建設するヨーロッパの諸市民および諸国家の意思を反映して、欧州連合を設立し、これに加盟国は共有する諸目標を達成するための権限を付与する。連合は、それらの目標を達成するために加盟国がとる政策を調整するものとし、また加盟国が付与した権限を共同体方式で行使するものとする。
2. 連合は、その価値を尊重し、それを共に推進することを確約する全てのヨーロッパ諸国に開かれているものとする。
第I-2条〔連合の価値〕
連合は、人間の尊厳、自由、民主主義、平等、法の支配、少数者である人々の権利を含む人権の尊重の諸価値を基礎とする。これらの価値は、多元主義、無差別、寛容、正義、連帯および男女平等が優越する社会にある加盟国に共通するものである。
　……
第I-5条〔連合と加盟国の関係〕

1．連合は，この憲法の前における加盟国間の平等ならびに加盟国のナショナル・アイデンティティを尊重するものとする。このナショナル・アイデンティティは加盟国に内在する政治的および憲法的な基本構造であって，地域および地方の自治政府に関するものを含む。連合は，加盟国の必須の国家機能，とりわけ領土の一体性の確保，公序の維持，国家安全保障の機能を尊重するものとする。
2．忠実協力原則に従って，連合と加盟国は，この憲法から生じる任務の遂行において，相互を十分尊重し，相互に支援するものとする。

　加盟国は，この憲法から生じる義務または連合機関の行為から生じる義務の履行を確保するために，一般的または個別的なあらゆる適切な措置をとるものとする。

　加盟国は，連合の任務の達成を促進するものとし，また連合の目標の達成を危険にさらす可能性があるあらゆる措置を控えるものとする。
　……

第3編　連合の権限
第I-11条〔基本原則〕
1．連合権限の限界は，権限付与の原則によって規律される。連合権限の使用は，補完性および比例性の原則によって規律される。
2．権限付与の原則においては，連合はこの憲法において加盟国から付与された権限の範囲内において，この憲法の定める目標を達成するために行動するものとする。この憲法において連合に付与されていない権限は加盟国にとどまる。
3．補完性の原則においては，連合は，その排他的権限に属さない領域において，意図された行動の目標が加盟国の中央レベルまたは地域および地方レベルのいずれにおいても十分に達成できないものの，提案された行動の規模または効果ゆえに連合レベルにおいてよりよく達成できるとき，その範囲においてのみ，行動するものとする。

　連合機関は，補完性の原則を，補完性および比例性の原則の適用に関する議定書に従って適用するものとする。加盟国議会は，当該議定書に定める手続きに従って補完性の原則の遵守を確保するものとする。
4．比例性の原則においては，連合の行動の内容および形式がこの憲法の目標の達成に必要な範囲を超えないものとする。

　連合機関は，比例性の原則を第3項に述べる議定書に従って適用するものとす

る。
第 I-12 条〔権限の類型〕
1．この憲法が特定の領域について連合に排他的権限を付与するときは，連合のみが立法することができ，また法的拘束力のある行為を採択することができる。加盟国は，連合から授権されたとき，または連合行為の実施のために授権されたときに限り，立法し法的拘束力のある行為を採択することができる。
2．この憲法が特定の領域について連合に加盟国と共有する権限を付与するときは，連合および加盟国が当該領域について立法する権限および法的拘束力のある行為を採択することができる。加盟国は，連合が権限を行使していない範囲または連合がその権限の行使の停止を決定した範囲において，権限を行使するものとする。
3．加盟国は，第 3 部に定める制度において，その経済政策および雇用政策を調整するものとする。連合は，当該制度を定める権限をもつものとする。
4．連合は，共通防衛政策の漸進的な構築を含む共通外交安全保障政策を策定し実施する権限をもつものとする。
5．この憲法が定める一定の領域と条件において，連合は加盟国の行動を支援，調整または補完する行動を実施する権限をもつものとする。ただし，当該領域における加盟国の権限に代替することはないものとする。
　この領域に関する第 3 部の諸規定に基づいて採択された連合の法的拘束力のある行為は，加盟国の法令の調和を伴ってはならない。
6．連合権限の範囲と行使の様式は，第 3 部の各領域の具体的な規定により定められるものとする。
第 I-13 条〔排他的権限の領域〕
1．連合は，次の領域において排他的権限をもつものとする。
　(a)　関税同盟
　(b)　域内市場の運営に必要な競争法規の定立
　(c)　ユーロが通貨である加盟国については，通貨政策
　(d)　共通漁業政策の下での海洋生物資源保護
　(e)　共通通商政策
2．連合はまた，連合の立法行為が国際協定の締結を規定する場合，または連合の域内権限の行使を可能にするために国際協定の締結が必要である場合，または国際協定の締結が共通の準則もしくはその範囲に影響しうる範囲において，国際

協定の締結について排他的権限をもつものとする。

第 I-14 条〔共有権限の領域〕

1．連合は，この憲法が第 I-13 条および第 I-17 条に定める領域にかかわらない権限を連合に付与するときは，加盟国と権限を共有するものとする。

2．共有権限は次の主たる領域に適用される。

   (a)　域内市場
   (b)　第 3 部に定める範囲における，社会政策
   (c)　経済，社会および領土の結束
   (d)　農業および漁業，ただし海洋生物資源保護を除く
   (e)　環境
   (f)　消費者保護
   (g)　運輸
   (h)　欧州横断ネットワーク
   (i)　エネルギー
   (j)　自由，安全および司法の地域
   (k)　第 3 部に定める範囲における，公衆衛生問題における共通の安全性事項

3．研究，技術開発および宇宙の領域においては，連合は行動の実施権限，とりわけ計画の策定と実施の権限をもつものとする。ただし，当該権限の行使は，加盟国が自らの権限を行使することを妨げる効果をもたないものとする。

4．開発援助および人道援助の領域においては，連合は活動を実施し，共通政策を取り行う権限をもつものとする。ただし，当該権限の行使は，加盟国が自らの権限を行使することを妨げる効果をもたないものとする。

第 I-15 条〔経済政策および雇用政策の調整〕

1．加盟国は連合において各国経済政策を調整するものとする。この目的のために，閣僚理事会は，とりわけ当該政策の概括指針（broad guidelines）などの措置を採択するものとする。

　ユーロが通貨である加盟国については特段の規定が適用される。

2．連合は，加盟国の雇用政策の調整を，とりわけ当該政策の指針（guidelines）を明示することを通して，確保する措置を採択するものとする。

3．連合は，加盟国の社会政策の調整を確保するイニシアティブを採択することができる。

第 I-16 条〔共通外交安全保障政策〕

1．連合の共通外交安全保障政策に関する権限は，外交政策の全ての領域および連合の安全保障に関する全ての問題を対象とするものとする。連合の安全保障には，共通防衛政策の漸進的な形成が含まれ，当該政策は共通防衛にいたりうる。

2．加盟国は，連合の共通外交安全保障政策を，忠誠および相互連帯の精神において積極的にかつ留保なく支持するものとし，この領域における連合の行為を遵守するものとする。加盟国は，連合の利益に反する活動または連合の実効性を損ねる可能性がある活動を控えるものとする。

第I-17条〔支援，調整または補完的活動の領域〕

連合は，支援，調整または補完的活動を行う権限をもつものとする。

ヨーロッパ・レベルにおける当該活動は，次のものとする。

 (a) 人の健康の保護と向上
 (b) 産業
 (c) 文化
 (d) 観光
 (e) 教育，若年層問題，スポーツおよび職業訓練
 (f) 市民災害保険
 (g) 行政協力

第I-18条〔柔軟性条項〕

1．この憲法の定める目標の一つを達成するために第3部に定める政策の枠内において連合の行動が必要となったときであって，この憲法が必要な権限を規定していないときは，閣僚理事会は，欧州委員会の提案に基づいて欧州議会の承認を得た後に，適切な措置を全会一致により採択するものとする。

2．欧州委員会は，第I-11条第3項に定める補完性原則監視手続きを用いて，本条に基づく提案に対しては，加盟国の各国議会の注目を喚起するものとする。

3．本条に基づく措置は，この憲法が加盟国の法令の調和を排除している場合については，そのような調和を伴ってはならない。

　　……

第4編　連合の機関

第1章　機関の枠組み

第I-22条〔欧州理事会常任議長〕

1．欧州理事会は，任期2年半かつ1回更新可能な議長（President）を，特定多

数決により選出する。障害または重大な非行がある場合は，欧州理事会は同一の手続きに従って議長を解任することができる。
2. 欧州理事会議長は，次の事項を行うものとする。
    (a) 議長をつとめ，議事を進行する。
    (b) 欧州委員会委員長と協力し，かつ一般理事会の作業に基づいて，適切な準備と継続性を確保する。
    (c) 欧州理事会内の結束と全員合意の促進に努める。
    (d) 欧州理事会の各会合の後に，欧州議会に報告を行う。

欧州理事会議長は，その次元およびその資格において，連合の共通外交安全保障政策に関する問題の対外代表をつとめるものとする。ただし，連合外務大臣の権限を害さないものとする。
3. 欧州理事会議長は国家的職務（national office）に就いてはならない。
……

第 I-25 条〔欧州理事会および閣僚理事会における特定多数決の定義〕
1. 特定多数決は，閣僚理事会加盟国の少なくとも 15 カ国からなる，少なくとも 55％の多数であって，連合の総人口の少なくとも 65％をなす構成諸国を代表する多数とする。

可決阻止少数（blocking minority）には，閣僚理事会加盟国の少なくとも 4 カ国が含まれなければならない。これに満たないときは，特定多数決が成立したものとみなすものとする。
2. 第 1 項の適用除外として，閣僚理事会が欧州委員会または連合外務大臣の提案に基づいて行動しない場合，特定多数決は，閣僚理事会加盟国の少なくとも 72％多数であって，連合の人口の少なくとも 65％をなす構成諸国を代表する多数とする。
3. 第 1 項および第 2 項は，欧州理事会が特定多数決により行動する場合にも適用されるものとする。
4. 欧州理事会において，その議長および欧州委員会委員長は投票しない。
……

第 I-28 条〔連合外務大臣〕
1. 欧州理事会は，特定多数決により決定し，欧州委員会委員長との合意の上で，連合外務大臣を任命するものとする。欧州理事会は当該大臣を同一の手続きにより解職することができる。

2. 連合外務大臣は，連合の共通外交安全保障政策を遂行するものとする。当該大臣は，自らの提案により当該政策の展開に貢献し，閣僚理事会の与える使命に従って当該政策を遂行するものとする。共通安全保障防衛政策についても同様とする。
3. 連合外務大臣は，外務理事会の議長をつとめるものとする。
4. 連合外務大臣は，欧州委員会の副委員長の一人であるものとする。当該大臣は，欧州委員会においては，連合の対外関係の運営および連合の対外行動のその他の局面の調整に責任をもつものとする。欧州委員会内において当該責任を果たすとき，当該責任に関する限り，連合外務大臣は欧州委員会の手続きに拘束されるものとする。
　……

第5編　連合権限の行使
　……
第2章　個別規定
第Ⅰ-40条〔共通外交安全保障政策に関する個別規定〕
1. 欧州連合は，加盟国間相互の政治的連帯の発展，一般利益問題の特定および各加盟国行動間の絶えず進む収斂の達成を基礎として，共通外交安全保障政策を実行するものとする。
2. 欧州理事会は，連合の戦略的利益を特定し，かつ共通外交安全保障政策の目的を決定するものとする。閣僚理事会は，欧州理事会の定める戦略指針の枠内で，第3部の制度に従って当該政策を具体化するものとする。
3. 欧州理事会および閣僚理事会は，必要な欧州決定を採択するものとする。
4. 共通外交安全保障政策は，連合外務大臣および加盟国により，各国および連合の資源を用いて実行されるものとする。
5. 加盟国は，あらゆる共通外交安全保障政策問題であって一般利益にかかわる問題について共通の対処を決定するために，欧州理事会および閣僚理事会において相互に諮問するものとする。連合の利益に影響を与えうる国際舞台における何らかの行動または確約を行う前に，各加盟国は欧州理事会または閣僚理事会において他の加盟国に諮問するものとする。加盟国は，各国行動の収斂を通して，連合が国際舞台においてその利益と価値を主張できるよう確保するものとする。加盟国は相互連帯性を示すものとする。

6. 共通外交安全保障政策に関する欧州決定は，第3部に定める場合を除き，欧州理事会および閣僚理事会の全会一致により採択されるものとする。欧州理事会および閣僚理事会は，一加盟国の発議，連合外務大臣の提案または欧州委員会の支持を得た連合外務大臣の提案に基づいて行動するものとする。欧州法および欧州枠組法は排除される。

7. 欧州理事会は，第3部に定める場合のほかに閣僚理事会が特定多数決により行動する場合を定める欧州決定を，全会一致により，採択することができる。

8. 欧州議会は，共通外交安全保障政策の主要局面および基本的選択について定期的に諮問を受けるものとする。欧州議会は，当該政策の展開について常時報告を受けるものとする。

第I-41条〔共通安全保障防衛政策に関する個別規定〕

1. 共通安全保障防衛政策は，共通外交安全保障政策の不可欠の部分をなすものとする。共通安全保障防衛政策は，連合に非軍事的および軍事的設備を利用する行動能力を提供するものとする。連合は，国際連合憲章の原則に従った平和維持活動，紛争防止活動および国際安全保障強化のための連合域外での使命において，当該設備を利用することができる。当該諸任務の遂行は，加盟国の提供する能力（capabilities）を利用して行われるものとする。

2. 共通安全保障防衛政策は，共通連合防衛政策の漸進的な形成を含むものとする。これは，欧州理事会が全会一致により行動しつつ，共同防衛にいたるものと決定するときそれにいたる。この場合，欧州理事会は，加盟国に各国憲法の要件に従って当該決定を採択することを勧告する。

　本条に従った連合の政策は，一定の構成諸国の安全保障防衛政策の特定の性質を害さないものとし，また北大西洋条約機構（NATO）により各国共同防衛が実現されると考える一定の構成諸国の北大西洋条約上の義務を尊重しつつ当該機構の定める共通安全保障防衛政策と整合的であるものとする。

3. 加盟国は，閣僚理事会が定める目的に貢献するために，共通安全保障防衛政策の実施のために非軍事的および軍事的能力を連合が利用できるようにするものとする。多国籍軍を共同で編成する構成諸国については，当該多国籍軍も共通安全保障防衛政策において利用できるものとする。

　加盟国は，自国の軍事能力を漸進的に向上させることを確約するものとする。欧州軍備軍事研究能力開発機関（European Armaments, Research and Military Capabilities Agency［欧州防衛庁（EDA）のこと］）を設立するものとし，当該機関は，

実践行動に必要なものの特定，その必要を満たすための措置の推進，防衛部門の産業技術基盤の強化に必要なあらゆる措置の特定および，必要に応じて，その措置の実施への貢献，欧州軍事能力および軍備政策の策定への参加，ならびに閣僚理事会による軍事能力向上に関する評価の補佐を行うものとする。

4．共通安全保障防衛政策を実施する欧州決定は，本条に定める使命を開始する欧州決定を含め，連合外務大臣の提案または一加盟国の発議に基づいて閣僚理事会が全会一致により行動して採択するものとする。連合外務大臣は，加盟国内資源および連合の手段の両方を使用する旨を，必要に応じて欧州委員会とともに，提案することができる。

5．閣僚理事会は，連合の価値を保護し連合の利益に奉仕するために，連合の枠内において，任務の遂行を特定の加盟国群に委ねることができる。そのような任務の遂行は，第III-310条により統制されるものとする。

6．軍事能力が高水準に達し，かつこの領域においても最も過酷な使命のために相互により高度の拘束力のある誓約を交わした構成諸国は，連合の枠内において制度的に明確な協力関係を設立するものとする。このような協力関係は，第III-312条の定めるところにより統制されるものとする。当該協力関係は，第III-309条の規定に影響しないものとする。

7．ある加盟国が，その領土において武装侵略の被害を受けたとき，他の加盟国は，国際連合憲章第51条に従って，その行使できるあらゆる手段により，当該国に対する救援および支援の義務を負うものとする。一定の構成諸国の安全保障および防衛政策の特定の性格を害しないものとする。

　この分野における確約および協力は，北大西洋条約機構（NATO）における確約と両立するものでなければならない。当該機構の加盟国である構成諸国においては，当該機構が集団的防衛の基礎かつその実施のための場として存続する。

8．欧州議会は，共通安全保障防衛政策の主要局面および基本的選択に関して定期的に諮問を受けるものとする。欧州議会は，当該政策の展開について常時報告を受けるものとする。

　……

第I-43条〔連帯条項〕

1．連合および加盟国は，いずれかの加盟国がテロ攻撃または天災もしくは人災の被害を受けたときは，連帯の精神により共同して行動するものとする。連合は，次の目的のために，加盟国の供与する軍事資源を含め，連合に利用可能なあ

らゆる手段を発動するものとする。
　(a)―加盟国領土内でのテロの脅威を防止する。
　　―民主的機関および文民たる市民をあらゆるテロ攻撃から保護する。
　　―テロ攻撃があった場合，加盟国の政治機関の要請を受けて当該国をその領土内において支援する。
　(b)―天災または人災の被害があった場合，加盟国の政治機関の要請をうけて当該国をその領土内において支援する。
2．本条の実施の詳細は，第III-329条に定める。

第3章　高次の協力（Enhanced cooperation）
第I-44条〔高次の協力〕
1．連合の非排他的権限の枠内において相互間に高次の協力を設定することを希望する構成諸国は，この憲法の関連規定を適用して連合機関を利用しかつ当該権限を行使することができる。ただし，本条および第III-416条ないし第III-423条に定める制限と手続きに服するものとする。

　高次の協力は，連合の目標の推進を目的とし，連合の利益を保護し，かつ連合の統合過程を強化するものとする。このような協力は，第III-418条に従っていかなる時点においても，あらゆる加盟国に開放されているものとする。
2．高次の協力を許可する欧州決定は，当該協力の目標を連合の全加盟国によって合理的な期間内に達成することが不可能であることが確認された場合であって，かつ当該協力に加盟国の少なくとも3分の1が参加するとき，閣僚理事会から最終手段として与えられるものとする。閣僚理事会は，第III-419条に定める手続きに従って行動するものとする。
3．閣僚理事会の全ての構成員は閣僚理事会における討議に参加することができるが，高次の協力に参加する加盟国を代表する閣僚理事会の構成員だけが，表決に参加するものとする。

　全会一致は，参加国の代表の投票のみにより成立するものとする。
　特定多数決は，参加加盟国を代表する閣僚理事会の構成の少なくとも55％であって，当該諸国の総人口の少なくとも65％からなるものとする。
　可決阻止少数には，当該参加加盟国の総人口の35％を超える代表となるような閣僚理事会構成員の最少員数に，さらに1名分を加えたものが少なくとも含まれていなければならない。これに満たないときは，特定多数決が成立したものと

みなすものとする。

　第3段および第4段の適用除外として，閣僚理事会が欧州委員会の提案または連合外務大臣の提案に基づいて行動しない場合については，特定多数決は，参加加盟国を代表する閣僚理事会の構成員の少なくとも72％であって，当該諸国の総人口の少なくとも65％からなるものとする。

4．高次の協力の枠組みにおいて採択された行為は，参加諸国のみを拘束するものとする。当該行為は，連合に加盟する候補国が受容しなければならないアキとはみなされないものとする。

　……

第9編　連合への加盟

　……

第I-60条〔連合からの任意脱退〕

1．いずれの加盟国も，自国の憲法上の要件に従って，欧州連合から脱退することを決定できる。

2．脱退を決定する加盟国は，その意思を欧州理事会に通知するものとする。欧州理事会の示す指針に照らして，連合は，当該国の脱退に関する取り決めを明記した協定を，当該国と連合の将来の関係枠組みを考慮しつつ，当該国と交渉し締結するものとする。当該協定は，第III-325条第3項に従って交渉されるものとする。当該協定は，閣僚理事会が，特定多数決で行動しつつ，欧州議会の承認を得た後に，締結するものとする。

3．当該関係国に対するこの憲法の適用は，脱退協定の発効日より，または発効しない場合は第2項における通知から2年後に，停止されるものとする。ただし，欧州理事会が，当該関係加盟国との合意により，この機関を延長する決定をしたときはこの限りではない。

4．第2項および第3項において，脱退する加盟国を代表する欧州理事会または閣僚理事会の構成員は，閣僚理事会または欧州理事会における討議もしくは当該国に関する欧州決定に参加しないものとする。

　特定多数決は，参加構成諸国を代表する閣僚理事会構成員の少なくとも72％であって，当該諸国の総人口の少なくとも65％からなるものとする。

5．連合から脱退した国が再加盟を申請するときは，当該申請は第I-58条に定める手続きに服するものとする。

......

> 9-25　欧州議会議員による欧州憲法条約反対運動（2005. 1. 11）
> "10 Reasons to Vote 'No' to the European Constitution, 11 January 2005". (Online available: http://web.archive.org/web/20050912102619/http://www.europarl.eu.int/inddem/10reasons.htm)

　欧州懐疑派は以前から存在したが，マーストリヒト条約の批准以降その存在感が大きくなっており，無視できない状況になっている。これまでの欧州懐疑派は各国ごとに散らばっており，連携した運動というよりは，各国政治の枠組みで活動することが多かった。しかし，統合が進展していくにつれ，一般市民とEUとの乖離が次第に明確になり，統合のあり方に疑問を示す政党も増えてきた。これまで欧州懐疑派は極右，極左といった政治的にマージナルな勢力に集中していたが，一般市民のなかにも懐疑的な見方が広がり，統合に対する異議申し立てのルートがない状態で，明白に欧州懐疑派を標榜する政治運動が広まってくるようになった。2004年の欧州議会選挙ではイギリス独立党（UKIP）に代表される欧州懐疑派政党が各国で伸張し，欧州議会で「独立/民主主義グループ」と呼ばれる会派を形成するにいたった。まだ欧州懐疑派の運動は全ヨーロッパ・レベルでの連携ができているわけではなく，いまだに散発的な運動にとどまっているが，EU機関の内側にヨーロッパ統合に疑念をもつ勢力が内包され，全ヨーロッパ・レベルで活動することになれば，市民レベルでの支持も手伝って，大きな政治的運動になる可能性を秘めている。

　なお，本史料は仏蘭の国民投票による否決で使命を達成したため，欧州議会のウェブ上から撤去されているが，別の場所に複製されている。欧州議会の会派が懐疑的な姿勢を公にした史料としての価値は大きい。　　（鈴木）

独立/民主主義グループは欧州憲法条約に反対する。

欧州憲法条約を否決すべき10の理由
1) 憲法条約は不要である
　われわれは憲法条約を必要としていない。人々は憲法条約を望んでいない。それはユーロクラットの創造物である。

2) 民主主義の欠如

憲法条約は，各国議会から権限を奪い，ヨーロッパの各機関にそれを配分する。それは，各加盟国の全てのヨーロッパ市民にとって，民主的権限の純損失という均衡を生み出す。

3) 主権の喪失

憲法条約は，ブリュッセルによって統治される非常に中央集権化された連邦の単なる地方に加盟国の地位を貶める。憲法条約はほとんどの重要な分野において国の統治管理を無効にし，欧州外交政策，防衛政策，経済・財政政策，難民・移民手続き等々を創出する。

4) 欧州超国家の創造

憲法条約は，固有の大統領，国旗，外交政策を保有し，加盟国の憲法と法的システムに優越する欧州超国家を創造する。

5) 二級国家の創造

憲法条約は，閣僚会議における既存の投票数をその他の大国に配分する票数に比べて削減することで，小規模の加盟国を差別している。

6) 説明責任の喪失

憲法条約は，EU 委員会に，多数の専門家会議によって運営される政府のように振る舞う権限を与えるが，それは加盟国の人々に対する説明責任を負わない。

7) EU の自己強化

憲法条約は，各国議会の批准や国民投票なしにより多くの EU 政策を全会一致から特定多数決に移行させる無制限の権限を与えるものである。これは EU の権限のさらなる中央集権化を導き，人々に EU の自己強化を押しとどめる民主的な手段を与えない。

8) EU 共通防衛政策

憲法条約は，EU 共通防衛政策の創設を明確に目標としている。これはヨーロッパの安全保障構造の完全な変更を起こそうとするものであり，NATO 加盟国および中立諸国の政策に影響を与える。

9) 基本的人権の独占

基本的人権は全ての人間にとって自然なことである。ほとんどの加盟国の憲法はこれに基づいている。憲法条約は，国家の憲法に優越するものだが，それは基本的人権を EU からの贈り物と位置づけられている。与えられたものは，選

択的に授与され，撤回され，否定される可能性がある。

10) 経済・金融政策の独占

欧州中央銀行に，ヨーロッパの経済・金融政策を特定し，実施し，管理する唯一の権限を与えることにより，憲法条約は，失業の削減や社会福祉を目標とする政策にかかわる加盟国の手を縛り，各加盟国が特定の経済的利益を保護する権利を奪う。

9-26　安定成長協定の基準緩和　(2005. 3. 23)

"Improving the implementation of the Stability and Growth Pact, Brussels European Council; 22 and 23 March 2005," *Bull. EU*, 3-2005, points I.18-I.39, pp. 16-23. (Online available : http://europa.eu.int/comm/councils/bx20050322/stab.pdf)

　仏独の継続的な安定成長協定の違反に伴い，欧州司法裁判所が理事会の決定を差し戻した結果【9-18】，安定成長協定の基準そのものを見直す作業が進められた。2005年の欧州理事会では，景気循環を考慮に入れ，柔軟に安定成長協定の基準を適用すること，また，フランスが強く要求していた研究開発に関する支出や，ドイツが求めていた「国際的連帯」や「ヨーロッパの政策目標実現のための支出」（すなわち旧東ドイツ地域への公共事業の提供），さらには多くの福祉国家が抱えている年金改革に対する支出などが基準の対象外となり，それぞれ加盟国は自国の政策を追求するための柔軟性を得ることとなった。これがパンドラの箱を開けたことになるのか，それともヨーロッパ各国は自制し，通貨の価値の安定を進めるのか，判断することは難しいが，この決定がユーロの価値に与えた影響は現在のところそれほど大きいとは言えない。　　　（鈴木）

安定成長協定の履行の改善に向けて
──欧州理事会への理事会報告書──

　本報告書は，条約第99条に従って経済政策の協調とモニタリングを改善し，また条約第104条1項に規定のある過度の赤字を回避することを目的として，安定成長協定の履行の強化と明確化に関する提案を行うものである。

　理事会は，条約第99条および第104条に基づく安定成長協定が経済通貨同盟におけるマクロ経済政策枠組みの不可欠な要素であることを確認する。

……
　しかしながら，25 の加盟国を擁し，多分の異質性と多様性に特徴づけられる欧州連合において，また，過去 5 年間の EMU の経験を踏まえると，そのルールの経済的論拠をより強調した豊かな共通の枠組みは，EU 内の異なる経済状況の要求をよりよく満たすことを可能にするだろう。よって，その目的は既存の枠組みの経済的基盤を強化し，信頼性と執行を強化することである。その目的は，現在のルールの厳格さや柔軟性を増すのではなく，それらの有効性を高めることにある。
……
理事会は，安定成長協定の条項を再検討した結果，主に五つの改善点を見出した。
(i)　財政ルールの経済的論拠をより強調することで，ルールの信頼性と所有権 (ownership) を改善すること。
(ii)　国内政策決定者による「所有権」を改善すること。
(iii)　好景気の時期をより効果的に利用し，財政改革 (budgetary consolidation) を進め，景気循環を助長する政策 (pro-cyclical policies) を回避すること。
(iv)　景気低迷期に理事会の助言をこれまで以上に配慮すること。
(v)　負債と持続可能性に関する財務状態の監視を充分に行うこと。
　安定成長協定の改革に関する提言を作成するにあたって，理事会は次の点——財政枠組みのガバナンスとナショナルな所有権を増進すること，協定の経済的基盤と有効性を予防措置・修正措置の両面で強化すること，国家財政の長期的な持続可能性を確保すること，経済成長を推進し，次世代に過度の負担をかけることを回避すること——に特に留意した。
……

2.3　構造改革に対する配慮

理事会は，経済成長を推進する協定の本質を強化するため，財政赤字の GDP3% の閾値の安全な余裕をもつことが保証され，中期目標の予算計画に戻れることを明確に理解した上で，中期目標を達成していない加盟国が調整方針を定義する際に構造改革に配慮し，中期目標を達成した加盟国が一次的にその目的から逸脱することを認めることに合意した。
……

3.　過度の赤字手続き (excessive deficit procedure) の実施の改善

……

　理事会は，規則1467/97第2条第2項に設けられている「厳しい景気低迷」に関する現在の定義があまりにも限定的だと考える。理事会は，条約第104条第3項および第6項に基づいて過度の赤字の存在を評価・決定する際に，マイナス成長，あるいは潜在的成長に対して非常に低い成長が長期化した期間における，生産高の累積的な損失の結果生じた基準値の超過を，委員会と理事会の双方が例外的に捉えることを可能にするために，規則1467/97第2条2項および3項は改定される必要があると考える。

……

　理事会は，「その他全ての関連諸要因」を考慮に入れるための枠組みが明確化されるべきであると考える。第104条第3項に基づく委員会の報告書は，中期経済状態の進展（具体的には，潜在的成長，一般的な景気循環の状況，リスボン戦略に基づいた政策や，研究開発・イノベーションを支援するための政策の実施），そして中期財政状態の進展（具体的には，「景気の良い時期」における連結決算に対する取り組み，債務の持続可能性，公共投資，国家財政の全体的な質）を適切に反映するべきである。さらには，関係加盟国の意見によれば，基準値の超過を質的な観点から総合的に評価する際に関連性のあるその他の要因に充分に配慮すべきである。これに関連して，国際的な連帯の育成やヨーロッパの政策目標の実現——とりわけヨーロッパの統一が，加盟国の成長と財政負担に不利益をもたらす場合——に対する財政的な貢献を高い水準で増加あるいは維持することを目的とした財政上の取り組みに対し，特別な配慮が与えられる。

……

　理事会は，過度の赤字手続きの最中に，予算に重大な悪影響を及ぼし，経済に不利益をもたらすような予期せぬ出来事が発生した場合には，過度の赤字を修正するための期限の見直しや延期が可能であることに同意する。

……

3.4　システマティックな年金改革への配慮

理事会は，義務的・基礎年金を含む多層的年金システムの導入に伴う年金改革の履行による閾値の超過は注意深い配慮が必要であると合意した。これらの改革の履行は短期的な財政状況の悪化をもたらすが，長期的には公的財政を明確に改善する。

……

9-27　国民投票による欧州憲法条約否決と批准手続き延期
A．フランスでの国民投票による条約批准否決（2005. 5. 29）
B．条約批准手続き延期（2005. 6. 17）

A．"Déclaration du Président de la République suite au référendum sur le Traité constitutionnel Européen, Paris, 29 mai 2005." (Online available: http://www.elysee.fr/elysee/francais/interventions/discours_et_declarations/2005/mai/declaration_aux_francais_sur_le_changement_de_gouvernement.30027.html)

B．"Declaration by the Heads of State or Government of the Member States of the European Union on the Ratification of the Treaty Establishing A Constitution for Europe, 17 June 2005," *Bull. EU*, 6-2005, point I.30, p. 25. (Online available: http://europa.eu/bulletin/en/200506/i1030.htm#anch0058)

　フランスとオランダにおける欧州憲法条約をめぐる国民投票の結果，憲法条約の全加盟国による批准は極めて厳しい状況になり，多くの国が批准過程を凍結することとなった。シラク（Jacques Chirac, 1932-）大統領は国民投票の2日後に声明を発表し，今回の否決が現政権に対する不満によって動機づけられていたことを認め，直後に，ラファラン（Jean-Pierre Raffarin, 1948-）首相を罷免し，ドヴィルパンを首相として失業対策を推し進めることを約束した。特に，雇用対策の方針についても，明白にアングロサクソン的新自由主義路線を否定して，社会の安定を図ろうとしている。しかし，ドヴィルパン内閣が発足してから半年もたたないうちに，フランス全土で移民系の若者が暴動を起こし，社会がより一層不安定な状態であることを明白にさせた。その結果，ドヴィルパン内閣は「経済愛国主義（patriotisme économique）」と呼ばれる保護主義的な政策に傾倒するようになる。EUレベルでも仏蘭の否決を受けて，憲法条約をめぐる議論をしばし休止し，「反省の期間（a period of reflection）」を設けることが決定された。しかし，このブリュッセル理事会ではフランスが提起した，イギリスに対するEU予算の「払い戻し（rebate）」が議論の中心となり，憲法条約の批准どころではない状況となった。実際，オランダにおける憲法条約の批准拒否は，オランダが一人当たりのEU財政貢献額が最も高いということが原因の一つとなっており，1950年代に確立されたEUの基礎（端的に言えば共通農業政策を通じた富の再分配）を変えていかなければ，市民からかけ離れたEUとなってしまう，という危機感を反映した議論でもあった。　　　　　（鈴木）

A．フランスでの国民投票による条約批准否決
ジャック・シラク共和国大統領によるフランス国民に対する声明
パリ，2005年5月31日

フランス本土，海外領土および国外の親愛なる同胞の皆様，

　5月29日，欧州憲法条約の国民投票は，ヨーロッパおよびフランスが困難と不安に直面している時期に行われました。こうした時期においては，われわれは国益の支持に回らなければなりません。

　この投票は，ヨーロッパの理想に対する拒否を意味するものではありません。それは，耳を傾けてもらいたい，という懇願なのです。行動を求める懇願。結果を求める懇願。

　強く，多様で，時には矛盾した期待が表明されてきました。これらは共通して，今日の世界に対する不満と不安を示していました。

　過去に蓄積された障害を取り除き，未来に向けて準備をするために行われた主要な改革の後で，あなた方は現在の苦境——それが失業であれ，購買力に関するものであれ——に速やかに取り組むための一層断固たる，緊急の行動を求めているのです。

　……

　5月29日の投票は，確かに，困難な時代の扉を開けました。フランス人男性と女性のメッセージを尊重し，フランスは行動を起こさなければなりません。なぜなら，ヨーロッパはわれわれの力を大きく増幅させるものだからです。われわれはフランスの経済社会モデルを守ることも，世界においてフランスの価値を広めることも，ヨーロッパにおける全面的な役割を担うことなしに，想像することすらできません。

　今後数週間，または数カ月間の間に，私はわれわれのコミットメント，国益の擁護という最優先の関心事に従い，行動するでしょう。われわれのパートナーと共に，私は偉大なるヨーロッパの野心に再び結びつくことが可能になるよう，あらゆる可能な機会を活用するように努めるでしょう。

　しかし，フランスの男性と女性に仕える政府の行動の最優先課題は，言うまでもなく，雇用でしょう。これは全国民の積極的な努力を必要とします。私はこれらの努力がフランス・モデルに適合するように努めることを決心しています。

　このモデルはアングロサクソンのものとは異なりますが，変化に対する抵抗と同義ではありません。それはダイナミズムと個人のイニシアティブ，連帯と社会的対話に基づくモデルなのです。

B. 条約批准手続き延期

欧州憲法を制定するための条約批准に関する欧州連合加盟国の国家元首または政府首脳の声明

（欧州理事会，2005年6月16-17日）

　われわれは欧州憲法条約の批准プロセスに関する広範なレヴューを行った。この条約は共同のプロセスの果実であり，拡大した欧州連合がより民主的に，透明性と有効性をもって機能することを確実にするための適切な対応を提供するために設計されている。

　過去50年以上にもわたってわれわれの課題となり，ヨーロッパを同じヴィジョンの下に統合することを可能にしてきたヨーロッパの野望は，これまで以上に重要となっている。それは市民の厚生を確保し，われわれの価値観と利益を保護し，国際的な舞台における主導的なプレーヤーとしてわれわれが責務を負うことを可能にしてきた。失業，社会的疎外とより効果的に戦い，持続的な経済成長を促進し，グローバリゼーションが突きつける課題に対応し，対内的・対外的な安全を確保し，環境を保護するために，われわれはヨーロッパを，より強化された連帯を体現する一層統合されたヨーロッパを必要としている。

　今日までに，10の加盟国が批准手続きを完了することに成功し，憲法条約へのコミットメントを示してきた。われわれはフランスとオランダにおける国民投票の結果について言及した。われわれはこれらの結果がヨーロッパの建設に対する市民の愛着を疑問に付すものではないと考えている。とは言え，市民は検討されるべき懸念や不安を表明した。したがって，われわれはこの状況について共に反省する必要がある。

　この反省の期間は各国内において，市民，市民社会，社会的パートナー，各国議会および政党を含めた広範な議論を可能にするために利用されるだろう。この議論は，波及効果を生み出すように設計されており，すでに多数の加盟国において開始されているものではあるが，より強化され，その範囲を広げられるべきである。ヨーロッパの各機関もまた，この点に関して特別な役割を果たす委員会とともにこのプロセスに貢献していかなければならない。

　最近の展開は批准プロセスを継続することの妥当性を疑問に付すものではない。われわれは各加盟国ごとの批准の日程が，これらの展開と加盟国の状況に即して必要とあれば変更されることに同意した。

われわれは、国内の議論の全般的な評価と今後の進め方に関して合意を形成するため、2006年の上半期にこの問題について再度話し合うことに同意した。

9-28　シュレーダー元独首相演説（2005）

Gerhard Schröder, "Speech on the 41th Munich Conference on Security Policy, 2 December 2005." (Online available : http://www.securityconference.de/konferenzen/rede.php?menu_2005=&menu_konferenzen=&sprache=en&id=143&)

　退陣した直後のシュレーダー（Gerhard Schröder, 1944-）が大西洋関係について置き土産のようなコメントを残した演説。2002年の総選挙の選挙戦術としてイラク戦争に反対したことが米欧関係を悪化させたことには触れず、あくまでもアメリカの一国主義的な行動が大西洋関係を悪化させたと主張しているあたりはシュレーダー節と言えようか。なかでもNATOはすでに大西洋関係の中心的な機関ではない、との発言に注目が集まった。EU-NATO-CE体制の調和的関係が終焉したことを象徴する演説である。　　　　　　　（鈴木）

　皆さん、大西洋関係、すなわちヨーロッパとカナダ、アメリカの緊密な関係が不変のまま維持されれば、われわれは21世紀のさまざまな挑戦に立ち向かうことができます。

　……

　例の格言は今でも当てはまります。その格言とは緊密な大西洋関係がドイツの、ヨーロッパの、そしてアメリカの利益である、というものです。しかし、われわれはこの格言を実際の政策に移すにあたって、かつて大西洋関係に対する忠誠が示されていた過去ばかり見ているわけにはいきません。むしろ、われわれは新しい環境に対応しなければならないのです。

　……

　しかし、大西洋協力を取り巻く環境が変わっただけではありません。長年にわたり、この協力関係のかすがいになっていたアメリカとドイツの責任も変わりました。アメリカ議会の皆さんはよくご存知のように、貴国の世界に対する見方はここ数年で大きく変わりました。

　……

私は大西洋のパートナーシップはこうした変化を考慮しなければならないと信じています。そして，正直に申せば，現在それは不十分です。これはパートナーシップに貢献する制度の現状を見れば明らかでしょう。NATOへの新規加盟国の加入は，それが魅力的な機関であることの証明です。また，アフガニスタンにおけるNATOのプレゼンスは，この軍事的機関が遠隔地の危機に対しても有効であることを示しています。しかし，NATOは大西洋のパートナーが議論し，戦略を調整する中心的機関ではなくなっています。

　同様のことは欧州連合とアメリカの対話にも言えます。現状では，この対話は拡大するEUの重要性や大西洋協力への新たな要求に対して公平な結果を出せていません。

9-29　ベルリン宣言（2007）

"Declaration on the occasion of the fiftieth anniversary of the signature of the Treaties of Rome, Berlin, 25 March 2007," *Bull. EU*, 3-2007, point II. 1, p. 19. (Online available : http://www.eu2007.de/de/News/download_docs/Maerz/0324-RAA/English.pdf)

　仏蘭による欧州憲法条約の否決以降，各国の思惑だけが渦巻きつつ，加盟国の一致した立場が取れなかったEUの状況を象徴する文書。ローマ条約調印50周年という歴史的な機会であるにもかかわらず，関税同盟や共通農業政策，仏独和解といった50年前のイシューを回顧することなく，抽象的な表現がちりばめられた短い文書になった。考えてみれば，宣言に署名した27カ国のうち，21カ国はローマ条約調印の場に呼ばれることも，参加する意思もなかったのだから，50周年を祝賀するといっても実感がわかなかったのであろう（この年加盟したブルガリアとルーマニアは特にそうだっただろう）。この宣言の目玉としては2009年に「刷新された共通の基盤」を提出するとしている点だが，ここでも「憲法条約」の語が使われなかった。議長国として全力投球したメルケル（Angela Merkel, 1954-）首相であっても，この程度の文書にしか到達できなかったことは，EUが抱える苦悶を表現しているかのように見える。　（鈴木）

ローマ条約調印50周年記念に際しての宣言

数世紀にわたって，ヨーロッパは平和と理解への希望を抱き続けてきた。この希望はすでに満たされている。ヨーロッパ統合（unification）は平和と繁栄を可能

にした。それは共同体感覚を生みだし，差異を乗り越えた。各加盟国は欧州統合を支援し，民主主義と法の支配を強化した。中東欧の人々の自由を求める叫びによって，不自然に分断されたヨーロッパは過去のものとなった。ヨーロッパ統合 (integration) は血塗られた対立の痛みを伴う歴史からわれわれが学んだことを示している。今日，われわれは，これまで不可能であった，共に生きることを体験している。EU 市民であるわれわれは，よりよきことのために連帯した。

I. EU を通じて，われわれは共通の理念を現実のものとした。われわれにとって，個人が最上のものである。個人の尊厳は不可侵である。人権は譲渡できないものである。女性と男性は平等な権利を享受する。

われわれは平和と自由，民主主義と法の支配，相互の尊重と共有された責任，繁栄と安全，寛容と参加，正義と連帯のために奮闘している。

われわれは EU において共に生き，働くユニークな方法をもっている。これは加盟国と EU 諸機関との民主的な相互作用を通じて表現される。EU は平等の権利と相互に扶助的な協力に基づいている。これは加盟国の利益の公正なバランスを取ることを可能にする。

われわれは加盟国のアイデンティティと多様な伝統を EU 内に保持する。

われわれは開放された国境，活発な言語，文化，宗教の多様性によって豊かである。われわれだけでは到達できない目標は多くあるが，協調によって達成できる。EU，加盟国，地域，自治体によって任務は分担されている。

……

III. EU は開放性と加盟国が連合の内的発展を強固にする意志によって成長し続ける。EU は域外に向けて民主主義，安定，繁栄を推進していく。

ヨーロッパ統合 (unification) によって，過去の人々の夢が現実になった。われわれの歴史は，われわれがこの現実を将来の世代のために守らなければならないことを気づかせる。その意味で，われわれは時代に合わせてヨーロッパの政治的な構成を常に刷新しなければならない。ゆえに，今日，ローマ条約調印の 50 年後に，われわれは，2009 年の欧州議会選挙の前に，EU を刷新された共通の基盤に載せることで合意した。われわれは知っている，ヨーロッパがわれわれの共通の未来であることを。

9-30 リスボン条約：ブリュッセル欧州理事会議長総括 (2007. 6. 23)

"Presidency Conclusions, Brussels European Council, 22 and 23 June, 2007." (Online available : http://www.consilium.europa.eu/ueDocs/cms_Data/docs/pressData/en/ec/94932.pdf)

　ベルリン宣言を受けて，2年間の「反省の期間」を終わらせ，欧州統合が一歩先に進んだ記念碑的史料。ブリュッセル欧州理事会の直前に「ミニ憲法」を主張するサルコジ（Nicolas Sarkozy, 1955-）が仏大統領に就任し，ブレア英首相がこの欧州理事会を花道に退陣し，後継者としてブレアよりも欧州統合に懐疑的なブラウン（Gordon Brown, 1951-）が決まっていたこともあり，この理事会で決着をつけようと，議長国であるドイツのメルケル首相が粘り強い交渉を繰り広げた。結果として，欧州憲法条約の大部分（テキストでは「2004年の合意」と記されている）を組み込み，実質的な内容は保持しつつも，「憲法」の概念は破棄した「改革条約」を締結するということで合意した。これは2007年12月にリスボンで正式に署名され，「リスボン条約」と呼ばれるようになった。「憲法」や「EU 外務大臣」，「欧州法」や連邦国家を想起させる「欧州旗」や「EU 国歌」といった表現を撤回し，イギリス，ポーランドに配慮し，基本権憲章をイギリスには適用しない二重多数決の導入を2014年まで延期する，といった配慮はなされているが，それ以外の大きな変化は見られないため，国民投票を回避して批准プロセスを進めようとするフランスやオランダ，イギリスなどでは欧州憲法条約と同様に国民投票を求める声が高まった。しかし，なんとしてでもこの条約を実現したい加盟国首脳たちは，英仏蘭においても議会投票で条約を批准することを決意し，わずかにアイルランドのみで国民投票が行われた。しかし，そのアイルランドで2008年6月，条約批准が否決され，各国首脳は出口のない混迷の中にまた引き戻されることになった。欧州憲法条約，リスボン条約と立て続けに国民投票で否決されたことで，いよいよ政府首脳と EU 市民との乖離が決定的となり，EU-NATO-CE 体制の下で進めてきた，これまでの「欧州統合」のあり方を抜本的に見なおさなくてはならなくなってきた。あえて言うならば，これまでの50年にわたる「欧州統合」の歴史は，ここで一つの区切りを迎え，これからは「ポスト統合」（遠藤乾『朝日新聞』2008年6月18日夕刊）の時代に入ったとも言えよう。　　　　（鈴木）

ブリュッセル理事会―議長総括
2007年6月23日

I. 条約改革過程

......

8. 欧州理事会は，連合の条約改革過程に関する 2 年の不確実な期間を経て，この問題を解決し，連合が前進する時が来たことに合意した。反省の期間は幅広い公論の機会を与え，解決のための土壌を育てるに有益であった。

......

10. この目的のため，欧州理事会は政府間会合を開催することに合意し，議長国に欧州連合条約第 48 条に基づく必要な措置を遅滞なく進めることを求める。また，政府間会議は法的条件が整い次第，7 月末までに開催することを目標とする。

11. 政府間会議は付属書 I に記載されたマンデートに沿って行われる。欧州理事会は，次の議長国がマンデートの内容に沿った条約案を立案し，政府間会議が開かれ次第提出することを求める。政府間会議は迅速に作業を進め，2009 年 6 月の欧州議会選挙までに条約を批准するのに十分な時間を取るため，2007 年末までに作業を終了する。

......

付属書 I
政府間会議のマンデート

......

I. 一般的な省察

1. 政府間会議は，拡大した連合の効率性を向上し，民主的な正統性を高め，対外行動に一貫性をもたせる視点から，既存の条約を修正する条約（以下「改革条約」）を策定する。既存の全ての条約を廃止し，「憲法」と名のつく単一文書に置き換えることを含む，憲法的概念は破棄される。改革条約は，下記に詳述するように，2004 年の政府間会議で得られた成果を既存の条約に導入する。

2. 改革条約は欧州連合条約（TEU）と欧州共同体設立条約（TEC）を修正する，二つの主要な条文を含む。欧州連合条約はその名称を維持するが，欧州共同体設立条約は連合機能条約（Treaty on the Functioning of the Union）とし，連合は単一の法人格をもつ。条約全部において「共同体」の語は「連合」に置き換えられる。この二つの条約は連合が基盤とする条約となり，連合が共同体に置き換えられ，共同体を継承する。他の条文は通常の批准手続きと発効，過渡的措置に関す

る事項を含む。ユーラトム条約および既存の議定書の技術的な修正は，2004年の政府間会議で合意されたとおり，改革条約に付帯する議定書で行う。

3．欧州連合条約と連合機能条約は憲法的性格をもたない。二つの条約を通して使われる用語はこの変化を反映する。つまり，「憲法」という用語は使わず，「連合外務大臣」は連合外交安全保障政策上級代表と呼ばれ，「法」と「枠組法」の名称は破棄され，既存の名称である「規則」，「指令」，「決定」が保持される。同様に，旗や国歌，標語といったEUのシンボルについての条項も修正される条約には含まれない。EU法の優位性に関して，政府間会議は欧州司法裁判所の既存の判例法を想起する宣言を採択する。

4．既存の条約の修正内容に関しては，2004年の政府間会議で得られた成果を，このマンデートで規定したとおりに，欧州連合条約と連合機能条約に導入する。過去6ヵ月の間に加盟国と相談した結果としての，これらの成果に対する修正を下記に明記している。加盟国が懸念しているのは，EUと加盟国の権限（competences）とその境界であり，共通外交安全保障政策の特定の性格であり，加盟国議会の役割の強化であり，基本権憲章の取り扱いと，そのメカニズムであり，刑事問題に関する警察と司法協力であり，加盟国が，他の加盟国が参加しなくても統合を進めることができることである。

II．欧州連合条約の修正
共通規定（I）
　……

9．基本的人権に関する条項は，2004年の政府間会議で合意されたとおり，基本権憲章への相互参照を含むことで（したがって，基本権憲章のテキストは条約には含まれない），基本権憲章に法的に拘束する価値を与え，その適用範囲を定める。

10．権限に関する基本的な原則にかかわる条項において，連合は，条約において加盟国から与えられた権限の範囲内で・・のみ行動することを明記する。［強調原文］
　……

諸機関に関する規定（III）
　……

13．2004年の政府間会議で合意された，二重多数決（double majority voting）シ

ステムは 2014 年 11 月に効力を発する。その日まで，現在の特定多数決（欧州共同体設立条約第 205 条第 2 項）が適用される。その後，2017 年 3 月 31 日までの移行期間の間，決定が特定多数決で採択された場合，理事会構成員は理事会決定を現在の欧州共同体設立条約第 205 条第 2 項に基づく特定多数決で決定することを要求することができる。

　加えて，2017 年 3 月 31 日まで，人口の 75％ないしは加盟国数の 75％を代表する理事会構成員が，改革条約第 I-25 条第 1 項第 1 段ないしは第 I-25 条第 2 項に基づく可決阻止少数を構成し，特定多数決による採択に反対する場合，2004 年の政府間会議の最終規定における第 5 宣言に含まれる決定案のメカニズムが適用される。2007 年 4 月 1 日以降は，同様のメカニズムが適用されるが，人口の 55％ないしは加盟国数の 55％が改革条約第 I-25 条第 1 項第 1 段ないしは第 I-25 条第 2 項に基づく可決阻止少数を構成する。

高次の協力に関する規定（IV）

14. 第 4 部（既存の欧州連合条約の第 7 部）は 2004 年の政府間会議で合意されたとおり修正される。高次の協力を発動するのに必要な最低加盟国数は 9 ヵ国となる。

　……

ヨーロッパ統合史年表

-1914	
800年	シャルルマーニュ，ローマ教皇から皇帝戴冠
962年	オットー1世の皇帝戴冠，神聖ローマ帝国の成立
1096年	第1回十字軍（-1099年）（1270年まで延べ8回）
1305-07年	デュボア『聖地回復について』【1-1】
1517年	ルター「95カ条の論題」，宗教改革の本格的開始
1576年	ボダン『国家六篇』
1603年	アルトジウス『政治学』【1-2】
1618年	三十年戦争の開始
1648年	ウェストファリア条約（三十年戦争終結）
1651年	ホッブズ『リヴァイアサン』
1662年	シュリー『王室財政回顧録』第3・4巻の初版刊行【1-3】
1693年	ペン「現在と将来におけるヨーロッパの平和のための試論」【1-4】
1713年	サン・ピエール『ヨーロッパ永久平和論』1・2巻【1-5】
1762年	ルソー『エミール』【1-6-A】
1776年	アメリカ独立宣言
1789年	フランス革命始まる，92年に共和制へ
1795年	カント『永遠平和のために』【1-7】
1804年	ナポレオン皇帝に即位（フランス第一帝制）
1806年	神聖ローマ帝国消滅
1814年	ナポレオン退位/ウィーン会議（-15年）
	サン・シモン「ヨーロッパ社会の再組織について」【1-8-B】
1815年	ドイツ連邦成立/神聖同盟（普墺露）の成立
1818年	英普墺露の4国同盟（1815-），フランスを含めて5国同盟に
1829年	ギリシャ独立
1830年	フランス，七月革命/ベルギー独立
1834年	ドイツ関税同盟発足
	マッツィーニ「青年ヨーロッパ」結成【1-9-A】
1841年	リスト『政治経済学の国民的体系』【1-11】
1846年	イギリス，穀物法廃止
1848年	1848年革命：仏二月革命（第二共和制へ），独墺三月革命
	マルクス，エンゲルス『共産党宣言』
1849年	パリで万国平和会議（ユゴーのヨーロッパ合衆国演説）【1-12】
1852年	ナポレオン3世，皇帝に即位，フランス第二帝制へ
1853年	クリミア戦争（-56年）
1860年	英仏通商条約の締結【1-10】

1861 年	イタリア王国成立の宣言
1862 年	スペンサー『第一原理』【1-13】
1863 年	プルードン『連邦の原理』【1-14-D, E】
1865 年	万国電信連合設立（1932 年に国際通信連合へ）
1866 年	普墺戦争（→ドイツ連邦消滅，北ドイツ連邦の成立へ）
1867 年	オーストリア＝ハンガリー二重君主国成立
1870 年	普仏戦争
1871 年	ドイツ帝国（第二帝制）成立／フランスは第三共和制へ
1873 年	「大不況」始まる
1874 年	一般郵便連合（GPU）設立（78 年に万国郵便連合（UPU）へ）
1879 年	ドイツ関税法成立
1892 年	フランス，大型メリーヌ関税の導入
1900 年	パリ政治学自由学院による政治学会議【1-15】
1907 年	国際衛生理事会結成
1910 年	エンジェル『大いなる幻想』【2-1】
1912 年	第二インターナショナル，バーゼル大会

1914-1946

1914 年 6 月 28 日	オーストリア＝ハンガリー皇位継承者フェルディナント暗殺
7 月 28 日	オーストリア，セルビアへ宣戦布告。第一次世界大戦へ
8 月 1 日	ドイツ，ロシアに宣戦布告
8 月 3 日	ドイツ，フランスに宣戦布告。ドイツ軍がベルギーに侵攻
8 月 4 日	イギリス，ドイツに宣戦布告
8 月末-9 月	レーニン，「共和制的ヨーロッパ合衆国」を論じる【2-3-A】
1915 年 8 月 23 日	レーニン「ヨーロッパ合衆国のスローガンについて」【2-3-B】
10 月	ナウマン『中欧論』【2-4】
1917 年 3 月 12 日	ロシアで二月革命
4 月 6 日	アメリカ，対ドイツ宣戦布告
11 月 7 日	ロシア十月革命
1918 年 1 月 8 日	ウィルソン米大統領の 14 カ条演説【2-5】
10 月	ポーランド（7 日），チェコスロヴァキア（28 日）が独立宣言
11 月 3 日	オーストリア＝ハンガリー，連合国との休戦協定に調印
11 月 9 日	ドイツ，共和国宣言
11 月 11 日	ドイツ，連合国との休戦協定に調印（第一次大戦終結）
1919 年 1 月 18 日	パリ講和会議始まる
3 月 2 日	第三インターナショナル（コミンテルン）結成
4 月 18 日	パリ講和会議，国際連盟規約を採択
6 月 28 日	連合国とドイツ，ヴェルサイユ条約調印
1920 年 1 月 10 日	ヴェルサイユ条約発効，国際連盟発足へ
3 月 19 日	アメリカ上院，ヴェルサイユ条約批准を最終的に否決
1921 年 5 月 5 日	連合国，ドイツに賠償総額 1320 億金マルクを通告
1922 年 4 月 3 日	ソヴィエトでスターリンが書記長に選出
10 月 30 日	イタリア，ムッソリーニ政権発足
11 月 17 日	クーデンホーフ・カレルギー「パン・ヨーロッパ」【2-8】
1923 年 1 月 11 日	仏・ベルギー軍，ルール地方占領（撤兵は 25 年夏）

10月16日	ドイツ，レンテンマルク設定，インフレ収束へ
10月	クーデンホーフ・カレルギー『パン・ヨーロッパ』
1924年4月9日	賠償問題に関するドーズ案発表
1925年1月3日	ムッソリーニ，議会で独裁を宣言
4月28日	イギリス，金本位制復帰
10月5-16日	ロカルノ会議
12月1日	ロカルノ条約調印【2-9】
1926年9月8日	ドイツ，国際連盟加盟
10月4-8日	ウィーンで第1回パン・ヨーロッパ会議
1927年5月4-23日	国際経済会議（ジュネーヴ）【2-10】
1928年8月27日	ケロッグ＝ブリアン不戦条約，15ヵ国が調印（のち63ヵ国参加）
1929年2月11日	イタリア政府と教皇庁，ラテラノ条約調印
6月7日	ドイツ賠償問題についてのヤング案調印
9月5日	国際連盟総会でのブリアン提案【2-11】
10月3日	シュトレーゼマン独外相死去
10月24日	ニューヨーク株式市場で株価大暴落（世界恐慌の始まり）
1930年5月1日	ブリアン覚書（仏外務省レジェ起草）【2-12】
1931年5月8日	オーストリアのクレディット・アンシュタルト銀行破綻
5月15日	ローマ教皇ピウス11世『クアドラジェシモ・アノ』【2-13】
6月20日	フーヴァー・モラトリアム（戦債・賠償支払いの1年間猶予）
9月21日	イギリス，金本位制停止
1932年6月16日	ローザンヌ賠償会議（-7月9日），ドイツ賠償総額を削減
7月21日	オタワ会議（-8月21日）→帝国特恵関税協定（オタワ協定）へ【2-14】
7月31日	ドイツ，総選挙でナチ党がライヒ議会第1党に
1933年1月30日	ヒトラーがドイツ首相に就任
3月7日	オーストリアでドルフスの権威主義体制開始
3月23日	ドイツ，ライヒ議会で全権委任法可決
4月19日	アメリカ，金本位制停止
6月12日	ロンドン世界経済会議（-7月27日）
7月20日	ナチス・ドイツ，教皇庁と政教条約
10月14日	ドイツが国際連盟脱退
1934年6月30日	ドイツでレーム事件起こる
7月25日	オーストリア・ナチス蜂起，ドルフス首相を殺害
9月18日	ソ連が国際連盟に加盟
1935年1月13日	ザールで住民投票，ドイツへの帰属が決定
3月16日	ドイツ，徴兵制導入，再軍備開始
7月25日	コミンテルン第7回大会（-8月21日），人民戦線戦術提唱
10月3日	イタリア，エチオピア侵攻
11月18日	国際連盟理事会，イタリアに経済制裁発動
1936年2月19日	スペインで人民戦線内閣成立
3月7日	ドイツ，ロカルノ条約破棄を宣言，ラインラントに進駐
6月4日	フランス，ブルム人民戦線内閣成立
7月17日	モロッコで軍部反乱（スペイン内戦の開始）
10月25日	独伊外相会談（ベルリン＝ローマ枢軸結成）

1937年3月14日		教皇庁のナチス非難
	12月11日	イタリアが国際連盟脱退
1938年3月13日		ナチス・ドイツによるオーストリア併合
	9月29日	英仏独伊,ミュンヘン会談(ズデーテン地方の対独割譲決定)
	11月9日	ドイツ全土でポグロム(「ライヒ水晶の夜」)
1939年3月15-16日		ドイツ,チェコスロヴァキアを解体
	4月1日	フランコが勝利宣言,スペイン内戦終結
	4月12日	イタリア,アルバニアを併合
	5月3日	ソ連外務人民委員にモロトフ就任
	5月22日	ドイツとイタリア,「鋼鉄同盟」締結
	8月23日	独ソ不可侵条約調印
	9月	ドイツ軍ポーランド侵攻(1日),英仏が独に宣戦布告(3日),第二次世界大戦へ
	9月17日	ソ連,ポーランド侵攻
	9月	ハイエク「国家間連邦の経済的諸条件」【2-17】
	11月30日	ソ連,フィンランド侵攻
	12月14日	国際連盟がソ連を除名
1940年4月9日		ドイツ軍,デンマークとノルウェーに侵攻
	5月10日	イギリス,チャーチル首相就任
	5月13日	ローゼンベルク,「ヨーロッパ協同体」論【2-20-A】
	5月	オランダ(14日),ベルギー(27日),ドイツに降伏
	6月10日	イタリア,対仏英宣戦布告
	6月14日	ドイツ軍,パリ占領
	6月16日	モネ,英仏連合案【2-21】
	6月18日	ドゴール,ロンドンから徹底抗戦の呼びかけ
	6月22日	独仏休戦協定調印(7月11日,フランスにヴィシー政権成立)
	8月3-6日	ソ連,バルト3国を併合
1941年4月		ユーゴスラヴィア(17日),ギリシャ(21日),ドイツに降伏
	6月22日	ドイツ軍,ソ連侵攻,独ソ戦開始
	7月	スピネッリとロッシ,「ヴェントテーネ宣言」起草【2-22】
	8月9-12日	チャーチル英首相とローズヴェルト米大統領,大西洋会談
	8月14日	「大西洋憲章」発表【2-23】
	12月11日	独伊,対米宣戦布告
1942年1月20日		ヴァンゼー会議,ユダヤ人の「最終的解決」を討議
	2月	E・H・カー「欧州計画機構」【2-24-A】
	10月	オットー・フォン・ハプスブルク「ドナウ合衆国」【2-25】
1943年2月2日		ドイツ軍,スターリングラードで降伏
	3月21日	リッベントロップ「ヨーロッパ国家連合」【2-20-C】
	3月	ニューヨークで第5回パン・ヨーロッパ会議
	9月8日	バドリオ政権のイタリア,降伏を公表
	10月21日	ベネルクス通貨協定締結
	11月28日	米英ソ首脳,テヘラン会談(-12月1日)
1944年6月		連合軍,ローマ解放(4日),ノルマンディー上陸(6日)
	7月1-15日	連合国45カ国,ブレトンウッズ会談
	8月25日	連合軍,パリ解放
	9月5日	ベネルクス関税協定,ロンドンで調印【2-28】

9月9日	ドゴールを首班とするフランス臨時政府成立
1945年2月4-11日	米英ソ首脳，ヤルタ会談
4月	ムッソリーニ処刑（28日），ヒトラー自殺（30日）
5月7-9日	ドイツ，連合国に降伏
6月5日	ドイツ管理に関する米英仏ソ共同声明
6月26日	連合国50カ国，国際連合憲章に調印
7月17日	ポツダム会談（-8月2日）
10月24日	国際連合発足
1946年3月5日	チャーチル「鉄のカーテン」演説
7月29日	パリ講和会議（-10月5日）
9月19日	チャーチル，チューリヒで「ヨーロッパ合衆国」演説【2-31】

1947-1949

1947年1月22日	フランス，モネ・プラン実施
3月4日	ダンケルク条約（英仏相互条約）調印
3月12日	トルーマン・ドクトリン発表
3月17日	ブリュッセル条約発効（ベネルクス3国）
6月3日	「欧州社会主義合衆国運動（MEUSE）」設立
6月5日	マーシャル米国務長官，ハーヴァード大学で演説，マーシャル・プランの発表【3-1】
7月	マーシャル・プランをめぐるパリ外相会談（2日にモロトフらソ連代表団引き上げ）
7月12日	欧州経済協力委員会（CEEC）発足
8月27-31日	UEF，モントルー会議【2-32】
9月13日	仏伊両政府，関税同盟の研究着手を宣言，仏伊合同委員会結成
10月5日	コミンフォルム結成公表
10月30日	国際貿易会議（ジュネーヴ，23カ国が参加），関税と貿易に関する一般協定（GATT）調印
12月22日	仏伊合同委員会，仏伊関税同盟に関する最終報告提出【3-3】
1948年1月1日	ベネルクス関税同盟発足
1月22日	ベヴィン英外相，下院で「西欧同盟」演説【3-5】
2月23日	米英仏とベネルクス3国，ロンドン会議を開始
2月25日	チェコスロヴァキア政変（共産党権力掌握）
3月6日	ロンドン会議，ドイツ西側占領地区の統合と軍政終結を決定
3月17日	英仏およびベネルクス3国，ブリュッセル条約に調印【3-6】
4月3日	アメリカ，対外援助法成立
4月16日	欧州経済協力機構（OEEC）および経済協力局（ECA）設置
5月7-11日	ハーグ・ヨーロッパ会議【3-7】
6月20日	ドイツ西側3占領地区で通貨改革実施
6月24日	ソ連，ベルリン封鎖（第一次ベルリン危機）
7月19日	ビドー仏外相，ブリュッセル条約常任理事会において，経済・関税同盟とヨーロッパ議会の早期設置を提案【3-8】
10月25日	「ヨーロッパ運動」発足
1949年1月25日	ソ連と東欧5カ国，コメコン結成
4月4日	北米とヨーロッパの12カ国，北大西洋条約調印【3-10】

4月28日		ルール国際機関設置に関してロンドンで合意【3-9】
5月5日		欧州審議会規約【3-11】
5月12日		ベルリン封鎖解除
8月8日		欧州審議会，第1回会議（ストラスブール）
8月24日		北大西洋条約発効
9月7日		ドイツ連邦共和国（西ドイツ）成立
9月15日		アデナウアー，ドイツ連邦共和国初代首相に【3-13】
9月25日		ソ連，原爆保有を公表
10月7日		ドイツ民主共和国（東ドイツ）成立

1950-1957

1950年4月14日		アメリカ，国家安全保障理事会第68号決議（NSC68）
5月9日		フランスのシューマン外相，欧州石炭鉄鋼共同体（ECSC）計画を公表（シューマン・プランの発表）【4-2】
6月2日		イギリス，ECSCへの参加を拒否【4-4】
6月20日		パリでECSC設立交渉開始
6月25日		朝鮮戦争勃発
8月11日		チャーチル，欧州審議会諮問議会で，「欧州軍」設立提案
9月12日		欧州決済同盟（EPU）創設【4-5】
9月12日		ニューヨーク英米仏外相会談始まる（アチソン米国務長官，ドイツ再軍備を提案）
10月24日		プレヴァン仏首相，欧州防衛共同体（EDC）提唱（プレヴァン・プラン）【4-9】
10月28-31日		イギリス，プレヴァン・プラン参加拒否
11月4日		欧州審議会，欧州人権条約を採択【4-8】
11月6日		マンスホルト，欧州審議会にて農業共通市場構想を提出（マンスホルト構想）【4-7-A】
12月18日		NATO理事会，スポフォード妥協案。北大西洋条約の軍事機構化，欧州連合軍最高司令官としてアイゼンハワー就任【4-11】
1951年2月15日		パリでプレヴァン・プラン交渉始まる
3月24日		ヨーロッパ農業市場の創設に関するフランス覚書（フリムラン構想）【4-7-B】
4月2日		NATO欧州連合軍司令部，活動を開始
4月18日		独仏英およびベネルクス3国の6カ国，欧州石炭鉄鋼共同体設立条約（パリ条約）に調印（52年7月23日発効）【4-12】
9月14日		EDCをめぐる英米仏ワシントン決議【4-13】
10月25日		英総選挙，保守党の勝利，チャーチル政権へ
1952年2月15日		イーデン・プラン【4-15】
2月18日		リスボン北大西洋理事会，NATOの常設機構化（本部パリ），ギリシャ，トルコのNATO加盟
3月10日		ソ連，統一ドイツ中立化を提案（スターリン・ノート）
3月25-28日		農業共同市場設立のための15カ国会談（プールヴェール交渉）
5月27日		パリでEDC条約調印
7月23日		欧州石炭鉄鋼共同体設立条約（パリ条約）発効
8月10日		ECSC高等機関，ジャン・モネ委員長の下で業務に着手【4-16】

	9月10日	ECSC 外相会議，EPC 設立へ向けたルクセンブルク決議【4-17】
	9月13日	ECSC，EPC 討議のための「アドホック議会」設立
	12月11日	EPC のためのベイエン・プラン（政治統合＋経済統合）【4-18-A】
1953年1月1日		ECSC の課徴金制度が発効
	1月20日	米，アイゼンハワー大統領就任
	2月10日	石炭，鉄鉱石，屑鉄の共同市場発効
	3月	第2回プールヴェール交渉（パリ）
	3月5日	スターリン死去
	3月10日	「アドホック議会」，EPC 条約草案に合意
	5月1日	鉄鋼の共同市場発効
	5月12日	6カ国による EPC 創出の決定
	7月27日	朝鮮戦争休戦協定調印
	9月3日	欧州人権条約発効
	11月28日	ECSC6カ国，EPC 設置のための政府間委員会を創設
1954年		プールヴェール交渉破綻，作業を OEEC の専門委員会に移管
	6月18日	フランス，マンデス＝フランス内閣成立
	8月30日	フランス国民議会，EDC を否決【4-19】
	9月11-16日	イーデン英外相，欧州各国歴訪
	10月3日	ロンドン9カ国会議最終議定書【4-20-B】
	10月23日	パリ協定，ブリュッセル条約機構を西欧同盟（WEU）に改組。西独，WEU および NATO 加盟へ
	11月9日	モネ，ECSC 高等機関臨時会合にて，委員長の任期を延長しないと宣言
	12月4日	欧州司法裁判所，活動開始
1955年4月6日		チャーチル辞任をうけ，イーデンが英首相就任
	5月5日	パリ諸条約発効により，西ドイツ主権回復
	5月6日	パリで西独を含んだ最初の西欧同盟（WEU）会議開催
	5月9日	西ドイツの NATO 加盟
	5月14日	ソ連・東欧8カ国，ワルシャワ条約調印
	5月18日	ベイエン・プラン（ベネルクス覚書）【4-18-B】
	6月1-3日	ECSC6カ国外相がメッシーナで会議，3日に「メッシーナ決議」採択【4-21】
	6月10日	モネ，ECSC 高等機関委員長辞任，後任にルネ・メイヤー
	7月9日	スパーク委員会始動
	7月18-23日	ジュネーヴで英米仏ソ首脳会談【4-22】
	9月23日	英，ECSC 協力協定発効
	10月13日	モネ，「ヨーロッパ合衆国行動委員会」設立
	10月27日	ザールで住民投票，「ヨーロッパ的地位」を否認
1956年1月19日		モネの行動委員会，EURATOM へ向けた共同声明【4-26】
	2月14-25日	第20回ソ連共産党大会においてスターリン批判
	4月21日	スパーク報告【4-28】
	5月29日	ヴェネツィア会談，スパーク報告を新条約設立草案として採用
	6月26日	ECSC6カ国，EEC および EURATOM 設置のための政府間交渉（ヴァル・ドゥシェス交渉）開始
	7月18日	欧州原子力機関（ENEA）設置提案（58年2月1日始動）

	7月26日	エジプト大統領ナセル，スエズ運河会社を国有化，スエズ危機
	9月18日	ヴェレ報告書【4-30-A】
	10月20-21日	ECSC6カ国外相会談，共同市場規定をめぐる独仏対立【4-30-B】
	10月27日	ザール問題の解決に関する独仏間の条約（ルクセンブルク条約）締結【4-6-B】
	10月31日	英仏軍，エジプト攻撃
	11月4日	ハンガリー動乱
	11月6日	アデナウアーとモレによる独仏首脳会談【4-31】 カルステンス＝マルジョラン協定（ローマ条約への最終同意）
	12月22日	英仏軍，スエズ撤退
1957年1月1日		ザール地方，西独に編入
	1月10日	マクミラン，英首相に就任
	2月7日	イギリス，自由貿易地域（FTA）設立をOEECに提案【4-32】
	3月25日	ECSC加盟6カ国，ローマで欧州経済共同体（EEC）および欧州原子力共同体（EURATOM）設立条約（ローマ条約）に調印（→7月から11月にかけて各国議会で批准）【4-33】
	10月4日	ソ連，人工衛星スプートニク1号の打ち上げ成功
	10月16日	OEEC加盟17カ国，FTA構想の交渉開始

1958-1968

1958年1月1日		ローマ条約発効。欧州経済共同体（EEC），欧州原子力共同体（EURATOM）発足。EEC委員会初代委員長にハルシュタイン，EURATOM委員会初代委員長にルイ・アルマンが就任（7日）
	2月3日	ベネルクス経済同盟条約調印
	5月13日	アルジェリアでの仏軍の反乱，第四共和制の崩壊
	6月1日	フランス，ドゴールが挙国内閣を組閣
	7月3-11日	共通農業政策についてのストレーザ会談
	10月5日	フランス，新憲法公布，第五共和制へ
	11月10日	ソ連，ベルリンの自由都市化を要求，第二次ベルリン危機へ
	12月15日	イギリス主導のFTA構想の挫折
	12月21日	ドゴール，大統領に選出（翌年1月8日に就任）
	12月27日	IMF8条国への参加各国の移行により，EPU解消
	1月1日	EEC域内関税の第1回引き下げ
1959年11月20日		欧州自由貿易連合協定（EFTA）仮調印（正式調印は翌年1月4日）【5-2-B】
1960年1月1日		ベネルクス経済同盟発足
	2月13日	フランス核実験実施
	5月1日	U2機撃墜事件（5日にソ連が公表）
	5月3日	EFTA協定発効
	5月17日	パリ東西首脳会談決裂
	7月30日	ドゴール，ランブイエでのアデナウアーとの会談で「政治連合」構想を披露
	9月1日	GATTディロン・ラウンド開始
	9月5日	ドゴール，記者会見で政治連合構想披露
	9月20日	欧州社会基金設立

ヨーロッパ統合史年表

	12月14日	OEEC，米加の参加により OECD へ（発効は 61 年 9 月 30 日）
	12月19-20日	閣僚理事会，CAP 基本原則承認
1961年1月1日		共同市場，共通対外関税の設定により，第一段階開始
	1月20日	ケネディ，米大統領に就任
	1月28-29日	ドゴール＝マクミラン会談，英の共同体参加について
	2月10-1日	パリ 6 カ国首脳会談，イギリスとの協定に前向きな姿勢を表明
	6月28日	ロンドン宣言，英および EFTA 諸国の EEC 加盟交渉の調整
	7月9日	EEC，ギリシャ，連合協定に調印
	7月18日	6 カ国首脳会談，ボン宣言。政治連合実現へ向けたフーシェ委員会設置【5-6-A】
	7月31日	マクミラン英首相，下院にて EEC に加盟申請の意志を表明
	8月	アイルランド（1 日），イギリス（9 日），デンマーク（10 日），EEC 加盟申請
	8月13日	ベルリンの壁建設
	9月1日	EEC 域内での労働者の自由移動に関する最初の規定，発効
	9月13日	欧州審議会閣僚委員会，欧州地方自治体会議憲章を採択【5-3】
	10月10日	イギリスの EEC 加盟交渉開始
	10月18日	欧州審議会，欧州社会憲章調印【5-4】
	10月19日	第一次フーシェ・プラン【5-6-B】
	10月	アイルランド（23 日），デンマーク（26 日），EEC 加盟交渉開始
	11月8日	イギリスと共同市場閣僚会議との公式交渉開始
	12月12日	オーストリア，スウェーデン，EEC との連合を申請
	12月15日	スイス，EEC との連合を申請
1962年1月14日		CAP の成立【5-5】
	1月18日	フランス，第二次フーシェ・プラン提示
	2月9日	スペイン，EEC との協力協定申請
	2月27日	5 カ国，政治連合に関する修正案提示【5-6-C】
	3月	イギリス，ECSC（2 日）および EURATOM（5 日）加盟申請
	3月18日	エビアン協定調印（アルジェリア戦争停戦）
	4月17日	パリ 6 カ国外相会議で，フーシェ・プラン挫折
	4月30日	ノルウェー，EEC 加盟申請
	5月15日	ドゴール記者会見，政治連合主張，およびアメリカ批判
	5月17日	ケネディの反論（アメリカ関与の再確認）
	5月28日	ポルトガル，EEC 加盟希望表明
	6月2日	マクミラン＝ドゴール会談（パリ）
	7月1日	FEOGA 始動
	7月3-5日	アデナウアー，フランスを公式訪問。独仏 2 国間関係の進化に合意
	7月4日	ケネディ米大統領，独立記念日演説で，米欧の対等のパートナーシップを訴える【5-10-A】
	10月22日	キューバ危機
	11月1日	ギリシャと EEC との連合に合意
	12月21日	ケネディとマクミラン，「ナッソー協定」【5-11-B】
1963年1月14日		ドゴール，記者会見上でイギリス加盟およびナッソー協定を拒否
	1月22日	仏と西独，パリで友好協力条約（エリゼ条約）に調印【5-12-B】
	1月29日	イギリスの EEC 加盟交渉決裂

	2月5日	ECJ, ファンヘント・エン・ロース判決（EC法の直接効果）【5-14-A】
	4月2日	シュレーダー西独外相, サンクロニザシオン提案
	7月20日	ヤウンデ協定調印（64年6月1日発効）【5-13】
	9月12日	EECとトルコ, 連合協定調印（64年12月1日発効）
	10月15-16日	アデナウアー辞任, エアハルト首相へ
	10月18日	マクミラン辞任, ヒース首相へ
	11月22日	ケネディ暗殺, エアハルト＝ドゴール初の首脳会談（パリ）
	12月15日	穀物他の共通価格設定, および4年後の穀物単一市場開始を決定
	12月23日	CAP, 米, 牛肉, 乳製品について, 64年11月1日開始で合意
1964年5月4日		GATTケネディ・ラウンド（-67年5月16日）
	5月8日	EEC加盟国中央銀行総裁委員会設立
	7月1日	CAP発効
	7月15日	ECJ, コスタ対エネル判決（EC法の優位性原則）【5-14-B】
	10月15日	イギリス労働党, 総選挙で勝利, ウィルソン政権成立
	12月15日	閣僚理事会, 独自財源についての委員会提案採択
1965年3月23日		ハルシュタインEEC委員会「1965パッケージ」（CAP独自財源, 欧州議会の権限強化, 多数決による決定提案）
	4月8日	3共同体（ECSC, EEC, EURATOM）の執行機関, 理事会を統合する条約（ブリュッセル条約）調印（発効は67年7月1日）
	7月1日	「空席危機」始まる【5-16】
1966年1月28-29日		「ルクセンブルクの妥協」【5-17】
	2月21日	ドゴール, フランスのNATO統合司令本部からの撤退を表明
	5月11日	閣僚理事会, 関税同盟と農業共同市場の1968年1月1日完成を合意
	12月1日	西独, キーシンガー大連立内閣成立
1967年1月		ジャン・レイEEC委員長就任
	5月	イギリス（10日）, アイルランド（同）, デンマーク（11日）, 第2回目の加盟申請（ノルウェーも7月24日に加盟申請）
	7月1日	ブリュッセル条約発効により, 単一閣僚理事会, 単一委員会（欧州委員会）発足。以後3共同体は欧州共同体（EC）と総称される。欧州委員会の初代委員長にはジャン・レイが就任
	9月26日	エアバス開発合意【5-20】
	11月27日	イギリスの加盟申請をドゴール再度拒否
	12月13-14日	アルメル報告【5-18-C】
	12月19日	EC理事会, イギリスなどの加盟問題棚上げを決定
1968年5月10-11日		パリで学生がカルチェ・ラタン占拠, 大規模なストライキ
	6月30日	仏総選挙, ドゴール与党の勝利
	7月1日	関税同盟の完成【5-21】
	7月26日	ECと東アフリカ（ケニア, ウガンダ, タンザニア）連合協定（アルーシャ協定）締結
	7月29日	共同労働市場創設に向け, 共同体内の労働者の自由移動保証
	8月20-21日	ワルシャワ条約機構軍, チェコスロヴァキア侵攻
	9月25日	ブレジネフ・ドクトリン
	12月10日	委員会, 共同体の農業改革を目指す「マンスホルト・プラン」を

理事会に提案【5-22】

1969-1979

1969年1月		ニクソン，アメリカ大統領に就任
	2月12日	委員会，経済政策調整と通貨協力に関する提案（「バール・プラン」）【5-23】
	3月4日	ECとチュニジア，モロッコとが連合協定に調印
	4月28日	ドゴール大統領辞任
	6月15日	フランス大統領選挙，ポンピドゥーの勝利
	7月29日	第二次ヤウンデ協定調印（1971年1月1日に発効）
	9月24日	新アルーシャ協定調印（1971年1月1日に発効）
	10月22日	西独，ブラントを首班とするSPD＝FDP連立政権発足
	12月1-2日	ハーグでEECの首脳・外相会談。新しい共同体政策への着手，CAPの完成，加盟国拡大の3点について合意【5-24】
	12月19-22日	理事会，農業に関する財政的な取り決めで，EC独自財源を充当し，欧州議会の予算に関する権限を強化することで合意
	12月31日	EEC，12年間の過渡期を終了
1970年1月1日		対外通商政策に関する権限が加盟国からECに移行
	3月19日	EC，ユーゴスラヴィアと通商協定調印（5月1日発効）
	4月21-22日	ルクセンブルク条約（第一次予算条約）調印。理事会，EC独自財源の導入決定，欧州議会に予算決定権付与
	6月18日	イギリス総選挙，ヒース保守党政権成立
	6月30日	イギリスなど4カ国の加盟交渉再開
	7月2日	マルファッティがEC委員会委員長に就任
	8月12日	ソ連・西ドイツ武力不行使条約（モスクワ条約）調印
	10月8日	経済通貨同盟の段階的実現を打ち出したウェルナー報告【6-2】
	10月27日	EC外相会議で，EPCに関するルクセンブルク報告（ダヴィニョン報告）承認【6-3】
	11月19日	ミュンヘンで外交政策調整のための最初のEC6カ国外相会議開催
	12月5日	ECがマルタとの連合協定に調印
	12月7日	西ドイツ・ポーランド関係正常化条約（ワルシャワ条約）調印
1971年1月1日		第二次ヤウンデ協定，新アルーシャ協定発効
	2月9日	理事会，ウェルナー報告に基づく委員会案を採択，71年1月1日に遡って，経済通貨同盟第一段階に入る
	3月25日	農相理事会，マンスホルト・プランの実施に合意
	5月19-21日	ポンピドゥー＝ヒース首脳会談
	6月23日	イギリスとの加盟交渉，事実上の妥結
	7月1日	EC，91の開発途上国との貿易において「一般特恵関税制度」で合意
	8月15日	ニクソン米大統領，金ドル交換停止（ブレトンウッズ体制の崩壊）
	8月19日	EC蔵相理事会（イギリスも協議に参加），EC加盟申請4カ国と協議のうえ国際通貨調整交渉に臨むことで一致
	9月3日	米英仏ソ大使，ベルリンの地位に関する協定に調印

	10月28日	英下院，EC加盟を承認
	11月8日	EC，アルゼンチンと通商協定調印
	12月18日	スミソニアン体制成立
1972年1月22日		アイルランド，イギリス，デンマーク，ノルウェー，ECへの加盟条約に調印【6-4】
	3月22日	マンスホルトがEC委員会委員長に就任
	4月10日	バーゼルで6カ国中央銀行間協定（バーゼル協定）
	4月24日	対ドル4.5%の為替変動幅のトンネルの中で域内変動を2.25%とする「トンネルの中のスネーク」制度スタート
	5月	イギリス・デンマーク・アイルランド「スネーク」加盟
	5月22日	アイルランド，国民投票でEC加盟を承認（83%）
	5月22-29日	ニクソン訪ソ，SALT I 妥結など
	6月	「スネーク」からポンド（イギリスおよびアイルランド）離脱
	6月3日	米英仏ソによるベルリン協定，正式調印
	7月22日	EC，EFTA諸国との自由貿易協定に調印
	9月24-25日	ノルウェー，国民投票の結果，EC加盟拒否
	10月19-21日	9カ国によるECパリ首脳会議【6-5】
	12月21日	東西ドイツ間で基本条約締結
1973年1月1日		アイルランド，イギリス，デンマークが加盟し，ECは正式に9カ国に拡大
	1月6日	オルトリ，EC委員会委員長就任
	3月	イタリア，「スネーク」離脱
	3月1日	ヨーロッパ各国の中央銀行，ドル介入を停止
	3月11-12日	閣僚理事会，共同変動相場制採用【6-2】
	3月28日	欧州審議会，最初の欧州環境相会議を開催
	4月2日	欧州通貨協力基金（EMCF）設立
	4月23日	キッシンジャー米大統領補佐官，新大西洋憲章提唱，1973年を「ヨーロッパの年」と位置づける【6-6】
	5月14日	ECとノルウェーとが自由貿易協定調印
	7月3-7日	欧州安全保障協力会議（CSCE），ヘルシンキにおいて第一ステージ開催。カナダ，アメリカを含めて35カ国が参加
	7月23日	コペンハーゲン報告（第二次ダヴィニョン報告）
	7月26-27日	ECとアフリカ・カリブ海・太平洋諸国（ACP諸国）との関係強化のための会議開催
	9月18日	東西ドイツ国連加盟
	10月5日	ECがフィンランドとの自由貿易協定調印
	10月6日	第四次中東戦争勃発，第一次石油危機へ
	12月14日	コペンハーゲンEC9カ国首脳会議，「ヨーロッパ・アイデンティティ」宣言【6-7】
1974年1月		フランス・フラン，スネーク離脱，単独フロートに移行
	1月21日	雇用・社会問題担当相理事会，共同体の社会行動プログラム採択，雇用問題，生活・労働条件の調和，EC社会・経済政策の決定への労使参加の3分野がECの活動対象へ
	2月28日	英総選挙で保守党敗退，ウィルソン第二次労働党政権成立（3月4日）
	4月2日	ポンピドゥー仏大統領死去

5月6日	西独，ブラントが首相辞任
5月16日	西独，シュミットが首相に選出，外相にゲンシャー就任
5月19日	ジスカール・デスタン，フランス大統領に選出
6月4日	イギリス，ECと加盟条件再交渉開始
6月26日	NATO諸国首脳，ブリュッセルで大西洋関係に関する宣言署名
12月9-10日	EC9カ国パリ首脳会議。加盟国首脳が，欧州理事会として定期的に会合を開くことに合意。加えて，欧州議会選挙の実施や欧州地域開発基金の創設など重要事項の決定【6-8】
1975年2月28日	ECとACP46カ国，資金・技術援助および貿易特恵制度を内容とする第一次ロメ協定に調印（76年4月1日発効）【6-9】
3月10-11日	ダブリンにて初の欧州理事会が開催
3月18日	理事会，欧州地域開発基金の設置で合意
5月11日	ECとイスラエルとの協力協定調印
5月30日	欧州宇宙機関（ESA）設立【6-10】
6月5日	イギリス，国民投票でEC残留を決定（67.2％）
6月12日	ギリシャ，EC加盟を申請
7月22日	第二次予算条約，予算に関する権限を欧州議会が獲得
8月1日	CSCE，35カ国が最終合意書（ヘルシンキ宣言）に調印【6-11】
9月16日	ECと中国，国交樹立
11月20日	フランコ将軍死去
12月1-2日	ローマ欧州理事会，ヨーロッパ・パスポートの導入と南北対話への参加，および欧州議会直接選挙の1978年実施を決定（実際には79年6月）
12月29日	ヨーロッパ連合設立に関するティンデマンス報告【6-12】
1976年2-3月	欧州通貨危機（75年7月に復帰していたフランス・フラン，再びスネーク離脱）
2月16日	コメコン，理事会に対し，ECとの協定締結を提案
4月15日	英，キャラハン首相就任
4月27日	EC・マグレブ協力協定締結
6月7日	IMF・英協定締結
7月6日	EC・カナダ，通商・経済協力の大綱協定調印
11月29-30日	ハーグ欧州理事会，「ヨーロッパ連合」構想を棚上げに
12月10日	ギリシャとEC加盟交渉開始
1977年1月1日	ジェンキンスEC委員長就任
3月28日	ポルトガル，EC加盟を申請
7月1日	EC加盟9カ国間で関税が完全に撤廃される
7月28日	スペイン，EC加盟申請
1978年3月9日	EC，CSCEにて活発な役割を担うことを宣言
	ECJ，シンメンタール判決【6-13】
4月3日	EC・中国通商協定締結（6月1日発効）
4月7-8日	コペンハーゲン欧州理事会，欧州通貨制度（EMS）構想が提案される。また，欧州議会の第1回直接選挙の日程を決定
7月6-7日	ブレーメン欧州理事会，EMSと欧州通貨単位（ECU）を設置する計画を承認
9月5日	EC域内漁業交渉が開始
10月16日	ローマ教皇ヨハネ・パウロ2世選出

10月17日	ポルトガルとの加盟交渉開始
12月4-5日	ブリュッセル欧州理事会、EMS 設立を 1979 年 1 月 1 日とすることを決定【6-14】
1979年2月5日	スペインとの加盟交渉開始
2月11日	イラン革命
2月20日	ECJ、カシス・ド・ディジョン判決【6-15】
3月13日	EMS 発足（英は為替相場メカニズム（ERM）に参加せず）
5月3日	イギリス総選挙で保守党が勝利、4日、サッチャー政権発足へ
5月28日	ギリシャ、加盟条約調印
6月7-10日	加盟9カ国で直接普通選挙による初めての欧州議会選挙実施
7月17-20日	直接選挙で選ばれた欧州議会の最初の総会、ストラスブールで開催、シモーヌ・ヴェイユを初代議長に選任
10月31日	ECとACP58カ国、第二次ロメ協定に調印（80年3月1日発効）
11月4日	イラン、アメリカ大使館人質事件
11月30日	欧州理事会、テヘラン米大使館の人質釈放を要求する声明
12月12日	NATO 合同理事会、「二重決定」【6-16】
12月24日	ソ連のアフガニスタン侵攻

1980-1991

1980年1月15日	EC9カ国外相会議、アフガン侵攻に対する非難声明【6-17】
2月12日	EC 委員会、アフガン難民に対する緊急援助を決定
3月7-8日	EC、ASEAN と協力協定調印。ルーマニアと協力協定調印
4月2日	EC、ユーゴスラヴィアと協力協定調印
9月17日	ポーランド、独立自主労組「連帯」成立
10月1日	スピネッリら「クロコダイル」創刊【7-2】
1981年1月1日	ギリシャ、EC10番目の加盟国に
1月6日	トルン、EC 委員長に就任
	ゲンシャー西独外相、シュトゥットガルト演説、政治協力の強化を説く【7-3】
5月21日	フランス、社会党のミッテランが大統領に就任
10月13日	欧州理事会、政治協力の強化を謳った「ロンドン報告」採択
11月	ゲンシャー・コロンボ・イニシアティブ【7-3】
1982年2月23日	デンマーク領グリーンランド、住民投票によりEC 離脱決定
4月2日	フォークランド戦争始まる
6月30日	欧州議会、委員会、理事会が財政改善のための共同宣言発表
10月1日	西独、コールを首班とする CDU/CSU と FDP の連立政権発足
1983年1月25日	6年に及ぶ交渉の末、加盟国、共通漁業政策に合意
3月25日	仏、通貨危機に伴い経済緊縮政策発表
6月19日	シュトゥットガルト欧州理事会、「ヨーロッパ連合に関する厳粛なる宣言」を採択
1984年2月14日	欧州議会、「ヨーロッパ連合条約草案」可決【7-2】
2月28日	ESPRIT 計画【7-4】
6月14-17日	第2回欧州議会直接選挙実施
6月25-26日	フォンテーヌブロー欧州理事会、イギリス予算還付金問題解決、

ヨーロッパ統合史年表

		ドロールを次期 EC 委員長に指名【7-5】
	6月27日	西欧同盟，西独に課してきた通常兵力に対する制限条項を撤廃
	9月26日	EC と中国，通商・経済開発協定に調印
	10月26日	西欧同盟，再活性化を求め，政治目的および制度改革についてのローマ宣言を採択
	12月8日	EC と ACP65 カ国，第三次ロメ協定に調印（86 年 5 月 1 日発効）
1985年 1月1日		最初のヨーロッパ・パスポート発行
	1月7日	ドロール EC 委員長就任（-95 年）
	3月10日	ソ連，ゴルバチョフが党書記長に選出
	6月12日	スペインとポルトガル，EC 加盟条約に調印
	6月14日	委員会，「域内市場白書」を提出【7-6-A】
		シェンゲン協定調印（独仏とベネルクス 3 国）
	6月20日	「民衆のヨーロッパに関する委員会」の最終報告書（「アドンニーノ報告」）が欧州理事会へ提出される
	6月28-29日	ミラノ欧州理事会，「域内市場白書」の採択，および条約改正のための政府間会議の招集を決定【7-6-B】
	7月17日	EUREKA ハノーファー宣言【7-8】
	9月9日	ルクセンブルクで政府間会議開催
	9月22日	プラザ合意
	10月15日	欧州審議会，85 年 6 月に採択された欧州地方自治憲章に署名【7-7】
	12月2-3日	ルクセンブルク欧州理事会「単一欧州議定書（SEA）」に合意
	12月16-17日	外相理事会，単一欧州議定書の承認
1986年 1月1日		スペインとポルトガルが EC 加盟，加盟国は 12 カ国に
	2月17-28日	単一欧州議定書，加盟 12 カ国政府により調印【7-9】
	2月26日	ECJ，男女平等原則を裁定
	11月4日	第 3 回欧州安全保障協力会議開催
	12月5-6日	ロンドン欧州理事会
1987年 1月1日		欧州政治協力（EPC）事務局が業務開始
	4月14日	トルコが EC 加盟を申請
	7月1日	単一欧州議定書（SEA）発効
	10月26日	西欧同盟外相会議，欧州安保のための「ハーグ綱領」採択
	12月4-5日	コペンハーゲン欧州理事会，予算問題について決裂
1988年 2月11-13日		ブリュッセル欧州理事会，複数年度予算「ドロール・パッケージ I」を採択【7-10】
	3月29日	欧州委，単一市場の利点を数量化したチェッキーニ報告（「ヨーロッパ不在のコスト」）提出
	5月12日	ドロール委員長，EC 労働者権利憲章を提案
	6月	EC・コメコン共同宣言
	6月13日	蔵相理事会，資本移動自由化を進めることで同意
	6月27-28日	ハノーファー欧州理事会，ドロール委員長再任，通貨統合に関する「ドロール委員会」の設立【7-11】
	9月1日	欧州地方自治憲章発効
	9月20日	サッチャー英首相，ブルージュ演説【7-13-B】
	9月26日	EC とハンガリー，通商協力協定調印

	11月14日	ポルトガル，スペイン，西欧同盟（ブリュッセル条約）に参加
1989年4月17日		欧州委，三段階の通貨統合計画（「ドロール報告」）を発表
	5月5日	フィンランド，CE加盟
	6月15-18日	第3回欧州議会選挙
	6月26-27日	マドリード欧州理事会，「ドロール報告」に沿って政府間会議を開催することで合意
	6月29日	スペイン，EMSに参加
	7月6日	ゴルバチョフ，欧州議会にて「欧州共同の家」構想提案
	7月14-15日	G7アルシュ・サミット【7-14】
	7月17日	オーストリア，EC加盟申請
	9月10日	ハンガリー，東独難民に出国許可
	9月19日	ECとポーランド，経済協力協定調印
	10月9日	ライプツィヒで市民による7万人のデモ
	10月18日	東独，ホーネッカーが党書記から解任
	11月9日	ベルリンの壁崩壊
	11月17日	東独新首相モドロウ，西独に「条約共同体」提案
	11月28日	コール西ドイツ首相，十項目計画提案【7-16】
	12月2-3日	米ソ首脳，マルタ会談
	12月8-9日	ストラスブール欧州理事会，英を除く11カ国によるEC社会憲章採択【7-15】
	12月15日	ECとACP68カ国，第四次ロメ協定に調印
	12月19日	ECとEFTA，「欧州経済領域（EEA）」創設に向けた交渉開始
	12月22日	ルーマニア，政権崩壊（25日，チャウシェスク夫妻処刑）
	12月29日	チェコスロヴァキア議会，ハヴェル大統領選出
1990年2月10日		ゴルバチョフ，ドイツの自決権を承認
	2月13日	オタワでNATO・ワルシャワ条約機構合同外相会議コミュニケ（ドイツ統一過程における「2+4」方式の確定）【7-17】
	3月18日	東独人民議会選挙，統一支持派の勝利
	4月19日	コールとミッテランによる，独仏政治統合イニシアティブ【7-18】
	5月9日	ECとブルガリア，通商協力協定調印
	5月18日	西ドイツと東ドイツ，ボンにて通貨統合条約調印
	6月19日	第二次シェンゲン協定調印
	6月25-26日	ダブリン欧州理事会，EMUに関する政府間会議および政治同盟に関する政府間会議の開催で合意
	7月1日	EMUの第一段階始まる。資本の域内自由移動開始 東西ドイツ通貨統合
	7月3日	キプロス，EC加盟申請
	7月5-6日	ロンドンでNATO首脳会議【7-19】
	7月16日	マルタ，EC加盟申請 コール＝ゴルバチョフ会談。ゴルバチョフ，統一ドイツのNATO残留を容認【7-20】
	8月21日	欧州委，旧東ドイツのECへの吸収を承認
	9月12日	東西ドイツおよび英米仏ソの6カ国が「ドイツ問題の最終解決に関する条約」に調印
	10月3日	ドイツ統一

	10月8日	イギリス，EMS 参加
	10月28日	特別 EC 首脳会議，イギリスの反対を押し切って，1994年1月1日をもって EC 中央銀行機構を創設する旨を決定
	11月6日	ハンガリー，東欧諸国で初めて欧州審議会に加盟が承認される
	11月19-21日	欧州安全保障協力会議パリ憲章【7-21】
	11月22日	英サッチャー首相辞任表明，メイジャー首相へ EC-US 共同宣言調印【7-23-A】
	12月2日	ドイツ，統一後初の連邦議会選挙，与党圧勝，コール留任へ
	12月9日	ポーランド大統領にヴァウェンサ（ワレサ）選出
	12月13-15日	ローマ欧州理事会，二つの政府間会議を開催
	12月23日	スロヴェニア，国民投票で独立賛成多数
1991年1月17日		湾岸戦争始まる（-4月11日）
	2月21日	チェコスロヴァキア，欧州審議会に加盟
	3月29日	シェンゲン協定加盟国とポーランド，査証廃止で合意（4月8日発効）
	3月31日	ワルシャワ条約機構の軍事機構解体，活動停止
	6月12日	ロシア共和国最初の大統領選挙，エリツィンが当選
	6月24日	蔵相理事会，VAT（付加価値税）とアルコール，たばこ，鉱油に対する物品税の調和で合意
	6月25日	スペインとポルトガル，シェンゲン協定に参加 クロアチアとスロヴェニアがユーゴからの独立を宣言
	6月27日	ユーゴ軍がスロヴェニアで武力行使，ユーゴ紛争の開始
	6月28日	コメコン解散決定（9月28日発効）
	7月1日	スウェーデン，EC 加盟申請
	7月19日	欧州委，CAP に対するマクシャリー改革案を採択
	8月19-21日	モスクワで共産党保守派によるクーデタ（失敗へ）
	8月24日	ゴルバチョフ，共産党の解散を勧告，党書記長を辞任
	10月21日	EC および EFTA，「欧州経済領域（EEA）」設立に同意
	12月1日	ウクライナ独立宣言
	12月9-10日	マーストリヒト欧州理事会，欧州連合設立条約（TEU）に合意
	12月16日	EC がチェコスロヴァキア，ポーランド，ハンガリーと欧州協定に調印
	12月21日	ソ連，11共和国が，独立国家共同体創設についての議定書に調印（アルマアタ合意）
	12月23日	ドイツ，クロアチアとスロヴェニアの独立承認
	12月25日	ゴルバチョフ大統領，辞任表明，ソ連消滅

1992-1998

1992年2月7日		マーストリヒト条約（欧州連合設立条約）調印【7-25】
	3月18日	フィンランド，EC 加盟申請
	4月5日	ポルトガル・エスクード，EMS に参加
	4月6日	EC，ボスニア・ヘルツェゴビナを承認
	5月2日	EC と EFTA の外相，ポルトにて欧州経済領域設立協定に調印
	5月20日	スイス，EC 加盟申請
	5月21日	CAP 改革

	6月2日	デンマーク，国民投票の結果51%の反対によりマーストリヒト条約批准を否決（「デンマーク・ショック」）
	6月19日	WEU閣僚理事会，ペータースベルク宣言【8-4】
	6月26-27日	リスボン欧州理事会，ドロール委員長再任（3期目）
	9月	EMS危機，イタリア・リラ（16日）とイギリス・ポンド（17日）がERM離脱
	9月20日	フランス，国民投票の結果51.05%の賛成でマーストリヒト条約批准を決定
	10月16日	バーミンガム欧州理事会，「市民に近い共同体」宣言【8-1-A】
	11月25日	ノルウェー，EC加盟申請
	12月6日	スイスの国民投票でEEAに対する反対が過半数へ
	12月11-12日	エディンバラ欧州理事会，「ドロール・パッケージII」の採択，デンマークに関して三つの適用除外を容認【8-5】
1993年1月1日		域内単一市場スタート チェコとスロヴァキアが分離独立
	1月12日	EFTA諸国がアイスランドとEEAに関する条約を批准
	2月1日	ECとルーマニア，欧州協定調印
	3月8日	ECとブルガリア，欧州協定調印
	3月17日	スイスの離脱を受け，ECとEFTAは追加的な議定書によりEEA条約の発効へ
	5月18日	デンマークが第2回国民投票の結果56.8%の賛成でマーストリヒト条約批准を決定
	6月21-22日	コペンハーゲン理事会，東方拡大の原則・政治的経済的基準を定める（「コペンハーゲン基準」）【8-6】
	8月1-2日	欧州通貨危機，EMS内の大変動を受け，経済相・蔵相理事会はERMの変動幅を一時的に2.25%から15%に拡大
	10月4日	EC，チェコおよびスロヴァキアと欧州協定調印
	10月12日	ドイツ憲法裁判所のマーストリヒト条約合憲判決により，マーストリヒト条約が全ての加盟国において批准完了【8-7】
	10月29日	ブリュッセルでの特別首脳会議，新しいEU機構の所在地について合意。欧州通貨機構（EMI）がフランクフルト，ユーロポールがオランダ国内，欧州環境庁がデンマーク国内に設置決定
	11月1日	マーストリヒト条約発効により，欧州連合（EU）成立
	12月10-11日	ブリュッセル欧州理事会，「成長・競争力・雇用に関する白書」（「ドロール白書」）採択【8-8】
1994年1月1日		経済通貨同盟（EMU）第二段階始まる。欧州通貨機構（EMI）設立（フランクフルト）。EEA協定発効
	3月10日	地域委員会の発足【8-9】
	3月16日	フィンランド，オーストリア，スウェーデン，ノルウェー，EU加盟交渉終了
	3月31日	ハンガリー，EU加盟を申請
	4月8日	ポーランド，EU加盟を申請
	6月9-12日	第4回欧州議会選挙
	6月12日	オーストリアの国民投票で，57%がEU加盟賛成
	11月13日	スウェーデンの国民投票で，52.2%がEU加盟に賛成
	11月27-28日	ノルウェーの国民投票で，52.2%がEU加盟に反対

	12月9-10日	エッセン欧州理事会，中・東欧諸国との関係緊密化を図る戦略で合意，委員会の新地中海戦略を承認
1995年1月1日		オーストリア，フィンランド，スウェーデンがEUに加盟，加盟国15カ国に（ノルウェーは国民投票で加盟条約を批准せず）
	1月9日	オーストリア，EMSに参加
	1月19日	欧州議会，サンテールを委員長とする新欧州委員会を承認（23日に発足）
	3月26日	シェンゲン協定発効。ベネルクス3国，フランス，ドイツ，ポルトガル，スペインの間で旅券審査廃止
	3月31日	欧州安定化条約
	5月7日	シラク，フランス大統領選に勝利，17日に就任
	5月31日	欧州委，単一通貨に関するグリーン・ペーパー採択
	6月12日	EUとエストニア，ラトヴィア，リトアニア，欧州協定調印
	6月	ルーマニア（22日），スロヴァキア（27日），EU加盟を申請
	6月26-27日	カンヌ欧州理事会，マーストリヒト条約を見直す1996年政府間会議に備え，準備検討グループ任命
	7月17日	EU，ロシアと暫定貿易協定調印。ベトナムと経済協力協定調印
	7月26日	欧州委，アメリカとの「大西洋経済領域」創設に関する提案をEU理事会に報告
	9月17日	スウェーデン，初の欧州議会選挙実施
	9月28-30日	EU，MERCOSURと自由貿易枠組協定に合意
	10月13日	ラトヴィア，EU加盟申請
	11月21日	デイトン合意
	11月24日	エストニア，EU加盟申請
	11月27-28日	バルセロナで欧州地中海外相会議開催，欧州地中海パートナーシップ，通称バルセロナ・プロセス始まる【8-10】
		エストニア，EU加盟を申請
	12月2日	EUとアメリカ，マドリードで新大西洋協力宣言
	12月8日	リトアニア，EU加盟申請
	12月13日	欧州議会でトルコのEU関税同盟加盟が可決，1996年1月1日からの実施が決定
	12月14日	ブルガリア，EU加盟申請
	12月15-16日	マドリード欧州理事会，単一通貨の名称をユーロに決定。EMUの日程に変更はなく，2002年からユーロがEMUにおける唯一の法定通貨へ。MERCOSURとの自由貿易協定に調印
1996年1月16日		欧州委，アジア欧州会合（ASEM）に関する報告採択
	1月17日	チェコ共和国，EU加盟申請
	3月1-2日	バンコクにて第1回ASEM開催
	3月27日	牛海綿状脳症（狂牛病）の人間への感染可能性をイギリスの科学者が立証，欧州委，イギリス産牛肉および牛肉製品の全世界への輸出を禁止
	3月29日	マーストリヒト条約を改正する政府間会議がトリノで開幕
	6月10日	スロヴェニア，EU加盟申請
	6月21-22日	フィレンツェ欧州理事会，ユーロポール協定を採択
	9月21日	非公式蔵相理事会。「安定成長協定」と新為替相場メカニズム（ERM2）の導入について基本合意

10月13日	オーストリア，初の欧州議会選挙実施
10月14日	フィンランド，EMSに参加
10月20日	フィンランド，初の欧州議会選挙実施
10月28日	外相理事会，ミャンマーへの制裁措置強化決定。EU，韓国との関係を包括的に規定する「枠組協定」に調印
11月24日	イタリア，ERMに復帰
12月13-14日	ダブリン欧州理事会，経済通貨同盟のための安定成長協定に合意，ユーロ紙幣のデザインが一般公開される。EU首脳，国際犯罪撲滅に取り組む意志を公約
1997年1月1日	EU・スロヴェニア間の貿易自由化がスタート
2月13-14日	シンガポールでASEANとEUの第12回定期閣僚会議。科学・技術，麻薬対策，技術移転分野での協力を謳った共同宣言採択
2月24日	PLOとの間で暫定的な連合協定を締結
4月5日	非公式蔵相理事会，「安定成長協定」の内容で合意，通貨統合を予定どおり1999年1月に開始させることを再確認
4月15-16日	第2回欧州地中海外相会議（マルタ）
5月1日	英総選挙，労働党圧勝，ブレアが首相へ（2日）
6月16-17日	政府間会議の結果を受け，アムステルダム条約に大筋合意【8-12, 8-13, 8-14】。アムステルダム欧州理事会にて，安定成長協定採択【8-11】。ユーロ硬貨のデザイン公表
7月15日	欧州委，通貨統合や中東欧への拡大などEU政策の具体的指針を示す報告「アジェンダ2000」採択【8-15-A】
10月2日	アムステルダム条約調印
11月10日	外相理事会，中東欧諸国などの新規加盟交渉の進め方を協議
11月20-21日	雇用問題に関する臨時EU首脳会議，失業者削減に向けた指針を含む議長総括を採択。雇用対策の「相互監視システム」などを盛り込む
11月24日	EUとヨルダン，連合協定に調印
12月12-13日	ルクセンブルク欧州理事会。加盟申請国12カ国中の6カ国（キプロス，ハンガリー，ポーランド，エストニア，チェコ，スロヴェニア）と1998年春に交渉を開始することを決定
12月15日	労相理事会で，雇用創出のためのガイドラインを正式採用
1998年1月21日	欧州委，雇用創出を目標とする中小企業支援計画を提案
2月25日	欧州委，報告書「経済通貨同盟の安定のための成長と雇用」を採択
3月1日	EUとウクライナとの提携・協力協定発効（94年6月14日調印）
3月12日	ロンドンにてEU加盟国と加盟申請11カ国による第1回欧州協議会開催。司法・内務協力，環境保全などのテーマで合意
3月21日	欧州委，アメリカとの間で2010年までの工業品関税撤廃を含む「大西洋間市場（NTM）」構想を発表
3月25日	欧州委，加盟国の経済収斂状況に関する報告書を発表。参加条件達成国は11カ国
3月31日	キプロス，ハンガリー，ポーランド，エストニア，チェコ，スロヴェニアとのEU加盟交渉開始
4月2-4日	EU・中国首脳会談，および第2回アジア欧州会合（ロンドン）

5月1日		蔵相理事会,「健全財政と経済改革に関する宣言」採択
5月1-3日		欧州理事会,1999年1月1日に始まるEMU第三段階に11カ国が参加することを決定。欧州中央銀行(ECB)初代総裁にドイセンベルク欧州通貨機構総裁が指名される【8-16】
6月1日		ECB,フランクフルトで業務開始
6月15-16日		カーデイフ欧州理事会。経済政策指針,EUと各国の経済政策の連携,アジェンダ2000,機構問題などを議論
9月27日		独総選挙,SPDが勝利,シュレーダーを首班(10月27日選出)とする緑の党との連立政権へ
12月4日		英仏首脳,サンマロ宣言【8-17】

1999-

1999年1月1日	EMU第三段階スタート,ユーロが参加11カ国の正式通貨へ
1月4日	外為・金融市場でユーロの取引開始
2月23日	イギリスのブレア首相,ユーロ導入への「移行計画」発表
2月26-27日	ボン非公式欧州理事会。EU中期予算をめぐって独仏対立
3月11日	農相理事会,農政改革で基本合意
3月12日	ポーランド,ハンガリー,チェコ,NATO加盟
3月13日	外相理事会,ドイツがEU軍事委員会の創設を提案
3月15-16日	サンテール欧州委員会,予算執行をめぐる不正疑惑で総辞職【9-2】
3月21日	イギリスが,外相理事会にて欧州委員会改革案を提出
3月24日	NATO,ユーゴ空爆(-6月10日)
3月24-25日	ベルリン欧州理事会,次期欧州委員長にプロディ前イタリア首相を内定。アジェンダ2000について合意【8-15-B】
4月8日	ECB,ユーロ政策金利を0.5%引き下げ年2.5%へ
4月24日	EUとの関係についてのNATOコミュニケ「ベルリン・プラス」【9-3】
5月1日	アムステルダム条約発効
5月5日	欧州議会,プロディ次期欧州委員長を承認
5月28日	EUおよびNATO加盟非EU6カ国による緊急非公式国防相会議(ボン)。ドイツ,2000年末までにWEUのEUへの統合を提案
5月31日	外相理事会,EUとWEUとの統合に基本合意
6月3-4日	ケルン欧州理事会,WEUとの統合に合意
6月10-13日	第5回欧州議会選挙実施
6月28日	EU・南米南部共同市場(MERCOSUR)首脳会議(リオデジャネイロ),自由貿易地域創設の交渉開始で合意
9月5日	非公式外相理事会,トルコを加盟候補国として承認することに基本合意。また防衛問題も協議
9月13日	欧州理事会が,CFSP初代上級代表およびEU理事会事務総長に,前NATO事務総長ソラナを任命
9月15日	プロディを委員長とする欧州委員会発足
10月13日	欧州委,スロヴァキア,ルーマニア,ブルガリア,ラトヴィア,リトアニア,マルタの6カ国を新規加盟交渉国に決定
10月15-16日	タンペレ欧州理事会,EUを自由・安全・公正が保障された地域

		にするための政策を討議
	10月18日	ソラナ CFSP 上級代表兼 EU 理事会事務総長就任。EU 改革の三人委員会が，多数決制の多用などを含む報告書（デハーネ・レポート）を欧州委に提出【9-4】
	11月4日	ECB，ユーロの政策金利を 0.5％引き上げて年 3.0％に変更
	11月25日	ソラナ上級代表，WEU 事務局長兼務。英仏首脳会談（ロンドン），5-6 万人規模の EU 緊急対応部隊の設立を EU 諸国に提案することで合意
	12月7日	外相理事会，緊急対応部隊増設，追加 6 カ国の加盟交渉開始などで合意
	12月10-11日	ヘルシンキ欧州理事会，2003 年までに 6 万人の緊急展開部隊創設決議
	12月31日	エリツィン大統領辞任
2000年	2月3日	自由党政権参加とハイダー入閣を受け，14 カ国，EU 枠外でオーストリアに対する制裁へ
	2月14日	ブルガリア，ラトヴィア，リトアニア，マルタ，ルーマニア，スロヴァキアとの EU 加盟交渉開始
	3月1日	欧州委，行政改革についての白書を採択
	3月23-24日	雇用拡大と経済社会改革推進のための特別欧州理事会をリスボンにて開催（「リスボン戦略」へ）【9-7】
	3月26日	プーチン，ロシア大統領に選出（5 月 7 日就任）
	4月3-4日	カイロにて第 1 回アフリカ・欧州首脳会議開催
	5月12日	ベルリンのフンボルト大学で独外相フィッシャー演説【9-8】
	6月23日	EC と ACP 諸国，ベニン共和国コトヌーで，ロメ協定に代わる協定に調印（コトヌー協定，2003 年 4 月 1 日発効）【9-9】
	9月8日	オーストリアの人権や政府の姿勢に関する「三賢人報告書」【9-10】
	9月28日	デンマーク，国民投票の結果，ユーロの導入を拒否
	12月7-11日	ニース欧州理事会，EU 拡大を見越して欧州議会における各国議席配分の修正，および EU 理事会における「持ち票配分」に変更を加えるニース条約に合意。EU 基本権憲章採択【9-12】
2001年	1月1日	ギリシャ，12 番目のユーロ参加国となる
	2月26日	ニース条約調印【9-11】
	3月25日	北欧 5 カ国，シェンゲンに参加
	6月7日	アイルランド，国民投票の結果，ニース条約批准を否決
	9月11日	アメリカにて，同時多発テロ発生
	12月6日	北大西洋条約第 5 条発動【9-13】
	12月14-15日	ラーケン欧州理事会，EU 憲法制定のための諮問会議（「ヨーロッパの将来に関するコンヴェンション」）を設置，ジスカール・デスタン元フランス大統領を議長とする【9-14-A】
2002年	1月1日	ユーロ，12 カ国において紙幣・硬貨の流通を開始
	2月28日	各国通貨とユーロの併用期間が終了。3 月 1 日からユーロが参加国唯一の法定通貨となる
		「ヨーロッパの将来に関するコンヴェンション」始まる
	5月31日	EU，京都議定書批准
	10月9日	欧州委，EU 拡大交渉中の 10 カ国（エストニア，ラトヴィア，

	リトアニア，ポーランド，チェコ，スロヴァキア，ハンガリー，スロヴェニア，キプロス，マルタ）について，2004年初めの加盟勧告
12月12-13日	コペンハーゲン欧州理事会，10カ国に対する加盟を承認【9-16】
2003年1月15日	EU共通外交安全保障政策に基づく最初のEU平和維持軍が，ボスニアおよびヘルツェゴビナに派遣される
1月22日	ラムズフェルド米国防長官「旧いヨーロッパ」発言【9-17-B】
1月30日	ブレア英首相，ベルルスコーニ伊首相ら親米8カ国首脳によるイラクへの武力攻撃についての共同声明【9-17-C】
2月1日	ニース条約発効
2月5日	国連安保理にてイラク問題に関する米国務長官パウエルおよび仏外相ドヴィルパン演説【9-17-D】
3月14日	EU，NATOとの間に安全保障条約調印
3月20日	イラク戦争始まる
4月9日	欧州議会，理事会承認済みの10カ国のEU新規加盟を承認
4月16日	新規加盟10カ国とEUの間において加盟条約調印
6月13日	「ヨーロッパの将来に関するコンヴェンション」欧州憲法制定条約草案採択
6月20-21日	テッサロニキ欧州理事会，「ヨーロッパの将来に関するコンヴェンション」が作成した欧州憲法条約草案を将来の交渉の基礎として公表【9-14-B】
8月	EU独自部隊，国連の平和維持活動部隊としてコンゴに初の域外展開
11月25日	理事会，仏独の安定成長協定違反について制裁見送り【9-18-A】（→04年7月13日，ECJがこの決定を無効に【9-18-B】）
12月12日	ブリュッセル欧州理事会。警察力も含めた広範な安全保障戦略「ソラナ・ペーパー」【9-19】
2004年3月5日	欧州委，サービス自由化指令（ボルケシュタイン指令）提案【9-20】
3月11日	スペイン列車爆破テロ発生
5月1日	EU拡大：エストニア，ラトヴィア，リトアニア，ポーランド，チェコ，スロヴァキア，ハンガリー，スロヴェニア，キプロス，マルタの10カ国が新規加盟，加盟国25カ国に【9-21】
6月10-13日	第6回欧州議会選挙
6月18日	欧州理事会，欧州憲法制定条約を採択
6月28日	エストニア，リトアニア，スロヴェニアがERM IIに参加
6月29日	ブリュッセル欧州理事会，欧州憲法条約草案を承認。欧州委員長にバローゾが指名される
7月12日	欧州防衛庁設立【9-23】
10月6日	欧州委，トルコとの交渉開始を条件付で勧告
10月29日	欧州憲法条約調印【9-24】
2005年3月22-23日	安定成長協定の基準緩和【9-26】
4月25日	ブルガリアとルーマニア，EU加盟条約調印
5月2日	ラトヴィア，キプロス，マルタがERM IIに参加
5月29日	フランス，国民投票で憲法条約を否決【9-27-A】
6月1日	オランダ，国民投票で憲法条約を否決

	6月16-17日	ブリュッセル欧州理事会，欧州憲法条約批准手続き延期について合意【9-27-B】
	7月7日	ロンドン同時爆破テロ発生
	10月3日	トルコ，クロアチアとのEU加盟交渉開始
	11月22日	ドイツ，CDUのメルケルが首相に就任
	12月19日	理事会，マケドニアに加盟候補国の地位を与える決定
2006年3月10日		EUとロシア，宇宙における活動に関する二者間協力を強化するための文書に署名
	5月16日	欧州委，スロヴェニアのユーロ参加を提案
	5月28日	非公式理事会，憲法条約の再検討を07年に先送りすることで一致
	9月26日	欧州委，07年1月1日のブルガリアとルーマニアのEU加盟を確認
2007年1月1日		ブルガリア，ルーマニアのEU加盟，加盟国27ヵ国に スロヴェニアがユーロ導入，13番目のユーロ参加国に
	3月25日	ローマ条約50周年，ベルリン宣言【9-29】
	6月23日	ブリュッセル欧州理事会，「改革条約」の準備を決定【9-30】
	10月18-19日	非公式理事会，新条約を承認
	12月13日	リスボン欧州理事会，「リスボン条約」を調印
	12月21日	チェコ，スロヴァキア，スロヴェニア，ポーランド，ハンガリー，マルタ，エストニア，ラトヴィア，リトアニアがシェンゲンに参加
2008年1月1日		キプロスとマルタがユーロ導入，ユーロ参加国は15ヵ国に
	6月12日	アイルランド，リスボン条約批准を国民投票で否決

(作成：板橋拓己)

参考文献

＊欧語文献は若干の例外を除き原則として単行本のみ挙げる。

1 史料集・史料総覧

Alting von Geusau, Frans A. M. (ed.), *European Unification in the Twentieth Century : A Treasury of Readings*, Vidya Publishers, 1998.

Ballini, Pier Luigi, e Antonio Varsori (a cura di), *L'Italia e l'Europa (1947-1979)*, 2 vols., Rubbettino, 2004.

Bruneteau, Bernard, *Histoire de l'idée européenne au premier XXe siècle à travers les textes*, Armand Colin, 2006.

―――, *Histoire de l'idée européenne au second XXe siècle à travers les textes*, Armand Colin, 2008.

Dumoulin, Michel, et Yves Stelandre, *L'idée européenne dans l'entre-deux-guerres*, Academia, 1992.

原典・ヨーロッパ統合史研究会編,遠藤乾・川嶋周一コーディネート『ヨーロッパ統合史史料総覧――米欧各国のヨーロッパ統合史史料集の採録史料一覧』旭図書刊行センター, 2004年 (http://www.global-g.jp/europe/)。

Gerbet, Pierre, Françoise de la Serre, et Gérard Nafilyan (dir.), *L'Union politique de l'Europe. Jalons et textes*, La documentation française, 1998.

Gowland, David, and Arthur Turner (eds.), *Britain and European integration 1945-1998 : A Documentary History*, Routledge, 2000.

Harryvan, Anjo G., and Jan van der Harst (eds.), *Documents on the European Union*, Macmillan, 1997.

Hill, Christopher, and Karen Smith (eds.), *European Foreign Policy : Key Documents*, Routledge, 2000.

Lappenküper, Ulrich (Bearb.), *Die Bundesrepublik Deutschland und Frankreich : Dokumente 1949-1963, Band 1 : Aussenpolitik und Diplomatie*, Sauer, 1997.

Lefort, Bernard (ed.), *Une Europe inédite : Documents des Archives Jean MONNET*, Presse universitaire de Septentrion, 2001.

Lipgens, Walter (ed.), *Documents on the History of European Integration, Vol. 1 : Continental Plans for European union, 1939-1945*, W. de Gruyter, 1985.

―――(ed.), *Documents on the History of European Integration, Vol. 2 : Plans for European Union in Great Britain and in exile, 1939-1945*, W. de Gruyter, 1986.

――― and Wilfried Loth (eds.), *Documents on the History of European Integration, Vol. 3 : The struggle for European Union by political parties and pressure groups in Western European countries, 1945-1950*, W. de Gruyter, 1988.

―――(eds.), *Documents on the History of European Integration, Vol. 4 : Transnational organizations of political parties and pressure groups in the struggle for European Union, 1945-1950*, W. de Gruyter, 1991.

Mioche, Philippe, *De l'idée européenne à l'Europe XIXe-XXe siècle*, Hachette, 1997.

Pistone, Sergio, *Italia e l'unità europea dalle premesse storiche all'elezione del Parlaento europeo*, Loescher, 1984.
Rougemont, Denis de, *Vingt-huit siècles d'Europe. La conscience européenne à travers les texts d'Hésiode à nos jours*, Payot, 1961.
Salmon, Trevor, and Willanm Nicoll (eds.), *Building European Union : A documentary History and Analysis*, Manchester U. P., 1997.
Schwarz, Jürgen, *Der Aufbau Europas : Pläne und Dokumente 1945-1980*, Osang Verlag, 1980.
Siegler, Heinrich (Hg.), *Europäische politische Einigung, 3 Bände. 1 : 1949-1968, 2 : 1968-1973, 3 : 1973-1976, Dokumentation von Vorschlägen und Stellungnahmen*, Siegler & Co. KG/Verlag für Zeitarchive, 1968, 73, 77.
Stirk, Peter M. R., and David Weigall (eds.), *The Origins and Development of European Integration : A Reader and Commentary*, Pinter, 1999.
Vaughan, Richard, *Post-war Integration in Europe*, Arnold, 1976.
Wilkens, Andreas (Bearb.), *Die Bundesrepublik Deutschland und Frankreich : Dokumente 1949-1963, Band 2 : Wirtschaft*, Sauer, 1997.
Ziegerhofer, Anita, Johannes W. Pichler, u. Reinhard Likar, *Die «Vereinigten Staaten von Europa», Dokumente eines Werdens*, Verlag Österreich, 1999.

2 回顧録

Acheson, Dean, *Present at the Creation : My Years in the State Department*, Norton, 1969 (吉沢清次郎訳『アチソン回顧録』恒文社, 1979 年).
Adenauer, Konrad, *Erinnerungen, 4 Bände. 1945-1953, 1953-1955, 1955-1959, 1959-1963 Fragmente*, Deutsche Verlags-Anstalt, 1965-68 (第 1 巻：佐瀬昌盛訳『アデナウアー回顧録 (I)(II)』河出書房, 1968 年).
Attali, Jacques, *Verbatim, Tome I-III*, Fayard, 1993-95.
Baker, James A. III, with Thomas M. De Frank, *The Politics of Diplomacy : Revolution, War, and Peace, 1989-1992*, G. P. Putnam, 1995 (仙名紀訳『シャトル外交　激動の四年 (上)(下)』新潮社, 1997 年).
Ball, George W., *The Past has Another Pattern : Memoirs*, Norton, 1982.
クーデンホーフ＝カレルギー, リヒャルト『回想録 (クーデンホーフ・カレルギー全集第 7 巻)』(鹿島守之助訳) 鹿島研究所出版会, 1970 年。
De Gasperi, Alcide, *L'Europa : Scritti e discorsi*, a cura di Maria Romana De Gasperi, Morcelliana, 1979.
Delors, Jacques, avec Jean-Louis Arnaud, *Mémoires*, Plon, 2004.
Eden, Anthony, *Full circle : The Memoirs of the Rt. Hon. Sir Anthony Eden*, Cassell, 1960 (湯浅義正・町野武共訳『イーデン回顧録――運命のめぐり会い 1・2』, 南井慶二訳『イーデン回顧録――独裁者との出会い 1・2』みすず書房, 1960 年).
Eisenhower, Dwight D., *The White House years, 2 vols. 1 : Mandate for change, 1953-1956, 2 : Waging peace, 1956-1961*, Doubleday, 1963-1965 (仲晃・佐々木謙一訳『アイゼンハワー回顧録 (I)――転換への負託』, 仲晃・佐々木謙一・渡辺靖訳『アイゼンハワー回顧録 (II)――平和への戦い』みすず書房, 1968 年).
Gaulle, Charles de, *Mémoires d'espoir, Le Renouveau*, Plon, 1970 (朝日新聞外報部訳『希望の回想――再生』朝日新聞社, 1971 年).
Genscher, Hans-Dietrich, *Erinnerungen*, 2. Aufl., Siedler, 1995.

Giscard d'Estaing, Valéry, *Le pouvoir et la vie, 2 tomes. 1 : L'affrontement, 2 : La rencontre*, France Loisir, 1988, 1992（尾崎浩訳『権力と人生——フランス大統領回想録』，池村俊郎訳『エリゼ宮の決断——続フランス大統領回想録』読売新聞社，1990-93 年）．
Hallstein, Walter, *Der unvollendete Bundesstaat*, Econ Verlag, 1969.
Heath, Edward, *The Course of My Life : My Autobiography*, Hodder & Stoughton, 1998.
Hirsch, Etienne, *Ainsi va la vie*, Fondation Jean Monnet pour l'Europe, 1988.
Jenkins, Roy, *European Diary 1977-1981*, Collins, 1989.
Kissinger, Henry, *White House years*, Weidenfeld & Nicolson/Michael Joseph, 1979（斎藤彌三郎他訳『キッシンジャー秘録　第 1 巻—第 5 巻』小学館，1979-80 年）．
―――, *Years of upheaval*, Weidenfeld & Nicolson/Michael Joseph, 1982（読売新聞・調査研究本部訳『キッシンジャー激動の時代』小学館，1982 年）．
Kohl, Helmut, *Ich wollte Deutschlands Einheit*, Proplyläen, 1996.
―――, *Erinnerungen, 2 Bände. 1 : 1930-1982, 2 : 1982-1990*, Drömer, 2004-05.
Kohnstamm, Max, *De Europese dagboeken van Max Kohnstamm : augustus 1953-september 1957*, bezorgd door Mathieu Segers, Boom, 2008.
Macmillan, Harold, *Memoirs, 6 vols. 1 : Winds of change, 1914-1939, 2 : The blast of war, 1939-1945, 3 : Tides of fortune, 1945-1955, 4 : Riding the storm, 1956-1959, 5 : Pointing the way, 1959-1961, 6 : At the end of the day, 1961-1963*, Macmillan, 1966-73.
Marjolin, Robert, *Le travail d'une vie : Mémoires 1911-1986*, Robert Laffont, 1986.
Massigli, René, *Une comédie des erreurs 1943-1956. Souvenirs et réflextions sur une étape de la construction européenne*, Plon, 1978.
Mitterrand, François, et Elie Wiesel, *Mémoire à deux voix*, Odile Jacob, 1995（平野新介訳『大統領の深淵——ある回想』朝日新聞社，1995 年）．
―――, *De l'Allemagne, de la France*, Odile Jacob, 1996.
Monnet, Jean, *Mémoires*, Fayard, 1976（[抄訳] 黒木寿時編訳『EC メモワール——ジャン・モネの発想』共同通信社，1985 年）．
Müller-Armack, Alfred, *Auf dem Weg nach Europa : Erinnerungen und Ausblicke*, R. Wunderlich, 1971.
Peyrefitte, Alain, *C'était de Gaulle*, Gallimard, 2002.
Schmidt, Helmut, *Menschen und Mächte*, Siedler, 1987（永井清彦・萩谷順訳『シュミット外交回想録（上）（下）』岩波書店，1989 年）．
―――, *Die Deutschen und ihre Nachbarn. Menschen und Mächte II*, Siedler, 1990（永井清彦他訳『ドイツ人と隣人たち　続シュミット外交回想録』岩波書店，1991 年）．
Snoy et d'Oppuers, Jean-Charles, avec Jean-Claude Riquier, *Rebâtir l'Europe : mémoires*, Duculot, 1989.
Spaak, Paul-Henri, *Combats inachevés 2 tomes. 1 : De l'indépendance à l'Alliance. 2 : De l'espoir aux déceptions*, Plon, 1969.
Spinelli, Altiero, *Diario europeo*, 3 volumi, il Mulino, 1989-92.
Thatcher, Margaret, *The Downing Street Years*, HarperCollins, 1993（石塚雅彦訳『サッチャー回顧録——ダウニング街の日々（上）（下）』日本経済新聞社，1993 年）．
―――, *The Path to Power*, HarperCollins, 1995（石塚雅彦訳『サッチャー　私の半生（上）（下）』日本経済新聞社，1995 年）．
Uri, Pierre, *Penser pour l'action. Une fondateur de l'Europe*, Odile Jacob, 1991.
van Helmont, Jacques, *Options européennes, 1945-1985*, Office des publications officielles des Communautés, 1986.

Védrine, Hubert, *Les Mondes de François Mitterrand, 1981-1995*, Fayard, 1996.
von der Groeben, Hans, *Deutschland und Europa in einem unruhigen Jahrhundert : Erlebnisse und Betrachtungen*, Nomos, 1995.
Wall, Stephen, *A Stranger in Europe : Britain and the EU from Thatcher to Blair*, Oxford U. P., 2008.

3 研究文献

1）通史・全体にかかわるもの（＊＊＊印は特に基本的な文献）

Apor, Balázs, and Péter Apor, E. A. Rees (eds.), *The Sovietisation of Eastern Europe. New Perspectives on the Postwar Period*, New Academia Publishing, 2008.
Bartolini, Stefano, *Restructuring Europe : State Formation, System Building, and Political Structuring between the Nation State and the European Union*, Oxford U. P., 2005.
Bitsch, Marie-Thérèse, *Histoire de la construction européenne de 1945 à nos jours*, Complexe, 1996 (Nouvelle éd. et mise à jour, 2006).＊＊＊
―――, *La construction européenne : Enjeux politiques et choix institutionnels*, Peter Lang, 2007.
Bossuat, Gérard, *Les fondateurs de l'Europe unie*, Belin, 2001.＊＊＊
Bussière, Éric, et Michel Dumoulin, Sylvain Schirmann (dir.), *Europe organisée, Europe du libre-échange? Fin XIXe siècle - Années 1960*, Peter Lang, 2006.
Deighton, Anne (ed.), *Building Postwar Europe : National Decision-Maker and European Institutions, 1948-1963*, Macmillan, 1995.
Deighton, Anne et Gérard Bossuat (eds.), *L'Union européenne, acteur de la sécurité mondiale*, Soleb, 2007.
Dinan, Desmond (ed.), *Encyclopedia of the European Union*, Macmillan, 2000.
―――, (ed.), *Origins and Evolution of the European Union*, Oxford U. P., 2006.
―――, *Europe Recast : A History of European Union*, Palgrave-Macmillan, 2004.＊＊＊
Du Réau, Elisabeth, *L'idée d'Europe au XXe siècle*, Complexe, 1996.
Faraldo, José M., Paulina Gulińska-Jurgiel u. Christian Domnitz, (Hg.), *Europa im Ostblock : Vorstellungen und Diskurse (1945-1991)*, Böhlau, 2008.
フランク，ロベール『欧州統合史のダイナミズム――フランスとパートナー国』（廣田功訳）日本経済評論社，2003年。
Gerbet, Pierre, *La construction de l'Europe*, 3ème éd. révisée et mise à jour, Imprimerie nationale, 1999 (4ème ed., Armand Colin, 2007).＊＊＊
Girault, René (dir.), *Identité et conscience européenne au XXe siècle*, Hachette, 1995.
廣田功・森建資編『戦後再建期のヨーロッパ経済――復興から統合へ』日本経済評論社，1998年。
Hitchcock, William I., *The Struggle for Europe : The Turbulent History of Divided Continent 1945-2002*, Doubleday, 2003.
Howorth, Jolyon, and John T. S. Keeler, *Defending Europe : The EU, NATO and the Quest for European Autonomy*, Palgrave-Macmillan, 2003.
Judt, Tony, *Postwar : A History of Europe since 1945*, Penguin Press, 2005（上・森本醇訳，下・浅沼澄訳『ヨーロッパ戦後史（上）（下）』みすず書房，2008年）.
Kaelble, Hartmut, *Auf dem Weg zu einer europaischen Gesellschaft : Eine Sozialgeschichte Westeuropas, 1880-1980*, C. H. Beck, 1987（雨宮昭彦他訳『ひとつのヨーロッパへの道――その社会史的考察』日本経済評論社，1997年）.

Kaiser, Wolfram, u. Michael Gehler (Hg.), *Transnationale Parteienkooperation der europäischen Christdemokraten : Dokumente 1945-1965*, Sauer, 2004.
Kaiser, Wolfram, Brigitte Leucht, Morten Rasmussen (eds.), *The History of the European Union : Origins of a Trans- and Supranational Polity 1950-72*, Routledge, 2008.
木畑洋一編『ヨーロッパ統合と国際関係』日本経済評論社, 2005年。
Knipping, Franz, *Rom, 25. März 1957. Die Einigung Europas*, Deutscher Taschenbuch Verlag, 2004.
Lundestad, Geir, *"Empire" by Integration. The United States and European Integration, 1945-1997*, Oxford U. P., 1998 (河田潤一訳『ヨーロッパの統合とアメリカの戦略——統合による「帝国」への道』NTT出版, 2005年).
Majone, Giandomenico, *Dilemmas of European Integration : The Ambiguities and Pitfalls of Integration by Stealth*, Oxford U. P., 2005.
Mazower, Mark, *The Dark Continent : Europe's Twentieth Century*, Vintage Books, 2000.
Melchior de Molènes, Charles, *L'Europe de Strasbourg : une première expérience de parlementarisme international*, Roudil, 1971.
Milward, Alan S., *The European Rescue of the Nation-State*, 2nd ed., Routledge, 2000.
Moravcsik, Andrew, *The Choice for Europe : Social Purpose & State Power from Messina to Maastricht*, Cornell U. P., 1998.
中村民雄編『EU研究の新地平——前例なき政体への接近』ミネルヴァ書房, 2005年。
中村民雄・須網隆夫編『EU法基本判例集』日本評論社, 2007年。
Olivi, Bino, *L'Europe difficile. Histoire politique de l'intégration européenne*, nouvelle éd., Gallimard, 2001.
Pierson, Paul, "The Path to European Integration : A Historical Institutionalist Analysis," *Comparative Political Studies*, 29/2 (1996).
Rücker, Katrin, et Laurent Warlouzet (dir.), *Quelle(s) Europe(s)?/Which Europe(s)? : Nouvelles approches en histoire de l'intégration européenne/New Approaches in European Integration History*, Peter Lang, 2006.
Schmale, Wolfgang, *Geschichte und Zukunft der Europäischen Identität*, W. Kohlhammer Verlag, 2008.
Schmidt, Gustav (ed.), *A History of NATO : the first fifty years*, 3 vols., Palgrave, 2001.
Stirk, Peter M. R., *A History of European Integration since 1914*, Pinter, 1996.***
Trachtenberg, Marc, *A Constructed Peace : The Making of the European Settlement 1945-1963*, Princeton U. P., 1999.
Wallace, Helen, William Wallace, and Mark A. Pollack (eds.), *Policy-Making in the European Union*, 5th ed., Oxford U. P., 2005.

2) 伝記・人物研究

Bossuat, Gérard, et Andreas Wilkens (dir.), *Jean Monnet, l'Europe et les chemins de la paix*, Publication de la Sorbonne, 1999.
Brinkley, Douglas, and Richard T. Griffiths (eds.), *John F. Kennedy and Europe*, Louisiana State U. P., 1999.
Duchêne, François, *Jean Monnet : The First Statesman of Interdependence*, W. W. Norton, 1994.
Dumoulin, Michel, *Spaak*, Racine, 1999.
Grant, Charles, *Delors : Inside the House that Jacques Built*, N. Brealey, 1994 ([抄訳] 伴野文夫訳『EUを創った男——ドロール時代十年の秘録』日本放送出版協会, 1995年)。

Harryvan, Anjo, en Jan van der Harst, *Max Kohnstamm : leven en werk van een Europeaan*, Spectrum, 2008.
Institut Charles-de-Gaulle (dir.), *De Gaulle en son siècle : Tome 5 : L'Europe*, Plon/La Documentation française, 1992.
Loth, Wilfried, William Wallace, and Wolfgang Wessels (eds.), *Walter Hallstein : The Forgotten European?*, Macmillan, 1998.
Poidevin, Raymond, *Robert Schuman, homme d'État 1886-1963*, Imprimerie nationale, 1988.
Preda, Daniela, *Alcide De Gasperi, federalista europeo*, il Mulino, 2004.
Roussel, Eric, *Jean Monnet, 1888-1979*, Fayard, 1996.
Schirmann, Sylvain (dir.), *Robert Schuman et les Pères de l'Europe : Cultures politiques et années de formation*, Peter Lang, 2008.
Schwarz, Hans-Peter, *Adenauer, 2 Bände. 1 : Der Aufstieg, 1876-1952, 2 : Der Staatsmann, 1952-1967*, Deutsche Verlags-Anstalt, 1986-91.
Weenink, W. H., *Johan Willem Beyen 1897-1976 : Bankier van de wereld : Bouwer van Europa*, Prometheus, 2005.
Wilkens, Andreas (Hg.), *Interessen verbinden : Jean Monnet und die europäische Integration der Bundesrepublik Deutschland*, Bouvier, 1999.

3）ヒストリオグラフィー
Griffiths, Richard, "A la Recherche des Débuts de l'Integration Européenne," *Revue de Synthèse*, Série V, 111/3 (1990).
Kaiser, Wolfram, "From State to Society? The historiography of European integration," in Michelle Cini and Angela K. Bourne (eds.), *Palgrave Advances European Union Studies*, Palgrave Macmillan, 2006.
—————, "History meets Politics : Overcoming Interdisciplinary Volapük in Research on the EU," *Journal of European Public Policy*, 15/2 (2008).
川嶋周一「EECの成立と欧州統合史研究の手法に関する一考察——欧州共通農業政策の成立に関連して」『現代史研究』第49号（2003年）。
Milward, Alan S., "Der historische Revisionimus zur Einigungsgeschichte Westeuropas : Neue historische Erkennetnisse statt überholter Schulweisheitern," *Integration*, 10 (1987).
Schwarz, Hans-Peter, "Die europäische Integration als Aufgabe der Zeitgeschichtsforschung," *Vierteljahrshefte für Zeitgeschichte*, 31 (1983).
Wurm, Clemens, "Early European Integration as a Research Field : Perspectives, Debates, Problems," in idem (ed.), *Western Europe and Germany. The Beginning of European Integration 1945-1960*, Berg, 1996.

4）「リエゾン・グループ」編集論文集（出版年順：＊は特に当該年代の基本文献）
Poidevin, Raymond (dir.), *Histoire des Débuts de la Construction Européenne, mars 1948-mai 1950*, Actes du colloques de Strasbourg, 26-30 novembre 1984, Bruylant/Guiffré/L. G. D. J./Nomos, 1986.*
Schwabe, Klaus (Hg.), *Die Anfänge des Schuman-Plans, 1950/51*, Beiträge des Kolloquiums in Aachen, 28.-30. Mai 1986, Nomos/Guiffré/L. G. D. J./Bruylant, 1988.*
Serra, Enrico (a cura di.), *Il Relancio dell'Eurpa e i Trattati di Roma*, Giuffrè/Bruylant/L. G. D. J./Nomos, 1989.*
Trausch, Gilbert (Hg.), *Die Europäische Integration vom Schuman-Plan bis zu den Ver-

trägen von Rom. Pläne und Initiativen, Enttäuschungen und Mißerfolge, Bruylant/ Guiffrê/L. G. D. J./Nomos, 1993.*

Dumoulin, Michel (dir.), Plans des temps de guerre pour l'Europe d'après-guerre, 1940- 1947, Bruylant/Guiffrê/L. G. D. J./Nomos, 1995.*

Deighton, Anne, Alan S. Milward, (eds.), Widening, Deepening and Acceleration : The European Economic Community 1957-1963, Nomos/Bruylant, 1999.*

Loth, Wilfried (ed.), Crises and Compromises : The European Project 1963-1969, Nomos/ Bruylant, 2001.*

Bitsch, Marie-Thérèse, Gêrard Bossuat (dir.), L'Europe unie et l'Afrique : De l'idée d'Eurafrique à la convention de Lomê I, Bruylant/L. G. D. J./Nomos, 2005.

Varsori, Antonio (ed.), Inside the European Community : Actors and Policies in the European Integration 1958-1972, Nomos/Bruylant, 2005.

Trausch, Gilbert (dir.), Le rôle et la place des petits pays en Europe au XXe siècle, Nomos, 2005.

Harst, Jan van der (ed.), Beyond the Customs Union : the European Community's quest for deepening, widening and completion, 1969-1975, Bruylant/Nomos, 2007.*

5）国別

Bossuat, Gérard, Faire l'Europe sans défaire la France : 60 ans de politique d'unité européenne des gouvernements et des présidents de la République française (1943-2003), Peter Lang, 2005.

Duchenne, Geneviève, Visions et projets belges pour l'Europe : De la Belle Epoque aux Traités de Rome (1900-1957), Peter Lang, 2001.

Fauri, Francesca, L'Italia e l'integrazione economica europea : 1947-2000, il Mulino, 2003.

フリダンソン，パトリック「ヨーロッパ統合におけるフランス──政治家のヨーロッパか，企業のヨーロッパか（1920-90 年）」（廣田愛理訳）木畑洋一編『ヨーロッパ統合と国際関係』日本経済評論社，2005 年。

Garton Ash, Timothy, In Europe's Name : Germany and the divided continent, Random House, 1993.

Gehler, Michael, u. Rolf Steininger (Hg.), Die Neutralen und die europäische Integration, 1945-1995, Böhlau, 2000.

Gehler, Michael, Der lang Weg nach Europa : Österreich vom Ende der Monarchie bis zur EU, 2 Bände : Darstellung und Dokumente, Studien Verlag, 2003.

Griffiths, Richard T. (ed.), The Netherlands and the Integration of Europe, 1945-1957, NEHA, 1990.

Gowland, David and Arthur Turner, Reluctant Europeans : Britain and European Integration, 1945-1998, Longman, 2000.

Harryvan, A. G., J. van der Harst, en S. van Voorst (red.), Voor Nederland en Europa. Politici en ambtenaren over het Nederlandse Europabeleid en de Europese integratie, 1945-1975, Instituut voor Nederlandse Geschiedenis, 2001.

小島健『欧州建設とベルギー──統合の社会経済史的研究』日本経済評論社，2007 年。

König, Mareike, u. Matthias Schulz (Hg.), Die Bundesrepublik Deutschland und die europäische Einigung 1949-2000 : Politische Akteure, gesellschaftliche Kräfte und internationale Erfahrungen, Franz Steiner, 2004.

Milward, Alain S., The Rise and Fall of a National Strategy 1945-1963 : The UK and the European Community, Vol. 1, Frank Cass, 2002.

Wurm, Clemens (ed), *Western Europe and Germany : The Beginning of European Integration 1945-1960*, Berg, 1996.

6）年代別（（3)研究文献も参照）
第 1 章（1914 年まで）
Febvre, Lucien, *L'Europe : genèse d'une civilisation.* Cours professé au Collège de France en 1944-1945, établi, présenté et annoté par Thérèse Charmasson et Brigitte Mazon, Perrin, 1999（長谷川輝夫訳『ヨーロッパとは何か――第二次大戦直後の連続講義から』刀水書房，2008 年）．
Heater, Derek, *The Idea of European Unity*, Leicester U. P., 1992（田中俊郎監訳『統一ヨーロッパへの道――シャルルマーニュから EC 統合へ』岩波書店，1994 年）．
Hinsley, F. H., *Power and the Pursuit of Peace : Theory and Practice in the History of Relations between States*, Cambridge U. P., 1963.
Le Rider, Jacques, *La Mitteleuropa*, 2e éd., PUF, 1996（田口晃・板橋拓己訳『中欧論――帝国から EU へ』白水社，2004 年）．
Pagden, Anthony (ed.), *The Idea of Europe : From Antiquity to the European Union*, Cambridge U. P./Woodrow Wilson Center, 2002.
Pollard, Sidney, *The Integration of the European Economy since 1815*, Thames and Hudson, 1974（鈴木良隆・春見涛子訳『ヨーロッパの選択――経済統合への途 1815-1970 年』有斐閣，1990 年）．
ポミアン，クシシトフ『増補　ヨーロッパとは何か――分裂と統合の 1500 年』(村松剛訳)平凡社，2002 年。
Schmale, Wolfgang, *Geschichte Europas*, Böhlau, 2001.
Soutou, Georges-Henri, et Jean Bérenger (dir.), *L'ordre européen du XVIe au XXe siècle*, Presses de l'Université de Paris-Sorbonne, 1998.
谷川稔編『歴史としてのヨーロッパ・アイデンティティ』山川出版社，2003 年。

第 2 章（1914-47）
Bussière, Eric, *La France, la Belgique et l'organisation économique de l'Europe, 1918-1935*, Comité pour l'histoire économique et finaicière de la France, 1992.
Cabot, Jean-Luc, *Aux orgines intellectuelles de l'Union européenne : L'idée d'Europe unie de 1919 à 1939*, Presses Universitaire de Grenoble, 2005.
Dard, Olivier, et Etienne Deschamps (dir.), *Les relèves en Europe d'un après-guerre à l'autre*, Peter Lang, 2005.
Duchenne, Geneviève, *Esquisses d'une Europe nouvelle : L'européisme dans la Belgique de l'entre-deux-guerres (1919-1939)*, Peter Lang, 2008.
Fleury, Antoine, et Lubor Jîlek (dir.), *Le Plan Briand d'Union fédérale européenne : Perspectives nationales et transnationales, avec documents*, Peter Lang, 1998.
Frommelt, Reinhard, *Paneuropa oder Mitteleuropa : Einigungsbestrebungen im Kalkül deutscher Wirtschaft und Politik 1925-1933*, Deutsche Verlags-Anstalt, 1977.
Grosbois, Thierry, *L'idée européenne en temps de guerre dans le Benelux (1940-1944)*, Academia, 1994.
板橋拓己「『中欧』の理念とドイツ・ナショナリズム (1)(2)――フリードリヒ・ナウマン『中欧論』の研究」『北大法学論集』55 巻 6 号，56 巻 1 号（2005 年）。
Kaiser, Wolfram, and Helmut Wohnout, *Political Catholicism in Europe 1918-1945*, Vol. 1, Routledge, 2004.

北村厚「戦間期ドイツにおける国際カルテル論――1927年ジュネーブ世界経済会議を中心に」『政治研究（九州大学）』53号（2006年）。

廣田功「戦間期フランスのヨーロッパ経済統合構想」秋元英一・廣田功・藤井隆至編『市場と地域――歴史の視点から』日本経済評論社，1993年。

古内博行「第二次大戦期におけるレジスタンス運動の戦後統合構想――ヨーロッパ統合への本格的端緒」秋元英一・廣田功・藤井隆至編『市場と地域――歴史の視点から』日本経済評論社，1993年。

Laptos, Jozef, and Mariusz Misztal, *American Debates on Central European Union, 1942-1944*, Peter Lang, 2002.

Lipgens, Walter, *A History of European Integration, Vol. 1 : 1945-1947*, Clarendon Press, 1982.

Petricioli, Marta, et Donatella Cherubini (dir.), *Pour la paix en Europe/For Peace in Europe : Institutions et société civile dans l'entre-deux-guerres/Institutions and Civil Society between the World Wars*, Peter Lang, 2007.

Schirmann, Sylvain, *Quel ordre européen? : De Versailles à la chute du III*^{e} *Reich*, Armand Colin, 2006.

戸澤英典「パン・ヨーロッパ運動の憲法体制構想」『阪大法学』第53巻3・4号（2003年）。

上原良子「フランスの欧州連邦構想とドイツ問題――大戦中からモネ・プラン成立期までを中心として」『史論』第46号（1993年）。

Varsori, Antonio, and Elena Calandri (eds.), *The Failure of Peace in Europe, 1943-1948*, Palgrave, 2002.

山中仁美「〈新しいヨーロッパ〉の歴史的地平――E・H・カーの戦後構想の再検討」『国際政治』148号（2007年）。

Ziegerhofer-Prettenthaler, Anita, *Botschafter Europas : Richard Nikolaus Coudenhove-Kalergi und die Paneuropa-Bewegung in den zwanziger- und dreißiger Jahren*, Böhlau, 2004.

第3章（1947-50）

Becker, Josef, and Franz Knipping (eds.), *Great Britain, France, Italy and Germany in a Postwar World, 1945-1950*, W. de Gruyter, 1986.

Bitsch, Marie-Thérèse (dir.), *Jalons pour une histoire du Conseil de l'Europe : Actes du Colloque de Strasbourg (8-10 juin 1995)*, Peter Lang, 1997.

Bossuat, Gérard, *La France, l'aide américaine et la construction européenne 1944-1954*, 2 vols., Comité de l'histoire économique et financière de la France, 1992.

Ciampani, Andrea (a cura di), *L'altra via per l'Europa : Forze sociali e organizzazaione degli interessi nell'integrazione europea (1947-1957)*, Franco Angeli, 1995.

Deighton, Anne, *The Impossible Peace : Britain, the Division of Germany, and the Origins of the Cold War*, Clarendon Press, 1990.

Dockrill, Saki, Robert Frank, Georges-Henri Soutou, et Antonio Varsori (dir.), *L'Europe de l'Est et de l'Ouest dans la Guerre froide 1948-1953*, Presses de l'Université de Paris-Sorbonne, 2002.

Gillingham, John, *Coal, Steel, and the Rebirth of Europe, 1945-1955 : The Germans and French from Ruhr conflict to Economic Community*, Cambridge U. P., 1991.

Heller, Francis, and John Gillingham (eds.), *NATO : The Founding of the Atlantic Alliance and the Integration of Europe*, Macmillan, 1992.

廣田功「フランスの近代化政策とヨーロッパ統合」廣田功・森建資編著『戦後再建期のヨーロッパ経済——復興から統合へ』日本経済評論社，1998年。
Hogan, Michael, *The Marshall Plan : America, Britain, and the reconstruction of Western Europe, 1947-1952*, Cambridge U. P., 1987.
細谷雄一『戦後国際秩序とイギリス外交——戦後ヨーロッパの形成 1945-1951年』創文社，2001年。
Loth, Wilfried, *The Division of the World, 1941-1955*, Routledge, 1988.
Maier, Charles, and Günter Bischof (eds.), *The Marshall Plan and Germany : West German Development within the Framework of the European Recovery Program*, Berg, 1991.
Milward, Alan S., *The Reconstruction of Western Europe, 1945-1951*, University of California Press, 1984.
上原良子「フランス社会党の欧州統合構想と欧州審議会」『西洋史学』198号（2000年）。
―――「〈ヨーロッパ文化〉と欧州審議会の成立」『国際政治』129号（2002年）。

第4章（1950-58）

Bossuat, Gérard, *L'Europe de Français 1943-1959 : La IVe République aux sources de l'Europe communautaire*, Publication de la Sorbonne, 1996.
Di Nolfo, Ennio (ed.), *Power in Europe? Vol. 2 : Great Britain, France, Germany and Italy and the Origins of the EEC, 1952-1957*, W. de Gruyter, 1992.
藤田憲「フランス海外領土政策と欧州経済共同体交渉——ユーラフリカ秩序の構築をめぐって」『アジア・アフリカ研究』第41巻2号（2001年）。
Fursdon, Edward, *The European Defense Community : A History*, Macmillan, 1980.
Gerbet, Pierre, *1957, La Naissance du Marché Commun*, nouvelle éd., Complexe, 2007.
Griffiths, Richard T., *Europe's First Constitution : The European Political Community, 1952-1954*, Federal Trust, 2000.
Haas, Ernest B., *The Uniting of Europe : Political, Social, and Economic Forces, 1950-1957*, University of Notre Dame Press, 1958.
Herbst, Ludolf, Werner Bührer, u. Hanno Sowade (Hg.), *Vom Marshallplan zur EWG : die Eingliederung der Bundesrepublik Deutschland in die westliche Welt*, R. Oldenbourg, 1990.
廣田愛理「フランスのローマ条約受諾——対独競争を中心に」『歴史と経済（旧・土地制度史學）』第177号（2002年）。
―――「EEC成立期における自由貿易圏構想へのフランスの対応」『社会経済史学』第70巻1号（2004年）。
細谷雄一『外交による平和——アンソニー・イーデンと20世紀の国際政治』有斐閣，2005年。
黒田友哉「モレ政権と欧州経済共同体の成立」『法学政治学論究』第68号（2006年）。
Küsters, Hanns-Jürgen, *Die Gründung der Europäischen Wirtschaftsgemeinschaft*, Nomos, 1982.
Loth, Wilfried (ed.), *Europe, Cold War and Coexistence, 1953-1965*, Frank Cass, 2004.
益田実「メッシナ提案とイギリス——ヨーロッパ共同市場構想への初期対応決定過程，1955年（1）-（4）」『法経論叢』第17巻2号，第19巻1号（2000-01年）。
―――「自由貿易地帯構想とイギリス——ヨーロッパ共同市場構想への「対抗提案」決定過程，1956年（1）-（3）」『法経論叢』第21巻2号-第23巻1号（2004-05年）。
小川浩之『イギリス帝国からヨーロッパ統合へ——戦後イギリス対外政策の転換とEEC加

盟申請——』名古屋大学出版会，2008 年。
Ruane, Kevin, *The Rise and Fall of the European Defense Community : Anglo-American Relations and the Crisis of European Defense, 1950-55*, Macmillan, 2000.
Segers, Mathieu L. L., *Deutschlands Ringen mit der Relance. Die Europapolitik der BRD während der Beratungen und Verhandlungen über die Römischen Verträge*, Peter Lang, 2007.
Spierenburg, Dirk and Raymond Poidevin, *The History of the High Authority of the European Coal and Steel Community : Supranationality in Operation*, Weidenfeld and Nicolson, 1994.
鈴木均「欧州横断ネットワークの先駆——欧州統合初期において労働組合が開いた可能性と限界」『現代史研究』第 52 号（2006 年）。
————「ユーラトム，ドイツ再軍備とドイツ労働総同盟（DGB）1950-1960 年」『日本 EU 学会年報』第 28 号（2007 年）。
Thiemeyer, Guido, *Vom "Pool Vert" zur Europäischen Wirtschaftsgemeinschaft : Europäische Integration, Kalter Krieg und die Anfänge der Gemeinsamen Europäischen Agrarpolitik 1950-1957*, R. Oldenbourg, 1999.
八十田博人「50 年代イタリアの欧州政策——「例外的」なミドル・パワーの統合への対応」『日本 EU 学会年報』第 21 号（2001 年）。
山本健「ヨーロッパ石炭鉄鋼共同体（ECSC）の成立をめぐる国際政治過程　1950-51 年——仏・米・西独関係を中心に」『一橋法学』第 1 巻 2 号（2002 年）。

第 5 章（1958-69）

Daddow, Oliver (ed.), *Harold Wilson and European Integration : Britain's Second Application to join the EEC*, Routledge, 2003.
Eckart Conze, *Die gaullistische Herausforderung : Die deutsch-französischen Beziehungen in der amerikanischen Europapolitik, 1958-1963*, Oldenbourg, 1995.
Giauque, Jeffrey, *Grand Designs and Visions of Unity : The Atlantic Powers and the Reorganization of Western Europe, 1955-1963*, University of North Carolina Press, 2002.
川嶋周一『独仏関係と戦後ヨーロッパ国際秩序——ドゴール外交とヨーロッパの構築 1958-1969』創文社，2007 年。
Kramer, Ester, *Europäisches oder atlantisches Europa? : Kontinuität und Wandel in den Verhandlungen über eine politische Union 1958-1970*, Nomos, 2003.
橋口豊「ハロルド・ウィルソン政権の外交 1964-1970 年——「三つのサークル」の中の英米関係」『龍谷法学』第 38 巻 4 号（2006 年）。
岩間陽子「ヨーロッパ分断の暫定的受容——1960 年代」臼井実稲子編『ヨーロッパ国際体系の史的展開』南窓社，2000 年。
Lindberg, Leon N., *The political dynamics of European economic integration*, Stanford U. P., 1963.
Ludlow, Piers N., *Dealing with Britain : The Six and the First UK Application to the EEC*, Cambridge U. P., 1997.
————, *The European Community and the Crises of the 1960s : Negotiating the Gaullist Challenge*, Routledge, 2005.
———— (ed.), *European Integration and the Cold War. Ostpolitik-Westpolitik, 1965-1973*, Routledge, 2007.
Migani, Guia, *La France et l'Afrique sub-saharienne, 1957-1963. Histoire d'une décolonisa-

tion entre idéaux eurafricains et politique de puissance, Peter Lang, 2008.
Palayret, Jean-Marie, Helen Wallace, et Pascale Winand (eds.), *Visions, Votes and Vetoes : The Empty Chair Crisis and the Luxembourg Compromise Forty Years On*, Peter Lang, 2006.
Perron, Régine (ed.), *The Stability of Europe : The Common Market : Towards European Integration of Industrial and Financial Market? (1958-1968)*, Presses de l'Univeristé de Paris-Sorbonne, 2004.
芝崎祐典「ウィルソン政権におけるイギリスの対 EEC 政策——欧州〈歴訪〉の英米関係，1967年」『現代史研究』第 52 号（2006 年）。
Vaïsse, Maurice, *La Grandeur : Politique étrangère du général de Gaulle 1958-1969*, Fayard, 1998.
Winand, Pascaline, *Eisenhower, Kennedy, and the United States of Europe*, St. Martin's Press, 1993.
Zimmermann, Hubert, *Money and Security : Troops, Monetary Policy, and West Germany's Relations with the United States and Britain, 1950-1971*, Cambridge University Press, 2002.

第 6 章（1970-79）

Association Georges Pompidou (dir.), *Georges Pompidou et l'Europe*, Complexe, 1995.
Bange, Oliver, and Gottfried Niedhart, (eds.), *Helsinki 1975 and the Transformation of Europe*, Berghahn, 2008.
Berstein, Serge, et Jean-François Sirinelli (dir.), *Les années Giscard. Valéry Giscard d'Estaing et l'Europe, 1974-1981*, Armand Colin, 2006.
Bussière, Éric, et Michel Dumoulin, Sylvain Schirmann (dir.), *Milieux économiques et intégration européenne au XXe siècle. La crise des années 1970 : De la conférence de La Haye à la veille de la relance des années 1980*, Peter Lang, 2006.
Davy, Richard (ed.), *European Détente : A Reappraisal*, Sage Publications, 1992.
Du Réau, Elisabeth, et Robert Frank (dir.), *Dynamiques européennes : Nouvel espace, Nouveaux acteurs 1969-1981*, Publication de la Sorbonne, 2002.
Garthoff, Raymond L., *Détente and Confrontation : American-Soviet Relations from Nixon to Regan*, rev. ed., Brookings Institution, 1994.
権上康男「ヨーロッパ通貨協力制度〈スネイク〉の誕生（1968-73 年）——戦後国際通貨体制の危機とフランスの選択」『エコノミア』第 56 巻 1 号（2005 年）。
Griffiths, Richard T., "A Dismal Decade? European Integration in the 1970s," in Desmond Dinan (ed.), *Origins and Evolution of the European Union*, Oxford U. P., 2006.
Hamilton, Keith, *The Last Cold Warriors : Britain, Détente and the CSCE, 1972-1975*, European Interdependence Research Unit, St. Antony's College, 1998.
Knipping, Franz, u. Matthias Schönwald (Hg.), *Aufbruch zum Europa der zweiten Generation : Die europäische Einigung 1969-1984*, Wissenschaftlicher Verlag Trier, 2004.
Loth, Wilfried, and Georges-Henri Soutou (eds.), *The Making of Détente : Eastern Europe and Western Europe in the Cold War, 1965-75*, Routledge, 2007.
Ludlow, Peter, *The Making of the European Monetary System : A Case Study of the Politics of the European Community*, Butterworths, 1982.
Maresca, John J., *To Helsinki : The Conference on Security and Cooperation in Europe, 1973-1975*, Duke U. P., 1987.
百瀬宏・植田隆子編『欧州安全保障協力会議（CSCE）1975-92』日本国際問題研究所，

1992 年。
齋藤嘉臣『冷戦変容とイギリス外交——デタントをめぐる欧州国際政治 1964-1975 年』ミネルヴァ書房，2006 年。
Wallace, Helen, William Wallace, and Carole Webb (eds.), *Policy Making in the European Community*, 2nd ed., John Wiley and Sons, 1983.
Yamamoto, Takeshi, "Détente or Integration? EC Response to Soviet Policy Change towards the Common Market, 1970-75," *Cold War History*, 7/1 (2007).

第 7 章 (1980-91)

Bozo, Frédéric, *Mitterrand, la fin de la guerre froide et l'unification allemande : De Yalta à Maastricht*, Odile Jacob, 2005.
Bozo, Frédéric, Marie-Pierre Rey, Piers N. Ludlow, and Leopoldo Nuti (eds.), *Europe and the End of the Cold War. A Reappraisal*, Routledge, 2008.
Cecchini, Paolo, *The European Challenge 1992 : The Benefits of a Single Market*, Wildwood House, 1988 (田中素香訳『EC 市場統合・1992 年——域内市場完成の利益』東洋経済新報社，1988 年).
Cloos, Jim et al., *Le Traité de Maastricht : genèse, analyse, commentaries*, 2e éd., Bruylant, 1994.
Dahrendorf, Ralf, *Reflections on the Revolution in Europe : in a letter intended to have been sent to a gentleman in Warsaw*, Times Books, 1990 (岡田舜平訳『ヨーロッパ革命の考察——「社会主義」から「開かれた社会」へ』時事通信社，1991 年).
De Ruyt, Jean, *L'Acte Unique Européen*, Editions de l'Université de Bruxelles, 1987.
Dyson, Kenneth, and Kevin Featherstone, *The Road to Maastricht : Negotiating Economic and Monetary Union*, Oxford U. P., 1999.
Endo, Ken, *The Presidency of European Commission under Jacques Delors : The Politics of Shared Leadership*, Macmillan, 1999.
Koehane, Robert, and Stanley Hoffmann (eds.), *The New European Community*, Boulder, 1991.
Lucas, Hans-Dieter (Hg.), *Genscher, Deutschland und Europa*, Nomos, 2002.
Ludlow, Piers N., "From Deadlock to Dynamism : The European Community in the 1980s," in Desmond Dinan (ed.), *Origins and Evolution of the European Union*, Oxford U. P., 2006.
Moravcsik, Andrew, "Negotiating the Single European Act : National Interests and Conventional Statecraft in the European Community," *International Organization*, 45/1 (1991).
Nuti, Leopoldo (ed.), *The Crisis of Détente in Europe. From Helsinki to Gorbachev, 1975-1985*, Routledge, 2008.
Sandholtz, Wayne, and John Zysman, "1992 : Recasting the European Bargain," *World Politics*, 42/1 (1989).
佐々木隆生・中村研一編『ヨーロッパ統合の脱神話化』ミネルヴァ書房，1994 年。
Schabert, Tilo, *Mitterrand et la reunification allemande : Une histoire secrete (1981-1995)*, Bernard Grasset, 2005.
高橋進『歴史としてのドイツ統一——指導者たちはどう動いたか』岩波書店，1999 年。
ワイラー，ジョゼフ・H・H『ヨーロッパの変容——EC 憲法体制の形成』（南義清・広部和也・荒木教夫訳）北樹出版，1998 年。
Wallace, William, *The Transformation of Western Europe*, Pinter, 1990 (鴨武彦・中村英俊訳『西ヨーロッパの変容』岩波書店，1993 年)。

第 8 章（1992-98）

Buchan, David, *Europe: The Strange Superpower*, Dartmouth, 1993

Dockrill, Saki R., *The End of the Cold War Era. The Transformation of the Global Security Order*, Hodder Arnold, 2005.

Duff, Andrew (ed.), *The Treaty of Amsterdam: Text and Commentary*, Federal Trust, 1997.

Laurent, Pierre-Henri, and Marc Maresceau (eds.), *Deepening and Widening*, Lynne Rienner Publishers, 1998.

Pond, Elizabeth, *The Rebirth of Europe*, 2nd ed., Brooking Institution Press, 2002.

Rometsch, Dietrich, and Wolfgang Wessels (eds.), *The European Union and Member States: Towards institutional fusion?* Manchester U. P., 1996.

Schimmelfennig, Frank, *The EU, NATO and the Integration of Europe: Rules and Rhetoric*, Cambridge U. P., 2003.

Sloan, Stanley, *NATO, the European Union, and the Atlantic Community: The Transatlantic Bargain Challenged*, 2nd ed., Rowman & Littlefield, 2005.

Stark, Hans, *Kohl, l'Allemagne et l'Europe: La politique d'intégration européenne de la République fédérale, 1982-1998*, L'Harmattan, 2004.

植田隆子編『現代ヨーロッパ国際政治』岩波書店，2003年。

Wallace, Helen, and William Wallace, *Policy-Making in the European Union*, 4th ed., Oxford U. P., 2000.

八十田博人「スピネッリの欧州同盟構想」『日本 EU 学会年報』第 13 号（1993 年）。

第 9 章（1999-）

Andrews, David (ed.), *The Atlantic Alliance under Stress: US-European Relations after Iraq*, Cambridge U. P., 2005.

Cosgrove-Sacks, Carol (ed.), *Europe, Diplomacy and Development: New Issues in EU Relations with Developing Countries*, Palgrave, 2001.

Courcelle, Thibault, "Le Conseil de l'Europe et ses limites: L'organisation paneuropéenne en pleine crise identitaire," *Hérodote*, 118 (2005).

遠藤乾「拡大ヨーロッパの政治的ダイナミズム——〈EU-NATO-CE 体制〉の終焉」『国際問題』通号 537 号（2004 年）。

Galloway, David, *The Treaty of Nice and Beyond: Realities and Illusions of Power in the EU*, Sheffield Academic Press, 2001.

Gnesotto, Nicole *et al.* (eds.), *EU Security and Defence Policy: The First Five Years (1999-2004)*, EU-ISS, 2004.

羽場久美子・田中素香・小森田秋夫編『ヨーロッパの東方拡大』岩波書店，2006 年。

Jørgensen, Kund Erik, Mark A. Pollack, and Ben Rosamond (eds.), *Handbook of European Union Politics*, Sage Publications, 2006.

Lamassoure, Alain, *Histoire secrète de la convention européenne*, Albin Michel, 2004.

Levy, Daniel *et al.*, *Old Europe, New Europe, Core Europe: Transatlantic Relations after the Iraq War*, Verso, 2005.

Lippers, Barbara, and Gaby Umbach, *The Pressure of Europeanisation: From Post-Communist State Administrations to Normal Players in the EU System*, Nomos, 2005.

中村民雄『欧州憲法条約——解説および翻訳』衆憲資第 56 号（委託調査報告書），2004 年。
http://www.shugiin.go.jp/itdb_kenpou.nsf/html/kenpou/shukenshi056.pdf/$File/shukenshi056.pdf

Norman, Peter, *The Accidental Constitution : The Making of Europe's Constitutional Treaty*, Eurocoment, 2005.
Stubb, Alexander, *Negotiating Flexibility in the European Union : Amsterdam, Nice and Beyond*, Palgrave, 2002.
鈴木一人「規制帝国としてのEU」山下範久編『帝国論』講談社、2005年。
Zielonka, Jan, *Europe's Empire : The Nature of the Enlarged European Union*, Oxford U. P., 2006.

4　主要な文書館・史料館

原加盟国を中心とする主要なものに限り、情報は住所・URLならびに史料館の性格と基本的注意事項に留めた。内容は、実際の利用経験に基づくかサイト内記述に依った。変更の可能性もあり注意されたい。一般的にアーカイブはそれぞれ利用規則が異なり、訪問に際して様々な事前申請を必要するものも多い。またその申請の程度も千差万別である。訪問自体に問題なくとも、個別の史料の閲覧の際に高いハードルが課せられることもごく一般的である。利用にあたっては、各史料館の連絡先に必ず事前に問い合わせられたい。また史料館以外のリソースについては、通史篇『ヨーロッパ統合史』（名古屋大学出版会、2008年）の参考文献4「雑誌・インターネット」も参照されたい。　　　　　　　　　　　　　　　　　　　（2008年9月20日現在）

1）オンライン版ヨーロッパ統合史関係文書館・史料館案内

加盟国外務省およびEU機構アーカイブのブルーガイド（閣僚理事会にて作成）
Blue guide to the archives of Member States' Foreign Ministries and European Union institutions
　http://www.consilium.europa.eu/cms3_applications/showPage.ASP?id = 717&lang = en

EU加盟国外務省およびヨーロッパ機構アーカイブのデータベース（下記HAEU作成）
Archives of Ministries of Foreign Affairs of the European Union and European Institutions
　http://wwwarc.eui.eu/MFAdb/Welcome.htm

アーカイブ便利帳（LSE国際関係史学部作成）
Archives Made Easy
　http://www.archivesmadeeasy.org/

2）ヨーロッパ共同体機構

欧州連合歴史文書館　Historical Archives of European Union（HAEU）
　Villa il Poggiolo, Piazza T. A. Edison, 11, 50133 Firenze — Italia
　http://www.iue.it/ECArchives/EN/
　フィレンツェにあるEUIと密接に連携して運営されているEUの基幹的文書館。ECSC, EEC, EURATOMの各主要機関（理事会、委員会、欧州会計監査院等）の史料のほか、ヨーロッパ統合に活躍した個人（政治家、官僚等）の私文書および機関の文書を広く所蔵。欧州宇宙機関などの共同体の枠外の欧州機関の文書もわずかだが所蔵している。ヨーロッパ統合の歴史研究の際、欠かすことのできない中心的な史料館である。

欧州委員会歴史文書館　European Commission's Historical Archives（ECHA）
　Couvent Van Maerlant (Bâtiment VM18), rue Van Maerlant 18, 1040 Bruxelles — Belgique
　http://ec.europa.eu/historical_archives/index_en.htm

EEC 以降の委員会の史料を包括的に所蔵。一部がマイクロ化され HAEU に移管されている。メール等で初回訪問日時のアポイントメントを取る必要がある。史料カタログは基本的にオンラインで検索可能である。文書館の利用も大変使いやすい。

閣僚理事会中央文書館　Archives of Council of Ministers（ACM）
General Secretariat of the Council of the European Union, Central Archives
Justus Lipsius building, Rue de la Loi 175, B-1048 Brussels ― Belgium
独自のウェブサイトなし　E-mail：archives.centrales@consilium.europa.eu
巨大な理事会本部棟の一室に位置し、ECSC、EEC、EC、EURATOM の各閣僚理事会の文書（議事録、各種報告書の草案、電報等）を所蔵。一部がマイクロ化され HAEU に移管されている。メール等で初回訪問日時のアポイントメントを取る必要がある。なお、ACM と ECHA の閲覧室は、歩いて 5 分程度の距離しか離れていない。

欧州議会文書資料センター　Centre Archivistique et Documentaire
European Parliament, Archive and Documentation Centre (CARDOC)
Kirchberg European Centre, Schuman Building (ground floor),
L-2929 Luxembourg ― Luxembourg
http://www.europarl.europa.eu/parliament/archive.do?language=EN
欧州議会の文書館。欧州議会発行の各種公文書ならびに、欧州議会の内部文書等も所蔵。

この他、欧州社会経済評議会、地域委員会、欧州中央銀行も文書館ないしは歴史的史料の取扱い部署を設置している。

3）その他国際機構

欧州審議会文書館　Council of Europe Archives
Council of Europe, Avenue de l'Europe
F-67075 Strasbourg CEDEX ― France
E-mail：archives@coe.int
http://www.coe.int/t/dgal/dit/ilcd/Contact_en.asp
欧州審議会の文書館で、多くの史・資料が電子化されている。閲覧に際しては、事前にメールでの問い合わせが必要である。

NATO 文書館　NATO Archives
NATO, B-1110 Brussels ― Belgium
http://www.nato.int/archives/
NATO の各種政治・軍事委員会やワーキング・グループ等の内部文書の他に、大西洋理事会の議事録や事務総長機構文書などを所蔵。現段階では包括的公開とは言えない。NATO 本部内にあり、セキュリティの関係から訪問日時を指定して事前連絡する必要がある。

国際連盟文書館　Archives de la Société des Nations
UNOG Library, League of Nations Archives
Palais des Nations, CH-1211 Geneva 10 ― Suisse
http://www.unog.ch/80256EE60057D930/(httpPages)/
775F57EE7B39FC0D80256EF8005048A6　国際連盟の文書館。国際連合ジュネーブ本部内に所在。

4）フランス

国立文書館　Archives Nationales（AN, CARAN）
住所（下記 CAC も同様）

Archives nationales
60 rue des Francs Bourgeois, 75141 Paris CEDEX 03
閲覧室住所
Centre d'accueil et de recherche des Archives nationales（CARAN）
11 rue des Quatre Fils, 75003 Paris
http://www.archivesnationales.culture.gouv.fr/　（AN全体のサイトのURL）
http://www.archivesnationales.culture.gouv.fr/chan/index.html
パリのマレ地区にあるフランスの国立公文書館。ANと言った場合，全国各地に存在する分館をあわせた仏国立公文書館全体も指すので，通常パリに閲覧室のある文書館はCARANと呼ばれる。第四共和制期は各省庁文書や政治家・高級官僚の個人文書，第五共和制期は大統領府文書（特にポンピドゥー，ジスカール，ミッテラン）および各種個人文書などが有用である。ただし，大統領府文書と個人文書は60年ルールのため，50年代以降の文書は通常の手続きでは閲覧できず，閲覧できたとしても一切複写できない。

現代公文書センター　Centres Archives Contemporaines（CAC）
2 rue des archives, 77300 Fontainebleau
http://www.archivesnationales.culture.gouv.fr/cac/fr/public/CACLecteurs.html
NATOの司令本部跡地に作られたANの分館の一つで，欧州統合関係ではSGCI（欧州統合政策の省庁間会議事務局）の文書を所蔵する。なお2010年より，上記CARANとCACを統合する形で，パリ郊外に新しい国立文書館がオープンする予定である。

フランス外務省史料館　Archives diplomatiques du ministère des Affaires étrangères（MAE）
Ministère des Affaires étrangères, Direction des Archives
37 quai d'Orsay, 75007 Paris
http://www.diplomatie.gouv.fr/fr/ministere_817/archives-patrimoine_3512/index.html
仏外務省史料館はパリのほかにナント，コルマールに分館がある。パリについては従来のケドルセの本省建物内から移転し2009年夏にパリ郊外のラクルヌーヴに新規開館予定（2008年7月以降閉鎖中）。仏外務省内の欧州問題担当部門，対外経済財政局，外相官房文書，会談議事録，各種電報等，フランス外交史研究に必須の史料を所蔵する。

パリ政治学院付属現代史文書館　Archives d'histoire contemporaine
56, rue Jacob, 75006 Paris
http://centre-histoire.sciences-po.fr/archives/index.html
パリ政治学院（Institut d'études politiques de Paris）付属の文書館で，フランスの重要な政治家・高級官僚の個人文書，政党ないしは政治運動団体の史料を所蔵する。閲覧には事前許可が必要。

5）ドイツ

ドイツ連邦文書館　Bundesarchiv
Potsdamer Str. 1, 56075 Koblenz
http://www.bundesarchiv.de/index.html
ドイツの中心的な公文書館で，ドイツ各地に10の分館を持つ。本館はコブレンツとされコブレンツ館（BAK）には西ドイツ期の諸文書が所蔵され，東ドイツ関連の史料はベルリン館（SAMPO）にある。BAKでは首相府や大蔵省等の官公庁文書や主要政治家・高級官僚の個人文書が有用である。10の分館のどこにどれくらい自分が望む史料が所蔵されているかを知るのは容易ではないため，事前の問い合わせが推薦されている。なお，連邦文書館のサイトは，ドイツ現代史一般に非常に有用な情報やデータベー

ス，オンラインでのカタログを公開しているだけでなく，文書館自体も非常に便利で使いやすい。

ドイツ外務省政治文書館　Politisches Archiv des Auswärtigen Amts（PAAA）
連絡先住所
Auswärtiges Amt, Politisches Archiv
11013 Berlin
閲覧室住所
Kurstraße 33, 10117 Berlin
http://www.auswaertiges-amt.de/diplo/de/AAmt/PolitischesArchiv/Uebersicht.html
ドイツ外務省の文書館。旧西ドイツ外務省の史料はこの PAAA に引き継がれている。日本人が利用する場合，閲覧に際して在独日本大使館発行の推薦状を要求される。また閲覧申請の際には書面での要求が必要とされる。

キリスト教民主主義政治文書館　Archiv für Christlich-Demokratische Politik（ACDP）
Konrad-Adenauer-Stiftung e. V., Rathausallee 12, 53757 Sankt Augustin
http://www.kas.de/wf/de/42.7/
ボン郊外のザンクト・アウグスティンに位置する CDU 系のシンクタンクであるコンラート・アデナウアー財団の付属文書館。CDU の有力政治家（キージンガーやコールが代表的）やアデナウアーの側近・高級官僚（ハルシュタインやフォン・デア・グレーベン等）の個人文書，CDU の連邦議員団や各種組織の文書などを幅広く所蔵。同じ建物内にある図書室も非常に有用である。公開が見合されている文書も存在し，閲覧の際には事前の連絡が必要。

社会民主主義文書館　Archiv der sozialen Demokratie（AdsD）
Archiv der sozialen Demokratie der Friedrich-Ebert-Stiftung
Godesberger Allee 149, D-53175 Bonn
http://www.fes.de/archiv/adsd_neu/index.htm
SPD 系の財団であるフリードリッヒ・エーベルト財団の付属文書館。上記 ACDP に対応し，SPD の地方・全国組織の関連文書，戦間期を含めた SDP の政治家の個人文書のほか，国内・国際さまざまな労働運動関連文書を幅広く所蔵。また，ブラント，シュミットの両首相の個人文書も管理が委託されている。閲覧の際には事前に書面での申請が必要。

連邦首相アデナウアー・ハウス財団　Stiftung Bundeskanzler-Adenauer-Haus（StBKAH）
Konrad-Adenauer-Straße 17
D-53604 Bad Honnef-Rhöndorf
http://www.adenauerhaus.de/
StBKAH はアデナウアーの私邸ならびに個人文書の管理を主たる任務する団体である。個人文書のうち，連邦首相期の文書の多くは公開が見合されている。なお文書の閲覧室は，アデナウアーの常設展示が行われている建物とは異なるので注意が必要。

6）イギリス
国立公文書館　The National Archives（TNA）
Ruskin Avenue, Kew Richmond, Surrey TW9 4DU
http://www.nationalarchives.gov.uk
ロンドンの郊外キューにある，イギリスにおける包括的な国立公文書館。他国と異なり外務省の文書も併せて所蔵していることもあり，世界でも指折りの巨大かつ便利な文書館である。首相府文書（PREM），内閣文書（CAB）や外務省文書（FO，68年以降 FCO）が特に有用である。

チャーチル・アーカイブ・センター　Churchill Archives Centre
　　Churchill Archives Centre, Churchill College
　　Cambridge, CB3 0DS
　　http://www.chu.cam.ac.uk/archives/
　　チャーチルの個人文書を所蔵。

7）ベルギー
ベルギー外務省文書館　Archives diplomatiques et archives africaines
　　Service public fédéral Affaires étrangères, Commerce extérieur et Coopération au Développement, Direction des archives, Archives diplomatiques et archives africaines
　　Rue des Petits Carmes, 15 B-1000 Bruxelles
　　http://www.diplomatie.be/en/archives/archivesdetail.asp?TEXTID = 2295
　　ベルギー外務省内の各種文書，関連個人文書を所蔵する。アフリカの旧植民地に関する文書も所蔵。閲覧には事前にメール等により書面での申請が必要。
ルーヴァン・カトリック大学ヨーロッパ研究所付属史料館
　　Service des Archives, Université catholique de Louvain
　　Rue Montesquieu, 27, B-1348, Louvain-la-Neuve
　　http://www.uclouvain.be/33169.html
　　ヨーロッパ統合史研究の中心地の一つでもあるルーヴァン・カトリック大学に設置されたヨーロッパ統合史・現代史に重点が置かれた史料館。統合に関わったベルギーの政治家・運動家，諸運動機関（LECEやヨーロッパ運動等）が収集されている。

8）イタリア
イタリア外務省文書館　Archivio Storico Diplomatico Ministero Affari Esteri
　　Ministero degli Affari Esteri, Segreteria generale, Unità per la documentazione storico, diplomatica e gli archive
　　Piazzale della Farnesina, 1- 00194, Roma
　　http://www.esteri.it/MAE/IT/Ministero/Servizi/Italiani/Archivi_Biblioteca/Storico_Diplom/
　　なぜか50年ルールのため，他国の文書館と比べると公開は遅れ気味のようである。また，閲覧には煩雑な事前申請が必要であり，身分証明書，推薦書（指導教官もしくは所属大学），在イタリア大使館発行の推薦書が要求される（FAXも可能だが郵送が望ましい）。

9）オランダ
国立文書館　Het Nationaal Archief
　　http://www.nationaalarchief.nl/
　　Prins Willem Alexanderhof 20, 2595 BE, Den Haag
　　オランダの国立文書館で，戦後の外務省文書を除くほぼすべての省庁の文書を所蔵しているほか，多くの個人文書も所蔵している。きわめて便利に利用できる。
オランダ外務省文書館　Het archief van het ministerie van Buitenlandse Zaken
　　De dienst Documentaire Informatievoorziening, Bezuidenhoutseweg 67, 2594 AC, Den Haag
　　http://www.minbuza.nl/nl/contact,Studiezaal-archief.html
　　所蔵する史料は戦後期が中心である。

10) スイス
ジュネーブ大学ヨーロッパ研究所付属文書館　Centre d'archives européennes
  Institut européen de l'Université de Genève, Centre d'archives européennes
  Case postale 191, CH-1296 Coppet
  http://www.unige.ch/ieug/ressources/archives.html
  ド・ルージュモンが1963年に設立した研究所が運営する文書館で，パン・ヨーロッパ運動関連の文書を多く所蔵している。クーデンホーフ・カレルギーの個人文書が代表的。
ジャン・モネ・アーカイブ　Archives Jean Monnet
  Fondation Jean Monnet pour l'Europe
  Ferme de Dorigny, CH-1015 Lausanne
  http://www.jean-monnet.ch/en/pArchives/archives.php
  モネの個人史料およびモネに近しかった政治家・高級官僚（シューマン，マルジョラン等）の個人文書を所蔵。閲覧には事前に申請が必要。

（作成：川嶋周一）

あとがき

　本当に作りたい本を作る。大学人といえば自由に時間を使える余裕と同義のようにイメージされるが，講義演習やら学内行政やらで普段バタバタしている身からすると，そのような単純な願いはあこがれですらある。「記録より記憶に残るプレー」というスポーツ界の言い方に倣えば，「業績より記憶に残る本」とでもいうべきか。この本を編むとき念頭にあったのは，そのような願いである。

　具体的なモデルがないわけではなかった。当初考えていたのは，半世紀のあいだ命脈を保ち続けた『原典アメリカ史』（当初全6巻，現在全9巻）のような史料解説集である。戦後のアメリカ研究は，そこから立ち上がったように伝え聞く。どちらも長い豊かな前史を抱えているが，あちらは建国から約200年，こちらはECSCからEUへの60年ほどの歴史。

　この半世紀強のヨーロッパ統合が歴史の研究の対象になると最初に直感したのは，イギリスとイタリアに滞在していた1990年代前半である。当時，EC委員長ドロールによる現在進行形の統合リーダーシップを研究していた私は，アン・ダイトンやアラン・ミルワードの下に集った優秀な学生がみな，1950年代の統合と仏社会党，米国諜報機関とモネの関係，60年代の英国加盟申請，核政策，ドゴール等々，史料のほこりのなかから驚くほど刺激的な（リアルな）戦後史を語りあう姿にがく然としていた。あのまぶしいまでの共同作業は，振り返ると一種のムーヴメントだったのだろう。いまも強烈な原像として残っている。

　ほどなくして帰国した後，気づかぬうちに仲間を探していた。まだ無名だった細谷雄一氏に出会ったのもそのころだった。戸澤英典，八十田博人，上原良子，橋口豊，そして川嶋周一といった諸氏と一緒に「原典ヨーロッパ統合史研究会」を始めたのが，2001年の末である。当初は，田口晃氏（北海道大，現北海学園大）にも参加していただいており，本書をまとめる際にも有益なコメン

トを頂戴した。その後，最現代のヨーロッパ統合について私一人では手が回らなくなり，鈴木一人氏に加わってもらったのだが，これがわれわれの研究会に馬力と生産性をもたらした。また，19世紀から20世紀前半のドイツ近代史を専攻する板橋拓己氏が，私の最も疎いところをカバーして，助力してくれた。この間ずっと，微力な編者を助けて，出版を企画として完遂するのにいつも相談に乗ってくれたのは細谷氏だったし，人や史料や視点を惜しげもなく紹介し絶妙に研究会をかき回したのは上原氏だった。また40冊ほどの史料集の間の重なり具合を調べるという単純な作業をまとめ（『ヨーロッパ統合史史料総覧』旭図書刊行センター，2004年：http://www.global-g.jp/europe/），研究インフラ構築に尽力してくれた川嶋氏にも，幾度となく助けられた。そして，7年間で16回もの2泊3日の研究合宿を繰り返すなかで，代わる代わる場を盛り上げ時に厳しい知のチェックを入れてくれた戸澤英典，八十田博人，橋口豊の各氏にも，あらためて深く感謝したい。

　これらのメンバーの他にも，史料を手ほどきしてくれたり，枠組みをレヴューしてくれたりした先学や仲間は数多くいた。なかでも，2回にわたってわれわれの研究をレヴューしてくださった廣田功（東京大，経済史）と中村民雄（東京大，EU法）の両氏には，特に感謝したい（所属は特に言及しない限りお世話になった当時のもの。以下同様）。また，旧友のPiers Ludlow（LSE，統合史），Pascaline Winand（EUI，米欧関係史）両氏をはじめ，小川有美（立教大）・網谷龍介（神戸大，現明治学院大）・吉田徹（北海道大）といった欧州政治史研究者，さらに益田実（三重大，英国外交史）・廣田愛理（東京大院，現独協大，経済史）の各氏の詳細なコメントや報告も，大いに参考になった。他にも，パリやフィレンツェの史料館で水先案内人を買って出てくれたパリ政治学院の宮下雄一郎氏（現北海道大/学術振興会）と欧州大学院大学の鈴木均氏（現慶應ジャン・モネEU研究センター）など，史料面でお世話になった方も多い。

　最終的に本をまとめるまでに，本に模して幾度も自家版の冊子を作り検討を進めた。その結果，編集・校正作業は数年に及んだ。その過程の中で，特に一時期編集助手のようであった滝口倫子氏（北海道大学法学研究科，現北海道大学出版会）には，本書に関わるあらゆる面で大変な助力を戴いた。また，人名事項，年代，訳語，あるいは語法のチェックにいたるまで，数多くの北海道大学

学生・院生の諸君の手を煩わせてしまった．中でも，佐藤崇子・三浦順子（文学研究科），宮崎悠（法学研究科），川瀬知美（公共政策大学院），古川健太郎・小林夏未（法学部）の諸氏は，通常のバイトの役割をはるかに超える活躍をしてくれた．また最終的な索引作成にあたっては，北海道大学法学研究科・法学部の井口保宏，酒井美香，澤井佳奈，高田慎二，塚谷春奈，真岸優実の諸氏が駆けつけてくれた．これらの人々のご助力にも，記して御礼申し上げたい．さらに，年表，文献表，索引，はては事実関係や表記・出典のチェックなど編集の最終段階で大変な下支えをしてくれた川嶋・板橋両氏には今一度感謝したい．最後に，史料集めから，研究会や研究合宿のアレンジや会計まで幅広くお世話になった北海道大学法学部の高田直子助手，田中みどり学術支援員をはじめとするスタッフの皆さんにも感謝の意を表したい．

このプロジェクトは研究助成にも大変に恵まれた．編者が代表のものだけに限定しても，日本学術振興会から，2002-04 年度と 2005-07 年度の 2 度にわたり基盤研究 B の助成（「ヨーロッパ統合の歴史的再検討：一次史料の多角的分析と体系的総合」および「『EU-NATO-CE 体制』の拡大と変容：現代欧州国際秩序の歴史巨視的検討」）を，また松下学術財団および学術振興野村基金からも助成を受けた．さらに，史料整備に当たり，編者が分担者で参加した文部科学省学術創成研究「グローバリゼーションとガバナンス」（代表者：山口二郎北海道大学教授，2002-06 年度）からも多大な側面援助を戴いた．最後に，本書刊行の際にも，日本学術振興会による平成 20 年度科学研究費補助金研究成果公開促進費（学術図書）の支援を受けた．本書は，これらの具体的な成果である．関係者の方々に，記して厚く御礼申し上げたい．

末尾になったが，出版を快諾してくださり，支援を惜しまれなかった名古屋大学出版会の橘宗吾氏には，一方ならぬ感謝の念を捧げたい．当初当てにしていたいくつかの出版社がこの重たいプロジェクトを敬して遠ざけて行ったのに対して，橘氏は，名古屋に出向いて企画を持ち込んだその瞬間から一貫して，重厚な研究を大事にする姿勢を示し続けた．同氏ならびに校正の最終局面で細心の注意を払い作業を完遂してくださった長畑節子氏には，ここに記して心から深謝申し上げる．

言うまでもないことだが，上記の方々のご助力にもかかわらず本書に残って

いるミスや勘違いの責任は，編者と執筆者のみにある。読者の方々からご指摘を戴ければ，訂正していきたいと考えている。なお，一般の読者にも読みやすく，また大学の教科書にも使えるようにした既刊の姉妹篇『ヨーロッパ統合史』（名古屋大学出版会，2008年）が，この史料解説集をベースとし，ヨーロッパ統合の歴史のエッセンスを通史的に抽出しているので，併せて参照されたい。

　もとよりささやかな成果ではある。けれども，執筆者一同が研究上もっとも脂がのっている時期に掛け値なくコミットして編んだ本書が，日本におけるEU理解の深化に寄与できるとすれば，それは望外の喜びである。

　2008年9月　　　　　　　　　　早くも木葉が色づきはじめた札幌にて

　　　　　　　　　　　　　　　　　　　　　　　　　　　　編　　者

索引

1 事項

ア 行

アイデンティティ　53, 183, 440, 508, 512, 519, 524, 574, 577, 611, 624, 650-1, 660, 688, 708

アイルランド　115, 147, 350, 425-6, 444, 455-6, 487, 522, 585, 591-2, 602, 611, 645-6, 649, 709

アキ・コミュノテール　398, 557, 594, 599, 644, 655, 662, 677, 679, 697

アジア欧州会合（ASEM）　534

「アジェンダ 2000」　557, 596-7, 600-1

アドンニーノ委員会　→「民衆のヨーロッパに関する委員会」

アドンニーノ報告　480, 484

アフガニスタン侵攻（ソ連の）　430, 460-1, 464

アフガン戦争　608, 652

アムステルダム条約　542, 555-6, 559, 562, 565, 587, 591-3, 597, 604, 615, 617, 619, 621, 639, 642, 650, 683

アメリカ（合衆国）　1-5, 10, 12-4, 41-2, 45-6, 48-9, 53-4, 59, 61-3, 66, 72-4, 78-80, 87, 91, 94, 97-8, 103, 106, 109, 116, 122, 138-9, 145, 150, 154, 158-60, 170-2, 174, 179, 181-2, 184-7, 189-93, 195, 199, 202, 207-9, 211-2, 217-20, 222, 225-9, 254-5, 258-9, 267-8, 285, 288-90, 294, 299, 302, 304-5, 319-22, 326, 342-4, 345-8, 363-5, 371, 376-8, 383, 402-6, 408-9, 424, 426-8, 430-2, 439-42, 446, 459-60, 465, 468, 470-2, 474, 476-8, 508, 515, 521, 523-4, 529, 534-7, 554, 558, 560, 562-3, 603, 608, 612, 614, 631, 652-3, 664-7, 673, 683, 706-7

アメリカニズム　191

アルメル報告　344, 401, 403, 406-7, 427, 460

アンショー報告　433

安全保障　1-6, 63, 100-2, 106, 123, 150-1, 170, 176, 179-82, 184, 187, 192, 194-6, 200, 202, 204, 208, 211, 217, 220, 229, 235, 255-6, 278, 284, 288, 294-5, 302, 304, 339, 341-4, 346-7, 357, 359, 361, 366-7, 375, 379, 388, 402, 405-7, 440, 442, 459-60, 472, 476-7, 518-21, 524, 527, 529-30, 535, 538, 549-50, 554, 556-8, 565-7, 582, 587, 590, 604, 608-10, 615-6, 635-6, 642-3, 652-3, 667, 673-4, 682-4, 686, 688, 691, 693-5, 699

──集団──　181, 184, 208

──政策　157, 452, 582, 608, 614, 634, 673, 683, 711

安定成長協定　584-6, 610, 670-2, 700-1

──の基準緩和　610, 671, 700

域内市場　466-7, 483-6, 487-8, 496, 498, 503, 506, 513, 609, 626-7, 644, 663, 674-5, 679, 689-90

──白書　466, 483-6, 488, 495, 503

イギリス　10, 14, 16, 18, 20, 22, 28, 32-3, 37, 39-40, 42, 47-9, 53, 60, 63, 67, 69, 75-6, 90, 93-6, 98, 100-1, 105-7, 116, 119, 122-3, 133-6, 138, 140-2, 145, 150, 154, 158, 160, 172-4, 181-2, 192-5, 200, 202, 204, 206-10, 212-3, 217-20, 222-3, 226, 229, 234-8, 244, 255, 257-8, 260-1, 267, 271, 275, 277, 285, 288-9, 294, 298-9, 304-6, 311, 318-26, 339, 341, 347-8, 369-72, 376-380, 383, 407-10, 425-6, 428, 431-2, 437, 444-5, 455, 465, 467-8, 470, 476, 480-1, 487, 498, 504, 508-9, 512, 515, 521, 529, 532, 554-6, 559, 561, 568, 588, 591-2, 602-4, 608, 610, 612, 614, 632, 645-6, 649, 652, 662, 664, 674, 683, 703, 709

イギリス加盟（交渉）　341, 369, 372, 374, 385, 407-11, 420, 425

イギリス独立党（UKIP）　698

イギリス予算還付金問題（フォンテーヌブロー理事会も参照）　480

イスラム　4, 10, 13-4, 25-6, 77, 130, 653, 660, 665, 682

イタリア　20-2, 24, 38, 47-8, 58, 76, 82, 84, 99-101, 129-30, 135-7, 139, 142-4, 163, 180, 188-90, 195, 202, 209, 212, 217-9, 238, 259,

261-2, 268, 273, 276, 288, 290-1, 324, 327-9, 334, 367, 369, 388, 390, 393, 428, 444, 449, 450, 453, 455-6, 467, 476, 483, 487, 521-2, 559, 582, 592, 602-3, 645-6, 649, 664
イーデン・プラン　218-9, 268, 271, 275
イラク　582, 608, 663-4, 666-70
——戦争　3, 608, 652, 664, 673, 706
ウェストファリア体制　179, 260
ヴェネツィア会議　223, 306, 315
ヴェルサイユ条約　60, 99, 101
ヴェルサイユ体制　62, 65, 109, 135, 158
ウェルナー報告　433-5
ヴェントテーネ宣言　58, 64, 142, 470
宇宙政策　446-9
エアバス　5, 409-10, 429
『永遠平和のために』　31, 665
英仏関係　237, 521-2, 533
「英仏連合」構想　64, 141
英米関係（→「特別な関係」も参照）　207, 223
「エコノミスト派」（→「マネタリスト派」も参照）　433
エストニア　139, 540, 557, 599, 649, 662, 677-8
エスプリ（ESPRIT：欧州情報技術研究開発戦略）　478, 492
エネルギー政策　438
エリゼ条約（独仏友好条約）　379, 381-4
欧州安全保障協力会議（CSCE）　2, 426-7, 438-9, 449-50, 519, 521, 523, 525-31, 535, 540, 554, 565
欧州安全保障協力機構（OSCE）　529, 554
欧州安全保障防衛アイデンティティ（ESDI）　557, 615
欧州安全保障防衛政策（ESDP）　642, 673, 684
欧州委員会（EC/EU 委員会）　12, 416, 425, 466, 469, 475, 479, 483-4, 486-8, 496-9, 500-3, 505-7, 510, 512, 532, 537, 543-5, 547-8, 555, 557, 560, 563-4, 568, 571, 585-8, 595-600, 613-4, 617-9, 625, 628, 632, 645-6, 647-8, 650-1, 654, 657-8, 663, 671-2, 674-5, 677-8, 681, 684, 691-5, 697, 699, 702
欧州委員長（EC/EU 委員長）　13, 51, 443, 466-7, 470, 483, 495, 498, 502-3, 512, 532, 537, 540, 547, 562, 570, 578, 619, 657, 677, 680, 692
欧州宇宙機関（ESA）　446, 494, 503
欧州宇宙研究機関（ESRO）　446

欧州横断ネットワーク　571, 578, 690
欧州懐疑派　698
欧州議会　155, 388, 390, 392, 413, 421, 434, 444, 466, 469, 476, 484, 487, 496-7, 510, 513, 542-8, 555-6, 560-1, 572, 575-6, 587-8, 596, 602, 613-4, 618, 620, 622, 630-1, 642, 645-6, 649, 651, 654, 657-8, 674-5, 680, 686, 691-2, 694-5, 697-8, 708, 710
——の直接選挙　421, 427, 429, 443, 472, 474-5, 543
——とヨーロッパ連合条約草案　472-5
——の罷免権　613-4
欧州協定　557, 571
欧州近隣諸国政策（ENP）（新近隣諸国政策）　582, 681-2
欧州軍/欧州合同軍　219, 253-5, 257-9, 267-9
欧州経済共同体（EEC）　1, 3, 5, 11, 13, 165, 204, 217, 221, 223-4, 238, 261, 278, 291, 295, 305, 311-2, 318, 323, 327-9, 339-44, 346-8, 356-7, 361, 363-4, 369-70, 379-80, 383-6, 388-90, 394-6, 407, 410, 414-5, 418, 420-1, 425, 454, 497, 513, 542, 660
欧州経済協力委員会（CEEC）　187
欧州経済協力機構（OEEC）　2, 5, 180-2, 211, 223, 225, 228, 238, 243, 284, 293, 299, 302-4, 306, 323-5, 327, 339, 346-50
欧州経済協力リーグ（LECE）　65, 167
欧州警察機構（ユーロポール）　551, 590-1
欧州決済同盟（EPU）　5, 167, 182, 189, 238, 327, 339
欧州原子力共同体（EURATOM）　220-1, 223, 305-6, 311, 317-9, 327, 339, 342, 349, 410, 645-8
——（設立）条約　221, 327, 711
欧州憲法条約　7, 610-1, 617, 628, 630, 632-3, 635, 650, 654, 659, 674, 684, 686-7, 698-700, 703-5, 707, 709
——の批准　562, 570, 703, 705
欧州産業人円卓会議（ERT）　466
欧州司法裁判所（ECJ）　327, 341, 387-8, 429, 444, 453-5, 458, 547, 572-3, 610, 651, 670, 672, 700, 711
欧州市民権　469, 542, 651
欧州社会憲章（EC 社会憲章も参照）　183, 252, 352, 489, 512, 514
欧州社会モデル　4, 352, 512, 624, 627
欧州自由貿易連合（EFTA）　58, 324, 341, 346-50, 369-70
欧州審議会（CE）　1-5, 31, 168, 172, 174-5,

182-3, 190, 196-7, 204-6, 208-9, 217, 219, 221, 225, 228, 240-1, 243, 249, 252-5, 270-2, 275-7, 279, 293, 341, 351, 361, 466, 489, 512, 527, 540-1, 554, 558, 581, 639, 650-1, 706, 709
欧州人権裁判所　3, 5, 183, 252, 352, 541, 639, 651
欧州人権条約　183, 252, 352-3, 519, 650-1
欧州政治共同体（EPC）　218, 220, 223, 268, 275-6, 277, 279-81, 291, 298
――条約　219
――ルクセンブルク決議　276, 279-80, 283
欧州政治協力（EPC）　357, 425, 427, 429, 435, 443, 449, 474-6, 483, 487, 495, 497, 540
欧州石炭鉄鋼共同体（ECSC）　1-3, 5, 10, 12, 65, 103, 118, 158, 168, 170, 179, 189, 204, 219-21, 231, 240, 255, 257, 260-2, 267, 272-3, 275-6, 278-80, 282-5, 293-5, 299-300, 304, 312, 327, 341, 351, 396, 410, 501, 648
欧州地域開発基金（→欧州農業指導保証基金も参照）　428, 443-4, 497, 500-1
欧州地中海パートナーシップ　557, 582, 584, 682
欧州地方自治憲章　351, 466, 489, 581
欧州地方自治体会議憲章　351, 489, 581
欧州中央銀行（ECB）　504, 545, 556, 602, 700
欧州通貨機構（EMI）　545, 556, 602
欧州通貨制度（EMS）　5, 420, 428, 437, 455-7, 465, 496, 504, 555, 559
欧州通貨単位（ECU）　455-7, 479, 481-2, 496, 546, 598, 600
欧州通常戦力（CFE）　525
欧州統一パスポート　482
欧州投資銀行　327, 330, 334, 384, 499, 545, 571
欧州農業指導保証基金（FEOGA）　391-2, 497, 499-500
欧州悲観主義　7, 430, 464, 470, 480
欧州防衛共同体（EDC）　3, 165, 195, 218-20, 223, 267-8, 270-2, 276-8, 280, 284-5, 287-8, 291, 298-9, 339
――条約　219, 222, 268, 276-9, 284-5
欧州防衛庁（EDA）　683-5, 694
欧州理事会　427-8, 443, 449-52, 467, 481-4, 486-9, 495-6, 497-9, 501-3, 506-7, 513-4, 522, 537, 543, 549, 560, 568, 570, 584-6, 588-90, 596-7, 599-600, 604, 619, 627, 641-2, 651, 657-8, 663, 671-2, 684, 691-4, 697, 700, 705, 710
――議長国　449-50, 480, 483, 487, 522, 537, 540
――常任議長　686, 691
ブリュッセル――（75年7月）　449
ハーグ――（76年11月）　451
コペンハーゲン――（78年4月）　455
ブレーメン――（78年7月）　455-6
ブリュッセル――（78年12月）　428, 455
ロンドン――（81年10-11月）　475-6
フォンテーヌブロー――（84年6月）　470, 480-1, 483-4, 502
ブリュッセル――（85年3月）　483
ミラノ――（85年6月）　483, 487-9
ルクセンブルク――（85年12月）　487
ブリュッセル――（88年2月）　498-9, 502
ロードス――（88年12月）　513
ハノーファー――（88年6月）　467, 502-3, 513
マドリード――（89年6月）　505
ストラスブール――（89年12月）　467, 512, 522
バーミンガム――（92年10月）　555, 559
エディンバラ――（92年12月）　560, 562, 568, 594
コペンハーゲン――（93年6月）　557, 569, 596, 662
ブリュッセル――（93年12月）　578
マドリード――（95年12月）　597
ダブリン――（96年12月）　584
アムステルダム――（97年6月）　584-5, 588
ルクセンブルク――（97年12月）　596, 662
ウィーン――（98年12月）　615
ベルリン――（99年3月）　557, 596
ケルン――（99年6月）　662
ヘルシンキ――（99年12月）　608, 662
リスボン――（2000年3月）　568, 675
ニース――（2000年12月）　557, 610, 642, 650
ラーケン――（2001年12月）　654, 662
コペンハーゲン――（2002年12月）　570, 609, 667, 677
テッサロニキ――（2003年6月）　659, 684
ブリュッセル――（2005年6月）　703
ブリュッセル――（2007年6月）　709

欧州連合軍副司令官（DSACEUR）　616
欧州連邦国家　631
欧州連邦主義運動（MFE）　143
欧州連邦主義同盟（UEF）　143, 174
欧州ロケット開発機関（ELDO）　446
オーストリア　21, 25, 28, 41, 43-5, 47, 60-2, 71, 75-7, 82, 90-1, 94, 97-8, 125, 155, 159, 186, 234, 319, 324, 467, 592, 602, 639-41, 645-6, 649
オーストリア自由党（FPÖ）　639-40
オタワ協定　115-6
オーデル・ナイセ　468, 521
オプト・アウト（適用除外）　293, 428, 555, 568, 602, 618, 692
オランダ　22, 24, 28, 44, 76, 94, 139, 164, 171, 188, 194, 202, 218, 221, 235, 243-4, 260-2, 273, 277, 279-81, 291, 324, 328-9, 334, 353, 367, 384, 387, 390, 420, 429, 433, 444, 459, 487, 509, 592, 602, 610, 645-6, 649, 654, 666, 687, 698, 703, 705, 707, 709
小和田ペーパー（日EC関係の）　534

カ行

海外領土　197, 311-4, 316, 319, 384
改革条約　→リスボン条約
外交政策（EC/EUの）　435, 451-2, 477, 497, 658, 691, 699
核　343, 366, 371, 375, 377-8, 405, 526-7, 535, 538
　——抑止　526
拡大（EC/EUの）（→加盟も参照）　3, 414, 420-2, 438, 464, 554, 557, 570, 597-600, 609-11, 618, 620, 625-6, 629, 635, 642, 645, 647, 649, 662-3, 673, 677, 680-2
　東方——　4, 252, 569, 582, 596, 628-30, 633, 654, 682
閣僚理事会　→理事会
可決阻止少数　692, 696, 712
カシス・ド・ディジョン事件（判決）　429, 458
カーター・ドクトリン　429
課徴金制度　363-5, 390-1, 393
合併条約（3共同体の）　413
カトリック　13, 17, 20, 51, 114, 117, 128, 132-3
加盟（EC/EUへの）（→拡大も参照）　12, 31, 425-6, 437-8, 445, 464, 480, 482, 554, 556-7, 560-2, 567-71, 573-8, 581-2, 584-93, 595-604, 618, 634, 648, 650, 660-3, 677-82, 697
　——申請　557, 570, 593, 597-9, 660, 697
為替相場メカニズム（ERM）　428, 437, 455-7, 545, 555, 559, 561, 602-3
カンガルー・グループ　466
環境政策　438
「完成・深化・拡大」（→ハーグ・コミュニケも参照）　420, 424
関税同盟　11, 41-4, 180, 198, 200, 221, 278, 295, 297, 305-6, 308, 324-6, 330-1, 340, 343, 390, 393, 396, 410-2, 414, 418, 488, 678, 686, 689, 707
管理委員会（Comité de gestion）（→コミトロジーも参照）　353, 356, 399
規制緩和　465, 478, 512, 578
「規制帝国」　609, 636, 662, 677
北大西洋条約　3, 195, 201-3, 254-5, 260, 269, 367, 407, 404, 427, 550, 567, 608, 642, 652, 694
北大西洋条約機構（NATO）　1-3, 5-6, 184, 195, 202, 204, 217, 219-20, 259-60, 267, 271, 289-90, 300, 319, 326, 340-1, 343-4, 347, 356-7, 365-7, 374-8, 380, 382, 401-5, 424-7, 429, 438, 459-60, 554, 557-8, 567, 603-5, 608, 612-7, 642-3, 652-3, 664, 666-7, 673, 694-5, 699, 706-7, 709
　——と西ドイツ再軍備　184
　——とフランスの軍事機構脱退　344, 402
　——とドイツ統一　468-9, 520, 523-9
北大西洋理事会　219, 258, 289-90, 523, 525, 566, 652
機能主義　12, 32, 119-20, 168, 356
キプロス　557, 599, 649, 662, 677
基本権憲章　→EU基本権憲章
9・11（アメリカ同時多発テロ事件）　3-4, 608, 652-3, 667, 682, 687
キューバ危機　405, 664
協議性の原則　686
共産主義　59, 117, 128, 131, 143, 146, 179, 183, 185, 192, 197, 202, 346, 370, 403-5
共通外交安全保障政策（CFSP）　469, 487, 522-3, 542, 549, 554-5, 559, 588-90, 604, 621, 642-4, 650, 658, 684, 689-94, 711
共通通商政策　342, 471, 686, 689
共通農業政策（CAP）　327, 331, 340-3, 353, 355-6, 363-5, 384, 390-2, 397, 412, 414-6, 420-1, 425, 498, 500, 563-4, 596, 598, 600, 703, 707
共同決定手続き/共同決定方式　542, 620, 657

拒否権　310, 377, 413, 474, 621
ギリシャ　29, 49, 76, 87, 183, 204, 285, 350, 464, 556, 592, 602-3, 645-6, 649
キリスト教　4, 10, 14, 16, 20-2, 26, 49, 53, 128, 130-2, 213, 660-1, 686
キリスト教民主主義　114, 180, 212, 233, 268
キリスト教民主党（イタリア）　212
キリスト教民主同盟・社会同盟（CDU/CSU）　154, 520
緊急対応部隊（→ヘルシンキ・ヘッドライン・ゴールも参照）　614
緊張緩和　→デタント
緊密な協力（closer cooperation）　618, 621, 633
空席危機（→ルクセンブルクの妥協も参照）　343, 393-4
グッド・ガバナンス　609, 637-8, 682
「暗い遺産」　5, 14, 661
グローバル化（グローバリゼーション）　4, 53, 619, 622, 624-6, 629, 630-1, 675, 705
軍備管理　459-60, 519, 526
計画（プラン）　12, 348, 411, 568, 585-6
「経済愛国主義」　703
経済協力開発機構（OECD）　339, 346, 382, 535, 538
経済協力局（ECA）　182, 211
経済・社会評議会　118, 388, 658
経済通貨同盟（EMU）　422, 425-6, 433, 438, 444, 455, 467, 496, 503-7, 523, 543, 545, 555-6, 601-3, 609, 634, 670, 700-1
研究開発　478-80, 492-3, 495, 627, 683, 700, 702
権限　26, 34, 36, 339, 352, 356, 390, 398-400, 556, 561, 565-6, 574-7, 586-7, 590, 593-4, 610, 619-20, 628, 630, 633-5, 644, 651, 655-7, 684-93, 699-700, 711
権限配分権限　541, 572, 574
ゲンシャー・コロンボ・イニシアティブ　476
建設的棄権　556, 587
憲法（ヨーロッパ次元の）　85, 99, 160, 474-5, 611, 633-4, 660, 687-91, 705, 709-11
「高次の協力」　558, 609, 634-5, 642, 643-5, 696-7, 712
構造基金　353, 497-500
高等機関（High Authority）　217, 219, 230-3, 249, 260-1, 264, 272-5, 294, 300, 368
国際通貨基金（IMF）　238
国際犯罪　535, 539, 551

国際連合（国連）　63, 150, 203, 233, 253, 318-9, 382, 407, 535, 538, 667
　──安全保障理事会　196, 203, 320, 653, 664, 667-8
　──憲章　150, 194, 196, 202-3, 208, 328, 439, 461, 525, 538, 565, 567, 653, 667, 694-5
国際連盟　58, 60, 62, 80, 82-5, 90-1, 98, 100-2, 104-12, 121, 135, 146, 157-8
国民投票　426, 428, 437, 475, 541, 555, 559, 568, 574, 611, 628, 654, 674, 687, 698-9, 703-5, 709
コスタ対エネル判決　387-8, 389, 453
コソボ紛争　554, 612
コトヌー協定　609, 635
コペンハーゲン基準　557, 570
コーポラティズム　5, 13, 117, 174
コミトロジー　341, 353, 394, 429, 465
コミンテルン　59, 72, 74
コメコン　516
コモンウェルス　182, 207-8, 222, 236-7, 323-5, 341, 369, 385, 428, 437, 445
孤立主義（アメリカの）　79, 207
コンヴェンション（「ヨーロッパの将来に関するコンヴェンション」）　654, 658-61, 686
　──の幹部会　658
コンディショナリティ　183, 609, 635, 650

サ行

「再出発（relance）」　218, 220, 222, 278, 298-300
財政赤字　542, 544-5, 551, 584, 586, 601, 603, 670, 701
財政安定協定　556
再統一（→ドイツ統一（1990年）も参照）　210, 402-3, 431
サービス自由化指令（→ボルケシュタイン指令も参照）　610, 674
サミット（先進国首脳会議）　428
　アルシュ・──　510, 534, 557
ザール問題（ザール地方帰属問題）　210, 217-8, 222, 224, 240-2, 261, 305
産業協力　5, 429
産業政策　447-8, 452
三本柱（マーストリヒト条約の）　469, 686
サンマロ宣言　7, 554, 557, 603, 615
シェンゲン　5, 556, 558, 587, 591-3, 618, 634
　・アキ　591-3, 644
「静かなる革命」　428-9

司法内務協力（JHA）　469, 542, 550
社会憲章（EC 社会憲章）　352, 467, 512-4, 588, 651
社会主義　51, 59, 72-4, 143, 147-8, 174, 180, 212
社会政策　204, 261, 305, 325, 333, 354, 422, 425, 438, 474, 482, 498, 625, 690
社会党（フランスの）　465, 470
社会統合　624
社会民主主義　73-4, 180, 513, 578
自由主義（リベラリズム）　11, 13, 46, 65, 75, 79, 84, 111, 126, 131, 167, 191, 202, 212, 226, 359
柔軟性　580, 610, 618, 621, 670, 691, 700-1
　制度の——　446, 621
　統合の——　610, 628
「柔軟性の原則」　556, 558, 587
自由貿易協定　534
自由貿易地域（FTA）　223, 311, 323-6, 348
　——構想（→「G 計画」も参照）　223, 341
自由民主党（FDP）（ドイツの政党）　520
収斂基準（マーストリヒト条約の）　542, 584
主権　4, 16-23, 26-8, 29-30, 34, 39, 47-8, 51-2, 62, 81-2, 84-6, 108, 111, 120, 127, 140, 143, 146, 151-2, 154-6, 159, 161, 176, 179, 189-90, 204, 217, 229, 256-7, 260, 274, 280, 285, 289, 291, 388-9, 405-6, 435, 451, 468, 527-8, 555, 558, 563, 572, 576-7, 631-2, 699
　——の移譲　182, 197, 280
　西ドイツの——　209
十項目計画（ドイツ統一への）　468, 515, 520, 532
ジュネーブ首脳会談（1955 年）　291, 294, 298
首脳会議（EEC/EC の）　495
　ハーグ——（1969 年）　6, 357, 411, 417, 420-2, 424, 434-5
　パリ——（1972 年）　425, 438, 443-4, 450-1
　パリ——（1974 年）　427-8, 443, 451
シューマン宣言　158
シューマン・プラン　3, 10, 200, 207, 217-9, 221, 225, 230, 234-6, 240-1, 243-4, 253-4, 260-1, 267, 271-2, 291, 314
常駐代表（委員会）　367, 400
消費者保護　556, 571, 587, 676, 690
「小ヨーロッパ」　189, 195, 238, 260
人格主義　→ペルソナリズム

新機能主義　120
人権　1-2, 4, 12, 14, 31, 183, 197-8, 204-5, 213, 217, 252-3, 352-3, 359, 477, 511, 519, 524, 529-30, 535, 537-40, 556-8, 570, 582, 587-8, 609-10, 633, 635-9, 641, 650, 652, 660-1, 667, 682, 687, 699, 708, 711
新国際エキップ（NEI）　212
新自由主義（ネオリベラリズム）　465, 512-3, 556, 674-5, 703
神聖ローマ帝国　18, 20, 240
新大西洋アジェンダ　534
新大西洋憲章　426, 440, 442
人民共和運動（MRP）　212, 288
シンメンタール（II）事件（判決）　429, 458
スウェーデン　20-2, 24, 28, 138, 188, 324, 556, 592, 602-3, 610, 645-6, 649
スエズ戦争（スエズ危機）　222-3, 318-9, 323
ストラング委員会　206-7
ストレーザ会談（1958 年）　340, 353
スネーク（「トンネルの中のスネーク」）　433, 455
　ミニ・——　456
スパーク委員会　218, 221, 223, 295, 298, 300, 302, 304-6, 482
スパーク報告　221, 223, 278, 295-7, 306, 314-5, 327
スペイン　20-2, 24, 28, 47, 87, 89, 137, 139, 350, 464, 474, 482, 487, 508, 559, 568, 582, 592, 602, 645-6, 649, 664
スポフォード（妥協）案　219, 258
スロヴァキア　137, 139, 540, 557-8, 649, 662, 677-9
スロヴェニア　21, 540, 557-8, 599, 649, 662, 677-8
西欧同盟（WEU）　3, 5, 195, 294, 319, 322, 371, 382, 550, 554, 556, 564-7, 604, 615-6, 643
　——条約　220
「西欧ブロック」構想　193
生産調整　563
政治安全保障委員会（PSC）　643, 685
政治委員会（EPC の）　436
正統性　472, 559, 572, 656
　民主的——　474-5, 522, 533, 576, 657, 710
政府間会議（IGC）　483, 505, 507, 522, 532-4, 587, 597-9, 619-21, 630, 654, 658, 710-1
　——（1985 年）（→単一欧州議定書も参照）　466
　——（1990-91 年）（→マーストリヒト条約

も参照）　467, 469
　　──（1996-97 年）（→アムステルダム条約
　　　も参照）　542, 556, 596
　　──（2000 年）（→ニース条約も参照）
　　　557
　　──（2003-04 年）（→欧州憲法条約も参照）
　　　710-2
政府間主義　180, 220-1, 244, 469, 473-4
西方統合　234
石油危機　426-7, 443, 451-2, 464, 471, 512
「接近による変化」　344, 402, 424
戦域核戦力（TNF）配備問題　429-30, 459-60
全会一致（制）　310, 343, 355, 363, 398, 421, 443, 448-9, 464, 466, 481, 483, 486, 495, 497, 588-90, 593, 602, 619, 621-2, 647, 694-6, 699
「1992 年ブーム」　466-7, 498, 502, 534
「全面的連邦主義」　13, 174
戦略兵器削減交渉（SALT）
　第一次──　424
　第二次──　460
戦略防衛構想（SDI）　464, 492
相互依存　17-8, 58, 60-1, 63, 67-8, 75, 84, 123, 126, 175, 208, 342, 373-4, 452, 464-5, 538, 597
相互均衡兵力削減（MBFR）　427
相互承認の原則（→カシス・ド・ディジョン判決も参照）　458, 465, 486, 488
相互兵力削減（MRFA）　427
ソーシャル・ダンピング　512
ソーシャル・ヨーロッパ　512-3
ソラナ・ペーパー　582, 608-9, 672, 682-3
ソ連（ソヴィエト連邦）　3, 12, 20, 59, 65, 73-4, 87, 98, 101, 155, 170, 172, 174, 179, 181, 184-5, 190-1, 193-5, 207-8, 213, 218, 234, 257, 285, 294, 302-3, 318-22, 326, 344, 402, 404-6, 408, 424, 429-30, 432, 446, 459, 460-1, 464, 468, 515, 520-1, 523, 527-9, 554, 629

タ 行

第一次（世界）大戦　23, 58-60, 70-2, 84, 87, 90, 102, 140, 158
第一審裁判所（EU の）　547
「大構想」
　シュリーの──　19-20
　ベヴィンの──　192-4
　ケネディの──　344
　ドゴールの──　365
　マクミランの──　369-72

「第三勢力」　181, 184, 190, 193, 207, 326
大西洋憲章　63, 150, 173
大西洋条約　→北大西洋条約
大西洋同盟（→北大西洋条約（機構）も参照）　219, 202, 207-8, 254, 267, 271, 290, 343, 357, 361, 366, 378-9, 383, 402, 404-6, 427, 449, 468, 528, 535, 565, 567, 603-4, 608
対独安全保障　194
第二インターナショナル　72
第二次（世界）大戦　1, 5-6, 20, 58, 63-5, 67, 91, 116, 127, 140, 150, 158, 165, 180, 211, 240, 294, 351, 369, 409, 468, 521, 527, 629
大量破壊兵器　582, 664, 667, 673, 682
ダヴィニョン報告（→欧州政治協力も参照）　357, 425, 429
多角的核戦力（MLF）構想　343-4, 375-7, 379
脱退条項　687
多様性のなかの統一　624
単一欧州議定書（SEA）　7, 398, 465-6, 478, 481, 483, 497-8, 506, 514, 522
ダンケルク条約　194
地域委員会　118, 351, 549, 580-2, 596, 649, 658
地域政策（EC/EU の）（→構造基金や欧州地域開発基金も参照）　425, 438, 444, 452, 498
チェコ　124, 540, 557-8, 599, 649, 662, 677-9
チェコスロヴァキア　62, 95, 97, 100, 202, 319, 525
知識基盤経済（knowledge-based economy）　627, 675
「中欧（Mitteleuropa）」　60-1, 64, 75-9, 157
中央銀行（各国の）（→欧州中央銀行、西ドイツ連邦銀行も参照）　417, 467, 497, 502-7, 545, 555, 602
中東戦争（第四次）　426
超国家主義　189
超国家的　2, 4, 65, 141, 143, 176, 180-2, 219, 238, 244, 254, 261, 265, 267, 271, 273-4, 276-8, 280-1, 287, 299-300, 305, 321, 351, 365
　──統合　202, 217, 220, 222-3, 225, 244, 254, 300, 390
朝鮮戦争　235, 254, 256, 258, 405
直接効果原則（EC 法の）　387-8
直接所得保障　563
通貨協力/通貨協調　5, 416-7, 419-20, 422, 466, 484, 495
通貨政策　293, 411-3, 416-7, 420, 422, 451-2,

465, 497, 689
通貨統合　7, 411, 417, 428, 434, 467, 469, 502-5, 532, 534, 542, 554-6, 559, 568, 584-5, 602
帝国主義　14, 20, 42, 53, 72-3, 75, 80, 83, 129, 136, 143, 157, 191, 629
帝国特恵関税制度　369
デイトン合意　608
ディリジスム　212-3, 238
ティンデマンス報告　624
適用除外　→オプト・アウト
テクノロジー・ショック　464, 608
デタント　344, 401-7, 413, 424-5, 427, 438-9, 450-1, 459-61
　ヨーロッパ・――　402, 424, 426, 429-31, 435, 449, 461
「鉄のカーテン」　2, 191, 372, 540, 680
テロ　4, 652-3, 664, 667, 682, 695-6
デンマーク　20-2, 24, 28, 94, 137, 139, 202, 425-6, 444, 505, 555-6, 559, 568, 592, 602-3, 610, 624, 645-6, 649, 685
デンマーク・ショック　555, 559
ドイツ　3, 11, 14, 17-8, 20-1, 24, 26, 32, 38, 41-5, 47-8, 54, 58-62, 64-8, 73-9, 83, 90-3, 95-102, 135-9, 144-6, 153-5, 157-8, 170-4, 179-84, 186-9, 194-201, 208-11, 217, 221-8, 230-5, 238, 240-2, 254-62, 267, 273, 285, 288-91, 295-6, 302-5, 317, 319-20, 322, 324, 327-8, 334, 340, 344, 367, 369, 375-7, 379-81, 383-4, 387, 390, 398, 402-4, 408, 410-1, 414, 418, 424-6, 429, 431-3, 438, 443-4, 446, 455, 458-9, 467-8, 476, 481-2, 487, 498, 509, 515-21, 522-3, 525, 527-8, 532, 555, 566, 568, 571-7, 584-5, 591-2, 596, 602, 610, 628-9, 632-3, 642, 645-6, 649, 665-6, 670, 672, 700, 706-7, 709
　――関税同盟　41-4, 165
　――再軍備　3, 208, 218, 221, 224, 227, 229, 254, 256, 258-9, 284, 288-9
　――統一　225, 227, 294-5
　――統一（1990年）　468, 505, 515, 518-9, 521, 524, 527-8, 532-3, 541
　――問題　60, 64, 66, 179, 183-4, 197-200, 217, 227, 319, 403, 406-7, 424, 519, 533
ドイツ社会民主党（SPD）　520
東欧革命　468, 508, 510
ドゥーグ委員会/制度問題委員会　473, 481, 487
同時多発テロ　→9・11
東方政策/東方外交　344, 424-5, 427, 431

新――　401-2, 424
透明性　555, 559, 562, 615, 620, 634, 637, 654-7, 705
独自財源　343, 364, 390-2, 421, 425, 481, 499, 501-2, 569, 600-1
特定多数決　355, 398, 469, 479, 495-6, 500, 543, 546-8, 550, 588-90, 593, 619-22, 646-7, 650, 657, 691-2, 694, 696-7, 699, 712
独仏関係（仏独関係）　96, 221, 446, 469, 522, 532
独仏協調（協力）　173, 234, 379-81, 383, 427, 443
独仏枢軸　425, 468-9, 522
「特別な関係」（英米の）　182, 208, 470
トルコ　4, 10, 20-1, 23-5, 45, 53, 77, 82, 138, 244, 285, 350, 660-2, 681
トレヴィ・グループ　591
ドロール白書（「成長，競争力，雇用に関する白書」）　556, 578
ドロール・パッケージⅠ　466, 495, 498, 568
ドロール・パッケージⅡ　555, 568, 596
ドロール報告（通貨統合に関する）　467, 502, 505-7

ナ 行

ナショナリズム　37-8, 46, 53, 72, 79, 98-9, 131-2, 154, 158-9, 213, 269
ナチス/ナチズム　5, 10, 14, 61, 63-5, 127-8, 130, 134-6, 144, 150-2, 155, 159, 179, 183, 211-2, 285, 639
ナッソー協定　375-6
西ドイツ連邦銀行（ブンデスバンク）　467, 505
「二重決定」（NATOの）　429, 459
「二重の統合」　234, 344
ニース条約　556, 587, 609, 617, 639, 641-2, 647, 657, 686
日ECハーグ共同宣言　534, 537-40, 557
日EU行動計画　534
日本　14, 72-3, 87, 91, 96, 98, 116, 144, 347, 424, 428, 440, 470-2, 478, 534, 537-8, 540
ネオコン　663-5
農業政策（→共通農業政策も参照）　251, 340-1, 353-5, 391, 395, 411, 414, 418, 452, 499-501, 596

ハ 行

排他的権限　542, 594, 644, 655, 686, 688-90, 696

索　引　769

ハーグ会議（1948年）　180, 190, 196-9
ハーグ・コミュニケ（→「完成・深化・拡大」も参照）　420-2, 424-5, 433
パーシング・ミサイル　459
ハプスブルク君主国　59, 155
「払い戻し（rebate）」　703
パリ協定　221
パリ憲章　529, 532, 567
パリ首脳会議（90年11月CSCEの）　468, 526-7, 529
バルセロナ・プロセス　→欧州地中海パートナーシップ
バルト（諸国）　558, 609, 662
バール・プラン　416-20
ハンガリー　20-2, 45, 94, 137, 139, 234, 318-9, 510-1, 525, 557-8, 599, 649, 662, 677, 679
反共（主義）　14, 172, 190-1, 204
パン・ヨーロッパ運動／パン・ヨーロッパ同盟　62, 90-1, 99, 103-4, 155, 159-60, 284
東ドイツ　403, 431-2, 515-20, 527-8, 700
開かれた調整方式（OMC）　627
比例性の原則　594, 656, 686, 688
ファシズム　5, 13-4, 84, 114, 117-8, 129, 131, 136, 142, 158, 183, 197, 204, 252
ファンヘント・エン・ロース判決　387-8
フィッシャー演説　628
フィンランド　137, 139, 592, 602-3, 639, 645-6, 649
付加価値税　481, 501, 679
福祉国家　512, 610, 625, 700
フーシェ委員会　357-8
フーシェ・プラン　341, 356-7, 358, 361
仏伊関税同盟　189-90, 229
復興／戦後復興／経済復興　179-82, 185-8, 192, 199-200, 211-2, 217, 231, 238-9, 339-40, 346, 371
プラハ政変　181
フラン危機　559
フランス　10, 12, 14, 16, 19-22, 24-5, 28-9, 32-3, 37, 39-40, 42, 46-9, 53, 60-6, 75-6, 82, 89, 91-2, 95-6, 100-2, 105, 109, 111-2, 117, 133, 137-9, 141-2, 158, 163, 170-4, 180-2, 187-9, 192-4, 198-202, 204, 209, 212, 217-22, 224-38, 240-4, 249, 252-62, 267, 273, 284-91, 294-5, 298, 302-3, 305, 311-20, 321-2, 324-9, 334, 339-44, 348, 357, 365-71, 375-7, 378-81, 383-5, 390-8, 401, 404-5, 408-10, 418, 420, 427-8, 431-3, 438, 444, 446, 453, 455, 465-8, 480, 487, 500, 508, 512, 515, 521-3, 532, 559, 581-2, 585, 588, 591-2, 596, 602-4, 608, 610, 612, 614, 624, 628-9, 633, 639, 642, 646, 649, 654-6, 661, 665-6, 668-70, 672, 674, 683, 686-7, 698, 700, 703-5, 707, 709
フランス革命　32, 38, 59
ブリアン提案　62, 90, 104, 109
ブリュッセル条約　181, 184, 193, 194-6, 198, 202, 220-1, 228, 260, 288-90, 566-7, 604
「旧いヨーロッパ」　663-6
プール・ヴェール交渉　244
ブルガリア　76, 137, 525, 540, 558, 649, 661-2, 681, 707
プレヴァン・プラン　218-9, 253-4, 256, 257-8, 267
ブレトン・ウッズ体制　426, 433
文化政策　181, 194, 204, 624
ベイエン・プラン　218, 221, 223, 278
米ソ対立　187, 367, 460
平和構築　4, 652
ペータースベルク任務　556, 565, 608, 655, 683
ベトナム戦争　405, 439
ベネルクス　165, 189, 193-4, 200, 209, 217-8, 221-2, 261, 268, 278, 282-3, 324, 327, 387, 591
　──関税同盟　64, 165
　──覚書　278
ベルギー　13, 20-2, 44, 48, 51, 68-9, 81, 100-2, 107, 139, 164, 171, 180, 188, 194, 202, 205, 218, 221, 235, 238, 260-2, 273, 281, 291, 304, 311, 324, 327-8, 334, 384-5, 390, 393, 425, 428-9, 433, 435, 444, 451, 459, 487, 509, 592, 602, 617, 639, 645-6, 649
ヘルシンキ宣言　427, 449-51
ヘルシンキ・プロセス　529
ヘルシンキ・ヘッドライン・ゴール　608, 683
ペルソナリズム　13, 51, 117-8, 174, 190, 508-9
ベルリン危機（第二次）　343
ベルリン宣言　707, 709
ベルリンの壁　3, 404, 515, 522, 529, 532, 540, 680
ベルリン封鎖（第一次ベルリン危機）　181, 184
ベルリン・プラス　608, 614
ペレストロイカ　510
法の支配　131, 183, 197, 204-5, 252, 530, 535,

537-8, 570, 584, 637-8, 651, 661, 667, 670, 673, 682, 687, 708
補完性原理（サブシディアリティ）　114, 351, 469, 489, 495, 507, 509, 514, 542, 555-6, 559, 561-2, 568, 572, 577, 581, 587, 593-5, 625, 631, 632, 651, 655, 657, 686, 688, 691
保守党（イギリス）　271, 555
ポスト統合　709
ポツダム会談　188, 218
ポーランド　20-2, 24, 28, 38, 73, 82, 92, 100, 124, 234, 464, 474, 510-1, 525, 540, 557-8, 599, 609, 649, 677-9, 709
ポーランド・ハンガリー経済再建支援（PHARE）　571, 600
ボルケシュタイン指令　610, 674-5
ポルトガル　24, 28, 76, 92, 95, 138, 202, 464, 474, 482, 487, 559, 592, 602, 639, 645-6, 649
ボン宣言（1961年）　340, 356-8

マ 行

マーシャル・プラン　65-6, 179-80, 182, 185, 187-9, 191, 211, 339
マーストリヒト基準　670
マーストリヒト条約　7, 115, 467, 469, 502, 504, 522, 541, 554-6, 559-63, 568, 572, 575, 581, 584, 587, 591, 593, 601-2, 613, 624, 642, 650, 698
「招かれた帝国」　184
「マネタリスト派」　433
マルサス主義　228-30, 579
マルタ　557, 649, 662, 677-9
マンスホルト・プラン（1950年）（マンスホルト構想）　218, 221, 244, 353
マンスホルト・プラン（1968年）　414-6
「民衆のヨーロッパに関する委員会」（アドンニーノ委員会）　480-2, 484, 487
民主主義　12-4, 31, 74, 121-2, 136, 145-7, 157-9, 176, 182-3, 197-8, 202, 204-5, 213, 217, 252, 268, 270, 352, 359, 408, 413, 477, 489-90, 511, 519, 524, 529-30, 535, 537-8, 540-1, 558-60, 562, 570, 572, 580-1, 588, 624, 630-3, 635, 637, 650-2, 656, 660, 662-3, 666, 673, 680-1, 687, 698, 708
―――条項　635
「民主主義の赤字」　12, 541, 555, 559, 562, 580, 613, 628, 686
民主的統制（コントロール）　390, 452, 613
民族自決　59, 61, 80, 143, 150, 431, 477, 518-9, 521, 533

メッシーナ（会議/決議）　220-1, 277-8, 291, 295-6, 299-304, 312, 314, 324, 420
モーゲンソー・プラン　170
モネ・プラン　64, 158, 231
モネ・メモランダム　225

ヤ 行

ヤウンデ協定　384-7, 445
ヤルタ会談　218
「やわらかい統合」　5, 366, 429, 558, 591, 639
優位（性の）原則（EC法の）　387-9, 453-5
有志連合　608, 652
ユーゴスラヴィア紛争（旧ユーゴ紛争）　554, 559
ユーラトム　→欧州原子力共同体
ユーラフリック　311, 385
ユーレカ（EUREKA：欧州先端技術共同体構想）　5, 446, 466, 484, 489, 492-5
ユーロ　541, 556, 558, 598, 609-10, 626, 634, 689-90, 700
ユーロクラット　272, 698
ユーロポール　→欧州警察機構
予算　392, 413, 421, 466, 480-3, 498-502, 555, 557, 563-4, 568-9, 585-7, 596-7, 599-601
―――条約（→ドロール・パッケージⅠ・Ⅱも参照）　425
ヨーロッパ・アイデンティティ　197, 217, 341-2, 426, 442, 482, 484, 622, 624
ヨーロッパ・ア・ラ・カルト　558
ヨーロッパ運動　180, 196-7, 199, 212
ヨーロッパ化　33, 240, 344, 556, 585, 631
ヨーロッパ合衆国　10, 14, 20, 45-6, 48, 53, 72-4, 84-5, 88, 103, 118, 160, 172-4, 179
ヨーロッパ合衆国行動委員会　220
ヨーロッパ議会（構想）　23, 32, 34-7, 180, 182, 196, 198-200, 255, 362
ヨーロッパ建設（構築）　5, 13, 33, 38, 182, 429, 437, 439, 452, 458, 466, 489-90, 555, 562-3
ヨーロッパ統合運動　62, 64-5, 167, 172, 180, 196
「ヨーロッパの年」　426, 440
「ヨーロッパの要塞」論　467, 502
ヨーロッパ連合　54, 209-10, 362, 425, 428, 438-9, 443-4, 451-2, 477, 487
　ブリアンの―――　110-3
　ゲンシャー・コロンボ・イニシアティブの―――　475-8
ヨーロッパ連合条約草案（欧州議会の）　472

索引　771

「ヨーロッパ連合に関する厳粛なる宣言」　476

ラ・ワ行

ラトヴィア　139, 540, 557, 649, 662, 677-9
理事会（ECSC/EEC/EC/EU の）/閣僚理事会　248-9, 261, 264-6, 269, 290, 310, 315-7, 333-6, 351, 354-6, 382, 390-2, 397-401, 413, 415-9, 421, 433, 448-9, 456, 469, 473-5, 479, 482-3, 486, 496-500, 507, 510, 522-3, 542-9, 566, 586-90, 593, 596, 602-3, 617-8, 620, 622, 628, 630, 632, 641-3, 645-50, 657, 670-2, 674-5, 681, 684-5, 690-7, 700-2, 712
　——事務総長　556, 590, 620
　外相——　457, 507, 560, 604, 693
　財務相——　457, 507, 561, 602, 610
　農相——　563
リスボン条約　7, 611, 617, 687, 709-12
リスボン戦略　556, 578, 610, 625, 674-5, 702
リトアニア　139, 540, 557, 649, 662, 677-8
輪番制度　648
ルクセンブルク　21, 61, 164-5, 171, 194, 202, 235, 241, 260-2, 273, 275, 281, 291, 324, 328-9, 334, 390, 393, 396-7, 401, 425, 433, 443-4, 483, 487, 591-2, 602, 645-6, 649
ルクセンブルクの妥協　343, 397-401, 443, 464, 466, 483, 495
ルーマニア　62, 76, 82, 100, 119, 137, 139, 525, 540, 558, 649, 661-2, 681, 707
ルール（地方）　180, 187-8, 200-1, 231
ルール国際機関（IAR）　181, 200-1, 230, 233, 260
冷戦　1-4, 6, 10, 53, 179-80, 183, 190, 194-5, 199, 204, 209, 225-6, 229-30, 234, 253, 294, 344, 365, 402, 409, 468, 523-4, 540-1, 554, 556, 558, 565, 612, 628, 650, 652, 664, 673
　新——　429-30, 460, 464, 470, 475
レジスタンス　10, 13, 58, 64, 135, 142, 158, 174, 472
連合協定　387, 557
「連帯」（ポーランド）　510
連帯条項　687, 695
連邦主義　13, 50-1, 65, 114, 117-8, 143, 174-7, 204, 219-21, 225, 235-6, 253, 258, 268, 275, 357, 370, 509, 533, 581, 611
ロカルノ条約　60, 62, 100-1, 104, 109
ロシア　4, 10, 14, 20, 22-3, 25, 40-2, 47-8, 53, 59-61, 68, 73, 75-6, 79, 81, 91, 93-6, 98, 139, 148, 153-4, 158, 172, 191-2, 207, 227, 234, 242, 319, 321, 540, 554, 681-2
ローマ条約　6, 219, 221-3, 244, 278, 296, 306, 311, 314-5, 318, 323, 326-7, 340-2, 348, 353-6, 386-9, 391, 394-5, 398-9, 411-3, 422, 707-8
ロメ協定　384-5, 609, 635
　——（第一次）　428, 445-6
　——（第二次）　445
ロンドン外相理事会（47 年）（→マーシャル・プランも参照）　192
ワルシャワ条約機構　195, 427, 523, 525, 529

A-W

ABC 兵器　528, 537-8
ACP 諸国（アフリカ・カリブ海・太平洋諸国）　428, 445-6, 474, 609, 635-9
CAP　→共通農業政策
CE　→欧州審議会
CEEC　→欧州経済協力委員会
CFSP　→共通外交安全保障政策
CSCE　→欧州安全保障協力会議
DDR　→東ドイツ
ECB　→欧州中央銀行
ECJ　→欧州司法裁判所
ECSC　→欧州石炭鉄鋼共同体
EC-US 共同宣言　534-7, 557
EDA　→欧州防衛庁
EDC　→欧州防衛共同体
EEC　→欧州経済共同体
EFTA　→欧州自由貿易連合
EMI　→欧州通貨機構
EMS　→欧州通貨制度
EMU　→経済通貨同盟
EPC　→欧州政治共同体，もしくは欧州政治協力
EPU　→欧州決済同盟
ERASMUS 計画　622
ERM　→為替相場メカニズム
ESDP　→欧州安全保障防衛政策
EU 外相（連合外務大臣）　686, 692-5, 697, 709, 711
EU 基本権憲章　610, 617, 639, 650-1, 709, 711
EU 軍事委員会（EUMS）　685
EU 人権庁　641
EU 法（EC 法，共同体法）　341-2, 387-9, 453-5, 571-2, 577, 591-2, 594-5, 650, 711
Finebel/Fritalux　189
「G 計画」　223, 323

GATT　308, 340, 342, 363-4, 369, 383, 397, 535, 539, 560
　——ディロン・ラウンド　363-5
　——ケネディ・ラウンド　342, 392, 408, 411
　——ウルグアイ・ラウンド　554, 563
IGC　→政府間会議
OECD　→経済協力開発機構

OEEC　→欧州経済協力機構
one-size-fits-all　670
OSCE　→欧州安全保障協力機構
PHARE　→ポーランド・ハンガリー経済再建支援
SEA　→単一欧州議定書
U2事件　367
WEU　→西欧同盟

2　人　名

ア　行

アイゼンハワー, ドワイト (Dwight Eisenhower, 1890-1969)　219, 259, 298, 305, 320-1, 346
アスナール, ホセ・マリア (José María Aznar, 1953-)　666
アチソン, ディーン (Dean Acheson, 1893-1971)　160, 254, 258-9
アデナウアー, コンラート (Konrad Adenauer, 1876-1967)　200, 208-9, 222, 231, 233, 240-1, 256, 257, 262, 268, 302, 304, 317-22, 328, 344, 367, 380
アトリー, クレメント (Clement Attlee, 1883-1967)　235
アドンニーノ, ピエトロ (Pietro Adonnino, 1929-)　484, 487
アニェッリ, ジョバンニ (Giovanni Agnelli, 1866-1945)　84, 86
アハティサーリ, マルッティ (Martti Ahtisaari, 1937-)　639
アマート, ジュリアーノ (Giuliano Amato, 1938-)　658
アルトジウス, ヨハネス (Johannes Althusius, 1557-1638)　17-8
アルベール, ミシェル (Michel Albert, 1930-)　471
アルメル, ピエール (Pierre Harmel, 1911-)　406-7
アロン, ロベール (Robert Aron, 1898-1975)　118
アンリ4世 (在位1553-1610)　19, 26, 43
イザール, ジョルジュ (Georges Izard, 1903-73)　118
イザンベール, ガストン (Gaston Isambert)　53
イッポリート, フェリーチェ (Felice Ippolito, 1915-97)　472
イーデン, アンソニー (Anthony Eden, 1897-1977)　172, 218-20, 222-3, 271, 288-9, 294, 298, 322-3
ヴァイツ, ハインリヒ (Heinrich Weitz, 1890-1962)　234
ヴァンシタールト, ロバート (Robert Vansittart, 1881-1957)　141
ウィルソン, ウッドロー (Thomas Woodrow Wilson, 1856-1924)　59, 79-80, 98, 150
ウィルソン, ハロルド (Harold Wilson, 1916-95)　407-8, 426, 428, 437
ウェステンドルプ, カルロス (Carlos Westendorp, 1937-)　556
ウェルズ, サムナー (Benjamin Sumner Welles, 1892-1961)　150
ウェルナー, ピエール (Pierre Werner, 1913-2002)　425, 433-5
ヴェレ, アレクサンドル (Alexandre Verret, 1902-63)　314
エアハルト, ルートヴィヒ (Ludwig Erhard, 1897-1977)　302, 317
エイナウディ, ルイージ (Luigi Einaudi, 1874-1961)　58, 67, 83, 143
エドワード1世 (在位1272-1307)　16
エリオ, エドゥアール (Edouard Herriot, 1872-1957)　284-7
エル・バラダイ, モハメド (El Baradei, Mohamed, 1942-)　669
エンゲルス, フリードリヒ (Friedrich Engels, 1820-95)　143
エンジェル, ノーマン (Norman Angell, 1874-1967)　58, 67
オプヒュール, カール＝フリードリヒ (Karl-Friedrich Ophüls)　305
オメラン, アドルフ (Adolphe Aumeran, 1887-?)　285, 288

オルテガ・イ・ガセット，ホセ（José Ortega y Gasset, 1883-1955）　59, 87-8

カ 行

カー，E・H（Edward Hallet Carr, 1892-1982）　58, 151-2
ガイヤール，フェリックス（Félix Gaillard, 1919-70）　305
カーター，ジミー（Jimmy Carter, 1924-）　429
カッターニ，エミリオ（Emilio Cattani）　357, 361, 363
カドガン，アレクサンダー（Alexander Cadogan, 1884-1968）　150
カビアーティ，アッティーリオ（Attilio Cabiati, 1872-1950）　84, 86
カルステンス，カール（Karl Carstens, 1914-92）　315, 318, 381
カント，イマニュエル（Immanuel Kant, 1724-1804）　11-2, 20, 25, 29, 31, 665
キージンガー，クルト（Kurt Georg Kiesinger, 1904-88）　411, 432
キッシンジャー，ヘンリー（Henry A. Kissinger, 1923-）　424, 436, 439-40, 442
ギャラハー，F・G・K（F. G. K. Gallagher）　271
キャラハン，ジェームズ（James Callaghan, 1912-2005）　428, 437
ギールケ，オットー・フォン（Otto Friedrich von Gierke, 1841-1921）　18
キルヒホフ，パウル（Paul Kirchhof, 1943-）　572
クォールズ，ドナルド（Donald A. Quarles, 1894-1959）　321
クーデンホーフ・カレルギー，リヒャルト（Richard Nikolaus Coudenhove-Kalergi, 1894-1972）　5, 14, 20, 61-3, 90-1, 103-4, 155, 159-60, 172, 284, 311
グラムシ，アントニオ（Antonio Gramsci, 1891-1937）　84
クレッソン，エディット（Édith Cresson, 1934-）　613-4
ケーガン，ロバート（Robert Kagan, 1958-）　663-5
ケッテラー，ヴィルヘルム（Wilhelm Emmanuel von Ketteler, 1811-77）　114
ケネディ，ジョン・F（John F. Kennedy, 1917-63）　20, 342, 344, 364, 372, 375, 377, 392, 404, 408, 411

ゲンシャー，ハンス＝ディートリヒ（Hans-Dietrich Genscher, 1927-）　466, 476, 502, 515, 523, 635
コックス，パット（Pat Cox, 1952-）　680
コーフィールド，フランシス（Francis Cockfield, 1916-2007）　466, 483
コブデン，リチャード（Richard Cobden, 1804-65）　40, 46, 49, 67
ゴベッティ，ピエロ（Piero Gobetti, 1901-26）　84
コール，G・D・H（G. D. H. Cole, 1889-1959）　18
コール，ヘルムート（Helmut Kohl, 1930-）　466, 468-9, 498, 502, 505, 515, 520, 522, 527, 532-3
ゴルバチョフ，ミハイル（Mikhail Gorbachev, 1931-）　468, 510, 518, 523, 525, 527-8
コロルニ，ユージニオ（Eugenio Colorni, 1909-44）　143
コロンボ，エミリオ（Emilio Colombo, 1920-）　476

サ 行

サッチャー，マーガレット（Margaret Thatcher, 1925-）　464-5, 467-8, 470, 476, 480, 504, 506, 508, 512, 522, 532
ザーヒャー，アーノルド（Arnold J. Zurcher, 1902-74）　160
サルコジ，ニコラ（Nicolas Sarközy, 1955-）　709
サン・シモン（Claude-Henri de Rouvroy, Comte de Saint-Simon, 1760-1825）　11-2, 14, 32-3
サンテール，ジャック（Jacques Santer, 1937-）　555, 596, 613-4
サン・ピエール（Charles-Irénée Castel de Saint-Pierre, 1658-1743）　12, 20, 24-5, 28-30, 43
ジェブ，グラドウィン（Gladwyn Jebb, 1900-96）　193
ジェームズ2世（在位 1685-88）　22
シジェ・ド・ブラバント（Siger de Brabant, c.1240-c.1280）　16
ジスカール・デスタン，ヴァレリー（Valéry Giscard d'Estaing, 1926-）　427-8, 443, 455, 654, 658-61
ジスカール・デスタン，エドモン（Edmond Giscard d'Estaing, 1894-1982）　167

シモネ, モーリス＝ルネ (Maurice-René Simonnet, 1919-88)　286
シャウス, ランベルト (Lambert Schaus, 1908-76)　305, 329
シャルルマーニュ (カール大帝, 742-814)　10, 96, 395
シュシュニク, クルト・フォン (Kurt von Schuschnigg, 1897-1977)　91
シュトラウス, フランツ・ヨーゼフ (Franz Josef Strauß, 1915-88)　302
シュトレーゼマン, グスタフ (Gustav Stresemann, 1878-1929)　100-1, 104, 109
シュペングラー, オズワルド (Oswald Spengler, 1880-1936)　59, 87-8
シューマン, ロベール (Robert Schuman, 1886-1963)　158, 200, 207, 217, 225, 230-1, 240-1, 254, 262, 268-9, 629-30, 635
シュミット, ヘルムート (Helmut Schmidt, 1918-)　427-8, 443, 455
シュリー (Duc de Sully, 1559-1641)　5, 14, 19-22
シュリヴェール, オーギュスト・ド (August de Schryver, 1898-1991)　212
シュレーダー, ゲルハルト (CDU) (Gerhard Schröder, 1910-89)　344, 379
シュレーダー, ゲルハルト (SPD) (Gerhard Schröder, 1944-)　608, 706
ジョスパン, リオネル (Lionel Jospin, 1937-)　585, 588
ジョンソン, リンドン (Lyndon B. Johnson, 1908-73)　402
シラク, ジャック (Jacques Chirac, 1932-)　703
ジロー, アンリ (Henri Honoré Giraud, 1879-1949)　139
スターリン, ヨシフ (Iosif Stalin, 1879-1953)　72, 143, 181, 191, 395
スティッカー, ディルク (Dirk Uipko Stikker, 1897-1979)　262
ストラング, ウィリアム (William Strang, 1893-1978)　206-7
スノア・エ・ドピュール, ジャン＝シャルル (Jean-Charles Snoy et d'Oppuers, 1907-91)　305
スパーク, ポール＝アンリ (Paul-Henri Spaak, 1899-1972)　212, 218, 221, 223, 278, 291, 295, 300, 302, 304-6, 314, 317, 327-8, 481, 483

スピネッリ, アルティエーロ (Altiero Spinelli, 1907-86)　13, 58, 64, 114, 142-3, 174, 268, 466, 472
スフォルツァ, カルロ (Carlo Sforza, 1872-1952)　262
スペンサー, ハーバート (Herbert Spencer, 1820-1903)　49
スポフォード, チャールズ (Charles Spofford, 1902-91)　258
スミス, アダム (Adam Smith, 1723-90)　11
セーニ, アントニオ (Antonio Segni, 1891-1972)　329
セネカ (Lucius Annaeus Seneca, BC.4?-AD.65)　29
ソラナ, ハビエル (Francisco Javier Solana, 1942-)　673
ソルター, アーサー (Arthur Salter, 1881-1975)　59, 67, 141

タ 行

ダイツ, ヴェルナー (Werner Daitz, 1884-1945)　63, 135
ダヴィニョン, エティエンヌ (Viscount Etienne Davignon, 1932-)　425, 435, 446, 478
ダストリ, ピア (Pier Virgilio Dastoli, 1949-)　472
ダレス, ジョン・フォスター (John Foster Dulles, 1888-1959)　160, 298, 320
ダンテ・アリギエーリ (Dante Alighieri, 1265-1321)　16
チェンバレン, オースティン (Austen Chamberlain, 1863-1937)　101
チャーチル, ウィンストン (Winston Churchill, 1874-1965)　10, 14, 20, 65, 141, 150, 160, 172-3, 212, 254
ツヴァイク, シュテファン (Stefan Zweig, 1881-1942)　59, 69-71
ティエリ, ジャック (Jacques Nicolas Augustin Thierry, 1795-1856)　32
ティゲッセン, ニールス (Niels Thygesen)　503
ティンデマンス, レオ (Leo Tindemans, 1922-)　13, 51, 428, 443-4, 451
デ・ガスペリ, アルチーデ (Alcide De Gasperi, 1881-1954)　212, 218, 268-9
デカルト, ルネ (René Descartes, 1596-1650)　133

デッケル, ヴィッセ (Wisse Dekker, 1924-) 471
デハーネ, ジャン＝リュック (Jean-Luc Dehaene, 1940-) 617, 658
デュボア, ピエール (Pierre Dubois, c.1250-c.1321) 14, 16
デュマ, ローラン (Roland Dumas, 1922-) 523
デラキエーザ, ジャコモ (Giacomo Della Chiesa, 1854-1922) →ベネディクト 15 世
テルチク, ホルスト (Horst Teltschik, 1940-) 515, 532
トインビー, アーノルド・ジョセフ (Arnold Joseph Toynbee, 1889-1975) 87
ドヴィルパン, ドミニク (Dominique de Villepin, 1953-) 663-5, 668, 703
ドゥーグ, ジェームズ (James Dooge, 1922-) 487
ドゥフェール, ガストン (Gaston Defferre, 1910-86) 285, 311, 314
ドゴール, シャルル (Charles de Gaulle, 1890-1970) 6, 141-2, 170, 339-44, 348, 356, 365-71, 379-80, 393-5, 401-2, 404-8, 425
トマス・アクィナス (Thomas Aquinas, c.1225-74) 16, 132
ド・ルージュモン, ドニ (Denis de Rougemont, 1906-85) 13, 19, 117-8, 190-2
ドルフス, エンゲルベルト (Engelbert Dollfuss, 1892-1934) 62, 91
トロツキー, レフ (Lev Davydovich Trotskii, 1879-1940) 72-4
ドロール, ジャック (Jacques Delors, 1925-) 13, 51, 117, 466-7, 470, 478, 480, 483, 495, 498, 502-4, 506, 508, 510, 512, 532-3, 562-3, 568, 578

ナ 行

ナウマン, フリードリヒ (Friedrich Naumann, 1860-1919) 60-1, 75
ナポレオン (Napoléon Bonaparte, 1769-1821) 96-7, 395
ニクソン, リチャード (Richard Nixon, 1913-94) 424, 426, 439, 442
ノースタッド, ローリス (Lauris Norstad, 1907-88) 376

ハ 行

ハイエク, フリードリヒ (Friedrich von Hayek, 1899-1992) 125, 143
ハイダー, イェルク (Jörg Haider, 1950-) 639
ハイマンス, ポール (Paul Hymans, 1865-1941) 107
ハヴェル, ヴァーツラフ (Václav Havel, 1936-) 666
パウエル, コリン (Colin Powell, 1937-) 522, 532, 664
バーカー, アーネスト (Ernest Barker, 1874-1960) 18
ハーター, クリスチャン (Christian Herter, 1895-1966) 346
パチェッリ枢機卿 (Eugenio Maria Giuseppe Pacelli, 1876-1958) →ピウス 12 世
バトラー, ニコラス (Nicholas Murray Butler, 1862-1947) 160
バトラー, リチャード (Richard Austen Butler, 1902-82) 298
ハーバーマス, ユルゲン (Jürgen Habermas, 1929-) 562-3, 661
ハプスブルク, オットー・フォン (Otto von Habsburg, 1912-) 154-5
ハマーショルド, ダグ (Dag Hjalmar Agne Carl Hammarskjöld, 1905-61) 319
ハミルトン, アレクサンダー (Alexander Hamilton, 1757-1804) 13
バール, エゴン (Egon Bahr, 1922-) 401-3
バール, レイモン (Raymond Barre, 1924-2007) 416
ハルシュタイン, ヴァルター (Walter Hallstein, 1901-82) 13, 315, 328, 384-5
バルト, カール (Karl Barth, 1886-1968) 118
バローゾ, ホセ・マヌエル・デュラオ (José Manuel Durão Barroso, 1956-) 666
バーンズ, ジェームズ (James Byrnes, 1879-1972) 476
ピウス 10 世 (在位 1903-14) 70
ピウス 11 世 (在位 1922-39) 113, 127
ピウス 12 世 (在位 1939-58) 127
ヒース, エドワード (Edward Heath, 1916-2005) 425, 437, 603
ビスマルク, オットー・フォン (Otto Fürst von Bismarck Schönhausen, 1815-98) 76, 94

ビドー, ジョルジュ (Georges Bidault, 1899-1983)　180, 182, 198-200, 225
ヒトラー, アドルフ (Adolf Hitler, 1889-1945)　63, 101, 134, 136-7, 146, 152-4, 156, 395, 431
ピネー, アントワーヌ (Antoine Pinay, 1891-1994)　302
ピノー, クリスチャン (Christian Pineau, 1904-95)　242, 317, 319-20, 322, 329
ヒュパーツ, アルベール (Albert Hupperts)　297
ピョートル大帝 (在位 1682-1725)　25, 94
ヒルシュマン, ウルスラ (Ursula Hirschmann, 1913-91)　143
ファン・ゼーラント, ポール (Paul Van Zeeland, 1893-1973)　167, 262
ファン・デン・ブリンク, ヤン (Johannes Roelof Maria (Jan) van den Brink, 1915-2006)　262
フィッギス, ジョン (John Neville Figgis, 1866-1919)　18
フィッシャー, ヨシュカ (Joschka Fischer, 1948-)　628, 661
フィリップ4世 (端麗王, 在位 1285-1314)　16
フェルレイン・ストゥアルト, ジェラード (Gerard Marius Verrijn Stuart, 1893-1969)　305
フォール, モーリス (Maurice Faure, 1922-)　312, 329
フォン・デア・グレーベン, ハンス (Hans von der Groeben, 1907-2005)　221, 295-7, 305-6
フーシェ, クリスチャン (Christian Fouchet, 1911-74)　341, 356-8, 361
フセイン, サダム (Saddam Hussein, 1937-2006)　666-7
ブゾン, フェルナン (Fernand Bouxom, 1909-91)　287
ブッシュ, ジョージ (George Herbert Walker Bush, 1924-)　523, 534
ブッシュ, ジョージ・W (George W. Bush, 1946-)　608, 666
ブノワ, アラン・ド (Alain de Benoist, 1943-)　14
ブハーリン, ニコライ (Nikolai Ivanovich Bukharin, 1888-1938)　72
ブライト, ジョン (John Bright, 1881-89)　40, 67

ブラウン, ゴードン (Gordon Brown, 1951-)　709
ブラン, ジャック (Jacques, Blanc, 1939-)　580
フランソワ゠ポンセ, アンドレ (André François-Poncet, 1887-1978)　256-7
ブラント, ヴィリー (Willy Brandt, 1913-92)　401-3, 424, 427, 431
ブリアン, アリスティード (Aristide Briand, 1862-1932)　10, 65, 90-1, 101, 103-4, 109-10, 172
ブリクス, ハンス (Hans Blix, 1928-)　668-9
フリムラン, ピエール (Pierre, Pflimlin, 1907-2000)　244
ブルガーニン, ニコライ (Nikolai Aleksandrovich Bulganin, 1895-1975)　320
ブルグマンス, ヘンドリック (Hendrik Brugmans, 1906-97)　117
プルードン, ピエール゠ジョセフ (Pierre Joseph Proudhon, 1809-65)　5, 13, 50-1, 117-8, 174
フルネイ, アンリ (Henry Frenay, 1905-88)　174
ブルム, レオン (Léon Blum, 1872-1950)　212
ブレア, トニー (Anthony Blair, 1953-)　554, 588, 603, 664, 666, 709
プレヴァン, ルネ (René Pleven, 1901-93)　141
ブレンターノ, ハインリヒ・フォン (Heinrich von Brentano, 1904-64)　242, 322
プロディ, ロマーノ (Romano Prodi, 1939-)　677, 680
フンク, ヴァルター (Walter Funk, 1890-1960)　63
ベイエン, ヤン・ウィレム (Jan Willem Beyen, 1897-1976)　218, 221, 277-8, 291, 295, 300, 314
ベヴィン, アーネスト (Ernest Bevin, 1881-1951)　192-4, 207, 210, 235
ベック, ウルリヒ (Ulrich Beck, 1944-)　661
ベック, ヨーゼフ (Joseph Bech, 1887-1975)　262, 329
ペタン, フィリップ (Henri Philippe Pétain, 1856-1951)　139, 141
ベネディクト15世 (在位 1914-22)　59, 69-

70
ペール，カール・オットー（Kahl Otto Pöhl, 1929-) 504-6
ベルジャーエフ，ニコライ（Nikolai Aleksandrovich Berdyaev, 1874-1948) 118
ベルルスコーニ，シルヴィオ（Silvio Berlusconi, 1936-) 664, 666
ペン，ウィリアム（William Penn, 1644-1718) 12, 20, 22-3
ベンヴェヌーティ，ルドヴィコ（Ludovico Benvenuti, 1899-1966) 305
ポアンカレ，レイモン（Raymond Poincaré, 1860-1934) 65
ホイス，テオドール（Theodor Heuss, 1884-1963) 256
ポース，ジャック（Jacques Poos, 1935-) 560
ボダン，ジャン（Jean Bodin, 1530-96) 18-9
ホッブズ，トマス（Thomas Hobbes, 1588-1679) 665
ボニファティウス8世（在位1294-1303) 16
ホフマン，ポール（Paul G. Hoffman, 1891-1974) 182, 211
ホフメイヤー，エリック（Erik Hoffmeyer, 1924-) 505
ボルケシュタイン，フリッツ（Frits Bolkestein, 1933-) 610, 674-5
ボワイエ，ミゲル（Miguel Boyer, 1939-) 503
ポンピドゥー，ジョルジュ（Georges Pompidou, 1911-74) 409, 425, 438

マ 行

マイリシュ，エミール（Emile Mayrisch, 1862-1928) 61
マクシャーリー，レイ（Ray MacSharry, 1938-) 563
マクドナルド，ジェームズ・ラムゼイ（James Ramsay MacDonald, 1866-1937) 106
マクミラン，ハロルド（Harold Macmillan, 1894-1986) 20, 223, 298-9, 323-4, 367, 369, 377, 437
マーシャル，ジョージ（George C. Marshall, 1880-1959) 65-6, 179-80, 182, 185-7, 189, 211, 339
マッツィーニ，ジュゼッペ（Giuseppe Mazzini, 1805-72) 37-8
マリタン，ジャック（Jacques Maritain, 1882-1973) 118
マルク，アレクサンドル（Alexandre Marc, 1904-2000) 13, 118
マルクス，カール（Karl Marx, 1818-83) 72
マルジョラン，ロベール（Robert Marjolin, 1911-86) 318
マルティーノ，ガエターノ（Gaetano Martino, 1900-67) 329
マンスホルト，シッコ（Sicco Mansholt, 1908-95) 218, 221, 243-4, 340, 353, 414-5
マンデス＝フランス，ピエール（Pierre Mendès-France, 1907-82) 220, 286
マントヴァーニ，マリオ（Mario Mantovani) 129
ミッテラン，フランソワ（François Mitterrand, 1916-96) 465-6, 468-9, 480, 492, 522, 532-4
ミトラニー，デーヴィット（David Mitrany, 1888-1975) 59, 119-20
ミルワード，アラン（Alan S. Milward, 1935-) 224, 291
ミレル，レシェク（Leszek Miller, 1946-) 666
ムッソリーニ，ベニト（Benito Mussolini, 1883-1945) 129, 136, 139, 143
ムーニエ，エマニュエル（Emmanuel Mounier, 1905-50) 13, 508, 509
ムーリス，ジョセフ（Joseph Meurice) 262
メイジャー，ジョン（John Major, 1943-) 559, 561
メイトランド，フレデリック（Frederic William Maitland, 1850-1906) 18
メッジェシ・ペーテル（Medgyessy Péter, 1942-) 666
メルケル，アンゲラ（Angela Merkel, 1954-) 707, 709
モック，ジュール（Jules Moch, 1893-1985) 254
モドロウ，ハンス（Hans Modrow, 1928-) 515-6
モートン，デズモンド（Desmond Morton, 1891-1971) 141
モネ，ジャン（Jean Monnet, 1888-1979) 12, 64, 103, 140, 157-8, 168, 170, 217-21, 225-6, 230-1, 236, 253-4, 258, 261, 268, 272,

275-6, 278, 296, 298, 300-1, 305, 320, 370, 629, 632, 635
モレ, ギ (Guy Mollet, 1905-75)　222, 311, 314, 317-22
モロ, アルド (Aldo Moro, 1916-78)　449
モロトフ, ヴァチェスラフ (Viacheslav Mikhailovich Molotov, 1890-1986)　185
モンテスキュー (Charles Louis de Secondat, baron de la Brède et de Montesquieu, 1689-1755)　35

　　　ヤ　行

ヤンガー, ケネス (Kenneth Younger, 1908-76)　235
ユゴー, ヴィクトル (Victor Hugo, 1802-85)　45-6
ユリ, ピエール (Pierre Uri, 1911-92)　221, 295-7, 305-6

　　　ラ　行

ラスキ, ハロルド (Harold Joseph Laski, 1893-1950)　18
ラスムセン, アナス・フォー (Anders Fogh Rasmussen, 1953-)　666
ラピー, ピエール＝オリヴィエ (Pierre-Olivier Lapie, 1901-94)　118
ラファラン, ジャン＝ピエール (Jean-Pierre Raffarin, 1948-)　703
ラムズフェルド, ドナルド (Donald Rumsfeld, 1932-)　663-6
ラムファルッシ, アレクサンドル (Alexandre Lamfalussy, 1929-)　503
ラモント, ノーマン (Norman Lamont, 1942-)　559, 561
ラール, ロルフ (Rolf Lahr, 1908-85)　398
ラルミエール, カトリーヌ (Catherine Lalumière, 1936-)　541
リスト, フリードリヒ (Friedrich List, 1789-1846)　11-2, 41-3
リッベントロップ, ヨアヒム (Joachim von Ribbentrop, 1893-1946)　63, 134, 137
リヒター, フリッツ (Fritz Richter (Fritz Rößler), 1912-87)　210-1
リー＝ペンバートン, ロバート (Robert Leigh-Pemberton, 1927-)　505

リュエフ, ジャック (Jacques Rueff, 1896-1978)　167
リントホルスト・ホーマン, ヨハネス (Johannes Linthorst Homan, 1903-86)　329
ルイ14世 (太陽王, 在位 1643-1715)　22, 24
ルイ＝ナポレオン (Charles Louis Napoléon Bonaparte, 1808-73)　46
ルシュール, ルイ (Louis Loucheur, 1872-1931)　61, 103
ルソー, ジャン＝ジャック (Jean-Jacques Rousseau, 1712-78)　12, 25, 28-9, 31
ルター, マルティン (Martin Luther, 1483-1546)　133
ルノー, ルイ (Louis Renault, 1843-1918)　53
ルロワ＝ボリュー, アナトール (Anatole Leroy-Beaulieu, 1842-1912)　53
ルンス, ヨーゼフ (Joseph Luns, 1911-2002)　329
レイノー, ポール (Paul Reynaud, 1878-1966)　141-2
レオ13世 (在位 1878-1903)　114
レーガン, ロナルド (Ronald Reagan, 1911-2004)　429, 464-5, 478, 492
レジェ, アレクシ (Alexis Leger, 1887-1975)　104, 109
レーニン, ウラジミール・イリイチ (Vladimir Il'ich Lenin, 1870-1924)　72-3, 93, 143
レマルク, エーリッヒ (Erich Maria Remarque, 1898-1970)　59
レンナー, ハインツ (Heinz Renner, 1892-1964)　209
ロカール, ミシェル (Michel Rocard, 1930-)　480
ローズヴェルト, フランクリン (Franklin D. Roosevelt, 1882-1945)　138, 150, 173
ローソン, ナイジェル (Nigel Lawson, 1932-)　504
ロッシ, エルネスト (Ernest Rossi, 1897-1967)　58, 64, 142
ロビンズ, ライオネル (Lionel Robbins, 1898-1984)　58, 67, 126, 143
ローラン, イダ (Ida Roland, 1881-1951)　90

執筆者紹介 (執筆順)

遠藤　乾　Ken Endo　（序章・第1章・第7章・第8章）
　→編者，奥付参照

板橋拓己　Takumi Itabashi　（第1章）
　北海道大学大学院法学研究科助教〈国際政治史，ドイツ近現代史〉
　「『中欧』の理念とドイツ・ナショナリズム (1) (2)——フリードリヒ・ナウマン『中欧論』の研究」『北大法学論集』(55巻6号，56巻1号，2005年) 他

戸澤英典　Hidenori Tozawa　（第2章I・II）
　東北大学大学院法学研究科准教授〈国際関係論，EU研究〉
　『国際関係の中の拡大EU』（共著，信山社，2005年）他

上原良子　Yoshiko Uehara　（第2章II・第3章）
　フェリス女学院大学国際交流学部准教授〈フランス現代史，フランス外交〉
　『ヨーロッパ統合と国際関係』（共著，日本経済評論社，2005年）他

細谷雄一　Yuichi Hosoya　（第4章）
　慶應義塾大学法学部准教授〈国際政治学，外交史〉
　『戦後国際秩序とイギリス外交——戦後ヨーロッパの形成，1945年〜1951年』（創文社，2001年）他

川嶋周一　Shuichi Kawashima　（第5章）
　明治大学政治経済学部専任講師〈国際政治史，ヨーロッパ政治外交史〉
　『独仏関係と戦後ヨーロッパ国際秩序——ドゴール外交とヨーロッパの構築 1958-1969』（創文社，2007年）他

橋口　豊　Yutaka Hashiguchi　（第6章）
　龍谷大学法学部教授〈国際政治，外交史〉
　『世界戦争の時代とイギリス帝国』（共著，ミネルヴァ書房，2006年）他

鈴木一人　Kazuto Suzuki　（第9章）
　北海道大学公共政策大学院准教授〈国際政治経済学，ヨーロッパ研究〉
　Policy Logics and Institutions of European Space Collaboration (Ashgate Publishers, 2003) 他

八十田博人　Hirohito Yasoda
　共立女子大学国際学部専任講師〈欧州統合史・統合論，イタリア政治〉
　『国家・地域・民族（EUスタディーズ第3巻）』（共著，勁草書房，2007年）他

《編者紹介》

遠藤　乾（えんどう　けん）

北海道大学大学院法学研究科・公共政策大学院教授〈国際政治，ヨーロッパ政治〉。北海道大学法学部卒業，同大学大学院法学研究科修士号，ベルギー・カトリック・ルーヴァン大学 MA，オックスフォード大学政治学博士号。欧州共同体（EC）委員会「未来工房」専門調査員（1993），イタリア・ヨーロッパ大学院大学ジャンモネ研究員（2000-01），ハーヴァード法科大学院エミールノエル研究員（2001-02），パリ政治学院客員教授（2006）などを経て現職。著書に *The Presidency of the European Commission under Jacques Delors : The Politics of Shared Leadership* (Macmillan, 1999)，『グローバル・ガバナンスの最前線——現在と過去のあいだ』（編著，東信堂，2008 年），『ヨーロッパ統合史』（編著，名古屋大学出版会，2008 年）など。

原典 ヨーロッパ統合史

2008 年 11 月 20 日　初版第 1 刷発行

定価はカバーに表示しています

編　者　遠　藤　　　乾

発行者　金　井　雄　一

発行所　財団法人　名古屋大学出版会
〒464-0814　名古屋市千種区不老町 1 名古屋大学構内
電話(052)781-5027／FAX(052)781-0697

ⓒ Ken ENDO et al., 2008
印刷・製本 ㈱クイックス
乱丁・落丁はお取替えいたします。

Printed in Japan
ISBN978-4-8158-0601-9

Ⓡ〈日本複写権センター委託出版物〉
本書の全部または一部を無断で複写複製（コピー）することは，著作権法上の例外を除き，禁じられています。本書からの複写を希望される場合は，必ず事前に日本複写権センター（03-3401-2382）の許諾を受けてください。

遠藤 乾編
ヨーロッパ統合史　　　　　　　　　　　A5・388頁
　　　　　　　　　　　　　　　　　　　本体3,200円

小川浩之著
イギリス帝国からヨーロッパ統合へ　　　A5・400頁
―戦後イギリス対外政策の転換とEEC加盟申請―　本体6,200円

佐々木雄太著
イギリス帝国とスエズ戦争　　　　　　　A5・324頁
―植民地主義・ナショナリズム・冷戦―　　本体5,800円

ジェフリー・オーウェン著　和田一夫監訳
帝国からヨーロッパへ　　　　　　　　　A5・508頁
―戦後イギリス産業の没落と再生―　　　　本体6,500円

多賀　茂著
イデアと制度　　　　　　　　　　　　　A5・368頁
―ヨーロッパの知について―　　　　　　　本体4,800円

山本有造編
帝国の研究　　　　　　　　　　　　　　A5・406頁
―原理・類型・関係―　　　　　　　　　　本体5,500円

田所昌幸著
国際政治経済学　　　　　　　　　　　　A5・326頁
　　　　　　　　　　　　　　　　　　　本体2,800円

川島真／服部龍二編
東アジア国際政治史　　　　　　　　　　A5・398頁
　　　　　　　　　　　　　　　　　　　本体2,600円